Meinem lieben Jürgen
für viele schöne gemeinsame
Erinnerungen

Albrecht

Schriftenreihe

THEOS

Studienreihe Theologische Forschungsergebnisse

Band 74

ISSN 1435-6864

Verlag Dr. Kovač

Albrecht Scriba

Echtheitskriterien der Jesus-Forschung

Kritische Revision und konstruktiver Neuansatz

Verlag Dr. Kovač

Hamburg
2007

VERLAG DR. KOVAČ
FACHVERLAG FÜR WISSENSCHAFTLICHE LITERATUR

Leverkusenstr. 13 · 22761 Hamburg · Tel. 040 - 39 88 80-0 · Fax 040 - 39 88 80-55

E-Mail info@verlagdrkovac.de · Internet www.verlagdrkovac.de

Bibliografische Information der Deutschen Nationalbibliothek
Die Deutsche Nationalbibliothek verzeichnet diese Publikation
in der Deutschen Nationalbibliografie;
detaillierte bibliografische Daten sind im Internet
über http://dnb.d-nb.de abrufbar.

ISSN: 1435-6864
ISBN: 978-3-8300-2935-9

Zugl.: Habilitationsschrift, Universität Mainz, 1998

© VERLAG DR. KOVAČ in Hamburg 2007

Printed in Germany
Alle Rechte vorbehalten. Nachdruck, fotomechanische Wiedergabe, Aufnahme in Online-Dienste und Internet sowie Vervielfältigung auf Datenträgern wie CD-ROM etc. nur nach schriftlicher Zustimmung des Verlages.

Gedruckt auf holz-, chlor- und säurefreiem Papier Alster Digital. Alster Digital ist alterungsbeständig und erfüllt die Normen für Archivbeständigkeit ANSI 3948 und ISO 9706.

Herrn Prof. Dr. Egon Brandenburger

Vorwort

Die vorliegende Arbeit stellt die leicht überarbeitete Fassung meiner Habilitationsschrift dar, die der Habilitationsausschuß des Fachbereiches Evangelische Theologie der Johannes Gutenberg-Universität Mainz im Juni 1998 angenommen hat. Für den Druck wurde sie stellenweise sachlich ergänzt und um einige Literatur erweitert.

Möglichkeiten und Grenzen der Jesus-Forschung haben mich seit meinem achten Studiensemester im Sommersemester 1984 beschäftigt. Damals hatte Herr Prof. Dr. Egon Brandenburger (Mainz) in seiner Vorlesung „Theologie des Neuen Testaments" als Ausgangspunkte der Rekonstruktion von Intention und Wirken Jesu dessen wandelndes Verhältnis zu Johannes dem Täufer, speziell das Faktum, daß Jesus sich von Johannes taufen ließ, und die frühchristliche Wirkungsgeschichte gewählt. Die Leistungsfähigkeit eines die Daten im Leben Jesu und die Wirkungsgeschichte auswertenden Zugangs gegenüber anderen Echtheitskriterien hatte mich sofort überzeugt. Daher sei Herrn Prof. Dr. Egon Brandenburger diese Arbeit in Dankbarkeit gewidmet.

Die überarbeitete Druckfassung hat einige kritische Anmerkungen von Herrn Prof. Dr. Friedrich Wilhelm Horn und Herrn Prof. Dr. Dr. Otto Böcher, den beiden Gutachtern, von Herrn PD Dr. Marco Frenschkowski (alle Mainz) und von Herrn Prof. Dr. Egon Brandenburger (Schlangenbad) berücksichtigt. Ihnen allen sei dafür herzlich gedankt. Mein Dank gebührt auch dem Verlag Dr. Kovač für die zügige, unkomplizierte und offene Aufnahme dieser Arbeit.

Mainz, den 6. Januar 2007   Albrecht Scriba

Inhaltsverzeichnis

Vorwort	5
Inhaltsverzeichnis	7
Anlaß und Durchführung	11
A. Echtheitskriterien in der Forschung	15
I. Die Echtheitsproblematik	15
1. Jesus-Forschung im 18. und 19. Jahrhundert	15
2. Geschichte als Darstellung einer theologischen Idee	17
3. Die Formgeschichte	24
4. Zusammenfassung	32
II. Das Kriterium der doppelten Dissimilarität	34
1. Darstellung	34
2. Kriterieninterne Fehler und Schwächen	35
3. Fehler und Schwächen in der Anwendung	36
a) Das frühe Christentum	37
b) Das Frühjudentum	40
c) Der außerjüdische und außerchristliche Hellenismus	48
4. Beispiele	49
a) Das radikale Schwurverbot	49
b) Die Antithesen	51
III. Die *ipsissima vox* Jesu	59
1. Darstellung	59
2. Kriterieninterne Fehler und Schwächen	60
3. Fehler und Schwächen in der Anwendung	60
4. Beispiele	64
a) Das galiläische Aramäisch	64
b) Βασιλεία τοῦ θεοῦ	65
IV. Das Kriterium der Kohärenz	84
1. Darstellung	84
2. Kriterieninterne Fehler und Schwächen	84
3. Fehler und Schwächen in der Anwendung	85
4. Beispiel	88

V. Das Kriterium der breiten Bezeugung 89
   1. Darstellung 89
   2. Kriterieninterne Fehler und Schwächen 90
   3. Fehler und Schwächen in der Anwendung 91
   4. Beispiele 93
VI. Das Plausibilitätskriterium 98
   1. Darstellung 98
   2. Kriterieninterne Fehler und Schwächen 99
   3. Fehler und Schwächen in der Anwendung 102
   4. Beispiel 103
VII. Das Kriterium der Datenauswertung 107
   1. Darstellung 107
   2. Kriterieninterne Fehler und Schwächen 110
   3. Fehler und Schwächen in der Anwendung 110
   4. Beispiel 110
VIII. Zusammenfassung 115
IX. Anhang: Vertrauen und Skepsis gegenüber den Quellen 117

B. Rekonstruktion des Wirkens Jesu 127
   I. Zu den Quellen 127
      1. Auswahl der wichtigeren Quellen 127
      2. Umfang der Spruchquelle 129
      3. Ur-Markus und Deutero-Markus, Johannes und die Synoptiker .. 136
   II. Die Taufe Jesu durch Johannes den Täufer 149
      1. Datenermittlung 149
         a) Die Pharisäer 150
         b) Die Schriftgelehrten 153
         c) Die Oberpriester 154
         d) Die Sadduzäer 154
         e) Johannes der Täufer 155
      2. Folgerungen: Johannes der Täufer 159
         a) Vorüberlegungen 159
         b) Rekonstruktion von Botschaft und Wirken 161
      3. Folgerungen: Jesus 167
   III. Jesus taufte selbst nicht 169
      1. Datenermittlung 169
      2. Folgerungen 172
   IV. Naherwartung 175
      1. Die Nähe des Endes 175
      2. Folgerungen: Die Enderwartung Jesu 181
      3. Gegenwart des endzeitlichen Gottesreiches? 181

Inhaltsverzeichnis 9

    4. Folgerungen: Das Selbstverständnis Jesu 189
V. Gottesreich und Gottesvolk 192
    1. Die Mission an Nichtjuden 192
    2. Der Mißerfolg in der Israel-Mission 197
    3. Die Denkkategorie Gottesvolk 198
    4. Folgerungen 201
VI. Passa-Erwartungen und Sabbat-Jahr 203
    1. Passa-Erwartungen 203
    2. Datenermittlung: Das Datum des Todes Jesu 208
        a) Markinische oder johanneische Chronologie? 208
        b) Das Todesjahr Jesu 213
    3. Der Zyklus der Sabbat-Jahre 217
    4. Folgerungen 218
VII. Die Auferweckung Jesu und die Erhöhungsvisionen 220
    1. Die Auferweckung Jesu 220
    2. Die Erhöhung Jesu 222
    3. Folgerungen 225
VIII. Die Wiederaufnahme der Taufe 232
    1. Die frühchristliche Gerichtsbotschaft 232
    2. Die frühchristliche Taufe 233
    3. Folgerungen 234
    4. Zusammenfassung zur Gerichtsbotschaft Jesu 236

Zusammenfassung 239

Literaturverzeichnis 241
    Quellen 241
    Hilfsmittel 251
    Sekundärliteratur 253
    Abkürzungen 280

Stellenregister 281

Anlaß und Durchführung

„Schon wieder ein Jesus-Buch!" wird der eine oder andere Leser zu dem Buchtitel erstaunt, vielleicht sogar angesichts der Fülle von thematischen Veröffentlichungen[1] ärgerlich ausrufen. „Hat uns denn die exegetische Arbeit der letzten Jahre und Jahrzehnte nicht ein relativ verläßliches Bild von der Botschaft und vom Wirken Jesu gegeben, das *cum grano salis* inzwischen breiteren Konsens gefunden hat?"

Wer mit der Materie vertrauter ist, wird sich auch noch über ein weiteres Element des Titels wundern: „Gewiß haben die Echtheitskriterien der Jesus-Forschung ihre jeweiligen Probleme. Aber", und ich zitiere im folgenden aus dem Jesus-Buch von J. Gnilka, „[d]as Vertrauen der Forschung in die Zuverlässigkeit der Jesusüberlieferungen ist im Gegensatz zur vergangenen Bultmann-Ära sichtlich gewachsen. Das uns zur Verfügung stehende methodologische Instrumentarium bietet uns Kriterien und Kennzeichen an, die in ihrem Zusammenwirken erfolgversprechend sind."[2] Methodische Reflexionen über die Ermittlung authentischer Jesus-Überlieferungen gehören schon lange zum Standard wissenschaftlicher Jesus-Bücher. In vielen Aufsätzen,[3] sogar in einem Sammelband und gelegentlich in Monographien[4] wurde bereits die Kriterienfrage in der Jesus-Forschung diskutiert. Und

---

1 Wissenschaftlich bedeutendere Gesamtdarstellungen über Jesus aus den 90er-Jahren: J. Gnilka, Jesus 1990; N.A. Dahl, Jesus 1991; J.D. Crossan, Jesus 1991/94; E.P. Sanders, Figure/Sohn 1993/96; R. Nordsieck, Reich 1994; B. Witherington, Jesus 1994; K. Berger, Jesus 1995; C.A. Evans (Hg.), Jesus 1995; J. Becker, Jesus 1996/1998; B.D. Chilton, Kingdom 1996; G. Laudert-Ruhm, Jesus 1996; W.A. Siebel – T. Winkler, Kerygma 1996; G. Theißen – A. Merz, Jesus 1996; D. Flusser, Jesus 1997; B.H. Young, Jesus 1997; D.C. Allison, Jesus 1998; G. Lüdemann, Betrug 1998; D. Marguerat (Hg.), Jésus 1998.

2 J. Gnilka, Jesus 33.

3 N.A. Dahl, Jesus 1955; C.E. Carlston, Criterion 1962; H.K. McArthur, Burden 1970/71; D.G. A. Calvert, Examination 1971/72; N.J. McEleney, Criteria 1972; die Beiträge in K. Kertelge (Hg.), Rückfrage 1974, besonders F. Hahn, Überlegungen, F. Lentzen-Deis, Kriterien, F. Mußner (und Mitarbeiter), Methodologie; W.G. Kümmel, Antwort 1974; R. Latourelle, Critères 1974; R.N. Longenecker, Criteria 1975; D. Lührmann, Frage 1975/²1989; R.T. France, Authenticity 1976; R.H. Fuller, Commandment 1978; D.L. Mealand, Test 1978; H.K. Nielsen, Kriterien 1979; P.B. Payne, Authenticity 1981; R.H. Stein, Criteria 1981; G. Schille, Zugang 1986; D. Polkow, Method 1987; M.E. Boring, Criteria 1988; C.A. Evans, Criteria 1989; J.T. Sanders, Criterion 1998; K. Berger, Kriterien 1998; W. Schmithals, Kriterien 1998; einige Beiträge in B.D. Chilton – C.A. Evans (Hg.), Words 1999, und in dies. (Hg.), Activities 1999.

4 K. Kertelge (Hg.), Rückfrage 1974; vgl. das Themaheft „Jesus Christus" ZNT 1 (1998); H.E. W. Turner, Historicity 1963; M. Lehmann, Quellenanalyse 1970.

erst 1997 haben G. Theißen und D. Winter das Differenzkriterium forschungsgeschichtlich untersucht und gegenüber dessen Schwächen das von ihnen so genannte Plausibilitätskriterium systematisch vorgestellt.[5] Wozu also nun ein weiteres Buch zu diesem Thema?

Zum einen ist es auch in jüngerer Zeit um die Kongruenz der Veröffentlichungen zu Jesus doch nicht so gut bestellt. Gerade im englischsprachigen Bereich unterscheiden diese sich teilweise erheblich, was das für historisch gehaltene Jesus-Bild betrifft. Entweder gilt Jesus als Prophet, oder man sieht ihn als jüdischen Rabbi, oder sein Auftreten entsprach dem eines Weisheitslehrers, oder er wirkte als bäuerlich-jüdischer Kyniker, oder er wollte einen politischen Aufruhr gegen Rom anzetteln, oder er predigte die Umwertung aller gesellschaftlichen Werte, oder er verstand sich tatsächlich als der erwartete Messias.[6] Die Dringlichkeit einer Klärung dieser Widersprüche steigt noch dadurch, daß viele dieser Jesus-Bücher mit wissenschaftlichen Ambitionen geschrieben oder doch zumindest in einem wissenschaftlichen Gewand veröffentlicht wurden. Allem Anschein nach mangelt es an einem überzeugenden Fundament in der Jesus-Überlieferung, von dem aus wenigstens die Grundstruktur des Wirkens Jesu erkennbar würde.

Zum anderen gibt die Theorie der Kriterien manche Ungeklärtheiten bis hin zu Unverständlichkeiten und Fehlern zu erkennen. Solche systemisch bedingten Schwächen und Fehler wurden in den obengenannten Kriteriendiskussionen oft thematisiert. Dennoch schleicht sich nach meiner Beurteilung in der Anwendung dieser Kriterien verbreitet eine Fülle von nicht ausreichend radikal geprüften Voraussetzungen ein, welche Echtheitserwägungen oft mit zu vielen kaum kontrollierbaren Ermessensurteilen verbinden.

Bis auf das Kriterium der doppelten Dissimilarität, das aber in seiner strikten Form wegen der nicht verstehbaren Unableitbarkeit der Spezifika im Wirken Jesu sinnlos ist, können alle anderen Kriterien prinzipiell die Authentie von Jesus-Traditionen nicht erweisen, sondern nur für möglich erklären. Ihre einzige überzeugende Leistungsfähigkeit besteht darin, Nicht-Authentisches auszuscheiden. Und selbst in diesem Fall wirken in der Praxis noch ungeklärte Voraussetzungen mit.

---

[5] G. Theißen – D. Winter, Kriterienfrage. Die Monographie von S.E. Porter, Criteria 2000, konnte für die Drucklegung leider nicht mehr berücksichtigt werden.

[6] Allein sieben klar zu differenzierende Jesus-Bilder in der Forschung hat B. Witherington, Quest, zusammengestellt: Lehrer, kynischer Wanderphilosoph, Visionär und Exorzist, eschatologischer Prophet, Prophet des gesellschaftlichen Wandels, fleischgewordene Weisheit Gottes, messianische Gestalt.

Anlaß und Durchführung

Der an die Kriteriendiskussion sich anschließende neue Rekonstruktionsweg versucht, auf die Anwendung der bisherigen Kriterien dann zu verzichten, wenn ihre Leistungsfähigkeit nicht gegeben erscheint, oder diese Kriterien gegebenenfalls entsprechend zu modifizieren. Zusätzlich wird ein bisher vernachlässigter Zugang, welcher in der Tat die Annahme von Echtheit zwar nicht auf der Textebene, aber im Blick auf die Grundstruktur des Wirkens Jesu ermöglicht, breiter etabliert und durchgeführt. Das so gewonnene Jesus-Bild deckt sich in vielem mit anderen wissenschaftlichen Jesus-Darstellungen, weist allerdings in drei Bereichen eine bedeutendere Abweichung auf.

Im einzelnen gliedert sich das Vorgehen in zwei Hauptteile. Teil A stellt die wichtigeren Kriterien für die Ermittlung authentischen Jesus-Gutes in jeweils einem Kapitel vor. Jedes dieser Kapitel besteht wiederum aus vier Teilen: Auf die Darstellung des Kriteriums folgt zunächst eine Kritik kriterieninterner Schwächen und Fehler. Der dritte Abschnitt erörtert sodann spezifische Probleme bei der Anwendung auf die frühchristliche Jesus-Tradition. Schließlich stellen exegetische Beispiele vor allem die nach meiner Einschätzung zu wenig wahrgenommenen Grenzen des jeweiligen Kriteriums im einzelnen vor. Teil B setzt das bereits in Teil A entwickelte Kriterium der Datenauswertung in die Tat um, ergänzt um die kritisch reduzierte Anwendung des sog. Plausibilitätskriteriums, in welchem das Kriterium der breiten Bezeugung zwar nicht für die Feststellung von Authentie, wohl aber für die Rekonstruktion der frühen Wirkungsgeschichte Jesu mitwirkt. Anschließend wird vorsichtig eine zusammenfassende Gesamtdeutung versucht, die das Grundanliegen von Botschaft und Wirken Jesu herausstellt. Aber wie für das gesamte Vorhaben, so gilt auch für diese Zusammenfassung, daß sie nicht die gesamte Bandbreite der öffentlichen Wirksamkeit Jesu wiedergeben, sondern nur einen einigermaßen verläßlichen Rahmen vorzeichnen will, in den evtl. noch Weiteres über Jesus (z.B. seine Wunderheilungen) integriert werden müßte.

Ich möchte die nun folgende Untersuchung mit einem generellen Hinweis eröffnen. Die Jesus-Forschung wird ohne Veränderung der Quellenlage wahrscheinlich immer in hohem Maße hypothetisch bleiben. Ich bin mir über die begrenzte Wahrscheinlichkeit der Ergebnisse meines Unternehmens im klaren. Wenn ich dennoch die Kriterienfrage thematisiere, so geschieht dies deshalb, weil ich Hypothesen mit dieser begrenzten Wahrscheinlichkeit auf der Grundlage einer eher restriktiven Kriteriologie für den wissenschaftlich geeigneteren Weg halte als scheinbar gewissere Hypothesen auf der Basis von Kriterien, deren logische Struktur und sachliche Implikationen teilweise erhebliche Probleme aufweisen. Ich begreife das Folgende als einen Diskussionsbeitrag in einer ausufernden Flut von Veröffentlichungen zu Jesus, der selbstverständlich irrtumsfähig ist und daher den wissenschaftlichen Konsens als Wahrheitskriterium respektiert, sofern in diesem tatsächlich sämtliche möglichen Infragestellungen Berücksichtigung finden können.

A. Echtheitskriterien in der Forschung

I. Die Echtheitsproblematik

1. Jesus-Forschung im 18. und 19. Jahrhundert

Die historisch-wissenschaftliche Erforschung des Lebens Jesu setzte im wesentlichen mit der Anwendung der aufklärerischen Alternative „naturgesetzlich – supranatural" auf die Wunderberichte der Evangelien ab der zweiten Hälfte des 18. Jh. ein.[1] Dieses Gegensatzpaar stand bis D.F. Strauß in hoher Blüte und gipfelte in der Erklärung der Wunder durch H.E.G. Paulus auf der Basis der Naturgesetze (die ihrerseits wieder eine Schöpfung Gottes seien), ohne das übernatürliche Mißverständnis der Jünger zu bestreiten.[2] Umgekehrt folgerte K.A. Hase,[3] welcher die rationalistische Wundererklärung auf breiter Front durchführte, daß nur die zwei erzählten joh Wunder sicher übernatürlich seien, und der daher, auch aufgrund der im Joh-Evangelium fehlenden Eschatologie, die Joh-Priorität verfocht.

Ein Einzelgänger in der frühen Phase dieser rationalistischen Wunderkritik war H.S. Reimarus,[4] der durch seine Machiavelli-Studien zu einer radikalen Kritik der evangelischen Überlieferung durchstieß bis hin zur Annahme, die Auferstehung sei nichts anderes als der Diebstahl der Leiche Jesu durch seine Jünger, und auf diese Weise den jüdisch-politischen Jesus von der notgedrungen vergeistigten Religion der Apostel trennte. Das Skandalöse dieser Gedanken veranlaßte Reimarus zum Verzicht auf eine Publikation außerhalb seines Freundeskreises; sieben Passagen veröffentlichte später G.E. Lessing ohne Verfasserangabe.

Im Sinne der Hegelschen Dialektik und in Anlehnung an den für das Alte Testament bereits etablierten Mythos-Begriff verband D.F. Strauß[5] rationalistische und supranaturale Wundererklärung, deren beider Ungenügen er aufwies, zur Synthese ihrer mythischen Deutung, die er nicht nur auf die Erzählungen von Geburt und Auferste-

---

[1] Vgl. zu diesem Abschnitt A. Schweitzer, Reimarus/Geschichte.
[2] H.E.G. Paulus, Leben (in der Konzeption kein Leben Jesu, sondern ein fortlaufender historischer Kommentar zu den evangelischen Perikopen).
[3] K.A. Hase, Leben.
[4] H.S. Reimarus, Apologie.
[5] D.F. Strauß, Leben. Aufgrund großer historischer Skepsis legte der Verfasser kein zusammenhängendes Leben Jesu mehr vor.

hung Jesu, sondern auch auf alle historisch unwahrscheinlichen Darstellungen in der Evangelien-Tradition anwandte. Der Mythos kleide die höchste Idee, die Gottmenschlichkeit, in geschichtsartige Erzählung. Das Joh-Evangelium fiel als Quelle aus, weil seine Darstellung massiv theoriegeleitet sei.[6] Im Mk-Evangelium sah er – zu Unrecht, wie sich später herausstellte – eine übertreibende Epitomé aus Mt, Lk und Joh, was den Erfolg seines Werkes erheblich beeinträchtigte.[7]

B. Bauer[8] griff die Einsicht in den konstruktiven Charakter des Joh-Evangeliums auf (Reflexion statt Mythos) und stellte in den synoptischen Evangelien nur einen etwas geringeren Grad an reflektierendem Gestaltungswillen fest. Der mk Messias sei historisch nicht plausibel. In Bauers frühen Werken blieben von der radikalen historischen Kritik neben dem Auferstehungsglauben nur noch der Opfertod Jesu ausgenommen, in der *Kritik der Evangelien* von 1850/51 wurde dagegen schon die Existenz Jesu bestritten.

Diese extreme Position verhinderte die Akzeptanz der herausgearbeiteten konstruktiven Darstellung auch des Mk-Evangeliums. Die Literarkritik führte zur Etablierung der Zwei-Quellen-Hypothese, deren Vertreter in Mk und der rekonstruierten Spruchquelle weitgehend zutreffende Darstellungen des Wirkens Jesu sahen.[9] Neben der sachlichen Kritik, welche die erst durch J. Weiß[10] ins breitere Bewußtsein dringende eschatologische Orientierung der Botschaft Jesu erforderlich machte, führte vor allem der Nachweis A. Schweitzers,[11] daß die jeweiligen Jesus-Bilder in den Jesus-Romanen des 19. Jh. zum Teil massiv von den Idealvorstellungen der jeweiligen Verfasser ausgeschmückt seien, zum Ende der blühenden romanhaften Leben-Jesu-Literatur.[12]

---

[6] Die dritte Auflage von 1838/39 rehabilitierte unter dem Druck der Kritik teilweise wieder die historische Verläßlichkeit des Joh-Evangeliums, die vierte von 1840 kehrte wieder zur ersten und zweiten zurück.
[7] Dieses Verständnis von Joh und Mk hat D.F. Strauß, Leben 40–144, 1864 erneut gegen die aufkommende Mk-Priorität und Zwei-Quellen-Hypothese verteidigt.
[8] B. Bauer, Johannes; ders., Synoptiker; ders., Evangelien.
[9] Am bedeutsamsten H.J. Holtzmann, Evangelien.
[10] J. Weiß, Predigt.
[11] A. Schweitzer, Reimarus/Geschichte.
[12] Beispiele: K.F. Bahrdt, Ausführung (11 Bde., zusammen ca. 3000 Seiten); K.H. Venturini, Geschichte (4 Bde. mit ca. 2700 Seiten); E. Renan, Vie/Leben („nur" 462 Seiten; mit großer Wirkungsgeschichte). Die verbreitete Behauptung, Schweitzer habe eine historische Erfassung der Person Jesu für unmöglich gehalten und die wissenschaftlichen Jesus-Bilder des 19. Jh. insgesamt als Projektionen jeweiliger Idealvorstellungen entlarvt, steht seinem Selbstverständnis klar entgegen (s. T. Koch, Kritik).

I. Die Echtheitsproblematik   17

2. Geschichte als Darstellung einer theologischen Idee

Die Forschung des 18. und 19. Jh. hatte zwar schon mehrfach auf historische Unglaubwürdigkeiten in den Einzelberichten der Evangelien hingewiesen, auch im Mk-Evangelium, dem ja aufgrund der sich durchsetzenden Zwei-Quellen-Theorie die historische Priorität zukam. Aber erst W. Wrede[13] unternahm in seinem epochalen Werk über das synoptische Messiasgeheimnis eine überzeugende Gesamtanalyse der Art dieser Unverständlichkeiten im Mk-Evangelium.

Ausgangspunkt seiner Analyse ist die exegetische Feststellung des Nebeneinanders zweier Gedankenkreise bei Mk:

„1) Jesus hält seine Messianität, so lange er auf Erden ist, geheim.
2) Den Jüngern freilich offenbart er sich im Gegensatze zum Volk, aber auch ihnen bleibt er in seinen Offenbarungen einstweilen unverständlich. Beiden Gedanken, die vielfach in einander übergehen, liegt die gemeinsame Anschauung zu Grunde, dass die wirkliche Erkenntnis dessen, was er ist, erst mit seiner Auferstehung beginnt.
Dieser Gedanke der geheimen Messianität hat bei Markus eine bedeutende Ausdehnung. Er beherrscht viele Worte Jesu, zahlreiche Wundergeschichten und überhaupt den gesamten Verlauf der Geschichtserzählung."[14]

Aus diesen Beobachtungen zieht Wrede mehrere Konsequenzen. Erstens bildet das Petrus-Bekenntnis Mk 8 27-30 nicht den entscheidenden Wendepunkt, und zwar weder im Leben Jesu[15] noch in der theologisch motivierten Darstellungsweise des Mk-Evangeliums.[16] Denn schon vor dem Petrus-Bekenntnis werden den Jüngern Offenbarungen über die Messianität Jesu zuteil,[17] und nach ihm ist in der Unkenntnis der Jünger keine Veränderung festzustellen.[18] Das Petrus-Bekenntnis deutet Wrede daher in Analogie zu solchen markinischen Wundererzählungen, in denen die Dämonen die messianische Würde des exorzierenden Jesus erkennen und laut aussprechen, von Jesus aber zum Schweigen gebracht werden:[19] Petrus erkennt in Jesus den Christus, die Jünger sollen diese Einsicht jedoch nicht weiterverbreiten. Petrus übernimmt als engster Jünger Jesu also die Funktion der Dämonen, ohne daß seine Messiaserkenntnis eine bleibende würde.[20]

---

13 W. Wrede, Messiasgeheimnis.
14 W. Wrede, Messiasgeheimnis 114.
15 Vgl. J. Weiß, Predigt 100–102; A. Schweitzer, Reimarus/Geschichte 416–418.
16 Vgl. P. Vielhauer, Geschichte 331f.340f, W.G. Kümmel, Einleitung 61–63, oder den Überblick bei J. Gnilka, Mk II 9.18–21.
17 Mk 1 24 3 11 u.ö.; 2 10.28 u.ö. zumindest im Verständnis des Mk.
18 Mk 9 5f.10.32 10 13 u.ö.
19 Mk 1 24f 3 11, vgl. 5 7.19f.
20 W. Wrede, Messiasgeheimnis 115–124.

Liest man das Mk-Evangelium im Sinne eines historischen Berichtes, der eine zusammenhängende und verständliche Darstellung des Wirkens Jesu geben wollte, so fallen zweitens nach Wrede erhebliche Ungereimtheiten und Widersprüche auf.[21] Dem Schweigegebot stehen der Vollzug von Wundern vor der Volksmenge[22] und offene messianische Äußerungen Jesu[23] entgegen. Die Leidensweissagungen sind den Jüngern teils verständlich, teils unverständlich,[24] ebenso dem Volk die Gleichnisse.[25] Diese Spannungen erklärt Wrede zunächst auf zweifache Weise. Zum einen sind sie hier und da die Folge einer nicht harmonisierenden Traditionsübernahme (s.u.). Zum anderen war eine strikte Durchführung des Messiasgeheimnisses gar nicht möglich, sollte denn Jesu Wirken überhaupt erzählenswert bleiben als Ort messianischer Manifestationen. Der Anschauung vom Messiasgeheimnis haftet also darstellerisch notwendig ein innerer Widerspruch an.

Doch beide Erklärungsweisen reichen nicht aus, um die direkte Nebeneinander von Schweigegebot an den Geheilten und Verbreitung der Kunde von Jesus[26] zu erklären. Für Mk gehören eben „das Aussprechen der grossen Wahrheit und das Verbot des Aussprechens"[27] zusammen. Solche Spannungen, die historisch kaum plausibel sind, scheinen für Mk kein Problem gebildet zu haben.

Diese Einsicht führt Wrede zur dritten, forschungsgeschichtlich bedeutsamsten Konsequenz. Wenn historische Ungereimtheiten für die Darstellung des Mk kein Hindernis waren, dann darf Mk auch nicht als historischer Schriftsteller interpretiert werden.[28] Neben noch vorhandenen Anschauungen des Mk vom Leben Jesu[29] stehen

---

21 W. Wrede, Messiasgeheimnis 124–129.
22 Mk 1 21-28 5 1-20 u.ö.
23 Mk 2 1-12 nach 14 4 u.ö.; vgl. den Einzug in Jerusalem 11 1-11.
24 Mk 8 31-33 9 32 10 32-45; 2 19f 12 6-8.
25 Mk 4 10-12.33f mit 3 22f 12 12; vgl. auch die Epiphaniereaktion des Volkes in 1 22.
26 Mk 1 45 7 36f; vgl. 7 24.
27 W. Wrede, Messiasgeheimnis 128.
28 W. Wrede, Messiasgeheimnis 129–145.
29 W. Wrede, Messiasgeheimnis 130: „Jesus ist als Lehrer aufgetreten, zuerst und hauptsächlich in Galilaea. Er ist von einem Kreise von Jüngern umgeben, zieht mit ihnen umher und gibt ihnen Unterweisung. Unter ihnen sind einige seine besonderen Vertrauten. Eine grössere Menge schliesst sich manchmal an die Jünger an. Gern redet er in Parabeln. Neben dem Lehren steht sein Wunderthun. Es erregt Aufsehen, er wird überlaufen. Besonders hat er es mit den dämonischen Kranken zu thun. Soweit er dem Volke begegnet, verschmäht er nicht die Gemeinschaft von Zöllnern und Sündern. Dem Gesetze gegenüber nimmt er eine freiere Stellung ein. Er stösst auf die Gegnerschaft der Pharisäer und der jüdischen Obrigkeit. Sie stellen ihm nach und suchen ihn zu Falle zu bringen. Schliesslich gelingt es ihnen, nachdem er nicht nur den Boden Judäas, sondern Jerusalem selbst betreten hat. Er leidet und wird zum Tode verurteilt. Die römische Obrigkeit wirkt dabei mit." Wohlgemerkt stellt Wrede hier keine historische Rekonstruktion des Wirkens Jesu, sondern die historische Anschauung des Mk davon dar.

I. Die Echtheitsproblematik

theologische oder, wie Wrede sich damals ausdrückte, „dogmatische"[30] Gedanken, die dem Mk-Evangelium überhaupt erst einen verständlichen Zusammenhang geben.

Dogmatisch ist die mk Darstellung der Person Jesu, der als übernatürliches Wesen nicht nach menschlicher Art denkt, handelt und leidet. Die Jünger sind zwar, im Gegensatz zum Volk, Empfänger von Offenbarungen, bleiben aber verständnislos, und Jesu Feinde sind von Anfang an bösartig. Geographische Angaben sind nicht historisch gemeint, sondern bedeuten etwas: das Haus oder der Berg den Ort der Verborgenheit,[31] das Dorf oder das Unterwegssein Jesu die Öffentlichkeit[32] etc. Weder erfolgen die Zusammenstellung und die Verbindung der einzelnen Berichte nach historischer Verständlichkeit,[33] noch sind diese selbst realistisch.

Zwei Textbeispiele mögen diese Deutung des Mk-Evangeliums durch Wrede illustrieren. Jesus nimmt nach Mk 7 32-37 den Taubstummen, den man zwecks Heilung zu ihm gebracht hat (φέρουσιν V. 32), allein beiseite (ἀπολαβόμενος αὐτὸν ἀπὸ τοῦ ὄχλου κατ' ἰδίαν V. 33). Nach vollzogener Heilung gebietet Jesus „ihnen" (αὐτοῖς), nichts davon weiterzusagen (V. 36a). Αὐτοῖς kann nicht die möglicherweise anwesenden Jünger bezeichnen, weil die in V. 36b geschilderte Übertretung des Schweigegebotes zu diesen nicht paßt. Auch die Unterscheidung vom ὄχλος (V. 33) und denjenigen, welche den Kranken zu Jesus bringen (φέρουσιν V. 32), erklärt diese Spannung nicht, da sie das naheliegende Verständnis von V. 32f und den Singular αὐτόν in V. 33 gegen sich hat. Messiasgeheimnis und gleichzeitige Verbreitung der Kunde von Jesus hat Mk in dieser Wundererzählung eben so zum Ausdruck gebracht, daß sich ersteres im Beiseitenehmen des Taubstummen (V. 33) und im Schweigegebot (V. 36a), letzteres in der Reaktion der Volksmenge (V. 36b.37) findet, ohne daß er dabei den Bruch in αὐτοῖς (V. 36) vermeidet.[34]

Noch eindrücklicher zeigt Mk 8 22-26 das Textverständnis des Mk auf. Jesus führt den Blinden, den man zu ihm im Ort Bethsaida gebracht hat (V. 22), aus dem Ort heraus (ἐξήνεγκεν αὐτὸν ἔξω τῆς κώμης V. 23) und heilt ihn. Nach der Heilung schickt er ihn, als Ausdruck des Schweigegebotes, in sein Haus mit dem Gebot, nicht in das Dorf zu gehen (μηδὲ εἰς τὴν κώμην εἰσέλθῃς V. 26). Nach V. 26 befindet sich das Haus des Blinden also außerhalb des Ortes, was an sich schon für palästinische Siedlungsverhältnisse, und dann auch noch bei einem Blinden, unwahrscheinlich ist und außerdem in Spannung zu V. 22 steht, wonach der Blin-

---

[30] W. Wrede, Messiasgeheimnis 130 u.ö.
[31] Mk 7 24 9 33 u.ö.; 3 13 9 2.
[32] Mk 8 23 9 33 u.ö.
[33] Wrede weist ausdrücklich darauf hin, „dass es unerlaubt ist, aus seinen [sc. des Markus] Angaben Folgerungen zu bilden, die er nicht selbst gebildet hat, oder Verknüpfungen vorzunehmen, die nicht offenbar sind" (W. Wrede, Messiasgeheimnis 132).
[34] Naheliegend wäre für Mk gewesen, diese Spannung durch die Übertretung des Schweigegebotes durch den Geheilten auszugleichen (vgl. 145). Daß er solches nicht tut, zeigt, daß eine realistische Darstellung zumindest nicht sein Hauptmotiv war.

de sich im Ort aufhält.³⁵ Daraus folgert Wrede: „Wir haben hier also keine Daten einzuschwärzen, die Markus nicht verrät, sondern einfach zu lernen, dass er bei seinen Vorstellungen die simpelsten Folgerungen übersehen kann. Das Haus bedeutet die Isolierung; der Flecken die Öffentlichkeit. Der Blinde soll deshalb ins Haus und nicht in den Flecken gehen. Das genügt Markus; was daraus folgt, dass das Haus im Flecken liegt, macht ihm keine Sorgen."³⁶

Nach Wrede ist die jeweilige Verwendung der Motive, die zur Anschauung vom Messiasgeheimnis gehören, häufig ein Werk des Mk. Die Anschauung als ganze sei aber auf keinen Fall seine Erfindung. Denn sie liege im Mk-Evangelium in derart unausgeglichener Form vor, daß Wrede sie nicht für das Werk eines Einzelnen halten kann. Außerdem lasse sich keine Erklärung dafür finden, warum Mk ihn gegen die Tradition erfunden haben soll.³⁷ Messiasgeheimnis und Jüngerunverständnis treten bei Mk bereits kombiniert auf,³⁸ und es finden sich im Mk-Evangelium jeweils gegenläufige Texte.³⁹ Sowohl das Verbergen der Messianität durch Jesus bis zu seiner Auferstehung als auch die Verständnislosigkeit der Jünger bis zur Auferstehung gründeten letztlich im ursprünglichen Wissen der Anhänger Jesu, daß sein Wirken ein unmessianisches war und er erst durch die Auferstehung im Glauben der Seinen zum Messias wurde.⁴⁰

Feststellung und Deutung des Messiasgeheimnisses im Mk-Evangelium durch Wrede sind in der nachfolgenden Forschung nicht unbestritten geblieben.⁴¹

---

35 Ebenso unpassend ist, daß der Blinde beim Vollzug der Heilung schemenhaft als erstes Menschen erkennen kann (V. 24), die doch nach V. 23 gerade nicht anwesend sein sollen. Mk hat offensichtlich das Motiv der Isolierung, indem die Heilung sich außerhalb der Ortschaft vollzieht, in eine ihm vorliegende Wundererzählung eingebracht (s. D.-A. Koch, Bedeutung 68–72). Etliche Handschriften belegen, daß man im Bereich der Textüberlieferung nach Mk die Spannung zwischen V. 22f und V. 26 beheben wollte. Εἰσέλθῃς in V. 26 wird duch εἴπῃς ersetzt, so daß nur das Verkünden der Heilung im Ort verboten wird (Hss. D, q). Diese Variante haben auch die Hss. A, C u.a. unter Beibehaltung des unpassenden εἰσέλθῃς. Zahlreiche Textzeugen bieten diese Variantenkombination, mit geringen Abweichungen untereinander, dagegen spannungsfrei: ὕπαγε εἰς τὸν οἶκόν σου καὶ ἐὰν εἰς τὴν κώμην εἰσέλθῃς μηδενὶ εἴπῃς μηδὲ ἐν τῇ κώμῃ (Hss. Θ, f¹³, 28, 565, die Mehrheit der lateinischen Überlieferung u.a.). Den ursprünglichen Text lesen die Hss. ℵ, B, L, W, f¹, der Sinai-Syrer, die bohairischen Zeugen u.a. (ℵ*, W μή).
36 W. Wrede, Messiasgeheimnis 134.
37 W. Wrede, Messiasgeheimnis 145f.
38 Beispielsweise in der Parabelanschauung Mk 4₁₀₋₁₃.
39 Z.B. der Einzug in Jerusalem Mk 11₁₋₁₁, die Frage des Hohenpriesters 14₆₁; das Petrus-Bekenntnis 8₂₇₋₃₀; s. dazu W. Wrede, Messiasgeheimnis 235–239.
40 W. Wrede, Messiasgeheimnis 227–235.
41 Vgl. den Überblick bei H. Räisänen, Messiasgeheimnis, und die Exkurse bei J. Gnilka, Mk I 167–170; R. Pesch, Mk II 36–47.

I. Die Echtheitsproblematik

Eine Reihe von Exegeten lokalisiert die Verhüllung der Gottessohn-Würde schon im Leben Jesu. A. Schweitzer[42] verbindet sie mit dem Prädestinationsgedanken: Jesus wollte nicht, daß durch die Wunder auch solche zum rettenden Glauben kommen, die für das Gottesreich nicht bestimmt sind. Erst das Ausbleiben des direkt bevorstehend erwarteten Kommens des Menschensohnes brachte Jesus auf die Idee, seinen eigenen Tod und damit das Weltende durch Selbstbezeugungen herbeizuzwingen.[43] Nach O. Cullmann und J. Schmid[44] vermied Jesus messianische Äußerungen, um nicht im Sinne eines davidisch-politischen Messias mißverstanden zu werden mit den entsprechenden gewalttätigen Konsequenzen. Für E. Sjöberg und ähnlich für E. Lohmeyer[45] steht hinter dem Messiasgeheimnis die apokalyptische Konzeption vom verborgenen Menschensohn, der auf Jesu irdisches Wirken appliziert wurde. Erst die Parusie bringe die endgültige Enthüllung des Menschensohnes. Auch nach M. Hengel[46] sei die Vorstellung vom Messiasgeheimnis keine Erfindung des Mk oder der nachösterlichen Gemeinden, sondern gehe letztlich auf die geheimnisvolle messianische Vollmacht Jesu zurück. Allen diesen historisierenden Interpretationsversuchen – und auch der traditionsgeschichtlichen Hypothese Wredes – ist jedoch die formgeschichtliche Erkenntnis entgegenzuhalten, daß sich die Äußerungen zum Messiasgeheimnis, mit Ausnahme weniger in diesem Sinne deutbarer Anklänge, nur in den redaktionellen Partien finden.[47]

Auf eine Schwäche der Wredeschen Analysen hat schon A. Schweitzer[48] aufmerksam gemacht: In den Schweigegeboten an die Geheilten, an die zu exorzierenden Dämonen und an die Jünger und teilweise beim Jüngerunverständnis ist Jesu messianische Würde thematisch, in der Parabeltheorie mit dem zum Teil auch damit verknüpften Jüngerunverständnis aber das Gottesreich. Der zweite Themenkreis läßt sich nicht einfach unter den ersten subsumieren, weder traditionsgeschichtlich im Sinne Wredes noch auf der Ebene des Mk-Evangeliums. Diese Kritik hat S. Brown, gefolgt von R. Pesch,[49] erneuert. H. Räisänen[50] differenziert die verschiedenen Anschauungen vom „Messiasgeheimnis" noch weiter (zusätzlich geheime Heilungen, Parabeltheorie und Jüngerunverständnis) und kann sie so nicht mehr allein der planenden Redaktionstätigkeit des Evangelisten, sondern nur noch formgeschichtlich mit der mehr sammelnden Übernahme divergierender Traditionen erklären.

Mit der Einsicht, daß die Vorstellung vom Messiasgeheimnis auf das Konto des Evangelisten geht, ist ihre Erklärung durch Wrede mit dem Wissen der Tradenten um das unmessianische Wirken Jesu praktisch unmöglich geworden.

---

42 A. Schweitzer, Reimarus/Geschichte 411–413.
43 Vgl. Mk 1,11-11 14,61f.
44 O. Cullmann, Petrus 199f; J. Schmid, Mk 157.
45 E. Sjöberg, Menschensohn; E. Lohmeyer, Galiläa 87.
46 M. Hengel, Probleme 237–241.
47 S. die Analysen bei R. Bultmann, Geschichte, zusammengefaßt 371–373; vgl. ders., Theologie 33f. Auch der häufige Verweis auf Mk 1,25 als Beleg für ein traditionelles Schweigegebot beim Exorzismus fußt auf einem semantischen Irrtum (s. Anm. 76).
48 A. Schweitzer, Reimarus/Geschichte 398f.
49 S. Brown, Secret; R. Pesch, Mk I 240.
50 H. Räisänen, Messiasgeheimnis; vgl. K. Tagawa, Miracles 154–185; D.-A. Koch, Wundererzählungen.

Noch der Wredeschen Lösung am nächsten steht R. Bultmanns[51] Interpretation, diese Anschauung verdanke sich dem Willen nach Vereinigung des „hellenistischen" Kerygmas, das den aus der Himmelswelt gesandten, bis zum Tode gehorsamen und daraufhin erhöhten Gottessohn zum Inhalt hat,[52] mit der erzählenden Überlieferung vom Wirken Jesu. In dieser erzählenden Tradition rede der in der Gemeinde präsente Herr. Auch U. Luz,[53] der traditionsgeschichtlich zwischen Wunder- und Messiasgeheimnis unterscheidet, sieht in der Verbindung von beiden den Versuch des Mk, die in den Wundererzählungen sich ausdrückende Vorstellung von Jesus als einem θεῖος ἀνήρ vom Kreuz aus zu überformen.

Neben diesen stärker christologisch-theologisch begrenzten Erklärungsversuchen existieren auch einige Deutungen, die weitergehende textpragmatische Aspekte in den Blick nehmen. Messiasgeheimnis wie Parabeltheorie haben nach M. Dibelius und T. A. Burkill[54] die Funktion, die Ablehnung der Botschaft Jesu durch Israel zu erklären. Ähnlich wie in Röm 9–11 diene die Geheimhaltung der Würde Jesu nach dem Plan Gottes zur Rettung der Heiden. Für H. J. Ebeling[55] zeigen Geheimhaltungsversuch und Ausbreitung der Kunde von Jesus zusammen dem Leser des Mk-Evangeliums, wie groß die Herrlichkeit Jesu und damit die empfangene Offenbarung ist. Ähnlich wie oben U. Luz erklärt sich nach E. Schweizer[56] die Verhüllungsabsicht vom Kreuz her. Wie Jesus haben auch die Seinen in der Nachfolge ihr Kreuz zu tragen. Erst in der leidensbereiten Nachfolge, d. h. literarisch nach der Passion Jesu, könne Gottes Offenbarung in Jesus verstanden werden.[57]

Ein eigener Lösungsversuch kann im Rahmen dieser Arbeit nur skizziert werden. Die Deutung der Anschauung vom Messiasgeheimnis gelangt erst im Verbund mit anderen mk Eigentümlichkeiten zu einem plausiblen Ergebnis. Die folgenden literarischen Beobachtungen im Mk-Evangelium müssen erklärt werden.[58] Der Aufriß des Mk-Evangeliums ist, im Unterschied zu Lk (und Mt), nicht primär biographisch orientiert, da es mit dem Täufer und der Taufe Jesu beginnt (Mk 1₁₁-₁₁). Jesus versucht bis zu seiner Auferstehung seine Gottessohnschaft geheimzuhalten (9₉),[59] was nur manchmal gelingt und oft die Ausbreitung der Kunde von ihm sogar noch fördert (7₃₆f). Angesichts seiner

---

51 R. Bultmann, Geschichte 370–373; vgl. ders., Frage 165–169.
52 Vgl. Gal 4₄f Phil 2₆-₁₁ Röm 3₂₄f 8₃f.₃₂ Hebr 5₈-₁₀ 1Joh 4₉ Joh 3₁₆ u. ö.
53 U. Luz, Geheimnismotiv; vgl. J. Ernst, Markus 94–98.
54 M. Dibelius, Formgeschichte Evangelium 225f; T. A. Burkill, Revelation 69.
55 H. J. Ebeling, Messiasgeheimnis. Vgl. zur Parabeltheorie J. Gnilka, Mk I 171f, die nach ihm den Gnadencharakter von Offenbarung und Berufung herausstellen soll.
56 E. Schweizer, Messiasgeheimnis 7f.
57 Eigenwillig sind die Deutungsversuche von E. Haenchen, Weg 91 (Ersatz für kraftlos gewordene Ostergeschichten), und von G. Strecker, Messiasgeheimnis 103f (Jesu Wirken auf Inthronisation ausgerichtet, die Kirche setzt seine ehemals verborgene Verkündigung fort).
58 Ich gebe jeweils nur die charakteristischen Belege an.
59 Mk 15₃₉ zeigt aufgrund seiner Verbindung mit dem Reißen des Tempelvorhangs und aufgrund des Vergangenheitstempus (ἦν) an, daß die Erkenntnis der Gottessohnschaft Jesu durch den Zenturio eher als Reaktion auf wunderbares Geschehen, vergleichbar den Epiphaniereaktionen der ὄχλοι, zu begreifen ist.

I. Die Echtheitsproblematik 23

Heilungen und seiner Lehre zeigt das Volk zwar die typischen Epiphaniereaktionen (1 21-28), folgt ihm aber, was entscheidend wäre (8 34-38), nicht nach; es ist blind für seine Lehre vom Gottesreich (4 10-12). Den verständnislosen Jüngern wird sie allerdings, entgegen der ursprünglichen Intention von 4 10-12 und ohne ersichtliche Folgen für ihr Verständnis (8 14-21), exklusiv erklärt (4 13-20.34b). Dreimal kündigt Jesus Leiden, Hinrichtung und Auferstehung an (8 31 9 31 10 33f). Dennoch bleibt das messianische Verständnis der Jünger widergöttlich, satanisch, weil es das Leiden nicht akzeptiert (8 27-33 9 32 10 32). Verfolgungen und Leiden werden in der testamentarisch überformten Apokalypse am Ende des Wirkens Jesu den Jüngern breit angekündigt (Kap. 13). Die Passion Jesu bildet den gewaltigen Zielpunkt seiner Geschichte (Kap. 14f), die eingestreuten Schriftzitate und -anklänge deuten sie als das Leiden eines Gerechten.[60] Seine Auferstehung zeigt sich knapp nur am leeren Grab (16 1-8). Aber auch in diesem Geschehen partizipieren die zum Grab gekommenen Frauen an dem typischen Unverständnis der Jünger und richten die aufgetragene Botschaft nicht aus.

Kap. 13 liefert formanalytisch ein erstes Indiz für die Interpretation des Mk-Evangeliums. Mk hat nämlich die apokalyptische Quelle V. 7f.14-20.24-27 zu einem testamentarischen Vermächtnis erweitert (V. 23) und teilweise traditionelle Verfolgungsankündigungen eingefügt (V. 9-13).[61] Testamente zielen gattungstypisch auf die Gegenwart der vom Verfasser intendierten Adressaten.[62] Zweitens wählt Mk als Erzählzusammenhang einen Abschnitt aus dem Leben Jesu, der mit seiner Taufe beginnt und mit Tod und Auferweckung endet. Dieser Abschnitt entspricht exakt dem einer christlichen Existenz. Drittens prägt das Jüngerunverständnis die gesamte Darstellung, eine fortschreitende Erkenntnis hinsichtlich des Wesentlichen liegt nicht vor. Solches Unverständnis scheint Mk bei seinen Adressaten zu finden, da die Jünger am ehesten als Identifikationsfiguren für die christlichen Leser in Frage kommen. Alle drei Beobachtungen ergeben, daß Mk in eine Situation der Verfolgung hinein spricht und einer verständnislosen Gemeinde am Vorbild und Beispiel Jesu darlegt, welche Konsequenzen sich aus einer wahrhaft himmlischen Existenzorientierung ergeben.

---

[60] D. Lührmann, Biographie; ders., Mk 42-44.231.
[61] Zu dieser Bestimmung von Tradition und Redaktion s. E. Brandenburger, Markus 21-42.
[62] Siehe E. v. Nordheim, Lehre I 232f. Vgl. die nach analogem Schema plazierte Abschiedsrede des Paulus in Milet Act 20 17-38 (dazu H.-J. Michel, Abschiedsrede).

In erzählender Form stellt Mk dafür eine Grundeinsicht apokalyptischer Theologie vor:[63] Nicht nur Gottes Plan mit der Welt, sondern auch Weg und Geschick der Gerechten oder Glaubenden (an Jesus von der Taufe bis zu Tod und Auferstehung vorbildhaft verdeutlicht) sind Gegenstand einer der Weltweisheit verschlossenen und unverständlichen Einsicht (Parabeltheorie, Jüngerunverständnis, die Gottessohnschaft zeigt sich erst nach der Auferstehung), die der apokalyptische Prophet als himmlisches Geheimwissen übermittelt bekommt (testamentarische Apokalypse). Im Gegensatz zur Menschenwelt, die auf irdisch-mächtige Epiphanien hofft (Epiphaniereaktionen der Volksmenge, Durchbrechung des Schweigegebots durch die Geheilten), hält Mk daran fest, daß die Wahrheit der christlichen Existenzorientierung vor der Welt nicht offenbar wird (Messiasgeheimnis). Vorfindliches oder zu erwartendes gegenwärtiges Leiden steht daher nicht im Widerspruch zu den Verheißungen Gottes, die sich irdisch-geschichtlich nicht erfüllen werden (Weissagungen zu Leiden, Tod und Auferstehung, Reaktion auf Petrus-Bekenntnis, Passionserzählung).

3. Die Formgeschichte

Daß hinter den Evangelien mündliche Einzelerzählungen standen, hatte bereits 1818 J.C.L. Gieseler mit Rückgriff auf J.G. Herder aufweisen wollen.[64] Die Untersuchung der Sagen der Genesis und später der Psalmen führte den Begründer der Gattungs- und Formgeschichte H. Gunkel um die Jahrhundertwende zu der Einsicht, daß diese mündlichen Traditionen eine jeweils spezifische Form- und Sprachtypik aufweisen und daß sich die jeweilige Gattung einem ihr eigenen Ort im Leben einer Gemeinschaft, einem „Sitz im Leben" zuordnen läßt.[65] In der *postum* veröffentlichten Psalmen-Einleitung bestimmte Gunkel noch einmal präziser die drei konstitutiven Gattungselemente bei Psalmen: die Verankerung in einer bestimmten gottesdienstlichen Li-

---

[63] Natürlich gehört das Mk-Evangelium nicht zur Gattung Apokalypse. Vielleicht hat diese Tatsache in Verbindung mit einer häufig anzutreffenden, aufgrund von Sacherwägungen skeptischen Haltung gegenüber apokalyptischer Theologie eine solche Interpretation bisher verhindert. Zu den zahlreichen Versuchen, z.B. in Mk 13 die Apokalyptik zugunsten der Paränese zu eliminieren, s. den Überblick bei E. Brandenburger, Markus 9–12. Generell, nicht nur in Mk 13, werden Apokalyptik und Ethik häufig gegeneinander ausgespielt (H.-D. Wendland, Eschatologie 106; W. Schmithals, Apokalyptik 35f.81–83; dagegen C. Münchow, Ethik 134–137 u.ö.; W. Zager, Begriff 256; J. Kerner, Ethik; vgl. die schiefe Alternative Apokalypse – Brief bei M. Karrer, Johannesapokalypse 304).
[64] Die sog. synoptische Traditionshypothese: J.C.L. Gieseler, Versuch.
[65] Eine institutionelle Bestimmung des Sitzes im Leben findet sich noch nicht notwendig in H. Gunkel, Grundprobleme 33.

I. Die Echtheitsproblematik 25

turgie, ein jeweils gemeinsamer Schatz von Gedanken und Stimmungen und eine jeweils gemeinsame Formensprache.[66]

Aus dem eineindeutigen Verhältnis zwischen Gattung und Sitz im Leben – „eineindeutig" heißt, daß zu jedem Sitz im Leben genau eine Gattung gehört, also auch zu jeder Gattung genau ein Sitz im Leben[67] – folgt, daß über die Analyse der Form auf regelmäßige (kultische) Begehungen im Leben der Tradentengemeinschaft geschlossen werden kann. Auch von dieser Relation aus ist der Begriff „Formgeschichte" zu verstehen: Nicht nur die Geschichte einer Form wird untersucht,[68] sondern mittels der Formanalyse läßt sich Geschichte rekonstruieren.[69] Das eigentliche Anliegen der formgeschichtlichen Forschung ist also kein literarästhetisches, sondern ein historisch-soziologisches: Die Formanalyse erlaubt, nicht nur durch Beobachtung von Form- und Formensprachvermischungen den mündlichen Überlieferungsprozeß vor der Verschriftlichung, sondern auch typische (institutionelle) Lebenszusammenhänge im frühen Christentum präziser zu bestimmen, ja sogar erst zu erkennen.

Umgekehrt ist es auch möglich, aus den Quellen verschiedene Sitze im Leben der Gemeinschaft zu ermitteln und von dort aus mündliche Formen aus den Texten zu rekonstruieren oder zu postulieren. M. Dibelius hat sich verstärkt für dieses zweite Schlußverfahren über die Rekonstruktion von regelmäßigen frühchristlichen Lebensvollzügen (Predigt, katechetischer Unterricht) entschieden,[70] R. Bultmann nur wenig später für das erste.[71]

Dibelius und Bultmann, dessen *Geschichte der synoptischen Tradition* in der weiteren Forschung dominierte, stellten die Charakteristika mündlicher Traditionen zusammen: nur eine Szene, d.h. Einheit von Ort und Zeit; meistens nur zwei Akteure, gelegentlich mit Publikum; keine unnötigen Detailinformationen; einsträngige, auf die eine Pointe hin komponierte Erzählweise; typisches Geschehen, dem eine typische Form entspricht.[72] Anhand der Veränderungen, welche eine Erzählung bei der Übernahme von einer Quelle in eine andere (z.B. von Mk nach Mt und Lk) erfährt, schließt Bultmann sodann auf mündliche Traditionsgesetze und auf die wahrscheinlichere Ursprünglichkeit der reinen Form.[73]

---
66 H. Gunkel – J. Begrich, Einleitung 22f.
67 R. Bultmann, Geschichte 5f.
68 R. Bultmann, Geschichte 241 u.ö.
69 R. Bultmann, Geschichte 4; M. Dibelius, Formgeschichte Evangelien 187.
70 M. Dibelius, Formgeschichte Evangelium, speziell 1–8.
71 R. Bultmann, Geschichte, besonders 5f. Vgl. zu beidem K. Haacker, Wissenschaft 49f.
72 M. Dibelius, Formgeschichte Evangelium 1–8; R. Bultmann, Geschichte 335–346; ders., Erforschung 22–24/13–15.
73 R. Bultmann, Geschichte 7.337f u.ö.; ders., Erforschung 17–20/10–12.

Beispielsweise gehören nach Bultmann folgende Elemente üblicherweise zu einer typischen Wundererzählung:[74] eine Exposition, welche die Hauptpersonen vorstellt, die Schwere der Krankheit beschreibt und eine Heilungsbitte enthält; der Vollzug des Wunders mit Schilderung magischer Praktiken oder mit wunderwirkendem Wort, gelegentlich auch ein Dialog zwischen Wundertäter und dem krankheitsauslösenden Dämon; die Demonstration des Heilungserfolges; das Erstaunen der zuschauenden Menge. Bei der Analyse von Mk 1,21-28 scheidet Bultmann z.B. daher formfremde Elemente als nachträgliche, hier mk Erweiterungen aus:[75] die den durchlaufenden Erzählfaden im Mk-Evangelium bildenden zeitlichen und geographischen Angaben in V. 21.28, die Verbindung mit der vollmächtigen Lehre Jesu in V. 22.27 (nach Mk 6,2f); erwogen, aber abgelehnt wird die Möglichkeit, V. 24b sei ein redaktionell eingefügtes Messiasbekenntnis des mit dem Kranken identifizierten Dämons.[76] Ohne die redaktionellen Passagen bleibe eine vollständige und typische Wundererzählung übrig. Daher nimmt Bultmann an, daß diese Dämonenbeschwörung dem Verfasser des Mk-Evangeliums vorgelegen hat.

Welche Konsequenzen brachte die Formgeschichte für die Frage nach dem historischen Jesus? Das ursprünglich mit ihr verbundene Anliegen war ja, den zeitlichen Abstand zwischen den ersten literarkritisch faßbaren Quellenschriften und dem Wirken Jesu zu verringern oder sogar zu überbrücken, indem durch Kenntnis der mündlichen Form- und Überlieferungsgesetze und durch Analyse der redaktionellen Tendenzen der ältesten Quellen der Prozeß von der Entstehung einer Einzelerzählung bis zu ihrer ersten Verschriftlichung rückwärts konstruiert werden konnte.[77] Man sollte meinen, daß auf diese Weise jetzt verläßlichere Ergebnisse in der Jesus-Forschung hätten zutage treten müssen.

Daß dem nicht so war, liegt an weiteren, teilweise mit dem formgeschichtlichen Programm, teilweise mit theologischen Vorentscheidungen zusammenhängenden Gründen. Theologisch folgerte man in der dialektisch-theologischen Neubesinnung gegenüber der liberalen Theologie aus der Exegese des Paulus, der fast keine Jesus-Traditionen in seinen Briefen zitierte und eine Christus-Erkenntnis κατὰ σάρκα[78] für überwunden erklärte, daß nicht das Wie, sondern nur das Daß des

---

[74] R. Bultmann, Geschichte 236–241; ders., Erforschung 25–27/15–17.
[75] R. Bultmann, Geschichte 223f.
[76] Die verbreitete Behauptung, das Schweigegebot an die Dämonen gehöre in Mk 1,25 zur Tradition, hat B. Kollmann, Schweigegebote, überzeugend widerlegt. Sie beruhte auf einer Verwechslung von φιμόω „knebeln, fesseln" mit φιμόομαι „verstummen". Auch hier hat sich Mk sein Darstellungsmittel des Messiasgeheimnisses (in eine Tradition?) eingebracht.
[77] K.L. Schmidt, Rahmen, erwies dafür die redaktionelle Herkunft der die Einzeltraditionen verbindenden Rahmenhandlung in den synoptischen Evangelien. S. weiter R. Bultmann, Geschichte 347–392.
[78] 2Kor 5,16. R. Bultmann, Theologie 238, bringt die irdische Begrenztheit der Erkenntnis κατὰ σάρκα (Bezug zum Verb) verschärfend mit ihrer Sündigkeit zusammen.

I. Die Echtheitsproblematik 27

Gekommenseins des Gottessohnes bis zum Kreuzestod[79] theologisch relevant sei.[80] Formgeschichtlich lokalisierte man die synoptischen Traditionen in den nachösterlichen Gemeinden. Daher spiegelten diese erstens nicht primär historisch-einmalige Lebenszusammenhänge und -bedürfnisse des Wirkens Jesu wider, sondern solche typisch-soziologischen ebendieser Gemeinden.[81] Zweitens setzten alle diese Traditionen zumindest implizit den Glauben an das entscheidende Gotteshandeln in Kreuz und Auferweckung Jesu voraus und seien daher von diesem nachhaltig geprägt.[82] Der tiefe Graben, welcher durch die Osterereignisse aufgerissen worden war, erschien fast unüberwindlich.

Über die theologischen Vorentscheidungen soll hier nicht debattiert werden, sondern nur über die formgeschichtlichen Einsichten hinsichtlich ihrer literarischen Voraussetzungen im frühchristlichen Schrifttum und über ihre Operationalisierung. Erstens wurde die Grundeinsicht Gunkels, daß eine Gattung aus einem für sie charakteristischen Sitz im Leben heraus entsteht,[83] dahingehend mißverstanden, daß jeder Einzeltext dieser Gattung ebenfalls diesen Ursprung hat.[84] Aus der wohl richtigen Einsicht, daß z.B. die Form der Wundererzählung der werbenden Propaganda entstammt,[85] darf nicht gefolgert werden, jede frühchristliche Wundererzählung mit den entsprechenden Formmerkmalen sei im Zusammenhang der Mission entstanden. Es besteht nämlich ebenso die Möglichkeit, daß im literarisch größeren Kontext Wundererzählungen erst geschaffen wurden unter Berücksichtigung ihrer typischen Formeigenschaften, also ohne mündlich überlieferte Vorlagen, ohne daß eine missionierende Absicht damit verbunden gewesen wäre.[86] Der Text einer Gattung kann

---

79 Phil 2 6-11 u.ö. Siehe R. Bultmann, Bedeutung; ders., Theologie 303–306.
80 R. Bultmann, Bedeutung 145–151/202–213.
81 M. Dibelius, Formgeschichte Evangelien 211, vgl. 215: „Damit wird die Annahme bestritten, als habe es einmal in der Tradition ein rein geschichtliches Jesusbild gegeben"; G. Iber, Formgeschichte 308.
82 E. Käsemann, Problem 203f.
83 Schon diese Grundvoraussetzung kann man in ihrer strikten Allgemeingültigkeit bezweifeln, weil durchaus vorstellbar ist, daß analoge Problemlagen in unterschiedlichen institutionellen Kontexten zu äußerlich nicht unterscheidbaren Gattungen geführt haben.
84 Auf dieses Mißverständnis hat K. Haacker, Wissenschaft 57, hingewiesen.
85 Vgl. Jdt 14 10 2Kor 12 12 Act 2 22 9 32-42 Joh 2 11.23 4 51-53 20 30f u.ö.; der Chorschluß mit den Epiphaniereaktionen geht über das für einen Wunderbericht minimal Nötige hinaus und verrät dadurch die Erzählabsicht.
86 Der Anteil klar redaktioneller Passagen in der oben erwähnten Dämonenaustreibung Mk 1 21-28 ist z.B. so hoch (V. 21-23a.24b.25.27c.28), daß durchaus mit einer vollständig mk Bildung zu rechnen ist. Die Exposition Q 11 14 zum folgenden Streitgespräch über die Bedingungen der Dämonenaustreibung enthält ein vollständiges Heilungswunder (Exposition mit Krankheitsschilderung, Dämonenaustreibung mit Demonstration der Heilung, Chorschluß). Dennoch wird man nicht behaupten wollen, dieses Ein-Vers-Wunder gebe eine ursprünglich

also durchaus erst schriftlich geschaffen und außerdem verschiedenen Lebenszusammenhängen und Funktionen dienstbar gemacht worden sein.

Auf eine zweite Schwäche hat zuerst E. Güttgemanns aufmerksam gemacht. Folkloristische Forschungen bis in die Gegenwart zeigen, daß der Übergang vom mündlichen Erzählen zur Niederschrift keine Selbstverständlichkeit war und nur selten bruchlos verlief, sondern daß dabei ein ausgeschmücktes mündliches Erzählen gestrafft wurde.[87] Der Rückgang von den schriftlichen Quellen zu den mündlichen Erzählungen ist also hinsichtlich des genauen Wortlautes und der erzählerischen Ausgestaltung problematisch.

Drittens glaubte Bultmann, Überlieferungsgesetze im mündlichen Bereich am Umgang von Verfassern späterer Texte mit ihren früheren schriftlichen Quellen ermitteln zu können. Die Schriftlichkeit des analysierten Prozesses war ihm dabei kein Problem.[88] Bei der mündlichen Tradierung würden gerne Einzelheiten ausgeschmückt, anonyme Personen oder Personenkreise mit Namen oder typischen Gruppenbezeichnungen versehen und Berichte oder indirekte Rede in direkte verwandelt.[89] Doch E. P. Sanders hat umfassend nachgewiesen, daß nicht selten auch das Umgekehrte stattfand.[90]

Ganz problematisch ist viertens die romantisierende Grundannahme der älteren Formgeschichte, daß immer die reine Form am Anfang des Überlieferungsprozesses stehe und erst die weitere Tradierung Erweiterungen und Formvermischungen einbringe.[91] Da eine Gattung eher ein kollektives Wissen um eine typische Erzählform darstellt und weniger eine rigorose Erzählanleitung im Einzelfall, liegt die An-

---

eigenständige Erzählung über eine Dämonenaustreibung wieder. Im folgenden werden Stellenangaben von Texten aus der Spruchquelle in Übereinstimmung mit dem Verfahren im „International Q Project" mit „Q" eingeleitet und mit der Lk-Zählung versehen; sonstige Übereinstimmungen zwischen Mt und Lk gegen Mk erhalten die Bezeichnung Mt-Lk^S (zum Problem s. S. 129-136). Außerdem vermeide ich generell die Bezeichnung „Logienquelle", da λόγιον gattungsmäßig einen Orakelspruch bezeichnet. Auch „Spruchquelle" impliziert zwar eine zu einseitige Bestimmung von Q, wird aber hier im weiteren Verlauf um der Verständlichkeit willen beibehalten.

[87] E. Güttgemanns, Fragen 69-166; akzeptiert z.B. von K. Koch, Methoden 805f; H. Conzelmann – A. Lindemann, Arbeitsbuch 11. Aufl. 84; vgl. weiter W.J. Ong, Orality; C. Breytenbach, Problem; G. Sellin, Gattung; W.H. Kelber, Anfangsprozesse, und den Forschungsüberblick bei B.W. Henaut, Tradition 28-119. Ein frühchristliches, evtl. nur bedingt vergleichbares, weil möglicherweise auf eine schriftliche Quelle fußendes Beispiel ist die drastische Straffung der Entschuldigungen durch Mt in Mt 22 1-10 par. Lk 14 15-24.

[88] R. Bultmann, Geschichte 7: „wobei es zunächst gleichgültig ist, ob die Tradition mündlich oder schriftlich erfolgte, da bei dem unliterarischen Charakter des Überlieferungsstoffes ein prinzipieller Unterschied zwischen beiden nicht vorhanden ist."

[89] R. Bultmann, Geschichte 335-346; ders., Erforschung 22-24/13-15.

[90] E. P. Sanders, Tendencies.

[91] H. Conzelmann – A. Lindemann, Arbeitsbuch 7. Aufl. 72.

I. Die Echtheitsproblematik

nahme näher, daß die Tradenten nach und nach eine eher untypische Erzählung in die Normalform überführen.⁹² Die größere Wahrscheinlichkeit dieser Annahme läßt sich bei der oft mündlichen Tradierung rabbinischer Schuldiskussionen beobachten: je später die Verschriftlichung, desto ausgeprägter die Angleichung an die Normalform.⁹³

Besonders gravierend für die Jesus-Forschung wirkte sich fünftens folgender Fehlschluß aus: Aus der Einsicht, daß der Sitz im Leben, d.h. der Ort der Entstehung einer Gattung und der Formung einer bestimmten frühchristlichen Erzählung über Jesus erst in nachösterlicher Zeit zu suchen ist, folgte tendenziell die Annahme, das Erzählte sei insgesamt unhistorisch.⁹⁴ Begründbar ist dieser Schluß zwar damit, daß Jesus-Traditionen im Zusammenhang ihrer nachösterlichen Applizierbarkeit weitergegeben wurden. Aber es gilt zum einen zu bedenken, daß Inhalte einer für die Jesus-Zeit typischen Erzählform in andere, nachösterliche Formen übertragbar sein können. Zum anderen ist zumindest in einem begrenzten Zeitraum die lebendige Erinnerung an Ereignisse im Wirken Jesu auch unabhängig von ihrer Anwendung in typischen Lebenszusammenhängen der frühchristlichen Gemeinden eine nach Analogie des Allgemeinmenschlichen kaum von der Hand zu weisende sinnvolle Annahme; mit der späteren Reaktivierung historischer Gegebenheiten aus dem Wirken Jesu allein aus der Erinnerung ist in der Tat zu rechnen.

Welche Bedeutung kann die Formanalyse von Texten nach dieser Kritik noch haben? Erklärungsbedürftig bleibt auf jeden Fall, daß in den frühchristlichen Texten einige typische Erzählmuster in ungewöhnlicher Häufigkeit auftreten. Die Annahme der Gattungsforschung, daß hier die jeweiligen Erzähler sich nach überindividuellen Gestaltungsprinzipien bei mündlicher Bildung, mündlicher Tradierung und eben auch bei Verschriftlichung und Bearbeitung schriftlicher Quellen richteten, stellt eine plausible Erklärung dieses Befundes dar, zumal auch noch heute in vergleichbaren Kulturen Ähnliches festgestellt werden kann.⁹⁵

Durch Vergleich läßt sich sodann eine Art Grund- oder Normalform der jeweiligen Erzähl- und Textgattung konstruieren. Die Analyse eines zu dieser Gattung gehörenden Einzeltextes vor dem Hintergrund der Normalform ermöglicht auf diese Weise, besser kontrolliert dessen Spezifika und dadurch die jeweilige Autorintention zu ermitteln.

---

92 Vgl. W.H. Kelber, Markus 36f; K. Haacker, Wissenschaft 58–61.
93 Dazu s. J. Neusner, Form-Analysis.
94 E. Käsemann, Problem 204.
95 M. Parry, Songs, für serbokroatische Heldenlieder; ähnlich A.B. Lord, Formula; s. weiter E. Güttgemanns, Fragen 69–166.

In Joh 4,46-54 fällt durch einen solchen Vergleich erstens die starke Betonung des Glaubens auf: die Steigerung der Spannung durch den impliziten Abweis der Heilungsbitte mit einer Kritik am Wunderglauben in V. 48,[96] das Vertrauen (πιστεύω) des königlichen Beamten in die Wirksamkeit des Heilungswortes in V. 50b und sein die gesamte Existenz einschließendes Zum-Glauben-Kommen (ebenfalls πιστεύω),[97] das auch seine Hausgemeinschaft einschließt, nachdem die lebensstiftende Wundermacht Jesu in der Überprüfung bestätigt wurde (V. 51-53). Zweitens ist bemerkenswert, daß Jesus im Unterschied zu vielen anderen Heilungswundern und entgegen der zweimaligen Bitte des Beamten nicht zu dessen krankem Sohn geht, sondern aus der Ferne (Kana statt Kapernaum) heilt (V. 46f.49f). Drittens fehlen nicht nur alle Hinweise auf magisch-medizinische Praktiken, sondern auch auf Dämonenbeschwörung oder heilungsmächtige Worte. Der Chorschluß fällt viertens unüblich aus: Statt der Epiphaniereaktionen einer großen Volksmenge erscheint das Zum-Glauben-Kommen des Königsbeamten mit seiner Hausgemeinschaft.

Die zweite und die dritte Beobachtung drücken die Hoheit des menschgewordenen Logos und Offenbarers aus, sie spiegeln eine fortgeschrittene Christologie wider. Die Betonung des Glaubensmotivs entspricht der joh Wunderkonzeption. Der Abweis der ersten Heilungsbitte in V. 48 mit seinen joh Parallelen enthält nicht nur das typisch joh οὖν-historicum; auch die 2. pers. pl. stört im Kontext; er erfordert in V. 49 ein erneutes Vortragen der Heilungsbitte.[98] Daher dürfte zumindest V. 48 der joh Redaktion entstammen.

Ein Vergleich mit dem verwandten Spruchquellen-Wunder beim Hauptmann von Kapernaum (Q 7,1-10)[99] bestätigt, daß bereits vor Joh der Glaube eines Nichtjuden[100] und der Abweis der ersten Heilungsbitte feste Bestandteile der Erzählung waren. Die Funktion des Q und Joh zugrundeliegenden Wunders besteht

---

[96] Der Abweischarakter ergibt sich aus ähnlichen Äußerungen in anderen joh Wundererzählungen (Joh 2,4 11,6) und aus der entrüsteten Frage Jesu in Mt 8,7 aus der verwandten Wundererzählung Q 7,1-10 (s. S. 195 Anm. 20). Die Spannung zu anderen, gewichtigen Aussagen, nach denen der Glaube aufgrund von Wundern das Ziel des Offenbarerwirkens und des Evangeliumsverfassers ist (Joh 2,11.23 4,53 20,30f), verweist auf den tieferen, im Grunde eigentlichen Sinn der Wundertaten, der in den öfter folgenden Offenbarungsreden, freilich ebenfalls nicht vor Mißverständnissen geschützt, enthüllt wird (Erkenntnistheorie der dualistischen Weisheit).

[97] Natürlich ist πίστις in V. 50b nicht identisch mit derjenigen in V. 53. Eine redaktionsanalytisch auswertbare Spannung (so J. Becker, Joh I 223 u.a.) sehe ich jedoch nicht. Daher kann V. 50b sehr wohl traditionell sein.

[98] Παιδίον (V. 49) differiert terminologisch von υἱός (V. 46f.50.53) und παῖς (V. 51). Sowohl παῖς als auch παιδίον sind im ursprünglichen Joh-Evangelium zwar Hapaxlegomena, letzteres findet sich jedoch noch viermal im joh Sprachkreis (Joh 16,21 21,5 1Joh 2,14.18), ist daher ein kleines Anzeichen joh Überarbeitung der zweiten Bitte.

[99] Die Übereinstimmungen zwischen einigen Wendungen und Motiven bei Joh 4,46-54 einerseits und redaktionellen Passagen in Mt 8,5-13 und Lk 7,1-10 andererseits reichen m.E. nicht aus, von einer Kenntnis dieser beiden Texte durch Joh auszugehen (gegen A. Dauer, Johannes 39-125).

[100] Βασιλικός könnte auch einen jüdischen Königsbeamten bezeichnen. Zumindest die durch die beiden Wunder Joh 2,1-11 4,46-54, die Wundererzählung 2,11 4,54 und die gleiche Lokalisierung in Kana (2,1 4,46) geschaffene Ringkomposition spricht jedoch auf der redaktionellen Ebene gegen einen Juden. Denn sie zeigt eine thematische Entwicklung: Glaube der Jünger (2,11), Ablehnung und Glaube unter Juden (2,18-20.23, Nikodemus 3,1-21, Johannes der Täufer 3,22-36), Glaube der Samaritaner (4,39-42), Glaube eines Nichtjuden (4,53).

I. Die Echtheitsproblematik 31

nicht in der werbenden Propaganda, sondern in der Rechtfertigung der missionierenden Hinwendung zu Nichtjuden (Q 7_{9b}), weshalb auch der Chorschluß fehlt.

Schließlich gilt immer noch, daß es bei Formvermischungen dann sinnvoll ist, von einer traditionellen zugrundeliegenden Erzählung auszugehen, wenn nach Abzug formfremder Elemente ein vollständiger, geschlossener und gattungstypischer Text übrigbleibt. Eine solche Annahme gewinnt noch einmal erheblich an Plausibilität, wenn einzelne Teile dieser ursprünglichen Gattung für den Erzählverlauf der Mischform auffällig breit oder sogar unnötig sind oder wenn Spannungen in der Sprache oder in der Sache durch die Formvermischung erklärt werden können.

Das partielle Recht der formgeschichtlichen Forschung kann überzeugend an Mk 2₁₋₁₂ demonstriert werden, weil hier zur Stützung auch Beobachtungen zu sprachlichen und inhaltlichen Spannungen herangezogen werden können. Der jetzige Text bildet ein Apophthegma, genauer gesagt ein Streitgespräch mit allen dafür konstitutiven Faktoren: Die breite Exposition schildert das Zusammentreffen der Hauptperson Jesu mit einer Volksmenge in einem Haus, speziell mit einem auf einer Bahre herabgelassenen Lahmen (V. 1–4); Streitanlaß ist die Vergebung der Sünden, die Jesus dem Kranken zuspricht (V. 5). Die erst jetzt genannten Schriftgelehrten empören sich innerlich über diese anmaßende Gotteslästerung; aufgrund seiner hellseherischen Fähigkeiten erkennt Jesus ihren Widerspruch und greift ihn aktiv auf (V. 6–8). Mit einem (nicht ganz geglückten) Schluß *a fortiori* – das Zusprechen der Sündenvergebung (nicht die Sündenvergebung selbst!) ist leichter als das wunderwirkende Heilungswort – widerlegt Jesus sodann mit dem Vollzug der Heilung den Vorwurf der Gotteslästerung (V. 9–12).

Formgeschichtlich fallen – sieht man einmal vom klar erkennbaren redaktionellen Rahmen V. 1 ab – an diesem Streitgespräch mehrere Unregelmäßigkeiten auf: Eine Volksmenge als Publikum eines Streitgespräches ist selten; Exposition und Widerlegung nehmen vergleichsweise viel Raum in Anspruch (V. 2–4.9–12a); der Überraschungseffekt in V. 5b (Sündenvergebung statt Heilung) ist für ein Streitgespräch an dieser Stelle ungewöhnlich; statt der vollmächtigen Widerlegung steht am Ende die Epiphaniereaktion der Volksmenge (V. 12b). Darüber hinaus weist der Text aber auch sprachliche und sachliche Spannungen auf: Die Argumentation in V. 9–12 enthält einen logischen Fehler; zwischen dem hypothetischen (V. 9c) und dem tatsächlichen Heilungswort (V. 11) bestehen kleine Abweichungen;[101] in V. 10 bildet der abrupte Übergang von der direkten Rede in den Bericht einen syntaktischen Bruch; die Anwesenheit der Volksmenge, die von dem Vorwurf der Schriftgelehrten nichts weiß, ist überflüssig, ihre Reaktion (V. 12b) steht in keinem Bezug zum Streitfall, da πάντας schlecht die widersprechenden Schriftgelehrten einschließen kann.

---

[101] Diese Abweichungen (die Auslassung von καί und die Ersetzung von περιπάτει durch ὕπαγε εἰς τὸν οἶκόν σου in V. 11) können aber auch auf bewußter Variierung des Ausdrucks beruhen.

Unter formgeschichtlichen Prämissen liegt die Annahme nahe, daß eine ursprüngliche Wundererzählung nachträglich durch den Einschub V. 5b–10 zu einem Streitgespräch umgestaltet wurde. Ohne diesen Einschub bleibt ein vollständiges, aus sich heraus verständliches Heilungswunder übrig: Exposition mit Jesus, Volksmenge als Publikum und Krankem, wobei die Schwierigkeit der Begegnung betont wird und die Heilungsbitte im aufwendigen Verhalten der vier Träger[102] erscheint (V. 2–5a); der Vollzug des Wunders mit einem die Heilung wirkenden Befehl und mit der Demonstration der Heilung im Umherlaufen des Lahmen (V. 11.12a); die Epiphaniereaktion des Publikums mit Lobpreis Gottes (V. 12b). Alle obengenannten formgeschichtlichen, sprachlichen und inhaltlichen Ungereimtheiten fallen dadurch weg. Sogar die Nahtstellen sind noch erkennbar: Das doppelte λέγει τῷ παραλυτικῷ (V. 5a.10b), im zweiten Fall mit grammatischer Anschlußhärte, markiert noch Unterbrechung und Wiederaufnahme des ursprünglichen Erzählfadens.

Beobachtungen zu sprachlichen und inhaltlichen Spannungen stützen in diesem Fall also eine formgeschichtlich vorgenommene Rekonstruktion der Überlieferung: Ein Heilungswunder wurde durch einen Einschub zur Exposition und zur Widerlegungsstrategie eines Streitgespräches umgeformt. Aus sprachlichen Gründen dürfte Mk dafür in Frage kommen.[103]

4. *Zusammenfassung*

Die Quellen- und Tendenzkritik in der Jesus-Forschung des 19. Jh. wurde zu Beginn des 20. Jh. also zweifach verschärft. Zum einen war jetzt kaum noch zu bestreiten, daß nicht primär historische Erinnerung der jeweiligen Autoren Aufriß und Einzelelemente der Evangelien bestimmte, sondern eine stellenweise symbolisch ausgedrückte theologische Absicht. In der Erwartungshaltung der Exegeten wandelten sich die Evangelien als historisch mehr oder weniger verläßliche Dokumente über das Wirken Jesu in Darstellungen einer theologischen Idee, die in Erzählform gekleidet wurde. Zum anderen entdeckte die formgeschichtliche Forschung die Prägung vieler Jesus-Traditionen durch die Lebenszusammenhänge der nachösterlichen Gemeinde, so daß es nun schien, daß selbst eine ausgefeilte literarkritische,

---

[102] Im Kontext der Wundererzählung demonstriert die Abdeckung des Dachs die Schwierigkeit, sich dem Heiler zu nähern; allein die übergroße Volksmenge wird als Grund für diese Handlung angegeben. Das Motiv selbst könnte allerdings der Vorstellung entstammen, einen Austrittsweg für den krankheitsauslösenden Dämon zu eröffnen (so O. Böcher, Christus 78f).

[103] Διαλογίζομαι Mk 2 6.8 par. Lk 5 21f, Mk 8 16f par. Mt 16 7f, Mk 11 31 par. Mt 21 15, im NT sonst nur Mk 9 33 und Lk 1 29 3 15 12 17 20 14; βλασφημέω Mk 2 7 par. Mt 9 3 (Lk 5 21 βλασφημία), Mk 3 28f par. Lk 12 10 (Mt 12 31 βλασφημία), Mk 15 29 par. Mt 27 39 (vgl. Lk 23 39), sonst nur Mk 2 6 6 5 (Mk 14 64 βλασφημία), Lk 22 65; εὐθύς/εὐθέως Mt 18x, Mk 42x, Lk 7x; εὐκοπώτερον Mk 2 9 par. Mt 9 5 Lk 5 23, Mk 10 25 par. Mt 19 24 Lk 18 25, Lk 16 17, sonst nicht im NT; περιπατέω Mt 7x, Mk 8x, Lk 5x; die ἐξουσία Jesu ist ein Schlüsselbegriff für Mk: Mk 1 22 par. Mt 7 29 Lk 4 32, Mk 2 10 par. Mt 9 6.8 Lk 5 24, Mk 11 28f.33 par. Mt 21 23f.27 Lk 20 2.8, Mk 1 27 par. Lk 4 36, vgl. Lk 4 6, sonst keine weiteren synoptischen Belege. Zur Begründung dafür, daß in dieser Arbeit verstärkt Sprach- und Stilanalysen zur Feststellung der Autorschaft herangezogen werden, s. S. 87.

I. Die Echtheitsproblematik

form- und überlieferungsgeschichtliche Methodik nicht mehr zu einem historisch verläßlichen Kern zurückzugelangen vermag.

In dieser Forschungslage, welche nun eher die Unechtheit als die Echtheit der Jesus-Traditionen für das Wahrscheinlichere hielt,[104] war die Suche nach inhaltlichen, die Ergebnisse literar- und formkritischen Arbeitens auf einer anderen Ebene weiterführenden Kriterien für die Authentie der Jesus-Überlieferungen das Gebotene. In der Tat setzte nach dem Zweiten Weltkrieg in der exegetischen Forschung auf breiter Front die Etablierung solcher sachlicher Kriterien ein.

---

[104] Vgl. E. Käsemann, Problem 203f.

II. Das Kriterium der doppelten Dissimilarität

1. Darstellung

1953 hat E. Käsemann als erster das Kriterium der doppelten Dissimilarität,[1] nämlich die Abgrenzung Jesu vom Frühjudentum und vom frühen Christentum, formuliert.[2] Weil er damit die Grundlage für eine über mehrere Jahrzehnte dominierende und teilweise noch heute bestehende Kriteriologie legte, zitiere ich seine Formulierungen.

„Sie [sc. die Verlegenheit der kritischen Forschung] besteht darin, daß die historische Glaubwürdigkeit der synoptischen Tradition auf der ganzen Linie zweifelhaft geworden ist, wir jedoch für die Herausstellung authentischen Jesusgutes weithin noch einer wesentlichen Voraussetzung, nämlich des Überblicks über das älteste urchristliche Stadium, und fast gänzlich ausreichender und stichhaltiger Kriterien ermangeln. Einigermaßen sicheren Boden haben wir nur in einem einzigen Fall unter den Füßen, wenn nämlich Tradition aus irgendwelchen Gründen weder aus dem Judentum abgeleitet noch der Urchristenheit zugeschrieben werden kann, speziell dann, wenn die Judenchristenheit ihr überkommenes Gut als zu kühn gemildert oder umgebogen hat."[3]

Nach Käsemann genügen vor allem vier Themenkomplexe diesem doppelten Kriterium: 1. wegen der über Mose stehenden Autorität die erste, zweite und vierte Antithese; aus gleichem Grund die Stellungnahmen Jesu 2. zum Sabbat-Gebot (vgl. z.B. Mk 2,23-28) und 3. zu Reinheitsvorschriften (Mk 7,15 u.ö.); 4. wegen der unerhörten Vollmacht auch Mk 3,27 (Käsemann meint wohl Lk 11,20), Mt 12,28. Paradox formulierte Weisheitssprüche wie Mt 10,26f par. Lk 12,2f (vgl. Mt 6,25-33 par. Lk 12,22-31) oder in ihrem Sinn rätselhaft gewordene Sprüche (Mt 11,12f par. Lk 16,16) hält Käsemann ebenfalls für authentisch.[4] Im folgenden werden sich allerdings einige dieser für zuverlässig echt gehaltenen Texte und Themen als wahrscheinlich bis ziemlich sicher unecht herausstellen.

Die älteren Wurzeln des Kriteriums der doppelten Dissimilarität sind jüngst von D. Winter beschrieben worden.[5] Einerseits basiert es auf exegetischen Einsichten, welche Botschaft und Selbstverständnis

---

1 Die Bezeichnungen für dieses Kriterium wechseln: Unähnlichkeitskriterium, principle/criterion of dissimilarity, Differenzkriterium, Diskontinuitätskriterium, Unableitbarkeitskriterium u.ä. (vgl. G. Theißen – D. Winter, Kriterienfrage 22). Die oben gewählte Bezeichnung „Kriterium der doppelten Dissimilarität" weist darauf hin, daß die Unähnlichkeit sowohl gegenüber dem Frühjudentum als auch gegenüber dem frühen Christentum gilt.
2 E. Käsemann, Problem (Vortrag von 1953).
3 E. Käsemann, Problem 205. Davor (ebd. 203-205) hat Käsemann andere Rekonstruktionsmöglichkeiten zurückgewiesen (Unechtheit ist zu beweisen, formgeschichtliche Kriterien, frühchristliche Chronologie).
4 E. Käsemann, Problem 206-211.
5 G. Theißen – D. Winter, Kriterienfrage 28-174; dieses Kapitel wurde von Winter allein verfaßt, s. IX.

II. Das Kriterium der doppelten Dissimilarität

Jesu von den späteren Dogmen schon ab frühchristlicher Zeit unterschieden. Diese vor allem im 19. Jh. vorangetriebene Arbeitsweise verdankt sich dem aufklärerischen Impuls und speziell der Verortung der wahren Religion im Erleben der Gottunmittelbarkeit. Dieses Teilkriterium geht daher quellen-, (form-) und tendenzkritisch vor: Je älter eine Quelle ist, desto näher steht sie bei der Religion Jesu; von den Quellen sind die dogmatischen Interessen frühchristlicher Theologie abzuziehen, und das den Interessen der Tradenten Widerstrebende verdient besondere historische Glaubwürdigkeit.

Hingegen fußt die Abgrenzung Jesu gegenüber dem Judentum auf dem Verfahren des traditionsgeschichtlichen Vergleichs. Anhand der erhaltenen frühjüdischen Quellen wird ein Möglichkeitsraum des antiken Judentums zusammengestellt, mit dem sodann die nach dem ersten Teilkriterium ermittelten, möglicherweise echten Jesus-Traditionen verglichen werden. Was dabei übereinstimmt, steht im Verdacht, vom frühen Christentum ohne jesuanische Vermittlung aus dem Judentum übernommen worden zu sein, und wird daher als möglicherweise unecht eingestuft.

2. Kriterieninterne Fehler und Schwächen

Auf eine entscheidende Schwäche des doppelten Differenzkriteriums wurde schon oft hingewiesen: Es vermag nur die Unterschiede zwischen Jesus und dem Judentum einerseits und Jesus und dem frühen Christentum andererseits zu bestimmen. Gemeinsamkeiten zwischen Jesus und zumindest einer der beiden anderen Gruppen können hinsichtlich ihrer Authentie nicht erfaßt werden.[6] Daher wurde das Kriterium der Dissimilarität bald durch ein weiteres ergänzt, nämlich durch das der Kohärenz.[7]

Eine weitere Begrenztheit des Unähnlichkeitskriteriums besteht darin, daß nicht einmal dasjenige, was die im Blick stehende historische Person von ihrer Umwelt und von ihren Tradenten unterscheidet, vollständig ermittelt werden kann. Denn die für die Tradierung Verantwortlichen können interessengeleitete Selektion gar nicht vermeiden. Daher ist prinzipiell davon auszugehen, daß ein Teil der Spezifika einer historischen Person im Überlieferungsprozeß verlorengeht.

---

[6] Schon E. Käsemann, Problem 205f, wußte um diese prinzipielle Begrenztheit: „Allerdings müssen wir uns dabei von vornherein dessen bewußt sein, daß man von hier aus keine Klarheit über das erhält, was Jesus mit seiner palästinischen Umwelt und seiner späteren Gemeinde verbunden hat. Da bleiben Grenzen für verschiedenste Hypothesen weit offen." Vgl. weiter N.A. Dahl, Jesus 119; J. Jeremias, Theologie 14; F. Hahn, Überlegungen 33f; F. Mußner (und Mitarbeiter), Methodologie 132; J. Becker, Jesus 17f, u.a.

[7] Zu diesem Kriterium s. S. 84–88.

Eine solche Reduktion einer geschichtlichen Person auf das, worin sie sich von ihrer Umwelt und den Tradenten unterscheidet, muß nicht unbedingt als defizitär eingestuft werden. Selektion der Überlieferung gehört nämlich auch zu den unumgänglichen Arbeitsvoraussetzungen eines Historikers, der eine Fülle von zur Verfügung stehenden Daten auf das ihm Wesentliche hin reduzieren und ordnen muß. Was dabei als das Wesentliche gilt, wird nur zu einem Teil von den Quellen bestimmt. Gegenwärtige Verstehensvoraussetzungen und Orientierungsbedürfnisse fließen mehr oder weniger unbewußt immer in die Bewertung der Daten mit ein.[8] Problematisch dabei ist nur, daß die Kriterien, mit denen ein heutiger Historiker zwischen Bedeutsamem und Unbedeutsamem unterscheidet, selten deckungsgleich mit denen der ersten christlichen Tradenten sind.[9]

3. Fehler und Schwächen in der Anwendung

In der Anwendung des doppelten Dissimilaritätskriteriums in der Jesus-Forschung kommen nun noch einige spezielle Schwierigkeiten hinzu, die in ihrer Summe seine Brauchbarkeit drastisch einschränken. Denn das Kriterium stellt ein Subtraktionsverfahren dar: Von einer Gesamtmenge (sämtliche erhaltenen Jesus-Traditionen) werden zwei Teilmengen (frühjüdisch oder frühchristlich erklärbare Jesus-Traditionen) abgezogen, so daß eine als authentisch zu beurteilende Restmenge (Jesus) übrigbleibt. Wie in der Mathematik hängt aber die Genauigkeit des Ergebnisses direkt von der Genauigkeit des Minuenden und des oder der Subtrahenden ab.

Für den Minuenden ist offensichtlich, daß wir nur einen kleinen Ausschnitt möglicher Informationen über eine historische Person, hier Jesus, besitzen. Eine ausgefeiltere Kriteriologie vermag die Menge der Jesus-Traditionen theoretisch nur in Fällen anonymer Überlieferungen zu vergrößern, indem sachliche oder sprachliche

---

[8] Vgl. R. Bultmann, Exegese.
[9] An diesem Punkt verliert die Bestreitung von K. Niederwimmer, daß die prinzipiellen Grenzen des Kriteriums der doppelten Dissimilarität als Manko einzustufen seien, ihre Überzeugungskraft; vgl. K. Niederwimmer, Jesus 25f: „Den besten Zugang zum geschichtlichen Jesus wird man vielmehr dadurch gewinnen, daß man jene Elemente seiner Verkündigung und seines Verhaltens aufsucht, um deretwillen es zum Konflikt mit religiösen Autoritäten seiner Zeit kam. Was die Kirche mit dem zeitgenössischen Judentum verbindet, ist für Jesus nicht spezifisch. Was die Kirche vom Judentum trennte, *das* ist das ‚Wesen' der Verkündigung und des Verhaltens Jesu. Das ist schließlich auch geschichtlich wirksam geworden, es hat zur Verwerfung Jesu und zum Exodus der christlichen Gruppen aus dem Judentum geführt, so daß sogar die Frage, ob Jesus wirklich ein bestimmtes überliefertes Wort gesagt, eine bestimmte überlieferte Tat gesetzt hat, relativ gleichgültig wird: wenn es nur erklärt, was das Spezifische seines Wirkens im ganzen war, dann ist das Optimum dessen erreicht, was mit dieser Methode heute erreichbar ist" (Hervorhebung im Original).

II. Das Kriterium der doppelten Dissimilarität

Gründe für jesuanische Autorschaft namhaft gemacht werden können. Ein Beispiel dafür ist mir allerdings nicht bekannt. Daher werden im folgenden nur die Unsicherheiten der Subtrahenden diskutiert.

a) Das frühe Christentum

Zu den Subtrahenden: Die kanonisch gewordenen Texte des frühen Christentums stellen nur einen Ausschnitt aus dessen literarischem Schaffen und dieses wiederum nur eine Teilmenge frühchristlicher Religiosität und Theologie dar. Eine Abschrift der Spruchquelle existiert nicht; ihre Existenz läßt sich zwar kaum bestreiten, aber über Umfang, Reihenfolge und oft auch Wortlaut fehlen überzeugende Hinweise.[10] Weitere Zusammenstellungen von ehemaligen Einzeltraditionen lassen sich auch als Quellen für Mk und Joh wahrscheinlich machen: vielleicht eine Sammlung von Streitgesprächen in Mk 2₁–3₆,[11] deren Umfang bei den Befürwortern dieser Quelle umstritten ist;[12] wahrscheinlicher eine vormk Gleichnissammlung in Mk 4;[13] eventuell ein Komplex von Wundergeschichten in 4₃₅–6₅₂ und eine katechetische Sammlung in Mk 10;[14] sicher eine schriftliche Apokalypse in Mk 13;[15] ein im Umfang stark umstrittener Passionsbericht in Mk 14–16;[16] vielleicht eine Sammlung von Wundergeschichten, die sog. Semeia-Quelle im Joh-Evangelium.[17] In all diesen Fällen weiß man über den ursprünglichen Umfang der möglichen Quellen nichts Genaues. Insbesondere können wichtige Deutehinweise bei der Integration in den neuen Kontext übergangen worden sein. 1Kor 5₉ belegt, daß zumindest ein Paulus-Brief verlorengegangen ist.[18] Außerhalb des Neuen

---

[10] S. die sieben Kriterien auf S. 130–133.
[11] So H.-W. Kuhn, Sammlungen 53–98; gegen eine solche Sammlung plausibler W. Weiß, Lehre 20–31.
[12] S. die Angaben bei U. Schnelle, Einleitung 246 Anm. 185.
[13] H.-W. Kuhn, Sammlungen 99–146; H. J. Klauck, Allegorie 185–259.
[14] Vgl. H.-W. Kuhn, Sammlungen 191–213.146–191.
[15] Siehe E. Brandenburger, Markus 21–42 (mit unterschiedlichen Rekonstruktionstypen).
[16] S. die Erörterungen auf S. 210–213.
[17] Existenz und gegebenenfalls Umfang dieser von R. Bultmann, Joh 75, im Anschluß an ältere Theorien postulierten Quelle sind stark umstritten (s. den detaillierten Überblick bei G. Van Belle, Source), vgl. einerseits extensiv R. T. Fortna, Gospel („gospel of signs"); J. Becker, Joh I 134–142; stark eingeschränkt H. P. Heekerens, Zeichen-Quelle; gegen die Existenz: W. J. Bittner, Zeichen; U. Schnelle, Christologie 87–194; G. Van Belle, Source, u.a. (s. S. 147 Anm. 68).
[18] Zu verschiedenen, nicht überzeugenden Identifikationsversuchen dieses Briefes mit Teilen des 1/2Kor s. H. Merklein, Einheitlichkeit 179–182/371–374. Ich rechne auch damit, daß der sog. „Tränenbrief", den Paulus in 2Kor 2₄ erwähnt, nicht mit c. 10–13 (auszugsweise) wiedergegeben wird. Denn weder taucht in c. 10–13 die Übeltat des einen Gemeindegliedes auf, noch spielen im Kontext von 2₄ die Apostel-Gegner von c. 10–13 eine Rolle. Gegen die Annahme, diese fehlende Kongruenz gründe darin, daß c. 10–13 nur einen Teil des Tränenbriefes darstelle (so z.B. G. Bornkamm, Vorgeschichte 20f/174f), spricht, daß 2₄ als Abfas-

Testaments sind zahlreiche, den kanonischen Literaturgattungen verwandte Schriften bekannt, die allerdings überwiegend jünger als die neutestamentlichen Texte sind.[19] Sie erweitern zwar das Bild der frühchristlichen Religions- und Theologiegeschichte, füllen aber nicht alle Lücken, welche Kirchenväter-Zitate und antike Kanon-Verzeichnisse[20] für die Überlieferung aufreißen.

Besonders in der ersten Generation nach der Hinrichtung Jesu scheint Schriftlichkeit kein häufiges Merkmal theologischer Äußerungen gewesen zu sein, was an der erwarteten Nähe des Eschatons gelegen haben mag. Einige Beispiele:[21] Fragmentarisch erhaltene Evangelien aus dem 2. Jh., die an den Grundprinzipien des Judentums festhielten, lassen vermuten, daß die judenchristliche Strömung im 1. Jh. wesentlich breiter war, als die erhaltenen Quellen erscheinen lassen. Gegnerische Positionen lassen sich aus den Paulus-Briefen nur bedingt rekonstruieren, weil die Angaben oft sehr knapp gehalten sind, Paulus polemisch verzeichnen könnte (vgl. Gal 5 12) oder im Stil der Diatribe ein Problem grundsätzlicher abhandelt, als es gemeint war (1Kor 15 12.29). Wie sah beispielsweise die Position des einflußreichen Herrenbruders Jakobus jenseits der umstrittenen Mahlgemeinschaft zwischen Juden und Nichtjuden (Gal 2 11-14) aus? Im wesentlichen ist auch unbekannt, welche Auseinandersetzung zwischen 'Εβραῖοι und den 'Ελληνισταί (Act 6 1) in Wirklichkeit stattgefunden hat, wobei erstere in Jerusalem blieben, letztere aber von dort vertrieben wurden (8 1).

In der exegetischen Praxis besteht daher die Gefahr, daß ein nicht ausreichend begründetes oder begründbares Bild von der Geschichte

---

sungssituation die überstürzte Abreise aus Korinth, c. 10–13 hingegen den direkt bevorstehenden Besuch voraussetzt. Mit W. Schmithals, Gnosis 26, halte ich es auch für wahrscheinlich, daß ein kurzer Brief des Paulus mit geänderten Reiseplänen an die Korinther verlorengegangen ist. Denn nach 2Kor 1 13-17 wurde Paulus vorgeworfen, wieder einmal seine Reisepläne umgestoßen zu haben. Diese verworfenen Reisepläne stimmen nun aber nicht mit denen von 1Kor 16 5-12 überein. Kol 4 16 ordnet die wechselseitige Verlesung des Kol und eines Laodikeierbriefes in beiden Gemeinden an. Dieser Laodikeierbrief kann nicht identisch sein mit dem ungefähr im 3. Jh. n. Chr. aus Paulusbriefen (vor allem dem Phil) kompilierten „apokryphen" Brief an die Laodikeier (s. NTApo II 41–44). In der Forschung wurde er oft mit dem Eph (so z.B. H. Schlier, Eph 31f) oder dem Phlm (so E. J. Goodspeed, Introduction 224) identifiziert (weitere, ältere Theorien bei J. B. Lightfoot, Kol 274–300; s. den Überblick bei M. Barth – H. Blanke, Kol 486–489). Diese Annahmen korrelieren in der Regel mit der Hypothese paulinischer Verfasserschaft des Kol. Unter der Voraussetzung seiner Pseudonymität könnte nach A. Lindemann, Gemeinde, die Erwähnung des Laodikeierbriefes aber auch ein Versuch des wahren Verfassers sein, auf diese Weise die wahren Adressaten des Kol, nämlich die Gemeinde von Laodikeia, zu erreichen, ohne die Pseudepigraphie zu leicht durchschaubar zu verwirklichen.

[19] Einleitungen und Übersetzungen bei NTApo I, II.
[20] Siehe NTApo I 7–40.114–128.
[21] Vgl. die Liste von Zweifeln bei E. Käsemann, Problem 204f.

II. Das Kriterium der doppelten Dissimilarität

des frühen Christentums nicht unwesentlich die Einschätzung des Möglichkeitsraumes für das Wirken Jesu und für die frühchristliche Religions- und Theologiegeschichte bestimmt. Weil (einseitig verstandene) apokalyptische Theologie wegen ihrer mythologischen Komponenten oft unbeliebt ist, neigen viele dazu, sie im Munde Jesu nicht gelten zu lassen und apokalyptische frühchristliche Texte und Anschauungen als Reapokalyptisierung des Christentums abzustempeln.[22] Weil die christliche Theologiegeschichte immer wieder Probleme mit einer (wiederum einseitig verstandenen) jüdischen Werkgerechtigkeit hatte, versuchen manche, aus der Verkündigung Jesu z.B. den Lohngedanken zu eliminieren, und bezeichnen degradierend seine Verwendung im frühen Christentum als Rejudaisierung.[23] Weil die idealistische Jesus-Deutung den Bedürfnissen aufgeklärter Europäer entspricht, gelten radikale Forderungen als authentisch, während Klauseln als spätere pragmatische Kompromisse mißbilligt werden.[24] Zwecks Klärung des gegenwärtigen Verhältnisses von protestantischer und katholischer Kirche wurde im 19. und am Anfang des 20. Jh. der Begriff „Frühkatholizismus" im geschichtsphilosophischen Rahmen geprägt: als Synthese von Paulinismus und Judaismus (F. C. Baur) oder als Hellenisierung des Christentums und Verchristlichung der antiken Kultur (A. v. Harnack).[25] Später bezeichnete er jenseits geschichtsmethodologischer Reflexionen die zum Katholizismus führenden Tendenzen im frühen Christentum und in der Alten Kirche mit den Merkmalen Lehrtradition, Verfassungs- und Amtskirche, Kanonbildung und Sakramentalismus, die in der protestantischen Exegese oft abwertend gegen die Mitte der Schrift in der paulinischen Rechtfertigungsbotschaft gewendet werden.[26] Solche Merkmale werden daher gerne nicht nur vom frühen Christentum, sondern auch von Jesus ferngehalten. Unter solchen zwar nicht unbedingt falschen, aber doch mehrfach ungenügend geklärten und mit teilweise deutlichen Wertungen versehenen Voraussetzungen verliert die Handhabung des einen Teilkriteriums (Jesus und das frühe Christentum) erheblich an Überzeugungskraft. Die Tendenzkritik der frühchristlichen Überlieferung sollte demnach mit deutlich größerer Vorsicht und auch nur bei breit und eindeutig bezeugten Tendenzen ausgewertet werden.

---

[22] Vgl. dazu E. Brandenburger, Markus 9–12.
[23] J. Jeremias, Gleichnisse 138; H. Braun, Auslegung; G. Eichholz, Gleichnisse 99f; dagegen L. Schottroff, Güte 82; F. Avemarie, Tora 291–375.
[24] F. Mußner (und Mitarbeiter), Methodologie 134.136; dagegen L. Schenke, Urgemeinde 163f.
[25] Vgl. dazu H.-J. Schmitz, Frühkatholizismus; C. Bartsch, Frühkatholizismus; F. Vouga, Geschichte 235–244.
[26] Vgl. exemplarisch S. Schulz, Mitte.

b) Das Frühjudentum

Der andere Subtrahend, das Frühjudentum, birgt kaum weniger Probleme. Die meisten erhaltenen frühjüdischen Texte befinden sich nicht im hebräischen Kanon, sondern wurden überwiegend zunächst im griechischsprachigen Judentum überliefert, dann aber von christlichen Kirchen übernommen und weitergegeben, dabei teilweise noch bearbeitet und öfter übersetzt. Nur diejenigen Texte blieben also erhalten, die sowohl frühjüdischen als auch altkirchlichen und christlich-mittelalterlichen Interessen entsprachen. Sogar einem vierfachen Traditionsfilter unterlagen diejenigen frühjüdischen Texte, die zunächst innerjüdisch weitergegeben, dann bei Übereinstimmung mit den literarischen Gepflogenheiten im Hellenismus von Alexander Polyhistor (ca. 50 v. Chr.) zu Informationszwecken für gebildete Römer über das neugewonnene, mit partieller Selbstverwaltung versehene Judäa als Teil der Provinz Syrien in seinem Werk Περὶ Ἰουδαίων exzerpiert und weitgehend in ein indirektes Referat umformuliert, vor allem beim Kirchenvater Euseb, aber auch straffend bei Clemens von Alexandrien für die eigene Argumentation zitiert und schließlich in dieser Form tradiert wurden.[27]

Die klosterähnliche Anlage von Khirbet Qumran und benachbarte Höhlen, die große Mengen theologischer Literatur aus dem Frühjudentum enthielten, wurden im Jahre 1947 wissenschaftlich entdeckt und haben mit ihren Textfunden zweifellos unsere Kenntnis des Frühjudentums wesentlich erweitert. Trotz des teilweise erheblichen fragmentarischen Charakters der Texte offenbarte die Entdeckung der Qumran-Bibliothek unter den knapp 1000 noch erkennbaren Schriftrollen eine immense Fülle weiterer frühjüdischer theologischer Werke, über deren Umfang, Inhalt und Intention überwiegend fast nichts bekannt ist.[28] Denn nur in Höhle 1 hat man die Rollen sauber in Leinen eingewickelt und in Tonkrügen deponiert aufgefunden. Die übrigen Höhlen, vor allem Höhle 4, scheinen im Zusammenhang des römisch-jüdischen Krieges um 68 n. Chr., als die Klosteranlage zerstört wurde, hastig nur als provisorischer Aufbewahrungsort ausgewählt worden zu sein. Die solcherart gelagerten Rollen sind praktisch alle stark zerstückelt und mit großen Lücken aufgefunden worden.

Schon vor ihrer wissenschaftlichen Entdeckung sind höchstwahrscheinlich wichtige Textrollen aus den Qumran-Höhlen verschwunden. Laut einem Brief des syrisch-nestorianischen Katholikos-Patriarchen Timotheos I. wurden um 786 n. Chr. in der Nähe von Jericho

---

[27] Siehe N. Walter, Thoraausleger; J. Strugnell in OTP II 777–779, allerdings mit abweichender Datierung.
[28] Einen unvollständigen Überblick gibt J. Maier, Qumran-Essener III 11–19.

II. Das Kriterium der doppelten Dissimilarität

hebräische Handschriften entdeckt, unter anderem über 200 David-Psalmen. 1883 brachte der Jerusalemer Antiquar Moses William Shapira mehrere Handschriften nach Europa, die von Arabern im Wadi Mujib in Transjordanien aufgefunden worden sein sollen. Der aufregendste Text, eine angeblich alte Fassung des Deuteronomiums auf 15 Lederstreifen, erwies sich als Fälschung. Weitere Schriftrollen wurden folglich schon deswegen als Fälschung eingestuft, weil sie eine bis dahin unbekannte Zeilenlinierung aufwiesen, die sich aber später durch die Qumran-Funde als alt erwies. Der Vernichtung aller dieser Rollen fielen daher wohl auch einige echte zum Opfer.[29]

Die heutige Kenntnis des Frühjudentums hängt also nicht nur von den Interessen der Tradenten, sondern auch vom archäologischen Zufall ab. Die Qumran-Texte haben auf jeden Fall den bekannten Möglichkeitsraum frühjüdischer Theologie vergrößert. Vor der Entdeckung der Damaskus-Schrift aus der Kairoer Geniza und der Qumran-Bibliothek galt beispielsweise der kosmische und anthropologische Dualismus, wie ihn Paulus und das Joh-Evangelium belegen, als unjüdisch.[30]

Die ältesten rabbinischen Werke stammen bereits aus der Zeit, als die tannaitische Epoche endete und die der Amoräer begann, also aus dem Anfang des 3. Jh. n. Chr.: Die Mischna des Rabbi Jehuda ha-Nasi,[31] die sich an die Ordnung der Mischna anlehnende, aber in ihren Traditionen teilweise unabhängige Tosefta,[32] vielleicht auch das nur fragmentarisch überlieferte Sifre Zutta,[33] ältere Textkomplexe in spä-

---

29 Siehe J.M. Allegro, Affair.
30 S. besonders H. Lüdemann, Anthropologie; vgl. W. Bousset, Religion 335 Anm. 3.
31 In der Regel werden einige Äußerungen von Rabbinen aus amoräischer bis gaonäischer Zeit über die Entstehungsgeschichte der Mischna auch heute noch vertreten: Rabbi Jehuda ha-Nasi habe bei seiner Redaktion in der Hauptsache die Mischna des Rabbi Meir zugrundegelegt, die ihrerseits auf der Mischna Aqibas fuße. Doch auch Aqiba stehe in der langen, in die biblische Zeit (Esra) zurückreichenden Tradition der Schriftauslegung. Allerdings sind weite Bereiche der mischnischen Halacha im Blick auf Inhalt und Begründung von der Schrift unabhängig. Zudem wird in der Mischna Rabbi selbst zitiert, sie hat also auf jeden Fall noch einige Jahrzehnte lang weitere Bearbeitungen erfahren (s. G. Stemberger, Einleitung 129–144; G. Mayer, Mischna). Im Vergleich zur Tosefta (s.u.) fällt auf, daß Sprache, Inhalt und Textform der Schriftzitate in der Mischna stärker formalisiert sind, wahrscheinlich aufgrund von fortschreitenden Vereinheitlichungen des Textes nach der Halacha im babylonischen Talmud.
32 In der jüdischen Tradition gilt die Tosefta als der Mischna parallele und nur wenig später zusammengestellte Sammlung außermischnischer Schultraditionen. Die Tosefta selbst setzt häufig die Mischna voraus, und die Talmudim Jeruschalmi und Bavli zitieren bereits Texte aus der Tosefta, so daß die Hauptredaktion der Tosefta im 3./4. Jh. n. Chr. anzusiedeln ist (G. Stemberger, Einleitung 154–162). Da nicht zu den autoritativen Gesetzeskorpora gehörig, fanden Vereinheitlichungen entsprechend späterer Lehrmeinungen weniger statt als in der Mischna.
33 Zwar gibt es sachliche und wörtliche Parallelen zwischen Sifra und SifZ, aber auch auffällige halachische und fachterminologische Unterschiede, letztere auch gegenüber der späte-

ter stark überarbeiteten Texten (z.B. in Sifra, SifBam, SifDev, SOR) und viele Baraitot in den Talmudim Jeruschalmi und Bavli.[34] Die rabbinische Literatur stellt also kein direktes Zeugnis aus dem Judentum des 1. Jh. n. Chr. dar. Dennoch enthält sie ältere Traditionen, die oft auch mit Namensangabe des Autors versehen sind. Über die Generationenliste der Rabbinen im Mischna-Traktat Avot (mAv 1) wäre somit eine recht präzise Datierung der einzelnen Traditionen bis in die Zeit der „Männer der Großen Synagoge" (ca. 300–200 v. Chr.)[35] möglich.

Leider stellen sich solchen Datierungsversuchen erhebliche Probleme in den Weg.[36] Erstens beruht die Systematisierung der rabbinischen Generationenkette auf einem apologetischen Interesse, nämlich dem Erweis der lückenlosen Transmission der mündlichen Thora. Da viele der älteren Rabbinen in anderen Quellen nicht erwähnt werden, besteht der Verdacht, daß über Konstruktion Lücken geschlossen werden mußten. Zweitens existieren zu dem gleichen Ausspruch in der rabbinischen Literatur unterschiedliche Verfasserzuweisungen. Vor allem in denjenigen Fällen, in denen solche Sprüche auch außerrabbinisch belegt sind, liegt die Annahme sekundärer Autorangaben nahe. Ausgehend von dieser Erkenntnis muß dann auch damit gerechnet werden, daß in nur einfach überlieferten Sprüchen die Verfassernamen sehr wohl fiktiv sein können. Insbesondere unterliegen die Zuweisungen zu den Schulen Hillels und Schammais dem Verdacht, daß in ihrer Schärfe unterschiedliche Traditionen zu einem bestimmten Thema nachträglich historisiert wurden. Untereinander abweichende Verfasserangaben zu gleichen Traditionen können drittens auf Fehler in der Textüberlieferung beruhen, die gerade bei den Autorangaben besonders unzuverlässig ist. Abgekürzte Schreibweise und nicht angegebene Vaternamen des rabbinischen Autors führten viertens zu Verwechslungen. Fünftens existieren zu vielen Sprüchen überhaupt keine Autorhinweise. Sechstens zeigt die formgeschichtliche Analyse der rabbinischen Traditionen, daß in hohem Maße im Überlieferungsprozeß mit deren Anpassung an Standardformen schulischer Lehre zu rechnen ist, also zumindest der Wortlaut der ursprünglichen Tra-

---

ren Gelehrtensprache. Daher datiert S. Lieberman SifZ vor alle anderen halachischen Midraschim auf den Anfang des 3. Jh. n. Chr. (nach G. Stemberger, Einleitung 266).

[34] Leider erschwert nicht nur der fragmentarische Charakter der Wiedergabe der Baraitot, sondern auch die generelle Unzuverlässigkeit der rabbinischen Autorangaben (s.u.) in der Regel deren Datierung. Immerhin läßt sich für die Sachaussage (nicht die Formulierung) solcher Baraitot, die in beiden Talmudim überliefert sind, einigermaßen verläßlich palästinische Herkunft wohl aus der tannaitischen Periode behaupten (s. G. Stemberger, Einleitung 179f.199f.).

[35] Zum Problem der Identifikation von Simeon dem Gerechten (Sir 50 1-21, Josephus, Ant XII 43.224) vgl. G.F. Moore, Simeon; J. Neusner, Traditions I 27–59.

[36] Vgl. zum Folgenden G. Stemberger, Einleitung 66–105.

II. Das Kriterium der doppelten Dissimilarität

dition nicht mehr zu ermitteln ist.[37] Und siebtens gilt es für rabbinische Traditionen immer das einschneidende Ereignis der Tempelzerstörung zu berücksichtigen, das nicht nur eine theologische Neuorientierung erforderlich machte, sondern auch eine durchgehende soziologische Kontinuität mit Gruppen zur Zeit Jesu, speziell mit den Pharisäern,[38] stark beeinträchtigte.

Beispielsweise wird auf der Suche nach traditionsgeschichtlichen Parallelen zur Bruderschaft des Richterkönigs in Mt 25,31-46, der von manchen Exegeten mit Gott identifiziert wird, auf eine Stelle im rabbinischen Midrasch zu den Psalmen verwiesen (MTeh 118,10).[39] Mit welchem Recht läßt sich nun eine spät überlieferte rabbinische Aussage, die in gewisser Nähe zu Mt 25,31-46 steht, ins 1. Jh. n. Chr. zurückdatieren? Bei der Beantwortung dieser Frage stehen mehrere Zugangsmöglichkeiten offen: die Abfassungszeit von MTeh als *terminus ante quem*, sprachliche Hinweise im Text, Form- und Gattungsbeobachtungen zu MTeh 118,10 und eine Analyse der Auslegungstraditionen der dort zitierten Schriftstellen (Ps 118,7 122,8 148,14 Dtn 32,6 Jes 45,13).

Die Hauptmasse der Redaktionsarbeit an MTeh zu Ps 1–118/119 wird im 7./8. Jh. in Palästina stattgefunden haben,[40] wenngleich offensichtlich schon im 3. Jh. n. Chr. Midraschsammlungen zu den Psalmen existiert haben (BerR 32,3 yKil 32b yKet 35a), ja sogar in MTeh Sprüche von Hillel und Schammai zitiert werden, was allerdings aus obengenannten Gründen mit größter Skepsis aufzunehmen ist. Die teilweise erheblichen Abweichungen der acht Handschriften zu MTeh, die in der kritischen Ansprüchen noch nicht genügenden Edition von S. Buber berücksichtigt wurden,[41] belegen jedoch noch weitere Bearbeitungen und Ergänzungen von MTeh bis ins 13. Jh. Üblicherweise rechnet man trotz dieser Überlieferungslage damit, daß viele Traditionen noch in die talmudische Periode zurückreichen.

Angesichts der handschriftlichen Überlieferung, der oft zu beobachtenden sprachlichen und orthographischen Eingriffe durch die Abschreiber, gerade im Hinblick auf das Vordringen der babylonisch-jüdischen Tradition gegenüber der palästinisch-jüdischen ab dem 10. Jh., und angesichts der Tendenz zur bewußten sprachlichen Archaisierung aus einem verbreiteteren antihellenistischen Affekt ab dem 6. Jh. heraus sind sprachliche Indizien für eine Altersbestimmung mit großen Schwierigkeiten verbunden. Im hebräischen Text von MTeh 118,10 fallen zumindest mir keine dafür auswertbaren Besonderheiten auf.

Die formgeschichtliche Erforschung der rabbinischen Literatur ist trotz älterer Ansätze noch ein recht junges Kind. Die größte formale Affinität von MTeh 118,10 besteht zur Peticha, die entweder Eröffnung zur Synagogenpredigt[42]

---

[37] J. Neusner, Form-Analysis. P. Schäfer, Research, rechnet gar in der rabbinischen Literatur mit einem fließenden Übergang von der Redaktions- zur Textgeschichte (dagegen C. Milikowsky, Status; Replik P. Schäfer, Status).
[38] Siehe H.-F. Weiß, Pharisäer I 480f.
[39] Vgl. U. Wilckens, Brüder 375–379; J. Gnilka, Mt II 367.369.
[40] Vgl. zu diesem Absatz G. Stemberger, Einleitung 315f.
[41] S. Buber, Midrasch.
[42] So W. Bacher, Proömium, u.a.

oder Synagogenpredigt selbst[43] war. Die Peticha weist eine dreigliedrige Grundstruktur auf: 1. Peticha-Vers, zumeist aus den Ketubim, 2. dessen Auslegung mit Hinführung[44] zu 3. dem Lesungsvers aus der Thora. Zwar existieren Petichot, die Tannaiten zugeschrieben werden,[45] ihre klassische Form erreicht die Peticha aber erst zur Zeit der frühen haggadischen Midraschim im 4. Jh. (beispielsweise BerR, WaR), während später Mischformen zunehmen. Über 80% der Petichot sind übrigens, wie auch MTeh 118₁₀, anonym überliefert und oft eine literarische Komposition, vor allem in MTeh. Sollte wirklich die Form der Peticha hinter MTeh 118₁₀ stehen, dann liegt sie in einem weiterentwickelten, wohl literarisch ausgebauten Stadium vor, was für eine Spätdatierung spricht (ab 5. Jh.).

Die Analyse der Auslegungstraditionen bestärkt diesen relativ späten zeitlichen Ansatz. Wenn man die gesamte frühjüdische, rabbinische, frühchristliche und altkirchliche Literatur einschließlich der Textgeschichte der Bibel bis zum 3. Jh. n. Chr. untersucht, findet sich nicht eine einzige verwandte Schriftinterpretation, sondern erst aus späterer Zeit. In yBer 13b wird dem Rabbi Schimon b. Laqisch (zweite Generation der palästinischen Amoräer, also ca. 250–300 n. Chr.) ein Spruch zugeschrieben, welcher Ps 122₈ und 148₁₄ für eine sachlich mit MTeh 118₁₀ identische Auslegung verbindet. Mehr Klarheit über die Entstehungsgeschichte dieser Auslegung ist jedoch aus dem freilich später redigierten MTeh zu gewinnen. Sehr ähnlich zu yBer 13b ist hinsichtlich der interpretierenden Kombination von Ps 122₈ und 148₁₄ auch MTeh 4₃, wo als Autoren zwei palästinische Amoräer der dritten Generation (um 300) genannt werden: R. Simeon (b. Pazzi) und R. Zera (I.). MTeh 4₄ 17A₁₉ (vgl. 15₄) zeigen, daß diese Auslegung von Ps 148₁₄ ausging. Die dort Genannten, R. Abin und R. Acha, sind palästinische Amoräer der vierten Generation. Wahrscheinlich stellt daher die Verbindung von Ps 148₁₄ mit 122₈ bereits ein fortgeschritteneres Stadium der Auslegung dar. Das Targum zu den Psalmen[46] deutet Ps 118₇ wahrscheinlich (פּוּרְעֲנוּתָא als endzeitliche Bestrafung), Ps 122₈ jedoch wegen V.1.3–5 und Ps 148₁₄ wegen איקר (מלכוּתה) sicher eschatologisch. Eine Beziehung zu MTeh 118₁₀ oder verwandten Auslegungen besteht nicht.

Abschließend ist festzuhalten: Frühestens ab dem 3. Jh. n. Chr. wurde Ps 148₁₄ auf Gottes beständige Treue zu Israel im Gegensatz zur menschlichen Treue bezogen. Wohl erst später wurde damit die Auslegung von Ps 122₈ (vgl. ShemR 27₁.₉ 52₁ DevR 3₁₁ QohR IV 8₁) verbunden. Diese Kombination setzt MTeh 118₁₀ trotz deutlicher Variation voraus. Die knappe Form und die Verbindung mit Jes 45₁₃ und Dtn 32₆ in Form einer Klimax spiegeln wohl ein fortgeschrittenes Stadium dieser Auslegungstradition wider. Eine Datierung von

---

[43] So P. Schäfer, Peticha.
[44] Die Hinführung zum Schlußteil kann auch in mehreren Anläufen, mit Versen aus allen drei Bereichen der Schrift erfolgen.
[45] Siehe W. Bacher, Proömium 19–26; G. Mayer, Midrasch 739f. Solchen Zuweisungen ist skeptisch zu begegnen.
[46] Eine kritische Edition fehlt bisher. Daher sind neben dem von P. d. Lagarde, Hagiographa, wiedergegebenen Erstdruck von D. Bomberg (Venedig 1518) noch die Abweichungen der Genueser Psalter-Polyglotte von 1516 und der Antwerpener Polyglotte, die G.L. Techen, Targum, zusammengestellt hat, und außerdem die aus sefardischer Tradition stammende Vorlage der Alcalá-Polyglotte aus dem Beginn des 16. Jh, die L. Díez Merino, Targum, ediert hat (Ms. Villa-Amil n. 5), zu berücksichtigen.

II. Das Kriterium der doppelten Dissimilarität

MTeh 118,10 hinsichtlich überlieferter Gestalt und zugrundeliegender Tradition vor das 5. Jh. n. Chr. ist also kaum möglich.

Während für viele synoptischen Traditionen des frühen Christentums eine relativ hohe soziologische Konstanz wahrscheinlich ist,[47] existieren praktisch keine frühjüdischen Überlieferungen aus dem volkstümlichen Milieu. Teilweise vergleichbar hinsichtlich der Gliedgattungen (also nicht im Hinblick auf die Gattung Evangelium)[48] sind höchstens die Prophetenleben, das Jesaja-Martyrium und einiges aus dem Testament Salomos.[49] Einige Rekonstruktionsmöglichkeiten bestehen immerhin. Vermutlich spiegeln beispielsweise Psalmen-Bearbeitungen aus dem Kreis der Anawim breitere eschatologische Erwartungen wider.[50] Die detaillierten Angaben über den Begräbnisort vieler Propheten in VitPr könnten bedeuten, daß im Frühjudentum die Grabstätten heiliger Menschen verehrt wurden.[51] Aus der überwiegend der Mt-Redaktion entstammenden Anrede Jesu als Davidsohn im Zusammenhang von Heilungserzählungen und mehreren frühjüdischen Hinweisen[52] läßt sich schließen, daß vom Messias über eine Salomo-Typologie großes magisches Wissen und wunderheilende Fähigkeiten erwartet wurden.[53] Nach Joh 5 2-9 konnte ein Kranker auf Genesung hoffen, wenn er als erster, nachdem sich das Wasser bewegt hatte, in den „Schafteich" Bethesda[54] stieg.[55]

---

[47] Vgl. G. Theißen, Wanderradikalismus.
[48] Dazu s. zuletzt M. Reiser, Stellung, der die nächsten Analogien zu den Evangelien aufgrund der biographischen Orientierung und der Verwendung des Dialogs in der frühjüdischen Erzählliteratur findet.
[49] Vgl. auch A. Deissmann, Licht 48–213, in bezug auf die hellenistische Sprach- und Literaturgeschichte.
[50] Ps 9f, 14 7 22 27-32 37, 49 15b 69 32-37; vgl. D. Michel, Armut 73–75, und weiter z.B. 4Q171 (= 4QpPs 37), Lk 14 6-15.
[51] J.F. Strange, Archaeology 667–670, hat darauf hingewiesen, daß die Form mancher frühjüdischer Grabstelen eher einem verehrungswürdigen Denkmal gleicht. Vgl. auch Mt 27 52f und insgesamt J. Jeremias, Heiligengräber.
[52] Mk 10 47f par. Mt 20 30f Lk 18 38f, Mt 9 27 12 23 15 22 21 25; Sap 7 20 LibAnt 60 3 Josephus, Ant VIII 44–49, TestSal 3 4 15 3 16 3 20 1.
[53] Vgl. K. Berger, Messiastraditionen 3–9.
[54] Archäologische Funde haben die Existenz dieses Teiches bestätigt (s. J. Jeremias, Wiederentdeckung/Rediscovery). Auch die aramäische Kupferrolle 3Q15 (bis 2. Jh. n. Chr., schwer datierbar) erwähnt in XI,12 אשדתין ב‏ית (zur Identifikation mit Βηθεσδά s. DJD III, 271f; der Dual rührt von den zwei Becken der Anlage her). Die m.E. originale Lesart in Joh 5 2 Βηθεσδά (A, C, Θ, 078, f, q, Cureton-Syrer u.a.) wurde schon früh (ab ca. 200 n. Chr.: Tert, P66.75, B und viele andere Zeugen) an Βηθσαϊδά in Mk 6 45 mit Lk 9 10, Mk 8 22, Mt 11 20 par. Lk 10 13, Joh 1 44 12 21 angeglichen. Die hebräische Form ist in א, L u.a. durch die Transkription der geläufigeren aramäischen Βηθζαθά ersetzt.
[55] Textfunde aus den Qumranhöhlen haben erwiesen, daß die Astrologie nicht nur vom rabbinischen Judentum (dazu s. J.F. Strange, Archaeology 670f), sondern schon im Frühjudentum geschätzt wurde: das Brontologion 4Q318 (s. zu diesem Text K. Beyer, Texte Erg.-Bd. 128–133) und der kryptische Horoskop-Text 4Q186 (vgl. TractSem). Allerdings dürfte sie

Eine besondere Bedeutung käme in diesem Zusammenhang archäologischen Funden zu, welche den Selektionsprinzipien späterer Tradenten nur teilweise unterworfen waren.[56] Doch liegt einigermaßen verläßlich datierbares Material, das für den Bereich volkstümlicher Religiosität auswertbar wäre, kaum vor.[57]

Die Schwierigkeiten, das teilweise reichhaltig erhaltene archäologische Material aus Palästina in hellenistisch-römischer Zeit in seiner Bedeutsamkeit für die Rekonstruktion volkstümlicher Religiosität auszuwerten, läßt sich gut an den Gräberfunden exemplifizieren.[58] Erstens lassen sich in den meisten Fällen die Grabstätten nicht verläßlich datieren, weil die Grabbeigaben überwiegend vor ihrer wissenschaftlichen Entdeckung geraubt wurden und die Ossuar-Inschriften keine Jahreszahlen enthalten. Veränderungen an den Gräbern stammen aber auch von Hirten und Untergrundkämpfern, die in ihnen Unterschlupf suchten. Zweitens bedeutet ein palästinischer Begräbnisort nicht unbedingt, daß der Begrabene auch in Palästina lebte und nach dortigen Sitten bestattet wurde. Denn viele Diaspora-Juden ließen sich in *Eretz Israel* begraben, wie beispielsweise die gut erhaltene und umfangreiche Begräbnisstätte in den Katakomben westlich des antiken *Beth She'arim* aus der Zeit von ca. 100 v. bis 351 n. Chr. belegt.[59] Drittens spiegeln die aufgefundenen Gräber nicht die soziale Wirklichkeit des Frühjudentums wider, weil Felsengräber oder Mausoleen teuer bis sehr teuer in der Herstellung waren und daher nur für Wohlhabende in Betracht kamen, während Besitzlose wahrscheinlich in natürlichen Felshöhlen oder, archäologisch schwer auffindbar, in Erdgräbern bestattet wurden.[60]

Trotz dieser Schwierigkeiten folgert jedoch J.F. Strange aus dem Vergleich frühjüdischer Grabbeigaben mit solchen aus nichtjüdischen Gräbern in der Umwelt des palästinischen Judentums, die deutlich reichhaltiger vorhanden sind,

---

eher priesterliches Spezialwissen und nicht unbedingt Bestandteil volkstümlicher Religion gewesen sein.

[56] Immerhin entscheiden auch in diesem Bereich Spätere, ob bestimmte „Dokumente", z.B. Bauwerke, erhalten bleiben oder nicht.

[57] Übergreifende neuere Literatur: J. Finegan, Archeology; H. Künzl, Funde; M. Avi-Yonah, Sources; E.M. Blaiklock, Archaeology; E.M. Meyers – J.F. Strange, Archaeology; J. McRay, Archaeology.

[58] Literatur zu altisraelitischen und frühjüdischen Begräbnissitten: P. Thomsen, Kompendium 74–82; K. Galling, Nekropole; M. Noth, Welt 154–159; E.M. Meyers, Ossuaries; E. Bloch-Smith, Practices; R. Wenning, Bestattungen; K. v. d. Toorn, Erbe; speziell zum Frühjudentum: J. Finegan, Archeology 181–219; R. Hachlili, Family; dies., Necropolis; J.F. Strange, Archaeology 664–667; Y. Rahmani, Customs I–IV; R. Hachlili – A. Killebrew, Customs; P. Figueras, Ossuaries; H.-P. Kuhnen, Nordwest-Palästina 48–69; P.W. v.d. Horst, Epitaphs; für die talmudische Periode: S. Krauss, Archäologie II 54–82.

[59] Siehe E.M. Meyers – J.F. Strange, Archaeology 93–103. E.M. Meyers, Ossuaries, hat nachgewiesen, daß die Praxis der zweifachen Bestattung kein Spezifikum des Frühjudentums war.

[60] Siehe H.-P. Kuhnen, Nordwest-Palästina 62–65. Die bestatteten Nachkommen von Wohlhabenden konnten allerdings durchaus auch arm gewesen sein, denn im Judentum war die Familiengruft für die Gebeinbestattung nach der einjährigen Verwesung des Leichnams das Übliche (s. das Beispiel bei R. Hachlili – A. Killebrew, Customs 123, anhand von Grabinschriften; aufgrund von anthropologischen Forschungen R. Hachlili – P. Smith, Genealogy; Besprechung frühjüdischer Texte bei Y. Rahmani, Customs 173–177).

II. Das Kriterium der doppelten Dissimilarität

ein frühjüdisches „egalitarian ideal".[61] Diese Schlußfolgerung ist insoweit zulässig, als auch nichtjüdische und außerpalästinische Gräber ausgeraubt wurden und die finanziellen Rahmenbedingungen für die Bestattung bei Nichtjuden ähnlich gewesen sein dürften. Dennoch hat Strange in seiner Argumentation übersehen, daß ab byzantinischer Zeit gerade palästinische Gräber aufgrund des hohen Bedarfs an finanzkräftigen Reliquien beliebtes Ziel von systematisch vorgehenden Grabplünderern war. Aus der Menge und Art von Grabbeigaben läßt sich also nicht ohne weiteres auf ein Egalitätsideal im Frühjudentum schließen.

Läßt sich denn den Grabbeigaben wenigstens entnehmen, daß man im Frühjudentum verbreitet mit einem Leben nach dem Tod gerechnet hat, in welchem diese Beigaben genutzt werden konnten?[62] Immerhin sind in frühjüdischen Gräbern, vor allem bei Frauen, nicht nur Schmuck, Balsamgefäße, Öllampen, Amulette und andere persönliche Gegenstände des Bestatteten, sondern sogar Geschirr mit Nahrungsmitteln gefunden worden. Allerdings sind bis jetzt nur Beigaben für die einjährige Erstbestattung zwecks Verwesung belegt; offensichtlich gelangten sie nie in die Beinkammer oder in die Ossuarien.[63] Kaum entscheidbar ist daher, ob die Beigaben tatsächlich zum Gebrauch des Toten bestimmt waren,[64] vielleicht auch nur aus einer gewissen religiösen Unsicherheit heraus, oder ob hierin die vorexilische Sitte, vielleicht inzwischen inhaltlich neu bestimmt,[65] weiterlebte.

Der entscheidende traditionsgeschichtliche Horizont des Wirkens Jesu, das volkstümliche Umfeld, läßt sich also nur in groben Umrissen ermitteln.

Schließlich lassen einige Äußerungen in der frühchristlichen Literatur vermuten, daß die in ihnen bekämpften Gegner eine religionsphilosophische Form des Frühjudentums in Anspruch nahmen, die in den erhaltenen frühjüdischen Quellen nicht mehr oder nur am Rande auftaucht. Die jüdische Grundstruktur der Theologie der Gegner, die Paulus im Gal bekämpfte (vgl. Kol), läßt sich beispielsweise einerseits kaum bezweifeln.[66] Andererseits ist umstritten, ob Paulus mit dem von ihm gewählten Oberbegriff τὰ στοιχεῖα τοῦ κόσμου[67] in Gal 4 3.(9) nur jüdisches Interesse an einem schöpfungsgemäßen Kalender im Blick hatte[68] oder ob in dieser Wendung ein Schlagwort der

---

[61] J.F. Strange, Archaeology 665.
[62] Vgl. die gegenteilige Beteuerung in Ps 49 18.
[63] Siehe R. Hachlili – A. Killebrew, Customs 115–124.
[64] So jedenfalls noch in vorexilischer Zeit, s. E. Bloch-Smith, Practices 63–108.
[65] Eine symbolische Interpretation der Beigaben bietet P. Figueras, Ossuaries 72–74.102 (vgl. die teilweise symbolische Auswertung von Ossuar-Verzierungen ebd. 87–110: Pflanzen als Symbol ewigen Lebens, Sterne als Hinweis auf den Aufenthaltsort der Seligen, Wasser und Flüssigkeiten in Gefäßen als Lebenssymbole u.a.; das Konzept des Familiengrabes als *domus aeterna*).
[66] Zum Gal vgl. S. 192f, zum Kol s. Kol 2 11, evtl. 2 16f.21f.23b.
[67] Vgl. Kol 2 8.15.20.
[68] So P. Vielhauer, Gesetzesdienst. Für diese Deutung spricht die Fortsetzung in Gal 4 10. Zu den unterschiedlichen frühjüdischen Kalendersystemen s. S. 213f.

Gegner angesprochen wurde.⁶⁹ Unabhängig von der Entscheidung dieses Problems dürfte jedoch die Kalenderobservanz bei den galatischen Gegnern nur einen Teil des Elementedienstes ausgemacht haben, wofür die allgemeine Charakterisierung des Juden als Sklaven der Elemente in V. 3 und das auch ehemalige Nichtjuden betreffende πάλιν in V. 9 sprechen. Dann kommt als Möglichkeit in Betracht, daß über astrologische Gestirnkunde hinaus⁷⁰ in stoischer Manier die Beobachtung der Welt und ihrer Elemente der Einordnung des Weisen in den von göttlicher Vernunft geleiteten Lauf der Welt dienen sollte.⁷¹

c) Der außerjüdische und außerchristliche Hellenismus

Aber nicht nur die Genauigkeit der obengenannten Subtrahenden ist zweifelhaft. Denn die Menge der Subtrahenden enthält eine bedeutsame Lücke, nämlich den außerjüdischen und außerchristlichen Hellenismus. Nun mag man einwenden, daß Jesus als Bewohner des bäuerlichen Nazareth mit Aramäisch als vermutlicher Muttersprache mit diesem Kulturbereich nicht in intensiveren Kontakt getreten ist. Allerdings lag Sepphoris als größere Stadt nur sechs Kilometer entfernt.⁷² Zudem zeigen auch manche ehemals aramäisch abgefaßten frühjüdischen Traditionen oder Werke eine gute Kenntnis der außerjüdischen hellenistischen Kultur.⁷³ Gewichtiger für die Handhabung des doppelten Dissimilaritätskriteriums ist indes, daß der außerjüdische und außerchristliche Hellenismus auch für die synoptischen Traditionen nicht herangezogen wird. Unjüdisches, das in ein frühjüdisch bestimmtes Bild der frühchristlichen Geschichte nicht hineinpaßt, gilt daher nach meiner Einschätzung zu schnell als authentisch, wenn es ebenso oder besser mit der Offenheit frühchristlicher Theologie gegenüber dem außerjüdischen Hellenismus begründet werden kann.

Trotz der kriterieninternen Schwächen und trotz der erheblichen Probleme in der Anwendung gilt bis heute das Kriterium der doppelten Dissimilarität in zahlreichen Veröffentlichungen als Fundamental-

---

⁶⁹ So z.B. D. Lührmann, Tage, der aber an einer rein kalendarischen Interpretation festhält. Vgl. den Überblick bei F. Mußner, Gal 290–304.
⁷⁰ S. zu Resten im frühjüdischen Kontext Anm. 55.
⁷¹ Vgl. Philo, Op 3.
⁷² Der geographischen Nähe hält G. Theißen, Soziologie 33–90, allerdings die soziale Distanz zwischen Stadt und Land entgegen.
⁷³ Beispielsweise hatte Josephus sein Werk *De bello Iudaico*, welches die jüdische Geschichte von Antiochos IV. Epiphanes bis zum Triumph der Flavier darstellt (Bell I 19–30), ursprünglich aramäisch abgefaßt (I 6). Ben Sira stand in intensiver, zumeist ablehnender Auseinandersetzung mit einem griechisch-hellenistischen Liberalismus (s. M. Hengel, Judentum 241–275).

II. Das Kriterium der doppelten Dissimilarität

kriterium der Jesus-Forschung.⁷⁴ Die folgenden exegetischen Beispiele mögen illustrieren, daß ein derart gewonnenes Jesus-Bild unter Umständen historisch-wissenschaftlich viel problematischer sein kann, als weithin angenommen wird.

4. Beispiele

a) Das radikale Schwurverbot

Am frühchristlichen Schwurverbot läßt sich besonders deutlich zeigen, daß die fehlende Berücksichtigung des außerjüdischen und außerchristlichen Hellenismus in der Anwendung des doppelten Dissimilaritätskriteriums zu traditionsgeschichtlich nicht überzeugenden Urteilen führen kann. Breite Zustimmung findet die These, daß das Frühjudentum kein radikales Schwurverbot wie in Mt 5 34a kenne, daß sogar häufiges und leichtfertiges Schwören das Übliche war und daß das frühe Christentum wieder eine Aufweichung des Schwurverbotes praktiziere. Daher komme nur Jesus als Urheber des konsequenten Schwurverbotes in Frage.⁷⁵

Die beiden frühchristlichen Texte zum Schwurverbot, Mt 5 33-37 und Jak 5 12, weisen ein hohes Maß an Übereinstimmungen auf, so daß von einer traditionsgeschichtlichen Verwandtschaft auszugehen ist und nach einem gemeinsamen Vorstadium gefragt werden kann. Hinsichtlich der Gemeinsamkeiten beginnen beide Texte mit dem Schwurverbot (μή und ὀμνύω), dem eine dreifache Explikation folgt (μήτε; οὐρανός, γῆ, Ἱεροσόλυμα Mt – ἄλλος τις ὅρκος Jak; zu Mt 5 36 s.u.). Die Weisung gebietet dagegen ein klares Ja oder Nein (ἔστω – ἤτω; ναὶ ναί – τὸ ναὶ ναί, οὒ οὔ – τὸ οὒ οὔ).⁷⁶ Überschießende Textelemente bei Mt und Jak gehörten wahrscheinlich nicht zu diesem gemeinsamen Vorstadium.

---

⁷⁴ N. Perrin, Rediscovering 39–43; J. Jeremias, Theologie 13f; J. Gnilka, Jesus 29f; J. Becker, Jesus 17f; W. Zager, Gottesherrschaft 47f, u.ö.

⁷⁵ Zum Beispiel E. Käsemann, Jesus 206; J. Becker, Jesus 368–371; sogar noch, trotz neuer religionsgeschichtlicher Einsichten, B. Kollmann, Schwurverbot 192; U. Luz, Mt I 282 Anm. 16: „M.E. liegt hier [d.h. im Schwurverbot] ein klassischer Fall für das Unähnlichkeitskriterium vor."

⁷⁶ Im überlieferten Kontext Mt 5 33-37 dürften ναὶ ναί und οὒ οὔ keine Schwurformeln sein (vgl. bShev 36a, zu slHen 49 1f s.u.), da sie sonst im Widerspruch zu ὅλως in V. 34 stünden. Doch muß diese Deutung von V. 37a nicht auch für frühere Überlieferungsstadien dieses Textes gelten. SlHen 49 1f enthält in der langen Rezension (Hss. J, P, R) eine Parenthese, welche das Schwören einschränkt zugunsten des als Schwur verstandenen „Ja ja – Nein nein". Der syntaktische Bruch, die große Nähe zu Mt 5 33-37 und die Umfangsübereinstimmung des zusätzlichen Textes der langen Rezension mit einer möglichen christlichen Interpolation im slHen an dieser Stelle legen die Annahme einer solchen nahe, auch wenn gegen ὅλως in Mt 5 34a, aber in Entsprechung zur frühchristlichen Schwurpraxis kein vollständiges Schwurverbot vorliegt (vgl. A. Vaillant, Livre 109 Anm. 7; dagegen C. Böttrich, Henochbuch 968–970).

Mt 5₃₆ fällt schon wegen des Wechsels in die 2. pers. sing. und seiner Verlagerung von der theologischen zu einer anthropologischen Eidkritik auf. Außerdem setzt der Vers die von ὁμόσαι abhängige μήτε-Konstruktion von V. 34f geändert fort: Das Verb ὁμόσῃς wird erneut genannt, und die Begründung rekurriert nicht auf die Schrift.

V. 37b weist mt Sprache auf: Bei Wörtern vom Stamm περισσ- findet sich bei Mt neben Übernahmen aus den Quellen (Mt 27₂₃ aus Mk 15₁₄, Mt 12₃₄ par. Lk 6₄₅ Q, Mt 11₉ par. Lk 7₂₆ Q; vgl. Mt 15₃₇ aus Mk 8₈) nur eine signifikante Auslassung (Mt 19₂₅ σφόδρα statt Mk 10₂₆ περισσῶς). Andere Auslassungen betreffen größere Textkomplexe (Mk 7₃₆ 12₃₃.₄₀.₄₄) oder folgen aus einer umfassenderen Neuformulierung (Mt 14₃₃ gegenüber Mk 6₅₁). Eindeutig liegen mt Zufügungen vor in Mt 13₁₂ gegen Mk 4₂₅ und in Mt 14₂₀ gegen Mk 6₄₃ (vgl. aber Mk 8₈ Joh 6₁₂f), wahrscheinlich auch in Mt 5₄₇ gegen Lk 6₃₃ Mt-Lk^S und in Mt 25₂₉ gegen Lk 19₂₆ Mt-Lk^S. Mt hat in 5₂₀ wohl quellenunabhängig formuliert. Auch substantivisches πονηρός dürfte mt Sprachgewohnheit widerspiegeln (vgl. z.B. 5₄₅ 6₁₃ 13₄₉ 22₁₀). Für Mt 5₃₇b liegt also mt Verfasserschaft am nächsten. Der Finalsatz in Jak 5₁₂ gehörte vielleicht auch nicht zur Tradition, denn es wäre nicht plausibel zu machen, warum Mt den entsprechenden Passus übergangen haben sollte.

Kaum entscheidbar ist die Frage der Ursprünglichkeit der drei Begründungen und des Schwures bei Jerusalem in Mt 5₃₄f. Sie sind als nachträgliche Explikation erklärbar, ebenso aber auch die Omission bei Jak 5₁₂ als Straffung und Verallgemeinerung. Auch die antithetische Formung und die These (Mt 5₃₃f) sind sehr wahrscheinlich ein Werk des Mt.[77]

Wie ist nun ὅλως in Mt 5₃₄a, das ein vollständiges Schwurverbot ausdrückt, überlieferungsgeschichtlich zu beurteilen? Liegt eine spätere Verschärfung vor oder hat Jak 5₁₂ nachträglich abgemildert? Die bisherigen traditionsgeschichtlichen Erörterungen legten die erste Möglichkeit nahe: Der Mt-Text ist gegenüber der gemeinsamen Vorlage wesentlich stärker erweitert als die Jak-Variante, die vielleicht nur mit dem forensischen Nachsatz ergänzt. Zweitens ergibt sich aus der Verbindung von ὅλως mit der eigentlich unnötigen traditionellen μήτε-Trias, die im Sinne von „weder – noch" Einzelschwüre zwar ausschließt,[78] nicht jedoch das Schwören überhaupt, eine deutliche Spannung. Der Sprachgebrauch verweist drittens eher auf mt Redaktion.[79] Viertens belegt die frühchristliche Überlieferung gelegentliches Schwören im frühen Christentum.[80] Und schließlich liefern religionsgeschichtliche Untersuchungen ein wichtiges Indiz, denn ein vollständiges Schwurverbot ist nur im außerjüdischen Hellenismus

---

[77] Siehe S. 52–58.
[78] Man muß angesichts des obigen Begründungszusammenhangs nicht auf die Notlösung ausweichen, μήτε sei hier in der Bedeutung von μηδέ „auch nicht" verwendet worden.
[79] Ὅλως bei den Synoptikern nur in Mt 5₃₄; ὅλος bei Mk: Mk 8₃₆ par. Mt 16₂₆, Mk 12₃₀ par. Mt 22₃₇ (Zitat Dtn 6₅, Dublette in Mk 12₃₃ von Mt übergangen); bei Mt-Lk^S: Mt 6₂₂f par. Lk 11₃₄.₃₆, Mt 13₃₃ par. Lk 13₂₁; die übrigen Synoptiker-Belege sind allesamt Mt^R: Mt 1₂₂ 5₂₉f (gegen Mk 9₄₇.₄₃, s. S. 55), Mt 22₄₀ (gegen Mk 12₃₁b), Mt 26₅₆ (gegen Mk 14₄₉).
[80] 1Thess 5₂₇ 2Kor 1₂₃, Mk 14₇₁ par. Mt 26₇₄, Mt 23₁₆-₂₂.

II. Das Kriterium der doppelten Dissimilarität

belegt, und zwar sowohl mit anthropologischer als auch mit theologischer Begründung.[81] Frühjüdische Aussagen fehlen in dieser Schärfe, aber öfter wird aus theologischen und anthropologischen Gründen zu einem sparsamen und bedächtigen Umgang mit dem Schwur gemahnt.[82] Ein vollständiges Schwurverbot läßt sich religionsgeschichtlich mit einer Offenheit gegenüber dem außerjüdischen Hellenismus also leichter begründen.

Eine erst bei Mt und Jak belegte Mahnung, das Schwören zu unterlassen, ohne damit kategorisch jeden Eid zu verwerfen, wurde wohl von Mt neben anderen Ergänzungen zu einem radikalen Schwurverbot (ὅλως) aufgrund der Begegnung mit außerjüdischer und außerchristlicher philosophischer Eidkritik verschärft. Die fehlende Berücksichtigung des außerjüdischen und außerchristlichen Hellenismus und wahrscheinlich auch die Annahme, daß das Radikale ursprünglicher als das Moderate sein müsse,[83] führte in der Forschung zu der eher unwahrscheinlichen Annahme, Jesus sei der Urheber des vollständigen Schwurverbotes.

b) Die Antithesen

Die Antithesen der Bergrede Mt 5 21-47 gelten vielen Exegeten als *locus classicus* für das Kriterium der doppelten Dissimilarität. Die Vollmacht, Schriftgebote nicht nur zu verschärfen, sondern auch außer Kraft zu setzen, und das eigene Wort höhergewichtig dem des Mose entgegenzusetzen, sei im Frühjudentum unvorstellbar und passe nicht zur ängstlichen Rückkehr zum Gesetzesgehorsam im frühen Christentum.

Einige Zitate aus der exegetischen Literatur mögen die Verbreitung anzeigen, welche das doppelte Dissimilaritätskriterium bei der Anwendung auf die Antithesen genießt. G. Dalman, Worte I 258: „Als ein neuer Gesetzgeber trat er [sc. Jesus] Mt. 5,21-48 auf in einer Weise, welche für jüdisches Empfinden ein Eingriff in göttliche Prärogative war". E. Käsemann, Jesus 206: „Einig ist sich wohl die gesamte Exegese darin, daß an der Authentie der ersten, zweiten und vierten Antithese der Bergpredigt nicht gezweifelt werden kann. Tatsächlich gehören diese Worte zum Erstaunlichsten in den Evangelien überhaupt. ... Dazu gibt es

---

[81] Diese religionsgeschichtliche Sicht vertritt B. Kollmann, Schwurverbot, überzeugend gegenüber einer jahrzehntelang verbreiteten gegenteiligen Annahme.

[82] Koh 5₄ als Kommentar zu V. 3, Sir 23 9-11 Philo, Decal 84f u.ö. Strikte Eidverbote im Frühjudentum kennt nur die Essener-Darstellung des Josephus (Bell II 135). Die Qumran-Texte belegen allerdings zumindest Schwüre beim Eintritt in die Gemeinschaft (1QS 5 7f 1QH 6 17f [ehemals 14 17f], vgl. CD 15 7-10 und weiter 16 6-12), so daß der Bericht des Josephus von dessen Idealisierung der Essener als Entsprechung zu den Pythagoräern verfälscht sein dürfte. Die Halacha von R. Me'ir in SifDev 265 empfiehlt den vollständigen Eidverzicht wahrscheinlich, um einen möglichen Eidbruch von vornherein auszuschließen.

[83] Dazu s. S. 39.99f.

keine Parallelen auf jüdischem Boden und kann es sie nicht geben. Denn der Jude, der tut, was hier geschieht, hat sich aus dem Verband des Judentums gelöst oder – er bringt die messianische Thora und ist der Messias. ... Die Unerhörtheit des Wortes bezeugt seine Echtheit." J. Jeremias, Theologie I 240: „Daß in den Antithesen Jesus selbst zu Wort kommt, darf zumindest für das Schema ἠκούσατε ὅτι ἐρρέθη–ἐγὼ δὲ λέγω ὑμῖν von vornherein als sicher gelten, weil dieses weder jüdische noch urchristliche Parallelen hat." U. Luz, Mt I 249: „Vergleichbares gibt es im Judentum vielleicht im Gesetzesverständnis der Tempelrolle, nicht aber in antithetischer Form." J. Gnilka, Jesus 216: „Niemals konfrontiert er [sc. ein Rabbi im Gegensatz zu Jesus] seine Meinung unmittelbar mit dem Gotteswort". J. Becker, Jesus 361: „daß es weder im frühjüdischen noch im urchristlichen Bereich eine wirkliche Analogie zur Antithesenform gibt." G. Theißen – A. Merz, Jesus 325: „Das Besondere bei Jesus ist: Die Transzendierung der Thora wird bewußt artikuliert."[84]

Der gesamte Komplex aus sechs Antithesen wurde von Mt aus unterschiedlichen Traditionen zusammengestellt. Die eigentlichen Antithesen V. 22a.28.32.34a.39a.44 haben nur im dritten und sechsten Fall (nicht im fünften!) Lk-Parallelen (Lk 16 18 6 27f). Die Konkretionen der Antithesen (Mt 5 22b-26.29f.-.34b-37.39b-42.45-47) stammen aus Q (Q 6 29f.32f.35), Mt-Lk^S (Mt 5 25f par. Lk 12 58f) und Mk (Mk 9 47.43, vgl. 11 25).

Mt 5 29f hat Mt sehr wahrscheinlich in enger Anlehnung an Mk 9 47.43 formuliert,[85] denn die Abweichungen zwischen beiden Texten lassen sich leicht als redaktionelle Abwandlungen erweisen. Die gegenüber Mk vertauschte Reihenfolge (Auge, Hand) war durch βλέπω in Mt 5 28 geboten, auch weil das Beispiel mit der Hand eigentlich nicht zur Intention der Antithese paßt (mit dem Fuß Mk 9 45 noch weniger und daher von Mt übergangen). Die doppelte Einfügung von δέξιος ist wohl für Mt typisch (vgl. Mt 5 39b) und verweist auf 6 3. Συμφέρει (vgl. 18 6 19 10 Mt^R, sonst nicht bei den Synoptikern) und ἀπόλλυμι im Passiv (noch 10 6 15 24 26 52 und wohl auch 18 14 Mt^R, zwei weitere Belege aus Mk) bieten mt Spracheigentümlichkeiten (vgl. ἐκκόπτω 18 8 Mt^R).

Der Sprachgebrauch legt ebenfalls nahe, daß Mt V. 23f frei nach Mk 11 25, das Mt in Mt 21 20-22 nicht noch einmal übernehmen wird, geschaffen hat, obwohl die beschriebene Situation zu seiner Zeit gar nicht mehr möglich war. Wendungen, die für Mt kennzeichnend sind, liegen vor in προσφέρω (Mt 15x, Mk 3x, Lk 4x, Act 3x), in κἀκεῖ (Mt 3x, Mk nur Mk 1 35, das Mt aber ganz ausläßt, Lk 0x; Mt 28 10 sicher, 10 11 wahrscheinlich redaktionell gegen Mk 6 10), in ἀδελφός zur Bezeichnung eines Gruppenmitglieds (5 47 18 35 23 8 28 10 wohl Mt^R), in ἔμπροσθεν (Mt 18x, Mk 2x, Lk 10x, Act 2x; sicher redaktionell Mt 18 14 25 32 26 70 27 11.29, wahrscheinlich auch 5 16 6 1f 23 13) und wahrscheinlich μιμνῄσκομαι (26 75 gegen Mk 14 72, Mt 27 63 Mt^R), in οὖν (Mt 56x, Mk 5x, aber auch Lk und Act oft, noch öfter Joh), in ἐκεῖ (Mt 28x, Mk 11x, Lk 16x, Act 6x) und in ὑπάγω imp. mit folgendem imp. (Mt

---

[84] Allerdings wurde auch gelegentlich Zweifel an der Authentie der antithetischen Form geäußert oder ihre Echtheit bestritten, jedoch bislang ohne wirklich überzeugende Begründung: H. Braun, Radikalismus II 29; H. Conzelmann, Grundriß 140; E. Stauffer, Botschaft 39; V. Hasler, Amen 79f; M. J. Suggs, Antitheses; I. Broer, Antithesen; ders., Freiheit 110.
[85] Gegen U. Luz, Mt I 262; F. W. Horn, Einlaßsprüche 193.

II. Das Kriterium der doppelten Dissimilarität

7x, Mk 4x, Lk und Act 0x; Mt 27$_{65}$ Mt^R, wohl auch 18$_{15}$ 21$_{28}$, 28$_{10}$ nach Mk 16$_7$, Mk 6$_{38}$ von Mt gekürzt). Mt klärt also den Vorrang der Bruderliebe vor der Teilnahme an einem Kult[86] mittels einer historisch orientierten Rückprojektion, die für ihn am Einzelfall das Allgemeine klären will (Schlußverfahren *Kelal u-ferat u-ferat u-kelal*). Mt 5$_{23f}$ fällt folglich als Beleg für die Teilnahme der Jerusalemer Gemeinde am Tempelkult aus.

Zwischen Thesen und Antithesen einerseits und den Explikationen zu den Antithesen andererseits bestehen teilweise Spannungen. Mt 5$_{21.22a}$ weist entweder auf die zugrundeliegende Intention oder auf eine bereits den Zorn einschließende Verschärfung des Tötungsverbotes als endgerichtsrelevantes Kriterium hin. V. 22b.c präzisiert hinsichtlich des Zorns: Nur die Beschimpfung μωρέ führt zur endzeitlichen Verurteilung, nicht jedoch ῥακά. Deutet man ὀργίζομαι in V. 21 als Vertiefung des Tötungsverbotes auf die dahinterstehende Absicht, dann bedeutet V. 22b.c eine Aspektverschiebung von der Intention zu den Äußerungen des Zorns als Gerichtssache. Bei der verschärfenden Interpretation, die in ὀργίζομαι auch die Handlungsfolgen eingeschlossen sieht, besteht hingegen kein Bruch zu V. 22b.c. In jedem Fall bleibt jedoch zu beachten, daß V. 22b.c aus sprachlichen Gründen wohl von Mt formuliert wurde.[87]

Wendungen des Mt liegen vor in ὃς δ'ἄν (Mt 9x, Mk 2x, Lk 1x, Mt^R zumindest in Mt 5$_{19}$ 18$_6$), in κρίσις (Mt 10$_{15}$ redaktionell nach Lk 10$_{14}$, Mt 12$_{36}$ Mt^R, ebenso 23$_{33}$ gegen Mt 3$_7$ par. Lk 3$_7$) und noch deutlicher in γέεννα τοῦ πυρός (nur noch Mt 18$_9$, vgl. zu γέεννα noch 23$_{15.33}$ Mt^R und zu πῦρ noch 13$_{40.42.50}$ Mt^R). Ῥακά zeigt wegen der Vokalisation eher Verwandtschaft zum Syrischen und paßt daher zum vermuteten Abfassungsort des Mt-Evangeliums, jedenfalls nicht zu Palästina.[88]

Mit V. 23f, hier (und in V. 25f) in der 2. pers. sing. ausgedrückt, thematisiert Mt nicht die Endgerichtsfolgen des Zorns unter Brüdern, wobei jetzt der Bruder der Zürnende ist, sondern die Prävalenz der Versöhnung vor der Kultpraxis (s.o.). V. 25f, das in Lk 12$_{58f}$ eine Parallele hat, empfiehlt im Unterschied zu V. 22–24 nicht die Versöhnung unter Brüdern, sondern das Nachgeben gegenüber Feinden zum Zweck des Selbstschutzes.

---

[86] Vgl. das zweimalige, redaktionell eingefügte Zitat von Hos 6$_6$ in Mt 9$_{13}$ 12$_7$ (Barmherzigkeit [gegenüber dem Bruder] statt Opfer), weiter 15$_{4-9}$ aus Mk 7$_{6f.9-13}$ und Mt 23$_{23}$.
[87] Vgl. R. Bultmann, Tradition 142; G. Strecker, Antithesen 47f; H. Merklein, Gottesherrschaft 260f.
[88] J. Jeremias, ῥακά 974; H.P. Rüger, Aramäisch 608. Im palästinischen Aramäisch scheint wegen der Orthographie רֵיקָה ein heller Vokal in der ersten Silbe gesprochen worden zu sein. Allerdings enthält ein ägyptischer Zenon-Papyrus von 257 v. Chr. den Namen Ἀντίοχον τὸν ῥαχᾶν (s. F. Preisigke, Sammelbuch 7638$_7$).

Auf den Bruch zwischen V. 30 und V. 28 wurde schon hingewiesen.[89] Aber auch V. 29 bekundet gegenüber V. 28 insofern ein anderes Interesse, als er nicht mehr die frei gewählte Absicht des Ehebruchs (πρὸς τό mit inf.), sondern die Verführung durch den Leib und das darauf bezogene Verhalten bespricht.

Die dritte Antithese enthält keine weiteren Explikationen. Einige Spannungen in der vierten Antithese wurden bereits oben erörtert.[90] Sie rühren vor allem von der nachträglichen Einfügung von ὅλως in V. 34a her. Zusätzlich haben die Explikationen wohl eher assertorische Eide im Blick, während die These (und die Antithese?) auch die promissorischen erwähnt. Die fünfte Antithese ist wie die anderen Antithesen in der 2. pers. plur. formuliert, die Explikationen dagegen in der 2. pers. sing. Die sechste Antithese entspricht jedoch inhaltlich wie formal den folgenden Erweiterungen. Allerdings hat Mt für die Erweiterungen der fünften und sechsten Antithese den Sprüchekomplex, den Lk in Lk 6 27-33.35 zusammenhängend überliefert, neu geordnet.[91]

Überlieferungsgeschichtliche, inhaltliche, sprachliche und formale Beobachtungen legen also nahe, daß in keiner der fünf Antithesen – die dritte enthält keine Erweiterungen – die These mit der eigentlichen Antithese einerseits und die Explikationen andererseits eine ursprüngliche Einheit bildeten.

These und eigentliche Antithese passen jeweils recht gut zueinander. Ihr Verhältnis weist aber nicht durchgehend den gleichen Modus auf. Während die ersten beiden Antithesen klar ein Schriftverbot verschärfen, setzen die Thesen im dritten und vierten Fall als Praxis nur voraus, wogegen sich die Antithesen wenden, und die letzten beiden Antithesen leiten zum Verzicht auf Rechtsmöglichkeiten an.[92] Auch die Parallelüberlieferungen kennen in keinem Fall die antithetische Struktur und die Thesen (Lk 16 18 Jak 5 12), überwiegend nicht einmal die Antithesen (Mk 11 25 Lk 12 58f Mk 9 47.43 Lk 6 29f 6 27f.32f.35f).[93] Es drängt sich die Vermutung auf, daß die antithetische Formung überwiegend oder vollständig ein Werk des Mt ist.

Weitere Beobachtungen bestärken diese Hypothese. Die Erweiterungen der fünften und sechsten Antithese, formal Mt-Lk^s zugehörig,

---

[89] Siehe S. 53.
[90] Siehe S. 48–51.
[91] Siehe S. 55 mit Anm. 96, S. 131 Anm. 15 und S. 134.
[92] In keinem Fall liegt übrigens eine Aufhebung der Thora vor (s. S. 57f).
[93] Did 1 2-5 zähle ich nicht zu den Parallelüberlieferungen, weil dieser Text redaktionelle Bearbeitungen des Mt und des Lk wiedergibt (z.B. δεξίαν und αὐτῷ aus Mt 5 39, ἀπαίτει aus Lk 6 30 und ποία χάρις aus Lk 6 32f) und nichts signifikant auf eine von Mt und Lk unabhängige Tradition verweist. Auch weitere Zeugnisse aus dem 2. Jh. n. Chr. erweitern nicht die vorsynoptische Quellenlage (s. U. Luz, Mt I 291 Anm. 1).

II. Das Kriterium der doppelten Dissimilarität 55

stammen wahrscheinlich tatsächlich aus Q,[94] und zwar als ein zusammengehöriger Textkomplex. Hat Mt eine andere Überlieferung als Q außerdem vorgelegen, die bereits zwei Antithesen zu den auch in Q überlieferten Sprüchen gebildet hat?[95] Dagegen sprechen: Der Grad an wörtlichen Übereinstimmungen zwischen den Explikationen der beiden Antithesen und den Lk-Parallelen Lk 6 27-30. 32f. 35(f) ist hoch, und die Abweichungen untereinander sind häufig plausibel als Bearbeitungen von Mt oder Lk erklärbar,[96] so daß entferntere Traditionen unwahrscheinlich sind. Außerdem ist substantivisches τῷ πονηρῷ in der fünften eigentlichen Antithese charakteristisch für Mt.[97]

Neben den überlieferungsgeschichtlichen Gründen spricht auch der oben erwähnte Modus der nur voraussetzungsorientierten Bezugnahmen der dritten und vierten Antithese gegen die Ursprünglichkeit ihrer antithetischen Struktur.

Die zweite eigentliche Antithese zeigt wiederum mt Spracheigentümlichkeiten und Interessen.

Βλέπω (Mt 12 22 14 30 15 31 18 10 Mt^R, wahrscheinlich auch 6 4. 6. 18 11 14; in den Quellen des Mt wohl nur Mk 8 23f, das Mt und Lk aber ganz auslassen) und πρὸς τό mit inf. in finaler Bedeutung (Mt 5x, Mk 0x, Lk 0x/1x; sicher Mt^R Mt 26 12, wahrscheinlich auch 6 1 13 30[?] 23 5; den einzigen Mk-Beleg für πρὸς τό mit inf. Mk 13 22 formuliert Mt mit ὥστε, da keine finale, sondern eine konsekutive Verknüpfung vorliegt; in Mt 5 28 liegt also auch finaler Sinn vor, d.h. das Anblicken einer Frau geschieht von vornherein mit der Absicht des Begehrens) erweisen sich als Redeweise des Mt. Ἐν τῇ καρδίᾳ ist nicht nur eine mt Wendung (5 8 13 19 18 35 Mt^R), sondern verrät auch sein Interesse, die den möglichen Handlungen vorauslaufende Intention in die Bewertung einzubeziehen (vgl. 6 2-6. 16-18).

Häufig wird jedoch argumentiert, die sachliche Verwandtschaft zur dritten, von Mt gestalteten Antithese lege die Annahme vormt Entstehung der zweiten nahe.[98] Bei dieser Begründung bleibt aber rätselhaft, warum Mt dann diese angebliche Dublette geschaffen haben soll. Quellenbedingte Gründe lagen wohl nicht vor, da keine Hinweise für einen vormt Kontextbezug zwischen der dritten und den anderen, speziell der fünften und sechsten Antithese zu ermitteln sind. Außerdem besteht hinsichtlich des besprochenen Themas gar keine Doppelung: Die zweite Antithese verschärft die Bedingungen des Ehebruchs, die dritte verbietet die Ehescheidung, allerdings mit der Begründung, daß eine rechtlich vollzogene Scheidung die Wiederver-

---
[94] Siehe S. 127–133.
[95] Vgl. A. Sand, Gesetz 48.
[96] Mt streicht aus Gründen der formalen Symmetrie der Antithesen in Lk 6 27f zwei Spruchbestandteile. Zu weiteren Einzelheiten s. U. Luz, Mt I 291f. 306.
[97] S. beispielsweise Mt 6 13 13 49 22 10.
[98] Vgl. J. Gnilka, Mt I 169.

heiratung ermögliche, die dann als Bruch der nicht auflösbaren ersten Ehe gälte. Mir erscheint plausibler, daß Mt zusätzlich zur Ehescheidung auch den ihm wichtigen Ehebruch[99] einbringen wollte und diesen, charakteristisch für ihn, zur intentionalen Ebene hin verschärfte.

Liegt also in fünf von sechs Fällen mt Verfasserschaft der antithetischen Struktur am nächsten, dann bedingt dieser Befund eine klare Vorentscheidung über die Erwartung (nicht über das Ergebnis!) gegenüber der ersten Antithese: Ihre Formung stammt wohl auch von Mt. Jede andere Behauptung trägt die Beweislast. Diesem Vor-Urteil lassen sich jedoch auf sprachlicher Ebene weder bestätigende noch falsifizierende Indizien zur Seite bzw. entgegenstellen. Weder findet sich ein signifikanter mt Sprachgebrauch noch eine für Mt untypische Redeweise,[100] was bei zugrundeliegenden anderthalb Versen auch nicht unbedingt zu erwarten ist. Inhaltlich entspricht die Vertiefung der ethischen Beurteilung durch die Einbeziehung der Absicht einem deutlich erkennbaren mt Interesse. Überblickt man die bisherigen Beobachtungen, dann bietet die Hypothese, daß Mt die antithetische Struktur in allen sechs Fällen geschaffen hat, die plausibelste Erklärung des Befundes.

Zwei gewichtige Argumente scheinen gegen mt Verfasserschaft der antithetischen Form zu sprechen. Erstens gebe es zu dem betonten ἐγὼ δὲ λέγω ὑμῖν im Gegensatz zu einem Thora-Gebot[101] keine frühjüdischen und rabbinischen Parallelen.[102] Dieses möglicherweise nur durch die lückenhafte Überlieferungslage bedingte Urteil spricht

---

[99] Vgl. μοιχαλίς als gesamtgesellschaftliche Beurteilung in Mt 12₃₉ 16₄ Mt^R.
[100] Die generell seltene Schriftzitat-Formel ἐρρέθη taucht zwar bei Mt außerhalb der Antithesen nicht mehr auf. Aber bei Mt findet sich häufig eine Zitateinleitung mit τὸ ῥηθέν (Mt 1₂₂ 2₁₅.₁₇.₂₃ [3₃] 4₁₄ 8₁₇ 12₁₇ 13₃₅ 21₄ 22₃₁ 24₁₅ 27₉; keine weiteren NT-Belege!), so daß ἐρρέθη gut als Bildung des Mt in finiter Verbform erklärbar ist, um die antithetische Struktur ausdrücken zu können (gegen J. Becker, Jesus 360).
[101] Die Thesen enthalten manchmal (Antithesen-Komplexe 1, [4], 6) Bestandteile, die nicht zur schriftlichen Thora gehören. Ἐρρέθη τοῖς ἀρχαίοις macht jedoch wahrscheinlich, daß nicht unterschiedliche Auslegungsmöglichkeiten der einen Thora verhandelt werden sollen. Ob das sicher erst ab dem Ende des 2. Jh. n. Chr. belegte rabbinische Konzept der ebenfalls am Sinai geoffenbarten mündlichen Thora, welcher die gleiche Autorität wie der schriftlichen eignet (mAv 1₁ bShab 31a [Baraita] u.ö.; exegetische Rechtfertigung mittels Ex 34₂₇ in bGit 60b u.ö.), als Erklärung ins 1. Jh. n. Chr. rückdatiert werden darf, ist eher unwahrscheinlich. Denn obwohl sich über die Autorangaben weniger rabbinischer Traditionen das Konzept der mündlichen Thora bis vor die Tempelzerstörung zurückdatieren ließe (so S. Safrai, Tora 44; zum Problem der Vertrauenswürdigkeit rabbinischer Autorangaben s. S. 41f), taucht der Begriff תורה שבעל פה erst ab amoräischer Zeit auf (vgl. P. Schäfer, Dogma).
[102] S. die Literatur-Zitate auf S. 51f. D. Flusser, Alten, identifiziert ἐγὼ δὲ λέγω ὑμῖν mit ואני אומר in der rabbinischen Literatur (z.B. SifDev 31). Allerdings stehen sich auch bei dieser Wendung nur die Schriftauslegungen zweier Rabbinen gegenüber. Auch ShemR 32 liefert kein wirkliches Parallelbeispiel, da ein fiktiver Streit Moses mit Gott vorliegt.

II. Das Kriterium der doppelten Dissimilarität 57

jedoch nicht gegen mt Formulierung. Wem ist denn eher eine derart vollmächtige Redeweise zuzutrauen? Dem historischen Jesus, der sich im jüdischen Rahmen wohl als letzter, entscheidender Heilsprophet für das Gottesvolk verstanden hat,[103] oder Mt, dessen Christus das Gesetz vollständig zur Geltung bringt (Mt 5,17)[104] und Pantokrator im Himmel (28,18) ist, der aber auch die endgültige Verlorenheit des einstigen Gottesvolkes wirkmächtig ansagt (23,37-39) und darum die Missionierung der nichtjüdischen Völker befiehlt (28,19f)?

Diese doch eher zugunsten der zweiten Möglichkeit zu entscheidende Frage führt zum zweiten Gegenargument. Mt hat mit 5,17-19 vor den Antithesen die vollständige und bleibende Gültigkeit der Thora betont und durch die Rahmung 5,20.48 die Antithesen als Darstellung der besseren Gerechtigkeit und der Vollkommenheit bestimmt. Man könne nun Mt, der 5,17-19 aus traditionellem Material formuliert hat, nicht die Aufhebung des gerade Geschriebenen durch die Antithesen zutrauen.[105] Eine erste, eher rhetorische Gegenfrage drängt sich sofort auf: Kann man denn etwa Mt zutrauen, an 5,17-19 Traditionen anzuhängen, die seiner soeben deutlich geäußerten Intention widersprechen, und zusätzlich auch noch die antithetische Struktur zumindest in einigen Fällen selbst einzubringen?

Eine zweite Gegenfrage betrifft eine Voraussetzung des obigen Argumentes: Heben denn die Antithesen überhaupt die Thora auf? Die ersten beiden verschärfen weiterhin gültige Thora-Verbote, die dritte und vierte untersagen nicht die Befolgung eines Gebotes, sondern nur ein Handeln, das die Thora mit dem Gebot anders geregelt hat (s.u.). Lediglich die letzten beiden Antithesen widersprechen auf den ersten Blick einem Gebot. Doch gerade in diesen beiden Fällen liegt mt Verfasserschaft klar auf der Hand, wie oben gezeigt wurde. Plausibler als eine Aufhebung von Thora-Geboten sind diese beiden daher als Anleitung zu verstehen, auf die Inanspruchnahme eines weiterhin gültigen Gebotes, das den Schadensausgleich im Konfliktfall ermöglicht, im Blick auf die Überwindung von Feindschaft zu verzichten.[106]

Die Spannung zwischen 5,17-19 und der dritten und vierten Antithese kann ebenfalls im Rahmen des mt Gesetzesverständnisses gedeu-

---

[103] Zu diesem Verständnis des Wirkens Jesu s. Teil B.
[104] Πληρόω in Mt 5,17 kann zwar auch „erfüllen" bedeuten (vgl. die typisch mt Einleitungen oder Deutungen zu den Schriftzitaten Mt 1,22 2,15.17.23 4,14 8,17 12,17 13,35 21,4 26,54.56 27,9.35), die Stellung im Kontext, also vor 5,21–7,12, spricht aber für die Paraphrase „das Gesetz in seiner vollen Bedeutung zum Ausdruck und zur Geltung bringen" (vgl. anders U. Luz, Mt I 232–236).
[105] G. Barth, Gesetzesverständnis 60–68; D. Lührmann, Redaktion 118.
[106] Vgl. G. Barth, Gesetzesverständnis 143–149.

tet werden.¹⁰⁷ Mt hat zwar in 19₁-₁₂ die Gesetzesdebatte Jesu mit den Pharisäern über die Ehescheidung in Mk 10₁-₁₂ im Aufriß und in Einzelheiten bearbeitet, aber das zugrundeliegende Argumentationsschema beibehalten: Der eigentliche Wille Gottes zeigt sich am Uranfang, wo Gott den Menschen als Mann und Frau schuf (Gen 1₂₇) und festlegte, daß die Ehe beide „zu einem Fleisch" macht (Gen 2₂₄). Dagegen kommt dem erst Mose gegebenen Gebot, einen Scheidungsbrief auszustellen (Dtn 24₁), eine geringere Bedeutung zu, da es nur Gottes Reaktion auf menschliche Herzenshärte ausdrückt.¹⁰⁸ In ähnlicher Weise könnte Mt auch das Schwören als eine Notwendigkeit mangels menschlicher Wahrhaftigkeit verstanden haben, das daher unter den Jüngern seine Berechtigung verloren hat. Allerdings begründet die dazugehörige traditionelle μήτε-Trias das Eidverbot theologisch.

Im Hinblick auf das Kriterium der doppelten Dissimilarität läßt sich zusammenfassen: Im Falle der Antithesen verliert der von ihm häufig erwartete Erweis jesuanischer Autorschaft erheblich an Plausibilität. Maßgeblich an dieser tendenziellen Erwartung zugunsten der Authentie dürfte das mehr oder weniger unterschwellig verbreitete, aber dringend kritisch zu hinterfragende Bild beteiligt sein, daß das frühe Christentum gegenüber dem *historischen* Jesus nicht über ängstliches Epigonentum hinausgekommen sei. Im Rahmen der mt Evangeliumskomposition bilden die von Mt geschaffenen Antithesen einen von vielen Bausteinen, welche gegenüber der beherrschenden frühjüdischen theologischen Tradition aufweisen, daß der wahre Gotteswille nicht vom Gottesvolk, sondern in der überwiegend nichtjüdischen Kirche erfüllt wird und daher ihr jetzt die Gebote und Verheißungen der Schrift gelten und sie von Gott mit der kultischen Gottesverehrung betraut wird.¹⁰⁹

---

¹⁰⁷ Vgl. W.R.G. Loader, Attitude 165–177.
¹⁰⁸ Im Zweifelsfall gilt in der frühjüdischen und rabbinischen Halacha die Priorität des Pentateuch vor den Propheten und Hagiographen (s. G. Mayer, Exegese 1195). Für den hier vorliegenden Fall einer Differenz innerhalb des Pentateuchs vgl. den hinter bQid 21b (Baraita) stehenden Grundsatz der Entscheidung für das kleinere Übel. Weiter ist zu beachten, daß Mt die Wendung ἔγραψεν ὑμῖν τὴν ἐντολὴν ταύτην in Mk 10₅ in eine Erlaubnis des Mose (ἐπέτρεψεν ὑμῖν Mt 19₈ in Anlehnung an Mk 10₄) abgeändert, also Dtn 24₁ nicht mehr als positives Gebot verstanden hat.
¹⁰⁹ Zu dieser Interpretation des Mt-Evangeliums s. S. 197.

III. Die *ipsissima vox* Jesu

1. Darstellung

Eine Schwäche des Kriteriums der doppelten Dissimilarität besteht darin, daß es Gemeinsamkeiten zwischen Jesus und dem frühen Judentum oder dem frühen Christentum prinzipiell nicht zu erfassen vermag.[1] J. Jeremias suchte nun nach einem Weg, wie dieses Defizit zumindest partiell umgangen werden kann.[2] Sein Ausgangspunkt ist die Einsicht, daß die griechischen Evangelien noch immer stark die galiläisch-aramäischen Vorlagen erkennen lassen und daher mit einer gewissen Vorsicht eine Rückübersetzung in diesen westaramäischen Dialekt zulassen. Der so gewonnene ursprüngliche Wortlaut erlaubt nun sprachlich-stilistische Analysen, die mit anderen frühjüdischen Äußerungen verglichen werden können und auf diese Weise Charakteristika der jesuanischen und frühchristlichen Redeweise erkennen lassen. Treten diese Charakteristika in allen relevanten frühchristlichen Traditionsschichten auf,[3] dann liegt nach Jeremias eine typische jesuanische Redeweise vor.

Unter die für Jesus charakteristischen Redeweisen zählt Jeremias das *Passivum divinum*, den antithetischen Parallelismus, eine rhythmische Grundstruktur, Alliteration, Assonanz und Paronomasie. Über sprachlich-stilistische Phänomene hinaus führen diejenigen Kennzeichen der Diktion Jesu, die im Unterschied zu den eben aufgezählten Redeweisen keine Analogien mehr in der frühjüdischen Literatur aufweisen und daher die *ipsissima vox* Jesu wiedergeben: Gleichnisse, Rätselsprüche, das aramäische Äquivalent des Begriffs βασιλεία τοῦ θεοῦ, nicht-responsorisches Amen und die Gottesanrede Abba.[4]

Die Stärke dieses sprachlich-stilistischen Analyseverfahrens liegt nach Jeremias darin, daß frühchristlich überlieferte Jesus-Traditionen, deren Authentie nach dem Kriterium der doppelten Dissimilarität nicht zu erweisen ist, auf diese Art Jesus zugesprochen werden

---

[1] Siehe S. 35.
[2] Neben zahlreichen Einzelveröffentlichungen s. besonders J. Jeremias, Gleichnisse 7–9; ders., Kennzeichen; ders., Theologie 13–45.
[3] Jeremias lehnt dabei die Existenz einer schriftlichen Spruchquelle ab (vgl. dazu J. Jeremias, Theologie 45–49, und die Dissertation seines Schülers H.-T. Wrege, Überlieferungsgeschichte; s. dagegen S. 130) und ordnet die Überlieferungsschichten rein formal: Mk, Mt und Lk gegen Mk, Mt allein, Lk allein, Joh.
[4] F. Hahn, Überlegungen 36, fügt noch Paradoxien, Makarismen und Korrespondenzaussagen zwischen dem Verhalten gegenüber Jesus und dem endzeitlichen Ergehen (vgl. Mt 10,32f par. Lk 12,8f) hinzu, M. Reiser, Gerichtspredigt 194–196, in Anlehnung an T. W. Manson, Teaching 54–56, den strophischen Parallelismus.

können. Das Manko des doppelten Dissimilaritätskriteriums sei also durch dieses Verfahren zu umgehen.

2. Kriterieninterne Fehler und Schwächen

Das sprachlich-stilistische Analyseverfahren von Jeremias unterscheidet sich strukturell nicht vom doppelten Dissimilaritätskriterium, sondern stellt lediglich auf einer anderen Ebene die (doppelte) Dissimilarität fest: Die Besonderheiten der jesuanischen Diktion werden vor dem Hintergrund frühjüdischer (und frühchristlicher) Redegewohnheiten erhoben. Daher partizipiert dieses Kriterium für die Echtheit an den beiden prinzipiellen Fehlern und Schwächen des im letzten Kapitel diskutierten:[5] Gemeinsamkeiten zwischen jesuanischer und sonstiger frühjüdischer (und frühchristlicher) Redeweise lassen sich nicht feststellen; Spezifika des Sprechstils Jesu können durch die frühchristlichen Tradenten unterschlagen worden sein.

Die andere Seite des doppelten Dissimilaritätskriteriums, nämlich die Unterscheidung jesuanischer und frühchristlicher Diktion, fällt bei Jeremias teilweise fort. Die breite frühchristliche Bezeugung eines sprachlichen Charakteristikums, zumal bei seinem Fehlen im Frühjudentum, gilt für ihn als ausreichende Echtheitsbestätigung. Lediglich bei den Merkmalen der *ipsissima vox* Jesu differenziert er auch gegenüber dem frühchristlichen Sprachgebrauch.

3. Fehler und Schwächen in der Anwendung

Auch die speziellen Probleme des doppelten Dissimilaritätskriteriums gelten *mutatis mutandis* für die Echtheitsbestimmung mittels sprachlich-stilistischer Differenzierungen. Angesichts der im vorigen Kapitel aufgeführten Überlieferungslage gilt auch hier, daß der Horizont des sprachlich-stilistischen Vergleichs, nämlich volkstümliche frühjüdische aramäische Redegewohnheiten in Palästina im religiösen Kontext, viel zu wenig bekannt ist. Rabbinische Schultraditionen lassen sich nur sehr bedingt heranziehen, weil sie sich hinsichtlich Soziologie, Sitz im Leben und Abfassungszeit von der Jesus-Tradition unterscheiden.

Neuere Forschungen zur Formgeschichte haben ergeben, daß der Übergang mündlicher Traditionen in die Schriftlichkeit nicht spurlos an diesen vorübergegangen ist.[6] Vor allem Straffung und formale Vereinheitlichung der Überlieferung fanden bei der Verschriftlichung statt. Daraus folgt, daß der Vergleich der zunächst mündlich weiter-

---

[5] Siehe S. 35–48.
[6] Vgl. besonders E. Güttgemanns, Fragen 69–166, und dazu S. 28.

III. Die *ipsissima vox* Jesu

gegebenen, jetzt aber nur im schriftlichen Kontext erhaltenen Jesus-Traditionen mit den durchschnittlichen mündlichen frühjüdischen Redegewohnheiten ebenfalls nur sehr eingeschränkt möglich ist. Letztlich bleibt nur folgendes komparative Verfahren übrig: Verschriftlichungsweisen synoptischer Traditionen können mit denjenigen anderer frühjüdischer mündlicher religiöser Überlieferungen verglichen werden, solange eine Nähe im sozialen Bereich gegeben ist und Datierung und Sitz im Leben dies zulassen. Das dafür in Frage kommende literarische frühjüdische Material ist wenig umfangreich (VitPr, MartJes, TestSal), wobei dessen teilweise dominierendes prophetisch-biographisches Element wiederum den synoptischen Traditionen oft fremd ist. Ein vergleichbarer Lebenszusammenhang liegt nur in den synoptischen Passionstraditionen vor (Bewältigung des Leidens des Gerechten). Kurz, eine Ermittlung der Redeeigentümlichkeiten Jesu ist praktisch unmöglich und folglich auch die Erweiterung des doppelten Dissimilaritätskriteriums durch sprachlich-stilistische Beobachtungen.

Westaramäisch war zwar in Palästina die verbreitetste Muttersprache, die vornehmlich im Alltag gesprochen wurde. Grundkenntnisse des Griechischen sind aber sogar für breitere Bevölkerungsschichten anzunehmen, weil es als Geschäfts- und Amtssprache fungierte.[7] Dieses sprachliche Milieu ist dafür verantwortlich, daß das in Palästina gesprochene Griechisch eine starke aramäische Prägung aufwies, und zwar nicht nur in der Semantik, sondern auch in der Syntax.[8] Syntaktische Aramaismen oder allgemeiner Semitismen liefern also kein Indiz dafür, daß der betreffende Text aus dem Aramäischen

---

[7] Siehe C. Rabin, Hebrew. Immerhin sind die Ossuar-Inschriften aus Palästina in ca. zwei Dritteln aller Fälle rein griechisch und nur in einem Viertel rein hebräisch oder aramäisch (der Rest überwiegend gemischt). Allerdings konnten sich Familiengrüfte nur Wohlhabendere leisten (s. S. 45–47) und stammten etliche Begrabene aus der griechischsprachigen Diaspora. So steigt der Anteil griechischer Inschriften in den Katakomben von *Beth She'arim* wegen des hohen Anteils von Diaspora-Juden auf ca. 80% (s. J.F. Strange, Archaeology 660f.668f). Hebräisch wurde wohl nur noch von wenigen verstanden; es war die Sprache der Liturgie und der theologischen Gelehrten. Latein taucht in Palästina im wesentlichen in Fremdwörtern über das Münz- und das Militärwesen auf.

[8] Spricht jemand „Ich gehe in den Computershop", rechnet heutzutage niemand damit, daß der semantische Anglizismus „Computershop" ein Hinweis auf englische Muttersprache des Sprechenden ist. Hingegen indiziert „Ich bin gehend in den Computershop" aufgrund des syntaktischen Anglizismus (present progressive/continuous) ziemlich sicher einen *native speaker* des Englischen. Doch nicht einmal syntaktische Aramaismen vermögen im palästinischen Griechisch aramäische Muttersprache oder Vorlage anzuzeigen (s.o.). Im übrigen können manche als Semitismus klassifizierte Eigenheiten durchaus auch mit volkstümlichen und vom Semitischen unabhängigen Merkmalen des Koiné-Griechischen erklärt werden (vgl. die Beispiele bei A. Deißmann, Licht 48–115, und zum Mk-Evangelium insgesamt M. Reiser, Syntax).

übersetzt worden ist.[9] Im religiösen Kontext wirkte sich die Prägung durch die Septuaginta in dieser Richtung noch einmal besonders intensiv aus, weil diese vor allem in ihren später übersetzten Texten die Wortfolge der hebräischen Vorlage überwiegend unverändert weitergab. Folglich beweisen semantische und syntaktische Aramaismen keine aramäischen Vorstadien von Texten.

Wirklich plausibel lassen sich aramäische Vorlagen nur dort machen, wo offensichtliche Interpretationsschwierigkeiten mit der Annahme von Übersetzungsfehlern aus dem Aramäischen geklärt werden können. Aus den zahlreichen Vorschlägen, die zu diesem Thema vorliegen,[10] diskutiere ich im folgenden allerdings nur diejenigen, für die beachtliche Argumente angeführt werden können.

Statt τοὺς πρὸ ὑμῶν in Mt 5,12 steht in der Parallele Lk 6,23 οἱ πατέρες αὐτῶν. Beides könnte auf eine aramäische Form von קדם mit Suffix zurückgehen (קדמיכון und קדמיהון).[11] Allerdings haben sowohl Mt (διώκω mit folgendem Akkusativ) als auch Lk (κατὰ τὰ αὐτά) den Text sprachlich bearbeitet, so daß, auch aufgrund des unterschiedlich vorauszusetzenden Suffixes, die beiden obengenannten Wendungen eher je eigene Präzisierungen darstellen: Mt betont stärker den Kontinuitätsgedanken der Prophetenmorde (vgl. Mt 23,30f gegenüber Lk 11,47f), Lk fügt in Anlehnung an Lk 11,47f das Subjekt ein.

Nach Mt 11,18 (aus Q) fastete der Täufer, indem er weder aß noch trank, nach der Parallelstelle Lk 7,33, indem er kein Brot (τὸ ἄρτον) aß und keinen Wein trank. Mk 1,6b berichtet, daß der Täufer Heuschrecken und wilden Honig zu sich nahm. Heuschrecken dürften, weil ohne rotes Blut, als Fleischersatz gedient haben, und statt Wein hat der Täufer wohl Wasser zur Vermeidung des Alkohols mit Honig gesüßt.[12] Verbindet man beide Stellen, dann müßte eigentlich statt des Brotverzichts in Lk 7,33 ein Fleischverzicht auftauchen. Eine Erklärungsmöglichkeit besteht nun darin, daß man hinter Q 7,33 eine aramäische Vorlage vermutet, in der לחמה stand. Dieses aramäische Wort bezeichnete nämlich den Hauptbestandteil der Nahrung, also normalerweise entweder Brot oder Fleisch. Q 7,33 hätte also eine Fehlübersetzung geboten, die Mt wegen ihrer Wiedergabe mit ungewöhnlichen Fastenpraxis überging. Diese einleuchtende Erklärung leidet aber daran, daß im palästinischen Aramäisch לחמה nur „Brot" oder allgemein

---

[9] Ein typisches Phänomen des palästinischen Griechisch ist z.B. die starke Übernahme des nachsatzeinleitenden ו (das sog. Waw-Apodoseos; s. BDR §442; K. Beyer, Syntax 66–72; nachsatzeinleitendes καί ist gelegentlich aber auch jenseits semitischer Einflüsse im Koiné-Griechischen belegt). Ein solches taucht in Jak 4,15 gleich zweimal auf: „Wenn der Herr will, daß (καί) wir leben, dann (καί) werden wir dieses oder jenes tun." Niemand kommt dabei auf die Idee, daß selbst dieser Extremfall eines syntaktischen Aramaismus oder allgemeiner Semitismus Übersetzungsgriechisch einer aramäischen bzw. semitischen Vorlage darstellt.

[10] J. Wellhausen, Einleitung 7–32; P. Joüon, L'Évangile; M. Black, Approach; G. Schwarz, 1985, 1986, 1988; vgl. die z.T. ablehnenden Besprechungen bei G. Dalman, Worte 34–57; H.P. Rüger, Aramäisch; J.S. Kloppenborg, Formation 51–64; C.M. Tuckett, Q 83–92.

[11] J. Wellhausen, Einleitung 1. Aufl. 36, nicht mehr jedoch in die 2. Aufl. übernommen; M. Black, Approach 191f.

[12] Vgl. O. Böcher, Johannes 1971/72; ders., Johannes 1988 173.

III. Die *ipsissima vox* Jesu 63

„Speise" bedeutete.[13] Überlegenswert ist daher, ob nicht Lk die allgemeine Aussage über die Nahrungsaskese in Q, wie sie von Mt wiedergegeben wurde, wegen ihrer Unbestimmtheit präzisiert hat, und zwar möglicherweise in Anlehnung an das Bußfasten des Esra in Esr 10₆ (= 2Esr 10₆ LXX) und 1Esr 9₂.[14] Allerdings aß Esra wegen der Gesetzesübertretungen des Volkes zwar kein Brot, trank aber nicht nur keinen Wein wie in Lk 7₃₃, sondern auch kein Wasser. Daher rückt die religionsgeschichtlich unwahrscheinliche Erklärung, der Täufer habe tatsächlich kein Brot gegessen, vielleicht aus einer Kulturland-Kritik heraus in Anlehnung an die Wüstenexistenz nach dem Exodus, wieder in den Bereich des Erwägenswerten.

Ἄνηθον „Dill" in Mt 23₂₃ und das parallele πήγανον „Raute" sollen auf die Verwechslung von שברא und שחתה zurückgehen. Allerdings muß das zweite Wort, da kein Beleg existiert, nach dem hebräischen שבת und dem syrischen ܫܒܬܐ für das übrige Aramäische postuliert werden – eine wenig überzeugende Hypothek dieser Erklärung.

Nach Mt 23₂₆ forderte Jesus die (Schriftgelehrten und) Pharisäer gegenüber deren Reinigungspraxis bei Eßgeschirr auf, zuerst das Innere eines Gefäßes (metaphorisch für das Herz des Menschen) zu reinigen (καθαρίζω). In Lk 11₄₁ sollen sie dagegen das Innere als Almosen geben (δίδωμι ἐλεημοσύνην). Mögliche aramäische Äquivalente zu beiden griechischen Wendungen sind דכי und זכי, wobei die Aussprache des ד als stimmhafter Apikodental-Laut (wie im engl. *the*) der des ז nahekommt. Fraglich ist zunächst, ob Mt 23₂₆ und Lk 11₄₀f überhaupt auf einer gemeinsamen Tradition beruhen oder aber ihre jeweils eigenständige Fortführungen des Vorigen (Mt 23₂₅ par. Lk 11₃₉) darstellen.[15] Übereinstimmungen zwischen beiden, die sich nicht aus diesem Kontext ergeben, bestehen nämlich nicht. Im übrigen ist δότε ἐλεημοσύνην eine lk Wendung.[16] Daher rechne ich auch in diesem Fall nicht mit einer Fehlübersetzung aus dem Aramäischen.

Die Formulierungsdifferenzen sind auch in Mt 23₃₁ par. Lk 11₄₈ derart hoch, daß die zunächst bestechende Rückführung der Wendungen υἱοί ἐστε und ὑμεῖς δὲ οἰκοδομεῖτε auf das aramäische בניך אתון (entweder pl. von בר „Sohn" oder pt. pl. von בנ „bauen") wieder erheblich an Plausibilität verliert.

Außerhalb der Texte, die formal zu Mt-Lk^S zu zählen sind, lassen sich Übersetzungsfehler wegen der nur einfachen Bezeugung schwerer ermitteln.[17] In Mt 7₆ₐ stört τὸ ἅγιον „das Heilige" den Parallelismus membrorum. Ein mit μαργαρίται „Perlen" verwandter Begriff sollte erscheinen. Τὸ ἅγιον ins Aramäische

---

13 Belege bei K. Beyer, Texte 618; ders., Texte Erg.-Bd. 371; M. Sokoloff, Dictionary 280f. Semantisch ist aramäisches לחמה dem hebräischen לחם ähnlich. Die Bedeutung „Fleisch" existiert für diese Wurzel nur im Arabischen.
14 2Esr 10₆ LXX ἄρτον οὐκ ἔφαγεν καὶ ὕδωρ οὐκ ἔπιεν, 1Esr 9₂ ἄρτου οὐκ ἐγεύσατο οὐδὲ ὕδωρ ἔπιεν.
15 So vor allem J.A. Fitzmyer, Lk II 947f.
16 Nur noch Lk 12₃₃; ἐλεημοσύνη taucht im NT außer in Mt 6₂₋₄ sonst nur noch in Act 3₂f.10 9₃₆ 10₂.₄.₃₁ 24₁₇ auf.
17 Eine begründete Rückübersetzung einiger Mk-Passagen ins Aramäische hat M. Casey, Sources, jüngst vorgelegt. Als Legitimation für dieses Vorgehen reichen ihm bereits semantische (z.B. אנשא בר und verwandte Formen in Mk 9₁₂) und syntaktische Aramaismen (z.B. ὁδὸν ποιεῖν in 2₂₃). Einen wirklich überzeugenden Fall von Fehlübersetzung bleibt er schuldig (z.B. braucht das eben genannte ὁδὸν ποιεῖν für אורח למעבד nicht aus dem Verlesen von אורח למעבר zu stammen, s. Jdc 17₈ דרכו לעשות in allen LXX-Hss. τοῦ ποιῆσαι [τὴν] ὁδὸν αὐτοῦ).

rückübersetzt lautet קְרִשָׁה. Der gleiche Konsonantenbestand kann aber auch „Ring" bedeuten. Formale Gründe legen also in diesem sprichwortähnlichen Spruch eine aramäische Grundlage nahe. Statt eines Übersetzungsfehlers erscheint mir jedoch eine bewußte Applikation mittels der Homonymie wahrscheinlicher. Da dieser Spruch aus sich heraus verständlich und bei Mt nur locker mit dem Kontext verbunden ist, dürfte er eher dem allgemeinen Sprichwortschatz als der spezifischen Jesus-Überlieferung entstammen. Auch die homonyme Interpretation muß kein frühchristliches Spezifikum sein.

Einige Varianten im Codex Bezae Cantabrigiensis (Hs. D 05) wurden mit der Kenntnis anderer, auf aramäische Originale zurückgehender Traditionen durch den Schreiber erklärt.[18] Doch entweder lassen sich dafür innergriechische Ursachen finden, oder die Lesarten setzen Verwechslungen innerhalb der syrischen in Vermittlung durch altlateinische Texttraditionen (der Codex selbst ist bilingual) voraus.

4. Beispiele

a) Das galiläische Aramäisch

Von den Besonderheiten des galiläischen Aramäisch[19] findet sich in der synoptischen Tradition nur eine, nämlich die Erhaltung des Lautes *ay* in einer offenen Silbe. Der einzige Beleg dafür ist die griechische Transkription des galiläischen Ortsnamens Βηθσαϊδά für בֵּית צַיְדָא „Haus der Jagd". Da ein Ortsname vorliegt, läßt sich von hier aus nicht auf den aramäischen Dialekt der Tradenten von Jesus-Worten schließen. Ein eindeutiges Indiz für galiläisch-aramäisches Substrat in der Jesus-Überlieferung fehlt also.[20]

---

[18] S. die Erörterungen bei G. Dalman, Worte 50–56; M. Black, Approach 244–246.
[19] Die wichtigsten Quellen des galiläischen Aramäisch sind galiläische Ortsnamen, mittelaramäische Inschriften ab dem 3. Jh. n. Chr. (s. K. Beyer, Texte 371–395; ders., Texte Erg.-Bd. 248–259), ab dem 5. Jh. die überwiegende Mehrheit der aramäischen Texte im palästinischen Talmud und in den haggadischen Midraschim zu Gen bis Dtn und zu Cant bis Est, die galiläischen Targumim und Eheverträge und Scheidebriefe aus der Kairoer Geniza vom 10./11. Jh. Bei der hier genannten rabbinischen Literatur ist jedoch zu beachten, daß die erhaltenen Handschriften viele Merkmale des ab dem 10. Jh. massiv vordringenden Aramäisch des babylonischen Talmuds aufweisen und daher den Inschriften und den Fragmenten aus der Kairoer Geniza in sprachlicher Hinsicht die höchste Bedeutung zukommt. Eigentümlichkeiten des galiläischen Aramäisch liegen vor in der schwachen Artikulation der Gutturale, in der Erhaltung von *aw* und *ay* in offener Silbe, in der Übernahme des Imperfekt-Präformativs der 1. pl. in die 1. sg., in den Perfekt- und Imperativ-Afformativen *-un, -en, -in* und *-on*, in der Kürzung der betonten Endung *-ayn* zu *-ay*, im Suffix der 3. sg. m. an Pluralformen *-oy*, im selbständigen Possessivpronomen *did-* und mit Abstrichen (s.o.) in der Erhaltung der Betonung des Suffixes der 1. sg. (K. Beyer, Texte 37–40.54f.62–65; vgl. G. Dalman, Grammatik 43–51).
[20] Vgl. aber die Erwägungen zur Namensform Βεεζεβούλ in Q 11:15.18f auf S. 182 Anm. 37.

III. Die *ipsissima vox* Jesu 65

Dagegen stammt ταλιθα κουμ[21] „Mädchen, steh auf!" in Mk 5,41 eher aus dem judäischen als aus dem galiläischen Aramäisch. Denn im galiläischen Dialekt blieb die Endung *-i* im Imp. sg. fem. erhalten (wie auch im samaritanischen Aramäisch), zumeist sogar in der Form *-in*. Daher ist fraglich, ob die zwei Belege, die G. Dalman für einen Ausfall der *i*-Endung, besser gesagt für eine volkstümliche Verdrängung der femininen durch die maskuline Imperativform beigebracht hat,[22] wirklich für das galiläische Aramäisch idiomatisch sind.

Es soll natürlich nicht angezweifelt werden, daß Jesus das in Galiläa übliche Aramäisch gesprochen hat (vgl. Mt 26,73). Es fehlt nur ein beweiskräftiger Beleg dafür, daß zumindest hinter einigen synoptischen Traditionen galiläisches Aramäisch steht. Im übrigen würde eine solche Feststellung nur die Möglichkeit, nicht die Faktizität jesuanischer Autorschaft implizieren.

b) Βασιλεία τοῦ θεοῦ

Zu den Charakteristika der Jesus-Überlieferung inhaltlicher Art zählte J. Jeremias auch die Wendung βασιλεία τοῦ θεοῦ, welche auf das aramäische, durch eine Gottesbezeichnung näherbestimmte מלכותה zurückgehe.[23] O. Camponovo, der erneut fast das gesamte zur Verfügung stehende frühjüdische und rabbinische Material analysiert hat, kam zu dem gleichen Ergebnis.[24] Daß die Verkündigung des Gottesreichs[25] folglich sicheres Zentrum der Botschaft Jesu sei, darin sind sich fast alle einig.[26]

---

[21] Den transkribierten Imperativ κουμ überliefern die insgesamt gewichtigeren Zeugen א, B, C, L, weitere bedeutende Minuskeln und die koptische Texttradition, während A, D, Θ, 0126 und die gesamte lateinische Überlieferung, ja sogar im Unterschied zum Syrischen die Harklensis, κουμι wiedergeben. Neben der äußeren Bezeugung spricht auch die Übereinstimmung von κουμ mit dem Hebräischen und dem biblischen Aramäisch (Dan 7,5) für die Ursprünglichkeit von κουμ (gegen R. Macuch, Aramäisch 64).
[22] G. Dalman, Grammatik §62,2; ebd. §14,18 Verweis auf den Dialekt von Ma'lula; vgl. J. Jeremias, Theologie 16 Anm. 13.
[23] J. Jeremias, Theologie 40–43.105–110. Vgl. schon G. Dalman, Worte 75–119.310–314.361–363.375–378.
[24] O. Camponovo, Königtum, z. B. 437: „Die Untersuchung der Stellen in der frühjüdischen Literatur, welche von Gott als König oder von seiner Königsherrschaft handeln, bestätigt die häufig vertretene Meinung, dass in den uns erhaltenen Schriften das Thema keine hervorragende Rolle spielt."
[25] In dieser Arbeit wird der Begriff „Gottesreich" verwendet, um den räumlichen, dagegen „Gottesherrschaft", um den dynamischen Aspekt der βασιλεία τοῦ θεοῦ auszudrücken. M. E. dominiert im frühen Christentum der räumliche (gegen J. Jeremias, Theologie 101f).
[26] Beispiele: J. Weiß, Predigt; A. Jülicher, Gleichnisreden 149; R. Otto, Reich 31–117; P. Vielhauer, Gottesreich 51/55; A. Lindemann, Herrschaft 200; K. Berger – C. Colpe, Textbuch 29; H.-J. Meurer, Gleichnisse 730; M. Wolter, reich 6f. Die einzige mir bekannte Gegenposition vertritt E. Bammel, Erwägungen, der wenig überzeugend sowohl die Gottesreich- als auch

Dieser Konsens ist jedoch in mehrfacher Hinsicht problematisch. Erstens gilt zu beachten, daß die Behauptung der traditionsgeschichtlichen Sonderstellung der Basileia-Verkündigung mittels einer zu undifferenzierten Statistik gewonnen wurde. Denn zum einen ignoriert das rein zahlenmäßige Vergleichen von Vorkommen der Königsmetapher die Möglichkeit, daß unterschiedliche Traditionskreise und Verwendungsweisen einen differierenden Sprachgebrauch zur Folge haben können, ohne daß von der Sache her etwas Neues gemeint wäre. Zum anderen wird der Vergleich im Hinblick auf soziale Schichtung und Verwendungsweisen erschwert. Auf das Problem der unterschiedlichen Verwendungsweisen wird am Ende dieses Kapitels zurückzukommen sein. Soziologisch gesehen spiegelt die synoptische Tradition Trägerkreise wider, welche im Unterschied zu den meisten frühjüdischen Texten mündliche Formen der theologischen Reflexion gebrauchten. In keinem bislang bekannten frühjüdischen Text lassen sich zu den Evangelien wirklich analoge Rückgriffe auf mündliche Erzählformen nachweisen. Wie bereits erwähnt,[27] leidet ein Vergleich frühjüdischer und frühchristlicher Literatur daher generell unter den Schwierigkeiten, das in mehrfacher Hinsicht Ungleiche vergleichbar zu machen.

Zweitens hat Camponovo, anders als Jeremias, einige Textbereiche des Frühjudentums nicht berücksichtigt. Die zahlreichen Belege bei Philon[28] fehlen ebenso wie frührabbinische Traditionen,[29] welche trotz bestehender Datierungsprobleme zumindest dann hätten untersucht werden müssen, wenn die Targumim, wie bei Camponovo, besprochen werden. Wenig überzeugt auch die Behauptung, nur im Buch Daniel präge die Vorstellung von Gottes Königtum den gesamten Text.[30]

Drittens wurden 1985 durch C.A. Newsom nach einzelnen Editionen[31] 13 Sabbat-Lieder, genauer gesagt eine priesterliche Agende für eine wohl auch in der Qumran-Gemeinschaft mitpraktizierte Sabbat-Liturgie zusammenhängend veröffentlicht, welche den himmlischen

---

die Menschensohn-Erwartung für nachösterliche Verdinglichungen einer offenen jesuanischen hält.

[27] Siehe S. 44–47.
[28] Vgl. zu diesen G. Mayer, Titulatur; N. Umemoto, Königsherrschaft. Philon akzeptiert trotz der bei ihm gewichtigen Begrenztheit menschlicher Rede von Gott die Bezeichnung βασιλεύς. Als König herrscht Gott mittels Gesetz und Ordnung über den Kosmos.
[29] Gerade im liturgischen Kontext erscheinen in der frührabbinischen Literatur Königsprädikationen Gottes (z.B. mJoma 41-3 62 tTaan 113), die wegen ihrer Verwendungsweise eine wohl ältere Tradition voraussetzen (vgl. dazu T. Lehnardt, Gott, speziell 288–292).
[30] O. Camponovo, Königtum 117–126.437. M. Hengel und A.M. Schwemer, Königsherrschaft 2, führen als weitere von der Gott-König-Vorstellung geprägte frühjüdische Schriften Jub, Teile der Henoch-Literatur, 1QSb, 1QM, 11QMelch, 4QFlor und 4QShirShab an.
[31] Schon J. Strugnell, Liturgy 1959/60; weitere Veröffentlichungen bei C.A. Newsom, Songs 73 Anm. 1.

III. Die *ipsissima vox* Jesu 67

Gottesdienst der Engel zum Sabbat-Opfer beschreibt.[32] Die ältesten Fragmente (4Q400–407) stammen aus dem 1. Jh. v. Chr., so daß der Gebrauch in vorchristlicher Zeit sicher ist. Bis jetzt wird zwar noch nicht einhellig beantwortet, ob diese Sabbat-Liturgie ein Spezifikum der Qumran-Gemeinschaft darstellt[33] oder nicht.[34] Für den zweiten Fall sprechen aber m.E. überzeugend die Existenz einer Handschrift in Masada, das Fehlen qumrantypischer Begriffe und Vorstellungen und die Verwendung von Termini, die in der Qumran-Literatur gemieden werden (אלהים für Gott und die Engel, evtl. auch die מלכות Gottes).[35] Daher dürfte eine über Qumran hinausgehende Verbreitung und Bekanntheit wahrscheinlich sein, wobei eine Beschränkung auf Priesterkreise immer noch möglich bleibt. Diese hebräische Liturgie enthält 55 Belege, in denen Gott als מלך „König" bezeichnet wird; für den Ausdruck seiner Herrschaft findet 21mal מלכות Verwendung. Im Unterschied zu אל und אלהים, das Gottes Schöpferwirken anvisiert, nimmt מלך seine Herrschaft (über die Himmelswelt) in den Blick.[36] Gottes Königsherrschaft erweist sich in den Sabbat-Liedern primär zeitlos im himmlischen Kult.[37] Die feiernde Gemeinschaft partizipierte an diesem himmlischen Gottesdienst.[38]

---

[32] C.A.Newsom, Songs (deutsche Übersetzung bei J.Maier, Qumran-Essener I 41–43. 365–369, II 377–417). Gemeint sind 4Q400–407, 11QShirShab (=11Q17) und MasShirShab (= 0QShirShab).
[33] Zu dieser Verortung tendierte zunächst C.A.Newsom, Songs 59–72, was A.M.Schwemer, Gott 117, übernahm mit logisch zwar falscher, aber m.E. sachlich möglicherweise richtiger (s. S.83) Konsequenz: „Jesu Botschaft von der Gottesherrschaft setzt die liturgische Sprache seiner Zeit und das kultische Verständnis der βασιλεία voraus, da doch die großen Tempelfeste jedermann vertraut waren" (ebd. 118).
[34] In einer späteren Veröffentlichung plädierte C.A.Newsom (Literature 179–185) für vorqumranischen Ursprung der Sabbatopfer-Lieder.
[35] Zur Methodik der Feststellung, ob ein in Qumran gefundener Text auch tatsächlich in der Qumran-Gemeinschaft abgefaßt wurde oder aber eine Abschrift vor- oder nebenqumranischer Texte darstellt, s. A. Lange, Weisheit 6–20 (Ausgangspunkt Pescharim, Qumran-Terminologie); ders., Qumran 46; C.A.Newsom, Literature 182f (Terminologie); mit Einschränkungen E. Tov, Orthography (Qumran-Orthographie).
[36] 4Q400 Frgm. 1 II,7f.14; Frgm. 2 I,1–5, z.T. mit 4Q401 Frgm. 14 I,6f; 4Q402 Frgm. 3 II,12; 4Q405 XX,2 mit Frgm. 21 und 11Q17 B,3 u.ö.
[37] 4Q400 Frgm. 2 3–5; 4Q405 XXI,9–11 u.ö.
[38] 4Q403 Frgm. 1 I,3f.5.7.8.14.28, z.T. mit MasShirShab II und 4Q405 XI,4 u.ö.; 4Q405 XII,2. Zur Interpretation s. J.Maier, Shîrê. Nach A.M.Schwemer, Gott 116–118, sah die Qumran-Gemeinschaft in Gottes himmlischem Königtum die Voraussetzung für die endzeitliche Aufrichtung des Gottesreichs auf Erden (diese Form des Zusammenhangs von himmlischem Kult und irdisch-eschatologischem Kommen des Königreiches Gottes findet sich auch in der mt Version des Vater-Unsers: Mt 6,10 γενηθήτω τὸ θέλημά σου ὡς ἐν οὐρανῷ καὶ ἐπὶ γῆς; gegen die Authentie dieser Bitte, überhaupt des Vater-Unsers U. Mell, Vater-Unser, für die Authentie J. Becker, Jesus 329–337). Für diese Konstruktion fehlen jedoch überzeugende Belege aus Qumran.

Die obengenannten Untersuchungen zur frühjüdischen und rabbinischen Verwendung der Vorstellung von der Königsherrschaft oder dem Königreich Gottes haben die spät veröffentlichten Qumran-Fragmente aus Höhle 4 noch nicht berücksichtigen können. Aufgrund ihres fragmentarischen Charakters lassen sich natürlich über Kontext und Sitz im Leben teilweise nur mehr oder weniger begründbare Vermutungen äußern. Dennoch ist auffällig, daß die Königsherrschaft Gottes (מלכות) und Stammverwandtes in hebräisch und aramäisch) überwiegend im liturgischen Kontext Erwähnung findet. 4Q203 Frgm. 9,6 enthält in einem aramäischen Gebet Henochs[39] die Wendung רבותה מלכתה „deine große Königsherrschaft" (gen. qualitatis). Klar erkennbar ist dieser Verwendungszusammenhang auch in 4Q381 Frgm. 19 I,5,[40] wo im Kontext eines Psalms sich das Suffix von מלכותך „deine Königsherrschaft" auf Gott bezieht (vgl. in der gleichen Zeile לעבדך „deinem Diener" und in Z. 3 ובשמקיך „und in deinen Himmeln", Orthographie nicht qumrantypisch). Aus einem Volksgebet stammt 4Q491 Frgm. 15,6 המלוכה „die Königsherrschaft", die Gott bekenntnisartig zugesprochen wird, wenn die Rekonstruktion des Zeilenanfangs לאל עלי[ון] „dem höchsten Gott" richtig ist (aber auch in Z. 6 לא „Gott").[41] 4Q509 enthielt hebräische Festgebete,[42] in Frgm. 51 ist nur noch מלכותכה „deine Königsherrschaft" (qumrantypische Orthographie) lesbar. Wahrscheinlich bezog sich das Suffix wegen des Gebetskontextes auf Gott. Frgm. 1 von 4Q510 gibt das gesungene Gotteslob eines משכיל, eines Weisen wieder, der auf diese Weise Dämonen vertreiben will. Gott wird in Z.1 als מלך הכבוד „König der Herrlichkeit" angesprochen, Z. 4 erwähnt den כבוד מלכותו, die „Herrlichkeit seiner Königsherrschaft".[43]

Problematisch ist viertens auch die andere Begründungsweise dafür, daß das Kommen des Königreiches Gottes das Zentrum der Verkündigung Jesu bildete, indem die synoptischen Traditionen literar- und formkritisch untersucht werden.

Das Mk-Evangelium verwendet βασιλεία τοῦ θεοῦ insgesamt 13mal.[44] Bezogen auf Textkomplexe erscheint diese Wendung zehnmal: in zwei Gleichniseinleitungen Mk 4 26.30, in Sprüchen vom Eingehen in die Basileia 9 47 10 23-25, im Summarium über Jesu Botschaft 1 15, in der Parabeltheorie 4 11, in einer prophetischen Be-

---

[39] Vgl. äthHen 9 4-11 84 2-6 63 2-4 und zur obigen Wendung 84 2.
[40] Ediert bei E.M. Schuller, Psalms 108f.
[41] Text in DJD VII 37f.
[42] Text von 4Q509 in DJD VII 184–215.
[43] S. auch R. Deichgräber, Gotteshymnus 87–105. Fast alle äthiopischen Zeugen zu äthHen 91 13 nennen den in der achten Woche der Zehn-Wochen-Apokalypse neugebauten Tempel „Haus für den großen König". Mit der wohl ursprünglichen Lesart מלכות רבא היכל „Tempel der Königsherrschaft des Großen", die 4Q212 IV,18 bietet (s. J.T. Milik, Books 265–269), stimmt jedoch ein indirekter äthiopischer Zeuge überein (ebd. 268).
[44] Mk 11 10 ἡ ἐρχομένη βασιλεία τοῦ πατρὸς ἡμῶν Δαυίδ bleibt hier unberücksichtigt, ebenso die Charakterisierung des Joseph von Arimathia in Mk 15 43 mit ἦν προσδεχόμενος τὴν βασιλείαν τοῦ θεοῦ, der als Auswärtiger weder an der Verurteilung Jesu beteiligt (so erst Lk 23 51) noch dessen Jünger war (so erst Mt 27 57 Joh 19 38). Seine Gottesreichserwartung sollte nach Mk wohl in Übereinstimmung mit der Botschaft Jesu gestanden haben. Im übrigen enthält Mk 15 43 keine Jesus-Rede. Zu diesem Abschnitt vgl. M. Hauser, Herrschaft.

III. Die *ipsissima vox* Jesu 69

wältigung der Parusieverzögerung 9₁, in einem sog. biographischen Apophthegma 10₁₄f, im Schulgespräch über das oberste Gebot 12₃₄ und in der Herrenmahl-Liturgie 14₂₅. Nirgendwo bezeichnet βασιλεία τοῦ θεοῦ Gottes immerwährendes Weltkönigtum.

Von diesen Mk-Texten stammen einige sicher nicht von Jesus. Die Parabeltheorie 4₁₀₋₁₂ widerspricht der klar erkennbaren ursprünglichen Funktion der meisten synoptischen Gleichnisse und Parabeln, im Hörer Verstehen oder Mitvollzug zu bewirken. Allerdings dürfte sie wegen der Umdeutung durch das Jüngerunverständnis in V. 13 schon vormk sein. 9₁ verarbeitet die Erfahrung, daß das Kommen des Gottesreiches nicht in der erwarteten Zeitspanne erfolgt ist.

Wahrscheinlich stellen auch die folgenden Texte nachösterliche Bildungen dar: 1₁₅ gibt im Stil eines Summariums die Grundstruktur der Botschaft Jesu wieder. Neben dem formanalytischen Argument spricht auch die ungewöhnliche Motivierung des Umkehrrufes durch die angesagte Nähe des Gottesreiches für spätere Kombination unterschiedlicher Traditionen.[45] 10₁₅ wendet den Blick nicht auf die Kinder selbst, die im Kontext 10₁₃f.₁₆ thematisch sind, sondern nimmt sie nur als normierende Vergleichsbasis.[46] 10₁₃f.₁₆ bildete daher wohl entweder eine nachträgliche szenische Rahmung des Herrenwortes oder wesentlich wahrscheinlicher, da in sich verständlich, ein ursprünglich von V. 15 unabhängiges Apophthegma.[47] V. 15 richtete folglich wohl in kontextfremdem paränetischen Interesse nachträglich den Blick weg von den Kindern hin zu den erwachsenen Adressaten des Gesprächs. V. 14 könnte zumindest sachlich authentisch sein,[48] V. 15 ist es wohl nicht (s.u.).

In den Sprüchen in Mk 10₂₃f (zu V. 25 s.u.) fehlen mk Spracheigentümlichkeiten, nicht jedoch in der szenischen Rahmung bis einschließlich V. 27 und in der Rede in V. 26f.[49] Das in sich verständliche und abgeschlossene Apophthegma in V. 17b–22[50] wurde also von Mk um eine Sonderbelehrung der Jünger erweitert.

---

45 Vgl. J. Becker, Buße 447–449. Der Ruf zur Umkehr fehlt auch in Mt 10₇ par. Lk 10₉.
46 EvThom 22 kennt im Munde Jesu nur die Funktion der gestillten Kinder als Vergleichsbasis. Eine Rückkehr zur Kindlichkeit wird ausdrücklich umgebogen. Die Steigerung (Säuglinge) und die fehlende Aufnahme und Segnung der Kinder deuten wohl auf eine spätere, die Tradition von Mk 10₁₃₋₁₆ korrigierende Fassung hin.
47 Vgl. A. Lindemann, Kinder (103: von Mk formuliert); D. Lührmann, Mk 171f.
48 Ich teile nicht die häufiger vertretene, nachösterliche Bildung voraussetzende Deutung, Mk 10₁₃₋₁₆ rechtfertige die Kindertaufe (so zuletzt F. Beißer, Markus). Aus κωλύω (vgl. Act 8₃₆ 10₄₇) kann man keinen Bezug zur Taufe herstellen, da es sich auf Mk 9₃₈f zurückbezieht (andere angebliche Motive für die Taufe sind frühchristlich nicht belegt). Die Erzählstrategie, welche die Weigerung der Jünger, die Kinder zur Basileia zuzulassen, voraussetzt, reflektiert zwar ein grundsätzliches Problem, aber nicht unbedingt das der Taufe, sondern eher allgemeiner das der Zulassung zur Gemeinde (was sie auch mit einschließen dürfte, vgl. Act 10₂.₂₄.₄₄₋₄₈ 11₁₄ 16₁₅.₃₁.₃₃ 18₈ Joh 4₅₄ und schon 1Kor 1₁₆). Denn der evtl. schon vormk Kontext thematisiert weitere Probleme der Nachfolge: Ehe Mk 10₁₋₁₂ und Reichtum 10₁₇₋₂₇.
49 Περιβλεψάμενος nur Mk 3₅.₃₄ 10₂₃ 11₁₁ (vgl. 9₈), Lk 6₁₀ (aus Mk 3₅), in anderer Form im NT nur noch Mk 5₃₂; θαμβέω im NT nur Mk 1₂₇ 10₂₄.₃₂. Die folgenden Wendungen haben eine deutliche Häufung bei Mk: περισσῶς nur Mk 10₂₆, Mk 15₁₄ par. Mt 27₂₃, Act 26₁₁; ἐκπλήσσομαι Mt 4x, Mk 5x, Lk 3x, Act 1x, sonst im NT nicht; ἐμβλέπω Mt 2x, Mk 4x, Lk 2x, Joh 2x, Act 2x, sonst im NT nicht; δύναμαι Mt 27x, Mk 33x, Lk 26x; σῴζω Mt 15x, Mk 14x, Lk 17x; δυνατός Mt 3x, Mk 5x, Lk 4x.
50 Καὶ δεῦρο ἀκολούθει μοι geht wahrscheinlich auf Mk zurück, da die Nachfolge im Gedankengang keine Rolle spielt (vgl. R. Pesch, Mk II 137).

70 A. Echtheitskriterien in der Forschung

Dabei dürfte die verkürzte Wiederaufnahme⁵¹ von V. 23b in V. 24c auf Mk zurückgehen, der auf diese Weise eine Steigerung des Entsetzens der Jünger bewirkte. V. 23b ist wohl auch deswegen ein traditioneller Spruch, weil er terminologisch vom Apophthegma differiert.⁵² Die Authentie ist dennoch eher unwahrscheinlich (s.u.). Ob V. 25 ein weiterer vormk Spruch vom Eingehen in die Basileia (s.u.) ist oder von Mk selbst geschaffen wurde, kann kaum entschieden werden; die Sprachanalyse weist auf das letztere.⁵³

Schwache Indizien zeigen an, daß Mk 9₄₇ (einäugig in die Basileia statt mit beiden Augen in die Gehenna) die beiden Worte V. 43 (mit nur einer Hand) und V. 45 (mit nur einem Fuß) nachträglich erweitert hat. Bei dieser These ist zu beachten, daß Mt 5₂₉f keine von Mk unabhängige Tradition wiedergibt.⁵⁴ V. 43 und V. 45 sind weitgehend parallel gebaut. Abweichungen finden sich in der Vertauschung zweier Satzglieder im jeweils ersten Halbsatz (σκανδαλίζω – χείρ/πούς, κυλλός/χωλός – εἰσέρχομαι εἰς τὴν ζωήν) und im Verb des letzten Halbsatzes (ἀπέρχομαι/βάλλομαι). Die Apposition εἰς τὸ πῦρ τὸ ἄσβεστον in V. 43 stört nicht nur die Parallele zu V. 45, sondern auch die von εἰς τὴν γέενναν zu εἰς τὴν ζωήν in V. 43.45; sie bildet mit V. 48 eine Ringkomposition um die drei Sprüche und dürfte mit diesem Vers insgesamt sekundär sein. V. 47 weicht von dieser parallelen Konstruktion mit zweimaliger chiastischer Variation zwar geringfügig, aber doch wohl unmotiviert ab, so daß abweichender Sprachgebrauch eines anderen Verfassers als Erklärung wahrscheinlicher wird als bewußte sprachliche Vielfalt: Die Reihenfolge in καλόν ἐστίν σε wird vertauscht, statt in das Leben soll in die Basileia eingegangen werden (dazu s.u.), und vor δύο ὀφθαλμούς fehlt der Artikel.⁵⁵

Das Schulgespräch Mk 12₂₈₋₃₄ über das größte Gebot greift mit seiner Pointe – nicht nur die selbstverständliche Verehrung des einen Gottes, sondern auch die Nächstenliebe – eine frühjüdische Bestimmung des Wesens des in der Thora geoffenbarten Gotteswillens auf,⁵⁶ die wiederum eine zustimmende Übernahme der griechisch-philosophischen Tradition von der Frömmigkeit gegenüber Gott oder den Göttern und der Gerechtigkeit gegenüber den Menschen als Hauptpflichten darstellt.⁵⁷ In diesem das Milieu des philosophisch gebildeten Juden-

---

⁵¹ Trotz gewichtiger Bezeugung von τοὺς πεποιθότας ἐπὶ (τοῖς) χρήμασιν (schon Clemens von Alexandrien, weiter die Hss. A, C, D, Θ, f¹·¹³, die syrische, die Mehrheit der lateinischen und ein Teil der bohairischen Überlieferung gegen ℵ, B, [W], einen Altlateiner, die sahidische und teilweise die bohairische Überlieferung) halte ich diese Wendung für einen nachträglichen, an V. 23b angleichenden Zusatz, der zudem das textfremde Motiv des Vertrauens auf Reichtum einbringt (der Kontext setzt nur das Vorhandensein von Reichtum voraus).
⁵² Τὰ χρήματα statt κτήματα πολλά in V. 22, Eingehen in die Basileia statt Erben des ewigen Lebens (V. 17).
⁵³ Die eigenwillige Metaphorik und der traditionelle Abschluß erlauben eine sinnvolle Sprachanalyse nur für εὐκοπώτερόν ἐστιν (Mk 29 par. Mt 9₅ Lk 5₂₃, Mk 10₂₅ par. Mt 19₂₄ Lk 18₂₅, sonst im NT nur noch Lk 16₁₇ [wahrscheinlich nicht Lk^R, vgl. Mt 5₁₈]) und für πλούσιος (unspezifisch). Folglich liegt Mk-Redaktion etwas näher.
⁵⁴ Siehe S. 52.
⁵⁵ Die Wahl von ἐκβάλλω statt ἀποκόπτω ist dagegen sachlich bedingt.
⁵⁶ Beispielsweise Philon, SpecLeg II 63: τό τε πρὸς θεὸν δι' εὐσεβείας καὶ ὁσιότητος καὶ τὸ πρὸς ἀνθρώπους διὰ φιλανθρωπίας καὶ δικαιοσύνης; vgl. Tob 4₅₋₁₁ Jub 36₇f Arist 168f TestIss 5₁₋₃ TestDan 5₁₋₃ TestJos 17₂f und sachlich Verwandtes in Ex 22₁₇₋₂₃ 23₁₋₃ Jes 58₋₁₀ Am 4₁₋₃ 8₄₋₈ Mi 2₁f (s. T. Söding, Liebesgebot 59–66).
⁵⁷ Vgl. K. Berger, Gesetzesauslegung 168; J. Becker, Jesus 314f.

III. Die *ipsissima vox* Jesu

tums voraussetzenden Schulgespräch stammt aber nicht nur die mit dem Kontext verbindende Rahmung V. 28a.34c von Mk, sondern wahrscheinlich auch die abschließende Bewertung Jesu, denn das doch wieder distanzierende οὐ μακρὰν εἶ ἀπὸ τῆς βασιλείας τοῦ θεοῦ ergibt sich nicht plausibel aus der völligen Übereinstimmung zwischen Jesus und dem Schriftgelehrten in V. 32–34a, sondern aus dem überwiegend kritischen Bild der Schriftgelehrten bei Mk.[58]

Die Liturgie des Herrenmahls war wohl schon zur Zeit des Paulus fest mit dem Verrat Jesu verbunden (1Kor 11,23 ἐν τῇ νυκτὶ ᾗ παρεδίδετο).[59] Beachtliche Motive in der Liturgie selbst, also nicht nur im mk Erzählrahmen, zeigen, daß dieses Mahl Jesu, auf das sich diese Form der Herrenmahl-Liturgie bezieht, ein Passa-Mahl gewesen ist.[60] Die Ankündigung, daß Jesus erst im Gottesreich wieder Wein trinken werde (Mk 14,25 par. Mt 26,29 Lk 22,18), fehlt in der in 1Kor 11,23-25 wiedergegebenen Liturgie. Deutliche Hinweise auf mk Verfasserschaft lassen sich jedoch kaum ermitteln.[61] Im Munde Jesu bei einem Passa-Mahl gesprochen hätte dieser Spruch eine extreme Naherwartung ausgedrückt.[62] Für Mk diente er als Hinweis dafür, daß Jesus über das ihm Bevorstehende genau Bescheid weiß (vgl. Mk 8,31 9,31 10,33f 14,8.21 u.ö.). Wegen dieser zahlreichen Parallelen liegt mk Abfassung von 14,25 näher.

Nach dem Bisherigen ergibt sich: Von den 13 βασιλεία-Belegen bei Mk können mindestens acht nicht plausibel auf Jesus zurückgeführt werden. Unter den Gleichniseinleitungen dürfte auch zumindest Mk 4,26 nicht ursprünglich sein (s.u.). Die Sprüche vom Eingehen oder Nicht-Eingehen in die Basileia (eher nicht authentisch 9,47 10,15.24, bisher unentscheiden 10,23.25) setzen eine endzeitliche Trennung zwischen den Adressaten der Botschaft voraus, welche in dieser Form mit der Verkündigung Jesu kaum noch kohärent sein kann.[63] Letzlich bleiben von den 13 Mk-Belegen nur Mk 4,30 und 10,14 als möglicherweise authentisch übrig.

Wie viele der zehn Texte, die formal zu Mt-Lk^S zu zählen sind,[64] können authentisch sein? Mt 6,33 par. Lk 12,31 steht in der Spruchkomposition über das Sor-

---

[58] Siehe S. 153.
[59] Παραδίδωμι könnte sich ebenso auf die Dahingabe des Gottessohnes durch Gott beziehen (vgl. Gal 2,20 Röm 4,25 8,32 Eph 5,25). Das Wort steht aber auch häufig im Kontext des Judas-Verrates, allerdings wohl nur im Ausstrahlungsbereich des Mk-Evangeliums: Mk 3,19 par. Mt 10,4 (nicht Lk 6,16), Mk 14,10f par. Mt 26,15f Lk 22,4.6, Mk 14,18.21 par. Mt 26,21.24 mit 26,23.25 (Lk 22,21f), Mk 14,42.44 par. Mt 26,46.48 (Lk 22,48 Joh 18,2.5), Joh 6,64.71 12,4 13,11.21 19,11, evtl. Mk 10,33a par. Mt 20,18 (nicht Lk 18,31, vgl. aber 24,7).
[60] Siehe S. 209f.
[61] Höchstens οὐκέτι Mt 2x, Mk 7x, Lk 3x.
[62] Vgl. G. Theißen – A. Merz, Jesus 382: „Wahrscheinlich hat er [sc. Jesus] gehofft, daß bis dahin [sc. bis zum Passa-Fest]; Theißen und Merz, ebd. 152-154, entscheiden sich für die joh Chronologie] das Gottesreich kommen werde: In ihm würde in ganz anderer Weise essen und trinken!"
[63] Siehe S. 192-202; vgl. M. Wolter, reich 14-16; mit stärker formgeschichtlichen Argumenten wegen der Abgrenzungsfunktion K. Berger, Formgeschichte 182-184.
[64] Zu den Belegen dieses Abschnittes vgl. E.P. Meadors, Jesus 146-233, zur Unterscheidung von Q und Mt-Lk^S s. S. 129-136.

gen Mt 6₂₅-₃₄ par. Lk 12₂₂-₃₁. Die Ermittlung des Grundbestandes ist umstritten (Zählung nach Mt):[65] entweder nur V. 25,[66] oder V. 26.28–30,[67] oder V. 26.28–31. 32b,[68] oder V. 25f.28–33.[69] Weitgehende Einigkeit herrscht im wesentlichen, daß V. 27 formal im Vergleich zu V. 28f überschießt, inhaltlich ein im Kontext weder vorbereitetes noch wieder aufgegriffenes Thema anschlägt (Körpergröße) und daher nachträglich eingefügt wurde. Ich halte weiterhin den kontextverknüpfenden V. 25a für eine sekundäre Erweiterung, ebenso die rhetorische Frage V. 25d, weil sie den Akzent von Gottes Fürsorge (so V. 26.28f) auf unterschiedliche Wertigkeiten verschiebt (so V. 30.33).[70] Fraglich ist die Ursprünglichkeit des zweimal in rhetorischer Frageform gehaltenen Schlusses *a fortiori* in V. 26c und V. 30, obwohl er sachlich in der Argumentationslogik enthalten ist. Denn das Bild des vergänglichen Grases (χόρτος) als Ackerunkraut in V. 30 paßt nicht zur Schönheit der Lilien (oder allgemein zur herrlichen Blumenpracht: κρίνα) in V. 28b. V. 28a wurde möglicherweise im Zusammenhang mit der Einfügung von V. 27 ergänzt, um den Anschluß an V. 25 wieder zu erreichen. In die falsche Richtung geht der Schluß *a fortiori* im Salomo-Beispiel V. 29. Daher kommt als Entsprechung zu V. 26b (καὶ ὁ θεὸς τρέφει αὐτούς) eher πῶς αὐξάνουσιν in V. 28b in Frage. Ob die resümierende Wiederaufnahme von V. 25b in V. 31 (jetzt μεριμνήσητε) mit anschließender Begründung und Mahnung insgesamt zum Grundstand gehörte, ist zweifelhaft. Denn Essen und Trinken, letzteres unpassend zum Beispiel V. 26a.b, verweisen weniger auf die konkrete Existenzbedrohung als vielmehr auf die Verfallenheit im Irdischen (vgl. Lk 17₂₇f par. Mt 24₃₈), wozu auch die erste Begründung V. 32a (Heidentum) paßt. Gut möglich ist aber, daß V. 31 (ohne ἤ· τί πίωμεν;) mit der Begründung V. 32b ursprünglich ist. Auch V. 33, der statt des negativen μὴ μεριμνᾶτε nun eine positive Weisung gibt, steht in erheblicher Spannung zur Argumentationslogik von V. 26.28, weil hier die lebensförderliche Zuwendung Gottes von dem Streben nach seiner Basileia[71] abhängig gemacht wird und das Verbot der Sorge nicht mit dieser Weisung antithetisch identifiziert werden kann. Da aber V. 33 auf einen Kontext angewiesen ist (ταῦτα), fällt er eher als Spruch des historischen Jesus aus.

Nicht ohne weiteres kann man Mt 8₁₁f par. Lk 13₂₉.₂₈ Jesus absprechen.[72] Denn die Völkerwallfahrt zum Zion entspricht nicht notwendig der erst nachösterli-

---

[65] Vgl. die Überblicke bei D. Zeller, Mahnsprüche 86f; U. Luz, Mt I 365.
[66] Vgl. R. Bultmann, Geschichte 92.
[67] E. Fuchs, Zeitverständnis 306ff.
[68] D. Zeller, Mahnsprüche 86f.
[69] S. Schulz, Q 154; H. Merklein, Gottesherrschaft 179; U. Luz, Mt I 365 (evtl. ohne V. 25d.32a).
[70] Die Wendung ἤ τί πίητε in V. 25 (geboten von Origenes, B, W, f¹³, 33, mehreren Altlateinern und der Mehrheit der koptischen Texttradition) fehlt nicht nur in der Parallele Lk 12₂₂, sondern auch bei ℵ, f¹, 892, mehreren Altlateinern ab dem 4. Jh., der Vulgata, dem frühen Cureton-Syrer und in einigen sahidischen Hss.; L, Θ, 0233 lesen καὶ τί πίητε. Die Erwähnung des Trinkens in V. 25 dürfte in der Textgeschichte des Mt-Evangeliums nachträglich aus Mt 6₃₁ par. Lk 12₂₉ eingetragen worden sein, weil sich so die unterschiedliche Kopula (ἤ/καί) besser erklären läßt und die Not des Verdurstens wohl nicht aktuell war (zu Mt 6₃₁ s.o.).
[71] Καὶ τὴν δικαιοσύνην (αὐτοῦ) ist mt Ergänzung, um auf die Rechtsordnung der Gottesherrschaft mit der geforderten Erfüllung des Gotteswillens zu verweisen (vgl. Mt 3₁₅ 5₆.₁₀.₂₀ 6₁ 21₃₂ und zur Sache nach 7₂₁-₂₃ 25₃₁-₄₆ u. ö.).
[72] Außer bei mt Vorzugsvokabeln (βασιλεία) τῶν οὐρανῶν und vielleicht υἱοὶ τῆς βασιλείας (vgl. Mt 13₂₈ Mt^R) gebe ich Mt den Vorzug vor Lk, da die anderen von Mt abweichenden Ele-

III. Die *ipsissima vox* Jesu

chen Hinwendung zur Mission an Nichtjuden, die ohne Beschneidung und gleichberechtigt in das Gottesvolk aufgenommen werden (so verstand jedoch Mt den Spruch). Allerdings würde die Annahme, daß Jesus das traditionelle Gottesvolk in dieser scharfen Form ausgrenzte, zu erheblichen Problemen in der Wirkplausibilität führen.[73] Daher liegt nachösterliche Entstehung klar näher.

Die Zusammenfassung des Verkündigungsauftrags in Mt 10,7 par. Lk 10,9 (ἤγγικεν ἡ βασιλεία τοῦ θεοῦ)[74] enthält keine weiteren Elemente, die zu Mk 1,15 parallel wären (Erfüllung der Zeit, Umkehr- und Glaubensforderung). Insbesondere das Fehlen von μετανοεῖτε in Mt 10,7, das Mt in 3,2 4,17 aus Mk 1,15 übernommen hatte, macht wahrscheinlich, daß Mt 10,7 par. Lk 10,9 keine (erneute) Aufnahme von Mk 1,15 darstellt. Es liegen also zwei möglicherweise voneinander unabhängige Quellen vor, welche die Botschaft Jesu mit der Ansage der nahegekommenen Basileia zusammenfassen. Wie bei Mk 1,15 (s.o.) liegt eine Komprimierung der Botschaft Jesu vor, hier allerdings nicht als Teil eines literarischen Summariums. Auch die dortige sekundäre Kombination mit Umkehrruf und Glaubensforderung fehlt. Hier ist also die Annahme einer von Jesus selbst gebildeten Zusammenfassung eines Teils seiner Botschaft eher möglich.

Daß Mt 11,11 par. Lk 7,28 Q eine nachträgliche massive Distanzierung vom Täufer ausdrückt und daher für Jesus nicht reklamiert werden kann, wird noch an anderer Stelle begründet.[75] Der sog. Stürmerspruch Mt 11,12f par. Lk 16,16 ist mit so großen Rekonstruktions- und Interpretationsproblemen behaftet,[76] daß ich die Frage der Authentie hier übergehe. Mt 12,27f par. Lk 11,19f stellt eine spätere Erweiterung des Exorzismus-Streitgesprächs Mt 9,32-34 12,22-26 par. Lk 11,14f.17f Q (vgl. Mk 3,22-26) dar.[77] Q 11,20, wo zumindest in der ursprünglichen und in der lk Fassung βασιλεία τοῦ θεοῦ nicht das endzeitliche Reich Gottes, sondern sein immerwährendes Weltkönigtum bezeichnet, ist kein selbständig überlieferter Spruch und daher kaum authentisch.[78]

Das kurze Gleichnis vom Sauerteig Mt 13,33 par. Lk 13,20f wird von beiden Synoptikern als Gottesreich-Gleichnis ausgegeben. Mt wählte dabei die für ihn charakteristische Gleichniseinleitung,[79] während Lk sich an der Doppelfrage in Mk 4,30 (par. Lk 13,18?) orientiert haben könnte. Ob ursprünglich überhaupt das Gottesreich thematisch war, wird weiter unten besprochen. Der jeweils vorangehende Text Mt 13,31f par. Lk 13,18f, das Senfkorn-Gleichnis, hat zwar eine Parallele in Mk 4,30-32, die hohe Anzahl der *minor agreements*[80] fordert aber die Annahme einer weiteren, Mt und Lk gemeinsamen Quelle. Allerdings läßt sich für

---

mente durch den lk Kontext bedingt sind und ἐκβάλλω ἔξω lk ist (Lk 4,29 Act 7,58 9,40; vgl. U. Luz, Mt II 13).

73 Siehe S. 192-202 und speziell zu diesem Text D. Zeller, Logion.
74 'Ἐφ' ὑμᾶς in Lk 10,9 (nicht V. 11!) könnte einerseits von Mt ausgelassen worden sein, um an Mt 3,2 4,17 anzugleichen. Andererseits ist auch der Möglichkeit zu rechnen, daß es sich um eine lk Einfügung darstellen, um das Wirken Jesu als Präsenz der Basileia zu bestimmen (vgl. Lk 4,21 11,20 17,20f u.ö.). Da ἐφ' ὑμᾶς im redaktionellen Vers Lk 10,11 zu den Jüngern in diesem Sinn nicht gut passen würde, halte ich die zweite Möglichkeit für die wahrscheinlichere.
75 Siehe S. 157f.
76 S. die Möglichkeiten auf S. 155f.
77 Siehe S. 184f.
78 Siehe S. 186-189.
79 Mt 13,31.44.45.47.
80 Ὅν λαβὼν ἄνθρωπος, αὐξάνω, γίνομαι (εἰς) δένδρον, ἐν τοῖς κλάδοις αὐτοῦ statt ὑπὸ τὴν σκιὰν αὐτοῦ.

die Einleitung dieses Gleichnisses in dieser zweiten Quelle nichts mehr ermitteln, nicht einmal ob es explizit ein Gottesreich-Gleichnis war, wenn auch die Metaphorik der in den Zweigen nistenden Vögel[81] dafür spricht.[82]

Daß Mt 23,13 (par. Lk 11,52) nur im jüdischen Kontext möglich sei,[83] weil jüdischen Theologen die Schlüsselgewalt gehört, ist doppelt problematisch. Erstens lassen sich jüdische Adressaten aus thematischen Gründen nur für die Sammlung von Weherufen in Mt-Lk^S und für die jeweils klar redaktionellen Bezeichnungen γραμματεῖς καὶ Φαρισαῖοι ὑποκριταί (Mt) und οἱ νομικοί (Lk) verifizieren. Zweitens setzt selbst in den Textfassungen des Mt und Lk die Schlüsselgewalt der jüdischen Gesetzeskundigen nicht unbedingt voraus, daß diese als einzige über das Eingehen in das Gottesreich[84] entscheiden. Die scharfe Polemik, welche der Spruch gegen theologische Leitungspersonen artikuliert, paßt eher in die frühchristliche Zeit, als man die Erwartung der Rettung des gesamten Gottesvolkes preisgab.[85]

Von den zehn Belegen von βασιλεία (τοῦ θεοῦ) in Mt-Lk^S bleiben also nur die folgenden drei übrig, bei denen die Authentie weder ausgeschlossen noch unwahrscheinlich ist: der Makarismus über die Armen Mt 5,3 par. Lk 6,20 Q,[86] die Zusammenfassung eines Teils der Botschaft Jesu in Mt 10,7 par. Lk 10,9 und die zweite Bitte des Vater-Unsers Mt 6,10 par. Lk 11,2 (ἐλθέτω ἡ βασιλεία σου). Im Hinblick auf den Grundbestand von Q könnte nur Q 6,20 echt sein. 11,20 ist es höchstwahrscheinlich und 7,28 ganz sicher nicht.

Die meisten Belege zum Gottesreich, die sich nur bei Mt finden, erweisen sich deutlich als redaktionelle Bildungen des Evangelisten. Dreimal hat Mt βασιλεία (τῶν οὐρανῶν) in die Mk-Vorlage eingefügt: Mt 13,19 gegen Mk 4,15, Mt 20,21 (allerdings die Basileia Jesu) gegen Mk 10,37 und Mt 24,14 gegen Mk 13,9f. Unter Verwendung von Mk 1,39 hat Mt in Mt 4,23-25 und 9,35 einen Rahmen um die Bergrede und um einen Komplex von Wundererzählungen geschaffen,[87] in welchem er

---

81 Vgl. Hes 17,2-10.22-24 31,3-18 Dan 4,7-12.17-23.
82 Zu weiteren Details s. S. 186–189.
83 Vgl. J. Gnilka, Mt II 285f.293.
84 Bis auf die Adressaten dürfte Mt die zugrundeliegende Tradition eher wiedergeben, weil κωλύω (Mk 10,14 par. Mt 19,14 Lk 18,16, Mk 9,38f par. Lk 9,49f, sonst nur noch Lk 3x, Act 6x) und wohl auch γνῶσις (von Mt bis Act nur Lk 1,77 11,52) lk sind und die Vergangenheitstempora dem lk Geschichtsbild, nach welchem mit Jesus das Gottesreich präsent ist (Lk 17,20f u.ö.), entsprechen. Die Terminologie bei Lk (κλείς, εἰσέρχομαι) zeigt aber, daß auch die Lk-Version ursprünglich vom Eingehen in das Gottesreich sprach.
85 Siehe S. 197f. Für die Authentie sprechen sich z.B. W.G. Kümmel, Weherufe 145; J. Gnilka, Mt II 293, aus.
86 Τῷ πνεύματι in Mt 5,3 ist am ehesten, wie auch τῇ καρδίᾳ in V. 8, als *dativus graecus* („in bezug auf ..."; s. BDR §197) zu deuten. Sachlich verweist diese mt Zufügung auf den anthropologischen Begriff des Geist-Selbst, auf den Menschen in seiner vollen Verantwortlichkeit vor Gott (vgl. 1Kor 5,5). Die Anredeform bei Lk ist für einen Makarismus formal eher untypisch und daher wahrscheinlich eine nachträgliche Angleichung an Mt 5,11f par. Lk 6,22f und an die Redesituation.
87 Die oft zitierte Thema-Angabe „Messias des Wortes – Messias der Tat" (vgl. zuerst J. Schniewind, Mt 36) greift allerdings zu kurz, da sie einige Texte in c. 8f nicht darunter

III. Die *ipsissima vox* Jesu

summarisch das Wirken Jesu mit διδάσκων, κηρύσσων τὸ εὐαγγέλιον τῆς βασιλείας und θεραπεύων zusammenfaßt. Mt 18₃, ein Spruch vom Eingehen in das Himmelreich, stellt eine vorausgreifende Übernahme von Mk 10₁₅ dar, Mt 18₄ hat Mt nach Mt 23₁₂ par. Lk 14₁₁ 18₁₄ formuliert (und daher in Mt 18₁ ἐν τῇ βασιλείᾳ τῶν οὐρανῶν gegen Mk 9₃₄ eingefügt). Mit beiden Sprüchen läßt Mt Jesus den Rangstreit unter den Jüngern mit der Selbsterniedrigung konfrontieren.

Zwei weitere Worte vom Eingehen in das Himmelreich hat Mt ebenfalls selbst gebildet: Mt 5₂₀ bietet die Überschrift über die sechs Antithesen (Abschluß in 5₄₈: τέλειος greift auf περισσεύεται ὑμῶν ἡ δικαιοσύνη πλεῖον ... in V. 20 zurück);[88] 7₂₁ fußt zwar auf Q 6₄₆, enthält aber derart viele Matthäismen, daß mt Bearbeitung anzunehmen ist.[89] Sachliche und sprachliche Gründe weisen den siebten Makarismus Mt 5₁₀ als Bildung des Mt aus.[90] Der hohe Anteil mt Spracheigentümlichkeiten[91] spricht dafür, daß auch 5₁₉ von Mt als Kommentarwort zum traditionellen V. 18 (vgl. Lk 16₁₇) formuliert wurde. Ein sachlicher Widerspruch zu den Antithesen besteht nicht.[92]

Die allegorische Deutung der Parabel vom Unkraut unter dem Weizen (Mt 13₂₄-₃₀, s.u.) in 13₃₆-₄₃ weist nicht nur viele Charakteristika mt Sprache auf, sondern entspricht auch mehrfach thematisch gut bezeugten redaktionellen Intentionen.[93] Der darin enthaltene Beleg für βασιλεία τοῦ πατρὸς αὐτῶν (sc. der Gerechten) V. 43 (vgl. V. 38.41) stammt daher von Mt.

Mt hat Mt 16₁₇-₁₉ in seine Mk-Vorlage (Mk 8₂₇-₃₀) eingeschoben. Zwischen den ursprünglich getrennten Sprüchen V. 18 und V. 19b.c[94] bildet V. 19a, der Petrus die Schlüsselgewalt des Himmelreiches zuspricht, eine Überleitung und setzt das bei Mt beliebte Reden vom Eingehen in die Basileia voraus. Ich halte V. 19a daher für Mt-Redaktion. An das Schulgespräch über die Ehescheidung (Mt 19₁-₉ aus Mk 10₁-₁₂) hat Mt eine Jüngerfrage zur Ehelosigkeit angeschlossen (Mt 19₁₀).[95] Umstritten ist, ob die Antwort Jesu in V. 11f, die bei Justin, Apol I 15₄ eine leicht abweichende Parallele hat, redaktionell ist oder nicht.[96] Überzeugende Gründe

---

subsumieren kann und davon abweichende redaktionelle Tendenzen des Mt (beginnender Konflikt mit Israel) ignoriert.
[88] Vorzugsvokabular des Mt liegt zumindest in περισσεύω und δικαιοσύνη vor; auch in Mt 7₂₁ 18₃ hat Mt negative Sprüche vom Eingehen in die Basileia geschaffen (vgl. U. Luz, Mt I 230).
[89] Gegen F. Hahn, Hoheitstitel 96. Redewendungen des Mt sind mindestens πᾶς ὁ mit part., θέλημα und ὁ πατήρ μου ὁ ἐν τοῖς οὐρανοῖς (vgl. U. Luz, Mt I 402, und zur letzten Wendung Anm. 99).
[90] Das Thema greift Mt 5₁₁f auf, der Nachsatz stammt aus 5₃ und rahmt dadurch die Siebenergruppe der Makarismen; Matthäismen sind διώκω und δικαιοσύνη.
[91] Siehe U. Luz, Mt I 230.
[92] Siehe S. 57f.
[93] Siehe U. Luz, Mt II 338f; A. Scriba, Geschichte 35.
[94] Zumindest Mt 16₁₈ (vgl. Mk 3₁₆ Joh 1₄₂) ist wohl kein authentisches Jesus-Wort, da das Wortspiel πέτρος – πέτρα eigentlich nicht im Aramäischen, sondern nur im Griechischen verständlich ist (s. P. Lampe, Spiel). Im Vergleich zu Mt 18₁₈ Joh 20₂₃ ist der sg. in Mt 16₁₉b.c wahrscheinlich sekundär und der Spruch in c. 16 wohl eine von Mt geschaffene Dublette (s. U. Luz, Mt II 458f).
[95] Nicht nur die Technik der angehängten Jüngerfrage, sondern auch συμφέρει (nur noch Mt 5₂₉f 18₆) spricht für nachträgliche, matthäische Formulierung von 19₁₀.
[96] S. die Diskussion bei J. Blinzler, Justinus; A. J. Bellinzoni, Sayings 60f; A. Sand, Reich 45–59 (authentisch).

für eine von Mt unabhängige Tradition bei Justin fehlen.[97] Daher ist ein Schluß auf vormt Tradition zwar möglich, aber rein hypothetisch.[98]

In der Endgerichtsszene Mt 25 31-46 lautet das Urteil für diejenigen zur Rechten des Richterkönigs κληρονομήσατε τὴν ... βασιλείαν (V. 34). In der jetzigen Fassung des Urteilsspruchs kann dieser Richterkönig nicht Gott sein, da er von diesem als von seinem Vater spricht. Τοῦ πατρός μου stellt wohl keine mt Redaktion dar, weil andere Wendungen für ihn typisch sind;[99] eine entsprechende Wendung im parallelen Schuldspruch V. 41 fehlt zwecks Straffung.[100] Die Identifizierung des Richterkönigs mit dem theophanen Menschensohn in V. 31f ist deutlich ein Werk des Mt.[101] Aber auch ohne diese Bearbeitung läßt sich das Traditionsstück nicht gut auf Jesus zurückführen, weil das für die Argumentationslogik wichtige τῶν ἀδελφῶν μου zwar wohl nicht redaktionell ist,[102] aber nachösterliche Christologie voraussetzt.[103]

Für den Bereich derjenigen Texte, die formal zum Sondergut des Mt gehören, ergibt sich also, daß wahrscheinlich keiner dieser Belege authentisch ist. Die meisten dürften der Mt-Redaktion entstammen.

Im Bereich der formal dem lk Sondergut zugehörigen Texte erweist sich εὐαγγελίζομαι τὴν βασιλείαν τοῦ θεοῦ im synoptischen Vergleich klar als lk Redeweise.[104] Wo Lk auf die Mk-Quelle zurückgreift, zeigen sich zwei weitere redaktionelle Einfügungen von βασιλεία τοῦ θεοῦ.[105]

Lk 9 61f bildet eine sachliche Parallele zu Lk 9 59f par. Mt 8 21f, welche bei Mt fehlt. Gehörte auch Lk 9 61f zur Tradition oder stammt es aus der Feder des Lk? Die Parallelität drückt sich in vielen Übernahmen von Begriffen aus V. 59f aus, so daß für eine sprachliche Analyse nur die wenigen Abweichungen des V. 61 von V. 59 und V. 62 insgesamt in Frage kommen. Das Ergebnis legt lk Redaktion nahe.[106] 10 11b ist eine Dublette zu V. 9. Letzterer bildete einen Teil der Aussendungs-

---

[97] Die geänderte Reihenfolge, die Auslassung des sachlich in ἐγεννήθησαν mitgesetzten ἐκ κοιλίας μητρός und des οὕτως und die Straffung von εὐνοῦχοι οἵτινες zu τίνες οἵτινες bzw. οἳ läßt sich vollständig durch sinngemäße Zitierung aus dem Gedächtnis erklären. Für die Anlehnung an Mt spricht die Übernahme von βασιλεία τῶν οὐρανῶν.

[98] In Mt 21 31.43 bezeichnet βασιλεία τοῦ θεοῦ das gegenwärtige Betrautsein mit der kultischen Gottesverehrung (s. S. 184 Anm. 45).

[99] Mt 6 14f 10 20.29 13 43, 69, 548 632 18 35 u.ö. Typisch mt ist mit diesen Belegen allerdings nur ὁ πατήρ μου/ὑμῶν ἐν τοῖς οὐρανοῖς (s. E. Brandenburger, Recht 29–32).

[100] Der Erzähler hat den zweiten Teil generell gegenüber dem ersten gestrafft (s. die Synopse bei E. Brandenburger, Taten 300f/98f).

[101] Siehe E. Brandenburger, Taten 302/100f; A. Scriba, Geschichte 35f.

[102] Auch hier fehlt in der parallelen Urteilsbegründung V. 45 zwecks Straffung die Bezeichnung der Geringsten als Brüder des Richterkönigs.

[103] Siehe E. Brandenburger, Taten 316f/118f.

[104] Lk 443 gegen Mk 1 38, Lk 81 gegen Mk 1 39 u.a., Lk 16 16 gegen Mt 11 12; vgl. Lk 9 11 gegen Mk 6 33, Lk 9 60, Lk 92; weiter Act 8 12; das Verb taucht außer im Gemeindeanklang Mt 11s par. Lk 7 22 Q (aus Jes 61 1) unter den Evangelien nur bei Lk auf (Lk 9x, Act 15x).

[105] Lk 18 29 gegen Mk 10 29, Lk 21 31 gegen Mk 13 29.

[106] Ἀποτάσσομαι Mk 6 46 Lk 9 61 14 33 Act 18 18.21 2Kor 2 13; λέγω/εἶπον πρός Mt 3 15? (P[64], ℵ, C, L, W, 0233, f[1], 33 gegen P[96], B, 0250, f[13] und zwei, oft alte Texttraditionen bewahrende Lektionare, daher im Gesamtzusammenhang wohl nicht ursprünglich; in 26 14f bezieht sich πρός τοὺς ἀρχιερεῖς auf πορευθείς), Mk 6x, davon fünf reflexiv, und im sechsten Fall (Mk 12 12) be-

III. Die *ipsissima vox* Jesu   77

rede der Zweiundsiebzig,[107] ersterer dürfte daher, auch wegen des typisch lk πλήν,[108] redaktionelle Einschränkung der Erfahrungen des Mißerfolgs (V.10.11a) sein.[109] 12₃₂ ist im Vergleich zur Parallele Mt 6₂₅-₃₄ (und EvThom 36) überschießend. Allgemein sieht man in dem Spruch eine alte Tradition.[110] Die redaktionelle Parallele Lk 22₂₉ (s.u.) und die Wortstatistik widersprechen dieser Annahme eindeutig.[111] Also hat Lk durch einen selbstgeschaffenen Spruch den traditionellen Spruchkomplex gegen das Sorgen vergewissernd abgeschlossen. In 13₂₈ (par. Mt 8₁₂) hat Lk in Anlehnung an die andere Spruchhälfte ἐν τῇ βασιλείᾳ τοῦ θεοῦ zwecks Verständlichkeit ergänzt, weil er durch die Verbindung mit der in Lk 13₂₇ ausgesprochenen Verurteilung die beiden Hälften vertauscht hat.[112] Mit dem Makarismus in 14₁₅ hat er eine Verbindung zwischen diversen Gastmahlreden in 14₇-₁₄ (V.14 ist ebenfalls ein Makarismus) und dem Mahlgleichnis in 14₁₆-₂₄ geschaffen. Die Parallelüberlieferungen zum Gleichnis (Mt 22₁-₁₀ und EvThom 64, das der Lk-Version wesentlich näher steht) haben zu diesem Makarismus keine Entsprechung. Dennoch könnte er vorlk sein, da ein Makarismus in der Regel in sich verständlich ist. Dagegen spricht jedoch die Vorliebe des Lk für Makarismen,[113] so daß doch eher mit einer lk Bildung zu rechnen ist.

Sprachliche Beobachtungen für oder gegen lk Verfasserschaft von Lk 17₂₀f ergeben wegen der Bezüge zum Kontext keinen signifikanten Befund, so daß verstärkt inhaltliche Überlegungen zum Zuge kommen müssen. Die Frage nach dem Zeitpunkt des Kommens des Gottesreiches wird von Jesus zunächst so beantwortet, daß eine astronomisch-kalendarische Beobachtung und Berechnung (παρατήρησις) nicht möglich ist (V.20b).[114] Sodann wird in Übereinstimmung mit Mk 13₂₁ par. Mt 24₂₃ und mit Mt 24₂₆ par. Lk 17₂₃ ein lokal begrenztes Auftreten (bzw. des Christus) abgelehnt.[115] Gegenüber diesen beiden

---

deutet πρός „im Hinblick auf", Lk 95x, Act 35x; ἄροτρον zwar nur Lk 9₆₂, aber auch ἀροτριάω nur Lk 17₇ 1Kor 9₁₀; εὔθετος nur Lk 9₆₂ 14₃₅ Hebr 6₇.
[107] Siehe S.73. Die Zahl 72 (so mit den mehrheitlich älteren und besseren Zeugen) wurde wohl als Aufnahme der Zahl der Völker in Gen 10 von Lk eingebracht, um im Gegensatz zur aus Mk übernommenen Rede Lk 9₁-₆, welche nur die Israel-Mission anweist, hier die Völkermission zu thematisieren.
[108] Bei Lk gehäuft, redaktionell sicher Lk 17₁ 22₂₁f.₄₂, wohl auch 6₂₄.₃₅ 10₁₁ 12₃₁.
[109] Übrigens könnte schon Lk 10₁₀.₁₁ₐ lk Neubildung in Anlehnung an Mk 6₁₁ (par. Mt 10₁₄ Lk 9₅) sein: Das einzige und zudem schwache Indiz für eine von Mk unabhängige Tradition ist das Mt und Lk gegen Mk gemeinsame Wort ὁ κονιορτός, das Lk schon in Lk 9₅ gegen Mk χοῦς (sonst nicht bei Mt bis Act) verwendete (weitere Belege im NT nur noch Act 13₅₁ 22₂₃). Die Praxis des Staubabschüttelns bei Mißerfolg ist Lk wichtig, s. Act 13₅₁ 18₆). Vielleicht spricht auch αἱ πλατεῖαι in Lk 10₁₀ für Lk-Redaktion (Mt 1x, Mk 0x, Lk 3x, Joh 0x, Act 1x).
[110] Beispielsweise R. Pesch, Herde; F. Bovon, Lk II 298.
[111] Absolutes μὴ φοβοῦ außer in Mk 5₃₆ nur in Lk 1₁₃.₃₀ 5₁₀ 8₅₀ 12₃₂ Act 18₉ 27₂₄ (Joh 12₁₅ ist Zitat); τὸ ποίμνιον im NT nur in 1Petr 5₂f nur in Lk 12₃₂ Act 20₂₈f; absolutes βασιλεία (ohne die Belege, in denen es als Genitiv-Attribut fungiert, wie in Mt 4₂₃ 8₁₂ 9₃₅ 13₃₈ 24₁₄) für das Gottesreich nur Lk 12₃₂ 22₂₉ Act 16 20₂₅ (Mt 25₃₄ durch attributives Partizip erweitert); für Lk untypische Wendungen fehlen.
[112] Vgl. Anm.72.
[113] Mt 5₃-₁₂ (mit vier redaktionellen Erweiterungen zu einer Siebenergruppe, V.5 nachmt) par. Lk 6₂₀-₂₃, Mt 11₆ par. Lk 7₂₃, Mt 13₁₆ par. Lk 10₂₃, Mt 24₄₆ par. Lk 12₄₃; Mt 16₁₇ (s. S.75); kein Beleg bei Mk; Joh 13₁₇ 20₂₉; Lk 14₅ 11₂₇f 12₃₇f 14₁₄f 23₂₉ Act 20₃₅ 26₂f.
[114] Zu dieser Interpretation s. A. Strobel, Passa-Erwartung, und S.206f.
[115] Ich halte Lk 17₂₃ nicht ausschließlich für eine lk Aufnahme von Mk 13₂₁, obwohl Lk diesen Mk-Vers an entsprechender Stelle (Lk 21) nicht übernimmt. Denn sowohl bei Mt als auch bei

bestrittenen Positionen, welche eine zeitliche und örtliche Fixierung der Basileia voraussetzen, verweist die positive Antwort in Lk 17₂₁b auf die Präsenz des Gottesreiches ἐντὸς ὑμῶν. Für eine Deutung der Präposition ἐντός als Ausdruck des Inseins („die Basileia befindet sich in euch") fehlen in Frage kommende vergleichbare Anschauungen.¹¹⁶ Daher ziehe ich die Übersetzung „unter euch" oder „in eurem Zugriffsbereich" vor.¹¹⁷ Weil neben der zeitlichen Festlegung auch eine räumliche (auch ὧδε!) abgelehnt wird, scheidet dabei eine personale Identifizierung der Basileia mit der Person Jesu aus.¹¹⁸ Wahrscheinlich soll die Antwort darauf verweisen, daß die Annahme der mit Jesus anhebenden Verkündigung des Gottesreiches den Zugang zu diesem eröffnet und daher Termin- und Ortsfragen nebensächlich werden. Diese Konzeption stimmt mit derjenigen, typisch redaktionellen im Lk-Evangelium im wesentlichen überein.¹¹⁹ Daher ordne ich Lk 17₂₀f der lk Redaktion zu.

Lk schließt sich das Bildwort vom Aas und Aasgeier an, und beide setzen gegen Mk 13₂₁ (ἐάν τις ὑμῖν εἴπῃ) eine Mehrzahl von Verführern voraus (ἐὰν οὖν εἴπωσιν ὑμῖν/καὶ ἐροῦσιν ὑμῖν; die konditionale Struktur in Mt 24₂₆ mit dem V. 23 wiederaufnehmenden οὖν stammt dabei aus Mk 13₂₁). Außerdem läßt sich die Dublette bei Mt (Mt 24₂₃.₂₆) hier mit der Annahme einer weiteren Tradition besser erklären. Hingegen dürfte die traditionelle Messias-Erwartung in der Wüste oder im Verborgenen (24₂₆) von Lk durch Angleichung an Mk 13₂₁ ersetzt worden sein (s. A. Scriba, Theophanie 219). Diese Argumentation gilt unabhängig von den textkritischen Problemen, die Lk 17₂₁.₂₃ und in schwächerem Maße auch Mk 13₂₁ bieten. Daher kommt denjenigen Textformen, unter gleichzeitiger Berücksichtigung der äußeren Bezeugung, die höchste Plausibilität zu, welche die größten Differenzen zu den Parallelstellen aufweisen. In Lk 17₂₁ haben die Hss. A, D, (W), Ψ, der Cureton-Syrer, die Mehrheit der lateinischen Überlieferung u.a. nach V. 23 (und Mk 13₂₁, vgl. Mt 24₂₆) ein zweites ἰδού eingefügt (in Lk 17₂₃ wird doppeltes ἰδού trotz anderer Abweichungen nur von der Minuskelfamilie f¹³ nicht geboten). Damit steht für Lk 17₂₁ ἰδού ὧδε ἤ· ἐκεῖ fest. Die Reihenfolge ὧδε – ἐκεῖ in den Hss. A, D, W, Θ, Ψ, 33, f¹³ u.a., in der großen Mehrheit der lateinischen Überlieferung und in der Peschitta zu Lk 17₂₃ stammt aus V. 21 und Mk 13₂₁. Unterschiedliche Bezeugung der Kopulae ἤ und καί zwischen Lk 17₂₃ und Mk 13₂₁ gelten immerhin für die Hss. ℵ, B, D, Ψ, f¹³, die Peschitta u.a. Für Mk 13₂₁ zeigt die äußere Bezeugung, daß der asyndetische Anschluß überwiegend nach Lk 17₂₁.(₂₃) durch ἤ, in Hs. B jedoch durch καί verbunden wurde. Das Gewicht der Hss. (P⁷⁵, A, B, Θ, Ψ, f¹.¹³, einige Altlateiner) und die Abweichung für Lk 17₂₁ und Mk 13₂₁ uneinheitliche Überlieferung sprechen allein für die Ursprünglichkeit des ἤ in Lk 17₂₃, so daß für diesen Vers ἰδού ἐκεῖ, ἤ· ἰδού ὧδε am nächsten liegt. Lk 17₂₁a bietet nun keine Besonderheiten, die sich nicht mit Mk 13₂₁ und der Fassung, die Lk der in Mt 24₂₆ im wesentlichen unveränderten Tradition gegeben hat, erklären lassen.

¹¹⁶ EvThom 3 (auch nach POxy 654₂) und 113 fußen wegen der Reihenfolge ὧδε – ἐκεῖ und wegen ἤ sehr wahrscheinlich auf Lk 17₂₁. Triftige Gründe für von Lk unabhängige Traditionen (so G. Theißen – A. Merz, Jesus 238f) sehe ich nicht (s. S. 128). Spruch 3 stellt übrigens keine sachliche Parallele zu, sondern eine Korrektur von Lk 17₂₁b dar, weil ἐντὸς ὑμῶν durch κἀκτός (nach dem Koptischen rekonstruiert) erweitert und damit kosmisch ausgedehnt wird.

¹¹⁷ Vgl. zu dieser Bedeutung von ἐντός Josephus, Ant VI 315, α' zu Ex 17₇ 34₉, σ' zu Ψ 876; weitere außerjüdische, für das Sprachmilieu des Lk zu berücksichtigende Belege bei W. Bauer, Wörterbuch 544.

¹¹⁸ So z.B. auch H. Conzelmann, Mitte 111–114.

¹¹⁹ Neben Lk 17₂₀ taucht noch in 19₁₁ 21₇ Act 1₆ die Frage nach dem Termin des Weltendes auf, dessen genaue Festlegung in Lk 19₁₁-₂₇ Act 1₇ abgelehnt wird. Lk 9₂₇ übergeht ἐληλυθυῖαν ἐν δυνάμει in Mk 9₁, d.h. die Basileia muß nicht erst kommen (vgl. 4₁₈f 22₆₉). In diesem Kontext erhält dann ἕως ἂν ἴδωσιν die Bedeutung des annehmenden Erkennens. Allerdings behält Lk

III. Die *ipsissima vox* Jesu

Auch Lk 19₁₁ wehrt einem zeitlichen Verständnis der Nähe der endzeitlichen Basileia im Zusammenhang des Einzugs Jesu in den Tempelbereich. Der Erzählrahmen kann formgeschichtlich nicht aus dem folgenden Gleichnis Lk 19₁₂₋₂₇ par. Mt 25₁₄₋₃₀ stammen, und eine Mk-Parallele existiert nicht. Der Anteil lk Sprache ist erdrückend.[120] Lk-Redaktion ist hier so gut wie sicher. Lk 22₂₈₋₃₀ hat in Mt 19₂₈ eine teilweise erheblich abweichende Parallele. Beide Tradenten haben offensichtlich diese Prophetie bearbeitet.[121] Lk hat wahrscheinlich Lk 22₃₀a vollständig selbst formuliert, weil die verheißene Mahlgemeinschaft auf 22₁₄₋₂₀ verweist und die Verbindung zu den Richterthronen ungewöhnlich ist. V. 29 geht nicht nur wegen sprachlicher Beobachtungen, sondern auch wegen der Sachparallele 12₃₂ auf Lk zurück. Das Nebeneinander von gegenwärtiger βασιλεία im Verkündigungsgeschehen (V. 29) und zukünftiger (V. 30a) hat sich im Obigen schon in zwei Textkomplexen als lk Konstruktion erwiesen (10₉.₁₁ 17₂₀f.₂₂₋₃₇).

Die zahlreichen Belege für βασιλεία τοῦ θεοῦ, die formal zum Sondergut des Lk gehören, haben sich also allesamt mit teilweise relativ hoher Wahrscheinlichkeit als lk Redaktion bestimmen lassen.

Viele oder alle den Vergleichspunkt angebenden Einleitungen zu Gleichnissen wurden, wie diejenigen Fälle zeigen, in denen Mk oder Lk Parallelüberlieferungen haben, wahrscheinlich von Mt sprachlich normiert. Denn ὁμοία ἐστὶν ἡ βασιλεία τῶν οὐρανῶν mit Dativ,[122] ὡμοιώθη ἡ βασιλεία τῶν οὐρανῶν mit Dativ[123] und ὥσπερ[124] verwendet nur Mt. Lk scheint hingegen nur in (nicht unbedingt wörtlicher) Übereinstimmung mit seinen Quellen eine solche Gleichniseröffnung zu bieten.[125] In der Mehrzahl der Fälle wird jedoch ein mögliches Thema, zu welchem das Gleichnis erzählt wird, nicht einleitend angegeben.[126]

---

auch die Ansage der Nähe der endzeitlichen Basileia bei (z.B. 10₉ 21₃₁), wobei Nächsterwartungen bestritten werden (21₈).

120 Προστίθημι außer in Mt 6₂₇.₃₃ par. Lk 12₂₅.₃₁ und Mk 4₂₄ nur noch in Lk 5x, in Act 6x (Joh 0x); λέγω παραβολήν Mt 1x, Mk 2x, Lk 15x; διὰ τό c. inf. Mk 4sf par. Lk 13₅f Lk 8₆, Mk 5₄ Mt 24₁₂, sonst Lk 7x, Act 8x; παραχρῆμα im NT nur Mt 21₁₉f, Lk 10x, Act 6x; ἀναφαίνομαι im NT nur Lk 19₁₁ Act 21₃.

121 Von Mt stammen wohl οἱ ἀκολουθήσαντές μοι in Anknüpfung an den vorigen Vers und ὅταν καθίσῃ ὁ υἱὸς τοῦ ἀνθρώπου ἐπὶ θρόνου δόξης αὐτοῦ (vgl. Mt 25₃₁ redaktionell), mithin auch die erst durch diese Einfügung sinnvolle καὶ αὐτοί. Lk 22₂₈ setzt den lk Erzählrahmen voraus (vgl. Act 20₁₉). Lk-Redaktionen stellen aus sprachlichen Gründen wohl auch διατίθημι (Lk 2x, Act 1x, Hebr 4x), absolutes βασιλεία (s. Anm. 111) und ἐσθίω καὶ πίνω dar (außer in Mt 11₁₈f par. Lk 7₃₃f, Mt 24₄₉ par. Lk 12₄₅ nur noch Lk 5₃₀.₃₃ 10₇ 17₂₇f 22₃₀; ähnlich bei φάγω καὶ πίνω).

122 Mt 13₃₁ gegen Mk 4₃₀f und Lk 13₁₈f EvThom 20, Mt 13₃₃ (vgl. EvThom 96) gegen Lk 13₂₀f (zu beiden Texten s. S. 186–189); aus dem Sondergut Mt 13₄₄.₄₅.₄₇ (vgl. EvThom 109.76.8), vgl. mit anderem Subjekt 13₅₂. Vgl. als nächste Parallele Lk 13₁₈f τίνι ὁμοία ἐστὶν ἡ βασιλεία τοῦ θεοῦ, allerdings mit weiterer Thema-Angabe in Frageform (nicht in EvThom 20; vgl. Lk 13₂₀f). Die obige Feststellung gilt bis auf EvThom 96 unabhängig von der typisch mt Redeweise βασιλεία τῶν οὐρανῶν.

123 Mt 22₂ gegen Lk 14₁₅f, vgl. Mt 7₂₄.₂₆ (ὁμοιωθήσεται mit anderem Subjekt) gegen Lk 6(47f).49; aus dem Sondergut Mt 13₂₄ 18₂₃ 20₁, vgl. 25₁ (ὁμοιωθήσεται ...).

124 Mt 25₁₄ gegen Mk 13₃₄ ὡς (vgl. Lk 19₁₂). Ohne Thema-Angabe dürfte auch τί ὑμῖν δοκεῖ mt sein (Mt 18₁₂ gegen Lk 15₄, Mt 21₂₈).

Außerdem besteht bei einigen Gleichnissen der Verdacht, daß das Thema βασιλεία τοῦ θεοῦ/τῶν οὐρανῶν nicht ursprünglich angegeben gewesen ist.[127] Direkt erkennbar ist dieser Prozeß in Mt 22₂ gegen die themalosen Fassungen in Lk 14₁₆ und EvThom 64 und in Mt 18₁₂f par. Lk 15₄₋₆ (verlorenes Schaf), das in EvThom 107 als Gottesreich-Gleichnis eingeleitet wird. Die folgende Prüfung sieht von denjenigen Fällen ab, in denen das Thema schon in entfernterem Bezug zum Erzählten steht, weil in Entsprechung zu rabbinischen Gleichnissen die Paraphrase der Einleitung „mit den Dingen des Gottesreiches verhält es sich wie …" lautet.[128] Dennoch bleiben vor allem bei Mt Gleichnisse übrig, bei denen zwischen dem Thema Gottes-/Himmelreich und dem folgenden Gleichnis erhebliche sachliche Differenzen bestehen. Die Gleichnisse vom Schatz im Acker und der Perle Mt 13₄₄.₄₅f (EvThom 109.76) wollen nicht über die Basileia belehren, sondern die Hörer zu ihrem entschiedenen Ergreifen ermuntern. Mt 18₂₃₋₃₄ (Schalksknecht) fordert zum Vergeben in Analogie zum göttlichen Tun auf. 20₁₋₁₅ (Arbeiter im Weinberg) wendet sich gegen Rangstreitigkeiten unter den Aposteln und anderen Funktionsträgern in den Gemeinden.[129] Wahrscheinlich thematisierte das Gleichnis von der selbstwachsenden Saat Mk 4₂₆₋₂₉ ursprünglich nur die Handlungsfolgen der Verkündigung des Gottesreichs bei deren Hörern bis hin zum Endgericht.[130] Möglicherweise wurde auch Mt 13₃₃ par. Lk 13₂₀f (EvThom 96) erst nachträglich ins Positive gewendet.[131] Schließlich wäre bei ursprünglichen Königreich-Gleichnissen ähnlich wie in späteren rabbinischen Erzählungen[132] zu erwarten, daß die Metapher König häufiger vorkommt als nur in Mt 18₂₃₋₃₄ 22₁₋₁₄, wo wahrscheinlich erst Mt diese Metaphorik eingebracht hat.[133] Seltener als in der gegenwärtigen Gestalt der erhaltenen frühchristlichen Texte haben die Gleichnisse also die βασιλεία τοῦ θεοῦ thematisiert.[134]

---

[125] Lk 13₁₈f zu Mk 4₃₀f und Mt 13₃₁, Lk 13₂₀f zu Mt 13₃₃ (zu beiden Texten s. S. 186–189), Lk 6(47f).49 zu Mt 7₂₄.₂₆.
[126] Mk 4₃ par. Mt 13₃ Lk 8₅ (nachträgliche Deutung in Mk 4₁₃₋₂₀ par. Mt 13₁₈₋₂₃ Lk 8₁₁₋₁₅), Mk 12₁ par. Mt 21₃₃ Lk 20₉ (Thema im Rahmen Mk 12₁₂ par. Lk 20₁₉, nicht Mt 21₄₆), Mt 18₁₂f par. Lk 15₄₋₆ (nachträgliche Deutungen in Mt 18₁₄ und Lk 15₇), Mt 25₁₄₋₃₀ par. Lk 19₁₂₋₂₇ (Kontextverknüpfung durch Mt in Mt 25₁₄ ὥσπερ γάρ, Deutung durch Lk in Lk 19₁₁), Mt 24₄₅₋₅₁ par. Lk 12₄₂₋₄₆ (Bezug zum unbekannten Zeitpunkt der Parusie schon in der Vorlage Mt 24₄₃f par. Lk 12₃₉f, von Lk durch die Jüngerfrage in Lk 12₄₁ erweitert), Lk 11₅₋₇.₈ 12₄₇f 15₈f (nachträgliche Deutung in V. 10), 15₁₁₋₃₂ 16₁₋₈a (mit Übergang zu sekundären Deutungen in V. 8b–12), 17₇₋₉ (Anwendung in V. 10), 18₂₋₅ (nachträgliche Deutungen in V. 1.6f.8).
[127] R. Bultmann, Geschichte 216f, hält die Gleichnisse von der selbstwachsenden Saat, vom Senfkorn und vom Sauerteig für keine ursprünglichen Gottesreich-Gleichnisse. Ihr ehemaliger Sinn sei nicht mehr bestimmbar.
[128] Vgl. J. Jeremias, Gleichnisse 99–102.
[129] Siehe S. 104–106.
[130] Siehe S. 185f.
[131] Siehe S. 188.
[132] Dazu s. P. Dschulnigg, Gleichnisse, speziell 540f.
[133] Zumindest in Mt 22₁₋₁₄ stammt die Bezeichnung des Gastgebers als König von Mt (gegen Lk 14₁₆₋₂₄ und EvThom 64). Aber auch in Mt 18₂₃₋₃₄ könnte die immense Steigerung des Geldbetrags (vgl. Mt 25₁₄₋₃₀ gegen Lk 19₁₂₋₂₇) und damit die Ersetzung des Gläubigers (τὸ δάνειον in Mt 18₂₇!) durch den eigentlich unpassenden König Mt-Redaktion sein. In Lk 14₃₁₋₃₃ ist der König keine Metapher für Gott.
[134] Über das Beobachtbare weit hinaus geht allerdings die Behauptung, sämtliche Thema-Angaben in den Gleichnissen seien sekundär (so H. Köster, Formgeschichte 291; F. Vouga, Jesus).

III. Die *ipsissima vox* Jesu

Die Durchsicht aller Belege für βασιλεία τοῦ θεοῦ in den synoptischen Evangelien führte zu dem Ergebnis, daß nur bei wenigen die Authentie möglich, wenn auch nicht unbedingt wahrscheinlich ist. Bei Mt und Lk zeigte sich zumindest ein hoher Prozentsatz, vielleicht sogar ein ausschließlich redaktioneller Ursprung in ihrem formalen Sondergut. Auch der andere Hintergrund des Differenzkriteriums, nämlich der frühjüdische Gebrauch der Wendung, vermag nicht mehr die Beweislast zu tragen, in dieser drücke sich eine typisch jesuanische Erwartung aus. Wiewohl Mk 10:14 Q 6:20, Mt 6:10 par. Lk 11:2 und Mt 10:7 par. Lk 10:9 (mit Mk 1:15) βασιλεία τοῦ θεοῦ verwenden, um komprimiert die Heilserwartung auszudrücken, läßt sich den Quellen nicht mit ausreichender Sicherheit entnehmen, daß die Erwartung des Weltendes in Gestalt des kommenden Königreiches Gottes das Zentrum der Verkündigung Jesu bildete.

Wohlgemerkt behaupte ich aber auch nicht, daß sich den Quellen entnehmen ließe, die βασιλεία τοῦ θεοῦ gebe nicht das Grundanliegen Jesu wieder. Für eine präzisere Bestimmung des Begriffs „Grundanliegen" ist es möglicherweise hilfreich, die Verwendungszusammenhänge von βασιλεία τοῦ θεοῦ zu analysieren.[135] Auffällig ist nämlich, daß dieser Ausdruck in bestimmten Textformen und Verwendungsweisen besonders häufig erscheint, allen voran in Sprüchen, welche an die endzeitlich-rechtlichen Folgen falschen Verhaltens in der Gegenwart in handlungsmotivierender Funktion erinnern, etwa an den verweigerten Eintritt in das Königreich Gottes.[136] Kaum seltener taucht sie in der Thema-Angabe zu Gleichnissen auf, wodurch deren teilweise performativer Charakter deutlich zum informativ-lehrhaften umgebogen wird.[137] Aussagen in prophetischem Stil klären Streitfragen in der Gegenwart um die endzeitliche Wirklichkeit des Gottesreiches.[138] Häufig findet βασιλεία τοῦ θεοῦ/τῶν οὐρανῶν Verwendung in Zusammenfassungen des Verkündigungsinhaltes.[139] Allen diesen

---

[135] Eine methodisch ähnliche, in der Sache jedoch abweichende Differenzierung bietet auch D. Zeller, Jesusbücher 57. Zeller lokalisiert die Verwendung von βασιλεία τοῦ θεοῦ im Ausrichten der prophetischen Botschaft an ganz Israel.

[136] Mk 9:47 (par. Mt 5:29 18:9), Mk 10:14f par. Mt 19:14 18:3 Lk 18:16f, Mk 10:23-25 par. Mt 19:23f Lk 18:24f, Mk 12:34, Mt 7:21 (par. Lk 6:46), Mt 5:19.20 18:4 25:34-36 Lk 9:62 1Kor 6:9f Gal 5:21 Röm 14:17 Eph 5:5; vgl. Mt 6:33 par. Lk 12:31, Mt 23:13 (par. Lk 11:52), Lk 9:60 (par. Mt 8:22), Mt 16:19 19:12 Joh 3:3.5 Act 14:22 1Kor 4:20 15:50 2Thess 1:5 Jak 2:5.

[137] Mk 4:30 (par. Mt 13:31 Lk 13:18), Mk 4:26, Mt 13:(31).33 par. Lk 13:(18).20, Mt 13:24.44.45.47.52 18:23 20:1 22:2 25:1; vgl. Lk 14:15f 19:11. Auch in den lehrhaften Gleichnisdeutungen findet die βασιλεία Gottes Verwendung (Mt 13:19.43 Lk 21:31, vgl. Mk 4:11 par. Mt 13:11 Lk 8:10, Mt 13:38.41), ebenso in Gleichnissen als Teil eines Streitgespräches (Mt 21:31.43).

[138] Mk 9:1 par. (Mt 16:28) Lk 9:27, Mk 14:25 par. Mt 26:29 Lk 22:18, Q 6:20, Mt 8:11f par. Lk 13:28f, Mt 24:14 (par. Mk 13:9f), Mt 5:10 Lk 12:32, 18:29f (par. Mk 10:29f), vgl. Lk 10:11 14:15 17:20f, 22:29f (par. Lk 19:28).

[139] Mk 1:15 par. Mt (3:2) 4:17, Mt 10:7 par. Lk 10:9, Mt 4:23 9:35 Lk 4:43 8:1 9:2.11.60 16:16 Act 1:3 19:8 20:25 28:23; vgl. Kol 4:11.

Verwendungsweisen ist gemeinsam, daß sie nicht direkt aus der Situation der Verkündigung, sondern aus nachgeordneten Lebenzusammenhängen einer schon bestehenden Gemeinde stammen, wobei der (prophetisch-)lehrhafte Bereich dominiert.

Im Unterschied zu diesen Lebenszusammenhängen findet beispielsweise im Gebetskontext die mit dem Königsbild nicht direkt kongruente Vatermetaphorik als Anrede Verwendung.[140] Hierzu gehört auch die aramäisch erhaltene Gebetsanrede Abba.[141] Vielleicht ist über unterschiedliche Lebenszusammenhänge auch die von P. Vielhauer[142] beobachtete traditionsgeschichtliche Trennung von Basileia- und Menschensohn-Worten erklärbar: Nicht soziologisch unterschiedliche Trägerkreise müssen postuliert werden,[143] sondern unterschiedliche Problemlagen innerhalb eines Trägerkreises sind möglich. Die Menschensohn-Vorstellung übt, anders als die Erwartung des endzeitlichen Königreiches Gottes in (prophetisch-)lehrhaften Lebenszusammenhängen und die Gottesanrede „Vater!" im Gebet, ihre Funktion primär im Gerichtskontext aus.[144]

Folglich erlauben die frühchristlichen Quellen auch nicht, die Wendung βασιλεία τοῦ θεοῦ pauschal zum Zentrum der Verkündigung (Jesu) zu erklären. Lediglich für bestimmte Lebenszusammenhänge, besonders für die (prophetisch-)lehrhaften, kann dies behauptet und für Hymnen an Gott wahrscheinlich gemacht werden (s.u.).

---

[140] Gal 4 6 Röm 8 15, Mk 14 36 par. Mt 26 39 Lk 22 42, Mt 6 9 par. Lk 11 2, Mt 11 25f par. Lk 10 21, Mt 26 42 Lk 23 34.46 Joh 11 41 12 27f (17 1.5.11.21.24f).
[141] Unklar ist bislang, warum diese Anrede erhalten geblieben ist. Sie muß irgendein als Spezifikum wahrgenommenes Element enthalten, obwohl die Vater-Anrede Gottes frühjüdisch möglich ist (Sir 23 1.4 3Makk 6 3.8 JosAs 12 14f, vgl. Sir 51 10 Sap 14 3 u.ö.). Der Lösungsvorschlag von J. Jeremias, darin die innige Gottverbundenheit Jesu als Gottessohn ausgedrückt zu sehen (J. Jeremias, Abba), scheitert nicht nur am tatsächlichen, sondern auch am idealen antiken Vaterbild (daher korrigiert in ders., Theologie 72: „ 'abba war Kindersprache, Alltagsrede, Höflichkeitsausdruck" – eine semantisch sehr plausible Kombination) und vermag die Verwendung in Gal 4 6 Röm 8 15 nicht zu erklären (vgl. zu Mt 6 9 par. Lk 11 2 J. Schlosser, Dieu 179ff, und insgesamt K. Beyer, Texte 445; ders., Texte Erg.-Bd. 303; G. Theißen – A. Merz, Jesus 458f). Der Interpretation von Abba als frühkindliche Lallsprache (vgl. bBer 40a) zur Zeit Jesu hat vor allem G. Schelbert, Sprachgeschichtliches, widersprochen: Die von J. Jeremias beigebrachten Belege aus vorchristlicher Zeit (bTaan 23a.b) werden von ihm aus überlieferungs- und sprachgeschichtlichen Gründen als Teil sekundärer, später Überlieferungszusätze eingestuft. Abba gehöre zwar eher zur Familiensprache (vor allem bei hebräischem Sprachkontext), drücke aber damit den Respekt vor dem Familienoberhaupt aus (vgl. ἀββᾶ in Mk 14 36 in Verbindung mit πάντα δυνατά σοι und weiterhin die Gebetsanrede in Q 10 21 πάτερ, κύριε τοῦ οὐρανοῦ καὶ τῆς γῆς).
[142] P. Vielhauer, Gottesreich; ders., Jesus.
[143] J. Weiß, Predigt, ging bei Jesus von der Gottesreich-Erwartung aus; R. Otto, Reich, verband als erster damit die Menschensohn-Vorstellung; vgl. dazu auch E. Bammel, Erwägungen.
[144] Mk 8 38 par. Mt 16 27 Lk 9 26, Mk 13 24-27 par. Mt 24 29-31 Lk 21 25-27, Mk 14 62 par. Mt 26 64 Lk 22 69, Mt 10 32f par. Lk 12 8f, Mt 24 27.37 par. Lk 17 24.26 u.ö.

III. Die *ipsissima vox* Jesu

Wie ist dieser Befund nun religionsgeschichtlich zu deuten? Vor allem die Qumran-Texte legten ja, wie oben gezeigt wurde, die Hypothese nahe, daß die Königsmetaphorik, speziell die Anschauung von der Königsherrschaft Gottes, vornehmlich im Hymnus an den Weltenherrn oder in der lobpreisenden Gebetsanrede ihren festen Platz hatte. An liturgischem Gut in der rabbinischen Literatur ließ sich das Gleiche beobachten.[145] Diese Verwendung kennt zwar auch, als eines der wenigen überlieferten frühchristlichen Gebete, das Vater-Unser (Mt 6,10 par. Lk 11,2),[146] dennoch dominieren in der frühchristlichen Literatur andere Kontexte dieser Metapher, zwar nicht in beliebiger Verteilung, aber auch nicht auf einen klar begrenzten Lebensvollzug eingeschränkt. Ich sehe derzeit keine einigermaßen gut begründbare Erklärungsmöglichkeit für diese Erweiterung oder Verschiebung. Als Möglichkeit gebe ich zu bedenken, daß dieser Wandel von der Verwendung der Königsmetaphorik in der Synagogen-Liturgie herrührt, wodurch sie stärker als in den theologischen Fachkreisen im Bewußtsein breiter Bevölkerungsschichten haften blieb.

---

[145] Siehe Anm. 29.
[146] Vgl. in hymnischem Stil die Gottesprädikation in 1Thess 2,12 τοῦ καλοῦντος ὑμᾶς εἰς τὴν ἑαυτοῦ βασιλείαν καὶ δόξαν und weiter 1Tim 1,17 6,15 und die Hymnen in Apk 1,6 5,10 11,15 12,10 u.ö.

IV. Das Kriterium der Kohärenz

1. Darstellung

Das Kriterium der Kohärenz stellt einen weiteren Versuch dar, die prinzipielle Grenze des Kriteriums der doppelten Dissimilarität zu übersteigen, nämlich dessen Unmöglichkeit, Übereinstimmungen Jesu mit dem Frühjudentum oder dem frühen Christentum zu ermitteln. Den Ausgangspunkt bildet auf jeden Fall das doppelte Dissimilaritätskriterium,[1] mit dessen Hilfe zunächst die Besonderheiten im Wirken Jesu bestimmt werden. Diese Spezifika stehen nun in einem ihnen zugehörigen Kontext, der auch Unspezifisches enthalten kann. In einem solchen Fall läßt sich der zunächst unspezifische Kontext für echt erklären.

Nun ist es möglich, weitere synoptische Traditionen, bei denen das doppelte Dissimilaritätskriterium die Echtheit nicht erweisen konnte, mit diesem soeben als authentisch bestimmten Kontext zu vergleichen. Im Falle der Übereinstimmung mit einer anderen Tradition liegt ein starkes Indiz vor, daß auch diese Tradition echt ist.

Oft wird dieses Kriterium im besonderen auf die Übereinstimmung von Wort und Tat im Wirken Jesu angewandt.[2] In dieser Variante ähnelt es dem Kriterium der breiten Bezeugung,[3] weil die Wort- und die Tatüberlieferung nicht nur kohärent sind, sondern durch ihren doppelten Quellenwert auch die historische Vertrauenswürdigkeit steigern.

2. Kriterieninterne Fehler und Schwächen

Das Kriterium der Kohärenz weist in seiner strikten Handhabung einen gravierenden logischen Fehlschluß auf. Dazu bringe ich zunächst ein Beispiel, weil dieser Fehlschluß noch bei mehreren Kriterien auftaucht. Stimmt die Voraussetzung „Wenn die Sonne scheint, dann ist es Tag" (wenn A, dann B; die hier genannte Relation gilt im üblichen Sinne nur zwischen den Polarkreisen), dann kann man daraus nicht folgern „Wenn die Sonne nicht scheint, dann ist es nicht Tag" (wenn A nicht, dann B nicht), weil es ja schließlich tagsüber auch bewölkt sein kann. Hingegen gilt immer der Schluß „Wenn es nicht Tag ist, dann scheint die Sonne nicht" (wenn B nicht, dann A nicht). Der Umkehrschluß von B nach A ist also entweder nur negiert

---

[1] Vgl. J. Becker, Jesus 18f.
[2] F. Mußner (und Mitarbeiter), Methodologie 128.135; J. Gnilka, Jesus 30; J. Becker, Jesus 18f.
[3] Zu diesem Kriterium s. S. 89–97.

IV. Das Kriterium der Kohärenz

oder positiv nur bei sogenannten eineindeutigen Wenn-dann-Relationen möglich (wenn A, dann und nur dann B).[4]

Die Voraussetzung des Kohärenzkriteriums lautet in ihrer eigentlich intendierten und plausiblen, wenn auch nicht voll überzeugenden (s.u.) Form: Wenn eine Jesus-Tradition nicht zum sicher echten Jesus-Gut paßt (A), dann stammt sie nicht von Jesus (B). Logisch äquivalent zu diesem Konditionalsatz ist: Wenn eine Jesus-Tradition echt ist (nicht B), dann paßt sie zum sonstigen echten Jesus-Gut (nicht A). Hingegen beruht die übliche Voraussetzung des Kriteriums der Kohärenz – Wenn eine Jesus-Tradition zum sicher echten Jesus-Gut paßt (nicht A), dann stammt sie von Jesus (nicht B) – auf dem oben skizzierten unzulässigen Umkehrschluß. Daß in dieser Voraussetzung eben keine eineindeutige und daher logisch korrekt ohne Negierung umkehrbare Wenn-dann-Beziehung vorliegt, wird sofort einsichtig unter Berücksichtigung der kaum bezweifelbaren Möglichkeit, daß auch im frühen Christentum zum Wirken Jesu kohärente Äußerungen und Taten vorkommen. Statt einer Erweiterung des Bereiches historisch korrekter Überlieferungen von Jesus, die man mittels des ohnehin äußerst problematischen doppelten Differenzkriteriums abgesteckt hat, erlaubt das Kohärenzkriterium also nur den Ausschluß von nicht authentischen Traditionen, sofern diese nicht zu den als echt bestimmten Jesus-Überlieferungen passen.

3. Fehler und Schwächen in der Anwendung

Im Zusammenhang der Erörterung des Kriteriums der Kohärenz wird öfter darauf hingewiesen, daß die Anforderungen an die Geschlossenheit des Wirkens Jesu nicht zu hoch angesetzt werden dürfen.[5] In der Tat belegen die exegetischen Erfahrungen mit frühjüdischer und frühchristlicher Literatur auf breiter Front, daß in dieser logische Kohärenz nicht in einer Weise als Wahrheitskriterium fungierte, wie dies etwa in der neuzeitlichen Philosophie üblich ist.

---

[4] Als Beispiel für eine eineindeutige Relation: „Wenn es Mittag ist, dann steht die Sonne nördlich des nördlichen Wendekreises im Süden."
[5] F. Hahn, Überlegungen 34; J. Becker, Jesus 18f. Insbesondere folgert J.T. Sanders, Criterion, aus dem charismatischen Wirken Jesu, daß Jesus nicht nur keine Kohärenz im Wirken angestrebt, sondern auch, gestützt durch Erkenntnisse der Religionssoziologie, bewußt Inkohärenzen zum Zweck der Autoritätssteigerung eingesetzt habe: *„Jesus must have said contradictory things"* (ebd. 25 [im Original kursiv]; vgl. Q 7,28 als Beispiel für Inkohärenz ebd. 7f, dagegen meine Interpretation auf S. 157f). Allerdings läßt sich aus den untereinander teilweise widersprüchlichen frühchristlichen Traditionen nicht einfach folgern, auch Jesus habe sich widersprüchlich geäußert (ebd. 25, mit Beispiel der Missionierung der Nichtjuden ebd. 24), weil sich die Authentie dieser Traditionen teilweise noch mit anderen Gründen als mit Inkohärenz bestreiten läßt.

Einige Beispiele mögen genügen: Nach Mt 3₇₋₉ par. Lk 3₇f kündigt Johannes der Täufer den umfassenden Vernichtungszorn Gottes an, dem keiner entrinnen kann. Die Bildworte Mt 3₁₀.₁₂ par. Lk 3₉.₁₇ geben dagegen ein Gerichtsgeschehen wieder, das sowohl Rettung als auch Vernichtung mit sich bringt. Diese Aspektverschiebung, die allerdings nicht direkt einen logischen Widerspruch enthält, muß nicht mit der Annahme unterschiedlicher Verfasser erklärt werden, sondern spiegelt zwei verschiedene Wirkzusammenhänge des Täufers wider: die prophetisch-eschatologische Erschütterung einer falschen Rettungsgewißheit bei noch nicht Getauften und die Dringlichmachung der Erfüllung des Gotteswillens unter bereits Getauften.[6]

Schon im 1Thess selbst, also noch ohne Vergleich mit anderen Paulus-Briefen, lassen sich die unterschiedlichen Erwartungen im Hinblick auf die Parusie Christi nicht miteinander harmonisieren. In tröstender Absicht wendet Paulus in 1Thess 4₁₆f ein Herrenwort an, nach welchem die Parusie nur die Heilszeit der übriggebliebenen und der auferweckten Glaubenden mit ihrem Herrn einleitet. Bei der Parusie wird Paulus nach 2₁₉f einen Ruhmeskranz für sein erfolgreiches Wirken in Thessaloniki erhalten. Mit einem Unterton, der die Thessalonicher ermahnen soll, bittet Paulus in 3₁₂f 5₂₃ um Gottes Beistand für ihren Lebenswandel. Diese letzten drei Texte setzen ein tatbestandserhebendes und danach urteilendes Endgerichtsverfahren über alle Glaubenden voraus. Im Kontext der Verfolgung und in Erinnerung an das Missionsgeschehen, in welchem die Annahme der Botschaft aus dem endzeitlichen Zorn rettet, motiviert Paulus zum Durchhalten, indem er auf die Rettung der Beständigen durch den vom Himmel kommenden Gottessohn aus dem endzeitlichen Vernichtungszorn Gottes verweist (1₉f).[7]

Schwer verständlich ist auch das Verhältnis der Ankündigungen, alle Glaubenden müßten am Ende vor einem die Werke beurteilenden Gericht zu stehen kommen (neben 1Thess 2₁₉ 3₁₃ 5₂₃ noch 1Kor 4₅ 2Kor 5₁₀ Röm 14₁₀, vgl. 2₅), zur paulinischen Botschaft von der Gottesgerechtigkeit allein aus Glauben (Phil 3₉ Gal 2₁₆ Röm 1₁₆f 3₂₁₋₂₆ 10₃f u.ö.). Die übliche Erklärung mit der „Dialektik" der Gerechtmachung als gegenwärtige und zukünftige Größe[8] respektiert zwar aus epistemologisch verständlichen Gründen[9] die Spannungen beider Konzeptionen, verhindert aber, indem über diese Erklärung nicht hinaus gefragt wird, deren Fruchtbarmachung für die Rekonstruktion von Lebenszusammenhängen im Wirken des Paulus. Während die Rechtfertigungsbotschaft im Kontext der Soteriologie ihre Funktion in der Herausstellung des absoluten Herrseins Gottes und der vollständigen menschlichen Angewiesenheit auf Gottes Rettungstat in der Menschwerdung (und Kreuzigung) des Gottessohnes gegenüber menschlicher Eigenmächtigkeit im Missions- und Taufgeschehen und den darauf bezogenen reflektierenden Vergewisserungen ausübt, macht der Verweis auf das endzeitliche Gerichtsverfahren, das auch für die Glaubenden im Urteilsspruch noch offen ist, die Bewährung einer am Glauben orientierten Existenz dringlich.[10]

---

[6] S. im einzelnen S. 165f.
[7] Zu weiteren Einzelheiten s. S. 177.
[8] Vgl. z.B. E. Käsemann, Röm 360; G. Strecker, Theologie 165f.
[9] Vgl. die Erörterung der Möglichkeitsbedingungen menschlicher Rede von Gott durch R. Bultmann, Sinn.

IV. Das Kriterium der Kohärenz

Schließlich können Spannungen oder Widersprüche im Text von einem Verfasser auch bewußt gesetzt worden sein. Mt 28₁₈₋₂₀, die Aufforderung des Auferstandenen an seine Jünger, πάντα τὰ ἔθνη zu Jüngern zu machen, steht in krassem Widerspruch zu 10₅f, wo schon der Kontakt mit Samaritanern untersagt wird. Letzteres läßt Jesus auch für seine eigene Wirksamkeit aufgrund seiner Sendung durch Gott gelten (15₂₄). Zu allen drei Texten fehlen synoptische Parallelen. Inhaltlich und sprachlich ist offensichtlich, daß 28₁₈₋₂₀ aus der Feder des Mt stammt.[11] Unabhängig davon, ob man 10₅f und/oder 15₂₄ für traditionell hält oder nicht,[12] schließen die gleich doppelt erwähnte Begrenzung auf den οἶκος Ἰσραήλ und die exponierte Stellung von 28₁₈₋₂₀ die Erklärungsmöglichkeit mit nicht konsequent integrierten Traditionen aus. Mit diesem Widerspruch will Mt verdeutlichen, daß der ursprüngliche Adressatenkreis kein der Botschaft Jesu entsprechendes Verhalten an den Tag legt, wohl aber unerwarteterweise die Nichtjuden, so daß an diese die Botschaft und damit die Verheißungen der Schrift und die kultische Gottesverehrung übergehen.[13]

Aus der Einsicht, daß die Kohärenzerwartungen gegenüber der frühchristlichen Literatur nicht sehr hoch angesetzt werden dürfen, folgt, daß in dieser Arbeit Unterscheidungen zwischen Tradition und Redaktion allein aus Gründen eingeschränkter sachlicher Kohärenz nur mit Vorbehalt erfolgen. Ertragreicher ist in dieser Hinsicht m.E. die Sprach- und Stilanalyse, sofern sie einige Irrtumsmöglichkeiten vermeidet: Hapaxlegomena können themenbedingt sein, erst die Verwendung anderer Termini im Kontext für die gleiche Sache ist signifikant; semantische Felder eines Begriffs sollten gegebenenfalls differenziert werden; unterschiedliche Termini für die gleiche Sache können bei einem Autor auch darauf zurückgeführt werden, daß dieser die ihnen jeweils zugehörigen Verwendungsweisen (Hymnus, Paränese etc.) in Anspruch nimmt, also deren traditionelle Terminologie, nicht aber gleich einen traditionellen Text aufgreift.

Nicht nur der in Abschnitt 2 beschriebene logische Fehlschluß, der frühchristliches Wirken in Übereinstimmung mit Jesus als Möglichkeit übersieht, sondern auch die Schwierigkeit zu entscheiden, was denn

---

[10] Vgl. E. Brandenburger, Gericht 475–478, speziell 475: „Einheitlichkeit [sc. der Gerichtsvorstellungen und -redeweisen bei Paulus] ist wegen verschiedener Traditionen und Abzweckungen nicht gegeben".
[11] Siehe H. Frankemölle, Jahwebund 42–46. Die Verwendung traditioneller liturgischer Sprache durch Mt ist damit nicht ausgeschlossen.
[12] Mt 10₅f halten z.B. für traditionell W. Trilling, Israel 99–101; U. Luz, Mt II 88, dagegen für Mt-Redaktion H. Kasting, Anfänge 113f; J. Gnilka, Mt I 361f. In 15₂₄ sehen R. Bultmann, Geschichte 38; J. Jeremias, Verheißung 24, u.a. eine Tradition, dagegen W. Trilling, Israel 99f.105; U. Luz, Mt II 430, u.a. eine Formulierung des Mt. H. Frankemölle, Jahwebund 137–139, weist beide Texte der Mt-Redaktion zu. Ich halte mt Verfasserschaft beider Texte für geringfügig wahrscheinlicher: οἶκος Ἰσραήλ (Mt 10₆ 15₂₄) verwenden Mk und Joh nicht und Lk nur in Act 2₃₆ 7₄₂ zur Imitation des LXX-Idioms; πρόβατον (Mt 10₆), ein joh Vorzugswort (19x), taucht nur noch bei mt signifikant häufig auf (Mt 11x, Mk 2x, Lk 2x, Act 1x, übriges NT 5x); Verbindungen des Part. aor. ps. von ἀποκρίνομαι mit Formen von εἶπον (Einleitung zum Spruch in Mt 15₂₄) verwenden Mt 43x, Mk 8x und Lk 28x. Für mt untypische Begriffe oder Gedanken fehlen. Für mt Verfasserschaft von Mt 15₂₄ in Anlehnung an 10₅f spricht weiterhin, daß das Ich in diesem Spruch einen Kontext verlangt, der mit dem aktuellen nicht identisch ist, weil dieser aus Mk 7₂₄₋₃₀ stammt.
[13] Siehe S. 197.

für antike Juden und Christen noch konsistent sein kann und was nicht mehr, reduziert die Leistungsfähigkeit des Kohärenzkriteriums erheblich. Letztlich könnte man mit diesem Kriterium, wenn keine anderen Gründe gegen die Echtheit sprechen, wohl jeden Text für authentisch erklären, weil auch die in den Evangelien zusammengestellten Jesus-Traditionen in gewissem Sinne untereinander kohärent sein müssen, sind sie doch von den Verfassern der Evangelien mit dem Ziel der mehr oder weniger großen Verständlichkeit ausgewählt, verbunden, bearbeitet und formuliert worden.

4. Beispiel

Weil die Leistungsfähigkeit des Kohärenzkriteriums minimal ist und es einen Teil des im übernächsten Kapitel vorgestellten Plausibilitätskriteriums bildet, verweise ich an dieser Stelle auf das dort vorgestellte Beispiel der Parabel von den Arbeitern im Weinberg Mt 20 1-16.

V. Das Kriterium der breiten Bezeugung

1. Darstellung

Das Kriterium der breiten Bezeugung fußt auf einer leicht nachvollziehbaren Erwartungshaltung: Je öfter ein bestimmtes Wort oder Verhalten Jesu überliefert wird, desto größer ist die Wahrscheinlichkeit der Authentie. In dieser groben Form enthält dieses Kriterium allerdings mehrere Irrtumsmöglichkeiten, so daß weitere Präzisierungen nötig sind.

Erstens muß für die Anwendung zunächst quellenkritisch eruiert werden, ob die jeweiligen Zeugen voneinander literarisch unabhängig sind. Hat der eine vom anderen nur abgeschrieben, ohne daß sich Indizien für eine weitere diesem Zeugen vorliegende Quelle finden lassen, dann fällt dieser für das Kriterium der breiten Bezeugung aus. Bestand zwischen beiden jedoch keine direkte Beziehung, dann läßt sich aus diesen zwei Zeugen eine gemeinsame Vorlage wenigstens in Grundzügen rekonstruieren. Dieses Vorgehen wird schon seit langem für diejenigen Traditionen, die Mt und Lk gemeinsam gegen Mk überliefern, angewandt in der verbreiteten, aber leider mit logischen Schwierigkeiten verbundenen Annahme, damit einen Text aus der Spruchquelle zu gewinnen.[1] Sodann führt die Datierung des ältesten der voneinander unabhängigen Zeugen zu einem *terminus ante quem* der untersuchten Tradition.

Zweitens liefert die Ermittlung des jeweiligen Traditionsmilieus einen Hinweis auf den Wert der unabhängigen Zeugen. Besteht in dieser Hinsicht eine deutliche Nähe (etwa Mt^S und Q), dann sinkt der Wert der Zeugen, im umgekehrten Fall (etwa Q und Paulus) steigt er. Die gemeinsame Wurzel bei weit auseinanderliegenden Überlieferungsbereichen ist mit einer höheren Wahrscheinlichkeit älter als die bei verwandten.

Eine weitere Präzisierung betrifft drittens den Sitz im Leben der in Frage kommenden Zeugnisse. Bei gleichem Sitz im Leben, d.h. bei identischem soziologischen Ort, ist eher mit der Möglichkeit zu rechnen, daß bestimmte Motive über die kommunikative Vermittlung in Texte gleicher Gattung, aber unterschiedlichen Inhalts geraten. Ebenso könnten Standardelemente einer Gattung zu deren häufigem Auftreten in Texten dieser Gattung führen, ohne daß sich dahinter irgendetwas historisch Verwertbares verbirgt, z.B. die mehrfach überlieferte anfängliche Weigerung Jesu, die Wunderheilung durchzufüh-

---

[1] Vgl. zum Problem des Umfangs der Spruchquelle S. 129–136.

ren.² Treten die Übereinstimmungen jedoch zwischen unterschiedlichen Gattungen bis hin zu Wort- und Tatberichten auf, gilt eine soziologische Vermittlung als unwahrscheinlicher, so daß man in der Ansetzung des vermuteten Alters der gemeinsamen Wurzel noch weiter zurückgehen kann.

Liegen gar viertens gleiche Traditionen in Quellen aus unterschiedlichen Religionen vor, gewinnt die Annahme eines hohen Alters dieser Überlieferung weiter an Plausibilität – allerdings nur, wenn die Unabhängigkeit der Quellen voneinander gegeben ist.³

J.D. Crossan⁴ hat das Kriterium der breiten Bezeugung zum Hauptkriterium seiner Jesus-Forschung gemacht, es allerdings um einige andere Aspekte erweitert. In einem ersten triadischen Schritt wird alles ausgeschlossen, was an literarischer Überlieferung nicht mit der allgemeinen Sozialanthropologie und mit der hellenistisch-römischen Geschichte in Übereinstimmung zu bringen ist. In der zweiten Triade erstellt Crossan eine Quellenübersicht der Jesus-Traditionen, datiert diese Quellen und ermittelt die Breite der Bezeugung. Aufgabe der dritten Triade ist die Anordnung der Quellen in eine Schichtenfolge, die hierarchische Systematisierung der Qualität der Beglaubigung und der Ausschluß des lediglich einfach Bezeugten. Für die so gewonnene älteste Schicht ist nach Crossan die Annahme der Authentie das Nächstliegende. In diesem Fall muß nicht die Echtheit, sondern die Unechtheit bewiesen werden.⁵ Nun leidet dieses übersichtliche Verfahren nicht nur an den generellen und speziellen Fehlern und Schwächen des Kriteriums der breiten Bezeugung (dazu s.u.). Geradezu abenteuerlich ist vielmehr dann die tatsächliche Bewertung der historischen Zuverlässigkeit derjenigen Texte, denen am Ende des eben skizzierten Verfahrens die höchste Priorität zukommt (erste Schicht, vierfache unabhängige Bezeugung): Alles, was nicht in das erwünschte Bild von Jesus als dem bäuerlichen Kyniker paßt (vornehmlich die gut bezeugten eschatologischen Worte), wird kommentarlos als unecht klassifiziert.⁶

2. Kriterieninterne Fehler und Schwächen

Das Kriterium der breiten Bezeugung kann prinzipiell keinen Beweis der Authentie erbringen. Denn es vermag lediglich mit einer gewissen Wahrscheinlichkeit das relative Alter einer Tradition zu bestimmen.⁷ Immer muß zur korrekten Handhabung dieser relativen Al-

---

2 Mk 7₂₇ par. Mt 15₂₆, Mt 8₇ (aus Q 7₁₋₁₀) mit Joh 4₄₈; vgl. Mk 10₄₈ par. Mt 20₃₁ Lk 18₃₉.
3 Außerchristliche Zeugnisse zu Jesus basieren alle auf den Synoptikern und ihrem Traditionsmilieu, stellen jedenfalls keine davon unabhängige Quelle dar (s. G. Theißen – A. Merz, Jesus 73–95).
4 J.D. Crossan, Jesus XXVII–XXXIV/27–35.
5 Vgl. H.K. McArthur, Burden 119.
6 Vgl. die Liste bei J.D. Crossan, Jesus 434–436/570f. Zur Kritik s. auch die witzige Bemerkung bei G. Theißen – A. Merz, Jesus 29: „Der ‚nicht-eschatologische Jesus' scheint mehr kalifornisches als galiläisches Lokalkolorit zu haben."
7 Siehe K. Berger, Theologiegeschichte 14; G. Theißen – D. Winter, Kriterienfrage 13.

V. Das Kriterium der breiten Bezeugung

tersbestimmung weiterhin die Möglichkeit ausgeschlossen werden, daß eine Tradition vielleicht nur deswegen breit bezeugt ist, weil sie kulturelles Allgemeingut wiedergibt (beispielsweise Sprichwörter), das die thematisierte historische Person vielleicht nicht explizit teilte. Mir ist keine Anwendung des Kriteriums der breiten Bezeugung bekannt, welche diese Möglichkeit erörtert und entsprechend operationalisiert.

Im Hinblick auf die in Abschnitt 1 vorgenommene vierfache Präzisierung wurden allgemeinere Grenzen des Kriteriums bereits diskutiert. Speziell das formgeschichtliche Differenzargument bedarf aber noch weitergehender Erörterung. Selbst wenn man dem klassischen Programm der Formgeschichte zustimmt und die gravierenden Einwände hinsichtlich der Identifikation vom Sitz im Leben einer Gattung mit demjenigen der darunter subsumierbaren Texte und bezüglich des Traditionsbruchs bei der Verschriftlichung ablehnt,[8] bleibt nicht einsehbar, wieso unterschiedliche Formen ein höheres Alter nahelegen sollen. Das wäre nur plausibel, wenn die jeweilige Tradentengemeinschaft lediglich an jeweils einem Sitz im Leben partizipiert hätte. Nun ist aber doch viel wahrscheinlicher, daß eine solche Gemeinschaft eine wesentlich größere Bandbreite frühchristlicher Lebenszusammenhänge aufwies und daher eine mehr oder weniger einheitliche Religiosität auch in unterschiedliche Formen wie z.B. Streitgespräch und Wunderheilung einbrachte. Inhaltliche Übereinstimmungen in unterschiedlichen Formen, etwa in der Wort- und Tatüberlieferung, erhöht also nicht das Alter dieses gemeinsamen Sachanliegens.

3. Fehler und Schwächen in der Anwendung

Die älteste Quelle frühchristlicher Jesus-Traditionen bilden die Paulus-Briefe aus dem Zeitraum von ungefähr 50–56/58 n. Chr.[9] Her-

---

[8] Vgl. dazu S. 27f.
[9] Gegen die extreme Frühdatierung des 1Thess durch G. Lüdemann, Paulus I 15–212, spricht: Aus rhetorischen Gründen muß in Gal 1f eine historische Umstellung postuliert werden; Paulus hätte diese frühe Europa-Reise und Barnabas als Mitarbeiter in Gal 1 erwähnt; Dio Cassius LX 6,6 und Orosius, adv. pag. VII 6,15, stimmen gut überein, während Lüdemann beiden einen Fehler unterschieben muß. Gegen die Spätdatierungen von Phil und Phlm, z.B. durch U. Schnelle, Einleitung 158–182, wegen fehlender Kollektennotizen, spricht, daß Röm 15,22-29 auf die Spanien-Mission blickt, während nach Phil 2,24 Paulus auf einen Besuch in Philippi hofft. Ein Prätorium (1,13) und eine kaiserliche Garde (4,22) gab es nicht nur in Rom. Kollektennotizen könnten entweder fehlen, weil die Sammlung problemlos verlief oder im Zuge der Kompilation des Phil verlorengegangen sind. Mehrere Gefängnisaufenthalte des Paulus vor Caesarea und Rom sind bezeugt (2Kor 6,5 11,23; vgl. 1Kor 15,32 2Kor 1,8). In Röm 16, das vielleicht ein Anhang an den Röm war bzw. nach Ephesus war, erwähnt V. 7 die Mitgefangenen Andronikus und Junia/Junias. Folglich kommt Ephesus als Abfassungsort (von Teilen) des Phil am ehesten in Frage (vgl. J. Gnilka, Phil 5–25). Vgl. zur Datierung aller erhaltenen Paulus-Briefe in die 3. Missionsreise W. Schmithals, Erwägungen, und dazu S. 119 Anm. 10. Mit der

renworte überliefert Paulus allerdings nur in 1Kor 7₁₀f (über Ehescheidung), 9₁₄ (zum Lebensunterhalt der Verkündiger des Evangeliums), 11₂₃₋₂₅ (Herrenmahl-Liturgie) und 1Thess 4₁₆f (Heilsgemeinschaft der lebenden und toten Glaubenden bei der Parusie).[10] Ein Herrenwort zur Heirat von Jungfrauen kennt Paulus nicht (1Kor 7₂₅), wahrscheinlich auch keines zur Ehe zwischen einem Glaubenden und einem Ungläubigen (7₁₂). Zumindest 1Thess 4₁₆f ist kein Wort des irdischen, sondern des erhöhten Jesus (oder Gottes), das ein frühchristlicher Prophet vermittelt hat.[11] In der überlieferten Form eines Berichtes kann die Herrenmahl-Liturgie 1Kor 11₂₃₋₂₅ nicht auf Jesus zurückgehen. Gerade zwei oder drei knappe Jesus-Traditionen, die möglicherweise authentisch sind, bieten die Paulus-Briefe über 20 Jahre nach Jesu Tod.

Die früheste einigermaßen verläßlich datierbare Quelle synoptischer Jesus-Überlieferungen ist das Mk-Evangelium, das wahrscheinlich in der Erstfassung kurz nach der Tempelzerstörung 70 n. Chr. verfaßt wurde.[12] Für das, was bei kritischer Sichtung von der Spruchquelle übrig bleibt, läßt sich als *terminus ante quem* nur die Abfassungszeit von Mt- und Lk-Evangelium angeben.[13] Über das Alter von Einzeltraditionen fehlen bis auf wenige Ausnahmen verwertbare Hinweise.

Die apokalyptische Vorlage in Mk 13₇f.₁₄₋₂₀.₂₄₋₂₇ stammt aus der Zeit kurz vor der Tempelzerstörung.[14] Unwahrscheinlich ist, daß das Schilfrohr in Q 7₂₄ ein versteckter Hinweis auf Herodes Antipas ist und daher der Kontext aus der Zeit vor 40 n. Chr. stammt.[15] Umstritten ist die Identität des in Lk 11₅₁ (par. Mt 23₃₅) erwähnten Zacharias. Ist er der (letzte) Schriftprophet? Daran dachte Mt wegen der Ergänzung υἱοῦ Βαραχίου. Aber eine Legende von dessen gewaltsamem Tod existiert nicht, daher halte ich diese Deutung für falsch. Oder liegt eine Reminiszenz an den Sohn des Priesters Jojada (nicht LXX) vor, der nach 2Chr 24₂₀₋₂₂ im Tempelhof gesteinigt wurde? Diesen Bezug stellt EvHebr Frgm. 17 mit *filium Jo-*

Mehrheit der Forschung nehme ich also einen Zeitraum von fünf bis sieben Jahren zwischen 1Thess und Röm an.
[10] In 1Kor 14₃₇ (über Prophetien und Glossolalien) bezeichnet κύριος wahrscheinlich Gott, denn als Urheber einer ἐντολή gilt bei Paulus sonst immer Gott (Röm 7₈₋₁₃ 13₉ als Thora-Gebot, allgemein 1Kor 7₁₉), unmittelbar davor (1Kor 14₃₃ₐ; V. 33b–36 sekundär) war zum Willen Gottes vom Frieden der Rede, direkt danach (V. 38) ist ἀγνοεῖται wahrscheinlich ein *Passivum divinum* (vgl. 83). Vgl. dazu G. Dautzenberg, Prophetie 297; C. Wolff, 1Kor 347. Wenn Röm 14₁₄ ein authentisches Jesus-Wort wäre (schon die einleitende Wendung spricht nicht dafür), hätten Vorfälle wie in Antiochia zwischen Petrus und Paulus (Gal 2₁₁₋₁₄) nicht stattgefunden.
[11] Siehe A. Scriba, Geschichte 185–187.
[12] Zum Problem Ur-/Deutero-Markus s. S. 136–147, zur Datierung des (Ur-)Markus nach der Tempelzerstörung E. Brandenburger, Markus 75–83.
[13] Siehe S. 135.
[14] Siehe E. Brandenburger, Markus 46f; dagegen z. B. G. Theißen, Lokalkolorit 133–176.
[15] Siehe S. 157.

V. Das Kriterium der breiten Bezeugung

iadae her. Wegen des abweichenden Hinrichtungsortes[16] und der Erzählzeit (spätes 9. Jh. v. Chr.) überzeugt mich auch diese Theorie nicht. Oder bezieht sich der Text auf den aus Josephus, Bell IV 334-344, bekannten Zacharias, Sohn des Bareis, der trotz voriger Schuldentlastung mitten im Tempel ermordet wurde? Im letzteren, wegen fehlender überzeugender Gegengründe m.E. wahrscheinlichsten Fall stammt Mt 23 34-36 par. Lk 11 49-51 aus der Zeit ab 65 n. Chr.[17]

Joh als unabhängige Quelle scheidet zumindest bei Mk- und wahrscheinlich auch bei Lk-Parallelen aus, weil er beide Evangelien kannte und teilweise verwendete.[18] Allein über den quellenkritischen Vergleich läßt sich folglich nur dann eine relativ frühe Datierung ermitteln, wenn die zudem aus einem anderen Traditionsmilieu stammenden echten Paulus-Briefe herangezogen werden können. Authentie ergibt sich daraus natürlich noch nicht von selbst.

4. Beispiele

Im Hinblick auf breite Bezeugung in unterschiedlichen Traditionskreisen und frühen Quellen nimmt das Verbot der Ehescheidung und Wiederheirat eine herausragende Stellung ein. Bereits Paulus bezieht sich in 1Kor 7 10f auf ein entsprechendes Verbot des Herrn. Mk überliefert in Mk 10 1-9 ein schriftgelehrtes Streitgespräch Jesu mit Pharisäern über die Zulässigkeit der Ehescheidung, dessen Ergebnis anschließend (V. 10-12) auch für die Jüngergemeinde Gültigkeit bekommt. Ein mit Mk 10 11f teilweise übereinstimmendes Gesetzeswort findet sich außerdem noch in Mt 5 32 par. Lk 16 18.

Zunächst zu 1Kor 7 10f: Der engere und der weitere Kontext legen nahe, daß Paulus zumindest einen konkreten korinthischen Fall drohender oder bereits vollzogener Scheidung im Blick hat. Die paulinische Parenthese V. 11a, welche *mutatis mutandis* wohl auch für den zweiten Fall gilt, daß die Scheidung vom Mann ausgeht, läßt vermuten, daß eine korinthische Glaubende sich bereits von ihrem Mann getrennt hat, vielleicht aus Gründen sexueller Enthaltsamkeit (vgl. V. 1-7).[19] Da V. 12-16 die Scheidung bei Ehen zwischen einem glaubenden und einem ungläubigen Partner zuläßt, wenn die Trennungsabsicht von letzterem ausgeht, thematisiert V. 10f nur die Ehe zwischen Glaubenden. Der antithetische

---

[16] Nach VitPr 23 1 wurde Zacharias ben Jojada nahe beim Altar getötet (Hs. Q ἀνὰ μέσον ἐπὶ τοῦ αἰλάμ; entsprechend Syr; vgl. Hs. D u.a. zu Lk 11 51: ὃν ἐφόνευσαν ἀνὰ μέσον τοῦ θυσιαστηρίου καὶ τοῦ ναοῦ; gegen K. Aland - [E. Nestle], Testamentum 199, stammt ἀνὰ μέσον nicht aus der Parallele Mt 23 35).
[17] S. die Diskussion bei J. Gnilka, Mt II 300-302, der auf der Ebene von Q für Zacharias ben Jojada (mit O.H. Steck, Israel 33ff) plädiert. Weitere Datierungsversuche von G. Theißen, Lokalkolorit 63-85 (zu Mk 7 24-30), 177-211 (zu Mk 14 47.51f), 212-245 (zu Mt 4 1-11 par. Lk 4 1-13), sind stark hypothetisch.
[18] Siehe S. 142-144.210-213.
[19] So C. Wolff, 1Kor 140f; aus gleichen sachlichen Gründen, aber vom Mann ausgehend J. Murphy-O'Connor, Woman.

94   A. Echtheitskriterien in der Forschung

Parallelismus V. 10b.11b setzt außerpalästinische nichtjüdische Scheidungsregelungen voraus. Nach jüdischem Gesetz hatte nämlich allein der Mann das Recht, die Scheidung durchzuführen.[20] Zumindest V. 10b stammt daher wohl eher nicht von Jesus, sondern stellt eine frühchristliche Adaption an gewandelte Rechtsverhältnisse dar.

Auch Mk 10,11f spiegelt die griechischen und römischen Rechtsverhältnisse wider, während die Parallelen Mt 19,9, Mt 5,32 par. Lk 16,18 und Mt 5,31 nur die Möglichkeit voraussetzen, daß der Mann sich scheiden lassen kann.[21] In dieser Textgestalt liegt allerdings (wie auch in Mk 10,11f) strenggenommen kein Verbot der Ehescheidung wie in 1Kor 7,10f vor, sondern nur eine Feststellung, daß die Wiederheirat immer Bruch der ersten, als unauflöslich geltenden Ehe bedeutet.

Einige Spannungen im Text machen wahrscheinlich, daß das Streitgespräch Mk 10,1-9 nicht nur von Mk teilweise bearbeitet worden ist, sondern auch ursprünglich nicht mit V. 10-12 verbunden war. Von der Form des Streitgespräches aus liegt in V. 9 ein den Streit beendendes Herrenwort vor, während V. 10 mit für Mk typischen Rückzug ins Haus als Ausdruck esoterischer Jünger-Unterweisung das Thema noch einmal aufgreift. Damit will Mk verdeutlichen, daß die Antwort Jesu in V. 5-9 nicht lediglich eine innerjüdische Gesetzesdebatte abschließt, sondern für die Kirche ebenso Gültigkeit hat. Der sachliche Ton des Gespräches läßt vermuten, daß πειράζοντες αὐτόν in V. 2 eine Ergänzung des Mk ist, um die Böswilligkeit der Pharisäer entsprechend 8,11 12,15 herauszustellen. 10,1 als Teil des geographischen Rahmens im Mk-Evangelium gehört sicher auch nicht zur Tradition.

Fraglich ist allerdings, ob die so bestimmte Mk-Vorlage direkt oder indirekt die Grundintention eines möglicherweise jesuanischen Scheidungsverbotes wiedergibt. In V. 3.5 drückt ὑμῖν nämlich eine Distanz zwischen Jesus und den Juden als Befolger der Thora-Gebote aus, während schriftgelehrte Argumentation akzeptiert wird. Wenn ὑμῖν in beiden Fällen kein späterer Zusatz ist, dann spiegelt das Streitgespräch eine nachösterliche Phase der Distanzierung vom Judentum wider.[22] Das Schriftzitat Gen 2,24 (sonst nur Anklänge an Dtn 24,1 und Gen 1,27) entspricht außerdem dem LXX-Text, und zwar auch dann, wenn er vom hebräischen Text abweicht. Das Suffix von אמו fehlt in der LXX und in Mk 10,7, nicht jedoch in Sam, Syr, Tgg und Vg. Die vollständige wörtliche Übereinstimmung

---

[20] Vgl. Dtn 24,1 Josephus, Ant XV 259 und im frühen Christentum Mk 10,2.4 par. Mt 19,3.7, Mt 5,32 par. Lk 16,18, Mt 5,31 19,9. Allerdings existieren auch einige Gegenbeispiele auf die z.B. B. Brooten, Frauen, aufmerksam gemacht hat und daraus die generelle Scheidungsmöglichkeit für eine Jüdin gefolgert hat (dies., Debatte, als Antwort auf H. Weder, Perspektive; s. auch die Diskussion bei M. Fander, Stellung 200-257; G. Mayer, Frau 78-84). Diese Gegenbeispiele scheinen jedoch im Judentum des 1. Jh. n. Chr. in Palästina rechtliche Ausnahmen gewesen zu sein: die Scheidung war unbedingt an jüdisches Recht gebundene Herodes-Familie (Josephus, Ant XV 259, XVIII 136, XX 141-143, Mk 6,18), wesentlich früher und außerhalb Palästinas in Elephantine und möglicherweise LibAnt 42,1 (rechtliche Entlassung?) und einige Rabbinen aus späterer Zeit (bKet 30b bBB 16c). Nach der umfassenden Rekonstruktion in DJD II 108 enthält Mur 19 keine Scheidungsforderung einer Jüdin.

[21] In Mt 5,32 19,9 erlauben Zusätze die Scheidung und Wiederheirat im Falle des Ehebruchs durch die Frau (vgl. κατὰ πᾶσαν αἰτίαν in 19,3). Lk fügt in seine Vorlagen zweimal ein, daß ein Jesus-Nachfolger auch seine Frau verlassen muß, was aus Gründen der ökonomischen Sicherung der Frau wohl eine Scheidung zwecks Wiederheirat bedeutete (Lk 18,29 gegen Mk 10,29, Lk 14,26 gegen Mt 10,37).

[22] Zur Begründung s. die übergreifende Erörterung auf S. 192-202.

V. Das Kriterium der breiten Bezeugung

zwischen Mk 10.7.8a und Gen 2.24 LXX, sogar in der ungewöhnlichen Wendung εἶναι εἰς gegen Mk 10.8b, spricht gegen eine von der LXX unabhängige Schriftübersetzung. Hingegen muß οἱ δύο nicht unbedingt den Text der LXX voraussetzen, weil neben ihr noch andere Zeugen (Syr, Tg CN, Tg PsJ, Vg; vgl. Sam) dazu eine Entsprechung bieten. Nun kann ein LXX-Zitat in einer Jesus-Tradition natürlich auch durch nachträgliche Anpassung an die LXX zustandegekommen sein. Insgesamt liegt aber die Wahrscheinlichkeit für eine frühchristliche Gestaltung des Streitgesprächs etwas höher, und zwar wohl als Reaktion auf einen Einwand, welcher das vielleicht anders als mit Gen 1.27 2.24 begründete frühchristliche Scheidungsverbot mittels Dtn 24.1 in Frage stellte.

Insgesamt könnte also durchaus die Unauflöslichkeit der ersten Ehe ein Teil des von Jesus verkündigten Rechtes in der βασιλεία τοῦ θεοῦ gewesen sein. Ursprünglich wurde wohl schon die Trennung abgelehnt.[23] Eine erste Umdeutung verbot nur die Wiederheirat,[24] während Mt Ehebruch durch die Frau als Berechtigung von Scheidung und Wiederheirat zuließ.

Es fällt allerdings nicht schwer, auch Beispiele dafür zu finden, daß trotz breiter Bezeugung die Authentie bestimmter Jesus-Traditionen unwahrscheinlich ist. So werden durch Jesus gewirkte Totenerweckungen in drei oder vielleicht sogar vier unterschiedlichen, teilweise schon frühen Überlieferungsschichten bezeugt. Mk 5.21-43 kombiniert die Rettung/Totenerweckung der Tochter des Jairus mit der Heilung einer blutflüssigen Frau, welche die erwartete rechtzeitige Ankunft Jesu bei dem todkranken Mädchen verhindert (formgeschichtlich häufige Erschwerung der Annäherung).[25] Handelte die ursprüngliche Erzählung über die Tochter des Jairus von einer Rettung aus einer todbringenden Krankheit (so Mk 5.23 und Lk 8.42 ἀπέθνησκεν wegen V. 49)?[26] Oder hat erst Mk im Zuge der Kompilation beider Wunder die Anfangssituation einer todbringenden Krankheit geschaffen?[27] Für diesen Fall spricht nach meiner Einschätzung der in Mk 5.35.38-40a breit vorausgesetzte Tod des Mädchens, wobei in den For-

---

[23] So 1Kor 7.11b, Mk 10.9 par. Mt 19.6; anders 1Kor 7.11a Lk 14.26 18.29, vgl. Mt 5.32 19.9. Lk läßt Mk 10.1-12 aus.
[24] So 1Kor 7.11a und wohl eher Mk 10.11f par. Mt 19.9, Mt 5.32 par. Lk 16.18.
[25] Nach D.A. Koch, Wundererzählungen 138f, ist für die Kompilation Mk verantwortlich.
[26] So z.B. R. Pesch, Mk I 312f. Sein entscheidendes Argument, machtvolle Worte tauchten nur bei Heilungen Lebender auf (vgl. Mk 1.31 2.11), wird durch Lk 7.41 Act 9.40 (nicht erkennbar von Mk 5.41 abhängig) und vor allem Joh 9.41 11.43 widerlegt.
[27] Durch drastische Kürzung gilt das Mädchen in der mt Version Mt 9.18-26 bereits von Anfang an als tot. Mehrere minor agreements zwischen Mt 9.18-26 und Lk 8.40-56 (s. U. Luz, Mt II 51; F. Bovon, Lk I 443) betreffen signifikant nur die Erzählung über die Heilung der blutflüssigen Frau mit προσελθοῦσα ὄπισθεν ἥψατο τοῦ κρασπέδου τοῦ ἱματίου αὐτοῦ Mt 9.20 par. Lk 8.44 gegen ἐλθοῦσα ἐν τῷ ὄχλῳ ὄπισθεν ἥψατο τοῦ ἱματίου αὐτοῦ Mk 5.27. Statt einer deuteromarkinischen Bearbeitung halte ich daher die zusätzliche Kenntnis einer weiteren Tradition über die blutflüssige Frau durch Mt und Lk für wahrscheinlicher.

mulierungen keine signifikanten Züge von Mk-Redaktion feststellbar sind.[28]

In der Antwort Jesu an den gefangenen Täufer Q 7 22 verweist jener auch darauf, daß Tote auferstehen (νεκροὶ ἐγείρονται). Der gesamte Kontext mit den Wunderheilungen spricht dafür, hier von Jesus gewirkte reale Totenauferstehungen ausgedrückt zu sehen. In Joh 11 1-46 hat der Evangelist, anders als in den bisherigen Kapiteln, die Wundererzählung über die Totenerweckung des Lazarus mit der Offenbarungsrede ineinander verwoben. Dennoch zeigt unter anderem das Spiel mit dem Mißverständnis bezüglich der Begriffe Leben und Tod, daß Joh ein ihm vorliegendes Wunder aufgenommen hat.[29]

Üblicherweise gilt die Totenerweckung des Jungen von Nain in Lk 7 11-17 als Bestandteil des lk Sondergutes, weil zu ihr weder Mknoch Mt-Parallelen existieren. Wahrscheinlich ist diese Erzählung aber der Spruchquelle zuzuordnen.[30] Spracheigentümlichkeiten des Lk liegen hauptsächlich in V. 13 vor. Diese reichen jedenfalls nicht aus, die Geschichte insgesamt der Lk-Redaktion zuzuweisen.[31]

Insgesamt drei oder vier unterschiedliche frühe Überlieferungsschichten kennen also neben Jesu heilender und exorzistischer Tätigkeit auch eine totenerweckende. Gibt es für die ersten beiden charismatische Begabungen durchaus auch zeitgenössische Parallelen aus dem Bereich der Psychosomatik, so fallen nach gegenwärtigem Erfahrungshorizont Totenerweckungen doch eindeutig in den Bereich des rein Legendenhaften.

Als ein weiteres Gegenbeispiel zum Kriterium der breiten Bezeugung wird sich im Laufe dieser Untersuchung die Gerichtsbotschaft Jesu herausstellen. In allen bekannten frühchristlichen Überlieferungsschichten bilden Gerichtsprophetien nämlich ein entscheidendes Thema, und zwar in unterschiedlichen Lebenszusammenhängen. Der angesagte endzeitliche Zorn Gottes liefert den bestimmenden Horizont der Evangeliumsbotschaft.[32] Wer diese ablehnt, verfällt der endzeitlichen Vernichtung.[33] Die Vergegenwärtigung der Ergehensfolgen rechten und falschen Verhaltens im endzeitlichen Gerichtsverfahren mahnt zum beständigen Verwirklichen der neuen Existenzorientie-

---

[28] Mk-Redaktion liegt vor in der für esoterische Jüngerunterweisung im Mk-Evangelium typischen Jüngergruppe (Mk 5 37, vgl. 9 2 13 3 14 33), folglich auch in τοὺς μετ᾽ αὐτοῦ V. 40 und im Schweigegebot V. 43a.
[29] Weitere Gründe für die Scheidung von Traditionsschichten und Bearbeitung durch Joh führt J. Becker, Joh 404–406, an.
[30] Siehe S. 133.
[31] Siehe zu einer detaillierten sprachlichen Analyse A. Harbarth, Gott.
[32] 1Thess 1 9f (vorpaulinisch), Röm 1 18, Mt 24 37-39 par. Lk 17 26f, Kol 3 6 Eph 5 6, verwandelt Joh 3 36.
[33] Mk 14 62 (ὄψεσθε, s. A. Scriba, Geschichte 197f), Q 10 13-15, Mt 23 39 par. Lk 13 35, Lk 14 15-24 u.ö.

V. Das Kriterium der breiten Bezeugung

rung.[34] In Verfolgungssituationen vergewissert nicht nur die endzeitliche Rettung der eigenen Gruppe, sondern auch die Vernichtung der Gegner, daß Gott sein Recht durchsetzen wird.[35] Dennoch gibt es gewichtige Gründe anzunehmen, daß diese derart breit bezeugte Gerichtserwartung kein konstitutives Element in der Botschaft und im Wirken Jesu war, sondern ihren Ursprung in einer sehr frühen nachösterlichen theologischen Neuorientierung hatte. Doch dafür sind umfassendere Deutungen bestimmter Daten nötig, die erst im zweiten Teil der Untersuchung vorgestellt werden.[36]

---

34 1Thess 3₁₃ 2Kor 5₁₀ Röm 14₁₀ Mk 8₃₈, Mt 7₂₂f par. Lk 13₂₆f, Mt 10₃₂f par. Lk 12₈f, Mt 16₂₇f 25₃₁₋₄₆ Lk 21₃₆ Jak 5₇₋₁₁.
35 Mk 13₂₄₋₂₇ (ebenfalls ὄψονται, s.o. Anm. 33), 2Thess 1₇f Apk 4 – 21, speziell 11₁₅.₁₇f.
36 Siehe S. 149-174.192-237.

VI. Das Plausibilitätskriterium

1. Darstellung

Das Kriterium der doppelten Dissimilarität sollte die Unterschiede, ja sogar die Unableitbarkeit von Elementen des Wirkens Jesu vom zeitgenössischen Judentum und vom frühen Christentum feststellen. Über den reduzierenden Charakter dieses Analyseverfahrens waren sich die Anwender des Kriteriums überwiegend im klaren.[1] Vor allem jüdische Jesus-Forscher deuteten Jesus nun einerseits primär als palästinischen Juden, der im Rahmen des antiken Judentums wirkte und voll aus dessen Möglichkeitsraum verständlich sei.[2] Sie wiesen damit auf eine kulturelle Einbindung Jesu hin, die für viele synoptische Jesus-Traditionen zu plausiblen interpretatorischen Ergebnissen führte, und schufen damit eine wesentliche Voraussetzung des „Third Quest" in der christlichen Jesus-Forschung.

Andererseits rief die massive Bezugnahme des frühen Christentums auf Wirken und Geschick Jesu die Frage nach der Kontinuität zwischen beiden trotz der (umstrittenen) kerygmatischen Umorientierung nach Ostern hervor. Frühchristliche Theologie und Praxis mußten als Wirkungsgeschichte Jesu verständlich sein, was einen partiellen Neueinsatz nach dem Tod Jesu natürlich nicht ausschließt.[3]

Kohärenz zum Frühjudentum und wirkungsgeschichtliche Plausibilität des frühen Christentums liefern nun zusätzlich zum doppelten Dissimilaritätskriterium Hinweise für mögliche oder tatsächliche Authentie von Jesus-Traditionen. G. Theißen, D. Winter und A. Merz haben jüngst aus diesen Elementen das Plausibilitätskriterium synthetisiert.[4] Dieses Kriterium fragt auf der einen Seite nach der Plausibilität der Einbindung Jesu in den Möglichkeitsraum des (palästinischen) Frühjudentums und zugleich nach der Plausibilität von Jesu Neuansatz gegenüber diesem kulturellen Kontext. Andererseits müssen frühchristliche Theologie und Praxis als von Jesus ausgehende Wirkungsgeschichte verständlich gemacht werden können, und zwar sowohl in der Fortführung des Kohärenten als auch in der Tradierung des Tendenzwidrigen. Das Plausibilitätskriterium stellt also eine

---

1 Siehe S. 35.
2 J. Klausner, Jesus; C.G. Montefiore, Gospels; D. Flusser, Jesus 1968; ders., Jesus 1997; G. Vermes, Jesus; vgl. auch J. Wellhausen, Einleitung 102.
3 F. Mußner (und Mitarbeiter), Methodologie 135–137 („Gegenkontrolle"); J. Becker, Jesus 19 („Gegenprobe").
4 G. Theißen – D. Winter, Kriterienfrage, besonders 175–217; bereits zusammengefaßt in G. Theißen – A. Merz, Jesus 116–120.

VI. Das Plausibilitätskriterium   99

zweidimensionale Matrix mit je zwei Elementen dar: Kontinuität und
Diskontinuität, Herkunft und Wirkung.[5]

2. *Kriterieninterne Fehler und Schwächen*

Die Stärke des Plausibilitätskriteriums besteht darin, daß die im
Blick stehende Person voll und ganz als historische ernstgenommen
wird, d.h. sie wird auf der Seite der Kontextplausibilität weder als
kausal determinierte Folge der Umwelt noch als singuläres, historisch unverständliches Phänomen bestimmt. Auf der Seite der Wirkungsplausibilität stehen die Tradenten zum einen in sachlicher Kontinuität zu dieser Person, ohne zum anderen ganz darin aufzugehen.

Insgesamt enthält allerdings das so gefaßte Plausibilitätskriterium
einen systematischen Bruch, der wohl darauf zurückzuführen ist, daß
die Anbindung an traditionelle Kriterien, nämlich an das Kohärenzkriterium und an das Kriterium der Tendenzkritik als der einen Seite
des doppelten Differenzkriteriums, nicht radikal genug in Frage gestellt wurde. Die Matrix des Plausibilitätskriteriums erforderte nämlich eigentlich, daß nicht nur das Wirken Jesu, sondern auch die frühchristliche Wirkungsgeschichte vollständig unter die historische Plausibilität von Anknüpfung und Neueinsatz gestellt wird. Auch dasjenige, was im frühen Christentum neu gegenüber Jesus erkannt und formuliert wurde, gehört zur Wirkungsgeschichte Jesu und läßt Rückschlüsse auf dessen wirkungsgeschichtlichen Möglichkeitsraum zu.
Als Beispiel dafür nenne ich die nicht unumstrittene, aber sich dennoch durchsetzende frühchristliche Mission an Nichtjuden ohne die
Forderung der rechtlichen Aufnahme in das Judentum, welche zumindest in dieser Form noch nicht für Jesus anzunehmen ist, aber aufgrund der frühchristlichen Wirkungsgeschichte bei ihm Ansatzpunkte
in welcher Form auch immer aufgewiesen haben muß.[6] Die wirkungsgeschichtliche Plausibilität darf daher nicht auf die Kohärenz reduziert werden, weil nichts für ein durchgehend unselbständiges Epigonentum des frühen Christentums spricht.

Im Verdacht, in den Christen des 1. Jh. n. Chr. nur unmündige Anhänger Jesu zu sehen, steht auch die Reduktion von Nichtübereinstimmungen hinsichtlich der Wirkungsplausibilität auf die Tendenz-

---

[5] Vgl. das Schaubild bei G. Theißen – D. Winter, Kriterienfrage 217 (leicht abweichend G. Theißen – A. Merz, Jesus 120):

	Auswertung von Übereinstimmungen	Auswertung von Nichtübereinstimmung
Kontextplausibilität	Kontextentsprechung	Kontextuelle Individualität
Wirkungsplausibilität	Quellenkohärenz	Tendenzwidrigkeit

[6] Siehe S. 192–202.

widrigkeit synoptischer Jesus-Traditionen. Einerseits kann die Annahme der Tendenzwidrigkeit leicht implizieren, daß frühchristliche Tradenten nicht in der Lage waren, unliebsame Jesus-Überlieferungen zu unterdrücken, und unkritisch vor der Autorität dieser Traditionen kapitulierten. Andererseits läßt sich angebliche Tendenzwidrigkeit auch damit erklären, daß die festgestellten Tendenzen im frühen Christentum dieses nicht vollständig umfaßten, daß dessen Vielgestaltigkeit also größer war. Es gilt zu bedenken, daß diese sogenannten tendenzwidrigen Überlieferungen nur in Gestalt frühchristlicher Tradition und daher als ein Teil von ihr erhalten sind.[7]

Feststellung von Tendenzwidrigkeit setzt zunächst die Ermittlung der frühchristlichen Tendenzen voraus. Als solche nennen z.B. F. Mußner und seine Mitarbeiter christologische Homologese, spezifisch nachösterliche Soteriologie, das Passions- und Auferstehungskerygma, nachösterliche Mission, nachösterliche Verfolgungserfahrung, liturgisch-sakramentale Interessen, nachösterliche Eschatologie, Gemeindeordnungen und Kirchenzucht, Enträtselung dunkler Jesus-Logien, Akkommodation radikaler Forderungen und Rejudaisierung.[8] Nun kann man erstens einige dieser Tendenzen bestreiten (vor allem die Akkomodation des Radikalen und die Rejudaisierung). Zweitens folgern Mußner und Mitarbeiter überwiegend direkt daraus „Kriterien, die uns ein Logion noch als genuin jesuanisch erkennen lassen":[9] offene Christologie und Soteriologie, kein Einfluß der nachösterlichen Homologese, ausschließlich vorösterlich-einmalige Situation, Widerspruch zur nachösterlichen Missionssituation, Restbestände nicht vollständiger Adaptionen, Rätsellogien, weder frühjüdische noch frühchristliche Eschatologie, radikale Ethik. Fast alle diese sogenannten Kriterien fußen auf dem logisch unzulässigen Umkehrschluß: Muß nachösterliche Christologie durchweg titular sein? Können frühchristliche Propheten keine Rätselsprüche produzieren? Haben es die frühen Christen nur zu einer Abschwächung der Radikalität in der Auslegung des Willens Gottes gebracht usw.? Immerhin bleibt zu beachten, daß zwar die Authentie eines Wortes Jesu auf diese Weise nie bewiesen werden kann.[10] Aber wenn mehrere dieser „Kriterien" erfüllt sind, ohne daß die anderen dagegen sprechen, dann kann mit einer höheren Wahrscheinlichkeit von der Authentie der jeweiligen Überlieferung ausgegangen werden. In diesem

---

7 Vgl. dazu die Erwägungen auf S. 85–88.
8 F. Mußner (und Mitarbeiter), Methodologie 136f. Deutlich enger faßt J. Becker, Jesus 13–15, die frühchristlichen Überlieferungstendenzen: Christologisierung, Ekklesiologisierung, Mission an Nichtjuden, Jesuszeit als Vergangenheit, Parusieverzögerung.
9 F. Mußner (und Mitarbeiter), Methodologie 133 (Hervorhebung im Original); das Folgende ebd. 133f.
10 Vgl. auch G. Theißen – D. Winter, Kriterienfrage: „Die Altersbestimmung funktioniert dagegen manchmal als negatives Kriterium: Was nicht nur spät bezeugt, sondern mit großer Wahrscheinlichkeit auch spät entstanden ist, muß als Zeugnis für Jesus ausscheiden. Nur in dieser negativen Form kann die Altersbestimmung einer Tradition ein ‚Echtheitskriterium' oder besser: ein ‚Unechtheitskriterium' sein" (ebd. 13). „Mit palästinischem Lokalkolorit wird nicht die Echtheit einer Überlieferung nachgewiesen ... Was nachweislich nicht nur (sekundär) außerhalb Palästinas geprägt wurde, sondern auch außerhalb Palästinas entstanden ist, kann unmöglich von Jesus selbst stammen" (ebd. 14).

VI. Das Plausibilitätskriterium

Sinne leisten die über falsche Umkehrschlüsse gewonnenen Maßstäbe dann doch in ihrem Zusammenspiel einen gewissen Beitrag zur Echtheitsdiskussion.

Systemtheoretisch gesehen bleibt die Auslassung, Veränderung oder Einführung eines Systemelementes nicht ohne Konsequenzen für die anderen. Gravierendere inhaltliche oder strukturelle Umgestaltungen eines Systems führen daher schnell dazu, daß sich in der Selbstreferenz und in der Fremdwahrnehmung neue Systemgrenzen bilden. Eine solche Grenzziehung gegenüber dem antiken Judentum wurde im wesentlichen schon zur Zeit des Paulus gezogen.[11] Sie widerlegt, daß die Geschichte des frühen Christentums durchgehend mehr oder weniger bruchlos und ohne fundamentale Neuorientierung ablief, zumindest nicht im Bereich der antiochenischen Tradition. Das bei Theißen, Winter und Merz vorausgesetzte Bild des frühen Christentums enthält im Lichte solcher Erwägungen immer noch zu viel Epigonales.

Eine weitere systematisch bedingte Schwäche des Plausibilitätskriteriums besteht darin, daß es keine Authentie begründen kann. Denn Kohärenz und Individualität im jüdischen Kontext bestand noch weithin in der Frühphase des palästinischen Judenchristentums. Wieder liegt hier in der Kriteriendiskussion ein unzulässiger Umkehrschluß vor, denn die eigentlich stimmige Voraussetzung ist: Wenn keine Kohärenz mit dem Frühjudentum trotz üblicher individueller Abweichungen möglich ist, dann stammt eine Jesus-Tradition nicht von diesem. Das logisch korrekte Äquivalent dazu lautet: Wenn eine Jesus-Tradition authentisch ist – das eigentlich zu Beweisende fungiert in Wirklichkeit als Voraussetzung! –, dann liegt unter Berücksichtigung eines individuellen Spielraums Kohärenz zum antiken Judentum vor.

Wirkungsgeschichtliche Plausibilität in Kohärenz und Tendenzwidrigkeit gilt nicht nur für authentische Jesus-Überlieferungen, sondern auch für solche, die entweder nachösterlich, etwa durch frühchristli-

---

[11] Für Paulus bestand die Einheit der Ekklesia unabhängig von den zentralen jüdischen „identity markers" Thora-Observanz (vgl. 1Kor 9,20f Gal 2,11-14) und Beschneidung (1Kor 7,19 Gal 5,6 6,15; zu den vorpaulinischen Aussagen s. F.W. Horn, Beschneidung; zu weiteren verwandten Aussagen aus der antiochenischen Tradition vor und durch Paulus s. J. Becker, Paulus 87-131). Ein Ausdruck des von Paulus wahrgenommenen grundsätzlichen Bruchs zum antiken Judentum zeigt sich auch in Gal 2,16, wo Paulus die Terminologie eines Wechsels von einer grundlegend falschen zur wahren Gottesverehrung, traditionell von Juden gegenüber Nichtjuden gebraucht (πιστεύω aor.; s. dazu E. Brandenburger, Pistis, speziell 197f/286-288), auf sich und andere (ehemalige) Juden anwendet. Auch der Bekehrungsterminus ἐπιστρέφω in 2Kor 3,16 (Präsens gegen den Aorist von εἰσπορεύομαι in Ex 34,34 LXX) drückt im Kontext aus, daß Israel diese Bekehrung (nicht Umkehr!) zu Gott noch nicht vollzogen hat (zur Interpretation s. S.197f Anm. 34). Vgl. weiter die Außenperspektive, aus der Paulus auf das Judentum blickt, in 1Thess 2,14-16 (s. S.197f Anm. 34), 1Kor 7,19 Gal 4,21-31 5,6 6,15; vgl. auch Act 11,26 und weiter S. 192-194.

che prophetische Vermittlung zustandegekommen sind, oder sogar unter Umgehung von Jesus aus dem sonstigen Judentum, speziell von Johannes dem Täufer stammen, aber Jesus historisch falsch zum Zweck der Gültigkeitsstabilisierung zugeschrieben wurden.[12] Noch einmal ein falscher Umkehrschluß: Wenn eine Jesus zugeschriebene Tradition nur einmal und eventuell spät bezeugt ist und außerdem mit der Tendenz des Tradenten übereinstimmt, dann liegt der Verdacht auf sekundäre Bildung nahe. Daraus folgt: Wenn Authentie wahrscheinlich ist – wieder dient das Gesuchte faktisch als Voraussetzung! –, dann wird diese Tradition üblicherweise mehrfach und früh bezeugt – aber nicht umgekehrt!

3. Fehler und Schwächen in der Anwendung

Feststellung von Kohärenz und Individualität setzen voraus, daß Potentialität und Faktizität des antiken Judentums hinreichend bekannt sind. Daher partizipiert die eine Seite des Plausibilitätskriteriums an der grundsätzlichen Schwäche des doppelten Differenzkriteriums,[13] wenn auch in abgemilderter Form, weil nicht die sowieso prinzipiell die Analogie des Allgemeinmenschlichen sprengende Unableitbarkeit, sondern nur die sich überwiegend in Aspektverschiebungen bestehender Traditionen äußernde Individualität gesucht wird. Neben den oben angedeuteten prinzipiellen Schwierigkeiten einer zuverlässigen frühchristlichen Tendenzkritik wird diese auch durch den fragmentarischen Charakter der Überlieferung belastet.[14] Weil das Kohärenzkriterium unverändert in die Matrix des Plausibilitätskriteriums übernommen wird, gelten auch seine grundsätzlichen und praktischen Fehler und Schwächen weiterhin für das letztere.[15]

Das Plausibilitätskriterium muß daher dahingehend modifiziert werden, daß es stärker die Möglichkeit von Unterdrückung, Umformung und Neubildung frühchristlicher Jesus-Traditionen berücksichtigt und mit einer Brücke zwischen Judentum und frühem Christentum auch ohne Jesus rechnet.[16] Angesichts der Überlieferungslage kann nicht mehr die Authentie von Texten wahrscheinlich gemacht werden, sondern nur noch in groben Zügen inhaltlich rekonstruiert werden, wie ungefähr das Wirken Jesu ausgesehen haben muß, um seine Wirkungsgeschichte verständlich zu machen, ohne daß sein Auftreten

---

[12] Vgl. die von Mt geschaffene Übernahme des Spruchs vom Baum und seinen Früchten (Mt 3$_{10b}$ par. Lk 3$_{9b}$), der evtl. tatsächlich vom Täufer stammt, zumindest jedoch für Mt als Täufer-Tradition bekannt war, in die Jesus-Überlieferung (Mt 7$_{19}$).
[13] Siehe S. 39–47.
[14] Siehe S. 36–39.
[15] Siehe S. 84–88.
[16] Auf letzteres verweist auch D. Zeller, Jesusbücher 53.

4. Beispiel

Um die Grenzen des Plausibilitätskriteriums in der Fassung von Theißen, Winter und Merz aufzuzeigen, muß nach einem Text gesucht werden, in welchem Einbindung in und Individualität vor dem antiken Judentum gleichermaßen gewährleistet sind, trotz breiter frühchristlicher Bezeugung eine Tendenzwidrigkeit zum frühen Christentum angenommen wird und dennoch die tradierte Zuweisung zu Jesus historisch falsch ist. Weil hier fünf Bedingungen gleichzeitig erfüllt sein müssen, lassen sich nur schwer solche Gegenbeispiele finden.

Bei den frühchristlich überlieferten metaphorischen Erzählungen[17] trifft weithin zu, daß sie Parallelen zu solchen aus den rabbinischen Schulen aufweisen. Aber „[m]it dieser Lebensnähe, mit ihrer Schlichtheit und Klarheit, mit der Meisterschaft ihrer knappen Schilderung, mit dem Ernst ihres Gewissensappells, mit ihrem liebevollen Verständnis für die religiös Deklassierten stehen sie analogielos da."[18] Diese im wesentlichen ästhetische Differenzbeobachtung wird auf breiter Front vertreten.[19] Nach Theißen und Merz stehe Jesus als Dichter von „Gleichnissen"[20] zwar in einer frühjüdischen, erst in rabbinischer Literatur besser belegten Erzähltradition, weise aber in diesem Rahmen insofern Individualität auf, als seine „Gleichnisse" weniger anthropomorphe Überlagerungen enthielten, soziologisch

---

[17] In der neutestamentlichen formgeschichtlichen Forschung hat der Begriff „Gleichnis" häufig eine doppelte Bedeutung. Einerseits bezeichnet er allgemein jede frühchristliche Form von metaphorischer Erzählung (vgl. die Überschrift „Gleichnisse und Verwandtes" bei R. Bultmann, Geschichte 179, der darunter neben dem eigentlichen Gleichnis noch das Bildwort, die Metapher, den Vergleich, die Parabel, die Beispielerzählung [!], die Allegorie, die Allegorese und die Allegorisierung subsumiert). Andererseits zeichnet sich das eigentliche Gleichnis dadurch aus, daß es einen alltäglichen Vorgang erzählt, während die Parabel ein charakteristisches Einzelgeschehen schildert (vgl. A. Jülicher, Gleichnisreden I 25–118; R. Bultmann, Geschichte 188). Intentional lassen sich Gleichnis und Parabel noch besser differenzieren: Während das Gleichnis durch die Alltäglichkeit der Erzählung jede Möglichkeit des Intendierten herausstellt (die Begründung läuft vom Erzählten zum Allgemeineren), erklärt die Parabel bildhaft die Sachaussage (Explikation der Sache durch das Erzählte). Zwecks Klarheit wird in dieser Arbeit der allgemeine Gleichnisbegriff durch „metaphorische Erzählung" ersetzt, der spezielle dagegen beibehalten.
[18] J. Jeremias, Theologie 39; vgl. ders., Gleichnisse 7.
[19] A. Jülicher, Gleichnisse I 1–24; W. Bousset, Jesus 20f; zuletzt J. Becker, Jesus 176–188; G. Theißen – A. Merz, Jesus 303f (trotz Protestes gegen „das jeder sachlichen Grundlage entbehrende Erbe einer triumphalistischen Grundhaltung bei der christlichen Beschäftigung mit jüdischen Quellen", ebd. 286).
[20] Vgl. zu dieser Terminologie z.B. die Überschrift bei G. Theißen – A. Merz, Jesus 285, und zur Problematik Anm. 17.

den aristokratischen Horizont der Weisheitslehrer verließen und im Vergleich zu den Rabbinen nicht der Thora-Auslegung dienten.[21] Ihre breite frühchristliche Bezeugung ist offensichtlich. Jedoch stünden die authentischen „Gleichnisse" Jesu in Spannung zu der allegorisierenden Erzählweise im frühen Christentum.[22]

Hinsichtlich der Feststellung von Einbindung und Individualität der metaphorischen Erzählungen Jesu im Horizont der späteren rabbinischen Tradition bestehen nicht nur Datierungsprobleme, sondern auch die Schwierigkeiten, das soziologisch Ungleiche vergleichbar zu machen: hier volkstümliche Erzählweise im Kontext einer prophetischen Botschaft, dort schriftgelehrte Diskussion über die Thora im Rahmen des Schulwesens. Zeitgenössische nähere Parallelen zu den metaphorischen Erzählungen Jesu könnten auch deswegen fehlen, weil Quellen aus gleichem sozialen Milieu fehlen.[23]

Da frühjüdische Einbindung und Individualität der metaphorischen Erzählungen Jesu nicht sinnvoll feststellbar sind und ihre breite Bezeugung im frühen Christentum offensichtlich ist, läge im Blick auf die Tendenzwidrigkeit zum frühen Christentum ein Gegenbeispiel zur speziellen Fassung und Handhabung des Plausibilitätskriteriums bei Theißen, Winter und Merz dann vor, wenn eine metaphorische Erzählung, die im Munde Jesu überliefert wird, keine ausgeprägten allegorischen Züge aufweist,[24] aber dennoch nicht authentisch ist. M.E. erfüllt die Parabel von den Tagelöhnern im Weinberg Mt 20,1-16 diese Voraussetzungen.

Die sentenzartige Bündelung in Mt 20,16 gilt nach verbreiteter Einschätzung als eine nachträgliche Aspektverschiebung, weil aus der Gleichstellung der Arbeiter ein Rollentausch wird und die gleiche Sentenz bereits in 19,30 die Unterweisung hinsichtlich der Konsequenzen der Nachfolge abschloß.[25] Auch die Einleitung in 20,1a stimmt mit 13,31.33.44.45.47 überein und wurde daher zumindest sprachlich von Mt normiert. An einigen weiteren Stellen läßt sich mt Sprache wahrscheinlich machen,[26] ohne daß inhaltliche Umprägungen faßbar wären. Nicht ganz verständlich ist die Rolle des Verwalters (ἐπίτροπος) im Verhältnis zum Hausherrn (οἰκοδεσπότης): Dieser mietet die Tagelöhner an (20,1-7) und führt mit ihnen die Debatte um die ungewöhnliche Entlohnungspraxis (V. 11-15), während jener nur für die Auszahlung des Lohnes im Auftrag des Hausherrn zustän-

---

[21] G. Theißen – A. Merz, Jesus 301–303.
[22] G. Theißen – A. Merz, Jesus 301f; J. Becker, Jesus 188, fügt noch „Paränetisierung" als typischen frühchristlichen Umgang mit „Gleichnissen" (ebd. passim, z.B. 176) hinzu.
[23] Siehe S. 44–47.
[24] Ganz ohne traditionell verständliche Metaphern kommen Gleichnis und Parabel nicht aus, weil sonst kein Hinweis auf seine Transparenz für das nicht Ausgedrückte, aber im Erzählen Intendierte vorläge (vgl. L. Schottroff, Güte 79f).
[25] Vgl. J. Gnilka, Mt II 176f; C. Hezser, Lohnmetaphorik 246.249f.253–258.
[26] Siehe A. Kretzer, Herrschaft, 280ff.

VI. Das Plausibilitätskriterium

dig ist (V. 8–10). Möglicherweise liegt hier bereits eine nachträgliche Allegorisierung im Sinne des Mt vor: Nicht Gott, sondern Jesus als der Menschensohn weist im Endgericht Lohn und Strafe zu (vgl. 25₃₁₋₄₆ u.ö.).[27] Die folgende Interpretation fußt also auf V. 1b–15 und geht von einer Lohnauszahlung durch den Hausherrn aus.

Die Parabel setzt mit Bekanntem ein: Ein Hausherr sucht morgens zur Erntezeit Tagelöhner auf dem Markt und vereinbart mit ihnen einen Denar Entlohnung. Offensichtlich schreitet die Ernte nicht im gewünschten Tempo voran, so daß er nachträgliche Anmietungen vornehmen muß, auffälligerweise in vier weiteren Etappen. Abends praktiziert der Hausherr eine ungewöhnliche Lohnauszahlung: Jeder bekommt den vollen Tagessatz.[28] Pointe der Parabel ist, daß die Langarbeiter gegen diese Form der Entlohnung aufbegehren und daraufhin vom Hausherrn gerügt werden. Gegen die übliche Annahme, alle Zuhörer der Botschaft (Jesu) seien Adressaten dieser Parabel, denen die Güte Gottes auch gegenüber den Sündern vorgeführt werden soll,[29] stehen zwei weitere Erzählmotive. Erstens ist die Metapher von den Arbeitern im Weinberg, an die sich die Parabel richtet, keine neutrale: Sie bezeichnet üblicherweise religiöse Funktionsträger in Israel oder in der Kirche.[30] Zweitens fällt der Dialog des Hausherrn mit dem zuletzt Angemieteten auf, der die Schuldfrage thematisiert: Nicht Faulheit der Tagelöhner,[31] sondern deren Abhängigkeit vom Willen der Anwerbenden begründet ihre bislang erzwungene Untätigkeit.

Die Parabel äußerte sich also zur Frage des himmlischen Lohnes an die „Arbeiter" Gottes in seinem „Weinberg". Die Problemlage ergibt sich aus der vom Hausherrn abgelehnten Position in V. 10–12: je

---

[27] Ähnlich G. Theißen – A. Merz, Jesus 306, mit weiteren Überlegungen. Sie erblicken allerdings, da sie die Parabel für authentisch halten, im Verwalter eine Selbstinszenierung Jesu.
[28] Völlig irreal muß diese Praxis nicht gewesen sein, denn erstens kennen einige rabbinische Anekdoten ein ähnliches Verhalten (yBM 6₁ [10d], 6₈ [11a]); s. C. Hezser, Lohnmetaphorik 86f.239, allerdings als Fiktion bewertet; vgl. weiter Poseidonios bei Strabo, Geogr. III 4₁₇, und die Parallele bei Diodorus Siculus IV 0₃), zweitens konnten sich Tagelöhner auf diese Weise satt essen und waren dann am nächsten Tag uneingeschränkt einsatzbereit. Voller Tageslohn trotz geringerer Arbeitszeit konnte also ein für den Arbeitgeber durchaus ökonomisch sinnvolles Verhalten sein – dies umso mehr, als die Lohnkosten im Vergleich zur Produktionsleistung wenig ins Gewicht fielen.
[29] Vgl. G. Theißen – A. Merz, Jesus 307: „Das Reich Gottes erweist sich als die durch Gottes Gerechtigkeit und Güte ermöglichte neue Gemeinschaft Israels, die marginalisierte Gruppen wieder einschließt und in der durch imitatio dei eine neue zwischenmenschliche Wahrnehmung geübt werden soll." Weitere Zitate mit ähnlich universaler und theologisch grundlegender Deutung bei U. Luz, Mt III 141f, und ebenso seine eigene Zusammenfassung ebd. 151.
[30] Jes 3₁₄, Mk 12₁₋₁₂ par. Mt 21₃₃₋₄₆ Lk 20₉₋₁₉, Mt 21₂₈₋₃₂; vgl. Jes 5₁₋₇ 27₂f Jer 2₂₁ 12₁₀ Ps 80₉₋₁₇ Cant 8₁₁f 1Kor 9₇, wohl auch 6Q11 (DJD III 125f; J. Maier, Qumran-Essener I 313f).
[31] So aber nach J. Jeremias, Gleichnisse 136: „untätig schwatzende Arbeiter" mit „echt orientalische[r] Gleichgültigkeit". E. Linnemann, Gleichnisse 88, erkennt lediglich eine formale Funktion des Dialogs an.

mehr Arbeit im Dienst Gottes, desto höher der himmlische Lohn. Gegen diese Erwartungshaltung wird die menschliche Unverfügbarkeit der Berufungsstunde betont (V. 6f), welche eine leistungsorientierte „Entlohnung" zur Ungerechtigkeit werden ließe. Nun könnte man diese Parabel zwar noch im Wirken Jesu unterbringen, wenn mit den Arbeitern die Jünger Jesu gemeint wären. Gegen diese Identifizierung sprechen aber gleich mehrere Gründe. Erstens gilt als der Berufende der Hausherr, der metaphorisch für Gott steht. Das befindet sich zumindest im Gegensatz zu der Darstellung der Evangelien, wonach Jesus selbst die Jünger berufen haben soll.[32] Zweitens paßt die Anmietung in fünf Etappen besser in die wesentlich längere nachösterliche Phase.[33] Drittens werden Rangstreitigkeiten unter Aposteln aufgrund ihrer jeweiligen Wirkdauer öfter überliefert.[34] Daher liegt nachösterliche Bildung der Parabel wesentlich näher. Das Teilkriterium der Tendenzwidrigkeit, das von G. Theißen und A. Merz wegen fehlender allegorischer Züge angewandt wird,[35] liefert also an dieser Stelle kein überzeugendes Ergebnis.

---

[32] Die allgemeine Berufung von Menschen zum Glauben (durch Jesus z.B. Mk 2₁₇ par. Mt 9₁₃ Lk 5₃₂, vgl. Joh 10₃; durch Gott 1Thess 2₁₂ 4₇ 5₂₄ 1Kor 1₉ 7₁₅.₁₇-₂₄ Gal 1₆ 5₈.₁₃ Röm 8₃₀ 9₂₄ Kol 3₁₅ Eph 4₁.₄ 2Thess 2₁₄ 2Tim 1₉ 1Petr 5₁₀ u.ö., metaphorisch Mt 22₁-₁₀ par. Lk 14₁₅-₂₄) bleibt hier unberücksichtigt, weil sie der Aktantenstruktur der Parabel Mt 20₁-₁₅ nicht entspricht. In der Evangelientradition beruft nur Jesus die Jünger (Mk 1₁₆-₂₀ par. Mt 4₁₈-₂₂, Mk 2₁₄ par. Mt 9₉ Lk 5₂₇f, Lk 5₁-₁₁ Joh 1₃₅-₅₁; vgl. Mk 3₁₃-₁₉ mit Mt 10₁-₄ par. Lk 6₁₃-₁₆), während sonst wohl Gott in der visionären Offenbarung seines Sohnes ins Apostelamt einsetzt (Gal 1₁₅f, vgl. 1Kor 9₁ 15₅-₁₀ Act 9₃-₉).
[33] 1Kor 15₅-₁₀ kennt sechs Etappen: Kephas, die Zwölf, über 500 Brüder, Jakobus, alle Apostel, Paulus. Erklärt sich in Mt 20₁-₁₅ die auffällige, weil in der Alltagsrealität kaum sinnvolle Anmietung in fünf Etappen vielleicht aus dieser Liste unter Ausschluß des im Judenchristentum heftig umstrittenen Paulus?
[34] 1Kor 3₈ 3₁₁-4₅ 15₉f 1Petr 5₄ 2Tim 4₈; vgl. 1Thess 2₁₉, Mk 9₃₃-₃₅ par. Mt 18₁ Lk 9₄₆, Mk 10₃₅-₄₅ par. Mt 20₂₀-₂₈, Mt 19₂₈ par. Lk 22₂₈-₃₀.
[35] G. Theißen – A. Merz, Jesus 305–307.

VII. Das Kriterium der Datenauswertung

1. Darstellung

Das nun vorzustellende Kriterium wird in der Regel nicht explizit als möglicher Weg angegeben, Elemente des Wirkens Jesu zu bestimmen. Faktisch bilden zwar zumindest zwei Daten in den verschiedenen Jesus-Darstellungen einen festen Bestandteil: seine Taufe durch Johannes den Täufer und seine Hinrichtung durch Pilatus am Kreuz. Die meisten unterschätzen aber die Ergiebigkeit dieser Daten. Doch gab es in der Jesus-Forschung auch einige Versuche, von einem dieser beiden Daten aus das Anliegen Jesu zu rekonstruieren.

N. A. Dahl suchte 1955 angesichts eines umfassenden Zweifels an der befriedigenden Feststellbarkeit echten Jesus-Gutes nach dem Gewissesten im Leben Jesu und fand es in seiner Hinrichtung am Kreuz.[1] Diese Hinrichtung muß nach Dahl aus dem Wirken Jesu heraus verständlich gemacht werden. Nur kurz verwies er auf den Vollmachtsanspruch Jesu als Todesursache, der sich beispielsweise in der Bergrede oder in verhüllter Form in den Gleichnissen zeige.[2] Ob diese Interpretation zutrifft, mag in diesem Zusammenhang dahingestellt bleiben. Immerhin wurde hier ein Verfahren angedeutet, wie von einer sicheren Basis aus Rahmenbedingungen für das Wirken Jesu konstruktiv ermittelt werden können.

1972 hat J. Becker, ausgehend von der Taufe Jesu durch Johannes den Täufer, als erster umfassender das Verhältnis zwischen den beiden untersucht.[3] Über eine solche Verhältnisbestimmung strebte er an, das Profil des Wirkens Jesu in Fortführung und partieller Abgrenzung gegenüber der täuferischen Botschaft schärfer herauszustellen. Allerdings weist sein damaliges Vorgehen die Schwäche auf, daß ge-

---

[1] N.A. Dahl, Jesus 120: „Es gibt im Leben Jesu einen Punkt, der unbedingt feststeht. Das ist sein Tod. Eine geschichtswissenschaftliche Darstellung des Lebens Jesu dürfte nur möglich sein in der Form einer Darstellung seines Todes, dessen historischen Voraussetzungen und der ihm vorangehenden und nachfolgenden Ereignisse. Auf anderen Gebieten hat es sich als eine fruchtbare Arbeitsweise erwiesen, wenn der Historiker an einem ganz bestimmten Ereignis einsetzt, um von da aus Licht auf die vorausgehenden und nachfolgenden Perioden zu werfen. In diesem Fall [sc. Jesus] dürfte dies der einzig gangbare Weg sein." Vgl. auch W. Brandt, Geschichte, der schon 1893 nach intensiver historischer Kritik an der Jesus-Überlieferung zu dem Schluß kam, daß nur Jesu Tod an einem Freitag bei einem Passa-Fest und die Behauptung seiner Auferstehung wirklich verläßlich seien und von hier aus das Leben Jesu entworfen werden müsse (ebd. 3–446). Brandt versuchte auch, von dieser rekonstruierten Basis aus die weitere frühchristliche Wirkungsgeschichte verständlich zu machen (ebd. 447–578).

[2] N.A. Dahl, Jesus 121f.

[3] J. Becker, Johannes (vgl. 10f).

rade der theologische Kontext der Taufe nicht für die Taufabstinenz Jesu und für ihre leicht gewandelte erneute Inanspruchnahme im frühesten Christentum ausgewertet wird. Die von Becker als Lehrer-Schüler-Verhältnis bestimmte Relation zwischen dem Täufer und Jesus dient zudem nur der Profilierung des Wirkens Jesu, nicht aber der Konstruktion dessen, wie denn die Botschaft Jesu in diesem Rahmen überhaupt ausgesehen haben kann. Die Zuverlässigkeit des vorgestellten Jesus-Bildes wird nicht eigens diskutiert.

Auch E.P. Sanders wählte 1993 als Rahmen für die Rekonstruktion des Wirkens Jesu Fakten aus dessen Leben, die „praktisch unstrittig" seien:[4] Geburt ca. 4 v. Chr., Kindheit, Jugend und die ersten Jahre als Erwachsener in Nazareth, Taufe durch Johannes den Täufer, Sammlung von Jüngern, Lehre in Galiläa, Verkündigung des Königreiches Gottes, Zug nach Jerusalem zu einem Passa-Fest ca. 30 n. Chr., Unruhestiftung im Tempelbezirk, letztes Mahl mit seinen Jüngern, seine vom Hohenpriester veranlaßte Verhaftung und Hinrichtung durch Pilatus.[5] Weiterhin berücksichtigte er den frühjüdischen Kontext, speziell das Wirken des Täufers,[6] und zum Zweck der Tendenzkritik das heilsgeschichtliche Bild der synoptischen Überlieferung.[7] Aus der Taufe Jesu durch Johannes folgerte Sanders zum Beispiel, daß jener mit diesem hinsichtlich der Buße angesichts des bevorstehenden Zornes Gottes und der kommenden Erlösung konform ging.[8] Doch unterließ er es, triftige Gründe für die eigenständige Wirksamkeit Jesu anzugeben.[9]

Meines Wissens existiert keine systematische Darstellung der Leistungsfähigkeit und Grenzen der Auswertbarkeit historischer Daten auf den sich in ihnen manifestierenden Geschehens- und Denkzusammenhang allgemein und speziell im Hinblick auf die Anwendung in der Jesus-Forschung. Die folgenden Überlegungen stellen daher nur erste Vorerörterungen dar, deren Plausibilität erst in der Darstellung im nächsten Teil geprüft werden kann.

---

[4] E.P. Sanders, Sohn 27–32 (das Zitat ebd. 27).
[5] Zu den unmittelbar auf Jesu Tod folgenden zuverlässigen Ereignissen zählte Sanders die Flucht der Jünger, Jesu Erscheinungen vor ihnen und ihre Bildung einer Gemeinschaft, die auf Jesu Wiederkehr wartete und andere dafür gewinnen wollte (ebd. 28).
[6] Ebd. 146–150.
[7] Ebd. 130–146.153.
[8] Ebd. 150.
[9] Unterschiede zwischen dem Täufer und Jesus in Auftreten und Botschaft werden von Sanders zwar konstatiert (z.B. Jesu Umherziehen statt fester Wirksamkeit des Täufers, ebd. 31; Jesu Exorzismen, die für den Täufer nicht überliefert sind, ebd. 231; Johannes fastete, Jesus nicht, ebd. 301; anders als beim Täufer spiele die „Buße" in der Verkündigung Jesu keine zentrale Rolle, ebd. 338–342), aber nicht ausreichend für die Bestimmung des Rahmens der Verkündigung Jesu ausgewertet.

VII. Das Kriterium der Datenauswertung

Die allgemeine Erfahrung zeigt, daß Ereignisse im Leben einer Gemeinschaft oder einer Einzelperson in einem bestimmten Kontext stehen. Wer mit einem Ereignis konfrontiert wird, versteht dieses in der Regel als Teil eines umfassenderen Zusammenhangs, aus dem heraus es erst seine volle Konkretion gewinnt. Speziell im Hinblick auf Ereignisse, die von Menschen bewirkt werden – solche stehen im folgenden ausschließlich im Blick –, gelten diese als Manifestationen einer Absicht, die auf Vorgegebenes reagiert mit dem Ziel, das Weitere zweckdienlich zu bestimmen.

Eine solche funktionale Orientierung menschlichen Verhaltens impliziert dabei, daß das Ausmaß der Zweckdienlichkeit der Handlung anschließend registriert wird und so für weitere vergleichbare Handlungen wieder erinnert werden kann. Ein Ereignis wird also in der Regel nicht nur als unverbundene Einzelheit bewußt gemacht, sondern es wird erstens eingebettet in seinen konkreten, aber auch zugleich hinsichtlich seiner Typik relationierten Lebenszusammenhang wahrgenommen und zweitens im Blick auf seine Leistungsfähigkeit für die Verwirklichung der dahinterstehenden Absicht bewertet. Vor allem E. Brandenburger hat in mehreren Veröffentlichungen die relativ stabile Verbindung bestimmter Vorstellungskomplexe mit typischen Problemlagen zum Zweck typischer Lösungen herausgearbeitet.[10]

Aus historischen Daten, die nur isoliert überliefert sind oder deren ursprünglicher Kontext durch einen anderen verdrängt wurde, läßt sich also durch traditionsgeschichtliche Vergleiche mit ähnlichen Daten, zu denen das Umfeld noch erkennbar ist, ein zugehöriger Denk- und Geschehenskomplex rekonstruieren. Ein einleuchtendes und immer wieder erörtertes Beispiel gibt die Hinrichtung Jesu am Kreuz: Wie politisch auch immer Jesus sich geäußert oder verhalten haben mag, aus der Hinrichtungsart kann man schließen, daß er von Pilatus als politischer Aufrührer behandelt wurde.[11]

Wenn nun direkt auswertbare traditionsgeschichtliche Parallelen nicht zugänglich sind, kann mit Vorsicht ein weiteres konstruktives Verfahren angewandt werden. Allerdings müssen dafür im überlieferten Datum differenzierte Relate und die Modi ihrer Relationen zumindest teilweise bekannt sein. Aus dieser Struktur des Datums läßt sich nämlich im Rahmen des Erfahrungshorizontes des Historikers für unterschiedliche Problemlagen eine je unterschiedliche Leistungsfähig-

---

[10] Zur Anthropologie E. Brandenburger, Fleisch; zur Apokalyptik ders., Verborgenheit; ders., Markus; zum Glaubensbegriff ders., Pistis; zu Gerichtsvorstellungen ders., Gerichtskonzeptionen u.ö. Vgl. zur Theophanie A. Scriba, Geschichte 114–131; zu mehreren frühchristlichen Lebensvollzügen ders., Religionsgeschichte.
[11] S. zu den Implikationen der Kreuzesstrafe S. 110–114.218f.

keit des Datums wahrscheinlich machen. Auch bei bestehenden traditionsgeschichtlichen Parallelen kann dieses Verfahren der interpretatorischen Stützung dienen.

In der Jesus-Forschung stellen sich aufgrund dieser Einsichten die folgenden Fragen: Welche Ereignisse im Leben Jesu lassen sich historisch wahrscheinlich machen? Was ist über deren Kontext noch zu ermitteln? Wie sieht die innere Struktur dieser Ereignisse aus, und welcher mögliche Funktionsbereich würde dazu passen? Solange ein intensiver Bezug zum Wirken Jesu noch wahrscheinlich ist, lassen sich solche Fragen auch für Daten nach dem Tod Jesu stellen, welche dennoch Auskunft über Jesuanisches geben können.

2. Krieterieninterne Fehler und Schwächen

Während die Texte – sieht man einmal von den Problemen der Textkritik ab – unmittelbar für die Interpretation gegeben sind, müssen die darin überlieferten Daten auf den Grad ihrer Historizität hin untersucht werden. Das Kriterium operiert daher erstens von Anfang an mit einer mehr oder weniger stark ausgeprägten Hypothetik. Zweitens kann das Kriterium dort in die Irre führen, wo trotz traditionsgeschichtlicher Analogien zum Ereignis ein gegenwärtig nicht mehr erkennbarer und von der Typik abweichender Kontext vorgelegen hat. Mehr als ein gewisses Wahrscheinlichkeitsurteil läßt sich also nicht erreichen. Steht drittens infolge der Überlieferungslage das Datum als singuläres da, hängt die Konstruktion möglicher Lebenszusammenhänge noch stärker als sonst vom Erfahrungshorizont des Historikers ab. Schließlich läßt sich die Authentie von Texten auf diese Weise nicht belegen, sondern höchstens als möglich erweisen.

3. Fehler und Schwächen in der Anwendung

Eine extensive Auswertung der Daten aus dem Leben Jesu für die Rekonstruktion seines Wirkens wurde bislang nicht praktiziert. Daher können Fehler und Schwächen, die für die Jesus-Forschung insgesamt typisch wären, noch nicht angegeben werden. Die weitere Diskussion wird ergeben, inwiefern mir selbst in der Handhabung der Datenauswertung im zweiten Teil dieser Arbeit Schwächen, Irrtümer oder zu gewagte Hypothesen unterlaufen sind.

4. Beispiel

Die Diskussion um die Kreuzesstrafe kann als ein einzelnes Beispiel dienen für die Problematik, aus historisch verläßlichen Daten deren Umfeld zu rekonstruieren. Aus den Quellen läßt sich für Palä-

VII. Das Kriterium der Datenauswertung

stina seit der römischen Besetzung 63 v. Chr. bis zum Beginn des Ersten Jüdischen Krieges 67 n. Chr. in sieben Fällen belegen, daß die Kreuzesstrafe angewandt wurde:[12] etwa 2000 der schlimmsten Aufrührer 4 v. Chr. unter dem syrischen Statthalter Quinctilius Varus;[13] Jesus von Nazareth 28 n. Chr. mit zwei Räubern[14] unter dem Präfekten Pontius Pilatus;[15] Jakobus und Simon, die Söhne von Judas dem Galiläer, unter dem Prokurator Tiberius Julius Alexander;[16] Räuber, Mörder und Aufständische 52 n. Chr. unter dem syrischen Statthalter Ummidius Quadratus;[17] eine große Menge von Räubern und deren Sympathisanten unter dem Prokurator Felix;[18] ungefähr 630 größtenteils unschuldige Bürger und jüdische Ritter mit römischen Ehren in Jerusalem unter dem Prokurator Gessius Florus;[19] ein sonst unbekannter Jehochanan (ben ḥgqwl),[20] dessen Gebeine im Ossuar, gefunden nordöstlich von Jerusalem und datiert auf die erste Hälfte des 1. Jh. n. Chr., deutliche Spuren einer Kreuzigung aufweisen.[21] Alle diese Hingerichteten sind als politische Rebellen einzustufen bzw. im Falle Jesu als solche offensichtlich eingestuft worden.

Während des Ersten Jüdischen Krieges läßt sich keine eindeutige Zuordnung der Kreuzesstrafe zum Vergehen des politischen Aufruhres mehr feststellen: Vespasian als Oberbefehlshaber des syrischen Heeres ließ 67 n. Chr. einen jüdischen Gefangenen foltern, um Infor-

---

[12] S. die Belege bei H.-W. Kuhn, Kreuzesstrafe 685–745, speziell 706–718.
[13] AssMos 6 9, Josephus, Bell II 75, Ant XVII 295.
[14] Liegt in der Erwähnung der zwei mitgekreuzigten Räuber (δύο λῃσταί) in Mk 15 27 par. Mt 27 38 (Lk 23 32f κακοῦργοι δύο, Joh 19 18 ἄλλοι δύο) eine schriftgelehrte Anspielung auf Jes 53 12 vor, wie dies explizit im Text mehrheitlich jüngerer Handschriften (Mk 15 28) geschieht? Dann wäre die Kreuzigung der zwei Räuber wohl eine theologisch konstruiertes Geschehen ohne historischen Anhalt. Dagegen spricht allerdings erstens, daß Jes 53 12 LXX weder die Zahl Zwei noch die präzise Bestimmung der Mitgekreuzigten als Räuber kennt (nur ἄνομοι). Zweitens hat im frühen Christentum eine Deutung des Leidens- und Todesschicks Jesu nach Jes 53 (speziell V. 12) wohl erst gegen Ende des 1. Jh. n. Chr. stattgefunden: Lk 22 37 Act 8 32f 1Petr 2 22-25 (so D.-A. Koch, Schrift 233–238, gegen J. Jeremias, Theologie 272–284, mit früheren Veröffentlichungen, unter Annahme einer TgJon ähnlichen targumischen Textfassung).
[15] Phil 2 8 Gal 3 13 Mk 15 1-37 u.ö., Mk 15 27 par. Mt 27 38 (Lk 23 33 mit Joh 19 18); vgl. Mk 8 34 par. Mt 16 24 Lk 9 23, Mt 10 38 par. Lk 14 27.
[16] Josephus, Ant XX 102; vgl. Ant XVIII 4–10.
[17] Josephus, Bell II 235.241, Ant XX 129.
[18] Josephus, Bell II 253, Ant XX 160f.
[19] Josephus, Bell II 306.308.
[20] Da im gleichen Ossuar außer dem Gekreuzigten noch die Gebeine eines kleinen Kindes bestattet sind, ist unsicher, auf wen sich die erweiterte Namensform bezieht. Nach H.-W. Kuhn, Kreuzesstrafe 712–714, stellt יהוחנן eine Transkription von ἀγκύλος „gekrümmt" dar, weil der Gekreuzigte mit gekrümmten Beinen hingerichtet wurde. Jehochanan ben ḥgqwl wäre dann der Name des Kindes. Problematisch an dieser Theorie sind die vorauszusetzende Laryngalschwäche des ה und die ungewöhnliche Transkription des υ, das als i-Laut gesprochen wurde, mit einem dunklen Vokal (repräsentiert durch ו).
[21] Siehe H.-W. Kuhn, Kreuzesstrafe 711–717.

mationen aus ihm herauszupressen. Als er damit scheiterte, ließ er den Gefangenen kreuzigen.²² Bei der Belagerung Jerusalems 70 n. Chr. unter dem Oberbefehl des Titus wurde ein aus der Stadt ausbrechender Jude gefangengenommen und zur Demoralisierung der Jerusalemer vor der Stadtmauer gekreuzigt.²³ Wenig später, als Tausende aus Nahrungsmangel die Stadt verließen, wurden täglich etwa 500 dieser Flüchtlinge gegenüber der Stadtmauer gekreuzigt, bis der Platz und das Holz für die Kreuze ausgegangen waren.²⁴ Auch nach dem Fall Jerusalems müssen noch Hinrichtungen von Bewohnern von Jerusalem per Kreuzigung stattgefunden haben.²⁵ Die Kreuzigung eines gefangenen Juden als Druckmittel für Verhandlungen bei der Festung Machärus kam über Vorbereitungen nicht hinaus.²⁶

Ist Jesus also aufgrund seiner Hinrichtung am Kreuz als politischer Aufrührer aufgetreten, vielleicht mit messianisch-politischem Anspruch? Dann wären die erhaltenen Überlieferungen von ihm und mehr noch die Paulusbriefe weitgehend das Produkt einer frühchristlichen theologischen Entscheidung, dieses konkrete aktiv-politische Programm Jesu umzuwandeln in ein theologisch entpolitisiertes, in welchem gegenüber den politischen Machthabern eher passiver Widerstand und Verweigerung der Unterordnung und Ehrerbietung praktiziert wurde.²⁷ Oder muß umgekehrt aus den synoptischen Traditionen gefolgert werden, die Kreuzigung Jesu sei ein „Mißverständnis"²⁸ und ein „Justizirrtum"²⁹ gewesen?

In der neueren Diskussion um den Rechtsgrund für Jesu Hinrichtung am Kreuz lassen sich drei Typen differenzieren.³⁰ Der erste Typ geht von der mehrfach überlieferten Bezeichnung Jesu als Verführer aus:³¹ Der Hohe Rat hat auf der Grundlage von Dtn 13 über die Straffolgen von Falschprophetie und Verführung zum Götzendienst für Jesus die Todesstrafe beschlossen. Nach A. Strobel³² stuften die Römer dieses Vergehen als Landfriedensbruch ein und verhängten die Kreuzigung. Allerdings läßt keiner der genannten frühchristlichen und rabbinischen Belege eine Verführung zum Götzendienst durch Jesus erkennen, wie es Dtn 13 voraussetzt. O. Betz³³ hat zur Stützung dieser These zusätzlich auf 11QT

---

22 Josephus, Bell III 321.
23 Josephus, Bell V 289.
24 Josephus, Bell V 449–451.
25 Bei Josephus, Vita 417–421, vorausgesetzt.
26 Josephus, Bell VII 202f.
27 Vgl. schon H.S. Reimarus, Apologie.
28 Vgl. R. Bultmann, Jesus 21f.
29 R. Schnackenburg, Mk II 222.
30 Vgl. den Überblick bei P. Egger, Crucifixus 168–179.
31 Mt 27₆₃f Joh 7₁₂f.47; vgl. Lk 23₅ Joh 11₄₆-₅₇ Act 5₃₇, Justin, Dial. LXIX 7, CVIII 1, TestLev 16₃f bSan 43a.107b.
32 A. Strobel, Stunde.
33 O. Betz, Probleme. Vgl. weiter F. Mußner, Glaubensüberzeugung; R. Pesch, Prozeß.

VII. Das Kriterium der Datenauswertung

LXIV 6–13 verwiesen, wonach derjenige, der Gott, dem Gottesvolk oder einem Menschen flucht, zu kreuzigen sei. So gelte auch nach mSan 6 die Kreuzigung als Todesstrafe für Gotteslästerer. Der Hohe Rat habe das Messiasbekenntnis Mk 14,62 als Blasphemie, die Römer als Majestätsbeleidigung verstanden. Doch ist erstens 11QTLXIV 12f offensichtlich mit Dtn 21,23 verwandt und in beiden Texten nicht klar,[34] ob Gott (und die Menschen) den Gekreuzigten[35] oder ob der Gekreuzigte Gott (und die Menschen) verflucht.[36] Für die zweite, von Betz gewählte Möglichkeit scheint in 11QT die Ergänzung ואנשים zwecks Aufnahme von Z. 10 zu sprechen.[37] Da aber die in den Textzeugen zu Dtn 21,23 überlieferten Verständnisweisen die erste Möglichkeit als die ältere erweisen, dürfte diese Ergänzung in 11QT auf den Schaden hinweisen, den Hochverrat (so Z. 7–10) für ein Volk bewirken kann. Zweitens darf bezweifelt werden, daß diese Rechtsdiskussionen im jüdischen Rahmen mit ihrem teilweise rein theoretischen Charakter die Urteilsfindung des Hohen Rates zur Zeit Jesu bestimmt haben. Die bekannten Kreuzigungen in Palästina aus römischer Zeit (s.o.) lassen jedenfalls nur politischen Aufruhr, nicht jedoch Hochverrat als Kreuzigungsgrund erkennen.

K. Müller[38] legt aus formgeschichtlichen Gründen in der direkten historischen Auswertung synoptischer und mischnischer Aussagen große Zurückhaltung an den Tag. Aber es gebe eine Form von Verbrechen, über welche die römische Besatzung jüdische Kapitalgerichtsbarkeit zugelassen habe: bei Verletzungen des Tempels und seiner Institutionen. Müller begründet diese Ausnahme mit dem Tötungsrecht an der Tempelschranke und der Verurteilung des Unheilspropheten Jesus ben Ananias durch den Hohen Rat.[39] Der eigentliche Verurteilungsgrund Jesu von Nazareth durch das Synhedrion seien seine in Mk 14,58 durchscheinende Tempelkritik und, damit verbunden, die Tempelreinigung 11,15–18. Müllers Hypothese leidet allerdings daran, daß die von ihm genannten Belege zwar polizeiliches Einschreiten des Hohen Rates zum Zweck der Verhaftung und Tatbestandserhebung belegen, nicht jedoch rechtswirksame Urteilsgewalt.[40]

Eine dritte Theorie, vertreten von F. J. Matera und P. Egger,[41] interessiert sich aufgrund der Überlieferungslage weniger für den rechtlich abgesicherten Verurteilungsgrund, sondern fragt stärker danach, was denn im Wirken Jesu dazu geführt habe, daß jüdische (und römische) Instanzen ihn aus dem Weg schaffen wollten. Ihre beiden Vertreter verweisen dafür auf den exklusiven Anspruch, der sich in der Verkündigung des Gottesreiches durch Jesus manifestiere, und auf die für die innere Ruhe gefährliche Anziehungskraft, die Jesus mit seinem prophetischen Wirken auf das Volk ausübte. Matera betont dabei die Tempelrei-

---

[34] Dtn 21,23 MT und Sam קללת אלהים, 11QTLXIV 12 מקוללי אלוהים ואנשים. Die Doppeldeutigkeit bewahren auch α' und ϑ' mit κατάρα θεοῦ/*maledictio dei*. Erst tSan 9,7 und bSan 46b lassen beide Deutungsmöglichkeiten zu.
[35] So LXX κεκατηραμένος ὑπὸ θεοῦ, Gal 3,13 ἐπικατάρατος, TgCN ליט קדם יייי.
[36] So wohl TgO יויי, על דחב קדם, TgPsJ קילוחא קדם אילקא, wohl auch TgCN M בזין יקר שכינתיה דיי׳ (txt בזיו), eindeutig nur σ' διὰ βλασφημίαν θεοῦ. Zur Text- und Auslegungsgeschichte von Dtn 21,22f s. F. Parente, *Talah*.
[37] So auch Y. Yadin, Scroll I 379, II 291.
[38] K. Müller, Möglichkeit.
[39] Josephus, Bell VI 300–309. Nach TgCN zu Num 25,4 kann das Synhedrion als Todesstrafe auch die Kreuzigung verhängen (vgl. TgPsJ z.St.), s. dazu L. Díez Merino, crucifixión.
[40] Siehe P. Egger, Crucifixus 177f.
[41] F. J. Matera, Trial; P. Egger, Crucifixus.

nigung. Egger vermutet, das Synhedrion wollte, um größeren Schaden zu vermeiden, vor den Römern aktiv werden (vgl. Joh 18₁₄). Generell sei prophetisches Wirken als politisch subversiv eingestuft worden.[42]

Nach gegenwärtigem Kenntnisstand läßt sich also nicht überzeugend angeben, mit welcher rechtlich zulässigen Anklage Jesus gekreuzigt wurde. Vielleicht muß man sogar damit rechnen, daß ein rechtlich geordnetes Verfahren an diesem Tag gar nicht möglich war. Denn der Zeitpunkt der Gefangennahme und der Verurteilung Jesu war wohl aus kalendarischen Gründen einer der seltenen Tage, an denen im Frühjudentum ganz besonders mit einem rettenden eschatologischen Eingreifen Gottes oder des Messias gerechnet wurde.[43] An einem solchen Tag bestand höchste Gefahr, daß in Jerusalem, das mit teilweise eschatologisch hochgespannten Festpilgern völlig überfüllt war, ein verheerender Aufruhr ausbrach. Daß Pilatus in einer solchen Lage sorgfältig die Rechtsgrundlagen für eine Kreuzigung Jesu abgewogen haben soll, erscheint mir daher sehr unwahrscheinlich. Ähnliches dürfte auch für das Synhedrion gelten, das ebenfalls an einem geordneten Festablauf und an einer möglichst friedlichen Kooperation mit der römischen Besatzungsmacht interessiert war. Die Annahme, die Kreuzigung Jesu sei ein Mißverständnis und Justizirrtum gewesen, erscheint mir schon darum problematisch, weil in dem vorausgelaufenen Prozeß von möglichem Verständnis und Justiz nicht unbedingt die Rede gewesen sein konnte, wenn in dieser kritischen Lage schon das kleinste Indiz für einen religiös motivierten Aufruhr das behördliche Einschreiten und Prozedieren auslöste.

Aus der Tatsache, daß Jesus per Kreuzigung hingerichtet wurde, schließe ich also nur, daß er in den Augen des Pilatus als (potentieller) politischer Aufrührer galt, den man sicherheitshalber so schnell wie möglich beseitigen mußte. Weitere Details über seine Wirksamkeit jenseits der möglichen Störung der öffentlichen Ordnung lassen sich daraus nicht folgern. Im allgemeinen darf folglich das Kriterium der Datenauswertung nicht verabsolutiert werden, sondern muß mit anderen Beobachtungen besonders zur Plausibilität der Wirkungsgeschichte korreliert werden.

---

[42] Vgl. das Schicksal von Johannes dem Täufer und weiteren palästinensischen Prophetengestalten im 1. Jh. n. Chr. (s. P. Egger, Crucifixus 60–147).
[43] Siehe S. 203–208.217f.

VIII. Zusammenfassung

Nach dem kritischen Überblick über die wesentlichen Kriterien in der Jesus-Forschung ergibt sich als methodische Konsequenz für den im nächsten Hauptteil vorzustellenden eigenen Rekonstruktionsversuch: Auf die Anwendung des doppelten Dissimilaritätskriteriums im Sinne der sachlichen Besonderheit Jesu sowohl im Hinblick auf das Frühjudentum als auch auf das frühe Christentum wird verzichtet, weil nicht nur grundsätzliche, sondern auch für die Rekonstruktion des Wirkens Jesu spezifische Bedenken seine Tauglichkeit erheblich beeinträchtigen. Aufgrund der strukturellen Gleichheit mit dem doppelten Dissimilaritätskriterium im allgemeinen wie im besonderen erübrigt sich auch die Rekonstruktion der *ipsissima vox* Jesu. Unberücksichtigt bleibt ferner das kaum sinnvoll anwendbare Kriterium der Kohärenz.

Die folgende Rekonstruktion fußt hingegen auf zwei anderen Kriterien. Zum einen soll versucht werden, die bestimmbaren historischen Daten im Leben Jesu im Sinne der Überlegungen im vorigen Kapitel auf den sich in ihnen manifestierenden Denk- und Geschehenszusammenhang hin zu analysieren. Auf diesem Weg kann von der Sache, wenn auch nicht von den Texten her, tatsächlich Authentie ermittelt werden. Zum anderen kann das Plausibilitätskriterium in der zuvor kritisch dargestellten Weise Anwendung finden, vor allem im Sinne der Wirkplausibilität der frühchristlichen Geschichte in Anknüpfung und Neueinsatz (Tendenzkritik). In diesem Zusammenhang erhält auch das Kriterium der breiten Bezeugung die Aufgabe, zwar nicht authentische Überlieferungen festzustellen, wohl aber über den Zeitpunkt der Quellen hinaus die frühen Phasen des Christentums zu rekonstruieren, um so das wirkungsgeschichtliche Urteil fundierter und plausibler ausfallen zu lassen.

Der folgende Rekonstruktionsvorschlag berücksichtigt bei der Anwendung dieser beiden zuletzt genannten Kriterien (Datenauswertung, Plausibilitätskriterium) einige nach meiner Einschätzung gewichtige Beobachtungsmöglichkeiten, versteht sich jedoch nicht als vollständige Ausschöpfung des Anwendungsbereiches dieser Kriterien. Gerade in der Frage der Wirkplausibilität könnten weitere Themenbereiche integriert werden, zum Beispiel der früh einsetzende Prozeß der Christologisierung in unterschiedlichen Konzeptionen, die frühchristlich verbreitete Praxis der Wunderheilungen und die Soziologie des frühen Christentums, speziell die Rolle der Frau. Solche Bereiche erscheinen im folgenden deshalb nicht extensiv, weil sie nach meiner gegenwärtigen Kenntnis für die Rekonstruktion des Anliegens im Wirken Jesu keine relativ eindeutigen Konsequenzen ergeben.

IX. Anhang: Vertrauen und Skepsis gegenüber den Quellen

„Wir können nicht mehr die Zuverlässigkeit der synoptischen Überlieferung über Jesus im allgemeinen voraussetzen. Mehr noch, mit kritischen Korrekturen der Tradition allein ist hier auch nicht mehr zu helfen. Auf Grund der formgeschichtlichen Arbeit hat sich unsere Fragestellung derart zugespitzt und erweitert, daß wir nicht mehr die etwaige Unechtheit, sondern gerade umgekehrt die Echtheit des Einzelgutes zu prüfen und glaubhaft zu machen haben. Nicht das Recht der Kritik, sondern ihre Grenze ist heute zu beweisen."[1]

Diese Äußerungen E. Käsemanns haben nicht nur Zustimmung,[2] sondern erhebliche, bis ins historisch-methodische Grundsätzliche gehende Kritik erfahren. Für Käsemann war diese Skepsis gegenüber der historischen Verwertbarkeit synoptischer Traditionen in der Jesus-Forschung keine apriorische, mit der gleichermaßen allen Dokumenten zu begegnen sei, sondern das Ergebnis jahrzehntelanger Wahrnehmung von Aporien in dieser. Insbesondere verwies er auf die kerygmatische Prägung der Jesus-Traditionen, welche einen literar- und formkritischen Rückgang zum historischen Jesus praktisch unmöglich mache.[3]

Wie immer man die Destruktion historischer Verläßlichkeit etwa durch die Formgeschichte beurteilen mag,[4] gedanklich völlig korrekt hat Käsemann beschrieben, wie bisherige Erfahrungen den Erwartungshorizont im weiteren Forschen bestimmen. Denn die neuzeitliche Jesus-Forschung ging ja zunächst von der historisch weitgehend korrekten Beschreibung des Wirkens Jesu in den Evangelien aus.[5] Nach anfänglichem Zutrauen in das Joh-Evangelium schälte sich im 19. Jh. im Rahmen der Zwei-Quellen-Theorie die Mk-Priorität heraus. W. Wrede wies 1901 nach, daß auch diese älteste Quelle nicht historischen, sondern theologischen Darstellungsprinzipien verpflichtet war, was er selbst und wenig später auch J. Wellhausen auf die anderen synoptischen Evangelien und die Spruchquelle ausdehnten. Unter

---

[1] E. Käsemann, Problem 203.
[2] Beispielsweise bei H. K. McArthur, Burden 119, der bereits differenziert: „that the burden of proof rests initially with those who affirm the authenticity of particular motifs in the gospel tradition. When three or four of the synoptic sources, however, are shown to support a motif then the burden of proof shifts to those who would deny the authenticity of that particular motif"; N. Perrin, Rediscovering 39 (= Jesus 32): „and the nature of the synoptic traditions is such that the burden of proof will be upon the claim to authenticity"; weiter H. Leroy, Jesus 44; J. Sauer, Rückkehr 81–84; W. Zager, Gottesherrschaft 47.
[3] E. Käsemann, Problem 203f.
[4] Vgl. die Erörterungen auf S. 24–32.
[5] Zum Folgenden s. den kurzen Überblick auf S. 15–33.

Zugrundelegung der formgeschichtlichen Annahme, daß die erhaltenen synoptischen Texte ihre traditionsfähige Formung erst nachösterlich erhalten haben, stellt sich Käsemanns kritische Beurteilung des Quellenwertes der Jesus-Tradition nicht als übersteigerter Skeptizismus, sondern als einzig sinnvolle Konsequenz für den weiteren Umgang mit ihr dar. Das schließt natürlich nicht aus, daß weitere Einsichten, die Käsemann noch nicht zugänglich waren, wieder die historische Brauchbarkeit der synoptischen Traditionen steigen lassen und die Erwartungshaltung des Exegeten neu prägen.[6]

Käsemanns Skepsis wird darum von denjenigen Kritikern mißverstanden, welche in ihr eine generelle, gleichsam apriorische Bestreitung der Authentie von Dokumenten sehen. W.G. Kümmels Widerspruch gegen Käsemann unter Heranziehung von metatheoretischen Äußerungen aus dem Bereich der Historik verkennt daher den erfahrungsbezogenen Charakter von Käsemanns Urteil.[7] Ähnliche Mißverständnisse liegen auch den methodischen Erörterungen von N.J. McEleney und M. Reiser zugrunde.[8]

Grundlage einer jeden wissenschaftlichen Betätigung ist die Unterscheidung von δόξα und ἐπιστήμη, d.h. die radikale Kritik an jeder behaupteten Seinsgeltung und die apodiktisch fundierte Rückführung der Phänomenbeschreibung auf Evidenz.[9] Es genügt in diesem Rahmen bereits die Möglichkeit, noch nicht einmal die Faktizität, daß Autorzuweisungen falsch sind, um in allen nur denkbaren Fällen den Zweifel gegenüber der Authentie von Dokumenten zur wissenschaftlichen Pflicht zu erheben. Eine grundsätzliche Diffamierung des histo-

---

[6] Vgl. dazu die soziologischen Erwägungen bei G. Theißen – A. Merz, Jesus 108f: Erstens zeige sich die historische Verläßlichkeit der Jesus-Überlieferung darin, daß sie zentrale Bedürfnisse der Gemeinden (Beschneidung, Amtsstrukturen, Stellung der Familie Jesu) nicht enthielten. Zweitens lasse sich eine Traditionskontinuität annehmen, weil die Träger der Jesus-Überlieferung wie Jesus selbst Wandercharismatiker seien, eine Transformierung des Sitzes im Leben mit den dazugehörigen Umprägungen also nicht stattgefunden habe. Aber das Fehlen von Gemeindebedürfnissen könnte einerseits darauf zurückzuführen sein, daß diese in Wirklichkeit gar keine waren (z.B. die Beschneidung für Palästina) oder eben doch auftauchen (zur Rangfolge s. z.B. S. 104-106), andererseits aber auch damit begründet werden, daß die Träger der Überlieferung eben aus dem abweichenden Milieu der Wandercharismatiker stammten. Daß gleichbleibende soziale Stellung einen theologischen Neueinsatz ausschließen soll, überzeugt mich nicht.
[7] W.G. Kümmel, Antwort 140–142/186f.
[8] N.J.McEleney, Criteria 445–448, unter der Überschrift „Criterion of Historical Presumption"; M.Reiser, Gerichtspredigt 191: „Ich gehe davon aus, daß nicht die Behauptung der Authentizität, sondern deren Bestreitung zu beweisen ist … Eine andere Einstellung ist dem Historiker m. E. auch gar nicht möglich. Jeder Historiker muß präsumieren, daß seine Quellen im Rahmen ihrer Möglichkeiten zuverlässig berichten, sofern nicht ihre Unzuverlässigkeit, sei es im einzelnen, sei es im ganzen, erwiesen ist."
[9] Vgl. dazu E. Husserl, Meditationen, vor allem die erste Meditation.

IX. Anhang: Vertrauen und Skepsis gegenüber den Quellen

rischen Zweifels ist daher wissenschaftstheoretisch nicht zu rechtfertigen.

Weil die Durchführung einer transzendentalphänomenologisch fundierten Wissenschaft zwar eine prinzipiell mögliche, aber auch unendliche Aufgabe bildet und nach dem gegenwärtigen Stand des Wissens und Irrens Evidenz der Authentie oder Pseudonymität nicht zu erreichen ist, bleiben pragmatische Wahrscheinlichkeitsurteile unter Beiziehung vergleichbarer Erkenntnisse das Gebotene. In aller Vorläufigkeit hat sich die Suche nach dem wahren Verfasser an bisherigen Urteilen in analogen Fällen zu orientieren. Läßt sich daher in einigen Fällen die Authentie mit guten Gründen bestreiten, dann gilt für alle weiteren Untersuchungen in diesem Gebiet die Annahme, daß Unechtheit auch in solchen Fällen nicht nur möglich, sondern auch entsprechend der bisherigen Urteile mehr oder weniger wahrscheinlich ist, in denen keine klaren Indizien für Pseudonymität entdeckt werden können.[10] Dabei wird man beispielsweise mit rechtlichen Dokumenten, die im Original im ägyptischen Wüstensand gefunden wurden, anders als mit den synoptischen Evangelien umgehen: Wäre die Fälschung von solchen Dokumenten nicht nur mögliche, sondern sogar übliche Praxis gewesen, hätten sie, anders als bei den Evangelien und der frühchristlichen Briefliteratur, ihren Sinn und damit auch ihre Verwendbarkeit verloren.

Im übrigen zeigt das folgende Beispiel aus der klassischen Philologie, daß auch außerhalb der neutestamentlichen Wissenschaft nicht nur mit ähnlichen Überlieferungs- und Echtheitsproblemen gekämpft werden muß, sondern auch ähnliche Kriterien zur Ermittlung des Authentischen angewandt werden und die Erwartungshaltung der Historiker bezüglich der historischen Verläßlichkeit von Quellen ähnlich skeptisch geworden ist.[11] Bekanntlich besitzen wir von Sokrates

---

[10] Vgl. zum Problem möglicher Kompilationen der Paulus-Briefe W. Schmithals, Erwägungen, speziell die methodischen Abschnitte ebd. 66-82. Nachdem die Kompilation eines einzigen Paulus-Briefes nachgewiesen wurde (wissenschaftlich gesehen würde schon die Denkmöglichkeit der Kompilation ausreichen, s.o.), „muß die Frage nunmehr sein, ob sich der jeweilige Brief *am besten* als literarische Einheit oder *besser* als Kompilation aus mehreren Schreiben verstehen läßt" (ebd. 66, Hervorhebungen im Original). Wie immer man die Ergebnisse von Schmithals' Literarkritik der erhaltenen Paulus-Briefe und ihre Datierung in die 3. Missionsreise beurteilen mag, kriteriologisch sind seine Erwägungen beispielsweise denen von H. Conzelmann – A. Lindemann, Arbeitsbuch 11. Aufl. 247f (zum Phil), 257-259 (zum 1Kor), 280f (zu Röm16), und denen von U. Schnelle, Einleitung 95f, klar überlegen. Methodisch problematisch ist dagegen: „Die Hypothese der Integrität eines Briefes hat nicht mehr Recht als die Hypothese einer redaktionellen Komposition" (W. Schmithals, Erwägungen 68). Das stimmt zwar für den Bereich des prinzipiell Denkmöglichen, nicht aber für die erfahrungsbezogene Erwartungshaltung des Historikers im jeweiligen Einzelfall.
[11] Vgl. auch die gegenüber M. Pohlenz, Stoa, dem langjährigen Standardwerk der Stoa-Forschung, wesentlich kritischere Quellenbenutzung durch P. Steinmetz, Stoa (speziell 501f).

(469–399 v. Chr.) keine einzige Schrift. Wahrscheinlich hat er sich überhaupt nicht schriftlich geäußert. Die zahlreichen Überlieferungen zu Sokrates[12] bieten nun kein einheitliches, sondern ein in vielem widersprüchliches Bild. Der folgende Überblick über die Echtheitsdiskussion in der Sokrates-Forschung erinnert in vielem an die Jesus-Forschung.[13]

Gegen die Xenophon-Priorität für die Bestimmung des Sokratischen, die das 18. und 19. Jh. bestimmte, wandte sich 1818 als erster F.E.D. Schleiermacher mit dem Kriterium der Wirkplausibilität, welches die platonische Sokrates-Darstellung wieder als Wirkungsgeschichte des Sokrates ernstnahm. Schleiermacher faßte dieses Kriterium folgendermaßen zusammen: „Der einzige sichere Weg scheint vielmehr der zu sein, daß man frage, Was k a n n Sokrates noch gewesen sein neben dem, was Xenophon von ihm meldet, ohne jedoch den Charakterzügen und Lebensmaximen zu widersprechen, welche Xenophon bestimmt als sokratisch aufstellt, und was m u ß er gewesen sein um dem Platon Veranlassung und Recht gegeben zu haben ihn so wie er thut in seinen Gesprächen aufzuführen."[14] Schleiermacher entdeckte auf diese Weise, unter Einbezug des aristotelischen Zeugnisses, in Sokrates den Urheber der Dialektik und der Induktion und Deduktion.[15]

Ein ganz anderes Erklärungsmodell wurde 1838 von A. Boeckh vorgelegt[16] und in der Folgezeit vielfach aufgegriffen. Aufgrund mehrerer antiker Zeugnisse nahm Boeckh eine Entwicklung des Sokrates vom ionischen Naturphilosophen zum ethischen Dialektiker an. Die Unterschiede der Sokrates-Quellen ließen sich auf diese Weise eben auch als Wiedergabe unterschiedlicher Positionen des Sokrates selbst begreifen.

Ein Einzelgänger im Hinblick auf die Quellen- und Rekonstruktionsproblematik in der Sokrates-Forschung war 1842 S. Kierkegaard, der zwar Platon und Xenophon als Schüler des Sokrates heranzog, aber dem Zeugnis des Aristophanes das größte Gewicht beimaß. Denn nur Aristophanes belasse es in seiner Komödie bei dem geheimnisvollen Nichts des Sokrates, während Platon die Idee, Xenophon aber die Nützlichkeit addiere.[17]

Wesentlich harmonistischer formulierte 1857 E. Zeller in seinem rezeptionsgeschichtlich bedeutsamen Werk *Die Philosophie der Griechen*: „Mag ihm [sc. dem Xenophon] nun immerhin manche sokratische Rede unbekannt geblieben oder wieder entfallen sein, mag er ferner die eine und andere Bestimmung nicht durchaus richtig verstanden und ihre wissenschaftliche Bedeutung verkannt haben, so wird man doch voraussetzen dürfen, dass ein sokratischer Schüler, der mit seinem Lehrer in jahrelangem Verkehr stand, und der uns so viel mitzutheilen befähigt war, als Xenophon wirklich mitgetheilt hat, im ganzen und grossen weder falsches berichtet noch eine wesentliche Seite der sokratischen Lehre

---

[12] Jüngste umfangreiche Zusammenstellung aller antiken Texte mit Indizes und Anmerkungen durch G. Giannantoni, Reliquiae, 4 Bde.
[13] Zum Folgenden vgl. A. Patzer (Hg.), Sokrates 1–40.
[14] F.E.D. Schleiermacher, Werth 59/297f/49 (Sperrungen im Original).
[15] F.E.D. Schleiermacher, Werth 63f/303f/53–55.
[16] A. Boeckh, Socratis.
[17] S. Kierkegaard, Begriff 156f.

IX. Anhang: Vertrauen und Skepsis gegenüber den Quellen 121

ganz unberührt gelassen haben werde."[18] Eine solche Prämisse führte zur sachlichen Verbindung der unterschiedlichen Quellen.

Das 2000-seitige Werk K. Joëls[19] (3 Bde., 1893–1901) brachte die Xenophon-Priorität fast ganz zu Fall. Trotz zahlreicher Beteuerungen des Xenophon, Augen- und Ohrenzeuge bei den Dialogen des Sokrates gewesen zu sein, erwies Joël die poetische Fiktion der xenophontischen Darstellung in zahlreichen Einzelnachweisen. Für die Rekonstruktion des historischen Sokrates subtrahierte Joël zunächst alles, was das Interesse des Xenophon wiedergab. Er gewann auf diese Weise das kynische Sokrates-Bild, das der Sokratiker Antisthenes entworfen hatte und das den anderen zeitlich wie logisch vorgeordnet war: „dass der kynische Sokrates sowohl der älteste wie der weittragendste ist, der sich populär durchgesetzt hat, und vor Allem, der dem xenophontischen und grossentheils auch dem platonischen vorgelagert ist". Sowohl Platon, der aus Sokrates einen Ideenphilosophen mache, als auch Antisthenes selbst, für den Sokrates ein Philosoph des Willens sei, fielen hinsichtlich ihrer historischen Glaubwürdigkeit hinter Aristoteles mit seiner Darstellung des Sokrates als Philosophen der Begriffsbildung zurück. Trotz aller Einzelprobleme des Werkes von Joël blieb nicht nur seine Xenophon-Kritik kaum bestreitbar. Auch seine Berücksichtigung der anderen Sokratiker wurde für die Folgezeit bedeutsam.

Einen wiederum neuen Ansatz in der Sokrates-Forschung leitete gegen Ende des 19. Jh. die Methode der Sprachstatistik ein, welche relativ verläßlich eine zeitliche Ordnung der zahlreichen platonischen Werke ermöglichte. Vor diesem Hintergrund bestritt 1894 P. Natorp[20] zum einen den historischen Wert der Sokrates-Notizen bei Aristoteles. Wie bei Aristoteles durchgehend sei auch hier davon auszugehen, daß dieser seine Deutung des Sokrates von der eigenen philosophischen Denkstruktur und Begrifflichkeit aus vorlege.[21] Zum anderen wies Natorp eine durchgehende Abhängigkeit des aristotelischen Sokrates-Bildes von den Frühdialogen des Platon nach. In weitgehender Übereinstimmung mit der Quellenentscheidung des Aristoteles nahm Natorp die Werke *Apologie* und *Kriton* als inhaltlichen Leitfaden (nicht als wörtlich zuverlässigen Bericht), mit deren Hilfe man über das Kohärenzkriterium weitere platonische Schriften für die Gewinnung der Philosophie des Sokrates heranziehen könne. Natorp ließ aber dafür nur noch den *Protagoras* und in geringerem Maße den *Laches* gelten.

Ähnlich wie Natorp unterzog 1913 auch H. Maier[22] die historische Glaubwürdigkeit von Xenophon und Aristoteles mit neuen Beobachtungen einer scharfen

---

[18] E. Zeller, Philosophie II/1 98.
[19] K. Joël, Sokrates (Zitat ebd. 2/VI).
[20] P. Natorp, Sokrates.
[21] P. Natorp, Sokrates 345f/67: „Aristoteles geht stets von seinen dogmatischen Vorbegriffen, von den allgemeinen Fragepunkten seiner Philosophie aus, um danach die Lehren seiner Vorgänger nicht bloss zu rubriciren und zu beurtheilen, sondern zu interpretiren. Es ist das die Folge einer deductiven Geschichtsbetrachtung, die zuerst nach bestimmten systematischen Kategorien den geschichtlichen Gang der philosophischen Forschung, wie er der Sache nach erfolgen ‚musste', zurechtlegt und dann die überlieferten Thatsachen diesem voraus construirten Entwicklungsgang wohl oder übel anpasst. Dass Aristoteles von dieser ihm sonst geläufigen Weise geschichtsphilosophischer Aus- oder Unterlegung gerade bei Sokrates eine Ausnahme gemacht haben sollte, ist nicht zu erwarten, und es ist denn auch ersichtlich nicht der Fall."
[22] H. Maier, Sokrates (beide Zitate ebd. 156).

Kritik. Die platonischen Frühschriften galten ihm als die beste Quelle: „In Betracht kommen in erster Linie Apologie und Kriton, und im Anschluß hieran die frühplatonischen Dialoge: Hippias minor, Ion, Laches, Charmides, Protagoras und etwa noch der Euthyphron." Außerdem berücksichtigte Maier die anderen Sokratiker, deren Werke nur in Auszügen bei anderen überliefert sind. Ihre Bedeutsamkeit für die Rekonstruktion des Sokrates zeige sich dann, wenn ihre Aussagen wirkungsgeschichtlich plausibel gemacht werden: „Mit der Nutzung dieser literarischen Quelle muß aber Hand in Hand gehen der historische Schluß von der Wirkung auf die Ursache, der Rückgang von den Sokratesauffassungen und ‚Philosophien' derjenigen Sokratesjünger, in denen wir Sokratiker erster Ordnung sehen dürfen; als solche sind zu betrachten: Plato, Antisthenes, Aristipp, Euklid und nebenbei noch Äschines." Für Maier bestand das Hauptinteresse des Sokrates demnach in der Suche nach dem geglückten Leben, nicht in Metaphysik, Logik, Ethik oder Rhetorik.

Die letzten beiden kritischen Rekonstruktionen vermochten jedoch nicht, den gängigen Eklektizismus in der Sokrates-Forschung zu erschüttern.[23] Dieser nahm das historische Zeugnis aller platonischen Frühdialoge ernst und sah in Sokrates weder einen Metaphysiker noch einen Elenktiker, sondern einen ethischen Begriffsphilosophen. Aufgrund der sachlichen Nähe wurden auch die Äußerungen des Xenophon und des Aristoteles beigezogen. Faktisch ähnelte dieser Eklektizismus daher demjenigen im 19. Jh., der von der Xenophon-Priorität ausging.

Einige eigenwillige Positionen aus der ersten Hälfte des 20. Jh. seien noch erwähnt. A.E.Taylor[24] legte 1911 seiner Sokrates-Rekonstruktion alle platonischen Dialoge, in denen Sokrates der zentrale Gesprächspartner ist, und die *Wolken* des Aristophanes zugrunde. Die historische Verläßlichkeit dieser Werke des Platon zeige sich daran, daß es möglich sei, aus ihnen ein verstehbares Sokrates-Bild zu gewinnen: „It is that the portrait drawn in the Platonic dialogues of the personal and philosophical individuality of Socrates is in all main points strictly historical, and capable of being shown to be so." Sokrates habe sich also vom ionischen Natur- zum Ideenphilosophen in Fortführung pythagoreisch-orphischer Ansätze gewandelt.

In äußerster Radikalität bestritt 1922 E.Dupréel[25] angesichts der Quellenlage jede Erkennbarkeit des historischen Sokrates, und zwar sowohl hinsichtlich seiner Biographie als auch seiner Philosophie. Der überlieferte Sokrates sei in allen Fällen legendarisch: „Le très authentique personnage du nom de Socrate ne fut ni l'homme ni le penseur qu'en a fait la légende." Die relevanten Quellen hätten sophistische Ansichten in Dialogform gesetzt.

H.Gomperz[26] orientierte sich 1924 in der Quellenfrage vornehmlich an den Komödiendichtern, da sie den Sokrates nicht idealisierten, sondern nur karikierten. Allerdings nähmen die *Wolken* des Aristophanes eine untergeordnete Stellung ein, da sie eine ganze Zeitströmung anhand des Sokrates lächerlich machen wollten. Dem so gewonnenen Bild – Sokrates als Bettler, für den die Genügsamkeit die höchste Tugend sei und der esoterische Dispute über Naturwissen-

---

[23] Beispiel: W.D.Ross, Problem 1933.
[24] A.E.Taylor, Socratica (Zitat ebd. IX).
[25] E.Dupréel, Légende (Zitat ebd. 426).
[26] H.Gomperz, Frage.

IX. Anhang: Vertrauen und Skepsis gegenüber den Quellen

schaft, Rhetorik und ethische Traditionen geführt habe – ähnelten am meisten die Darstellungen des Antisthenes und des von diesem abhängigen Xenophon.

E. A. Havelock[27] wandte 1934 gegenüber dem Vertrauen in die platonischen Dialoge ein, daß die literarische Form des Dialogs generell nicht auf historisch-biographischem Interesse beruhe, sondern ein Darstellungsmittel für moralphilosophische Themen sei. Als Hauptquelle für Sokrates galten ihm daher nichtdialogische Werke, nämlich die platonische *Apologie*, in geringerem Maße auch die *Wolken* des Aristophanes. Daher sei Sokrates ein Elenktiker gegenüber ethischen Traditionen gewesen.

O. Gigon[28] bestritt 1947 ebenfalls den historischen Wert der Sokrates-Quellen und forderte, sie müßten als Dichtung ihrer jeweiligen Autoren interpretiert werden. Für Sokrates lasse sich nur noch eine schmale geschichtliche Basis eruieren: „Aktenmässig steht fest seine Herkunft, wohl auch der Beruf des Vaters, vermutlich seine Teilnahme an einigen Feldzügen (obschon die Bedenken nicht ganz fehlen), zweifellos sein Fungieren als Beamter im Prozess gegen die Feldherrn der Seeschlacht bei den Arginusen (406 v. Chr.) und sein eigener Prozess vom Jahre 399 v. Chr. Das ist buchstäblich alles." Nicht mehr erklärbar sei, wie Sokrates zur Zentralfigur späterer Philosophen wurde.

Diese Bestreitung forderte eine erneute Beschäftigung mit der Rekonstruktionsproblematik. 1950 ging É. d. Strycker[29] von drei Texten mit historisch vertrauenswürdigen Daten im Leben des Sokrates aus: sein Rat an Xenophon, das delphische Orakel über die Teilnahme an der Kyros-Expedition zu befragen; seine Verweigerung bei der Verurteilung von acht Feldherren durch die Prytanen; sein Widerstand gegen die Mitwirkung an der Verhaftung des Leon in Salamis zwecks Hinrichtung und seine eigene Verurteilung wegen Gottlosigkeit. Von dieser Faktenbasis aus müsse man die sokratischen Quellen beurteilen: „Ferner erlauben sie [sc. die Fakten] nützliche Vergleiche mit der sokratischen Literatur und geben uns so eine Vorstellung von deren dokumentarischem Wert." Insbesondere Platon sei folglich vertrauenswürdig. Strycker erarbeitete vier Kriterien, mittels derer weitere Daten in den Quellen als historische festgestellt werden können: 1. Fakten, die um ihrer selbst willen erzählt werden; 2. steigende Verläßlichkeit mit steigendem Interesse des Platon an der dargestellten Person (sic!); 3. Handlungen und Ansichten, die Platon nicht teilt oder kennt; 4. geringere Verläßlichkeit der Spätdialoge, da das lehrhafte Element stärker hervortritt und die Kontrolle durch Augenzeugen abnimmt.[30] Hinsichtlich des sokratischen Denkens verwies Strycker auf die Darstellung des Aristoteles, der als Philosophiehistoriker vertrauenswürdig sei.

Die Bestreitung des historischen Interesses der Quellen durch Gigon wurde zwar 1952 von V. d. Magalhães-Vilhena[31] akzeptiert. Auch Xenophon und Aristoteles seien keine eigenständigen Quellen. Aber trotz idealisierender Züge in der Darstellung sei Platon immer noch die beste Quelle: „A vrai dire, cette image [sc. des platonischen Sokrates] est sûrement différente de ce que fut l'original. Mais quoique déformée – parce qu'agrandie et enjolivée – elle est peut-être mieux que ressemblante: elle donne l'image de la vie."

---

27 E. A. Havelock, Evidence.
28 O. Gigon, Sokrates (Zitat ebd. 64).
29 É. d. Strycker, Témoignages (Zitat ebd. [200]/324).
30 É. d. Strycker, Témoignages 226f/350f, mit einigen Beispielen.
31 V. d. Magalhães-Vilhena, Probleme (Zitat ebd. 456).

In jüngster Zeit (1987) hat A. Patzer[32] darauf hingewiesen, daß in einigen Frühwerken des Platon (*Apologie, Kriton, Ion, Hippias minor*, nicht jedoch *Protagoras*) noch die Wesensfrage fehle. Daher sei Sokrates nur Elenktiker in ethischen Fragen gewesen. Vor diesem Hintergrund seien auch seine ausschließliche Mündlichkeit, die Meinungsvielfalt der Sokratiker und das Todesurteil wegen fortwährender ethischer Infragestellungen plausibel.

Ähnlich wie Maier versuchte auch K. Döring[33] eine Bestimmung des Sokratischen über die sieben Hauptsokratiker mit dem Kriterium der Wirkplausibilität. Nach ihm lassen sich auf diese Weise die ἐπιμέλεια τῆς ψυχῆς, die Sorge darum, immer das Gute zu tun, als zentrales Anliegen und die Einsicht in das praktische und grundsätzliche Nichtwissen für Sokrates reklamieren. Dieser Rekonstruktion stehe Platons *Apologie* noch am nächsten.

Dieser kurze Überblick über die zahlreichen Bemühungen, Denken und Handeln des historischen Sokrates zu ermitteln, zeigt ähnlich wie in der Jesus-Forschung eine erhebliche Bandbreite der gegebenen Antworten. „Das Problem Sokrates ist unerschöpflich und die Hoffnung gering, daß es jemals vollends gelöst werden könnte. Dennoch gilt es, sich rastlos weiter daran zu versuchen."[34]

Abschließend seien die wesentlichen Gemeinsamkeiten und Unterschiede zwischen der Sokrates- und Jesus-Überlieferung genannt:
- Weder von Sokrates noch von Jesus sind schriftliche Werke erhalten. Beide äußerten sich sehr wahrscheinlich nur mündlich.
- Sowohl Sokrates als auch Jesus sind Zentralpersonen in den Werken einiger Anhänger.
- Beide wurden auf je eigene Weise nach ihrem Tod überhöht, Sokrates als der Philosoph schlechthin im Gegensatz zu den Sophisten, Jesus als Erhöhter in steigender Christologisierung.
- Die auf diese Weise geschaffene Autorität führte bei beiden dazu, daß zwecks Legitimierung Interessen der Tradenten in ihrem Namen formuliert wurden.
- Im Unterschied zu Jesus besitzen wir bei Sokrates Nachrichten direkter Zeitgenossen (Aristophanes), ja sogar von Augenzeugen und Schülern (Platon, Xenophon u.a.).
- Im Unterschied zu Jesus schrieben diese Zeitgenossen und Schüler ihre Werke über Sokrates noch zu dessen Lebzeiten oder kurz danach.
- Im Unterschied zu Jesus ist bei den Tradenten des Sokrates das Wissen um die Divergenz von historischer Wahrheit und lediglich historischem Meinen wesentlich ausgeprägter, wenn auch teilweise im Modus der Ablehnung.

---

[32] A. Patzer, Sokrates.
[33] K. Döring, Sokrates 1987; ders., Sokrates 1996, speziell 182–184.
[34] A. Patzer (Hg.), Sokrates 40.

IX. Anhang: Vertrauen und Skepsis gegenüber den Quellen

Diese Zusammenstellung von Gemeinsamkeiten und Unterschieden zeigt, daß die Überlieferungslage bei Sokrates insgesamt günstiger als bei Jesus ist. Der hohe Grad an Unsicherheit in der Sokrates-Forschung läßt bei diesem Vergleich vermuten, daß im Falle der Jesus-Tradition mit noch größeren Problemen bei der Feststellung des Authentischen zu rechnen ist. Jedenfalls läßt sich die gelegentlich geäußerte Behauptung, in der Jesus-Forschung herrsche ein Skeptizismus, der für andere historische Disziplinen nicht nachvollziehbar sei,[35] in dieser Form nicht aufrechterhalten.

---

[35] Vgl. das Votum der Althistorikerin H. Botermann, Judenedikt 88: „Von außen [sc. jenseits der neutestamentlichen Wissenschaft] betrachtet herrscht ein Skeptizismus, der schon Formen der Beliebigkeit annimmt".

B. Rekonstruktion des Wirkens Jesu

I. Zu den Quellen

1. Auswahl der wichtigeren Quellen

Im Rahmen einer historisch-wissenschaftlichen Untersuchung versteht sich von selbst, daß die Auswahl der herangezogenen Quellen nicht von Kriterien bestimmt werden darf, welche Normativität für die jeweilige Gegenwart intendieren. Die Grenzen des neutestamentlichen Kanons, welcher vornehmlich im 2.-4. Jh. zur Unterscheidung von anderen christlichen Gruppen etabliert wurde, um zwischen Rechtgläubigkeit und Heterodoxie unterscheiden zu können, gelten daher für das Folgende prinzipiell nicht.

Eine vorläufige Bestimmung des historischen Wertes orientiert sich an der Entstehungszeit der in Frage kommenden frühchristlichen und altkirchlichen Quellen. Unter Absehung von kleinen Überlieferungen etwa im 1Kor oder in der Did gelten daher zunächst, ungefähr chronologisch geordnet, Q, Mk, Lk, Mt, Joh, EvThom, EpJac, EvÄg und EvHebr als die wichtigsten Quellen.[1] Der Wert einiger dieser Zeugen sinkt, weil sie auf anderen fußen: Mt und Lk verwendeten teilweise Mk, Joh zusätzlich wohl noch Lk (s.u.) und EvThom wahrscheinlich alle drei Synoptiker (s.u.); alle enthalten sie aber auch sonst unbekannte Traditionen, so daß ihr Quellenwert insgesamt hoch bleibt. Alle Quellen verarbeiten ältere Überlieferungen; daher muß immer das lokale Prinzip in der Analyse der Verwertbarkeit für die Jesus-Forschung Anwendung finden.

Umstritten sind Eigenständigkeit und Alter der Traditionen im EvThom. Während z.B. H. Köster darauf verweist, daß gattungsgeschichtlich eine Spruchsammlung nur für das 1. Jh. n. Chr. belegt ist, die Reihenfolge der Sprüche im EvThom an keiner Stelle mit einem synoptischen Evangelium übereinstimmt und formgeschichtlich geurteilt gelegentlich im EvThom eine gegenüber den Synoptikern ältere Fassung erscheint,[2] haben W. Schrage, C.M. Tuckett, M. Fieger u.a. nachgewiesen, daß sich redaktionelle Partien der Synoptiker im

---

[1] Zur Datierung und Literarkritik s. die entsprechenden Abschnitte bei U. Schnelle, Einleitung, und NTApo I.
[2] H. Köster, Gospels 75–128; generell tendiert Koester dazu, in außerkanonischen Evangelien von den Synoptikern und dem Joh-Evangelium unabhängige Traditionen anzunehmen (z.B. beim Dialog des Erlösers, bei EvPetr, im Papyrus Egerton 2). Vgl. auch S. Giversen, EvThom.

EvThom wiederfinden und deutliche Bezüge zwischen den koptischen Übersetzungen der Synoptiker und des EvThom bestehen.³

Daß die koptische Fassung des EvThom eine Kenntnis der koptischen Synoptiker voraussetzt, spricht noch nicht automatisch für eine generelle Abhängigkeit des ursprünglichen EvThom von den griechischen Synoptikern. Denn erst im Zuge späterer Überarbeitungen des EvThom, vor allem bei der Übersetzung ins Koptische, könnte der ab dem 2. Jh. sich stetig durchsetzende Vier-Evangelien-Kanon Pate gestanden haben. Allerdings läßt sich belegen, daß bereits im frühen 2. Jh. die Synoptiker auch in ihren redaktionellen Passagen nicht nur formend auf die Tradierung wirkten, sondern sogar die Grundlage bildeten, von der sich die Verfasser des EvThom kritisch absetzten: EvThom 3 wird nicht nur koptisch, sondern auf POxy 654₉₋₂₁ (ca. 140 n. Chr.) auch griechisch überliefert. Dieser Spruch fußt zwar offensichtlich auf Lk 17₂₀f (Lk-Redaktion),⁴ erweitert aber die Begrenztheit des lk ἐντὸς ὑμῶν. Die koptische Übersetzung von Spruch 3 weist keine signifikanten Übereinstimmungen mit der von Lk 17₂₀f auf, so daß mit ihrer Hilfe der ursprüngliche Wortlaut des Spruches dort, wo der Oxyrhynchos-Papyrus Lücken aufweist, recht verläßlich möglich ist.⁵

Die Argumente für eine Unabhängigkeit des EvThom von den Synoptikern müssen daher noch einmal kritisch geprüft werden. Das gattungsgeschichtliche Argument wiegt angesichts der Überlieferungslage und den durchweg nur rekonstruierbaren Parallelen wenig. Insbesondere gilt eine wesentliche Voraussetzung dieser Argumentation nur mit Vorbehalt: Die Kennzeichnung von Q als „Spruchquelle" ist gemäß der kritischen Rekonstruktion ihres Umfangs (s.u.) zu einseitig. Die fehlende Übereinstimmung der Reihenfolge basiert auf einem unzulässigen Umkehrschluß: Aus der stimmigen Voraussetzung „Wenn gleiche Reihenfolge (ohne evidente Sachgründe) vorliegt, dann besteht eine (literarische) Abhängigkeit" folgt eben nicht „Wenn keine gleiche Reihenfolge vorliegt, dann besteht auch keine Abhängigkeit", sondern nur „Wenn keine (literarische) Abhängigkeit besteht, dann läßt sich jenseits evidenter Sachgründe keine bzw. nur zufällig gleiche Reihenfolge feststellen". Formgeschichtlich bestimmte Datierungen mittels der Priorität der reinen Form sprechen im Zuge einer Kritik der formgeschichtlichen Voraussetzungen eher für das Gegenteil.⁶

---

³ W. Schrage, Verhältnis; C.M. Tuckett, Thomas; M. Fieger, EvThom; G. Quispel, Makarius; R.M. Grant, EvThom.
⁴ Siehe S. 77f.
⁵ Vgl. M. Fieger, EvThom 23–26.
⁶ Siehe S. 28f und die Erörterung auf S. 187 Anm. 53.

I. Zu den Quellen

Es empfiehlt sich also beim EvThom, von einer Kenntnis und Verwendung der Synoptiker auszugehen, ohne damit zugleich jede weitere alte Tradition oder Quelle abzulehnen.

2. Umfang der Spruchquelle

Als Bestandteil von Q gelten in einem ersten Schritt diejenigen Texte, die Mt und Lk gemeinsam sind, sich aber nicht bei Mk finden.[7] Üblicherweise geht man jedoch davon aus, daß der tatsächliche Umfang von Q größer war, denn Mt oder Lk oder auch beide könnten Q-Passagen übersprungen haben.[8] Streichungen sind schon deswegen wahrscheinlich, weil Mt und Lk auch einige Texte aus Mk ausgelassen haben und kein ersichtlicher Grund vorliegt, warum sie mit Q abweichend hätten verfahren sollen. Außerdem kann Mk Texte enthalten haben, die so weitgehend mit dem entsprechenden Q-Text übereinstimmten, daß Mt und Lk diese klaren Dubletten[9] vermeiden wollten und heute (bis auf mögliche *minor agreements*) keine Handhabe mehr existiert, ihre Zugehörigkeit zu Q zu begründen.[10]

Diese Argumentation weist jedoch eine entscheidende, logisch unbestreitbare Lücke auf. Denn als Q-Text werden auch diejenigen Texte nach dem formalen Kriterium, daß sie bei Mt und Lk, nicht aber bei Mk stehen, angesehen, die dem Sondergut des Mt und des Lk zufällig gemeinsam waren.[11] Angesichts einiger Überschneidungen zwischen den voneinander literarisch unabhängigen Traditionen Q,

---

[7] Vgl. den Überblick bei U. Schnelle, Einleitung 217–219. Im folgenden wähle ich als Ausgangspunkt der neuen Kriterien diese vom International Q-Project beschlossene Textgröße. Meine Rekonstruktion von Q verdankt sich einer mündlichen Anregung von T. Holtz (Halle).

[8] H. Schürmann, Reminiszenzen; A. Polag, Q passim; U. Schnelle, Einleitung 220; B. Kollmann, Lk 12,35–38 254.

[9] Die Existenz von Dubletten sollte nicht zu schnell als Indiz für die Schriftlichkeit der jeweiligen Überlieferung oder von Q insgesamt gewertet werden, weil Dubletten auch bewußt gesetzte Textstrukturen bilden können.

[10] Alle dafür in Frage kommenden Texte untersucht H. T. Fleddermann, Mark. Allerdings unterscheidet er zwar die *minor agreements* (nur Mk als Vorlage für Mt und Lk) von den *overlap texts* (Mk und Q als Vorlage), weiß aber, daß hierfür nur schwer kontrollierbare quantitative Vergleiche herangezogen werden können. So haben R. Laufen, Doppelüberlieferungen, und J. Schüling, Studien, die Grenzen z.T. deutlich enger gezogen. Die entscheidende methodische Schwäche aller drei Studien liegt darin, daß über *minor agreements* hinausgehende Gemeinsamkeiten zwischen Mt und Lk gegen eine bestehende Mk-Parallele bereits als ausreichende Begründung dafür gelten, daß der entsprechende Text auch in Q überliefert worden ist. Zufällig gemeinsames Sondergut wird nicht in Betracht gezogen.

[11] Vgl. die lediglich andeutenden Erwägungen bei J. Wellhausen, Einleitung 57f; M. Dibelius, Formgeschichte Evangelium 236f; C. M. Tuckett, Q 4f.34–39. Dieses Textmaterial erhält in dieser Arbeit das Siglum Mt-Lk^S (Mt und Lk gemeinsames Sondergut). Diese Kennzeichnung ist rein formal (bei Mt und Lk, nicht aber bei Mk überliefert und nicht aus Q) und impliziert nichts bezüglich der Fragen nach Schriftlichkeit oder Mündlichkeit, nach der überlieferungs- und formgeschichtlichen oder literarischen Zusammengehörigkeit etc.

Mk und wenigen Überlieferungen im Joh[12] sollte man sinnvollerweise auch mit gemeinsamen Traditionen über Q und Mk hinaus bei Mt und Lk rechnen. Im Gegensatz zur obigen Begründung muß daher von einem geringeren Umfang von Q ausgegangen werden.

Gibt es Kriterien, welche aus diesem Dilemma heraushelfen? Ein gangbarer Weg liegt in der Verschärfung und Erweiterung des rein formalen Kriteriums der Gemeinsamkeit von Mt und Lk gegen Mk (im folgenden als *Kriterium 1* bezeichnet). Die neu hinzugenommenen Kriterien liefern dann zwar nicht den tatsächlichen Umfang von Q, aber einen recht gewissen Minimalbestand, von dem aus vorsichtig wieder weitere Texte zu Q gezählt werden können.

Ein wichtiges Indiz für die Existenz von Q in schriftlicher Form liegt in der teilweise übereinstimmenden Reihenfolge der Einzelerzählungen bei Mt und Lk vor. Wenn man nämlich den Umgang von Mt und Lk mit ihrer Mk-Vorlage untersucht, fällt auf, daß vor allem Lk, aber auch signifikant Mt sich an dem Aufriß des Mk-Evangeliums orientiert haben. Es ist folglich zu erwarten, daß beide auch mit Q ähnlich verfahren sind. Und in der Tat weisen diejenigen Texte, die Mt und Lk, aber nicht Mk überliefern, ein auffällig hohes Maß an übereinstimmender Reihenfolge in ihrer Anordnung auf. *Kriterium 2* reduziert die Fülle der mit Kriterium 1 ermittelten Texte daher auf solche, die unter Berücksichtigung von Quelleneinschüben die gleiche Reihenfolge untereinander aufweisen.[13]

Allerdings muß auch damit gerechnet werden, daß diese gleiche Stoffanordnung andere Ursachen als nur eine zugrundeliegende (schriftliche) Quelle haben kann: Der Aufriß des Mk-Evangeliums hat die Stellung der anderen Erzähltraditionen (Q oder Sondergut) bestimmt und daher zu einer gleichen Reihenfolge unter diesen geführt, oder sachliche Gründe haben eine Nebeneinanderstellung verwandter

---

[12] Beispiele: Mk 3 22-27 und Q 11 14-23, Q 7 1-10 und Joh 4 46-54.

[13] Auf das Kriterium der gleichen Reihenfolge hat schon J. Wellhausen, Einleitung 57f, knapp hingewiesen. Diesem Kriterium genügen die folgenden Texte: das Auftreten des Täufers Mt 3 1.5 par. Lk 3 2f (vgl. Mk 1 2-6); die Täuferpredigt über den unmittelbar drohenden Zorn Mt 3 7-10 par. Lk 3 7-9 und über das Kommenden Mt 3 11f par. Lk 3 16f; evtl. Jesu Taufe Mt 3 13.16 par. Lk 3 21f (vgl. Mk 1 9-11); Jesu Versuchung Mt 4 1-11 par. Lk 4 1-13; der Ortswechsel nach Nazareth Mt 4 13 par. Lk 4 16.31 (vgl. Mk 1 21 6 1f); die Makarismen der Berg- bzw. Feldrede Mt 5 3.6.4.11f par. Lk 6 20-23; über die Feindesliebe Mt 5 39f.42.44-48 7 12 par. Lk 6 27-33.36; über das Richten Mt 7 1-5 par. Lk 6 37f.41f; über Baum und Frucht Mt 7 18.16.21 par. Lk 6 43f.46; das Doppelgleichnis vom Hausbau Mt 7 24-27 par. Lk 6 47-49; der Hauptmann von Kapernaum Mt 8 5-10.13 par. Lk 7 1f.6-10; Täuferanfrage und Jesu Zeugnis über den Täufer Mt 11 2-11 par. Lk 7 18-28; über „dieses Geschlecht" Mt 11 16-19 par. Lk 7 31-35; Weherufe über galiläische Städte Mt 11 21-23 par. Lk 10 13-15; Jesu Jubelruf Mt 11 25-27 par. Lk 10 21f; das Streitgespräch über Exorzismen Mt 12 22-28.30 (Vorverweis schon in 9 32-34) par. Lk 11 14f.17-20.23; die Zeichenforderung Mt 12 38-42 par. Lk 11 16.29-32; Weherufe gegen Pharisäer und Gesetzeslehrer mit abschließendem Urteil Mt 23 6.23-27.4.13.29-32.34-36 par. Lk 11 39.41-44.46-48.52.49-51.

I. Zu den Quellen

Überlieferungen verursacht. *Kriterium 3* scheidet daher von dem über Kriterium 2 ermittelten Bestand zunächst alle Texte aus, deren übereinstimmende Reihenfolge mit dem Mk-Aufriß begründet werden kann.[14]

Kriterium 4 müßte jetzt die übriggebliebenen Texte daraufhin untersuchen, ob die gleiche Reihenfolge mit sachlichen Gründen erklärt werden kann. Die Schwäche dieses Kriteriums besteht allerdings darin, daß es ein sehr scharfes Messer darstellt, weil auch bei Q mit einer gewissen sinnvollen, sachlich bestimmten Ordnung zu rechnen ist. Ich stelle daher die Anwendung dieses Kriteriums zunächst zugunsten weiterer Überlegungen zurück.

Wenn der Bestand an Texten, der bis jetzt übriggeblieben ist, aus einer Quelle stammen soll, dann müßten die Abweichungen, die Mt und Lk in diesem Bereich untereinander aufweisen, mit deren jeweiliger redaktioneller Tätigkeit im wesentlichen begründet werden können. Trifft dies in Einzelfällen nicht zu, dann kommen zwei Erklärungsmöglichkeiten dafür in Betracht. Erstens könnten, wie oben zu Kriterium 4 bereits erwähnt, sachliche Gründe für die gleiche Reihenfolge von Traditionen unterschiedlicher Herkunft, etwa aus dem mündlichen Bereich, ursächlich sein. Zweitens sind divergierende redaktionelle Bearbeitungen von Q noch vor Mt und Lk denkbar. *Kriterium 5* untersucht nun, ob die Abweichungen der übriggebliebenen Texte untereinander weitgehend und plausibel mit Bearbeitungen durch Mt und Lk erklärt werden können. Dieses Kriterium orientiert sich als Entscheidungshilfe an dem jeweiligen Umgang von Mt und Lk mit Mk.[15] Allerdings halte ich bei diesen Texten eine redaktionelle Bearbeitungen durch Mt und Lk oder auch in der Überlieferung von Q vor beiden für möglich, so daß ich eine Entscheidung hier noch nicht fälle.

Als nächstes ist zu untersuchen, ob dieser Textbestand, der sich jetzt bereits mit hoher Wahrscheinlichkeit aus Q-Texten zusammensetzt, eine einigermaßen einheitliche Größe darstellt *(Kriterium 6)* oder ob Redaktionsschichten feststellbar sind, die allerdings, im Unterschied zum vorigen Kriterium, der Q-Vorlage von Mt und Lk ge-

---

[14] Dazu gehören das Auftreten des Täufers Mt 3₁.₅ par. Lk 3₂f (vgl. Mk 1₂-₆); die Täuferpredigt über den unmittelbar drohenden Zorn Mt 3₇-₁₀ par. Lk 3₇-₉ und über den Kommenden Mt 3₁₁f par. Lk 3₁₆f; evtl. Jesu Taufe Mt 3₁₃.₁₆ par. Lk 3₂₁f (vgl. Mk 1₉-₁₁); Jesu Versuchung Mt 4₁-₁₁ par. Lk 4₁-₁₃ und der Ortswechsel nach Nazareth Mt 4₁₃ par. Lk 4₁₆.₃₁ (vgl. Mk 1₂₁ 6₁f).

[15] Nach meiner Einschätzung kommen für einen Ausschluß aus Q aufgrund zu hoher Abweichungen untereinander nur der Text über die Feindesliebe in Mt 5₃₉f.₄₂.₄₄-₄₈ 7₁₂ par. Lk 6₂₇-₃₃.₃₆ und die Weherufe gegen Pharisäer und Gesetzeslehrer mit abschließendem Urteil in Mt 23₆.₂₃-₂₇.₄.₁₃.₂₉-₃₂.₃₄-₃₆ par. Lk 11₃₉-₄₄.₄₆-₄₈.₅₂.₄₉-₅₁ in Frage. Dieses Kriterium ist von T. Bergemann, Q, zum Leitkriterium für die Unterscheidung zwischen Q und einer weiteren Quelle für die Berg- bzw. Feldrede erhoben worden (s.u. Anm. 24).

meinsam waren. Allgemeine Erfahrungen mit der frühchristlichen Literatur zeigen jedoch, daß die Erwartungen bezüglich der systemischen Geschlossenheit nicht sehr hoch angesetzt werden dürfen.[16] Denn zum einen bestand die Spruchquelle wie auch die Evangelien aus ehedem getrennten mündlichen Traditionen, die infolge der nicht konsequenten Bearbeitung dieser Traditionen Spannungen im Textzusammenhang aufweisen konnte. Zum anderen orientierten sich frühchristliche theologische Reflexionen oder Erzählungen viel stärker als in der philosophischen Tradition an der konkreten Lebenssituation und der in ihr plausiblen Argumentations- oder Erzählstrategie. Systemische Inkongruenzen und Widersprüche, die sich für den gegenwärtigen Historiker ergeben, wenn er frühchristliche Texte aus verschiedenen Lebenszusammenhängen nebeneinanderstellt, wurden offensichtlich nicht entsprechend wahrgenommen oder darstellerisch bewußt eingesetzt.[17] Im Hinblick auf den Restbestand der Q-Texte schließe ich daher nur einen Spruchkomplex aus, der zudem das Schema der thematischen Zweiergruppen stören würde: Jesu Jubelruf Mt 11 25-27 par. Lk 10 21f, der sprachlich und theologisch eine große Nähe zu Joh aufweist. Weil er die Kriterien 1–5 erfüllt, stammt er wohl aus einer späteren, aber noch vor Mt und Lk liegenden Bearbeitung der Spruchquelle.

Dieses Ergebnis für einen Minimalbestand von Q weist dabei eine auffällige formale Kohärenz aufgrund thematischer Zweiergruppen auf (s.u.), so daß die Anwendung von Kriterium 4 (Ausschluß von möglicherweise sachlich bedingter gleicher Reihenfolge) hinsichtlich der Zweiergruppen nicht plausibel ist.[18] Man müßte dafür nämlich annehmen, daß sowohl Mt als auch Lk unabhängig voneinander stets das Formprinzip der Doppelheit zur gestalterischen Grundlage gemacht hätten. Ihr Umgang mit Mk und den sonstigen Überlieferungen legt eine solche Hypothese nicht nahe.[19]

Auch die bei Kriterium 5 untersuchten Texte sollten aufgrund dieser formalen Beobachtungen zur Spruchquelle hinzugerechnet werden. Denn die Sprüche über die Feindesliebe stellen im Blick auf die

---

[16] Vgl. die Überlegungen und Beispiele auf S. 85–88.
[17] Siehe S. 165–167.176f.
[18] Der Zusammenhang zwischen Täuferanfrage und Jesu Zeugnis über den Täufer Mt 11 2-11 par. Lk 7 18-28 bestand klar schon vor Mt und Lk, wie die ähnlichen Wendungen in Mt 11 7 par. Lk 7 24 zeigen. Auch zwischen dem Streitgespräch über Exorzismen Mt 12 22-28.30 par. Lk 11 14f.17-20.23 und dem Spruch über den Rückfall Mt 12 43-45 par. Lk 11 24-26 (über dessen Zugehörigkeit zu Q s.u.) besteht eine sachliche Folgebeziehung.
[19] In den meisten synoptischen Überlieferungsschichten sind zwar einige Doppelstrukturen belegt (Mk 2 21.22, Q 11 31.32, Mt 13 31f.33 par. Lk 13 18f.20f, Mt 24 40.41 par. Lk 17 34.35, Lk 4 25f.27 15 3-7.8-10), doch nur aufgrund der parallelen Berücksichtigung der männlichen und der weiblichen Sphäre.

I. Zu den Quellen

Zweiergruppen das Gegenüber zu den Sprüchen über das Richten dar, und die Weherufe gegen Pharisäer und Gesetzeslehrer mit dem Urteil über „diese Generation" dürften zu den (eröffnenden?) Seligpreisungen zugunsten der Jesus-Nachfolger das rahmende (und abschließende?) Gegenstück bilden.

Nachdem die Kriterien 1–6 den Umfang von Q kontinuierlich reduziert haben, können mittels *Kriterium 7* wieder Überlieferungen der Spruchquelle zugewiesen werden, wenn formale und inhaltliche Gründe dies fordern. Eine befriedigende Gewißheit ist aufgrund des konstruktiven Charakters allerdings schwer zu erreichen. Wirklich plausibel erscheint mir nur die Integration von drei Texten, wobei gilt, daß durchaus noch mehr Texte Bestandteil von Q gewesen sein können, ihre Zugehörigkeit jedoch nach meinem gegenwärtigen Kenntnisstand nicht mehr befriedigend begründbar ist.

Ab der Beelzebul-Perikope (Mt 12 22-30) läßt sich für Mt eine gemischte Orientierung an dem Aufbau von Mk und Q konstatieren. Obwohl Mt sich in 12 22-30 überwiegend nicht für Mk 3 22-27, sondern für den Q-Text entschieden hat, schließt er entsprechend der Mk-Reihenfolge den Spruch über die Sünde wider den Geist an (Mk 3 28-30 par. Mt 12 31f). Seinem leitenden Interesse am Tun gemäß weist er durch erneute Aufnahme des Bildes vom Baum und seiner Frucht auf die Tatfolgen einer solchen Sünde hin (Mt 12 33-35 aus Mt 7 16-18, dort auf Falschpropheten bezogen). Mt 12 36f, von Mt selbst formuliert,[20] erinnert daher noch einmal an die endzeitlichen Folgen, welche schon das unnütze Reden nach sich zieht. Danach kehrt Mt wieder zur Q-Anordnung zurück, jedoch mit einer Umstellung: Die Ablehnung der Zeichenforderung (Mt 12 38-42 par. Lk 11 16.29-32) zieht er vor zu der Anklagerede gegenüber den Pharisäern (Mt 12 24.34.36). Dann erst schließt er den Spruch vom Rückfall an (Mt 12 43-45 par. Lk 11 24-26). Mit Mt 12 46-50 (Jesu wahre Verwandte) orientiert er sich wieder an Mk (Mk 3 31-35). Allerdings dürfte dafür ein sachlich ähnlicher Text in Q ursächlich gewesen sein (Lk 11 27f Ablehnung der Preisung der Mutter Jesu), den Mt wegen seiner inhaltlichen Nähe übergangen hat. Im Lk-Aufriß läßt sich die Stellung dieses Textes nämlich nicht mit Mk begründen, weil Lk Mk 3 28-30 hier nicht bietet. Die Auslassung von Lk 11 27f Q bei Mt läßt sich also leicht erklären, seine Einfügung durch Lk an dieser Stelle hingegen nicht.

Diese Doppelstruktur der Spruchquelle enthält eine klare Lücke: Es wird nur ein Heilungswunder erzählt (Hauptmann von Kapernaum Mt 8 5-10.13 par. Lk 7 1f.6-10). Als zweite Heilungsgeschichte kommt am ehesten die Auferweckung des Witwensohnes in Nain Lk 7 11-17 in Frage. Denn Lk richtet sich im Kontext (Lk 6 20 – 7 35) wohl direkt nach der Spruchquelle, und sprachliche[21] oder inhaltliche Gründe gegen eine Zuweisung zu Q fehlen.

---

[20] Siehe U. Luz, Mt II 258.
[21] Bearbeitungen des Lk liegen wohl in ὁ κύριος und in μὴ κλαῖε (κλαίω Mt 1x, Mk 3x, Lk 11x) in V. 13 vor. V. 13 könnte wegen des die Heilung motivierenden Erbarmens auch ganz redaktionell sein (vgl. M. Dibelius, Formgeschichte 71; dagegen H. Schürmann, Lk 401; F. Bovon, Lk I 355–357; ebd. I 355 noch weitere mögliche lk Sprachelemente).

Nach Anwendung von Kriterium 7 rechne ich also damit, daß die Ablehnung der Preisung der Mutter Jesu (Q 11 27f) und der Zeichenforderung (11 29-32) und die Heilung des Witwensohnes von Nain (7 11-17) der Spruchquelle zuzurechnen sind. Als Gesamtergebnis der Kriterien 1–7 ergibt sich als einigermaßen wahrscheinlicher Mindestbestand von Q, ohne daß die Möglichkeit der Zugehörigkeit weiterer Texte ausgeschlossen werden kann:[22]

Abschnitt	*Text*	*Lk*	*Mt*
Eröffnung	Makarismen	6 20-23	5 3.6.4.11f
1. Überwindung von Feindschaft	Feindesliebe Gegen das Richten	6 27-33.36 6 37f.41f	5 39-48 7 12 7 1-5
2. Bedeutung der Taten	Baum und Frucht Haus auf Sand/Fels	6 43f.46 6 47-49	7 18.16.21 7 24-27
3. Heilungen	Hauptmann von Kapernaum Witwensohn von Nain	7 1f.6-10 7 11-17	8 5-10.13 –
4. Johannes der Täufer	Anfrage des Täufers Jesu Zeugnis über den Täufer	7 18-23 7 24-28	11 2-6 11 7-11
5. Verweigerung	„Dieses Geschlecht" Wehe über galiläische Städte	7 31-35 10 12-15	11 16-19 11 21-24
[sekundär:	Jesu Jubelruf	10 21f	11 25-27]
6. Dämonen	Kein Teufelsbündnis Jesu Rückfall in die Besessenheit	11 14f.17-20.23 11 24-26	12 22-28.30 12 43-45
7. Glaube ohne Sehen	Preisung der Mutter Jesu Das Zeichen des Jona...	11 27f 11 29-32	– 12 38-42
Abschluß	Weherufe...	11 39-52	23 4.6.13.23-36

Der Wahrscheinlichkeitsgrad, daß dieser so gewonnene Mindestbestand der Spruchquelle[23] mit dem tatsächlichen Umfang von Q übereinstimmt, ist trotz der auffälligen siebenfachen Doppelstruktur[24] und der Rahmung durch Seligpreisungen und Weherufe nicht un-

---

22 Manche Stellenangaben in der folgenden Tabelle sind aus Platzgründen nicht vers- oder teilversgenau. Diese Rekonstruktion des Mindestbestandes von Q ähnelt im Ergebnis stark derjenigen von J. Wellhausen, Einleitung 57–60.
23 Aus Gründen der Verständlichkeit halte ich an der Bezeichnung „Spruchquelle" fest, obwohl der rekonstruierbare Mindestbestand zwei Wunderheilungen enthält. Zu „Logienquelle" s. S. 27f Anm. 86.
24 Die durchgehende Doppelstruktur spricht übrigens gegen die Annahme, in der Berg- bzw. Feldrede läge aufgrund stärkerer Abweichungen zwischen der Mt- und der Lk-Fassung eine weitere, von Q unabhängige Quelle vor (gegen T. Bergemann, Q: „Grundrede"; ebd. 14–60 frühere Vertreter einer ähnlichen These). Neben der Doppelstruktur widerlegt auch der (fast) nahtlose Übergang zum Heilungswunder beim Hauptmann von Kapernaum Q 7 1f.6-10 bei Mt und Lk eine solche Aufteilung von Q in zwei Quellen. Wenn die Unterschiede zwi-

I. Zu den Quellen 135

bedingt hoch, weil die Anwendung von Kriterium 7 nur in den obengenannten drei Fällen plausibel begründbar war. Wegen der Berücksichtigung der Möglichkeit zufällig gemeinsamer Sondergut-Traditionen ist diese Rekonstruktion zwar nicht unbedingt vom Ergebnis her, wohl aber aufgrund der differenzierteren Kriterien im Hinblick auf die Wissenschaftlichkeit der Begründung der bisherigen logisch defizitären Bestimmung (fehlende Berücksichtigung zufällig gemeinsamen Sondergutes) allein über Kriterium 1 (und teilweise Kriterium 7) unbestreitbar überlegen.

Fraglich wird jetzt auch, ob die üblichen Klärungen von Einleitungsthemen zur Spruchquelle (Verfasser, Ort, Zeit, Absicht, literarische Integrität, Bearbeitungen etc.) weiterhin Bestand haben können. Der Verfasser bleibt unbekannt. Q 10₁₂₋₁₅ und 7₁f.₆₋₁₀ belegen sowohl die Herkunft aus Galiläa als auch eine Öffnung zum außerjüdischen, wenn auch benachbarten Bereich. Beides reicht aber für eine Frühdatierung in die Zeit 40–50 n. Chr. nicht aus.[25] Da sich ein Bezug zur Tempelzerstörung nicht sicher nachweisen läßt – Mt 23₃₇₋₃₉ par. Lk 13₃₄f, ein deutlicher Reflex der Zerstörung,[26] erfüllt nicht die nötigen Kriterien für eine Zugehörigkeit zu Q –, ist eine Entstehung vor 70 n. Chr. möglich. Wenn, wie oben wahrscheinlich gemacht, Mt 23₃₄₋₃₆ par. Lk 11₄₉₋₅₁ (abschließender?) Bestandteil von Q war, läßt sich der *terminus post quem* von Q aufgrund der Erwähnung der Ermordung des Zacharias im Tempel mittels Josephus, Bell IV 334–344, auf 65 n. Chr. festlegen.[27]

Im Vergleich etwa zu Mk fällt auf, daß israelkritische Tendenzen bis hin zur Distanzierung wesentlich ausgeprägter vorliegen.[28] Q ver-

---

schen der Mt- und der Lk-Fassung nicht mit deren jeweiliger Redaktion erklärt werden können, müssen frühere, divergierende Redaktionsarbeiten an Q in Betracht gezogen werden.

25 Gegen G. Theißen, Lokalkolorit 215–232 (auf der Basis der hier nicht sicher für Q vorauszusetzenden Versuchungsgeschichte Mt 4₁₋₁₁ par. Lk 4₁₋₁₃); U. Schnelle, Einleitung 220f (wegen des Nebeneinanders von Wanderpredigern und Ortsgemeinden, der Verfolgung durch Juden und der Öffnung zu Nichtjuden; die letzten beiden Punkte treffen auch für meine Q-Rekonstruktion zu).

26 Gegen die Mehrheit der Exegeten, die fehlende Anklänge an den Krieg für ein Indiz früherer Entstehung halten (z.B. U. Schnelle, Einleitung 221, mit Verweisen).

27 Zur Identität des Zacharias s. S. 92f.

28 Q 6₂₃ (Prophetenmörder, traditionell mit Israel identifiziert, und Christenverfolger gehören zu einer anderen Gruppe als die Verfolgten); 7₁₋₁₀ (Israels Glaube steht hinter dem des nichtjüdischen Hauptmanns zurück); 10₁₂₋₁₅ (Weherufe gegen Chorazin und Bethsaida im Gegensatz zu Tyros und Sidon); 11₂₉f („dieses Geschlecht" versteht nicht das Zeichen des Jona); 11₃₁f („dieses Geschlecht" wird gegen die Königin des Südens und die Niniviten abqualifiziert); 11₃₉₋₄₈.₅₂ (Weherufe gegen Pharisäer und Gesetzeskundige als führende theologische Repräsentanten Israels); 11₄₉₋₅₁ („dieses Geschlecht" wird für alles vergossene Prophetenblut zur Rechenschaft gezogen werden, evtl. als Ende der Spruchquelle). Vergleichbare Äußerungen finden sich im Mk-Evangelium nur in der späteren Ergänzung Mk 6₅₃ – 8₁₃.₂₀ (s.u.).

tritt zwar noch eine Endzeiterwartung,[29] es fehlen jedoch Aussagen über die Nähe oder Ferne des Endes. Sämtliche Texte, die den sog. Wanderradikalismus wiedergeben,[30] lassen sich nicht verläßlich der Spruchquelle zuweisen. Aber auch die Hinweise auf feste Ortsgemeinden fallen weg.[31] Der Beginn (?) der Spruchquelle mit den Makarismen über die Armen in Q 6 20f und die Bestimmung der Taten Jesu mit Jesaja-Anklängen in Q 7 22, die mit der Wendung πτωχοὶ εὐαγγελίζονται beendet wird, setzen materielle Armut des Trägerkreises von Q voraus. Außer Q 10 21f sehe ich auch keine wirklich überzeugenden Hinweise für eine nachträgliche, aber vor Mt und Lk liegende Bearbeitung der Spruchquelle.[32]

Für diese Arbeit ergibt sich als Konsequenz, daß die verbreitete Hochschätzung, welche die Spruchquelle aufgrund ihrer häufigen Frühdatierung für die Rekonstruktion von Botschaft und Wirken Jesu genießt, nicht mehr übernommen werden kann. Q steht zeitlich ungefähr auf derselben Stufe wie das Mk-Evangelium: Q kurz vor der Tempelzerstörung, die ursprüngliche Fassung des Mk-Evangeliums (s.u.) kurz danach. Sachlich unterscheidet sich Q vom Wirken Jesu, wie es in Teil B rekonstruiert werden wird, in der extensiven Kritik und Gerichtsbotschaft an Israel, in der sich ausbauenden Öffnung gegenüber Nichtjuden und in der teilweise drastischen Zurückweisung des Täufers in die Sphäre des Irdisch-Belanglosen (Q 7 28). Der *terminus ante quem* derjenigen Texte, die üblicherweise zu Q gezählt werden, hier aber nicht mehr zum rekonstruierten Mindestbestand gehören, verschiebt sich auf ihre erste Bezeugung bei Mt und Lk, also auf ca. 90 n. Chr.

3. Ur-Markus und Deutero-Markus, Johannes und die Synoptiker

Die Bezeichnungen „Ur-Markus" und „Deutero-Markus" implizieren zwei Ausgaben des Mk-Evangeliums, eine ältere und kürzere und

---

[29] Q 6 20-23.37f 10 12.14f.
[30] Mt 8 19-22 par. Lk 9 57-60, Mt 9 37f 10 7-16 (mit Mk) par. Lk 10 1-12, Mt 6 25-33 par. Lk 12 22-31, Mt 6 19-21 par. Lk 12 33f.
[31] Z.B. Mt 10 10-12 par. Lk 10 5-7; s. G. Theißen, Soziologie 21-26.
[32] In der Forschung werden unterschiedliche Redaktionsmodelle der Spruchquelle vertreten, die allesamt auf den von mir rekonstruierten Mindestbestand nicht mehr passen und daher in dieser Form prinzipiell nicht mehr vertreten werden können: D. Lührmann, Redaktion (Menschensohn-Christologie, Naherwartung; später Parusieverzögerung, Mission an Nichtjuden, Weisheit); S. Schulz, Q (palästinisch-judenchristlich; später hellenistisch-judenchristlich); A. Polag, Christologie (vorösterliche Primärtradition mit vier Fortschreibungsphasen); J.S. Kloppenborg, Formation (Weisheitsreden); später Gerichtsprophetie gegenüber Israel; noch später Versuchungserzählung); M. Sato, Q (Johannes der Täufer, Aussendungslogien; später jeweilige Anhänge und Verbindungen, Gerichtsprophetie an Israel, Weisheit; noch später weitere Ergänzungen); vgl. den Überblick bei C.M. Tuckett, Q 41-82.

I. Zu den Quellen

eine jüngere und längere. Während nach der Ur-Markus-Theorie sowohl Mt als auch Lk bereits die zweite Fassung des Mk-Evangeliums vorlag, nimmt die Deutero-Markus-Theorie die Überarbeitung des Mk-Evangeliums erst nach der Verwertung durch Mt und Lk an. Im ersten Fall kann aufgrund der Analyse der *minor agreements* in einem Text, also der Übereinstimmungen zwischen Mt und Lk gegen Mk, obwohl beide auch die Fassung des Textes im Mk-Evangelium benutzten, ebenfalls angenommen werden, daß der überlieferte Text des Mk-Evangeliums die erste Edition wiedergibt, nicht diejenige Fassung, welche Mt und Lk verwendeten.

Hier soll eine Mischform beider Theorien begründet werden: Die Erstfassung benutzten Lk und Joh, die Zweitfassung, welche zumindest weitgehend identisch mit dem überlieferten Mk-Evangelium ist, nur Mt. Eine solche Annahme läßt sich nicht leicht begründen, weil mit bewußten Auslassungen von mk Textpassagen bei Mt und besonders bei Lk zu rechnen ist. Doch sie wird von mehreren Beobachtungen auf unterschiedlichen Ebenen nahegelegt und erhält dadurch einen akzeptablen Wahrscheinlichkeitsgrad. In diesem Rahmen muß auch das Verhältnis des Joh zu den Synoptikern in groben Zügen geklärt werden.

Im mk Textverlauf fällt zumindest eine Dublette auf: die Speisung der 5000 in Mk 6,35-44 und die der 4000 in 8,1-9. An beide Speisungswunder wird in 8,19f erinnert. Die Sturmstillung in Mk 4,35-41 und der Seewandel Jesu in 6,45-52 enthalten trotz deutlicher Unterschiede auch einige gemeinsame Motive (Seenot, Sturmstillung, Epiphaniereaktion). Vielleicht kann man auch die Reise in ungefähr nördlich vom See Genezareth gelegenes Gebiet in 7,24 (Tyrus) und in 8,27 (Caesarea Philippi) nennen. Weiterhin weckt Aufmerksamkeit, daß Jesus und seine Jünger in 6,45.53 zwar nach Bethsaida unterwegs sind, dann aber zunächst die Wanderung nach Tyrus aufnehmen und über Sidon, See Genezareth, Dekapolis (7,31) und dem nicht zu lokalisierenden Dalmanutha (8,10) erst in 8,22 Bethsaida betreten. Oder dachte Mk mit der Ortsangabe in 6,53 (διαπεράσαντες ... εἰς Γεννησαρέτ) an Bethsaida? Diese Frage ist wohl zu verneinen, denn eine Rückkehr in ein bereits besuchtes Dorf betrifft im Mk-Evangelium trotz zahlreicher geographischer Angaben sonst nur Kapernaum.[33] Bereits hier läßt sich vermuten, dieser lange Umweg nach Bethsaida gehe möglicherweise auf einen Wiederanschluß nach einem sekundären Einschub zurück.[34]

---

[33] Mk 1,21 par. (Mt 4,13) Lk 4,31, Mk 2,1 (Mt 9,1 ἡ ἰδία πόλις), Mk 9,33 (vorwegnehmend Mt 17,24), wohl auch Mk 3,1 nach 1,21 (aber 1,39) und 3,20 nach 1,29.32f 2,2; weiterhin Q 7,1 (vgl. Joh 4,46), Q 10,15 Lk 4,23 Joh 2,12 6,17.24.59.

[34] Vgl. schon A. Schweitzer, Geschichte 436–438.

Bekanntlich bietet Lk zu Mk 6:45–8:26 keine Parallele (die sog. lukanische Lücke). Unterschiedliche Erklärungsmöglichkeiten wurden dafür erwogen: Lk kannte nur die Urmarkus-Fassung, ihm lag nur eine defekte Mk-Handschrift vor, oder das Homoioteleuton Βηθσαϊδά in Mk 6:45 und 8:22 führte zur unfreiwilligen Auslassung.[35] Vor allem H. Schürmann hat zahlreiche Gründe für ein bewußtes Übergehen dieser Mk-Passage durch Lk vorgebracht.[36]

Die Komposition Lk 7:1–9:50 soll begründen, warum die Geheimnisse des Gotteshherrschaft (= Christus- und Leidensgeheimnis) nicht vor dem Volk, sondern nur vor den Jüngern geoffenbart werden. In Kap. 7 verweigert sich die theologische Führungsschicht der „Heimsuchung" des Volkes durch Gott (z.B. in 7:9.16.29f.36-50). Trotzdem wirbt Jesus in Kap. 8 weiterhin um Israel (8:1.4, 8:9f.11-18 mit 8:19 gegen Mk 4:10, Wundertaten in Lk 8:22-25.26-39.40-56). Die Ablehnung führt in Kap. 9 zur exklusiven Offenbarung an die Jünger (zwei Leidensweissagungen in 9:18-22.43b-45, Verklärung 9:28-36, Gegensatz zum Volk 9:41; vgl. schon 8:9f.11-20). Gegen die Erwartung des Volkes, in den Wundern des Messias ansichtig zu werden (8:22-56, Herodes in 9:9), setzt Jesus die Leidensweissagungen und die Verklärung. Diesen kompositionellen Zusammenhang hätte Mk 6:45–8:26 zerrissen. Kritisch ist anzumerken, daß die von Schürmann bestimmte Gliederung einige Störungen aufweist. Zunächst scheint Lk die Reihenfolge seiner Quellen zu kopieren: 7:1-35 stammen aus Q,[37] 8:4–9:17 (evtl. sogar bis 9:50) orientieren sich an Mk 4:1–6:44 (oder sogar bis 9:40).[38] Daher muß für die lk Aussage-Intention vom heuristischen Standpunkt aus besonders auf die darüber hinausgehenden[39] und die übergangenen Passagen[40] geachtet werden. Dann ist aber weder die Auslassung von Mk 4:33f nach Lk 8:9f.11-15.19f noch die Zurückweisung des Volkes nach der Ablehnung durch die theologische Führungsschicht (7:29f.36-50) plausibel. Gegen Schürmann stehen in Kap. 7 auf der einen Seite Jesus und das Volk, auf der anderen Seite die Pharisäer und Schriftgelehrten (7:29). In 8:1-21 bilden jedoch Jesus mit seinen Jüngern und das Volk das Gegensatzpaar (8:9f.19-21). V. 22-25 leitet über: Mit der Sturmstillung, die noch lediglich die Jünger betrifft, setzt eine Kette von Wundern vor dem Volk ein (bis 9:17), zu denen die Leidensweissagungen (9:18-27.43b-45) in der Tat im Kontrast stehen. In diese Komposition hätten zumindest die vier Wunder Mk 6:53-56 7:24-30.31-37 8:1-9 gepaßt.

---

[35] Der übersprungene Textabschnitt dürfte für eine versehentliche Omission aufgrund des Homoioteleutons viel zu groß sein.
[36] H. Schürmann, Lk I 525f, mit Literaturverweisen.
[37] Siehe S. 134.
[38] Die Stellenangaben in Klammern gelten nur, wenn man die Ur-/Deuteromarkus-Hypothese zugrundelegt.
[39] Lk 7:36-50 Salbung der Sünderin, 8:1-3 Nachfolgerinnen Jesu, 8:19-21 Jesu wahre Verwandte (aus Mk 3:31-35).
[40] Das Senfkorn-Gleichnis Mk 4:30-32 erscheint erst bei der Parallele in Lk 13:18f.20f; Mk 4:33f nur Gleichnisse für das Volk; die Verwerfung in Nazareth Mk 6:1-6a zieht Lk vor in die programmatische Antrittspredigt Jesu (Lk 4:16-30); der Tod des Täufers Mk 6:17-29 wird drastisch gekürzt und vor die Taufe Jesu versetzt (Lk 3:19f), um diesen von jenem abzugrenzen; das Verständnis des Täufers als *Elias redivivus* (Mk 9:9-13) tilgt Lk generell; zu den lk Motiven für die Omission von Mk 4:26-29 s. P. v. Gemünden, Vegetationsmetaphorik 195.

I. Zu den Quellen 139

Als weiteren Grund für eine bewußte Auslassung von Mk 6 45 – 8 26 durch Lk nennt Schürmann weitere Passagen des Mk, die Lk ebenfalls übergeht. Doch in keinem der aufgeführten Fälle liegt auch nur eine entfernt vergleichbare Omission vor. In Mk 3 7-35 übergeht Lk das Ende des Summariums in V. 11f wegen der Parallele zu Mk 1 34 par. Lk 4 41. Die mk Einleitung V. 20f zum Beelzebul-Streitgespräch, welche hier wie dort den Vorwurf der Besessenheit einbringt, streicht Lk, weil er sich beim Streitgespräch an die Q-Fassung Q 11 14-20.23 (V. 21f Lk^R) hält. Mk 3 28-30.31-35 strafft er geringfügig. An größeren Textkomplexen übergeht Lk in Mk 9 38 – 10 34 das Verbot der Ehescheidung in 10 1-12, vielleicht zugunsten des Wortes in Mt 5 32 par. Lk 16 18. Die Sprüche über Hand, Fuß und Auge in Mk 9 43.45.47f, welche Ärgernis erregen, waren Lk wahrscheinlich zu hyperbolisch. 9 41 paßt semantisch nicht zum Kontext und fehlt daher bei Lk. Mk 9 49f, thematisch an dieser Stelle kaum verständlich, bringt Lk in Lk 14 34f in Verbindung mit einer verwandten Tradition (Mt 5 13). Mk 10 31 übergeht er zugunsten von Mt 20 16 par. Lk 13 30, ebenso den aus dem Vorigen verständlichen Vollzug der Kindersegnung Mk 10 16. Sachliche und sprachliche Dubletten läßt er in Mk 10 24 (zu V. 23) und 10 32 (zu V. 33; betont in Lk 19 11 Lk^R) aus. Die Verfluchung des Feigenbaums in Mk 11 12-14 ersetzt Lk durch die Klage Jesu über Jerusalem (Lk 19 41-44 Lk^R). Statt Mk 11 20-25 bringt er den Spruch Mt 17 20 par. Lk 17 6. Die sonst bei Lk zu beobachtenden Kürzungen betreffen also höchstens einzelne kleine Einheiten, nicht jedoch wie bei Mk 6 45 – 8 26 neun davon hintereinander (bei Mk 6 53 – 8 13 immerhin noch sieben, vom Umfang s.u.).

Drittens führt Schürmann zu sieben der neun übergangenen Texteinheiten Parallelen im Lk-Evangelium auf. Unter der Annahme, daß Lk überhaupt die entsprechenden Mk-Texte vorliegen hatte, gilt dies wirklich plausibel jedoch nur für die Speisung der 4000 in Mk 8 1-9 und die der 5000 in Mk 6 35-44 par. Lk 9 12-17. Unsicherer, wenn auch naheliegend, wäre die Ersetzung der Zeichenforderung in Mk 8 11-13 durch Q 11 29-32 (Lk 11 16 redaktionell). Wahrscheinlich hätte Lk dann auch die Blindenheilung in Mk 8 22-26, die viel Magisches und Unklares enthält,[41] zugunsten der Heilung des blinden Bartimäus in Lk 18 35-43 (aus Mk 10 46-52) übergangen. Gut denkbar ist ebenso, daß ihm der Meerwandel Jesu (Mk 6 45-52), der eine Seenot der Jünger (V. 48) und die Sturmstillung durch Jesus mit Epiphaniereaktion der Jünger (V. 51) erwähnt, als unnötige Dublette zur Sturmstillung Lk 8 22-25 (aus Mk 4 35-41) erschienen wäre. Wollte Lk zwei Summarien in engerem Textzusammenhang vermeiden, indem er nach Lk 9 10f (aus Mk 6 30.32f) nicht noch Mk 6 53-56 übernahm? Dagegen spricht klar, daß Lk nicht nur die dicht gesäten Summarien des Mk (fast) lückenlos beibehält,[42] sondern sogar Mk 1 28 noch in Lk 4 37 erneut aufgreift. Daß Lk in der knappen Notiz der Heilung eines Stummen in Q 11 14, die zudem nur die Exposition eines Streitgespräches bildet, einen vollwertigen Ersatz für die Heilung des Taubstummen in Mk 7 31-37 gesehen haben soll, überzeugt mich nicht. Der Spruch vom Sauerteig der Pharisäer (und des Herodes Antipas) in Mk 8 14f hat eine Parallele in Lk 12 1, die im Lk-Kontext klar ohne ursprünglichen Bezug zum Vorigen und Folgenden steht. Der Spruch ist zwar so kurz, daß die wörtlichen Übereinstimmungen nicht mit literarischer Abhängigkeit erklärt wer-

---

[41] Siehe S. 19f.
[42] Lk 4 14f aus Mk 1 14.28, Lk 4 40f aus Mk 1 32-34, Lk 4 44 aus Mk 1 39, Lk 5 15 aus Mk 1 45, Lk 6 17-19 aus Mk 3 7-10 (3 11f fehlt wegen der Parallele zu 1 34), zu Lk 8 1 vgl. Mk 6 6b.

den müssen.⁴³ Aber gut möglich ist auch, daß Lk 12₁ nicht dem Sondergut entstammt, sondern von Lk aus Mk 8₁₅ übernommen wurde. In diesem Fall ist die lukanische Lücke kleiner gewesen (nur bis höchstens Mk 8₁₃).⁴⁴ Für die Annahme einer Auslassung von Mk 7₁₋₂₃ (Streitgespräch über die Ursachen von Unreinheit) durch Lk könnte man argumentieren, der vor allem in der Erklärung V. 3f manifeste Gegensatz von den Pharisäern und allen Juden (!) zu manchen Jesus-Jüngern habe im lk Konzept, daß Jesus (fast) ausschließlich im jüdischen Kontext im Gebiet Galiläa und Judäa wirkt,⁴⁵ nicht gepaßt, und die Bestreitung, daß bestimmte Speisen verunreinigen (V. 15?.19), komme zu früh (erst Act 10₉₋₁₆). Ähnliches ließe sich auch für Mk 7₂₄₋₃₀ (Syrophönizierin in Tyrus) feststellen. Einen Aufenthalt in nichtjüdischem Gebiet⁴⁶ deutet Lk nämlich nur in Lk 8₂₆₋₃₉ (Gerasa gegenüber Galiläa, Schweineherde) an. Kontakt mit Nichtjuden in Galiläa-Judäa ließ er allerdings zu (Q 7₁₋₁₀, allerdings redaktionell durch Lk 7₃₋₅ stark ans Judentum angebunden). Mk 8₁₉f nimmt Bezug auf beide Speisungswunder und hätte daher von Lk nicht übernommen werden können. Lk-Parallelen zur Auslassung oder Abmilderung des Jüngerunverständnisses (hier Mk 8₁₆₋₁₈) existieren.⁴⁷ Über bewußte Auslassung von Dubletten oder sachlich Unpassendem läßt sich also die lukanische Lücke nur teilweise erklären.

Hingegen stimme ich Schürmann zu, daß Lk sehr wahrscheinlich Mk 6₄₅f in dem ihm vorliegenden Mk-Evangelium gelesen hat. Kaum erklärbar ist sonst, wieso Lk in Lk 9₁₀ die Ortschaft Bethsaida erwähnt. Als Möglichkeit käme zwar die Vorbereitung auf den Weheruf gegen Chorazin und Bethsaida in Q 10₁₃ in Frage, aber dann müßte das dort erstgenannte Chorazin ebenfalls in Lk 9₁₀ stehen. Als Textgrundlage bleibt daher Mk 6₄₅ übrig, obwohl die Wanderung nach Bethsaida bei Lk im Unterschied zu Mk nach der Speisung der 5000 erfolgt. Neben diesem (vertauschten) Textzusammenhang spricht auch die Erweiterung von Mk 8₂₇ um den Rückzug Jesu in die Einsamkeit zum Beten in Lk 9₁₈ dafür, daß Lk dieses zusätzliche Motiv aus Mk 6₄₆ und folglich den Ortsnamen Bethsaida nicht aus Mk 8₂₂ aufgenommen hat.

Nachdem die Erklärung der lukanischen Lücke allein durch bewußte Auslassung erhebliche Probleme aufwarf, kommt als diskuta-

---

⁴³ Προσέχετε ἑαυτοῖς (evtl. gegenüber ὁρᾶτε, βλέπετε) geht auf lk Redaktion zurück (s. Lk 17₃ 21₃₄ Act 5₃₅ 20₂₈; mit Reflexivpronomen sonst nicht im NT). Die ζύμη Ἡρῴδου war für den Umgang des Lk mit den Römern und mit dem Tetrarchen Herodes Antipas inakzeptabel (vgl. Lk 9₇₋₉ 23₈.₂₂.₄₇ Act 13₆₋₈ 18₁₂₋₁₇ 25f u.ö.).

⁴⁴ Weiteres, auch zum unsicheren Beginn der Lücke s.u.

⁴⁵ Im Gegensatz zu Mk macht Lk aus Galiläa und Judäa (mit Zentrum Jerusalem) ein einziges Gebiet, in dem Jesus von Anfang an auftrat (vgl. Lk 4₄₂₋₄₄ 7₁₇, zu Samaria s. 17₁₁ Act 9₃₁). Das Summarium Mk 3₇f listet als Nachfolger Jesu eine große Volksmenge nicht nur aus Galiläa, Judäa und Jerusalem, sondern auch aus Idumäa, Transjordanien und der Umgebung von Tyrus und Sidon auf. Lk 6₁₇ läßt Idumäa und Transjordanien aus, aber nicht weil er nichtjüdisches Gebiet ausklammern will (so z.B. H. Conzelmann, Mitte 39) – dann hätte er auch Tyrus und Sidon streichen müssen, sondern weil sie wahrscheinlich mit Galiläa-Judäa assoziiert (Idumäa gehörte seit Johannes Hyrkanos I. politisch zu Judäa, s. Josephus, Ant XIII 254–258). Die Kunde von Jesus hat also auch in der Darstellung des Lk bereits das jüdische Kernland überschritten.

⁴⁶ Im Mk-Evangelium sicher nur für Tyrus in Mk 7₂₄₋₃₀ belegt, vielleicht aber auch für das Gebiet der Dekapolis am See Genezareth bis 8₉.

⁴⁷ Z.B. Lk 8₁₁ zu Mk 4₁₃; erklärt in Lk 9₄₅ 18₃₄ gegenüber Mk 9₃₂; Mk 8₃₂f ausgelassen.

I. Zu den Quellen

ble Möglichkeit noch einmal die These eines ursprünglich kürzeren Mk-Textes in den Blick. Die zunächst auf Mk 6:45 – 8:26 festgesetzte lukanische Lücke muß allerdings bei genauerer Betrachtung verkleinert werden: Lk kannte zumindest Mk 6:45f noch, und die Aufnahme von Mk 8:15 erwies sich als die wahrscheinlichere Deutung für Lk 12:1.

Da Mk 6:45f wegen der Trennung Jesu von seinen Jüngern nur als Exposition zur folgenden Erzählung vom Seewandel Jesu sinnvoll ist, lag Lk auch dieser Text noch vor, den er allerdings wegen der Verwandtschaft zum Sturmstillungswunder Mk 4:35-41 par. Lk 8:22-25 ausließ. Für Mk 6:53-56 ließ sich dagegen die These einer bewußten Auslassung nicht mehr begründen; die Analyse des lk Umgangs mit verwandten Summarien sprach klar dagegen.

Wenn man Lk 12:1 auf Mk 8:15 zurückführt, dann stellt sich die Frage, ob Lk den mk Text von dieser Stelle an bis 8:26 zwar ebenfalls kannte, aber aus sachlichen Gründen nicht in sein Evangelium integriert hat. Die These einer Auslassung des Jüngerunverständnisses in 8:16-21, das bereits mit V. 14 vorbereitet wird, ließ sich plausibel mit der sonstigen Lk-Redaktion bestätigen. Und die magischen Bestandteile und sachlichen Inkongruenzen der Blindenheilung 8:22-26 und die Dublette zu Mk 10:46-52 par. Lk 18:35-43 vermögen ebenfalls die Omission befriedigend zu erklären.

Allerdings leidet eine erste Beschränkung des Endes der lukanischen Lücke auf Mk 8:13 an einem gravierenden Problem: 8:19f setzt beide Speisungswunder voraus, mithin also auch 8:1-9. Entweder zieht man also das Ende der Lücke zumindest bis 7:37 zurück, oder man muß 8:20 für eine frühestens mit der Ergänzung des zweiten Speisungswunders eingefügte Erweiterung halten. Im Zusammenhang mit der ersten Möglichkeit könnte man auf die Dubletten zu Mk 8:1-9 in Mk 6:35-44 par. Lk 9:10-17 und zu Mk 8:11-13 in Q 11:29-32 verweisen, muß dabei allerdings mit einer für Lk ungewöhnlich langen Omission rechnen. Zur Bestätigung der zweiten findet sich kein wirklich signifikantes sprachliches Indiz, das die parallelismuswidrigen Abweichungen in Mk 8:19.20 nicht mit sprachlicher Straffung und abwechslungsreicher Terminologie begründen kann.[48] Erwägenswert ist lediglich, ob in V. 20 die Glättung der sprachlichen Ungeschicklichkeit von V. 19, daß die Jünger Körbe statt Brocken aufgehoben haben, ein Hinweis auf spätere Ergänzung ist. Eine überzeugende Entscheidung für eine der beiden Möglichkeiten kann an dieser Stelle noch nicht getroffen

---

[48] Ἄρτους ἔκλασα wird nicht wiederholt; πληρώματα κλασμάτων statt κλασμάτων πλήρεις; textkritisch nicht eindeutig οἱ δὲ εἶπον (Hss. P⁴⁵, A, D, W, Θ, 33, Altlateiner u.a.; καὶ λέγουσιν αὐτῷ Hss. ℵ [ohne αὐτῷ], B, C, L u.a.) statt λέγουσιν αὐτῷ; κόφινοι und σπυρίδες orientieren sich dagegen an Mk 6:43 8:8.

werden, doch die zweite Hypothese erscheint etwas wahrscheinlicher.
Umstritten ist, ob und gegebenenfalls welche synoptischen Evangelien Joh gekannt hat.⁴⁹ Zumindest eine vage Kenntnis eines synoptischen Evangeliums, aus Datierungsgründen am ehesten des Mk-Evangeliums, läßt sich deswegen schwer bestreiten, weil sonst Joh unabhängig ein zweites Mal die charakteristische Darstellungsweise, vielleicht sogar die neue Literaturgattung eines Evangeliums erfunden hätte.⁵⁰ Aussagekräftiger sind indes zwei Kompositionsanalogien, die nur das Mk-Evangelium betreffen: Joh 6 31-71 zu Mk 6 32-52 8 14-33 und Joh 18 3 – 19 5 zu Mk 14 43 – 15 20. Für den letzten Komplex werden in der Regel eine auch Joh zugängliche vormk Passionserzählung angenommen.⁵¹ Der erste Komplex besteht aus derart divergierenden Einheiten – Speisungswunder, Seewandel, evtl. Überfahrt und eine Blindenheilung, Petrus-Bekenntnis⁵² –, daß eine gemeinsame vormk und vorjoh Quelle als Erklärungsmöglichkeit ganz unwahrscheinlich wird.⁵³ Auch sachliche Gründe für eine voneinander unabhängig geschaffene gleiche Reihenfolge sind nicht zu ermitteln. Übrig bleibt, daß Joh zumindest diesen Teil des Mk-Evangeliums gut kannte, vielleicht sogar schriftlich vorliegen hatte. Allerdings sollen zwei Störungen dieser parallelen Stoffanordnung nicht verschwiegen werden:⁵⁴ Nach 6 22-25 sucht die Volksmenge Jesus, der ja nach 6 16-21 von ihnen unbemerkt

---

49 Vgl. die Überblicke bei J. Blinzler, Johannes; F. Neirynck, John, und U. Schnelle, Einleitung 563–569.
50 So J. Becker, Joh I 47: Joh „war also ein zweiter Markus."
51 Zur weiteren Diskussion s. S. 210–213.
52 Speisungswunder Mk 6 32-44 par. Joh 6 1-13, Seewandel Mk 6 45-52 par. Joh 6 14-21, evtl. Überfahrt Mk 6 53f 8 10 (s.u.), Joh 6 22-25 (s.u.), evtl. Blindenheilung Mk 8 22-26 par. Joh 9 1.6f (s.u.), Petrus-Bekenntnis Mk 8 27-33 par. Joh 6 67-71. Bei der Bestimmung und Zuordnung der Mk-Vorlage zu Joh weiche ich von U. Schnelle, Einleitung 565, an einigen Stellen ab. Seine Zuordnung von Mk 8 11-13 (Zeichenforderung) zu Joh 6 26 überzeugt mich deshalb nicht, weil statt einer ausführlichen abgewiesenen, von Gegnern Jesu erhobenen Zeichenforderung bei Joh im knappen Nebensatz nur ausgeschlossen wird, daß die Menge wegen der Zeichen Jesu diesem folgt. Weitere Gründe für andere Textkomplexe ergeben sich aus dem Folgenden. Nimmt man mit respektablen Gründen eine Vertauschung von Joh 5 und 6 an (so z.B. J. Becker, Joh I 32–36), ergibt sich nur sehr bedingt eine Verlängerung dieser Übereinstimmungen zwischen Mk und Joh nach vorne: Joh 4 (Samaritanerin, Heilung des Sohnes eines Königsbeamten) hätte mit der geschilderten Begegnung Jesu mit Nichtjuden keine Parallele zum ursprünglichen Mk, das letzte Täuferzeugnis Joh 3 22-26 wäre dann die Entsprechung zur mk Erzählung von der Hinrichtung des Täufers Mk 6 14-29.
53 Gegen eine gemeinsame Quelle spricht auch, daß Joh das Motiv der Schiffahrt (Joh 6 1.16f.21.22-25), das Mk oft redaktionell eingefügt hatte, wohl aus Mk übernommen hat: Lediglich in verbindenden Rahmennotizen taucht ἐμβαίνω εἰς (τὸ) πλοῖον bei Mk auf: Mk 4 1 5 18 6 45 (8 10.13), wie überhaupt für Mk Jesus auf dem Schiff die Distanz zur Volksmenge symbolisiert.
54 Die für die Joh-Redaktion typische Offenbarungsrede mit Streitgespräch über das Himmelsbrot in Joh 6 26-66 in Anlehnung an das Speisungswunder 6 1-14 übergehe ich hier.

I. Zu den Quellen 143

über Nacht auf die andere Seite des Sees gefahren ist, am nächsten Morgen am Ufer. Mehr als umständlich wird das erneute Zusammentreffen von Volksmenge und Jesus geschildert. V. 22b.23 stammt dabei sehr wahrscheinlich von einem nachjoh Redaktor, dem als Problem der joh Darstellung auffiel, wie plötzlich so viele Boote für die Volksmenge bereitstehen konnten.[55] Die ursprüngliche Notiz, daß nicht nur die Jünger, sondern auch Jesus nicht mehr anwesend waren, was an ihrem fehlenden Schiff erkennbar war,[56] und daß die Volksmenge ihre Boote bestieg, um Jesus in Kapernaum zu suchen und zu finden, läßt sich mit Mk 6 53f 8 10 nicht ausreichend begründen. Ich halte daher, auch aus einem anderen noch zu nennendem Grund, Joh 6 22a.24f für eine Einfügung des Joh in seine Mk-Vorlage. Die Blindenheilung in 8 22-26, welche den Zusammenhang zwischen Speisungswunder und Brotrede noch stärker zerrissen hätte, bringt Joh erst in Kap. 9 und macht sie zum Ausgangspunkt eines Streites über Jesu Gottessohnschaft.

Erstaunlicherweise setzt diese Kompositionsanalogie eine Lücke im Mk-Text voraus, die zumindest ungefähr der lukanischen Lücke entspricht. Da Joh 6 22-25 allein mit Mk 6 45f erklärt werden kann,[57] fehlte für Joh wie für Lk der jetzt überlieferte Mk-Text ab 6 53. Joh setzte dann wieder mit Mk 8 22 fort. Diese Beobachtung bestärkt die schon oben als wahrscheinlicher dargestellten Hypothesen, daß einerseits bereits Mk 8 14-21 wieder Lk vorlag, andererseits Mk 8 1-9 noch nicht. Das Jüngerunverständnis in Mk 8 14-21 stimmt nicht wirklich mit dem joh Jüngerbild überein[58] und dürfte daher zwar Joh bekannt, aber von ihm aus sachlichen Gründen ausgelassen worden sein.

Das Verhältnis des Joh-Evangeliums zu den beiden anderen synoptischen Evangelien Mt und Lk läßt sich nach meinem gegenwärtigen Kenntnisstand nicht überzeugend bestimmen. Welche Voraussetzungen müßten denn erfüllt sein, um eine literarische Verwertung von Mt und Lk durch Joh annehmen zu können?

---

[55] Außer der ungewöhnlich ausführlichen Reiseschilderung und der umständlichen Wiederaufnahme von εἶδον aus V. 22a in V. 24 sprechen für eine Glosse die unmotivierte Ankunft zahlreicher Boote, die der Menge zur Verfügung gestellt werden, die Nennung von Tiberias (noch 61 21 1, beide sekundär), die hier verfrühte Deutung des Speisungswunders als Symbol des Herrenmahls (ὁ ἄρτος im sg. gegen 6 11.13.26, εὐχαριστέω) und πλοῖον (bei Joh nur 6 22b.23 [mit P75, ℵ, B, W, Ψ, lateinischer Überlieferung u.a. gegen A, D, Θ, 091, 33 u.a.], 21 3.6) statt πλοιάριον (6 22a.24, aber auch 21 8). Vgl. dazu J. Becker, Joh I 229.244f.

[56] V. 22a ist nur dann einigermaßen sinnvoll, wenn man die constructio ad sensum εἶδον vorzeitig übersetzt: Das Volk hatte gesehen, daß für Jesus und die Jünger nur ein Boot vorhanden war.

[57] Die für Mk 6 53-56 charakteristischen Motive des Erkennens der Menge und der Krankenheilungen fehlen in Joh 6 22-25.

[58] Als Mißverstehende kommen im wesentlichen die Juden im Joh-Evangelium in Frage (z.B. Joh 3 1-21 8 21-27). Wo die Jünger nicht verstehen (z.B. mehrfach in Joh 13), wird ihr Unverständnis von Jesus ins rechte Verstehen überführt.

Klar ist zunächst, daß bei vorhandener Mk-Parallele nur dann eine positive Aussage möglich ist, wenn Joh signifikant mit Eigentümlichkeiten des Mt oder des Lk gegen Mk übereinstimmt; aber auch in anderen, schwieriger feststellbaren Fällen von Redaktion bei Q-, Mt-Lk^S- und übriger Sondergut-Überlieferung läßt sich dieses analytische Verfahren anwenden. Dabei müssen aber noch folgende Fälle ausgeschlossen werden: Erstens sollten sich diese Eigentümlichkeiten verläßlich auf jeweilige Redaktionsarbeit zurückführen lassen in dem Sinne, daß die Existenz sachlich verwandter Parallelüberlieferungen als Ursache ihrer redaktionellen Integration nicht in Betracht zu ziehen sind. Zweitens muß ausgeschlossen werden, daß Joh solche typisch mt oder lk Motive nicht durch Lektüre des jeweiligen Evangeliums, sondern durch von Mt und Lk geprägte (mündliche) Tradierung kennengelernt hat.[59] Drittens gilt zu berücksichtigen, daß Gemeinsamkeiten des Joh mit redaktionellen Passagen des Mt oder Lk auch mit sachlichen oder sprachlichen Gründen erklärt werden können.[60] Fazit: Die Übereinstimmung des Joh mit redaktionellen Passagen des Mt und Lk ist nur unter Berücksichtigung weiterer Bedingungen aussagekräftig, die aber nach meinen Beobachtungen bei den diskutierten Texten nicht in der nötigen Deutlichkeit erfüllt sind. Triftiger wären wiederum leider nicht gegebene Kompositionsanalogien zwischen Joh und Mt oder Lk jenseits sachlich naheliegender Stoffanordnungen. Immerhin zeigt sich bei bestehenden sprachlichen und sachlichen Übereinstimmungen zwischen Lk und Joh, zwar nicht nach den obengenannten verschärften Bedingungen, aber doch von der Häufigkeit her, daß die Annahme, Joh habe das Lk-Evangelium gekannt und in seinem Werk mitberücksichtigt, nicht ganz unwahrscheinlich ist.[61]

Zusammenfassend läßt sich mit guten Gründen behaupten, daß sowohl Lk als auch Joh ein Mk-Exemplar benutzt haben, das noch nicht Mk 6 53 – 8 13.20 enthalten hatte. Der Anschluß von 6 52 nach 8 14 paßt recht gut, weil Jesus und die Jünger sich nach 6 45.51 8 14 im Schiff auf dem See Genezareth befinden mit dem Ziel Bethsaida, das sie in 8 22 betreten. Die ungewöhnliche doppelte Nennung von Bethsaida bei Mk erfährt also auch auf diese Weise eine befriedigende Erklärung.

---

[59] Auf diese Möglichkeit hat besonders A. Dauer hingewiesen (A. Dauer, Passionsgeschichte; ders., Johannes). Diese Möglichkeit stellt für ihn wegen der starken Differenzen des Joh zu Mt und Lk sogar die plausibelste Annahme dar.
[60] Beispielsweise war es für Lk und Joh sachlich sinnvoller, die Frage des Pilatus an Jesus, ob er der König der Juden sei, gegen Mk 15 2f erst nach dem Vorbringen der Anklagen zu stellen (Lk 23 2f Joh 18 30.33.37). Denn in Mk 15 2 stellt Pilatus diese Frage ohne direkt erkennbare vorherige Anklage und damit reichlich unmotiviert (vgl. höchstens Mk 11 1-10). Für Lk stand fest, daß Christsein für korrekt vorgehende römische Beamte kein Verurteilungsgrund war; Joh verschärfte die Verlogenheit der jüdischen Ankläger Jesu durch den Kontrast im Wissen des Pilatus um Jesu Unschuld. Daher ist es m.E. nicht unbedingt literarkritisch signifikant, daß beide eine Unschuldserklärung und ein Freilassungsangebot des Pilatus für Jesus (Lk 23 4.16a Joh 18 38b.39) und auf einen weiteren Versuch des Pilatus, den Prozeß abzubrechen und Jesus freizulassen (Lk 23 22b Joh 19 6b), eine erneute Hinrichtungsforderung (Lk 23 23 Joh 19 15a) eingefügt haben.
[61] Vgl. C. K. Barrett, Joh 59–71.

I. Zu den Quellen

Auch ein Motiv für die spätere Ergänzung des Mk-Evangeliums, aus inhaltlichen und sprachlichen Gründen wahrscheinlich durch den gleichen Autor, läßt sich ermitteln. Denn in der ursprünglichen Fassung des Evangeliums hatte Mk nur an einer Stelle die Bedeutung des Wirkens Jesu für den nichtjüdischen Bereich andeutungsweise thematisiert: in der Heilung des besessenen Geraseners 5 1-20. Zwar widerspricht es den geographischen Gegebenheiten, daß in dieser Erzählung Jesus sich auf der anderen Seite des Sees Genezareth im Gebiet von Gerasa befindet, das tatsächlich ca. 40 km südlich vom See und ca. 20 km östlich vom Jordan-Graben liegt.[62] Doch einige Motive in der Erzählung weisen mehr oder weniger deutlich auf nichtjüdisches Ambiente hin: Der Besessene wohnt in einer Grabhöhle, einem Ort der Unreinheit (V. 2f.5); er erkennt Jesus schon von weitem (ἀπὸ μακρόθεν wie in 8 3 als Signalwort für weltweite Nachfolge); die Dämonenschar heißt Legion (V. 9.15); in der Nähe hält sich eine Schweineherde auf (V. 11-13); der Geheilte verkündet die Wundertat im Gebiet der Dekapolis (V. 20).

Andererseits bleibt das Verhältnis Jesu zu diesem nichtjüdischen Bereich noch distanziert: Die ganze Erzählung weist auffallende humoristische Züge auf, während ein Verweis auf vollmächtige Lehre ganz fehlt; die Schweineherde ersäuft im See (V. 13); die Bewohner des Gebietes bitten Jesus weiterzuziehen (V. 17); der Geheilte darf Jesus nicht nachfolgen (V. 18f); wie andere Geheilte durchbricht er das Schweigegebot, hier in Form des auf das eigene Haus begrenzten Verkündigens, und mißversteht die Tat in ihrer Reduktion auf Jesu Wundermacht (V. 19f); die Bevölkerung registriert ebenso wie im jüdischen Kontext nicht die wahre Bedeutung der Wunder Jesu (V. 15.20); Jesus kehrt nach dieser Begebenheit wieder in jüdisches Gebiet zurück (V. 21f).

Dagegen betritt Jesus in der Ergänzung Mk 6 53 – 8 13 ausschließlich nichtjüdisches Gebiet,[63] verwirft in Distanzierung zum gesamten Judentum (7 3f) die Ansicht, Speise könne die Ursache von Unreinheit sein (7 15.19), und heilt die Tochter einer nichtjüdischen Syrophönizierin (7 24-30). Offenbar wollte Mk nachträglich die Mission an Nichtjuden deutlicher im Leben Jesu verankern.[64]

---

[62] Daher korrigieren etliche Textzeugen den Ortsnamen zu Gadara (ca. 10 km südöstlich des Sees Genezareth; so schon Mt 8 28, nicht jedoch Lk 8 26) oder Gergesa (evtl. tatsächlich am Ostufer).

[63] Mk 7 24 Gegend von Tyrus; 7 31 Sidon, wohl auch das Gebiet der Dekapolis am See Genezareth; unsicher 8 10 Dalmanutha.

[64] Als kaum begründete Vermutung für die Speisung der 4000 in Mk 8 1-9 füge ich an: Schon das erste Speisungswunder 6 35-44 war transparent für das Herrenmahl (V. 41, so auch 8 6). Vielleicht erklären sich bei den Körben die symbolischen Zahlen Zwölf in 6 43 (jüdischer Kontext) und Sieben in 8 8 (nichtjüdischer Kontext; vgl. καί τινες αὐτῶν ἀπὸ μακρόθεν ἥκα-

Ein kleines Indiz für diese Deutung bietet vielleicht auch Mk 13,10: Zu Gottes apokalyptischem, schon uranfänglich festgelegtem Weltplan gehört, daß das Evangelium der ganzen Völkerwelt verkündigt werden muß. Mt übernimmt diese Passage in verkürzter Form, weil er die gesamte Verfolgungsankündigung schon in die Aussendungsrede zur Israel-Mission vorzieht (Mt 10,18). Lk orientiert sich im Kontext zwar an Mk, bietet aber zu Mk 13,10.11a keine Entsprechung.[65] Vermutlich stammt daher auch Mk 13,10 mit der nun nötigen Überleitung 13,11a aus der sekundären Bearbeitung des Mk: Die Verzögerung des Endes wird jetzt nicht mehr nur mit dem prophetischen Einblick in Gottes Weltplan begründet (V. 7f aus der Vorlage, V. 23 testamentarisch von Mk), sondern zusätzlich mit der Notwendigkeit, zuerst die gesamte Welt mit der Evangeliumsbotschaft zu konfrontieren, um endzeitliche Rettung oder Verurteilung rechtskonform vollstrecken zu können (V. 10 εἰς μαρτύριον αὐτοῖς).

Als Konsequenz dieser literarkritischen Scheidung im Mk-Evangelium ergibt sich für diese Arbeit: Kurz nach der Tempelzerstörung 70 n. Chr. vertrat das Mk-Evangelium noch eine weitgehend jüdische Orientierung des Wirkens Jesu und damit die wahrscheinliche Annahme, Mk habe im wesentlichen jüdische Leser im Blick gehabt. Mk als eine der ältesten relativ verläßlich datierbaren umfangreicheren Quellen der Jesus-Überlieferung vertritt, anders als die um wenige Jahre ältere Spruchquelle, noch keine profilierte Öffnung zu den Nichtjuden.

Eine weitere wichtige Konsequenz dieser literarkritischen Bestimmungen betrifft die Deutung der *minor agreements*. Sie gelten in der Regel als Hinweis dafür, daß Mt und Lk eine bereits überarbeitete Version des Mk-Evangeliums zur Grundlage ihrer Darstellung gemacht haben, die allerdings zugunsten einer älteren Fassung verlorengegangen ist.[66] Daß eine nachträgliche Bearbeitung, die zumindest Mt und Lk unabhängig voneinander kannten, in der Textüberlieferung

---

σιν V. 3) als Reminiszenz an den Zwölferkreis als Leitungsgremium der aramäischsprachigen Jerusalemer Gemeinde (Act 1,15-26 6,2 1Kor 15,5 u.ö.) und an den Siebenerkreis der griechischsprechenden (hinter Act 6,5). Dann wäre die Aussage-Intention der beiden eng verwandten Speisungswunder: Die Segnungen des Herrenmahls kommen allen Menschen zugute, Juden wie Nichtjuden.

[65] Nicht recht überzeugend ist das Argument, Lk habe Mk 13,10 ausgelassen, weil die Mission an Nichtjuden in seinem Geschichtsplan kein Endereignis sei (so H. Conzelmann, Mitte 118f). Denn diese Mission ist auch bei Mk kein Endereignis, sondern stellt nur den Grund für die Verzögerung des Endes dar, weil die nichtjüdische Völkerwelt ebenfalls für ein gerechtfertigtes Vernichtungsgericht oder Eingehen in das Gottesreich die Evangeliumsbotschaft hören muß. Und in Lk 10,1-12 symbolisiert die Zahl 72 in Anlehnung an Gen 10 bereits die Missionierung aller Völker (s. S. 77 Anm. 107).

[66] A. Ennulat, Agreements; A. Fuchs, Aufwind; mit zufällig gleicher Bearbeitung rechnet dagegen F. Neirynck, Theory.

I. Zu den Quellen

durch eine ursprünglichere verdrängt worden sein soll, ist für sich genommen schon recht unwahrscheinlich. Stimmt die obige Mk-Theorie, dann kann diese Deutung der *minor agreements* prinzipiell nicht mehr zutreffen, weil die überlieferte Mk-Fassung der späteren entspricht, die Lk und Joh noch nicht vorliegen hatten. Die Übereinstimmungen zwischen Mt und Lk gegen Mk im Mk-Stoff beruhen folglich eher auf zufällig gemeinsamen sprachlichen Verbesserungen – Verschlechterungen in einer späteren Mk-Bearbeitung sind unwahrscheinlich – oder, was m.E. zu selten in Betracht gezogen wird, auf der Existenz paralleler Überlieferungen, die Mt und Lk nur in Spuren in die Mk-Vorlage eingearbeitet haben.[67] Wenn nicht als zufällig gemeinsame sprachliche Verbesserungen oder nicht als rudimentäre Integration verwandter Überlieferungen erklärbare Übereinstimmungen gegen Mk vorliegen, dann müßten solche *minor agreements* nach meiner Mk-Theorie darauf zurückgeführt werden, daß der überlieferte Mk-Text eine dritte Auflage wiedergibt, welche weder Lk und Joh (erste Auflage) noch Mt (zweite Auflage) kannten. Eine umfassend geprüfte Entscheidung für diesen letzten Fall kann ich allerdings an dieser Stelle nicht vorlegen.

Wenn man kleinere Quellen (etwa die Gleichnissammlung in Mk 4, die kleine Apokalypse in Mk 13, einen im Umfang umstrittenen Passions- und Auferstehungsbericht in Mk 14 – 16),[68] mögliche Überschneidungen beispielsweise zwischen Mk einerseits und Q oder Mt-Lk^S andererseits und mögliche bzw. sichere literarische Bezüge der (späteren) außerkanonischen Evangelien unbeachtet läßt, stellt sich nach den Erörterungen in diesem Kapitel die traditionelle Zwei-Quellen-Theorie leicht modifiziert dar:

---

[67] Vgl. beispielsweise die Analysen zu Mt 3₁₁ par. Lk 3₁₆ mit Mk 1₇f auf S. 161f, zu Mt 3₁₆ und Lk 3₂₁ mit Mk 1₉f auf S. 149 Anm. 1, zu Mt 13₃₁-₃₃ par. Lk 13₁₈-₂₁ mit Mk 4₃₀-₃₂ auf S. 186–189 und zu Mt 22₃₄-₄₀ par. Lk 10₂₅-₂₈ mit Mk 12₂₈-₃₄ auf S. 154 Anm. 32.

[68] Ich gehe nicht von der Existenz einer zusammenhängenden Semeia-Quelle für das Joh-Evangelium aus. Das Hauptargument, die falsche Wunderzählung in Joh 2₁₁ 4₅₄ (weitere Wunder in 2₂₃ 3₂), läßt sich zwar nicht gut mit dem Hinweis bestreiten, es handele sich um das zweite erzählte Wunder. Aber es ist das zweite Kana-Wunder. Die Zählung schuf Joh, um die Ringkomposition 2₁–4₅₄ anzudeuten, welche die Begegnung Jesu mit dem Judentum (2₁–3₃₆), mit den (halbjüdischen) Samaritanern (4₁-₄₂) und einem nichtjüdischen (s. S. 30 Anm. 100) Beamten schildert. 20₃₀f bildete das ursprüngliche Ende des Joh-Evangeliums. Die Annahme, Joh habe sein Evangelium mit einem aus der Semeia-Quelle übernommenen, aber von ihm ausschließlich bestrittenen Wunderverständnis beendet, ist gewiß falsch. Daß 2₁-₁₁ und 4₄₆-₅₄ ein semitisierendes Griechisch mit nur geringen Spuren joh Stilmerkmale aufweisen, spricht zwar für ihren traditionellen Charakter, nicht jedoch für eine zusammenhängende Quelle.

148 B. Rekonstruktion des Wirkens Jesu

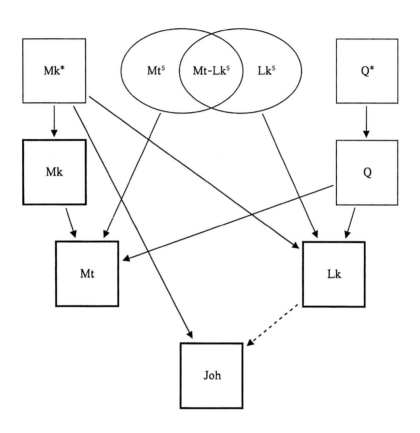

II. Die Taufe Jesu durch Johannes den Täufer

1. Datenermittlung

Neben der Kreuzigung stellt die Taufe Jesu durch Johannes den Täufer nicht nur ein weitgehend sicheres Faktum dar, sondern erlaubt auch bei vorsichtiger Auswertung, den bestimmenden Horizont seiner Botschaft und seines Wirkens zu eruieren und zugleich den Möglichkeitsraum für seine Eigenständigkeit gegenüber dem Täufer abzustecken.

Mk 1 9-11 stellt den ältesten Bericht über die Taufe Jesu durch Johannes den Täufer dar.[1] Mt 3 13-17 fußt auf dieser Erzählung, mildert allerdings in V. 14f redaktionell die Anstößigkeit ab, daß Jesus, und nicht Johannes, die Taufe empfängt.[2] Lk hat vor den Taufbericht Lk 3 21f die Erzählung von der Gefangennahme des Täufers eingefügt (3 19f aus Mk 6 17f) und den Text so bearbeitet, daß Jesus nicht mehr von Johannes getauft wird.[3] Joh, der Material über den Täufer im Mk-Evangelium benutzt, übergeht die Taufe Jesu vollständig.[4]

Bei dieser Überlieferungslage stellt sich die Frage, ob der Bericht von der Taufe Jesu sich nicht doch einem frühchristlichen Interesse verdankt. In der Tat könnte er mit dem mk Darstellungswillen gut übereinstimmen.[5] Mehrere Beobachtungen sprechen allerdings dagegen, daß der Bericht und die Taufe von Mk auch erfunden worden sind. Zum einen ist der Anteil mk Sprache in Mk 1 9-11 nicht sehr hoch und beschränkt sich im wesentlichen auf V. 9a.[6] Zum anderen finden

---

[1] Die Übereinstimmungen zwischen Mt 3 16 und Lk 3 21f gegen Mk 1 9f reichen m.E. nicht aus, für Mt-Lk^S bzw. für Q eine Überlieferung zur Taufe Jesu zu postulieren (vgl. U. Luz, Mt I 151 Anm. 2). Die Wandlung des finiten Verbs ἐβαπτίσθη in die entsprechende Partizipform, bei Mt im nom., bei Lk im gen., stellt eine von beiden Evangelisten gegenüber der Mk-Vorlage häufig geübte sprachliche Bearbeitung dar. Auch das Kommen des Geistes ἐπ' αὐτόν (statt εἰς αὐτόν) drückt das Herabsteigen von oben besser aus. Auffällig bleibt nur die gemeinsame Abänderung des μk σχίζομαι (Anlehnung an Jes 64 1LXX?) in ἀνοίγομαι. Sie entspricht aber dem üblichen Sprachgebrauch (vgl. Jes 64 1 LXX Hes 1 1 LXX 3Makk 6 18 Joh 1 51 Act 10 11 Apk 19 11; mit σχίζομαι nur Mk 1 10).

[2] Zu den zahlreichen mt Spracheigentümlichkeiten in Mt 3 14f s. U. Luz, Mt I 150 Anm. 1.

[3] Diese Umstellung entspricht der starken Tendenz des Lk, Jesus weit vom Täufer abzurücken (vgl. die von Lk in Lk 9 7-9 Herodes in den Mund gelegte Ablehnung, Jesus könne der wiedererstandene Täufer sein).

[4] Im Rahmen des Joh-Evangeliums, das die Taufe zu einem Zeichen für die Geisttaufe des Offenbarers reduziert (Joh 1 24-34), bilden wohl nur die Jünger Jesu (3 22) das Subjekt zu ἐβάπτιζοντο in V. 23b. Für die möglicherweise verwendete Tradition könnte auch Jesus impliziert gewesen sein (s. S. 169–172).

[5] Siehe S. 22–24.

[6] Die Zeitbestimmungen ἐν ἐκείναις ταῖς ἡμέραις (Mk 1 9) und καὶ εὐθύς (V. 10) stammen sehr wahrscheinlich von Mk: Die erste findet sich außer in 1 9 noch in 8 1 13 24 (in allen Fällen Mk^R), sonst aber nicht mehr im NT, und die zweite 24x bei Mk und sonst nur noch in Mt 13 20 Lk 6 49

sich einige Wendungen, die sich vom redaktionellen V. 5 und dem mk Sprachgebrauch unterscheiden.[7]

Daß eine Erzählung über die Taufe Jesu durch Johannes Mk vorgelegen hat, besagt allerdings noch nicht, daß sie ein historisches Faktum wiedergibt. Da folglich die mk Evangeliumskomposition als Ursache für eine solche Legendenbildung ausscheidet, fällt es aber schwer, andere mögliche Gründe in der frühchristlichen Theologiegeschichte dafür anzugeben. Für die Historizität der Taufe Jesu sprechen außerdem etliche Beobachtungen zu synoptischen Texten, welche sich ohne diese Taufe kaum oder überhaupt nicht erklären lassen.

In allen frühchristlichen Überlieferungen zu Johannes dem Täufer erscheint dieser nämlich nirgendwo als Gegner Jesu. Das frühchristliche Bild vom Täufer unterscheidet sich in dieser Hinsicht erheblich von der Darstellung anderer jüdischer Gruppierungen und religiöser Funktionsträger. Diese tauchen fast durchweg als Kontrahenten Jesu auf, die auch vor Bösartigkeiten nicht zurückschrecken.

a) Die Pharisäer

Obwohl die Pharisäer in der frühchristlichen Literatur die bedeutendste jüdische religiöse Gruppierung darstellen, läßt sich nur relativ wenig über ihr Programm im 1. Jh. n. Chr. ermitteln, weil sämtliche Quellen über sie tendenziös oder unzuverlässig sind. In den Evangelien dienen sie teilweise als Repräsentanten des Judentums und notorische Gegner Jesu (s.u.). Josephus gestaltet in seinem Bericht über die Pharisäer diese als stoische Philosophenschule.[8] In der schon aus Datierungsgründen nur vorsichtig benutzbaren rabbinischen Literatur wirft ihre Identifizierung (פרושים) öfter Probleme auf. Der hier vorherrschende Kontinuitätsgedanke zwischen Pharisäern und Rabbinen scheint in manchem dogmatische Konstruktion zu sein.[9]

Recht verläßlich kann den wichtigeren Quellen Josephus und Neues Testament entnommen werden, daß die Pharisäer die Thora akri-

---

Joh 13:32 Act 10:16; die erste ist außerdem lediglich in Verbindung mit dem vorher Erzählten sinnvoll. Vielleicht stammt die Schilderung von Jesu Kommen ἀπὸ Ναζαρὲτ τῆς Γαλιλαίας ebenfalls von Mk, um hier bereits den Konflikt mit πᾶσα ἡ Ἰουδαία χώρα καὶ οἱ Ἱεροσολυμῖται πάντες (Mk 1:5) anzudeuten (vgl. etwas anders R. Pesch, Mk I 87.89).

[7] Βαπτίζομαι εἰς τὸν Ἰορδάνην Mk 1:9b statt ... ἐν τῷ Ἰορδάνῃ ποταμῷ V. 5; vielleicht auch die Verwendung von Ἰησοῦς und Ἰωάννης ohne Artikel (vgl. R.C. Nevius, Names 10–28.45f) und der pl. von οὐρανός, der bei Mk sonst nur aus der Tradition zu stammen scheint (11:25 12:25 13:25).

[8] Josephus, Vita 12.

[9] Siehe als Extrembeispiel P. Schäfer, Pharisäismus 170.

II. Die Taufe Jesu durch Johannes den Täufer

bisch befolgten.[10] Dabei wurden z.B. die Verzehntung sehr genau genommen[11] und priesterlich-kultische Reinheitsvorschriften in den Alltag übernommen.[12] Zu den Thora-Geboten traten offenbar gleichgewichtig durch Auslegung geschaffene oder nachträglich gerechtfertigte Erweiterungen[13] mit allgemeiner Gültigkeit (Josephus, Ant XIII 288). Weiterhin galten die Pharisäer im Unterschied zu den Sadduzäern (s.u.) als Vertreter einer endzeitlichen Auferstehungserwartung.[14] Der engere Kreis der Pharisäer könnte genossenschaftlich organisiert gewesen sein (Josephus, Bell II 166). Pragmatismus und Hinwendung der Pharisäer zu den breiten unteren Schichten der jüdischen Gesellschaft ließen sie zu einer Art Volkspartei werden.[15]

Im Mt-Evangelium treten die Pharisäer zusammen mit den Schriftgelehrten und Sadduzäern schematisch als Feinde Jesu und des Täufers auf.[16] Gegenüber der Mk-Vorlage werden sie in der Passionserzählung jetzt auch für Jesu Tod verantwortlich gemacht (Mt 21 45 27 62). Für Mt repräsentieren diese drei Gruppen das Judentum, das aufgrund hartnäckiger Verschlossenheit gegenüber der Botschaft Jesu die endzeitliche Rettung verspielt hat (23 39 gerichtsdoxologisch).

Die Schematisierung der Pharisäer als Gegner Jesu zeigt sich auch im Joh-Evangelium. Nach anfänglichem Interesse an der Johannes-Taufe (Joh 1 24) reagieren sie auf die Wirkung der Wunder Jesu in der jüdischen Volksmenge mit offener Feindschaft (7 32). Als Gegner Jesu aus Prinzip (9 13-34 12 42, vgl. 41 7 47f) beschließen sie nach der Auferweckung des Lazarus zusammen mit den Oberpriestern und dem Synhedrium seinen Tod (11 46-53). Lediglich der Pharisäer Nikodemus interessiert sich für Jesu Botschaft, die er allerdings als irdisch Gesinnter mißversteht (3 1-21). Immerhin warnt er vor einer ungeprüften Verurteilung Jesu (7 50) und begräbt zusammen mit Joseph von Arimathaia den Leichnam Jesu (19 39).[17]

---

10 Josephus, Bell I 110.648, Ant XVII 41, XX 43, Vita 191, Act 22 3.
11 Mt 23 23 par. Lk 11 42.
12 Mk 7 3f, Mt 23 25 par. Lk 11 39; zu beidem vgl. mDem 2 2f mHag 2 7 u.ö. Die vollständige Übernahme priesterlicher Reinheitsvorschriften in den Alltag bestreitet E.P. Sanders, Law 155.163 u.ö.
13 Josephus, Ant XIII 296-298.408, Gal 1 14 Mk 7 3.5.8, aber noch nicht unbedingt als mündliche Thora auf Mose am Sinai zurückgeführt (so mAv 1 1 u.ö.).
14 Josephus, Bell II 163, Ant XIII 14, Act 23 8; vgl. Josephus, Bell II 162, Ant XIII 172.
15 Vgl. Josephus, Bell I 648, II 162.166.411, Ant XIII 288.298, XVIII 15.17, Act 5 34. Wahrscheinlich gab es auch in der jüdischen Diaspora pharisäische Gruppen (Mt 23 15 Phil 3 5), so daß die Anbindung des Paulus an Jerusalem und den Pharisäismus wie öfter bei Lk dessen Konstruktion sein könnte (Act 22 3 26 4f).
16 Vgl. Mt 3 7 5 20 6 1-18 15 12-14 16 6.11f 23 1-33 u.ö.
17 Die pauschale Zuweisung der Pharisäer zu den Juden (vgl. dagegen Joh 6 52 7 11 8 30f 10 19-21 u.ö.), zur Welt und zur Sphäre des Unglaubens (so z.B. H.-F. Weiß, Pharisäer 483f) stimmt also nicht ganz.

Im Versuch des Lk, zwischen Israel, Jesus und der Kirche eine Kontinuität zu schaffen, dienen in seiner Darstellung des Paulus die Pharisäer als wichtiges Bindeglied.[18] Die Behauptung, Lk bewahre hiermit eine historische Erinnerung über die Nähe zwischen Jesus und den Pharisäern,[19] läßt sich allerdings nicht verifizieren.

Gegenüber seinen Quellen tilgt Lk an Negativem über die Pharisäer nur deren in Mk 3,6 ausgedrückte Tötungsabsicht (Lk 6,11). Andere pharisäerkritische Äußerungen seiner Quellen behält er bei[20] und fügt einige sogar ein.[21] Auffällig ist, daß Lk außerdem redaktionell die Pharisäer als eine Gruppe darstellt, die Jesus vor Herodes warnt (13,31), die am Wirken Jesu interessiert ist und ihm aufrichtige Fragen stellt (17,20) und ihn, anredend mit διδάσκαλε, um sein Eingreifen bittet (19,39). Vor diesem Hintergrund ist es möglich, daß Lk auch in 7,36-50 14,1-6, wo ein Pharisäer Jesus zum Mahl einlädt (vgl. 11,37f), die Erwähnung des Pharisäers erst geschaffen hat.[22]

Kaum differenzierter stellt sich das Bild der Pharisäer im Mk-Evangelium dar. Zwar beschließen sie in Mk 3,6 zusammen mit den Herodianern gegen die Darstellung der Passionserzählung im Anschluß an eine Sabbat-Heilung Jesu Tod (vgl. 2,24). Zwar stellen sie Jesus böswillige Fangfragen (10,2 12,13),[23] können in gefährlicher Weise auch die Gemeinde unterwandern (8,15), stehen nach der zweiten Mk-Edition zusammen mit allen Juden als Gegengruppe da (7,13) und fordern ein himmlisches Beglaubigungszeichen (8,11). Aber in 2,18 wird ihre Fastenpraxis mit derjenigen der Johannes-Jünger zusammengebracht; beide Gruppen fragen in aufrichtigem Interesse diesbezüglich bei Jesus nach. Im Überlieferungsbereich Q werden Pharisäer nur in Wehe-

---

18 Act 22,3 mit 5,34; vgl. 23,6-9.
19 Vgl. H.-F. Weiß, Pharisäer 483; G. Theißen – A. Merz, Jesus 212.
20 Anfragen der Pharisäer zu Themen der Lehre: Mk 2,18 par. Lk 5,33, Mk 2,24 par. Lk 6,2; sie suchen Streit mit Jesus: Lk 6,7 in Anlehnung an Mk 3,6; Weherufe gegen Pharisäer: Mt 23,25.23.(6f) par. Lk 11,39.42f; die Beispielerzählung vom Pharisäer und Zöllner in Lk 18,9-14 aus Lk^S; zu Mk 8,15 mit Lk 12,1 s. S. 139f; Mk 7,1-13 8,10-13 10,1-12 fehlt komplett bei Lk.
21 In Lk 5,17.21 erweitert Lk die Gegner Jesu im Streit um die Sündenvergebung um die Pharisäer (gegen Mk 2,1.6). Mk 2,16 wird außer in Lk 5,30 noch in 15,2 übernommen. 7,29f ist Lk^R (s. S. 169): Die Pharisäer und Gesetzeskundigen verweigern sich dem Heilsratschluß Gottes. 11,37f hat Lk wohl in Anlehnung an Mk 7,2 als Einleitung zu den Weherufen gegen die Pharisäer (Lk 11,39-44) und Schriftgelehrten (11,46-52) aus Q formuliert; ihr Anlaß sind Reinheitsfragen bei Tisch. Am Ende der Weherufe läßt Lk beide Gruppen mit Fangfragen gegen Jesus auftreten (11,53f). Den Pharisäern als weitere Hörer von Lk 16,1-13 bescheinigt Lk in V. 14 Geldgier und Spottlust.
22 Beide Erzählungen setzen nur die Gesetzestreue des Einladenden voraus, nicht jedoch seine pharisäische Identität. Ein schwaches Indiz für lk Redaktion zeigt die mit 7,36-50 verwandte Überlieferung in Mk 14,3-9, in welcher der Gastgeber ebenfalls Σίμων heißt, aber nicht als Pharisäer bestimmt wird, sondern als Aussätziger (vgl. den auferweckten Lazarus in Joh 12,1-8).
23 Die Versuchungsabsicht gehört in Mk 10,2 zur Mk-Redaktion, ursprünglich waren sie bei der Frage zur Ehescheidung offen und interessiert (s. S. 94).

rufen genannt:[24] Sie verfehlen die Basileia und hindern andere am Eintreten, und sie gehen am Wesen der Thora vorbei.

b) *Die Schriftgelehrten*

Auch die Schriftgelehrten, Gesetzeskundige ohne eindeutige theologische Gruppenzugehörigkeit,[25] treten in den synoptischen Evangelien[26] häufig als Gegner Jesu auf. Deren Präsentation fällt aber teilweise günstiger aus. Gemäß ihrer Ausbildung debattieren sie bei Mk oft mit Jesus über die Gesetzesauslegung oder über weitergehende theologische Streitfragen. Zwar überwiegend in gegnerischer Position befindlich,[27] kann Jesus ihre Lehrmeinungen auch übernehmen (Mk 9 11 *Elias redivivus*), ja sogar hinsichtlich des Wesens der Thora Übereinstimmung feststellen (12 28-33).[28] Neben den Oberpriestern und teilweise auch den Presbytern in Jerusalem gelten sie als die Hauptverantwortlichen für die Hinrichtung Jesu.[29]

Nicht eindeutig sind die Belege aus Mt-Lk^S für die γραμματεῖς. Nach Mt 8 19f (par. Lk 9 57f) bittet ein Schriftgelehrter (Lk nur τις) um Aufnahme in die Nachfolge, die er als Beginn eines Lehrer-Schüler-Verhältnisses begreift (διδάσκαλε nur Mt). Doch Jesus konfrontiert diese Erwartung mit der Notwendigkeit der völligen Preisgabe heimatlicher Geborgenheit. Da nur von Mt gebotene Textelemente die Einschränkung der Nachfolge auf Schülerschaft bieten und Mt durchaus auch positiv von christlichen Schriftgelehrten reden kann,[30] liegt m.E. mt Redaktion näher als lk Auslassung.[31] Die Schriftgelehrten als Gegner in der Beelzebul-Kontroverse in Mt 12 38 (par. Lk 11 16 ἕτεροι) standen wohl nicht in Q, da ihre Nennung leicht mit Mk 8 11 erklärt werden kann. In der Redekomposition Mt 23 gegen Pharisäer und Schriftgelehrte spricht in V. 34 nicht mehr die himmlische Weisheit

---

[24] Sicher nur in Mt 23 23 par. Lk 11 42, Mt 23 25 par. Lk 11 39, wahrscheinlich aber auch in Mt 23 13 (par. Lk 11 52: νομικοί typisch für Lk, s. außer Mt 22 35 par. Lk 10 25 nur noch Lk 7 30 11 45f.52 14 3) und Mt 23 26 (par. Lk 11 40: ἄφρονες, in den Evangelien nur noch Lk 12 20). Alle diese Texte stammen wohl aus Q.

[25] Vgl. Mk 2 16 οἱ γραμματεῖς τῶν Φαρισαίων, Schriftgelehrte in der mt Gemeinde Mt 13 52 23 34; für die rabbinische Zeit s. A.J. Saldarini, Pharisees 241–276.

[26] Im Joh-Evangelium werden sie nicht erwähnt (Joh 8 3 sekundär). Ebenso fehlen sie in Q und wohl auch in Mt-Lk^S (s.u.).

[27] Mk 2 6 (Sündenvergebung), 2 16 (unreine Mahlgemeinschaft), 3 22 (Exorzismen), 7 1-5 (Wesen der Unreinheit), 9 14 (unspezifisch), 11 27-33 (Vollmachtsfrage), 12 35-37 (Messias als Davidssohn). Vgl. auch 1 22 (Jesu Vollmacht größer als die der Schriftgelehrten) und 12 38-40 (sie sind verlogen).

[28] Mit Mk 12 34 hat Mk eine leichte Einschränkung dieser positiven Bewertung vorgenommen (s. S. 70f).

[29] Mk 8 31 10 33 11 18 14 1.43.53 15 1.31.

[30] Mt 13 52 23 34.

[31] Gegen U. Luz, Mt II 21.

(so die Parallele Lk 11,49), sondern der „historische" Jesus als fleischgewordener Gottessohn. Daher mußte Mt die Sendung der ἀπόστολοι durch die der σοφοί und γραμματεῖς ersetzen.
Mt und Lk setzen im wesentlichen die Darstellung der Schriftgelehrten bei Mk fort, tilgen allerdings die überwiegend positive Schätzung in Mk 12,28-34.[32] Lk betont mehrfach deren Tötungsabsicht,[33] Mt ihre unzureichende Gerechtigkeit und Verlogenheit.[34]

c) Die Oberpriester

Fast nur im Zusammenhang mit dem Prozeß Jesu erscheinen die Oberpriester des Jerusalemer Tempels[35] durchgehend als seine Gegner. Sie sind neben anderen wesentlich für Verhör und Anklage zuständig. Zu den zahlreichen Belegen in der Passionserzählung des Mk kommen im Mk-Evangelium nur noch zwei in der ersten und dritten Weissagung von Leiden, Tod und Auferstehung Mk 8,31 10,33 hinzu. Die wenigen wirklich von Mk unabhängigen Erwähnungen von Oberpriestern bei Mt und Lk schildern sie ebenfalls nur als Feinde Jesu.[36] Eng mit ihrer Funktion sind die Presbyter, das Synhedrium und der Hohepriester in Jerusalem verbunden.

d) Die Sadduzäer

Die Sadduzäer, Angehörige des priesterlichen Geschlechts, spielen in Mk 12,18-27 par. Mt 22,23-33 Lk 20,27-40 als Auferstehungsleugner eine profilierte Rolle.[37] Wahrscheinlich wegen ihrer Verbindung zum

---

[32] Wegen häufiger *minor agreements* zwischen Mt 22,34-40 und Lk 10,25-28 gehe ich davon aus, daß Mt und Lk zusätzlich eine Parallelüberlieferung (nicht Deutero-Mk) kannten. In dieser trat statt des mk γραμματεύς ein νομικός mit der Absicht böswilliger Versuchung auf. In letzterem dürfte der Grund für die Entscheidung von Mt und Lk gegen die Mk-Version liegen.

[33] Lk 6,7 gegen Mk 3,6, Lk 20,19 gegen Mk 12,12, Lk 23,10.

[34] Mt 5,20 redaktionell; sieben Weherufe in Mt 23, teilweise redaktionell.

[35] Im Plural ἀρχιερεῖς, der in den Evangelien und in Act oft verwendet wird, liegt keine summierende Zusammenfassung der Hohenpriester vor, sondern eine Bezeichnung der Oberpriester (vgl. den Tempeloberst in Act 4,1 5,24.26, Josephus, Ant XX 131, die Tempelaufseher in Lk 22,4.52; s. J. Jeremias, Jerusalem II B 21-24.39f; G. Schrenk, ἱερός 270-272, und zum Plural Josephus, Bell II 316-322 u.ö.).

[36] Die ἀρχιερεῖς καὶ γραμματεῖς τοῦ λαοῦ in Mt 2,4 geben Auskunft über den Geburtsort des Judenkönigs. Sie gehören erzählerisch hier schon im Verbund mit Herodes und den Jerusalemern, im Gegensatz zu den nichtjüdischen Weisen, zu den Gegnern Jesu. Das Verhalten der Oberpriester in 27,3-10 (Selbstmord des Judas) ist äußerst sarkastisch, in 27,62-66 mit 28,11-15 (Grabwache und Wächterbestechung) verlogen. Mt 21,45 und Lk 20,19 verdeutlichen unabhängig voneinander das offene Subjekt in Mk 12,12 unter anderem mit ἀρχιερεῖς, identifizieren sie also mit den bösen Winzern. Lk 24,20 erinnert an die Hinrichtung Jesu durch die ἀρχιερεῖς καὶ ἄρχοντες (typisch lk, vgl. 23,13.35 Act 3,17 4,5.8.26 13,27).

[37] Daher erwähnt Lk sie auch in Act 4,1 23,6-8. In Q, Mt-Lk^S und Joh kommen die Sadduzäer nicht vor.

II. Die Taufe Jesu durch Johannes den Täufer

Tempelkult in Jerusalem und daher ihrer Nähe zum Taufort des Täufers führt Mt sie auch in Mt 3 7 redaktionell als Objekt der prophetischen Beschimpfung ein. Neben den Pharisäern (so Mk 8 11) nennt Mt 16 1 auch die Sadduzäer, um gegenüber der Zeichenforderung in 12 38 eine Steigerung zu erreichen (daher auch in 16 6.11f).

Trotz der deutlichen Tendenz der frühchristlichen Überlieferung, jüdische theologisch profilierte Gruppen mehr und mehr zu schlimmen Gegnern Jesu zu machen, kann man nicht schließen, daß die gelegentlich anzutreffende freundlichere Beschreibung der Pharisäer und Schriftgelehrten die Verhältnisse im Leben Jesu widerspiegeln. Angesichts der durchweg negativen Rolle der Oberpriester und Sadduzäer ist nämlich auch gut vorstellbar, daß in einer ersten Phase der Enttäuschung der Erwartung, das gesamte Gottesvolk werde Jesu Botschaft annehmen,[38] eine verstärkte Hinwendung im frühen Christentum zu denjenigen frühjüdischen Gruppen stattfand, zu denen noch eine gewisse theologische Nähe bestand.

e) Johannes der Täufer

Die frühchristlichen Aussagen zum Täufer weisen zwar keine Einheitlichkeit auf. Aber er steht in ihnen immer in einer besonderen Relation zu Jesus. In verschiedenen Schichten der Überlieferung wird das Wirken beider in Parallele gesetzt, wenn auch in unterschiedlicher Weise. In Mt 11 12f par. Lk 16 16, dem „Stürmerspruch", dessen Rekonstruktion kaum möglich ist, hebt die Gewaltanwendung gegenüber dem Himmelreich zumindest in der mt Version schon mit Johannes an.

Beide Überlieferungsvarianten[39] lassen sich als Bearbeitung des jeweiligen Evangelisten begreifen: Mt läßt schon mit dem Täufer die Verkündigung des Gottesreiches beginnen (Mt 3 2 Mt^R u.ö., s.u.), Lk rechnet ihn dagegen noch zur Zeit des Gesetzes (μέχρι inklusiv; Lk 3 21f 9 7-9 Act 1 5 10 37 [μετά c.acc. zeitlich] 13 24f 19 4, Mk 9 9-13 Elia redivivus getilgt).[40] Mt hat wahrscheinlich die Reihenfolge vertauscht, um einen besseren Anschluß an die βασιλεία τοῦ θεοῦ in Mt 11 11b zu erhalten. Folglich gehen die Abweichungen zu Lk an den jeweiligen Versanfängen und die erwähnte Schrifterfüllung wohl auf sein Konto. Zu Lk paßt, daß mit Jesus die Verkündigung des Evangeliums[41] beginnt (Lk 4 16-30 17 21). Ob Lk die angeblich anstößige Gewaltterminologie vermeiden wollte[42] oder ob Mt eine Verbin-

---

[38] S. dazu S. 192–202.
[39] Die Form des Spruches bei Justin, Dial. LI,3 (ὁ νόμος καὶ οἱ προφῆται μέχρι Ἰωάννου τοῦ βαπτιστοῦ· ἐξ ὅτου ἡ βασιλεία τῶν οὐρανῶν βιάζεται, καὶ βιασταὶ ἁρπάζουσιν αὐτήν) kann als Mischform von Mt und Lk verstanden werden (vgl. die Fortsetzung mit Mt 11 14f) und weist außer ἐξ ὅτου statt ἀπὸ τότε keine Eigenheiten auf.
[40] Gegen G. Theißen, Jünger 185.
[41] Εὐαγγελίζομαι entspricht lk Sprachgewohnheit (Mt 1x, Mk 0x, Lk und Act 25x).
[42] So urteilen die meisten Exegeten, z.B. G. Theißen, Jünger 184.

dung zu der von ihm öfter angesprochenen Verfolgungssituation[43] geschaffen hat oder ob beide hier ohne Vorlage formulierten,[44] vermag ich nur sehr vorsichtig zugunsten der letzten Möglichkeit zu entscheiden. In dieser Fassung könnte der Spruch beklagt haben, daß Gesetz und Propheten bis zum Täufer Beachtung und Gehör gefunden hätten, von da an aber die Verkündigung des Gottesreiches gewaltsam behindert worden wäre (βασιλεία τοῦ θεοῦ als Parallelbegriff zu ὁ νόμος καὶ οἱ προφῆται).

In Q 7,31-35 wurden der Täufer und Jesus in ihrem Wirken ebenfalls parallelisiert, allerdings antithetisch als Unheils- und Heilsprophet.

Diese Interpretation gilt aber teilweise nur für die vorliegende Spruchkomposition. Die Formulierung in Mt 11,16 (ἃ προσφωνοῦντα τοῖς ἑτέροις) mindert die Spannung zu V. 18f und wird daher sekundär sein.[45] Schwierig gestaltet sich die Deutung des Vergleichs. Wer entspricht „diesem Geschlecht", wer sind die zurufenden Kinder? Die Beantwortung muß zunächst vorsichtshalber von der Fortsetzung Q 7,33f absehen, denn die dortigen Akteure und ihre Handlungen lassen sich nicht mit denen des Vergleichs zur Deckung bringen. Die Einleitung zeigt mit ἡ γενεὰ αὕτη, daß ein negatives Urteil folgt, das für alle, eben auch für die zurufenden Kinder, gilt. Die Kritik richtet sich wahrscheinlich gegen eine Gleichgültigkeit untereinander, welche Freude und Schmerzen der anderen nicht mehr wahrnimmt (vgl. Röm 12,15).[46]

Der mit begründendem γάρ angefügte antithetische Parallelismus identifizierte wohl mittels der Fastenpraxis die klagenden Kinder mit Johannes dem Täufer und die zum Tanz auf der Flöte spielenden Kinder mit Jesus als dem Menschensohn. Aus der Verbindung des Vergleichs mit dem antithetischen Parallelismus kann man konstruieren, daß der Täufer als Unheils- und Jesus als Heilsprophet parallelisiert werden sollten.

Mt gleicht die Zusammenfassung der Botschaft des Täufers (Mt 3,2) wörtlich an die jesuanische an (4,17).[47] Sprüche aus der Täufer-Überlieferung werden auch Jesus in den Mund gelegt (3,10 in 7,19). Aufnahme und Ablehnung der Täuferpredigt entsprechen soziologisch derjenigen, die Jesus erfahren hat (21,32). Zwei Stellen im Mk-Evangelium bringen die Nähe zwischen Johannes und Jesus dadurch zum Aus-

---

[43] Mt 5,10-12.44 10,23 23,34. Ich deute also die βιασταί und ἁρπάζω in der mt Version negativ. Die βασιλεία τῶν οὐρανῶν bezeichnet dann, wie in vielen Thema-Angaben zu Gleichnissen, metonymisch die Dinge, die mit ihrer Verkündigung zusammenhängen.
[44] Für diese Hypothese spricht der hohe Grad an Abweichungen zwischen Mt und Lk. Καὶ βιασταὶ ἁρπάζουσιν αὐτήν bei Mt kann von diesem in anknüpfender Terminologie selbst formuliert worden sein, während καὶ πᾶς εἰς αὐτὴν βιάζεται bei Lk dessen positive Deutung des von ihm zunächst durch εὐαγγελίζεται ersetzten βιάζεται darstellt.
[45] Weitere kleinere Unterschiede der beiden Versionen wurden auf S. 62f besprochen.
[46] Die drei Deutemöglichkeiten, die in der Forschung verteten werden, weichen von der obigen ab (s. den Überblick bei U. Luz, Mt II 184-187).
[47] Auch die Jünger werden mit dieser Botschaft beauftragt (Mt 10,7), allerdings ohne Umkehrruf (μετανοεῖτε).

II. Die Taufe Jesu durch Johannes den Täufer

druck, daß als Volksmeinung[48] oder als Ansicht des Herodes[49] Jesus der wiedererstandene Täufer sei. In Q 7₂₄₋₂₈ wird sogar eine Hochschätzung des Täufers im Munde Jesu überliefert. In drei sich steigernden Fragen wird Johannes über die Propheten erhoben und als der in der Schrift geweissagte Wegbereiter Jesu bestimmt.

Mt und Lk weichen in ihrem Text nur geringfügig voneinander ab. Die ausführlichere Beschreibung der luxuriösen Kleidung bei Lk 7₂₅ stammt, wie der Sprachgebrauch zeigt, von Lk.[50] Das περισσότερον προφήτου verlangt nach einer weitergehenden Erläuterung. Daher halte ich den Schriftbezug für einen integralen Bestandteil des ursprünglichen Apophthegmas.[51] Die Trias der Fragen erhält eine größere Geschlossenheit, wenn man im Schilfrohr eine Anspielung auf Herodes Antipas sieht, der ein solches als sein Emblem auf Münzen bis etwa 26 n. Chr. prägen ließ.[52] Die beiden ersten Fragen hätten in diesem Fall Herodes Antipas im Blick, der hinsichtlich seiner rückgratlos opportunistischen Politik und seines luxuriösen Lebens scharf vom Täufer abgegrenzt wird. Als *terminus ante quem* gälte folglich das Ende seiner Regierung im Jahr 39. Diese Datierung läßt sich jedoch schwer aufrechterhalten, weil das Schilfrohr allgemeines Münzsymbol für eine Stadt an einer Quelle ist und daher wohl niemand in ihm eine Anspielung auf Herodes Antipas gesehen hätte.[53] Die Authentie des Apophthegmas ist weiterhin sehr unwahrscheinlich, da der Täufer wohl keine messianische Erwartung vertrat,[54] jedoch das zweimal ins Schriftzitat eingefügte σου eine messianische Deutung des Wirkens Jesu impliziert. Außerdem wird die Funktion des Textes erst in einer wohl nachösterlichen Problemlage verständlich: Er widersprach frühchristlichen Tendenzen der Degradierung des Täufers.

In Q 7₂₈ liegt hingegen eine solche massive Degradierung des Täufers vor, die daher nachträglich angehängt worden sein muß in Aufnahme des περισσότερον προφήτου. Eine starke Antithetik strukturiert diesen Vers: ἐν γεννητοῖς γυναικῶν μείζων Ἰωάννου – ἐν τῇ βασιλείᾳ τοῦ θεοῦ μείζων αὐτοῦ. Daher bezeichnet ἐν γεννητοῖς γυναικῶν hier nicht in banaler Weise das Menschsein,[55] sondern

---

[48] Mk 8₂₈ par. Mt 16₁₄ Lk 9₁₉.
[49] Mk 6₁₄.₁₆ par. Mt 14₂. Der lk Paralleltext (Lk 9₇) läßt die Äußerung des Herodes in Mk 6₁₄ von unbestimmten Personen stammen, die aber Herodes selbst in Lk 9₉ (zu Mk 6₁₆) ablehnt (s. Anm. 91).
[50] Ἱματισμός verwendet unter den Synoptikern nur Lk (außer in Lk 7₂₅c noch 9₂₉ gegen Mk 9₃; weiter Act 20₃₃ 1Tim 2₉; Joh 19₂₄ ist Schriftzitat). Daher dürfte auch in Lk 7₂₅b ἱμάτιον von Lk ergänzt worden sein. Ähnlich sieht es auch bei ἔνδοξος (außer hier noch in Lk 13₁₇ Lk^R; sonst nur 1Kor 4₁₀ Eph 5₂₇) und ὑπάρχω (s. S. 183 Anm. 40) aus.
[51] Gegen U. Luz, Mt II 173.
[52] Siehe G. Theißen, Rohr; ders., Lokalkolorit 26–44. Vgl. auch die Theorie von C. Daniel, hier liege ein Mißverständnis von hebr. קנא bzw. aram. קנא „eifern, Eiferer (Zelot)" als hebr. קנה bzw. aram. קניא „(Meß-)Rohr" vor. Dann müßte aber auch das Schwanken im Wind im Zuge des Mißverständnisses hinzugefügt worden sein, was diese Theorie unwahrscheinlich werden läßt.
[53] Y. Meshorer, Coins 75 (mit Verweis auf M. Avi-Yona, Founding): „And indeed this design [sc. des Schilfrohrs] also occurs on the coins of other cities situated near a source of fresh water."
[54] Siehe S. 162f und A. Scriba, Geschichte 211.
[55] So Hi 11₃.₁₂ 14₁ 15₁₄ 25₄ Sir 10₁₈ LXX.

drückt dualistisch die Gegensphäre zur Welt Gottes aus:[56] Der Täufer mag ruhig in der Sphäre irdischer, der Sünde verfallener Fleischlichkeit der Größte sein, das hat nichts zu bedeuten. Denn schon die niedrigste Person[57] im allein entscheidenden Gottesreich ist ihm überlegen.

Mit diesem Schriftbezug erscheint ein weiteres frühchristliches Deutemuster des Verhältnisses von Johannes dem Täufer zu Jesus. Der vom Täufer angekündigte Kommende wurde mit Jesus identifiziert und der Täufer selbst mit dessen in der Schrift angekündigtem Wegbereiter. Der obige Q-Text zog dafür eine Zitatkombination aus Ex 23,20 und Mal 3,1 heran. Da in dieser Kombination der LXX-Text von Mal 3,1 dominiert,[58] dachte man mit dem Wegbereiter wohl an den *Elias redivivus* (Mal 3,23f). Sehr wahrscheinlich hat auch Mk in Mk 1,2 diesen Schriftbezug zum Täufer hergestellt.[59] Im Anschluß an die Verklärung legt Mk die Deutung des Täufers als des wiedergekommenen Elia Jesus in den Mund (Mk 9,11-13 par. Mt 17,10-13; vgl. Mt 11,14 Mt^R).[60] Eine ähnliche Verhältnisbestimmung zwischen Johannes und Jesus liegt in denjenigen Texten vor, in denen der Täufer unter Aufnahme von Jes 40,3 dazu aufruft, den Weg des Herrn zu bereiten (Mk 1,3 par. Mt 3,3 Lk 3,4, Joh 1,23).[61] Κύριος bezeichnet hier Jesus.

---

[56] Gal 4,4, vgl. Sap 7,1-6 u.ö.

[57] Die Antithetik der beiden Sphären schließt aus, daß mit μικρότερος im komparativischen Sinne eine demutsvolle Selbstbezeichnung Jesu vorliegt (gegen eine häufiger vertretene Deutung, z.B. bei P. Hoffmann, Logienquelle 221-224).

[58] Gegenüber dem eindeutig überlieferten LXX-Text, der für פנה pi. ἐπιβλέψεται (= פנה qal) bietet, steht hier das dem MT entsprechende κατασκευάσει. Mich überzeugt aber nicht, daraus ein hohes Alter dieser Täuferdeutung zu folgern (so U. Luz, Mt II 175 Anm. 23), denn die frühen jüdischen Bearbeitungen der LXX hatten sicher bereits die MT-Version integriert, wie an den erhaltenen späteren Lesarten erkennbar ist: σ' σχολάζει, θ' ἑτοιμάζει (oder beide fut.), α' ἀποσκευάσει (nach Syh ܝܢܕܒ af., die allerdings α' und σ' vertauscht, s. α' und θ' zu Jes 40,3 57,14 62,10).

[59] Erwägenswert ist, ob Mk 1,2 eine frühe nachmk Interpolation im Anschluß an Lk 7,27 (vgl. hierzu die Hs. D und die Altlateiner) darstellt, denn Mt und Lk bieten gemeinsam keine Entsprechung zu Mk 1,2 (auch nicht Joh, der immerhin Mk 1,3 in Joh 1,23 aufnimmt), obwohl Lk diesen Schriftbezug nicht vermeidet (Lk 1,17.76, anders aber zu Mk 9,13). Die Zitatformel in Mk 1,2 (ἐν τῷ Ἡσαΐᾳ τῷ προφήτῃ) wäre so wieder korrekt, und die Spannung zwischen Johannes als dem Wegbereiter (V. 2) und seinem Aufruf, den Weg zu bereiten (V. 3), fiele weg. Andererseits würde die Omission von ἔμπροσθέν σου in Mk 1,2 Erklärungsschwierigkeiten bereiten.

[60] Für Mk 9,9f ist mk Verfasserschaft offensichtlich. Sprache (ὅτι „warum?" noch 9,28, πῶς „wieso?" noch 12,35), literarische Technik (esoterische Jüngerfrage noch 4,10 7,17 9,28 10,10 13,3) und Thema (leidender Menschensohn) in V. 11-13 legen ebenfalls Mk-Redaktion nahe (vgl. D. Lührmann, Mk 157).

[61] Ich halte eine Selbstdeutung des Täufers nach Jes 40,3 für nicht sehr wahrscheinlich, weil dieser Text eine Vorbereitungsleistung von Menschen (Plural!) für das Kommen Gottes fordert und damit in Spannung zum unmittelbar bevorstehenden und unausweichlichen Feuergericht steht, das der Täufer ankündigte (gegen G. Theißen – A. Merz, Jesus 192).

II. Die Taufe Jesu durch Johannes den Täufer

Im Joh-Evangelium erscheint die Predigt des Täufers dann nur noch auf die Bezeugung des himmlischen Offenbarers Jesus reduziert.[62] Außer dieser Zeugenfunktion lehnt der Täufer die Bezeichnungen „Christus", „Elia" und „Prophet" ab (1₁₉-₂₃). Auch die Taufe dient nicht mehr der Sündenvergebung im Rahmen der Umkehr (Mk 14), sondern steht nur noch in einer zeichenhaften Relation zur Geisttaufe durch Jesus (Joh 1₂₄-₃₄).

2. Folgerungen: Johannes der Täufer

a) Vorüberlegungen

Wie lautete die Botschaft, die Johannes der Täufer ausrichtete? Als Ausgangspunkt für die folgende Rekonstruktion dienen zunächst – analog zum methodischen Vorgehen bei Jesus, wenn auch hier knapper gehalten – allgemeinere Beobachtungen und Überlegungen, welche den Rahmen für die Interpretation von detaillierteren Texten über den Täufer abstecken.

Erstens bezeichnen die relevanten Quellen Johannes übereinstimmend näher mit dem Beinamen „der Täufer". In der frühchristlichen Literatur lautet er entweder ὁ βαπτιστής[63] oder seltener ὁ βαπτίζων.[64] Josephus kennt nur den Beinamen ὁ βαπτιστής (Ant XVIII 116). Daraus läßt sich schließen, daß die von Johannes praktizierte Taufe als sein Charakteristikum wahrgenommen wurde. Den unterschiedlichen traditionsgeschichtlichen Ableitungsversuchen der Johannes-Taufe[65] kommt daher von vornherein wenig Plausibilität zu; sie helfen voraussichtlich für eine Deutung der Taufe kaum weiter. Beide Beina-

---

[62] Joh 1₆-₈.₁₅.₂₃.₂₉-₃₄.₃₅f 3₂₆-₃₆ 5₃₂-₃₆ 10₄₁.
[63] Mk 6₂₅ par. Mt 14₈, Mk 8₂₈ par. Mt 16₁₄ Lk 9₁₉, Lk 7₂₀ und wohl auch 7₃₃ Lk^R, Mt 3₁ 14₂ 17₁₃ und wohl auch 11₁₁f Mt^R.
[64] Mk 6₁₄.₂₄. In Mk 1₄ belegt zwar die Lesart ὁ βαπτίζων ἐν τῇ ἐρήμῳ καὶ κηρύσσων (א, L u.a.) die *lectio difficilior* dar, ist aber wegen der gestörten Satzstruktur derart *difficilis*, daß ich sie für eine irrtümliche Angleichung in der frühen Texttradierung an die Wendung Ἰωάννης ὁ βαπτίζων halte (gegen D. Lührmann, Mk 35). Auch die Hss. B, 33 u.a. bieten den Artikel ὁ, tilgen aber dafür das καί, so daß nur κηρύσσων als Partizip zu ἐγένετο (zu dieser Konstruktion vgl. Mk 9₇) fungiert. Die ursprüngliche Lesart (ohne ὁ, mit καί; bezeugt von A, W und ähnlich auch von D, Θ, 28 und einigen Altlateinern) beschreibt das Wirken des Johannes mit den parallelen Partizipien βαπτίζων und κηρύσσων.
[65] Die jüdische Proselytentaufe als von der Sache her naheliegende Parallele ist vor 70 n. Chr. überhaupt nicht und sicher erst ab dem 4. Jh. n. Chr. belegt (Beschneidung, Tauchbad und Opfer nach SifBam 108, bKer 9a; gegen J. Jeremias, Ursprung; A. Oepke, βάπτω 533f). Frühjüdische Schilderungen der Bekehrung von Nichtjuden enthalten keine Taufe, obwohl sie die rechtlichen Schritte angeben (Jdt 14₁₀) oder recht ausführlich sind (JosAs; die Bekehrung des Königshauses von Adiabene nach Josephus, Ant XX 38-46). Waschungen in Qumran stellen keinen Initiationsritus dar, sondern regelmäßig selbst zu verrichtende Reinigungshandlungen (s. H. Stegemann, Essener 292-313).

men drücken aus, daß Johannes als Taufender am Taufgeschehen aktiv beteiligt war, also offensichtlich keine Selbsttaufe vorlag.

Zweitens stand der Täufer nicht im Mittelpunkt der frühchristlichen Tradenten, von denen die wichtigsten Informationen über ihn stammen. Zum einen bilden die Täufer-Überlieferungen nur einen kleinen Bruchteil derjenigen über Jesus. Zum anderen läßt sich an keinem Text zeigen, daß frühchristliche Propheten im Namen des Täufers Botschaften übermittelten. Unter diesen Umständen muß man zwar mit Kürzungen, Erweiterungen und Umbildungen seiner Botschaft in den Evangelien rechnen, aber Neubildungen von Täufer-Traditionen sind im Vergleich zur Jesus-Überlieferung weniger wahrscheinlich. Daher darf der Historiker mit einer deutlich höheren Wahrscheinlichkeit als im Falle der mit jesuanischer Autorschaft tradierten Texte davon ausgehen, daß in den Täufertraditionen ein historisch zutreffender Kern enthalten sein kann.

Drittens lassen sich vorsichtig zwei Tendenzen in den frühchristlichen Texten über den Täufer beobachten, welche eine leichtfertige Historisierung des Dargestellten verbieten. Den erhaltenen Quellen läßt sich entnehmen, daß das Verhältnis zwischen Johannes und Jesus immer mehr zugunsten des letzteren verschoben wurde. Diese häufigen und zudem auch noch untereinander inkonsistenten Degradierungen des Täufers stehen in erheblicher Spannung zu anderen Aussagen, die beide in Parallele sehen oder setzen.[66] Sie stehen fast immer in Verbindung mit christologischen Reflexionen, so daß insgesamt die Annahme einer zunehmenden Degradierung wesentlich wahrscheinlicher ist als die einer zunehmenden Parallelisierung.

Außerdem fällt auf, daß in der frühchristlichen Literatur die Botschaft des Täufers in manchen Traditionen als eine Unheilsprophetie gegenüber Israel erscheint,[67] in anderen dagegen als Ankündigung einer messianischen Heilsgestalt, die durchweg mit Jesus identifiziert wird.[68] Diese Beobachtung spricht zwar nicht notwendig gegen die Historizität der Darstellungen, läßt aber erkennen, daß die frühchristlichen Tradenten nicht an einer umfassenden Wiedergabe des Wirkens Johannes' des Täufers interessiert waren.

Viertens erscheint die Darstellung des Täufers bei Josephus (Ant XVIII 116–119) angepaßt an hellenistisch-philosophische Denkgewohnheiten – ein Verfahren, das Josephus aus apologetischen Gründen oft wählt.[69] Johannes gilt hier als Lehrer der Tugend (ἀρετή), insbeson-

---

[66] S. im einzelnen S. 155–157.
[67] Mt 3₇ₓ₋₉ par. Lk 3₇ₓ₋₈, Mt 3₁₀₋₁₂ par. Lk 3₉.₁₆f, Q 7₃₁₋₃₄.
[68] Mk 1₇f Lk 1₆₈₋₇₅ mit sekundärem Täuferbezug in 1₇₆₋₇₉. Aus Mt-Lk^S stammt wohl die Verbindung von Feuergericht und Geistausgießung (Mt 3₁₁ par. Lk 3₁₆ gegen Mk 1₇f, s. S. 161f).
[69] Vgl. zur Darstellung der Essener R. Bergmeier, Essenerberichte (mit Quellenscheidungen).

II. Die Taufe Jesu durch Johannes den Täufer

dere der zwischenmenschlichen Gerechtigkeit und der Frömmigkeit. Dieser Bericht darf daher ebenfalls nicht vorschnell historisch genommen werden.[70]

b) Rekonstruktion von Botschaft und Wirken

Eine Reihe von Indizien spricht nun dafür, daß in Mt 3 7-12 par. Lk 3 7-9.16f eine komprimierte Darstellung der Gerichtsbotschaft des Täufers vorliegt, die zwar verschiedene Problemlagen vermischt, aber bis auf Mt 3 11b par. Lk 3 16b keine frühchristlichen Umdeutungen oder Erweiterungen erkennen läßt.

Der Wortlaut der beiden Überlieferungsvarianten entspricht sich weitgehend. Ob der Plural καρποὺς ἀξίους in Lk 3 8 auf die in V. 10-14 folgenden Beispiele hinweisen oder der Singular in Mt 3 8 an V. 10 angleichen soll, ist kaum zu entscheiden.[71] Ἄρχομαι statt δοκέω geht sicherlich auf Lk zurück, der dieses Wort auffallend häufig verwendet.[72] Das adverbielle καί in Lk 3 9 bindet wahrscheinlich nachträglich die Sprüche enger aneinander. In Mt 3 11 par. Lk 3 16 ist die Überlieferungssituation komplexer, da zunächst Mk 1 7f zugrundeliegt. Mehrere Übereinstimmungen zwischen Mt und Lk gegen Mk zeigen jedoch, daß die Täufer-Tradition aus Mt-Lk^S Ähnliches wie in Mk 1 7 enthalten haben muß: μέν fehlt bei Mk, mk δέ dagegen bei Mt und Lk, βαπτίζω statt ἐβάπτισα, zusätzliches καὶ πυρί, die Stellung des ὑμᾶς vor βαπτίζω und der Erwähnung der Wassertaufe vor dem Spruch vom Lösen der Schuhriemen. Für Mt-Lk^S läßt sich also zumindest die Gegenüberstellung des Johannes und seiner Wassertaufe mit dem Feuertäufer ermitteln. Die Ankündigung des kommenden Stärkeren und der Spruch vom Lösen der Schuhriemen enthalten dagegen keine solchen Übereinstimmungen zwischen Mt und Lk gegen Mk, so daß ich beide nicht Mt-Lk^S zurechne. Zwischen Mt 3 12 und Lk 3 17 bestehen wiederum nur geringe Abweichungen. Die Infinitiv-Konstruktion, die zudem nur für Lk 3 17a durchgehalten wird, dürfte als sprachlich eleganteres Griechisch lk sein, die Verbesserung des Parallelismus (ἅλων αὐτοῦ – ἀποθήκη αὐτοῦ, σῖτος – ἄχυρον) durch Verschiebung des αὐτοῦ ebenfalls. Da die Untersuchung sich mehrfach auf diesen Text beziehen wird, schließe ich eine deutsche Übersetzung an:

1. „Schlangenbrut, wer hat euch gezeigt, daß ihr vor dem zukünftigen Zorn fliehen könnt? Bringt nun eine der Umkehr würdige Frucht [oder pl.]! Und meint nicht, bei euch sagen zu können: ‚Wir haben Abraham als Vater'! Denn ich sage euch, daß Gott aus diesen Steinen dem Abraham Kinder erwecken kann."

2. „Aber schon ist die Axt an die Wurzel der Bäume gelegt. Jeder Baum nun, der keine gute Frucht bringt, wird gefällt und ins Feuer geworfen."

---

[70] Siehe auch E. P. Sanders, Question 28f.
[71] Vgl. die Erörterung bei S. v. Dobbeler, Gericht 45.51.71f, die sich für den ursprünglichen Singular entscheidet.
[72] Von den zwölf Belegen im NT entfallen neun auf Lk und Act. In allen diesen Fällen liegt aus synoptischen, formanalytischen oder inhaltlichen Gründen Lk-Redaktion vor.

3. „Ich taufe euch zwar mit Wasser, aber es wird euch mit heiligem Geist und Feuer derjenige taufen, dessen Worfschaufel in seiner Hand ist. Und er wird seinen Ausdrusch reinigen und seinen Weizen in die Scheune einsammeln, aber die Spreu mit unauslöschlichem Feuer verbrennen."

Dieser Text enthält im Blick auf eine Tendenzkritik keine Elemente, deren frühchristliche Herkunft allein plausibel wäre. Die für das frühe Christentum so wichtige Ankündigung des „Kommenden", der mit Jesus in seinem irdischen Wirken in Verbindung gebracht werden konnte, fehlt hier.[73] Die Verkündigung der extrem zeitliche Nähe zum Einschreiten des Feuertäufers muß als nicht eingetroffene Weissagung gewertet werden und spricht daher, wie überhaupt der Begriff „Feuer*täufer*", ebenfalls für die Authentie. Statt der frühchristlichen Reaktion auf die verbreitete jüdische Ablehnung des Evangeliums mit der Hinwendung an die nichtjüdischen Völker[74] findet sich hier die sonst unbekannte Denkfigur „Steine statt Israel als Abrahamskinder".

Sehr viel schwerer fällt die Bestimmung des historisch Verwertbaren in der Täufer-Darstellung des Mk in Mk 1 2-8. Auffallend ist zunächst die stärkere messianische Fokussierung, die sich zumindest durch V. 9–11 auf das nun zu schildernde Wirken Jesu bezieht. Mk sah folglich auch in den beiden Schriftzitaten in V. 2f in demjenigen, dem der Weg bereitet werden soll, Jesus angekündigt.[75] Das Fehlen der Feuertaufe in V. 8 erklärt sich daher als Hinweis auf die Geistverleihung, welche die christliche Taufe vermittelt.[76] Sehr viel stärker umstritten ist, daß die Unterordnung des Täufers unter den kommenden Stärkeren in V. 7, welche die Metapher des niedrigsten Sklavendienstes verwendet, wegen des Anthropomorphismus nicht nur Gott als diesen Kommenden ausschließt, sondern auch andere messianische Gestalten, welche über die Gabe der (Geist- und) Feuertaufe verfügen.[77] Denn in beiden Fällen bestünde keine Nötigung für diese Aussage, da sie selbstverständlich wäre. Wahrscheinlich liegt daher eine extreme frühchristliche Degradierung des Täufers vor. Lediglich aufgrund des ungewöhnlichen Komparativs ὁ ἰσχυρότερός μου kann man vorsichtig vermuten, daß Johannes die Gottesbezeichnung „der Star-

---

[73] Zur Taufe mit heiligem Geist s. S. 161.
[74] Röm 11 11.15.25.28.30, Mt 8 11f par. Lk 13 28, Mt 10 5f mit 28 19f, überhaupt die beiden Erzählstränge „Jesus – Juden" und „Jesus – Nichtjuden" im Mt-Evangelium (s. hierzu E. Brandenburger, Taten 322–326/125–130); das wahrscheinlich überwiegend unhistorische (vgl. die Abwendung vom Götzendienst in 1Thess 1 9f) Missionsschema in Act „Synagogenpredigt – jüdische Ablehnung mit Verleumdungen – Hinwendung zu den Nichtjuden" (Act 13 14-51 u.ö.).
[75] Zu V. 2 vgl. aber Anm. 59.
[76] 2Kor 1 22 Act 2 38 19 3-5 Joh 3 5; vgl. Mk 1 9-11 im Gegensatz zu 14. 8 Act 15 19 1-7.
[77] Die meisten entscheiden sich für die Authentie dieses Spruches (z.B. J. Becker, Johannes 34f; ders., Jesus 53; dagegen J. Ernst, Johannes 49–52; M. Tilly, Johannes 39f).

II. Die Taufe Jesu durch Johannes den Täufer

ke"[78] verwendete. Für Mk 1 7 kommt allerdings eine solche Rekonstruktion nicht in Frage, weil sonst erst das Ende der Täufertätigkeit das Auftreten Gottes ermöglichte (ὀπίσω μου). V. 7 gibt aber die mk Konzeption des zeitlichen Nacheinanders von Johannes und Jesus wieder (vgl. 1 14, 6 17-29 als Rückblick).

Der in V. 5 geschilderten Umkehrbewegung, die Jerusalem und das gesamte judäische Land erfaßte (zweimal πᾶς) und nur mit ihrem Sündenbekenntnis verbunden war, setzt Mk in V. 9-15 Jesu Kommen aus Galiläa, die Geistverleihung bei der Taufe mit seiner Adoption zum Sohn Gottes und – nach 40-tägiger Versuchung in der Wüste und der Gefangennahme des Täufers – den Beginn seiner Verkündigungstätigkeit mit einem ganz anderen Inhalt als dem der Täuferpredigt (V. 4, allerdings μετάνοια, s. u.; V. 7f) entgegen. Der umfassende Erfolg, welcher nach V. 5 der Tätigkeit des Täufers beschieden war,[79] dürfte daher hier von der die Darstellung prägenden mk Konzeption des Gegensatzes zwischen Jerusalem (mit Judäa) und Galiläa bestimmt sein: Sündenvergebende Taufe (V. 4) und Sündenbekenntnis sollen wohl nur die tiefe Sündigkeit der Judäer und Jerusalemer ausdrücken.

Die knappen Angaben über die Kleidung des Täufers in V. 6 könnten ihn einerseits als *Elias redivivus* charakterisieren.[80] Andererseits lassen sich der Kamelhaarmantel nur schwer und die Nahrungsaskese überhaupt nicht mit Elia verbinden.[81] Der Mantel kann allerdings auch nicht ohne weiteres mit dem Hinweis auf den mehrfach bezeugten *Ledermantel* von Propheten[82] erklärt werden. Heuschrecken enthalten kein rotes Blut, Honigwasser kein oder nur wenig Alkohol. Daher deute ich die Speisepraxis des Täufers als Verzicht auf Fleisch und Wein.[83] Welches frühchristliche Interesse drückt sich denn in der Tradierung oder evtl. Bildung einer solchen Information aus? An vergleichbaren Aussagen kommen Überlieferungen über die asketische Lebensweise des Täufers im Gegensatz zu Jesus[84] und zum Mantel

---

[78] Ὁ ἰσχυρός als Gottesbezeichnung in der LXX: Dtn 10 17 Jos 4 24 2Sam 22 31-33.47 23 5 2Esr 11 5 19 32 Ψ 7 12 Jer 39 18 2Makk 1 24.

[79] Ein solcher Erfolg ist nicht nur historisch äußerst unwahrscheinlich, sondern wird auch durch die wesentlich bescheidenere Erfolgsmeldung des Josephus (Ant XVIII 118: τῶν ἄλλων συστρεφομένων) nicht bestätigt.

[80] Auch Elia war wie Johannes nach 4Bas 1 8 mit einer ζώνη δερματίνη um ἡ ὀσφὺς αὐτοῦ umgürtet (vgl. insbesondere P. Joüon, Costume).

[81] P. Vielhauer, Tracht 48-53; M. Tilly, Johannes 37f (zum Mantel des Elia vgl. 3Bas 19 13.19 4Bas 2 8.13f).

[82] Sach 13 4 Hebr 11 37 1Clem 17 1 (gegen M. Tilly, Johannes 38).

[83] So O. Böcher, Brot; gegen P. Vielhauer, Tracht 53f, welcher in Heuschrecken und Honig die übliche Beduinennahrung in der Wüste sieht (zur möglichen Brotaskese s. S. 62f).

[84] Mk 2 18-22 par. Mt 9 14-17 Lk 5 33-39, Q 7 33 (s. S. 62f).

nur die Deutung des Täufers als *Elias redivivus* in Frage. Der Kamelhaarmantel dürfte daher im frühen Christentum doch als Hinweis auf den ἀνὴρ δασύς in 4Bas 1₈ und auf die mehrfache Erwähnung des wirkmächtigen Mantels des Elia verstanden worden sein.[85] Da drei von vier Angaben in Mk 1₆ hinsichtlich ihrer Konkretionen von Kleidung und Speise sich nicht von selbst aus den frühchristlichen Aussageintentionen ergeben, rückt ihre historische Zuverlässigkeit in den Bereich des höher Wahrscheinlichen.

Nur die Taufe des Johannes wird in der frühchristlichen Literatur als Umkehrtaufe (βάπτισμα μετανοίας) bezeichnet.[86] Außer in Mk 1₄ par. Lk 3₃ wird ihr keine sündenvergebende Wirkung zugeschrieben. Da die Wendung βάπτισμα μετανοίας εἰς ἄφεσιν ἁμαρτιῶν sprachlich etwas überladen ist, schon oben zu V. 5 das mk Interesse an der Sündigkeit beobachtet werden konnte und die sündenvergebende Taufe eine frühchristliche Konzeption wiedergibt,[87] erscheint mir statt der Authentie dieser Wendung wahrscheinlicher, daß die Umkehrtaufe zwecks Bildung einer christlichen Taufätiologie nachträglich um die Sündenvergebung erweitert wurde.[88] Dem scheint Josephus (Ant XVIII 117) insofern zu widersprechen, als er der Johannes-Taufe ausdrücklich eine Entsühnung von Vergehen abspricht. Statt der Deutung, Josephus wolle Anstößiges seinen Lesern zurechtrücken,[89] liegt aus den genannten Gründen eine Abgrenzung der Johannes-Taufe von der zur Zeit des Josephus wohl weiter verbreiteten christlichen Taufe näher.[90]

Der angekündigte Feuertäufer schließt aus, daß Johannes jemals im Wirken Jesu die Erfüllung dieser Prophezeiung gesehen hat. Alle diese Texte sind daher als frühchristliche Bildung zu beurteilen.[91] Da-

---

[85] Zum Mantel des Elia s. Anm. 80. Dieses Verständnis läßt sich für Lk erweisen, da er Mk 1₆ wie alle anderen Elia-Typologien getilgt hat. Aber auch der hohe Grad wörtlicher Übereinstimmung zu 4Bas 1₈ spricht im griechischsprachigen Bereich dafür.

[86] Mk 1₄ par. Lk 3₃ (Mt hat die μετάνοια an die Mt-Lk^S-Überlieferung in Mt 3₁₁ versetzt, denn Lk hätte dort diesen Begriff nicht getilgt), Mt 3₁₁ Act 13₂₄ 19₄, vgl. Mt 3₂. Vgl. ähnlich E.P. Sanders, Jesus 28f.

[87] 1Kor 13₀ 6₁₁ Act 2₃₈.

[88] Da Mk an der Sünde der Judäer und Jerusalemer interessiert war, ist eher unwahrscheinlich, daß er die sündentilgende Wirkung einfügte. Zumindest kann nach seiner Darstellung die Taufe weitere Sündigkeit nicht verhindern.

[89] G. Theißen – A. Merz, Jesus 190.

[90] Zu Mk 1₂f (Johannes der Täufer als Wegbereiter Jesu oder als gewelssagte wiederkehrende Elia vor dem Ende) s. S. 157.

[91] Der Täufer als wiedergekommener Elia, der Jesus den Weg bereitet, in Mk 9₁₁₋₁₃ par. Mt 17₁₀₋₁₃ (Lk tilgt die Elia-Typologie), Mt 11₁₄, distanzierend Lk 1₁₇ (ἐν πνεύματι καὶ δυνάμει Ἠλίου), abgelehnt in Joh 1₂₁.₂₅; als nicht eindeutiger Schriftbezug auf Mal 3₁ (mit Ex 23₂₀ Jes 40₃) Mk 1₂ (ohne Mt- und Lk-Parallele), Q 7₂₇ Lk 1₇₆; weiter Q 7₁₈f.₂₂f (gegen G. Theißen – A. Merz, Jesus 191f).

II. Die Taufe Jesu durch Johannes den Täufer   165

mit wird eine Vermutung bestätigt, die sich bereits bei der Tendenzkritik der Quellen aufgedrängt hat.[92]

Nach diesem Überblick über die Quellenlage empfiehlt es sich, bei demjenigen Text zu beginnen, der die höchste Wahrscheinlichkeit für Authentie besitzt: Mt 3 7-12 par. Lk 3 7-9.16f. Aspektverschiebungen zwischen den einzelnen Sprüchen wie überhaupt generelle Erfahrungen mit der frühchristlichen Theologiegeschichte lassen es ratsam erscheinen, die Sprüche 1 bis 3[93] zunächst für sich zu interpretieren und die Unterschiede auf zugrundeliegende unterschiedliche Lebenszusammenhänge im Wirken des Täufers zu befragen.[94]

Spruch 2 dürfte noch am ehesten einen Teil der Gerichtsbotschaft im Vollzug der Verkündigung zusammenfassend wiedergeben. Denn er sagt metaphorisch die unmittelbare Nähe des bevorstehenden Gerichtes an, und zwar ohne weitere Begründungsversuche. Er setzt offenbar nur die prophetische Gewißheit des in der Himmelswelt Geschauten voraus. Vom Einschreiten Gottes wird nur der Vernichtungsaspekt thematisiert.

Spruch 1 reagiert auf eine Bestreitung der Täuferbotschaft: Gott könne doch die dem Abraham gegebene Verheißung nicht ungültig machen; zumindest einen Rest würde Gott in Israel dem endzeitlichen Heil zuführen. Wer eine solche Lehre (ὑποδείκνυμι) annimmt, wird vom Täufer aufs härteste beschimpft. Wenn niemand in Israel umkehrt, wird Gott seine Abraham-Verheißung durch zum Leben erweckte Steine verwirklichen. Mit dieser Argumentation wird der traditionelle Restgedanke für nunmehr ungültig erklärt. Rettung aus der Vernichtung wird nur durch „Früchte der Umkehr", also durch tätigen Gottesgehorsam möglich. Diese Reaktion des Täufers impliziert, daß ganz Israel unter dem Zorn Gottes steht und daß es insgesamt vernichtet werden wird, wenn nicht Umkehr geschieht.

Spruch 3 setzt wahrscheinlich die bereits geschehene Umkehr voraus. Denn der bildhaft ausgedrückte Gerichtstyp hat einen von vornherein offenen Ausgang (Spreu und Weizen, verbrennen und sammeln). Indem mittels eines solchen Gerichtshandelns den Zuhörern die jeweiligen Folgen ihres Lebenswandels vor Augen geführt werden, sollen sie in der Regel zum Durchhalten der neuen Existenzorientierung motiviert und dringlich gemahnt werden.[95] Weil beide endzeitlichen Ergehensmöglichkeiten im Blick sind und der Spruch

---

[92] Siehe S. 155–159.
[93] S. die Übersetzung auf S. 161f.
[94] Zu dieser methodischen Voraussetzung s. S. 107–110.
[95] Vgl. E. Brandenburger, Gerichtskonzeptionen 28–30/312–314; A. Scriba, Geschichte 100–106.

syntaktisch zusammenhängt, dürfte neben der Feuer- auch die endzeitliche Geisttaufe[96] ursprünglich sein.[97]

Traditionsgeschichtlich läßt sich die Täuferbotschaft nicht in die deuteronomistische Umkehrforderung einordnen.[98] Denn diese setzt eine gegenwärtig allgemein wahrgenommene Leidenssituation voraus, die gerichtsdoxologisch als gerechtes Gottesgericht aufgrund eigenen Verschuldens erkannt werden soll und aus der die Umkehr zu Gott befreit. Auch die apokalyptische Verortung des Täufers[99] verkennt, daß der Täufer eben nicht die Ferne Gottes, welche die Treue der Gerechten unbelohnt läßt, als im Weltplan, den Gott schon bei der Schöpfung vorbedacht hatte, sinnvoll aufgehobene prophetisch versichern will. Vielmehr konfrontiert Johannes ein sich im wesentlichen vor Gott sicher wähnendes Israel mit dem andringenden Vernichtungszorn Gottes.[100]

Beiden Bildern, mit denen Johannes das Gericht Gottes illustriert, eignet übrigens, daß die endzeitliche Scheidung im Grunde schon vollzogen ist. Denjenigen Bäumen, die keinen Ertrag gebracht haben, sind die Wurzeln schon freigegraben und mit der Axt zum Fällen markiert. Eine Gnadenfrist, wie sie z.B. in Lk 13 6-9 gefordert wird, ist damit ausgeschlossen.[101] Noch schärfer drückt das Bild von Spreu und Weizen aus, daß nicht nur die Ernte – die übliche Metapher für Gottes Gerichtshandeln[102] –, sondern auch der Ausdrusch schon beendet ist und daß nur noch das Worfeln, also der Vollzug der Gerichtsfolgen aussteht. So drohend nahe ist das vernichtende Ende, daß vor diesem Hintergrund die Rettung durch Umkehr mit Taufe und Gottesgehorsam im Grunde schon eine Unmöglichkeit ist. Die paränetische Funktion dieses Spruches, die sich aus der Gegenüberstellung der beiden grundlegenden Ergehensfolgen im Gericht vermuten läßt, erhält auf diese Weise äußerste Dringlichkeit.

Für das Weitere bedarf es noch einer Erörterung der Taufe des Johannes. Auch bei diesem Thema ist damit zu rechnen, daß frühchristliche Tradierungsinteressen, speziell die Schaffung einer Ätiologie der Taufe, formend einwirkten. Das konnte insbesondere für die sün-

---

[96] Vgl. 1QS 4 13.21 äthHen 91 10.
[97] Vgl. dazu M. Tilly, Johannes 40–42.
[98] Gegen die formale Klassifikation von S. v. Dobbeler, Gericht passim.
[99] So S. v. Dobbeler, Gericht passim, hinsichtlich des Inhalts der Botschaft; A.Y. Collins, Cosmology 228f.
[100] Zu diesem Absatz s. J. Becker, Johannes 16–37; von E. Brandenburger, Gerichtskonzeptionen 50–52, präzisiert und von J. Becker, Jesus 45–51, aufgenommen.
[101] Nach J. Becker, Jesus 44, setzt auch dieses Bild voraus, daß die Ernte der Baumfrüchte schon abgeschlossen ist.
[102] Frühjüdisch z.B. Jes 27 1f LXX Joel 4 13 LXX 4Esr 4 28-32 syrBar 70 2; frühchristlich Mk 4 29 Mt 13 30.39 Apk 14 14-16, vgl. Gal 6 7-9.

II. Die Taufe Jesu durch Johannes den Täufer

denvergebende Wirkung der Taufe wahrscheinlich gemacht werden. Umgekehrt schien der Begriff βάπτισμα μετανοίας kennzeichnend für die Johannes-Taufe zu sein. Die Religions- und Traditionsgeschichte lieferte keine weiterführenden Parallelen.[103]

Einige Elemente des Taufvollzuges grenzen den Deutungsspielraum ein. Erstens tauft sich der Täufling nicht selbst, sondern wird von Johannes (und evtl. von Beauftragten) untergetaucht. Daraus läßt sich zumindest schließen, daß die Taufe als öffentliche Handlung ausgeführt wurde, auf die der Getaufte immer wieder paränetisch verpflichtet werden konnte. Zweitens dürfte der Wortstamm βαπτ- ein vollständiges Untertauchen des Täuflings ausdrücken.[104] Diesem hat wohl aufgrund der rituellen Minimalkonnotation des Wassers eine vollständige Reinigung entsprechen sollen.[105] Das spricht dafür, daß die Johannes-Taufe wie auch die spätere christliche ein einmaliger Akt und daher die Umkehr (μετάνοια) eine grundsätzliche und wohl auch letztmalige war. Drittens steht der Vollzug der Taufe in einem klar erkennbaren Geschehens- und Denkzusammenhang: in der Verkündigung des unaufschiebbar drohenden Vernichtungszornes Gottes, aus dem nur Umkehr und Gottesgehorsam retten. Dieser Zusammenhang ist im Blick zu behalten, wenn im folgenden danach gefragt wird, warum Jesus selbst nicht, das frühe Christentum aber in modifizierter Form sehr bald erneut taufte.

3. Folgerungen: Jesus

Aus der Tatsache, daß Jesus sich von Johannes dem Täufer hat taufen lassen, kann man mit hoher Wahrscheinlichkeit folgern, daß er auch der damit verbundenen Gerichtsbotschaft des Täufers mit der Umkehrforderung und dessen Einweisung in den konsequenten Thora-Gehorsam grundsätzlich zugestimmt hat. Denn weder die Botschaft noch die Taufhandlung waren eine im damaligen Judentum selbstverständliche Angelegenheit, an der man ähnlich wie an der heute verbreiteten Kindertaufe unreflektiert partizipierte. In einer bestimmten Phase seines Lebens war Jesus also überzeugter Anhänger des Täufers.

Die frühchristlichen Deuteversuche des Verhältnisses zwischen Johannes dem Täufer und Jesus haben alle eines gemeinsam: Der

---

[103] Siehe Anm. 65.
[104] Vgl. die Belege bei A. Oepke, βάπτω 527f.532-534. Act 8,36.38 und die Kasuistik in Did 7,1-4 zeigen, daß die frühchristliche Taufe im 1. Jh. ebenfalls als Untertauchen praktiziert wurde.
[105] Erwägenswert ist, ob das Wasser als Gegenelement zum Feuer eine Versiegelung vor dem endzeitlichen Feuergericht bewirken sollte (von O. Böcher, Johannes 1988 172f, für möglich gehalten).

Täufer steht im Vergleich zu anderen frühjüdischen Personen oder Gruppen deutlich an höchstgewerteter Stelle, bis hin zur Parallelisierung des Wirkens beider. Eine solche Haltung gegenüber dem Täufer wäre ganz unwahrscheinlich gewesen, wenn Jesus während seiner eigenen Wirksamkeit die Botschaft des Täufers als die eines Falschpropheten eingestuft hätte. Für alle weiteren Rekonstruktionsversuche zum Wirken Jesu ist folglich im Blick zu behalten, daß die Botschaft des Täufers für Jesus eine wahrhaftige Botschaft Gottes an Israel gewesen war – unbeschadet möglicher neuer Willenskundgebungen Gottes. Weiterhin bestehende Akzeptanz der Botschaft Johannes' des Täufers als Ausdruck des (vergangenen) Willens Gottes und die davon abweichende Botschaft Jesu bilden den grundsätzlichen Rahmen für alles Weitere.

III. Jesus taufte selbst nicht

1. Datenermittlung

Nach Joh 3 22.26 41 hat Jesus selbst getauft, und zwar erfolgreicher als Johannes der Täufer. 42 schränkt, syntaktisch als Parenthese, diese Aussagen jedoch ein: Jesus taufte nicht selbst, sondern seine Jünger tauften für ihn. Die anderen Evangelien äußern sich nicht zu einer eventuellen Tauftätigkeit Jesu.

Nur Lk 7 29f könnte in diesem Sinne gedeutet werden. Stellen diese beiden Verse eine Fortsetzung der Jesus-Rede in V. 24–28 dar oder eine Zusammenfassung der Reaktion der Zuhörer auf das hochschätzende Urteil Jesu über Johannes? Im ersten Fall nähme Jesus Bezug auf das vergangene (3 19f) Wirken des Täufers, und eine Tauftätigkeit Jesu ließe sich diesem Text nicht entnehmen. Im zweiten Fall könnte Johannes zumindest nicht mehr selbst der Taufende sein, das ὑπ' αὐτοῦ in Lk 7 30 bezöge sich dann wohl zunächst auf Jesus.

Zu Lk 7 29f existieren keine synoptischen Parallelen. Der hohe Anteil lk Spracheigentümlichkeiten[1] spricht für eine redaktionelle Bildung, so daß eine isolierte Interpretation nicht zulässig ist. Da die Aorist-Partizipform ἀκούσας fast ausschließlich außerhalb der direkten Rede als Einleitung einer Reaktion auf Gehörtes belegt ist,[2] dürfte Lk auch hier die Reaktion des Volkes auf die Äußerungen Jesu beschreiben. Der antithetische Parallelismus zwischen V. 29 und V. 30 fordert sodann, daß μὴ βαπτισθέντες ὑπ' αὐτοῦ von βαπτισθέντες τὸ βάπτισμα Ἰωάννου als Johannes-Taufe bestimmt wird. Dafür spricht auch, daß die Reaktion des Volkes auf hochschätzende Worte Jesu erfolgt, die er über den Täufer äußert. Es bleiben also nur noch zwei Deutemöglichkeiten übrig. Entweder hat Jesus zu dem von Lk geschilderten Zeitpunkt noch die Johannes-Taufe praktiziert. Dagegen spricht Act 19 1-7, und von einer Entwicklung Jesu weg vom Täufer erzählt Lk nichts. Oder ὑπ' αὐτοῦ bezieht sich auf Ἰωάννης und drückt im lk Evangelienaufriß metonymisch die Tauftätigkeit von Johannes-Jüngern in dessen Auftrag aus. Für diese allein plausible Möglichkeit spricht wiederum Act 19 1-7. Lk 7 29f liefert also keinen Hinweis auf eine Tauftätigkeit Jesu.

Die Spannung zwischen Joh 3 22.26 41 einerseits und 42 andererseits nötigt zu einer Erklärung. Wiederholt wurden diachrone Erklärungs-

---

[1] Λαός zieht Lk dem Begriff ὄχλος vor (Mt 14x, Mk 2x, Lk 36x, Joh 2x, Act 48x). Die Wendung πᾶς ὁ λαός o.ä. findet sich bei Mk und Joh 0x, bei Mt 1x, bei Lk 12x und in Act 6x. Bei Mt bis Act taucht δικαιόω im lk Doppelwerk gehäuft auf (außer Lk 7 29 noch redaktionell in 10 29 16 15 Act 13 38f, traditionell nur Lk 18 14a Lk^S und Q 7 35; sonst nur Mt 12 37 Mt^R). Zur Taufe der Zöllner vgl. nur noch Lk 3 12. Die figura etymologica βαπτίζω βάπτισμα wird außer in Mk 10 38f nur in Lk 7 29 12 50 Act 19 4 verwendet. Zu dem klar lk νομικός s. S. 153 Anm. 24. Auch βουλή ist ein lk Vorzugswort (Lk und Act 9x; Mt, Mk und Joh 0x; im NT sonst 3x). Für Lk-Redaktion spricht auch die summarische Form.

[2] Für Mk als die Hauptquelle von Lk: Mk 2 17 6 16.20 10 47 12 28, vgl. 3 21 5 27 6 29 7 25 10 41 14 11 15 35; zu Lk selbst: Lk 7 3.9 8 50 14 15 18 22f.36 23 6, vgl. 1 66 2 18.47 18 26 20 16; anders nur 6 49.

muster herangezogen, für die vor allem sprachliche, aber auch kontextanalytische Beobachtungen sprechen sollten.³

Während für Joh 3₂₇₋₃₀ und erst recht für 3₃₁₋₃₆ joh Spracheigentümlichkeiten und Denkweisen ganz offensichtlich bestimmend sind, tauchen diese in 3₂₂₋₂₆ nicht so deutlich auf. Gegen die Vermutung, Joh greife hier eine umfangreichere Tradition auf, spricht zunächst, daß diese Verse keine aus dem Kontext herauslösbare, in sich verständliche Erzählung bieten. 3₂₂a gehört zum zeitlich-geographischen Rahmen, der das Joh-Evangelium insgesamt prägt. Gleiches gilt auch für 4₃ und wahrscheinlich auch für 3₂₃b.⁴ Joh 3₂₄ erklärt nachklappend, wie vor dem Hintergrund einer anderen zeitlichen Beziehung zwischen dem Täufer und Jesus jener noch taufte, obwohl dieser bereits mit seinen Jüngern umherzog (3₂₂f). Da der Vers im weiteren Joh-Evangelium bezugslos dasteht und ihm signifikant joh Sprache fehlt,⁵ halte ich ihn für eine möglicherweise nicht von Joh stammende Korrektur gemäß der synoptischen Chronologie (Mk 1₁₄ par. Mt 4₁₂, Lk 3₁₉f sogar vor der Taufe Jesu).⁶ Joh 3₂₆ und 4₁ sind sachlich verwandt, weil sie beide von der erfolgreicheren Tauftätigkeit Jesu berichten; 3₂₅ erwähnt dagegen ohne thematischen Zusammenhang einen Streit zwischen den Johannes-Jüngern und einem Juden über die Reinigung. Diese isolierte Äußerung läßt sich allerdings quellenkritisch nicht befriedigend erklären: Sie paßt weder zum Kontext einer möglichen rekonstruierbaren Quelle, noch läßt sich ihre unabhängige Tradierung verständlich machen. Zwei joh Sprachmerkmale in diesem kurzen Vers⁷ lassen plausibel erscheinen, daß Joh selbst damit die Distanzierung zwischen dem Täufer einerseits und seinen Jüngern und den Juden andererseits ausdrücken wollte.⁸ 4₂ stammt, wie viele andere Korrekturen im Joh-Evangelium, von einem nachjoh Bearbeiter⁹ und sollte wohl an die synoptischen Darstellungen angleichen. Für diese Bestimmung sprechen die nur fragmentarisch vorgenommene Korrektur, die fehlende syntaktische Einbindung und die für Joh sonst nicht mehr bezeugte Nachstellung des αὐτός im Sinne von „selbst" bei fehlen-

---

3   Vgl. dazu im einzelnen M. Stowasser, Johannes 153–219, mit Literaturverweisen. In der Bestimmung des Umfangs einer möglichen Vorlage weiche ich allerdings erheblich ab, da Stowasser als sprachliches Leitkriterium die Hapaxlegomena wählt. Ein solches Vorgehen birgt aber eine Irrtumsmöglichkeit, denn Hapaxlegomena können thematisch bedingt sein und gewinnen erst dann Aussagekraft, wenn der Kontext für die gleiche Sache regelmäßig einen bestimmten anderen Ausdruck wählt. Dagegen genügen sprachliche Vorlieben vor dem Hintergrund des gesamten erkennbaren frühchristlichen Sprachraums dem Kriterium individueller oder gruppenspezifischer sachlicher und sprachlicher Vorlieben und sind daher erheblich leistungsfähiger.
4   S. weiter Joh 7₃ 11₇, 14₃ 2₁ 44₃.₅₄ 7₁.₉. In 3₂₃b stellt zwar παραγίνομαι ein Hapaxlegomenon im Joh-Evangelium dar (ohne 8₂), ist aber außer bei Lk und Act (28x) generell selten (Mt 3x, Mk 1x, übriges NT 3x).
5   Nur οὔπω ohne Frageform Mt 1x, Mk 2x, Lk 1x, aber Joh 11x.
6   Vgl. R. Bultmann, Joh 124; S. Légasse, Baptême 7f (nachjoh Redaktor); gegen U. Schnelle, Christologie 198 (Joh); J. Becker, Joh I 153 (Vorlage des Joh).
7   Das typisch joh οὖν narrativum historicum (E. Ruckstuhl, Einheit 293) und Ἰουδαῖος: Im sg. fehlt es in Mt, Mk und Lk, dagegen Joh 3₂₅ 4₉ 18₃₅; insgesamt Mt 5x (davon 3x im Prozeß Jesu), Mk 7x (5x Prozeß), Lk 5x (4x Prozeß), Joh 71x (22x Prozeß).
8   Siehe M. Stowasser, Johannes 241 u.ö.
9   So auch M. Stowasser, Johannes 202 u.ö.

III. Jesus taufte selbst nicht   171

dem Artikel.[10] In 3₂₆ hat Joh gewiß mit der für ihn sachlich charakteristischen Wendung ᾧ σὺ μεμαρτύρηκας eingegriffen, wahrscheinlich aber auch den ganzen Vers formuliert.[11] Ebenso hat er wohl zumindest am Anfang von 4₁ mit ὡς οὖν ἔγνω ὁ Ἰησοῦς, wahrscheinlich sogar mit dem gesamten Vers die Verbindung zu 3₂₆ nach seinem Einschub in 3₂₇₋₃₆ wiederhergestellt.[12]

Eine vorjoh Überlieferung läßt sich also bestenfalls für 3 22b.(23a) annehmen.[13] Diese hätte dann, möglicherweise neben der Lokalisierung der Johannes-Taufe, von einer Tauftätigkeit Jesu berichtet. Wenn V. 23a ebenfalls traditionell war, dann hätte diese noch während des Wirkens Johannes' des Täufers stattgefunden. Allerdings muß das Fehlen eindeutiger joh Sprachcharakteristika in V. 22b.23a nicht gegen joh Verfasserschaft sprechen. Das Interesse des Joh, den Täufer vom Judentum und seinen eigenen Jüngern abzugrenzen und zum wichtigsten Zeugen Jesu, wiewohl diesem deutlich untergeordnet, zu machen, könnte Joh auch zur Erfindung der Tauftätigkeit Jesu geführt und ihn oder einen Späteren zur Korrektur V. 24 genötigt haben.

Ob Jesus jemals die Taufe des Johannes stellvertretend praktiziert hat, kann den Quellen also nicht mit zureichender Sicherheit entnommen werden. Nach Act 19₁₋₇ haben Jünger des Johannes offensichtlich weiterhin ihre Taufe praktiziert. Daher kann man berechtigterweise annehmen, daß noch zu Lebzeiten des Täufers dieser auch durch andere taufen ließ. Einer von diesen anderen könnte auch Jesus gewesen sein.

Indessen stellt sich die Frage, ob Jesus auch während seines eigenständigen Wirkens taufte.[14] Zumindest nach der Darstellung der Evangelien zog Jesus im galiläischen Gebiet umher, ohne an einen Ort gebunden zu sein (höchstens Kapernaum). Seine Botschaft zielte auf

---

[10] Die Voranstellung eines solchen αὐτός finden sich in Joh 2₂₄ 3₂₈ 4₄₄; vgl. mit Artikel 5₃₆b 16₂₇ (aber 14₁₁).

[11] Joh 3₂₆ ist syntaktisch an den wohl redaktionellen V. 25 (s.o.) angebunden. Ῥαββί findet sich in Mt 4x, in Mk 3x, in Lk 0x, aber in Joh 8x. Den Ausdruck des Mitseins durch εἶναι μετά c. gen. (ohne conjugatio periphrastica) bieten Mt 7x, Mk 6x, Lk 9x und Joh 16x. Deutlicher ist der Befund bei der Präposition πέραν (Mt 2x, Mk 2x, Lk 0x, Joh 8x, sonst nicht im NT) und bei ἴδε (Mt 4x, davon 3x in Mt 25₁₄₋₃₀, Mk 7x, Lk 0x, Joh 15x, übriges NT 1x; dagegen ἰδού Mt 62x, Mk 7x, Lk 57x, Joh 4x).

[12] Joh Sprachmerkmale sind ὡς οὖν (nicht bei Mt, Mk, Lk, aber Joh 5x); οὖν Mt 56x, Mk 7x, Lk 33x, Joh 158x), γινώσκω (Mt 20x, Mk 12x, Lk 28x, Joh 56x) und adjektivisches πλείων (Mt 21₃₆, nicht bei Mk und Lk, Joh 4₁ 7₃₁ 15₂). Ἰησοῦς (Hss. ℵ, D, Θ, 086, lat, syᶜ, bo) statt κύριος (p⁶⁶·⁷⁵, A, B, C, L, Ψ, 083, 33, f, q, syˢ, sa) ist trotz schlechterer Bezeugung wohl ursprünglich, da angesichts des vordringenden Kyrios-Titels das Umgekehrte unwahrscheinlicher und die stilistische Abwechslung eher sekundär ist.

[13] Mit lokalem ἐγγύς liegt in Joh 3₂₃a joh Sprache vor (Mk 13₂₉ par. Mt 24₃₃ Lk 21₃₁ nur bildhaft lokal, vgl. Mk 13₂₈; sonst nur Lk 19₁₁, Joh dagegen 7x).

[14] Diese Frage bejahen z.B. J. Jeremias, Theologie 53; X. Léon-Dufour, Jésus 302f; C.H. Dodd, Tradition 290–292; S. Légasse, Baptême 24f.30; R. Schnackenburg, Joh I 448; K. Aland, Vorgeschichte 194f; O. Böcher, TRE 174.178; J. Becker, Johannes 13f; E. Ruckstuhl, Jesus 269.

eine Rettung des gesamten Gottesvolkes.[15] Umherziehen und erwarteter enormer Adressatenkreis machen es sehr unwahrscheinlich, daß Jesus die nötige Menge (fließenden) Wassers zum Untertauchen an seinen verschiedenen Wirkstätten vorfand. Eine systematische Taufpraxis Jesu läßt sich schon aus diesem Grund kaum verständlich machen.

Das Schweigen der Synoptiker darüber, daß Jesus eigenständig taufte, könnte mit dem historischen Wissen darum begründet werden, daß Jesus selbst eben nicht taufte.[16] Das Fehlen einer Ätiologie der frühchristlichen Taufe mit einer Stiftung durch Jesus weist in dieselbe Richtung,[17] wiewohl frühchristliche Rechtfertigungen des Taufritus generell fehlen.[18] Schließlich mag man – wenig überzeugend – erwägen, ob die Tatsache, daß erst der auferstandene Jesus einen Taufbefehl ausspricht,[19] historisch verwertbar ist.

2. Folgerungen

Was läßt sich denn für die Rekonstruktion des Wirkens Jesu daraus schließen, daß die Taufe des Johannes keinen Bestandteil der eigenständigen Wirksamkeit Jesu bildete? Vergegenwärtigen wir uns zunächst, in welchem Zusammenhang der Täufer sie praktizierte.[20] Das unmittelbar bevorstehende Zorngericht Gottes bedroht ganz Israel ausnahmslos und ohne Heilsprivilegien. Religiöse Scheinsicherheit soll erschüttert werden. Rettung ist nur durch Umkehr und Gottesgehorsam möglich. Da die Taufe die charakteristische Handlung eines Außenseiters mit einer prägnanten Botschaft war, sie also keinen mehr oder weniger variabel füllbaren Alltagsritus darstellte, hat der Verzicht Jesu auf eine Fortführung der Umkehrtaufe erhebliches inhaltliches Gewicht.

Grundsätzlich bieten sich zwei Erklärungsmöglichkeiten dieses Sachverhaltes. Erstens könnte an die Stelle der Taufe im Wirken Jesu eine andere Handlung getreten sein. Zweitens könnte der bestimmende Denkhorizont der Taufe, nämlich der unmittelbar drohende Zorn

---

15 Siehe S. 192–202.
16 Vgl. U. Schnelle, Christologie 199f. Der Einwand von K. Aland, Vorgeschichte 195, der taufende Jesus stehe im Widerspruch zum überlegenen Geisttäufer in Mk 1₈ und wäre deshalb verschwiegen worden, gilt nur, wenn Jesus exakt die Johannes-Taufe auch während seines eigenen Wirkens praktiziert hätte.
17 Vgl. G. Lohfink, Ursprung 36. Vgl. anders Mk 14₂₂₋₂₆ₐ zum Herrenmahl.
18 Vgl. X. Léon-Dufour, Jésus 309.
19 Mt 28₁₉f und im sekundären Mk-Schluß Mk 16₁₆. Nach der Darstellung von Act fand vor der Taufpraxis der Jerusalemer Gemeinde (Act 2₃₈.₄₁) erst die Geisttaufe der Apostel statt (2₁₋₁₃, vgl. 1₅.₈).
20 Siehe S. 166f.

III. Jesus taufte selbst nicht   173

Gottes, weggefallen sein. Für eine Entscheidung und Präzisierung
muß weiterhin der Wirkplausibilität entsprochen werden: Wieso hat
das frühe Christentum *mutatis mutandis* dann die Taufe wieder eingeführt? In der Predigt des Täufers und im frühesten Wirken der frühen
Christen muß es eine Übereinstimmung gegeben haben, die Jesus für
seine Botschaft nicht gelten ließ.

In der exegetischen Literatur werden mehrere Möglichkeiten für
die erste Alternative diskutiert.[21] Von diesen können diejenigen ausgeschlossen werden, welche von der nicht begründbaren und eher
unwahrscheinlichen Sündenvergebung der Johannes-Taufe ausgehen:
Jesus könne aus eigener Vollmacht vergeben (Mk 2 5);[22] die Gottes-
reich-Verkündigung lasse Sünden unbedeutend werden. Weiterhin
kommen solche Erklärungen nicht in Betracht, welche im Unterschied
zu Jesus die Wiederaufnahme der Taufe im frühen Christentum nicht
plausibel machen können, da sie auch für die nachösterliche Zeit gelten: Jesus als der Anwalt der Seinen im Endgericht (Mt 10 32f par.
Lk 12 8f) mache die apotropäische Taufe unnötig; die Gegenwart des
Gottesreiches, die mit Jesus bereits anhebe (Q 11 20), rette bereits;[23]
Jesus habe sich mit dem von Johannes angekündigten Feuertäufer
(Mt 3 11 par. Lk 3 16) identifiziert; die Verzögerung des Eschatons habe
Zeit für Taten, welche der Umkehr entsprechen, gegeben und daher
den schnellen Ersatz durch die Taufe unnötig gemacht.[24]

Trotz der großen Anzahl von Gerichtsworten im Munde Jesu muß
daher die übrigbleibende zweite Alternative ernsthaft geprüft werden. Für ihre Richtigkeit sprechen erstens einige Traditionen, welche
zwischen dem Unheilspropheten Johannes und dem Heilspropheten
Jesus deutlich unterscheiden. Die sekundäre Spruchkomposition
Q 7 31-35 verbindet das Bild von den zum Tanz und zur Trauer aufspie-
lenden Kindern mit dem Auftreten von Jesus und Johannes.[25] Mehrfach ist überliefert, daß der Täufer und die Jesus-Nachfolger nach
Ostern im Gegensatz zu Jesus fasteten.[26] Zweitens läßt sich plausibel
machen, warum nach der Hinrichtung Jesu die frühe Gemeinde nicht

---

[21] Vgl. die Erörterungen bei G. Barth, Taufe 11–43; G. Theißen – A. Merz, Jesus 195f.
[22] Die sprachliche Analyse von Mk 2 5b-10 ergab übrigens, daß wohl erst Mk die Vollmacht der Sündenvergebung formulierte (s. S. 32 Anm. 103).
[23] Zur Kritik dieser Interpretation s. S. 181–189.
[24] G. Theißen – A. Merz, Jesus 195.
[25] Zur Überlieferungsdiskussion und Interpretation s. S. 156.
[26] Q 7 33f (vgl. Mk 1 6 par. Mt 3 4, Lk 1 15), Mk 2 18-20 par. Mt 9 14f Lk 5 33-35 (in Mk 2 20 par. Mt 9 15b Lk 5 35 von der frühchristlichen Fastenpraxis abgegrenzt), ausgebaut im lk Geschichtsverständnis (Jesus-Zeit satansfrei); vgl. auch die häufige Erwähnung von Mahlzeiten, an denen Jesus teilnimmt (z.B. Mk 2 15-17 par. Mt 9 10-13 Lk 5 29-32 mit 15 1f), was jedoch ein regelmäßiges Fasten nicht ausschließt.

nur die Taufe, sondern mit ihr auch die Gerichtsbotschaft des Täufers wieder aktivierte.[27]

---

[27] Siehe S. 232–237.

IV. Naherwartung

1. Die Nähe des Endes

Mit dem Kriterium der Kontext- und Wirkplausibilität läßt sich überzeugend darlegen, daß Jesus das Kommen des endzeitlichen Gottesreich in Bälde erwartete. Johannes der Täufer hatte bereits den unmittelbar drohenden Zorn Gottes verkündet. Die Bilder von der Axt, die schon an die Wurzel der zum Fällen bestimmten Bäume gelegt ist, und vom Worfeln, das eine bereits vollzogene Ernte impliziert, drücken eine extreme Naherwartung aus.[1]

Fast alle frühchristlichen Texte geben direkt oder indirekt wieder, daß mit dem Weltende in einem Zeitraum gerechnet wurde, der aus der Perspektive menschlicher Zeiterfahrung überschaubar war, und daß der Anbruch der Endzeit nicht völlig offen gelassen wurde.

Die erhaltenen Paulus-Briefe lassen einmütig erkennen, daß Paulus mit dem Eschaton noch in seiner unter normalen Umständen erwartbaren Lebenszeit rechnete. Dafür spricht das wiederholte ἡμεῖς in Texten über die lebenden Glaubenden, welche die Parusie schauen werden (1Thess 4,15-17 1Kor 15,51f Phil 3,19-21). Die jetzt Lebenden stellen die letzte Generation vor dem Ende dar (1Kor 10,11). Die verbleibende Zeit ist kurz (7,29; vgl. Phil 4,5 Röm 13,12), die Schöpfung liegt schon in Geburtswehen (Röm 8,22). Im Rahmen alltäglicher Zeiterfahrung liegt das Weltende bereits erkennbar näher als zum Zeitpunkt des Zum-Glauben-Kommens (13,11).

Gerade der letzte Text zeigt aber, daß schon Paulus die Verzögerung der Parusie nicht als folgenlos für das Verhalten ansah. Diese Problematik findet sich bereits in 1Thess 5,2.4. Allen diesen Äußerungen über einen dem Glauben entsprechenden Wandel läßt sich entnehmen, daß die Erwartung einer baldigen Parusie zwar noch nicht direkt enttäuscht worden war, aber daß das Verhalten bereits mit dem Hinweis auf das baldige oder unberechenbare Ende motiviert werden konnte. Zumindest Paulus sah also einen Zusammenhang zwischen nachlassendem Ernst in der Lebensführung und nachlassender Bestimmung durch das Eschaton.[2]

---

[1] Siehe S. 166.
[2] Die Erwartung des πλήρωμα τῶν ἐθνῶν in Röm 11,25 vor der Rettung Israels stellt dagegen keinen verzögernden Faktor dar (gegen K. Erlemann, Naherwartung 201), weil hier die Rettung Israels als apokalyptisches μυστήριον geoffenbart wird und das irdisch schier Unerwartbare in Gottes Weltplan vorbedacht erscheint. Eine Rechtfertigung der Parusieverzögerung liegt nicht vor.

Öfter wird behauptet, die paulinische Eschatologie lasse einen Wandlungsprozeß von einer Nächsterwartung, welche noch die überwiegende Mehrheit der gegenwärtig Lebenden betrifft, zu einer weiteren Verzögerung, welche den Tod der Glaubenden vor dem Ende als den Normalfall sieht und daher zur individuellen „Eschatologie" nach dem Tod des jeweiligen Glaubenden wechselt, erkennen.[3]

Eine solche Behauptung gründet zunächst auf Textinterpretationen, die hinsichtlich ihrer Stimmigkeit überprüft werden müssen. Außerdem stellt sich grundsätzlicher die Frage, ob hier nicht eine unzulässige Systematisierung von Aussagen stattfindet, die nicht auf Systematisierung hin angelegt waren, sondern in die jeweils konkrete Briefsituation hinein formuliert wurden. Aus 1Thess 4,13-18 läßt sich nicht schließen, daß Paulus bei der Mission wegen der Naherwartung noch nicht über die Totenauferstehung gesprochen habe. Denn dieser Text klärt nicht die Auferstehung der Glaubenden überhaupt, sondern nur den Zeitpunkt ihrer längst bekannten Auferstehung: Die „entschlafenen" Glaubenden werden an der Herrlichkeit der Parusie gleichberechtigt mit den noch lebenden partizipieren.[4] Immerhin läßt sich der von Paulus erweiterten Wendung ἡμεῖς οἱ ζῶντες οἱ περιλειπόμενοι εἰς τὴν παρουσίαν τοῦ κυρίου (V. 15; das Herrenwort verwendete in V. 17 wohl nur οἱ περιλειπόμενοι) entnehmen, daß er mit dem Weltende innerhalb der jetzt lebenden Generation rechnete.

Diese grobe Bestimmung des Zeitraums, in welchem das Eschaton anbricht, stimmt mit 1Kor 15,51 überein, auch wenn dort kontextgemäß zunächst das Sterben aller Glaubenden ausgeschlossen wird.[5] Die gegenüber 1Thess 4,13-18 neue Verwandlung der Glaubenden entspricht der zweiten, die irdische Substanz des menschlichen Leibes betreffenden Leitfrage in 1Kor 15,35 mit der Verallgemeinerung in V. 50. Daß eine solche Vorstellung in 1Thess 4,13-18 fehlt, ergibt sich zwanglos aus der dortigen Briefsituation: Die Möglichkeit der Auferstehung wurde in der Gemeinde von Thessaloniki eben nicht mit Substanzargumenten bestritten.

Aus einem ganz anderen Denkzusammenhang stammen die Aussagen des Paulus zu seinem eigenen Märtyrertod (2Kor 5,1-10 Phil 1,23). Ein solcher vorzeitiger Tod im Dienste Christi garantiert eine direkte Versetzung in die Himmelswelt, ohne daß dafür erst die endzeitliche Totenauferstehung stattgefunden haben muß.[6] Die von Paulus geäußerte Möglichkeit oder Sehnsucht, direkt beim Kyrios zu sein, stellt also keine allgemeine Übernahme der „hellenistischen Escha-

---

[3] Vgl. J. Dupont, ΧΡΙΣΤΩΙ; C.-H. Hunzinger, Hoffnung; W. Wiefel, Hauptrichtung; U. Schnelle, Wandlungen 37-48 (weitere Verweise 9f); G. Strecker, Theologie 224-229, und den Forschungsüberblick bei K. Erlemann, Naherwartung 189-192.

[4] Zur Begründung s. A. Scriba, Geschichte 185-187; vgl. auch K. Erlemann, Naherwartung 193f; dort wird auf Belege zum Vorteil der messianischen Generation verwiesen (Dan 12,12 PsSal 18,5f LibAnt 55,2 Lk 2,29f 4Esr 4,33 8,24).

[5] Vgl. C.-H. Hunzinger, Hoffnung 70; C. Burchard, 1Korinther 250; K. Erlemann, Naherwartung 195f; gegen G. Klein, Eschatologie 279; G. Sellin, Streit 46f. Außerdem ist mit der Möglichkeit zu rechnen, daß die Negierung des Todes aller Glaubenden vor dem Weltende sich primär mit einer Eschatologie auseinandersetzt, welche den Tod aller erwartete (vgl. 4Esr 7,29f). In diesem Fall ließe sich der Beginn der Offenbarung des μυστήριον mit πάντες οὐ κοιμηθησόμεθα erst recht nicht als Verschiebung der Endzeiterwartung des Paulus, sondern als Abwehr einer anderen Erwartung erklären.

[6] Vgl. Jub 23,30f 2Makk 7,9.11.14 AssMos 9?? äthHen 39,4-13 4Makk 6,29 9,8 15,3 16,25 Lk 23,43 Act 7,59 1Clem 54,7; vgl. die Traditionen hinter Sap 3,8f 4,16f.

IV. Naherwartung

tologie"[7] und daher auch nicht eine Verschiebung der Parusie-Erwartung in die fernere Zukunft dar.[8]

In Phil 3:20f hat Paulus zudem eine Tradition über die Parusie des Retters Christus mit der Verwandlung der Lebenden kommentiert.[9] Differenzen zu 1Thess 4:13-18 und 1Kor 15:51f kann ich nicht erkennen. Auch das ἡμεῖς, das wohl die Erwartung des Paulus ausdrückt, bei der Parusie noch selbst zu leben, stimmt in allen drei Textkomplexen überein. Diesem Sachverhalt kommt noch erheblich höhere Bedeutung zu, wenn man mit gewichtigen Argumenten den Phil (oder Teile von ihm) als spätesten Brief des Paulus und seine Abfassung in römischer Gefangenschaft annimmt.[10]

Zweierlei ist zusätzlich zu beachten. Erstens stammen die überlieferten Briefe aus dem Zeitraum von ca. 50–56/58 n. Chr. Nicht sehr überzeugend ist daher die Annahme, Paulus habe in den knapp 20 Jahren vorher mögliche Konsequenzen der Parusieverzögerung nicht bedacht und erst in den folgenden sechs bis acht Jahren von einer Nächsterwartung ohne sterbende Glaubende zu einer individuellen „Eschatologie" gewechselt. Viel wichtiger ist der zweite Einwand: Die Widersprüche der Parusie-Aussagen im 1Thess selbst sind, wenn auch nicht im Hinblick auf die Zeitdauer bis zur Parusie, gravierender als zwischen den oben dargestellten Texten. Nach 1Thess 1:9f dient die Parusie des Gottessohnes der Rettung aus dem Zorn, nach 2:19 3:13 5:23 führt sie zu einem offenen Gerichtsverfahren unter den Glaubenden, nach 4:16f beginnt mit ihr ohne den Zorn Gottes und ohne Gerichtsverfahren allein durch das Überleben der in den Enddrangsalen übriggebliebenen Glaubenden und durch die Auferstehung der toten Christen direkt die Heilsgemeinschaft mit Christus.[11] Die Beobachtungen zu einer angeblichen Wandlung des Paulus – eine solche ist natürlich prinzipiell durchaus denkbar – lassen sich also in der oben dargestellten Weise über unterschiedliche Lebens- und damit korrelierende Argumentationszusammenhänge erheblich plausibler deuten.[12]

Haben die Auferstehungsleugner in Korinth, gegen die sich Paulus in 1Kor 15 wendet, auch die Eschatologie abgelehnt? Die diatribische Darstellungsweise des Paulus läßt es ratsam erscheinen, die Position der angesprochenen Korinther nicht vorschnell unmittelbar mit derjenigen der fiktiven Gesprächspartner im Text zu identifizieren; Paulus könnte das Problem grundsätzlicher abhandeln. Immerhin will Paulus in V. 29 auf eine Konsequenz aus dem Verhalten der Korinther hinweisen, wenn er die Auferstehungsleugnung einiger im Widerspruch

---

[7] Zu diesem Begriff und zu seiner Bestimmung s. N. Walter, Eschatologie.
[8] Noch K. Erlemann, Naherwartung 204f, versucht trotz Verweis auf das Märtyrerprivileg einen Ausgleich zur Eschatologie durch Reduktion auf das „entscheidende Ergebnis" des Mit-Christus-Seins.
[9] Siehe A. Scriba, Geschichte 189.
[10] Siehe C.-H. Hunzinger, Hoffnung 85; W. Wiefel, Hauptrichtung 79; G. Strecker, Befreiung 230; G. Lüdemann, Paulus I 142; P. T. O'Brien, Phil 19–26; U. Schnelle, Einleitung 159–162.
[11] Siehe A. Scriba, Geschichte 101–105.185–189.221.
[12] Ähnliches läßt sich auch für die Entwicklungs- oder Wandlungsmodelle im Verhältnis des Paulus zu Israel (s. S. 193f.197f), in kleineren Themen (Anthropologie, Motivierung des Handelns, Pneumatologie) und evtl. in der Rechtfertigungsbotschaft zeigen.

zur stellvertretend für Verstorbene vollzogenen Taufe sieht. Aber auch darin zeigt sich zwar der Glaube an eine postmortale Existenz aller Seelen, aber nicht notwendig an eine endzeitliche Weltenwende. Die ausführlichen Exkurse zur Eschatologie in V. 23–28.51–55 legen die Vermutung nahe, daß auch die Eschatologie in Korinth nicht unumstritten war. Kol, Eph und Joh vertreten die Deutung der Bekehrung als gegenwärtige Auferstehung ohne Eschatologie.[13] Man sollte daher davon ausgehen, daß schon vor dem Joh-Evangelium im frühen Christentum die Eschatologie teilweise abgelehnt worden ist.

Die Abfassungszeit der apokalyptischen Vorlage in Mk 13 – diese umfaßte V. 7f.14–20.24–27 abzüglich der mk Ergänzung μετὰ τὴν θλῖψιν ἐκείνην in V. 24[14] – lag vor dem in V. 14–20 Geweissagten. Die Prophetie kündigte zwei entscheidende Zeichen des unmittelbar bevorstehenden Weltendes an: das βδέλυγμα τῆς ἐρημώσεως (V. 14) und die irdisch sichtbaren Schreckreaktionen der Gestirne auf das Sich-Aufmachen des Menschensohnes (V. 24f).[15] Angesichts des offensichtlich unaufhaltsamen Näherrückens der römischen Streitmacht, ohne daß Gottes Walten darin irdisch einsichtig würde, nimmt der apokalyptische Prophet hinter Mk 13 das Deutemuster des von Gott schon bei der Schöpfung vorbedachten Weltplans in Anspruch: Das alles muß nach Gottes Willen noch geschehen (δεῖ γενέσθαι V. 7). Allerdings ist das Ende nicht mehr fern, denn die in V. 14–20 angekündigten Ereignisse stehen offenbar kurz bevor, wie die Aufmerksamkeitsanweisung ὁ ἀναγινώσκων νοείτω (V. 14) zeigt.

Mk verfaßte sein Evangelium erst nach der Zerstörung Jerusalems.[16] Denn neben der nicht in der geweissagten Form stattgefunde-

---

[13] Kol 1₁₂–14 2₁₂f.20 Eph 4₂₄ Joh 3₁₅–21.36 5₂₁.24.30 6₃₉f.40a.47 8₁₅f.51 10₁₀.28 11₂₅f 12₃₁f.47 14₂ [17₂] 20₃₁; endzeitliche Aussagen sind sekundäre Glossen (R. Bultmann, Untersuchungen; A. Scriba, Geschichte 194f).

[14] Siehe E. Brandenburger, Markus 21–42, gegenüber anderen Rekonstruktionsversuchen mit dem Hauptargument, daß nicht ein Kompendium von Fragen bezüglich der Endzeit, sondern die Bewältigung einer konkreten Notlage, nämlich des unaufhaltsamen Heranrückens der römischen Streitmacht an Jerusalem, den Autor bestimmte.

[15] Zwischen dem βδέλυγμα (Neutrum, Anklang an Dan 12₁₁) und dem darauf bezogenen maskulinen Partizip ἑστηκότα besteht ein grammatischer Bruch. Entweder liegt hier eine Reminiszenz an die geplante Aufstellung eines Kaiserbildes im Jerusalemer Tempel 39/40 n. Chr. vor (so z.B. G. Theißen, Lokalkolorit 133–176), wobei sich das Maskulinum aus der Präsenz der Person in ihrem Bild erklären ließe (vgl. E. Brandenburger, Markus 50f). Oder es wird, m.E. wahrscheinlicher, die Entweihung des Tempels durch einen römischen Machthaber in Parallele zu Nebukadnezar (vgl. 2Reg 25₈–17 Jer 27₁₉f 52₁₂f.17–23) oder Antiochos IV. Epiphanes (vgl. 1Makk 1₂₀–23.54.59 Dan 11₃₁ 12₁₁) erwartet. Zur Interpretation der kosmischen Erscheinungen als Schreckreaktionen im Motivkomplex Theophanie s. E. Brandenburger, Markus 54–65; A. Scriba, Geschichte 76–79.196f.

[16] So auch H. Conzelmann, Geschichte; N. Walter, Tempelzerstörung; R. Pesch, Naherwartungen 142 u.ö.; ders., Markus 359; E. Brandenburger, Markus 75–83; vgl. G. Strecker, Theologie 349f. Für eine Abfassung vor 70 n. Chr. plädieren z.B. W. Marxsen, Markus 121–123;

IV. Naherwartung

nen Tempelentweihung läßt sich der geschichtliche Standort des Mk an der testamentarischen Abschlußnotiz in V. 23 ersehen: Alles bisher Geschilderte dient faktisch der Vergewisserung, weil es bereits geschehen ist. Daher ist die Ansage des Weltendes in V. 24-27 besonders vertrauenswürdig.[17] Das erste Zeichen des Eschatons, das die Vorlage angab, nämlich die Tempelentweihung, wird durch V. 23 und durch die Einfügung von μετὰ τὴν θλῖψιν ἐκείνην in V. 24 vom Weltende abgekoppelt. Neben den kosmischen Schreckreaktionen vor dem in der Himmelswelt bereits sichtbaren Kommen des Menschensohnes läßt Mk also keine weiteren Anzeichen gelten. Der Termin des Kommens wird dadurch wieder unbestimmt (vgl. V. 32.33-37), wenn auch die Parusie bald erwartet wird (V. 30). Ähnlich wie 13:30 begrenzt auch 9:1 den zeitlichen Rahmen der Weltwende: Die jetzt lebende Generation – wohl rückprojiziert in die Zeit Jesu, da derartige Zeitbestimmungen aufgrund ihrer vergewissernden Funktion eine befriedigende Präzision erfüllen müssen – wird noch nicht ganz vergangen sein. Mk reagierte damit nicht auf bereits geschehene Todesfälle,[18] sondern machte durch die redaktionelle Verknüpfung[19] mit 8:38 die dortige implizite Warnung vor dem Verleugnen dringlich. Das Wirken Jesu wird im Mk-Evangelium gleich zu Beginn als Ansage der erfüllten Zeit und des nahegekommenen Königsreiches Gottes mit Umkehrruf und Glaubensforderung zusammengefaßt (1:15). Das Perfekt ἤγγικεν, das grundsätzlich auch die Präsenz ausdrücken kann, bezieht sich vom Sprachgebrauch her klar auf das noch ausstehende, aber zeitlich nicht mehr ferne Anbrechen.[20]

Diejenigen Texte, die sich relativ verläßlich der Spruchquelle zuordnen lassen,[21] spiegeln zwar gelegentlich eine Endzeit-Erwartung wider.[22] Aussagen über die Nähe oder Ferne des Eschaton fehlen aber. Aus den formal Mt-Lk^S zugehörigen Texten, die ebenfalls an der Eschatologie festhalten,[23] bedenken zwei die Verzögerung der Paru-

---

A. Suhl, Funktion 16-20; unentschieden sind E. Gräßer, Parusieverzögerung 155; D. Lührmann, Mk 6.

[17] Vgl. dazu E. Brandenburger, Markus 76-81.
[18] Vgl. K. Erlemann, Naherwartung 127f.
[19] Mk Sprachelemente finden sich in Mk 9:1 nur in der Rede-Einleitung: καὶ ἔλεγεν αὐτοῖς Mk 11x, Lk 1x, Mt 0x, Joh 2x.
[20] Siehe W. G. Kümmel, Verheißung 13-18.
[21] Dazu s. S. 134.
[22] Die Makarismen Q 6:20-23, gegen das Richten 6:37f, Wehe über galiläische Städte 10:13-15.(12). Derjenige, dem der Täufer den Weg bereitete (7:27), wurde schon in Q mit Jesus in seinem vergangenen Wirken identifiziert (V. 20f).
[23] Vater-Unser Mt 6:9-13 par. Lk 11:2-4, das Endgerichtsverfahren Mt 10:32f par. Lk 12:8f, Hausherr und Dieb Mt 24:43f par. Lk 12:39f, Hausherr und Sklave Mt 24:45-51 par. Lk 12:42-46, gegen Jerusalem Mt 23:37-39 par. Lk 13:34f, der Tag des Menschensohnes Mt 24:26-28.37-41 par. Lk 17:23f.37b.26f.34f, das Richten der Zwölf Mt 19:28b par. Lk 22:30b.

sie: die Gleichnisse von Hausherr und Dieb Mt 24₄₃f par. Lk 12₃₉f und von Hausherr und Sklave Mt 24₄₅₋₅₁ par. Lk 12₄₂₋₄₆. Nachlassender Eifer im Lebenswandel aufgrund enttäuschter Naherwartung soll mit dem Hinweis auf das zeitlich nicht zu berechnende Ende wieder gesteigert werden. Mt 24₂₆₋₂₈.₃₇₋₄₁ par. Lk 17₂₃f.₃₇b.₂₆f.₃₄f reagiert auf unterschiedliche Formen frühchristlicher (!) Erwartungen des Weltendes.[24] Prophezeiungen über die Präsenz des Messias in der Wüste oder an einem verborgenen Ort (Mt 24₂₆ [par. Lk 17₂₃]) wird die Unübersehbarkeit der Parusie entgegengesetzt. Die bestrittenen Positionen sahen offenbar das Weltende im Anbruch begriffen.

Aus dem Sondergut des Mt gibt die allegorisierende Parabel von den zehn Jungfrauen Mt 25₁₋₁₃ zu bedenken, daß der Bräutigam später als erwartet kommt (χρονίζοντος δὲ τοῦ νυμφίου V. 5) und daher ständiges Bereitsein (αἱ ἕτοιμοι V. 10) und ständige Wachsamkeit (γρηγορεῖτε V. 13) erforderlich sind.

Die traditionelle Parabel über die drei Sklaven mit den Minen Mt 25₁₄₋₃₀ par. Lk 19₁₂₋₂₇ wurde von Mt neben anderen Bearbeitungen auch um die lange Abwesenheit des Hausherrn erweitert (Mt 25₁₉).[25] Diese führt in der Erzählung jedoch nicht ursächlich zu Fehlverhalten. 10₂₃ weist einerseits mt Sprachmerkmale auf.[26] Andererseits widerspricht dieser Vers auf den ersten Blick der in der mt Evangeliumskomposition sichtbar werdenden Ansicht, daß die Mission an Israel gescheitert ist und die Hinwendung zu den nichtjüdischen Völkern erfolgt. Als Auflösung dieser Spannung könnte die im Kontext intendierte Versicherung gelten, die Feindschaft in Israel – die Erzählzeit fordert eine Begrenzung auf Israel (V. 5f), für die Gegenwart des Mt liegt eine Ausweitung auf die Völkerwelt näher – werde nicht derart

---

[24] Zur Textrekonstruktion und Interpretation s. A. Scriba, Geschichte 219f.98f.107f.
[25] Lk 19₁₂₋₂₇ weist in der Exposition große Abweichungen auf, im Dialogteil dagegen geringere. Die Unterschiede lassen sich damit erklären, daß Lk die Geschichte im Hinblick auf die Rom-Reise des Herodes Archelaos 4 v. Chr. allegorisierte, wohl eine Gleichbehandlung der Gouverneure einführte, deswegen die Passage Mt 25₁₆₋₁₈ nicht übernahm und daß Mt, neben kleineren allegorischen Zügen in Mt 25₂₁.₂₃.₃₀, die Geldmenge erheblich steigerte (vgl. S. Schulz, Q 288–293; A. Weiser, Knechtsgleichnisse 227–258; H. Weder, Gleichnisse 193–202). Da für die Handlung die Zeitdauer der Abwesenheit nicht relevant ist, die Parabel nicht die Parusieverzögerung, sondern die Entfaltung der Charismen thematisiert und für Mt eine Überleitung zwischen der Verzögerungsproblematik von Mt 25₁₋₁₃ und der dringlichen Mahnung zum Tun der Barmherzigkeit 25₃₁₋₄₆ sinnvoll ist, halte ich die Wendung μετὰ δὲ πολὺν χρόνον in 25₁₉ für mt Redaktion.
[26] Die Verfolgung (διώκω) scheint eine Bedrohung der mt Gemeinde darzustellen (s. besonders Mt 5₁₀₋₁₂.₄₄ redaktionell). Wendungen des Mt liegen klar vor in ἀμὴν γὰρ λέγω ὑμῖν (außer 10₂₃ nur noch in 5₁₈ 13₁₇ 17₂₀) und wohl in ἕως ἄν (Mk 6₁₀ par. Mt 10₁₁, Mk 9₁ par. Mt 16₂₈ Lk 9₂₇, sonst nur noch Mt 2₁₃ 5₁₈.₂₆ 10₂₃ [allerdings gegen ℵ, B], 12₂₀ 22₄₄ 23₃₉ 26₃₆; Mk 12₃₆ par. Lk 20₄₃ Act 2₃₅ ist ein Schriftzitat. Τελέω (Mt 7x, Mk 0x, Lk 4x) scheide ich hier aus, weil es in fünf Fällen (Mt 7₂₈ 11₁ 13₅₃ 19₁ 26₁) in der stereotypen Redeabschlußwendung des Mt vorkommt.

überhandnehmen, daß kein Rückzug vor der Verfolgung mehr möglich sei. In diesem Fall läßt sich dem Vers keine terminierte Naherwartung entnehmen.

Lk behält zwar grundsätzlich das eschatologische Geschichtsverständnis bei, rückt aber den Anbruch des Eschatons in weitere Ferne. Die Jüngererwartung, mit dem Einzug in Jerusalem komme das Gottesreich, wird von Jesus ausführlich bestritten (Lk 19,11 als Deuteschlüssel für die folgende Parabel). Lk fügt in die Parabel Mk 12,1-12 die lange Abwesenheit des Weinbergbesitzers ein (Lk 20,9).[27] Wer die Nähe des Endes ankündigt, gilt als falscher Messias (21,8).

2. Folgerungen: Die Enderwartung Jesu

Herkunft Jesu von Johannes dem Täufer und die zahlreichen Versuche des frühen Christentums, die enttäuschte Erwartung des nahen Endes zu bewältigen, sprechen deutlich dafür, daß Jesus ein baldiges Kommen Gottes verkündigte.[28] Vom Täufer aus gesehen ist eine Nächsterwartung das Wahrscheinlichere, von der frühchristlichen Wirkungsgeschichte aus eher eine terminliche Offenheit, die zur Zeit des Paulus allerdings schon als erklärungsbedürftig empfunden wurde. Angesichts der Unterschiede zwischen dem Täufer und dem frühen Christentum ist die Möglichkeit einer Verschiebung der endzeitlichen Perspektive nicht unbedingt durch Jesus, sondern auch direkt nach Ostern im Blick zu behalten, auch wenn bislang entsprechende Hinweise fehlen.[29]

3. Gegenwart des endzeitlichen Gottesreiches?

Obwohl vor allem Mt 9,32-34 und 12,22-30 sich gelegentlich an die verwandte Tradition Mk 3,22-27 anlehnen, ist eine Rekonstruktion des Wortlautes von Q 11,14-23 noch einigermaßen möglich.[30]

Die Präsentation des Stummen als Teil der Exposition des Streitgespräches wurde, wie üblich, von Mt und Lk zwecks Einbindung in den Erzählungsablauf am stärksten bearbeitet. Mt 12,22a stellt mit der verstärkten Krankheitsschilderung (τυφλὸς καὶ κωφός gegenüber κωφόν in Mt 9,32 und Lk 11,14a) eine von Mt geschaffene Steigerung dar, um die feindselige Haltung der Pharisäer noch böswilliger erscheinen zu lassen. In Mt 9,32 dürfte das kontextverweisende ἰδού und in 12,32a τότε (ein mt Lieblingswort)[31] auf Mt zurückgehen, ebenso an beiden Stellen

---

[27] Ἱκανὸς χρόνος verwendet Lk oft, um eine lange Zeitdauer auszudrücken: Lk 8,27 20,9 23,8 Act 8,11 14,3 27,9; vgl. 9,23.43 18,18 27,7.
[28] Vgl. E.P. Sanders, Sohn 151f.
[29] Siehe S. 232-237.
[30] Zu weiteren, im folgenden nicht immer erwähnten Details s. S. Schulz, Q 203-206.
[31] 91x gegenüber Mk 6x, Lk 15x und Act 21x, vor allem in redaktionellen Verknüpfungen.

προσφέρω.³² Lk 11₁₄a ist schon textkritisch nicht unproblematisch.³³ Dieser Versteil enthält jedoch keine typisch lk Spracheigentümlichkeiten,³⁴ so daß Lk wohl der Q-Fassung nähersteht. Sicher bot jedoch Q die Präsentation eines dämonischen Stummen (κωφός). In Lk 11₁₄b wird der gen. absolutus durch Mt 9₃₃a bestätigt, ebenso der Wortlaut ab ἐλάλησεν. Ἐκβάλλω in Verbindung mit Exorzismen findet sich bei Mt oft redaktionell,³⁵ d.h. Lk dürfte auch hier den ursprünglichen Q-Text bewahrt haben³⁶ (Mt 12₂₂b hat Mt aufgrund der Steigerung neu formuliert). Die unbestimmte Nennung der Gegner in Lk 11₁₅ (τινὲς δὲ ἐξ αὐτῶν) kommt für Q eher in Frage als die für Mk charakteristischen γραμματεῖς οἱ ἀπὸ Ἱεροσολύμων in Mk 3₂₂ und die typisch mt Φαρισαῖοι in Mt 9₃₄ und Mt 12₂₄. Auch εἶπον in Mt 12₂₄ und Lk 11₁₅ stand wohl in Q statt ἔλεγον in Mk 3₂₂ und Mk 9₃₄. Der Wortlaut des Vorwurfs weicht nur in Mt 12₂₄ stärker von Mk 3₂₂ ab, um eine Verschärfung auszudrücken, während Lk 11₁₅ und Mt 9₃₄ ihm in seiner zweiten Hälfte exakt entsprechen. Trotzdem könnte er auch Q wiedergeben, da die erste Hälfte des Vorwurfs in Mk 3₂₂ (Βεελζεβοὺλ ἔχει) kein Pendant bei Mt und Lk hat.³⁷ Das betonte αὐτός in Lk 11₁₇a ist wohl durch den redaktionellen Einschub V. 16 bedingt. Διανοήματα (ein Hapaxlegomenon im NT) ist eher ursprünglich als ἐνθυμήσεις in Mt 12₂₅a.³⁸ In Q folgte ein allgemeines Weisheitslogion (πᾶσα βασιλεία Q 11₁₇b gegen Mk 3₂₄, nur hier zudem konditional formuliert). Wahrscheinlich standen in Q das Simplex μερισθεῖσα (vgl. Lk 12₅₁₋₅₃) und κατά statt ἐπί (vgl. Mk 3₂₅ Lk 12₅₃). Eher bietet Mt 12₂₅c die Q-Version (außer πόλις ἤ), und Lk hat mißverstehend gekürzt, als daß Mt 12₂₅c auf Mk 3₂₅ zurückgeht. Lk 11₁₈a ist eine Aufnahme von Mk 3₂₃b, Lk 11₁₈a dagegen keine Anlehnung an Mk 3₂₆a, da die Verbform nur mit Mt 12₂₆b übereinstimmt und mk ἀνέστη fehlt. Bis auf das verknüpfende und daher wohl sekundäre οὖν stimmen Mt 12₂₆c und Lk 11₁₈b gegen Mk 3₂₆b überein. Lk 11₁₈c dürfte eine lk Erweiterung zum leichteren Verständnis sein. Mt 12₂₇f und Lk 11₁₉f sind weitgehend identisch. Semitisches καί ist δέ vorzuziehen, πνεῦμα eine Theologisierung von δάκτυλος. Ἐγώ in Mt 12₂₈, eine auf Je-

---

32 15x bei Mt gegenüber 4x bei Mk, 5x bei Lk und 3x in Act, häufig in redaktionell bearbeiteten Expositionen.
33 Καὶ αὐτὸ ἦν bieten die eher jüngeren Zeugen C, W, Θ, Ψ, f¹³, der Mehrheitstext, ein Korrektor in A, Mehrheit der lateinischen Überlieferung sowie die syrische Peschitta und die Harklensis, die Omission P⁴⁵, P⁷⁵, ℵ, A, B, L, f¹, weitere Minuskeln, Sinai- und Cureton-Syrer und die koptische Überlieferung (D und ähnlich drei Altlateiner haben eine stärker an Mt orientierte Textform). Die Omission könnte zwar als stilistische Glättung interpretiert werden, ist aber derart gut bezeugt, daß ich für ihre Ursprünglichkeit votiere.
34 Die *conjugatio periphrastica* ἦν ἐκβάλλων benutzt neben (Mt), Mk (und Joh) Lk zwar auch redaktionell, vorzugsweise aber in Act 1 – 13 zur Imitation des LXX-Idioms (s. BDR §353,1).
35 Mt 7₂₂ 8₃₁ 10₁.8 12₂₆; lk Redaktion möglicherweise nur in Lk 13₃₂.
36 Statt δέ stand in Q wahrscheinlich nach semitischer Art verknüpfendes καί wie in Mt 9₃₃ (vgl. 12₂₂b).
37 Auch die Namensform für Beelzebul in Q 11₁₅.₁₈f spricht dafür. Mit den Hss. ℵ und B, die bei Transkriptionen vor Namen die besten Zeugen sind, ist nämlich Βεεζεβούλ zu lesen (Hs. 579 in Lk 11₁₅ Βεζεβούλ, vgl. eine bohairische Hs. zu Mt 12₂₇). Die meisten Hss. bieten die etymologisch korrekte Schreibweise Βεελζεβούλ. Βεελζεβούβ „Herr der Fliegen" (für Mt und Lk je zwei Altlateiner, Vg, drei Syrer) ist eine Verballhornung in Anlehnung an 2Reg 1₂f.6.10 (mit α', σ' V.6, ο εβρ', Vg, Syr, TgJon; übersetzt LXX, Josephus, Ant IX 19). In Mk 3₂₂ bietet aber nur angleichend die Hs. B Βεεζεβούλ, d.h. hier ist Βεελζεβούλ ursprünglich. Die Namensform Βεεζεβούλ ist also auch ein Hinweis auf die Existenz des Vorwurfs in Q.
38 Vgl. Mt 9₄a redaktionell, ebenso das Verb in J 2₀ 9₄b.

IV. Naherwartung

sus gegen den Kontext exklusiv einschränkende Setzung, hat in Lk 11 20 nur in einem Teil der handschriftlichen Überlieferung eine Parallele.[39] Die Textinterpretation wird zeigen, daß es bei Lk und in Q nicht ursprünglich ist (s.u.). Mt 12 29 stellt eine leichte Umformulierung von Mk 3 27 dar in Angleichung an die Frageform in Mt 12 26c. Stammt Lk 11 21f aus Q, wobei Mt sich für die Mk-Version entschieden hat, aus einer redigierten Q-Fassung, die nur Lk benutzte, oder von Lk selbst? Letzteres ist sicher richtig, denn es finden sich massiv lk Spracheigentümlichkeiten.[40] Mt 12 30 und Lk 11 23 stimmen ganz überein.

Die Argumentation des Streitgesprächs Q 11 14f.17-20.23 setzt mit einer unumstrittenen allgemeingültigen Erkenntnis ein: Kein in sich zerstrittenes Reich oder Haus[41] hat Bestand. Wäre, als ein Einzelfall dieser allgemeinen Regel, auch das Satansreich zerstritten, so wäre folglich das Bestehen seines Reiches unmöglich. Nimmt man diese Folgerung negiert als Voraussetzung – die Macht Satans ist ja an den Krankheiten und anderen Übeln augenfällig –, dann zeigt sich zwingend, daß das Satansreich nicht in sich zerstritten ist, Dämonen also nicht durch Beelzebul ausgetrieben werden können. Mit 11 17f ist der Vorwurf der Gegner im Grunde schon widerlegt. Die Sachparallele in Mk 3 22-27 bestätigt, daß das ursprüngliche Streitgespräch schon hier endete.[42] Allerdings hat Mk seine Vorlage dahingehend bearbeitet, daß der Vorwurf, Jesus selbst sei besessen (so V. 21), hinzukommt (V. 22).

Es schließt sich jedoch in Q 11 19f noch eine nicht leicht zu verstehende doppelte Wenn-dann-Aussage an. Für eine Deutung ist zunächst eine formale Beobachtung hilfreich: V. 19a und V. 20a, die beiden konditionalen Nebensätze, weisen die gleiche Struktur auf, sind inhaltlich jedoch durch ἐν Βεεζεβούλ und ἐν δακτύλῳ θεοῦ entgegengesetzt.[43] Nach antiker Dämonologie kommen andere Mächte für einen Exorzismus nicht in Frage, V. 19f deckt also sämtliche Möglichkeiten ab. V. 19c zeigt, daß auch die Anhänger der Gegner (οἱ υἱοὶ ὑμῶν) genau wissen, daß man Dämonen nicht mit Beelzebul austrei-

---

[39] In P^{75}, B, C, L, dem Erstkorrektor von ℵ, f^{13} und anderen Minuskeln, einem Teil der Altlateiner und in der koptischen Überlieferung gegen P^{45}, ℵ, A, W, Θ, Ψ, f^{1}, den Mehrheitstext und mehrheitlich die lateinische Überlieferung. Die Wortstellung in D und die Asterisierung in der Harklensis zeigt, daß ein Einfluß der Mt-Parallele vorliegt.
[40] Φυλάσσω Mt 1x, Mk 1x, Lk 6x, Act 8x; ἑαυτοῦ bei Lk gehäuft; ὑπάρχω massiv bei Lk und Act, z.B. τὰ ὑπάρχοντα Mt 3x, Mk 0x, Lk 8x; ἐπάν im NT nur Mt 2 8 Lk 11 22.34; ἐπέρχομαι Mt 0x, Mk 0x, Lk 4x, Act 4x, im NT sonst 2x; πείθω Mt 3x, Mk 1x, Lk 4x, Act 17x; διαδίδωμι Mt 0x, Mk 0x, Lk 2x, Act 1x, im NT sonst 2x.
[41] Οἰκία bezeichnet hier die Hausgemeinschaft.
[42] Mk 3 27 hatte in Q keine Entsprechung; Mt 12 29 orientiert sich direkt an Mk 3 27, Lk 11 21f hat Lk in Anlehnung an Mk 3 27 selbst formuliert (s.o.).
[43] Ἐγώ in V. 19a (zu V. 20a s.u.) ist durch den Gegensatz zu οἱ υἱοὶ ὑμῶν in V. 19b bedingt, braucht daher in V. 20a nicht zu stehen.

ben kann. Zumindest in diesem Sinne sind Jesu Exorzismen nichts Außergewöhnliches.

Nachdem also in V. 19 die eine Möglichkeit ausgeschlossen wurde, bleibt in V. 20 nur noch die andere übrig, aus der etwas gefolgert wird (ἄρα). V. 20b wird in der exegetischen Forschung fast ausschließlich auf das keim- oder zeichenhafte Erscheinen des endzeitlichen Königreiches Gottes in Jesu Dämonenaustreibungen hin ausgelegt.[44] Bei dieser Deutung ergeben sich jedoch einige Schwierigkeiten. Erstens zieht sie die antithetische Struktur von V. 19f nicht als Deutehilfe in Betracht. Zweitens widerstreitet sie mit ihrer exklusiven, christologischen Spitze der allgemeingültigen, jedermann einsehbaren Argumentation in V. 17–19. Drittens paßt der eschatologische Aspekt wenig zu V. 17–19, er ist zumindest unnötig. Viertens soll doch gerade der Schluß des Streitgesprächs überzeugend den vorgebrachten Einwand widerlegen, was bei seinem christologischen und eschatologischen Verständnis nicht ohne weiteres gegeben ist. Und fünftens hat Mt βασιλεία τοῦ θεοῦ stehen lassen gegen das bei ihm massiv dominierende βασιλεία τῶν οὐρανῶν,[45] d.h. er hat hier in dieser Wendung nicht das von Jesus prophetisch angekündigte endzeitliche Himmelreich gesehen oder sehen wollen.

Diesen fünf Problemen entgeht man, wenn man in βασιλεία τοῦ θεοῦ allgemein, nicht notwendig mit einer eschatologischen Geschichtskonzeption verbunden, Gottes Herrschaft über seine Schöp-

---

[44] Siehe z.B. O. Böcher, Christus 167; W. G. Kümmel, Verheißung 64; S. Schulz, Q 209–212; U. Luz, Mt II 260f.

[45] Βασιλεία τοῦ θεοῦ bietet Mt außer an dieser Stelle (Mt 12₂₈) nur noch in 6₃₃ 19₂₄ 21₃₁.₄₃. In 12₂₈ und 21₄₃ finden sich keine textlichen Abweichungen, in 21₃₁ nur schwache, bedeutendere in 19₂₄ und gravierende in 6₃₃. Der letzte Text ist auch sinnvoll, wenn Gottes Weltkönigtum, das ja gegenwärtig schon in seiner Fürsorge ersichtlich ist (V. 26–30), mit der ihm innewohnenden förderlichen Ordnung (ἡ δικαιοσύνη αὐτοῦ) handlungsleitend sein soll. 19₂₄ meint wegen der Parallele zu V. 23 und σωθῆναι in V. 25 eindeutig das endzeitliche Gottesreich. Von der äußeren Bezeugung und der Erklärung als Angleichung an β. τῶν οὐρανῶν in V. 23 und an den sonstigen mt Sprachgebrauch fällt es schwer, β. τοῦ θεοῦ mit den Hss. Z, f¹, 33, einem Altlateiner, dem Sinai- und Cureton-Syrer u. a. gegen ℵ, B, C, D, L, W, Θ, 0281, f¹³, der Peschitta, der koptischen Überlieferung u. a. als ursprünglichen Text des Mt anzunehmen. Für ein nicht endzeitliches Verständnis in 21₃₁ sprechen das Präsens in προάγουσιν „sie kommen (euch) zuvor" (vgl. V. 32), wobei εἰς ein im Koiné-Griechischen möglicher Ersatz für ἐν sein oder eher noch „hinsichtlich" bedeuten müßte (W. Bauer, Wörterbuch 463). Denn nach Mt kommen die Angeredeten – es handelt sich nach V. 23 um die Hohenpriester und Ältesten des Volkes – sicher nicht in das endzeitliche Himmelreich (23₃₉ meint gerichtsdoxologisch der Anerkennung ihrer Verlorenheit). Vielmehr liegt hier im Vorverweis auf 21₄₃ vor, wo β. τοῦ θεοῦ eindeutig das gegenwärtige Betrautsein mit der kultischen Gottesverehrung bezeichnet, das den theologischen Repräsentanten Israels genommen und der (nichtjüdischen) Kirche gegeben wird – augenfällig an der Zerstörung des Jerusalemer Tempels 70 n. Chr. Kurz: Mt verwendet zur Bezeichnung von Gottes immerwährendem Weltkönigtum ausschließlich βασιλεία τοῦ θεοῦ und dieses wahrscheinlich nur in 19₂₄ für das endzeitliche Gottesreich.

IV. Naherwartung

fung, sein immerwährendes Weltregententum ausgedrückt sieht. An jedem Exorzismus, also nicht nur bei denen von Jesus, wird zwar in sachlicher Übereinstimmung mit V. 17-19, aber mit demgegenüber geänderter Problemlage ersichtlich, daß nicht Satan, sondern Gott Herr dieser Welt ist. Schwierigkeiten bereitet bei dieser Deutung von V. 20 ἔφθασεν. Man könnte es aber im Sinne von „die Basileia Gottes hat euch erreicht" als Ausdruck dafür verstehen, daß beim Exorzismus Gottes Macht präsent sein muß. Fazit: Q 11,20 entfällt höchstwahrscheinlich als Beleg dafür, daß in Jesu (exorzistischem) Wirken das endzeitliche Gottesreich schon anbricht.[46]

Ein weiterer gewichtiger Text, der als Beleg für die Präsenz des endzeitlichen Gottesreiches im Wirken Jesu herangezogen wird, ist das Gleichnis von der selbstwachsenden Saat Mk 4,26-29.[47] Das Gleichnis wird als Gottesreich-Gleichnis eingeleitet (V. 26), was nicht unbedingt die Identifizierung eines Elementes oder des gesamten Geschehenskomplexes des Gleichnisses mit der schon jetzt anhebenden Etablierung des endzeitlichen Gottesreiches impliziert, da erstens die Einleitung sekundär und zweitens βασιλεία τοῦ θεοῦ metonymisch gemeint sein kann.[48] Daher sollte das Gleichnis zunächst allein aus dem erzählten Geschehen heraus interpretiert werden.

Einige Spannungen im Text geben weiterhin V. 29 als nachträglich angehängten Abschluß zu erkennen. Nach V. 29, der Joel 4,13 nach einer LXX-Rezension zitiert,[49] drängt sich die Identifikation des

---

[46] Gegen die Authentie von Q 11,20 spricht sich auch H. Räisänen, Exorcisms, aus.
[47] Zumindest Mt hat in seinem Mk-Exemplar das Gleichnis vorgefunden, weil er an entsprechender Stelle eine vom Bildfeld nahe verwandte Parabel (Mt 13,24-30) bietet, die seiner Sicht von der Kirche als corpus mixtum besser entspricht (so z.B. auch U. Luz, Mt II 322; P. v. Gemünden, Vegetationsmetaphorik 194f; gegen P. Vielhauer, Geschichte 273 u.a.). Der hohe Anteil mt Sprache und die klaren Bezüge zwischen Mk 4,26-29 und Mt 13,24-30 legen nahe, daß auch diese Parabel von Mt oder, wegen einiger Spannungen zur mt Deutung in 13,37-43, in seinem theologischen Umfeld in Anlehnung an Mk 4,26-29 formuliert wurde. Die Auslassung durch Lk ist gut begründbar (P. v. Gemünden, Vegetationsmetaphorik 195). Daher entstammt Mk 4,26-29 nicht einer nachträglichen Überarbeitung des Mk-Evangeliums.
[48] Siehe S. 80.
[49] Zwischen Mk 4,29 und dem ursprünglichen LXX-Text von Joel 4,13 bestehen deutliche Unterschiede: δρέπανον im sg. statt im pl., das einfache Kompositum ἀποστέλλω statt des doppelten ἐξαποστέλλω und θερισμός „Ernte" statt τρύγητος „Weinlese". Bis auf das in dieser Hinsicht indifferente (ἐξ-)ἀποστέλλω entsprechen die Abweichungen in Mk 4,29 dem MT und dem TgJon. Daraus darf jedoch nicht auf eine Herkunft des Gleichnisses aus dem hebräisch- oder aramäischsprachigen Bereich geschlossen werden (so aber z.B. P. v. Gemünden, Vegetationsmetaphorik 193), im Gegenteil, denn diese Abweichungen entsprechen der Rezensionssystematik, welche die in ihren Grundzügen vor Aquila zurückreichenden LXX-Bearbeitungen aufweisen: Für קציר (LXX τρύγητος wohl für בציר) oder קצר verwenden diese ausschließlich θερισμός/θερίζω (Jes 37,30 Jer 5,24 8,20 Hos 10,12 Am 4,7 9,13 Joel 1,11; zu α' noch Gen 45,6 Dtn 16,9 Jer 12,13 Prov 6,8 Ψ 79,12) und für שלח qal ἀποστέλλω (3Bas 9,14 Ψ 42,3 Prov 22,21 Jes 6,8 18,2 19,20 Jer 7,25 25,4 50,1 Hes 2,4 13,6; zu α' noch Gen 49,21 Ex 9,14 Dtn 34,11 3Bas 5,15 12,3 21,7.9f 4Bas 23,16 Ψ 54,21 Jes 58,9 Jer 14,3 29,15 41,9 47,1), während für שלח pi./pu.

ἄνθρωπος mit Gott oder Christus als endzeitlichem Richter auf. Die Saat- und Wachstumsmetaphorik in V. 27f paßt aber dazu nicht recht, weil in diesem Zusammenhang mit dem ἄνθρωπος allgemein ein Verkünder des Evangeliums gemeint ist.[50] Der Akzent liegt in V. 27f auf dem syntaktisch betonten αὐτομάτη, auf dem von Menschen nicht einsehbaren Wunder von Wachsen und Gedeihen, während V. 29 den Endgerichtsaspekt menschlichen Verhaltens paränetisch zur Geltung bringt.[51]

Das kurze Gleichnis V. 27f muß also zunächst ohne seinen jetzigen Kontext gedeutet werden. Die Untätigkeit des Bauern wird darin nicht ausgedrückt: Schlafen und Aufstehen geben nur die Länge der Zeit an, die für Wachstum, Gedeihen und Fruchttragen nötig ist. Das Gleichnis verweist im Erfahrungszusammenhang des missionarischen Mißerfolgs darauf, daß die Annahme der Evangeliumsbotschaft mit den entsprechenden Konsequenzen im Lebenswandel nicht in der Macht der Verkündiger steht, und leitet zur Geduld für das wundersame Wirken Gottes an. Es hat eine sachliche Parallele in 1Kor 3₆: Das Wirken der Apostel besteht im Pflanzen und Bewässern, aber das Gedeihen kommt von Gott.

Rechnete das ursprüngliche Gleichnis noch offenbar mit einem zwar langsamen, aber dennoch sicheren Erfolg der Verkündigung, so geht das Gerichtsbild in V. 29 wohl von einer endzeitlichen Scheidung aus. In keinem Stratum der Überlieferung schildert das Gleichnis den irdischen Wachstumsprozeß des endzeitlichen Gottesreiches, in der Gleichniseinleitung bezeichnet βασιλεία τοῦ θεοῦ daher metonymisch die Verkündigung des endzeitlichen Gottesreiches.

Mt und Lk fanden in ihrem gemeinsamen Sondergut ein Doppelgleichnis über Senfkorn und Sauerteig vor (Mt 13₃₁f.₃₃ par. Lk 13₁₈f.₂₀f). Gleichzeitig kannten sie aus Mk 4₃₀-₃₂ eine Parallele zum ersten Gleichnis.

Erzählerische Brüche in letzterem erweisen dieses als nachträglich bearbeitet: Der grammatische Anschluß mit μικρότερον ὄν an das Relativpronomen ὅς ist hart; ὅταν σπαρῇ und ἐπὶ τῆς γῆς erscheinen zweimal, im letzten Fall sogar mit unterschiedlicher Semantik (Ackerboden – Welt). Von μικρότερον bis zum zweiten σπαρῇ einschließlich liegt folglich eine spätere Ergänzung vor, ohne die

---

ἐξαποστέλλω/-ομαι Verwendung findet (Ex 6₁₁; zu α' noch Ex 22₁₁ Ψ 43₃ 80₁₃ Jes 16₂ Hes 31₅ Prov 29₁₅). Auch die Angleichung an den sg. im MT gibt die übliche Rezensionspraxis wieder. Mk 4₂₉ belegt also die Verwendung einer bereits in ihrer Systematik über 8HevXIIgr hinausgehenden LXX-Rezension und spricht daher für einen späten Ansatz zumindest dieses Verses.

50 Vgl. Mk 4₃-₉ par. Mt 13₃-₉ Lk 8₅-₈, EpJac 12₂₂-₃₇ und weiter 1Kor 3₆.
51 Mk 4₂₉ sollte von seiner Stellung nach V. 27f als offenes Gerichtsgeschehen verstanden werden und nicht nach dem Kontext von Joel 4₁₃ und nach Apk 14₁₅ als Vernichtungsgeschehen gegenüber den Feindvölkern (gegen P. v. Gemünden, Vegetationsmetaphorik 192).

IV. Naherwartung

ein voll verständlicher Text übrigbleibt und die den Unterschied zwischen der Kleinheit des Samens und der Größe der ausgewachsenen Gemüsepflanze entweder betont oder für Unkundige erklärt.[52]

Ziemlich sicher läßt sich auch behaupten, daß nicht nur die Mk-Fassung, sondern auch die des Senfkorn-Gleichnisses in Mt-Lk[S] bereits in einem Schriftanklang gipfelte: Unabhängig vom Mk-Text, der näher an Hes 17₂₃ steht, lassen Mt und Lk ὑπὸ τὴν σκιὰν αὐτοῦ aus, setzen aber mit ἐν τοῖς κλάδοις αὐτοῦ fort und stimmen daher mehr mit Dan 4₂₁ ϑ' überein.[53] In beiden Fällen liegt weder eine direkte Übersetzung des MT noch ein Zitat der LXX bzw. der sog. theodotianischen[54] Übersetzung vor, sondern nur eine Schriftallusion. Die unterschiedliche Zuordnung könnte dafür sprechen, daß ein Schriftbezug nicht eindeutig erkennbar und daher zunächst nicht intendiert war.

Da bis auf zwei redaktionelle Änderungen des Mt[55] sämtliche Abweichungen des Mt von Lk sich als Anlehnung an Mk erklären lassen und Lk 13₁₈f.₂₀f eine hohe Parallelität zwischen den eigentlichen Gleichnissen zeigt, dürfte Lk 13₁₈f praktisch unverändert die Mt-Lk[S]-Vorlage wiedergeben. Der fehlende Schriftbezug im Sauerteig-Gleichnis, die alleinige Überlieferung des Senfkorn-Gleichnisses bei Mk und der leicht unterschiedliche Skopos beider Gleichnisse (klein/groß – verborgen/offenbar) spricht dagegen, daß beide ursprünglich zusammengehörig konzipiert wurden. Daher kommen im Zweifelsfall bei Unterschieden zwischen der Mk- und der Mt-Lk[S]-Version des Senfkorn-Gleichnisses dann dem Mk-Text ein höheres Alter zu, wenn die Mt-Lk[S]- Formulierungen als Angleichung an das Sauerteig-Gleichnis erklärt werden können.[56] Insbesondere gilt dann die Tätigkeit des Aussäens bei Mk gegenüber dem Gleichnis von einem Sämann in Mt-Lk[S] als ursprünglicheres Zentrum.

Zumindest bei Mt-Lk[S] besteht ein Bruch zwischen der gleichnistypischen Alltagsrealität des Aussäens und Wachsens und dem biologisch unmöglichen Abschluß:[57] Die Größe der Zweige und die Lebensdauer der schwarzen Senfpflanze[58] reichen für Nistplätze der Vögel nicht aus (Mk daher: nisten ὑπὸ τὴν σκιὰν αὐτοῦ), κλάδοι (Mk und Mt-Lk[S]) und vor allem δένδρον (Mt-Lk[S]) übertreiben terminologisch. Nicht nur Mk 4₃₋₈, sondern auch der Abschluß des Sauerteig-Gleichnisses mit drei Sat Mehl, die ungefähr 50 kg Brot ergeben,[59] macht wahr-

---

[52] Vielleicht hat der Bearbeiter daher in Mk 4₃₂ auch καὶ γίνεται μεῖζον πάντων τῶν λαχάνων (es fehlt in Mt-Lk[S]) und μεγάλους eingefügt.
[53] EvThom 20 enthält Elemente des mt und des mk Senfkorn-Gleichnisses, aber keinen Schriftbezug. Zweifelhaft ist angesichts anderer überlieferungsgeschichtlicher Beobachtungen zum EvThom (vgl. S. 127–129), ob daraus auf eine Traditionsstufe vor Mk und vor Mt-Lk[S] geschlossen werden darf oder ob nicht eher eine Anpassung der bei Mk und Mt-Lk[S] abenteuerlichen Biologie an die Realität stattfand.
[54] Die Besonderheiten der in den Hss. 967 und 88, in Syh und teilweise in Kirchenväter-Zitaten überlieferten älteren griechischen Übersetzung (zu Dan 4₂₁) fehlen vollständig.
[55] Ἐν τῷ ἀγρῷ αὐτοῦ in Mt 13₃₁ verbindet redaktionell mit 13₂₄. Αὐξηθῇ in aktivischer Bedeutung bei Mt statt ηὔξησεν bei Lk ist vielleicht von Mk 4₈ αὐξανόμενα bestimmt.
[56] Diese Annahme greift bei ὅταν σπαρῇ ἐπὶ τῆς γῆς und ἀναβαίνει. U. Luz, Mt II 327, hält dagegen eher die „Q"-Version für älter.
[57] Ähnlich in Mk 4₃₋₈ par. Mt 13₃₋₈ Lk 8₅₋₈: 30-, 60- und 100-fache Erträge sind angesichts des durchschnittlich siebenfachen Ertrages (je nach Regen- oder Bewässerungsfeldbau) utopisch.
[58] Siehe I. Löw, Flora I 522; G. Dalman, Arbeit II 293f.
[59] Siehe G. Dalman, Arbeit IV 184f.

scheinlich, daß die ungewöhnliche Größe des Ergebnisses von Anfang an beabsichtigt war.

Gemäß der überlieferungsgeschichtlichen Analyse werden die beiden Gleichnisse unabhängig voneinander interpretiert. Die Metapher des Säens ist nicht offen, sondern steht wahrscheinlich für die Tätigkeit der Verkündigung einer Botschaft.[60] Im Senfkorn-Gleichnis wird daher die unscheinbare Größe der Predigt mit ihrem wunderbaren Erfolg verglichen. Ähnlich wie im Gleichnis von der selbstwachsenden Saat[61] steht daher nicht die Lehre über die Beschaffenheit des endzeitlichen Gottesreiches im Blick, sondern die Vergewisserung darüber, daß die Marginalität, in welcher die Botschaft derzeit ausgerichtet wird, nicht im Widerspruch steht zur schutzgewährenden Größe, welche die zukünftige Gemeinschaft der Jesus-Anhänger dereinst bieten wird. Immerhin greift die Metaphorik der in den Zweigen nistenden Vögel ein Herrschaftsbild auf, das aber nicht notwendig mit dem endzeitlichen Gottesreich zusammengebracht werden muß.

Sauerteig war nicht nur wegen des Passa-Festes negativ konnotiert.[62] Für eine ursprünglich negative Deutung in Mt 13 33 par. Lk 13 20f spricht auch (ἐγ)κρύπτω: Der Anfang ist nicht nur klein, sondern sogar verborgen, erst das unausweichliche Ende macht dann den Charakter des verborgenen Anfangs offenbar. Daher dürfte dieser jetzt als Gottesreich-Gleichnis überlieferte Text auf eine sprichwortähnliche Sentenz wie z.B. in 1Kor 5 6 und Gal 5 9 zurückgehen, die vor der Gefahr des zu wenig registrierten kleinen Anfangs warnte. Als Gottesreich-Gleichnis – diese Erzählintention muß nicht unbedingt sekundär sein – liegt der Skopos nicht auf dem gegenwärtigen Wachstum des endzeitlichen Gottesreiches, sondern auf der sich notwendig durchsetzenden Wertevertauschung, der sich niemand entziehen kann. Wiederum scheint keine Reflexion über das Wesen der Basileia vorzuliegen, sondern eher die Vergewisserung darüber, daß sich das bislang verborgen wirkende religiös Ausgegrenzte gegen seine Widersacher auf jeden Fall durchsetzen wird.

Die beiden Gleichnisse vom Senfkorn und vom Sauerteig rechnen also in der Tat mit einem Wachstum oder Durchsetzungsprozeß. Das heißt aber nicht notwendig, daß das endzeitliche Gottesreich langsam, aber stetig Raum greifen wird, sondern nur, daß die Anhänger der Basileia-Botschaft unaufhaltsam an Zahl und Bedeutung gewinnen werden. Doch lassen sich diese beiden Texte noch am ehesten für

---

[60] S. die Belege auf S. 186, speziell Anm. 50.
[61] Dazu s. S. 185.
[62] Philon, Congr 161f, Quaest in Ex I 15, II 14, 1Kor 5 6-8 Gal 5 9, Mk 8 15 par. Mt 16 6 Lk 12 1; positiv allerdings Philon, SpecLeg II 184f.

die Vorstellung der keimhaften Gegenwärtigkeit des endzeitlichen Gottesreiches heranziehen.

Der Spruch vom Satanssturz Lk 10,18 paßt nicht nur zur lk Intention der satansfreien Zeit Jesu (Lk 4,13 22,3), sondern weist auch schwache Indizien für lk Sprache auf.[63] Andererseits spricht seine isolierte Stellung eher für seine quellengeleitete Positionierung, so daß ich vorsichtig für redaktionelle Bearbeitung einer Tradition plädiere.[64] Aus der traditionellen Herkunft folgt natürlich noch nicht ohne weiteres Authentie. Und selbst in diesem Fall dürfte der Spruch wahrscheinlich die Wiedergabe einer Vision über die Ereignisse der noch ausstehenden Endzeit sein.[65] Jedenfalls stellt Lk 10,18 kein überzeugender Beleg für die Präsenz des endzeitlichen Gottesreiches im Wirken Jesu dar.

Weitere Texte, die als Beleg für diese Präsenz gelten, werden m.E. ebenfalls mißverstanden.[66] Die ohnehin traditionsgeschichtlich singuläre Kombination von Gegenwart des endzeitlichen Gottesreiches im Wirken eines Propheten oder anderen Beauftragten Gottes mit der eschatologischen Naherwartung[67] ist schon aus Gründen der Verstehbarkeit ziemlich unwahrscheinlich: Das entscheidende eschatologische Ereignis, das unbestreitbare Kommen Gottes in die irdische Sphäre mit endgültiger Vernichtung alles Gott Widerstehenden, läßt sich in einen kontinuierlichen Wachstumsprozeß kaum integrieren. Das aus hermeneutisch verständlichen Gründen dem gegenwärtigen Theologen zusagende angebliche Spezifikum Jesu, daß in seinem Wirken das endzeitliche Gottesreich zeichen- oder keimhaft schon beginne, wird also nach meiner Einschätzung in keinem der diskutierten Texte tatsächlich ausgedrückt.

4. Folgerungen: Das Selbstverständnis Jesu

Wenn Jesus eine streng eschatologisch orientierte Botschaft verkündigte, dann läßt sich daraus für sein Selbstverständnis etwas Bedeutsames folgern. Es stellt sich nämlich die Frage, wie ihm diese endzeitliche Perspektive der Gegenwart zugekommen ist. Man könnte

---

63 θεωρέω Mt 2x, Mk 7x, Lk 7x, Joh 19x [+ 5x sekundär], Act 14x, sonst 4x; ἀστραπή/ἀστράπτω Mt 24,27 par. Lk 17,24, Mt 28,3 Lk 10,18 11,36 17,24 24,4 Apk 4,5 8,5 11,19 16,18; keine unlk Wendungen.
64 Vgl. die Diskussion bei M. Miyoshi, Anfang 99–109.
65 Gegen S. Vollenweider, Satan 196. Vgl. zum visionären Sehen endzeitlicher Ereignisse Dan 7,2.6f.9.11.13 8,3f.7 10,5.7f 12,5 4Esr 11,1–3.5–7.10.12.20.22.24–26.28.30.33.35.37 12,2f 13,3.5f.8.12 u.ö.
66 Zu Lk 17,21 s. S. 77f.206, zum „Stürmerspruch" Mt 11,12f par. Lk 16,16 s. S. 155f. Aus Mt 13,16f par. Lk 10,23f (selige Augenzeugen) und Mk 2,18–20 (Fastenfrage) läßt sich m.E. keine Gegenwart des endzeitlichen Gottesreiches herauslesen.
67 Diese traditionsgeschichtliche Singularität konzedieren auch G. Theißen – A. Merz, Jesus 234f (mit Verweis auf D. Flusser, Jesus 87).

zunächst auf Johannes den Täufer verweisen, dessen Botschaft Jesus für gültig gehalten hat, und zwar sowohl zum Zeitpunkt seiner Taufe als auch in einem neuen Horizont während seiner eigenen Wirksamkeit. Allerdings läßt sich schon zum jetzigen Zeitpunkt der Untersuchung festhalten, daß die Botschaft Jesu gegenüber der des Täufers zumindest einen deutlich neuen Akzent aufgewiesen haben muß, ohne daß es zum Bruch zwischen beiden kam und in Jesu Augen der Täufer schließlich doch als Falschprophet gegolten hat.[68] Unwahrscheinlich ist daher, daß Jesus die eschatologische Orientierung seines Wirkens unverändert auf derjenigen des Täufers aufbaute.

Der Täufer vertrat offensichtlich im Selbstverständnis eines Propheten[69] eine Botschaft, welche die übliche Einschätzung der Situation Israels vor Gott massiv bestritt. Für die Übermittlung einer solchen Botschaft kommt nach meiner Einschätzung nur eine prophetische Vision, vielleicht gleichzeitig zur Berufung, in Frage.[70] Wenn Jesus an der Wahrheit der täuferischen Botschaft also weiterhin in einer noch genauer zu bestimmenden Weise festhielt, dann liegt am nächsten, daß diese endzeitliche Willenskundgabe Gottes durch eine darauf aufbauende neue Botschaft aus dem Munde Gottes weitergeführt wurde. Endzeitliche Orientierung der Verkündigung Jesu und der bleibende positive Bezug zum Täufer sprechen folglich dafür, daß auch Jesus seine Botschaft in Gestalt einer himmlischen Beauftragung erhalten hat.[71] Wie auch immer man sich bezüglich der christologischen Titel, welche der historische Jesus möglicherweise für sich beansprucht hat, entscheiden mag, ein prophetisches Selbstverständnis aufgrund einer himmlischen Berufung und Beauftragung kann als recht wahrscheinlich gelten.

M. Hengel[72] hat gezeigt, daß die nächsten Analogien zu dem Auftreten Jesu mit einem Jüngerkreis nicht die rabbinischen Lehrer-Schüler-Verhältnisse waren, sondern Gruppen um eine prophetische

---

[68] Siehe S. 149–174.
[69] Mk 11,32 par. Mt 21,26 Lk 20,6, Q 7,26 Mt 14,5 (gegen Mk 6,20), Lk 1,76.
[70] Vgl. 1Sam 3,1-21 Jer 14-19 Hes 14 – 3,15 und weiter Ex 3,1 – 4,17 6,2-13, Dtn 34,10 Hos 12,14 2Chr 24,9 syrBar 12,0f, 1Sam 15,10f 2Sam 7,4 24,11 1Reg 16,1 17,2 2Reg 3,11f 2Chr 15,1-7 24,20 Jes 6,1-13 Jer 14 21 7,1 Hes 3,16 Jon 1,2 u.ö.
[71] Mich überzeugt nicht die gelegentlich vertretene Theorie, daß seine eigenen charismatischen Fähigkeiten Jesus überzeugt haben sollen, daß jetzt eine Heilszeit anbricht (so z.B. P.W. Hollenbach, Conversion). Q 11,20, der Basistext für diese Deutung, wird dabei m.E. fehlinterpretiert (s. S. 181-185). Außerdem kann man bezweifeln, daß charismatische Fähigkeiten im damaligen Judentum etwas völlig Außergewöhnliches waren (vgl. GenApok 20,2-31 Act 8,9-11 Artapanos, Frgm. 3,27-33, Philon, VitMos I 156, Josephus, Ant IV 275f; vgl. weiter die Salomo-Typologie nach LibAnt 60,3 Josephus, Ant VIII 44–49, TestSal 3,4 15,3 16,3 20,1, s. dazu K. Berger, Messiastraditionen 3–9; s. auch B. Kollmann, Jesus 118–173).
[72] M. Hengel, Nachfolge 18–40.

IV. Naherwartung

Gestalt herum.[73] Nur Mk 1,16-20 par. Mt 4,18-22, Mk 2,13f par. Mt 9,9 Lk 5,27f und Joh 1,43 berichten von einer Berufung der Jünger durch Jesus,[74] in der übrigen frühchristlichen Literatur beruft sonst immer nur Gott vom Himmel, nie der erhöhte Jesus.[75] Im Joh-Evangelium treten Menschen in die Nachfolge Jesu aufgrund seiner charismatischen Fähigkeiten oder durch Mitteilung anderer (Joh 1,35-51). Auch in Mt 8,19-22 par. Lk 9,59-62 kommen Menschen allein aufgrund eigener Entscheidung zu Jesus und bitten um Aufnahme in die Nachfolgegemeinschaft, werden aber vor Jesus mit dem vollen Ernst der Nachfolge konfrontiert. Wahrscheinlich stellt daher der sowieso unglaubwürdige Typ der vollmächtigen Jüngerberufung eine Rückprojektion nachösterlicher Berufungsvisionen in das Leben Jesu dar. Damit rückt das Verhältnis Jesu zu seinen Jüngern noch etwas näher an die bei Josephus erwähnten charismatischen Propheten mit ihren Anhängern.

Außerhalb christologischer Überhöhungen wird in der Überlieferung auch die Kennzeichnung Jesu als Prophet am häufigsten und von unterschiedlichen Personengruppen vertreten: als verbreitete Volksmeinung,[76] aus dem Mund von Pharisäern,[77] im Spott des Synhedriums,[78] im Zusammenhang der Tradition vom prophetenmordenden Israel,[79] als Jüngeraussage[80] und als Selbstbezeichnung Jesu.[81] Aus all diesen Gründen dürfte das Selbstverständnis Jesu im wesentlichen ein prophetisches gewesen sein. Als von Gott berufener und beauftragter Prophet richtete er Israel die letzte Botschaft Gottes vor dem Weltende aus. In dieser Hinsicht war er also „mehr als ein Prophet".

---

[73] Vgl. Josephus, Ant XX 97.167.188, allerdings ohne Jünger-Berufung (dazu s.o.).
[74] Vgl. Mk 2,17 par. Mt 9,13 Lk 5,32.
[75] 1Thess 2,12 4,7 5,24 1Kor 1,9 7,15-24 Gal 1,6.15f 5,8.13 Röm 4,17 8,30 9,12.24 2Thess 2,14 2Tim 1,9 Hebr 5,4 1Petr 5,10 u.ö.
[76] Mk 6,15 (par. Lk 9,8: einer der alten Propheten auferstanden), Mk 8,28 par. Mt 16,14 Lk 9,19 (wie 9,8), Lk 7,16 (aus Q?, s. S. 133), Mt 21,11.46 Joh 4,19 6,14 7,40.52 9,17.
[77] Lk 7,39 Joh 1,25, vgl. 1,21 und die Zeichenforderung in Mk 8,11 par. Mt 12,38 16,1.
[78] Mk 14,65 par. Mt 26,67f (Lk 22,63: noch nicht vor dem Hohen Rat).
[79] 1Thess 2,15, Mt 23,29-36.37 par. Lk 11,47-51 13,34, Act 7,52.
[80] Lk 24,19
[81] Mk 6,4 par. Mt 13,57 Lk 4,24, Joh 4,44 Lk 13,33; vgl. Lk 4,25-27.

V. Gottesreich und Gottesvolk

1. Die Mission an Nichtjuden

Einigen erhaltenen frühchristlichen Texten läßt sich entnehmen, daß es Strömungen im frühen Christentum gab, welche eine Aufnahme von zum Glauben gekommenen Nichtjuden in die Ekklesia ablehnten, solange diese sich nicht an zwei wesentlichen Merkmalen jüdischer Religion orientierten: Thora-Observanz und Beschneidung.[1]

Diese beiden Elemente gehören zu dem, was die Gegner des Paulus in Galatien forderten. Mittels des Berichtes vom antiochenischen Konflikt Gal 2 11-14 leitet Paulus von der Abwehr des Vorwurfs, er verkündige nur Menschenevangelium (vgl. 1 1.10), über zum nächsten umstrittenen Themenkomplex. In diesem Bericht, der aufgrund seiner Stellung transparent für das Folgende ist, wird von Paulus das Fehlverhalten des Petrus und anderer als ἰουδαΐζειν bezeichnet (2 14).[2] Die Gegner des Paulus in Galatien fordern also zumindest nach seiner Einschätzung eine Orientierung an der jüdischen Religion. Aus 4 21 (οἱ ὑπὸ νόμον θέλοντες εἶναι) und 5 4 kann man daher folgern, daß die Befolgung der Thora, in welcher interpretierten Gestalt auch immer, zu den Grundforderungen der Gegner gehörte. Bleiben in den Konkretionen der Gesetzesbefolgung offene Fragen,[3] so ist die Beschneidungsforderung dagegen eindeutig.[4] Wiederum spricht das umfassende ἰουδαΐζειν dagegen, hierin lediglich eine taktische Forderung zum Schutz vor jüdischer Verfolgung zu sehen.[5] Christliche Gegner, die jüdisch lebten und dies auch von nichtjüdischen Glaubenden forderten, stellen somit die wahrscheinlichste Erklärung dar.[6] Jüdische Identität beanspruchten offensichtlich auch gewisse Gegner, welche Paulus im 2Kor zu widerlegen versuchte (2Kor 11 22).[7] Die Themen Thora-Observanz und Beschneidung spielten allerdings keine Rolle,

---

[1] Im folgenden bezeichnet „judenchristlich" nicht primär eine Herkunft aus dem Judentum, auch nicht eine allgemeine Nähe zu jüdischen Traditionen, sondern die Verbindung jüdischer Religion mit dem Christusbekenntnis, die auch für ehemalige Nichtjuden möglich ist (vgl. G. Strecker, Judenchristentum 310f).

[2] Wahrscheinlich bezieht bereits die knappe Erwähnung der ψευδάδελφοι in Gal 2 4 die galatischen Gegner mit ihrer Beschneidungsforderung implizit mit ein.

[3] Gegen W. Schmithals, Judaisten, der aus Gal 5 3 6 12f folgert, daß kein vollständiger Gesetzesgehorsam gefordert wurde. Außerdem lasse sich der Rückfall in den Dienst an den στοιχεῖα (4 9f) nicht mit jüdischer Religion verbinden (s. S. 47).

[4] Gal 2 3–5.7 5 2f.6.11f 6 12f.15.

[5] So aber W. Schmithals, Judaisten 53, wegen Gal 6 12f; vgl. 4 29 5 11.

[6] So auch D. Lührmann, Gal 104–108, F.W. Horn, Angeld 346–350.

[7] Vgl. G. Lüdemann, Paulus II 125–143; F.W. Horn, Angeld 320–309; anders z.B. D. Georgi, Gegner (Wanderprediger und Goeten). Vgl. auch Phil 3 2–6.

V. Gottesreich und Gottesvolk

so daß eine Kritik am nichtjüdischen Christentum nicht vorgelegen haben dürfte.

Alle aus Gal 2₁₁₋₁₄ zu erschließenden Positionen respektieren hingegen die Aufnahme von Nichtjuden in die Ekklesia, ohne sie auf den Nomos zu verpflichten. Weder die Mahlgemeinschaft des Petrus mit nichtjüdischen Gemeindemitgliedern (2₁₂) noch die Abmachung auf dem Apostelkonvent zwischen Paulus, Barnabas und Titus auf der einen und den „Säulen" Jakobus, Petrus und Johannes auf der anderen Seite (2₁₋₁₀) implizieren jüdische Lebensweise für Nichtjuden. Problematisch und umstritten scheint lediglich die Verletzung von Speisegeboten für jüdische Christen durch die Gemeinschaft mit nichtjüdischen zu sein.[8]

Wie weit läßt sich eine solche Missionierung von Nichtjuden zurückverfolgen? Nach den Angaben von Act 10f hätte Petrus schon vor der Gründung der antiochenischen Gemeinde, aber erst nach der Lebenskehre des Paulus, aufgrund göttlicher Offenbarung mit der Evangeliumsverkündigung an Nichtjuden, hier den römischen Hauptmann Kornelius, begonnen. Diese programmatische Szene ist aber stark konstruiert. Nach dem Zeugnis des Paulus in Gal 1₁₅f berief Gott Paulus von Anfang an zum Missionar an Nichtjuden. Erstens könnte hier eine Rückprojektion späterer Einsichten vorliegen, und zweitens muß diese frühe Mission noch nicht unter Verzicht auf Beschneidung und Thora-Gehorsam stattgefunden haben.

Daß Paulus direkt nach seiner Lebenswende in nichtjüdischem Gebiet weilte, läßt sich dem in Gal 1₁₇ erwähnten Aufenthalt in der Arabia, von Damaskus herkommend und dorthin wieder zurückkehrend, entnehmen. Ob er dort als Verkünder des gesetzesfreien Evangeliums wirkte, ist nicht zu erkennen. Daß er aber bereits missionierend umherzog, macht die in 2Kor 11₃₂f erwähnte Flucht vor dem Ethnarchen des Aretas wahrscheinlich. Der ἐθνάρχης Ἀρέτα kann zunächst einmal kein außerhalb von Damaskus agierender Beduinenschech gewesen sein. Denn sonst wäre die Flucht aus Damaskus sinnlos, und Aretas konnte keine Beduinenschechs einsetzen. Übte dieser Ethnarch die Herrschaft über ganz Damaskus aus? Dafür scheint zu sprechen, daß er das Recht hatte, den Nicht-Nabatäer Paulus zu verfolgen. R. Jewett hat unter dieser Voraussetzung versucht zu bestimmen, ab wann Damaskus dem Aretas unterstand.[9] Kaiser Tiberius war dem Aretas gegenüber feindlich gesonnen und hätte ihm daher kaum Damaskus geschenkt. Weil der römische Feldzug gegen Aretas 36/37 n. Chr. Damaskus unberücksichtigt ließ, scheidet auch die Möglichkeit aus, Aretas habe die Stadt inzwischen erobert. Gaius nähertete sich im Unterschied zu Tiberius ein System von Vasallenkönigen als östliche Grenzkontrollen ein und vergab diesen dafür aus der Provinz Syrien Städte. Gaius näherte sich nun ab Oktober 37 (G. Caligula März 37 – Januar 41) wieder der Politik des Tiberius an, so daß die Betrauung des nabatäischen Ethnarchen mit der Statthalterschaft in Damaskus im Sommer 37 das Wahrscheinlichste sei. Dort fehlende römische Münzfunde zwischen 34 und 62 n. Chr. widersprächen dem nicht, weil damaszenische Münzfun-

---

[8] Vgl. aus der Zeit nach dem Apostelkonvent Act 15₂₀.₂₉.
[9] R. Jewett, Paulus-Chronologie 60–63.

de generell rar sind. Da Aretas 39 n. Chr. starb, wäre Paulus demnach zwischen 37 und 39 aus Damaskus geflohen. Diese nach Jewett für die paulinische Chronologie „historisch gesicherte[l] Grundlage"[10] scheitert allerdings daran, daß ἐθνάρχης nicht „Statthalter" bedeutet. Daher bleibt die philologisch nächstliegende Möglichkeit übrig, im Ethnarchen des Aretas das Oberhaupt der nabatäischen Volksgruppe in Damaskus zu sehen.[11] Faktisch war jedoch Damaskus wegen der dortigen mächtigen nabatäischen Handelskolonie ein römisch-nabatäisches Kondominium. Die Verfolgung des Paulus durch den Ethnarchen des Aretas war zwar durch dessen Rechte offiziell nicht abgedeckt. Aber römischer Widerstand gegen diesen kleinen Übergriff war wegen der erwünschten Ruhe in einer Grenzstadt nicht zu befürchten. Wenn Paulus also bis spätestens 39, wahrscheinlich aber schon 35 n. Chr. von nabatäischer Seite verfolgt wurde,[12] läßt sich daraus zumindest schließen, daß er in Damaskus Anhänger unter der nabatäischen, also nichtjüdischen Bevölkerungsgruppe gewonnen hatte, vielleicht auch, daß er die drei Jahre zuvor in der nabatäischen Arabia missionarisch nicht untätig war. Der Nachstellung muß ein gewisser Erfolg des Paulus vorausgegangen sein, was ohne geforderten Übertritt zum Judentum etwas plausibler ist (Verbleib in der nabatäischen Volksgruppe möglich).

Daß für Paulus das Gesetz den Hauptanlaß seiner eigenen Verfolgertätigkeit bildete, berichtet er selbst (1Kor 15,9 Gal 1,13f.23; vgl. Phil 3,16). Daß die Gesetzesproblematik auch im Zentrum seiner Christophanie stand, ist daher wahrscheinlich.[13] Aus der Art, wie die Lebenskehre des Paulus eingeleitet wurde, läßt sich schließen, daß Grundsätzliches in einer menschlicher Weisheit unzugänglichen Weise geoffenbart wurde.[14] Daher halte ich für wahrscheinlich, daß sich die Bewertung des jüdischen Gesetzes schon in der Lebenswende massiv wandelte. Die Etablierung der Rechtfertigungsbotschaft muß damit allerdings noch nicht einhergegangen sein.[15] Das Selbstzeugnis des Paulus hinsichtlich seiner Berufung zum Apostel der Nichtjuden in Gal 1,15f gibt daher doch wohl weitgehend korrekt wieder, was Paulus schon damals eingesehen hat.

Mehrere synoptische Texte setzen die Einbindung in den jüdischen Rechtsverband voraus. Einige davon haben jedoch nur literarischen

---

[10] R. Jewett, Paulus-Chronologie 63.
[11] Vgl. die jüdische Volksgruppe in Alexandria nach Josephus, Ant XIV 117.
[12] Act 9,20-25 setzt dieses Ereignis bereits direkt nach der Lebenskehre des Paulus an. Zumindest die Verfolgung durch die Juden in Damaskus stellt wohl eine unhistorische Programmatik des Lk dar.
[13] Gegen U. Schnelle, Wandlungen 15–21, der die Berufungsvision des Paulus rein christologisch-soteriologisch interpretiert, weil er Phil 3,9 als späte Parenthese deutet und ζηλωτὴς ὑπάρχων τῶν πατρικῶν μου παραδόσεων in Gal 1,14 als Horizont der Berufung schlicht ignoriert. Daß nicht das gesetzeskritische Evangelium der aus Jerusalem vertriebenen „Hellenisten", sondern „das exklusiv christologische Bekenntnis der frühen Gemeinde in Verbindung mit einer sich entwickelnden organisatorischen Selbständigkeit und Missionspraxis zu der Verfolgung (auch durch Paulus) geführt hat" (ebd. 20f), ist daher unhaltbar.
[14] Vgl. zum Bekehrungstyp aufgrund himmlischer Offenbarung E. Brandenburger, Pistis 178–181/265–268. Vgl. weiter Phil 3,4-8 und die nicht kosmologisch oder anthropologisch-universal zu deutende Neuschöpfungsterminologie in 2Kor 5,16f.
[15] Auf diese Weise versuche ich, den Streit etwa zwischen U. Wilckens, Entwicklung; U. Schnelle, Gerechtigkeit, einerseits und U. Luck, Bekehrung; C. Dietzfelbinger, Berufung, andererseits zu klären.

V. Gottesreich und Gottesvolk

Charakter.[16] Die in Mk 13,9 angesagten Gerichtsverfahren in den Synagogen setzen keine religiös-jüdische Identität der Angeklagten voraus; in der Polis fallen sie aufgrund ihrer Herkunft aus dem Judentum lediglich rechtlich unter die in vielem autonome jüdische Jurisdiktion.[17] Mt 5,18 par. Lk 16,17 hält jedoch an der bleibenden Gültigkeit des Nomos fest. Noch im 2. und 3. Jh. n. Chr. blieb das Judenchristentum eine bedeutende Strömung.[18]

Daß frühchristliche Mission an Nichtjuden ohne verpflichtenden Übertritt zum Judentum umstritten war, belegen auch diejenigen Texte, die eine solche Praxis rechtfertigen sollen. Q 7,1-10 (mit Joh 4,46-54)[19] zeigt am Beispiel eines nichtjüdischen Hauptmanns trotz des ersten Abweises dieser Zumutung für Jesus[20] einen Glauben in die Wundermacht Jesu, der im Gottesvolk seinesgleichen sucht (V. 9).[21] Der Hauptmann vollzieht, was eigentlich von den Israeliten zu erwarten gewesen wäre. In der Ergänzung des Mk-Evangeliums Mk 6,53 – 8,13.20, welche die Funktion hatte, auch die Hinwendung zu den Nichtjuden im Wirken Jesu zu gründen,[22] reagiert in ähnlich demutsvoller und dennoch geschickter Weise die nichtjüdische Syrophönizierin auf die erste Weigerung Jesu, deren Tochter vom Dämon zu befreien (7,24-30). Eine Abgrenzung gegenüber dem Judentum findet in dieser Wundererzählung nicht statt.

Neben diesen wohl in paradigmatischer Absicht erzählten Wunderheilungen rechtfertigen viele frühchristliche Texte umfassender die missionierende Hinwendung zu den Nichtjuden ohne Forderung, das jüdische Gesetz zu befolgen und die Beschneidung zu praktizieren. Ich bringe im folgenden einige Beispiele.

Nach Gal 2,1-10 sucht Paulus mit den Jerusalemer „Säulen" eine Klärung über eine solche Verkündigungstätigkeit und bringt dafür den unbeschnittenen Nichtjuden Titus mit. Röm 1 – 8 behandelt abhandlungsartig den einen Vorwurf, mit dem Paulus während seines Wirkens wohl sehr häufig konfrontiert wurde, daß nämlich menschliche

---

16 Zu Mt 5,19f.23f (Mt-Redaktion!) s. S. 56f.52, zu 10,23 S. 180f. Die Sprüche 10,5f 15,24 (gegen Mk; s. S. 87) sind Teil eines von Mt gestalteten Erzählfadens (Jesus und Israel), der in bewußtem Widerspruch zu 28,19 steht (s.u.).
17 Gleiches gilt auch für die Synagogenstrafen, die Paulus empfangen hat (2Kor 11,24f, vgl. Act 14,19).
18 Siehe G. Strecker, Judenchristentum 319–323; einen Überblick über erwähnte oder erhaltene antike judenchristliche Evangelien bietet NTApo I 114–128.
19 Vgl. S. 30f.
20 Ich interpretiere ἐγὼ ἐλθὼν θεραπεύσω αὐτόν (Mt 8,7 aus Q, Lk hat wegen seiner jüdischen Gesandtschaft komplett umformuliert) als Zurückweisung der Heilungsbitte in Frageform, weil das betonte ἐγώ sonst unverständlich wäre.
21 Mt verschärft, indem er eine Weissagung über das endzeitliche Heilsergehen der vielen Nichtjuden und den Ausschluß des Gottesvolkes einfügt (Mt 8,11f par. Lk 13,29.28, s. S. 72f).
22 Siehe S. 146.

Gerechtigkeit vor Gott und gesetzesfreies Evangelium im Widerspruch zueinander stünden (zum anderen Vorwurf s.u.). Paulus sah sich zu dieser für einen Brief ungewöhnlich grundlegenden Darstellung genötigt, weil er Rom als sicheren Stützpunkt für seine geplante Spanien-Mission benötigte (wie zuvor im Osten Damaskus, Antiochia, Ephesus und Korinth) und daher zu erwartende Behinderungen durch seine Gegner prophylaktisch widerlegen wollte.

Auf die Motive für die mk Ergänzung Mk 6 53 – 8 13.20 wurde schon hingewiesen. Möglicherweise hat Mk auch die bereits von ihm bearbeitete Apokalypse in Mk 13 mit der Verkündigung des Evangeliums vor der gesamten Völkerwelt, und zwar als Bestandteil des von Gott schon bei der Schöpfung vorbedachten Weltplanes (δεῖ V.10), erweitert.[23]

Die geographischen Angaben bei Lk und Act zeigen das Konzept einer konzentrischen Ausweitung der Verkündigung des Evangeliums (Act 1 8). Im Mittelpunkt steht Galiläa-Judäa mit dem Zentrum Jerusalem. In diesem Gebiet wirkt Jesus fast ausschließlich.[24] Nach seiner Auferstehung wächst zunächst in Jerusalem die Gemeinde stark an.[25] Die Steinigung des Stephanus markiert die Wende: Mit der Vertreibung aus Jerusalem (Act 8 1.4) setzt die Mission des Philippus in Samaria ein (8 4-25). Mit noch starker Anbindung an Jerusalem und das Judentum schildert Lk sodann in 8 26-36.38f Bekehrung und Taufe eines gottesfürchtigen Eunuchen[26] aus Äthiopien. Dieser nichtjüdische Hofbeamte ist nicht nur zu einem Jerusalemer Wallfahrtsfest gezogen, sondern studiert sogar die Schrift (hier Jesaja). Nach zwei Wundern, die Petrus im judäischen Lydda und Joppe wirkt (9 32-35.36-43), leiten zwei göttliche Offenbarungen an den römischen Hauptmann Kornelius in Caesarea Maritima und an Petrus (gegen jüdische Speisegebote) die Geistverleihung und Taufe (Kap. 10) und damit die weltweite Mission von Antiochia bis Rom ein (11 19-30, Paulus Kap. 13 – 28). Mit

---

[23] Siehe S. 146f.
[24] Samaria wird noch umgangen (Lk 9 51-57 17 11). Nur 8 26-39 spielt am gegenüberliegenden Ufer des Sees Genezareth, ἀντιπέρα τῆς Γαλιλαίας (V. 26), vielleicht als zeichenhafter Vorverweis (H. Schürmann, Lk 480).
[25] Act 2 41.47b 4 4 5 14-16 (schon mit Umland).
[26] Für die Textinterpretation im hiesigen Zusammenhang ist die Klärung des Begriffs εὐνοῦχος entscheidend, aber leider nicht zweifelsfrei möglich. Die Stellung des εὐνοῦχος am äthiopischen Königshof wird in Act 8 27 deutlich zum Ausdruck gebracht: ein hoher Beamter der äthiopischen Königin Kandake, welcher deren gesamten Schatz verwaltet. Daß demgegenüber εὐνοῦχος mehrfach genannt wird (V. 27.34.36.38f), zeigt das eigentliche Interesse der Erzählung: Er ist eben nicht ein irgendwie im übertragenen Sinn eheloser Hofbeamter (vgl. R. Pesch, Act I 289), sondern ein tatsächlich Kastrierter (s. W. Bauer, Wörterbuch 640). Dafür spricht auch, daß er Beamter einer Königin ist, deren Bedienstete häufig kastriert waren. Ein Kastrierter konnte nun nach Dtn 23 2-9 kein Proselyt sein.

V. Gottesreich und Gottesvolk

dieser Öffnung läßt Lk eine fortschreitende Abkehr von der Israel-Mission einhergehen.[27]

Mt komponiert in seinem Evangelium zwei Erzählfäden: Jesus und das Gottesvolk[28] und Jesus und die Nichtjuden.[29] Beide Stränge ziehen sich fast durch das gesamte Evangelium hindurch und treffen gelegentlich zusammen.[30] Fast überall verweigert sich Israel der Botschaft Jesu, während Nichtjuden das geforderte Verhalten zeigen, obwohl sie nicht angesprochen wurden. Der erste Strang dominiert im Evangelium, endet aber in Kap. 23 mit sieben Weherufen gegen Pharisäer und Schriftgelehrte und der Ankündigung von Rache für das unschuldig vergossene Prophetenblut. Bei der Parusie bleibt Israel nur noch die gerichtsdoxologische Anerkennung der eigenen endzeitlichen Verlorenheit (23 39). Nach dieser Erzählstrategie bezeichnet πάντα τὰ ἔθνη in 25 32 28 19 die Völkerwelt unter Ausschluß Israels.[31] Hinter dieser Darstellungsweise steht die Absicht aufzuweisen, daß die Forderungen und Verheißungen der Schrift und die kultische Verehrung Gottes zu Recht an die überwiegend aus Nichtjuden bestehende Kirche übergegangen sind.

2. Der Mißerfolg in der Israel-Mission

Bereits Paulus setzt die mehr oder weniger gescheiterte Israel-Mission voraus. In einem Teil des breiten Proömiums im 1Thess dankt Paulus auch für die Beständigkeit der Gemeinde in Thessaloniki trotz Verfolgung und vergleicht diese mit dem Leiden der judäischen Gemeinden unter den Juden (1Thess 2 14). An diese pauschale Redeweise schließt Paulus eine nicht weniger allgemeine Sündenliste der Juden an, die zum Teil traditionelle Urteile aus verschiedenen Bereichen aufgreift: Sie haben Jesus und die Propheten getötet,[32] verfolgen die Apostel, mißfallen Gott, sind menschenfeindlich[33] und behindern die Evangeliumsverkündigung an die Nichtjuden (V. 15.16a.b). Darum ist eine endzeitliche Rettung für sie nicht in Sicht.[34]

---

27 Act 13 14-51 paradigmatisch, vgl. weiter 13 6-8 17 5-9 18 12-17 21 27-30 22 22f 23 2.12-15 24 1-9 25 2f.7, schon Lk 20 20-26 23 1f.
28 Mt 9 34 10 5f 11 18f.20-24 12 1-14.24.38-42 13 53-58 15 1-9 16 1f.4.6.11f 19 3 21 8f.10f.12-17.23-27 22 15-22.23-33.34-40, 23, 27 25 u.ö.
29 Mt 15 21-28 27 19 28 19f.
30 Mt 2 1-12 8 5-13 21 28-32.33-46 22 1-10.
31 Siehe E. Brandenburger, Taten 322–326/125–130.
32 Vgl. Q 6 22f, Mt 23 31 par. Lk 11 47-51, Mk 12 1-9 Act 2 23 7 52 und O.H. Steck, Israel. Dieser Vorwurf gründet in innerjüdischer Auseinandersetzung.
33 Vgl. Est 3 13e; Tacitus, hist. V 5; Josephus, Ap I 310, II 125.148 (weitere Belege bei M. Dibelius, 1Thess 34–36). Dieser Vorwurf wurde von Nichtjuden erhoben.
34 Die Authentie von 1Thess 2 13-16 wird öfter in Zweifel gezogen (z.B. K.G. Eckart, Brief 32–34; B.A. Pearson, 1Thessalonians; D. Schmidt, 1Thess; W. Schmithals, Briefe 111–124;

Wird Röm 9 6-29 durch 11 11-32 aufgehoben?[35] Diese Frage, deren Bejahung in einem für Paulus derart zentralen Streitpunkt kaum wahrscheinlich sein kann, stellt sich nur, wenn man 9 6-29 nicht als protologische Argumentation über das Wesen des Gnadenrufs Gottes interpretiert und statt dessen schon in V. 6-23 das geschichtlich-empirische Israel im Blick hat. 11 25-32 sichert wie in Kap. 9 den Vorrang des Gnadenrufes vor dem Richterwalten Gottes, das der Durchsetzung dieses Rufes dient.[36] Der Modus der endzeitlichen Rettung Israels bleibt im dunkeln. Weil sie als irdisch verborgenes Geheimnis offenbart werden muß (11 25) und daher apokalyptische Erkenntnistheorie widerspiegelt, kann gefolgert werden, daß mit den Mitteln irdischer Weisheit eine solche Rettung schlechterdings undenkbar ist. Daraus wiederum läßt sich schließen, daß der Erfolg der Israel-Mission von Paulus minimal im Vergleich zur Gewinnung des gesamten Gottesvolkes gesehen wurde.[37]

3. Die Denkkategorie Gottesvolk

Aus dem Bisherigen ergibt sich bereits, daß der ursprüngliche Adressatenkreis der Botschaft Jesu das jüdische Gottesvolk in seiner Gesamtheit war. Zugleich legen die zahlreichen frühchristlichen Bemühungen, der überwiegenden Verweigerung von Juden gegenüber der Evangeliumsbotschaft einen Sinn abzugewinnen, die Vermutung nahe, daß mit einem derartigen Mißerfolg nicht gerechnet wurde. Im

---

dagegen H.-H. Schade, Christologie 263f; I. Broer, Antisemitismus; K. P. Donfried, Paul; T. Holtz, 1Thess 110; U. Schnelle, Einleitung 67). Ernsthaft diskutabel ist m.E. nur der dafür herangezogene Widerspruch zu Röm 9 - 11, der allerdings nur zu dem mehrdeutigen V. 16c bestehen könnte. Besonders εἰς τέλος scheint auf die endgültige Verlorenheit Israels unter dem göttlichen Zorn aufgrund der dauernden Unterdrückung der Gottesboten zu verweisen. Diese sich jetzt ergebende Perspektive für Israel steht nicht im Widerspruch zu Röm 9 6-29. Die Spannung zu Röm 11 25-32 muß also innerpaulinisch geklärt werden (s.o.). 2Kor 3 16 zitiert Ex 34 34, wobei das Subjekt von ἐπιστρέψῃ nicht genannt wird. In Ex 34 34 bildet einerseits Mose das Subjekt von εἰσεπορεύετο wie auch in 2Kor 3 15a, und das zu ἡνίκα ἄν in V. 15 komplementäre ἡνίκα δὲ ἐάν in V. 16 spricht ebenfalls für eine Parallelisierung der Subjekte. Andererseits dürfte aus der Ersetzung von εἰσπορεύομαι durch den häufigen Bekehrungsterminus ἐπιστρέφω (vgl. z.B. 1Thess 19) und dem Wegfall von Μωϋσῆς folgen, daß Paulus diese Schriftstelle für den allgemeinen Bekehrungsvorgang zum wahren Gott transparent machen möchte. Nach 2Kor 3 13 könnten zwar als *constructio ad sensum* die υἱοὶ Ἰσραήλ gemeint sein (so z.B. U. Schnelle, Wandlungen 51; C. Wolff, 2Kor 74-76). Im Blick auf die Fortsetzung, die in V. 17 über πνεῦμα den Bezug zu V. 3.6.8 wiederherstellt und in V. 18 die δόξα der Glaubenden feststellt, liegt aber auch inhaltlich ein indefinites Subjekt näher. 2Kor 3 16 belegt also nicht die Erwartung des Paulus, daß Israel sich (teilweise) bekehren werde.

[35] So U. Wilckens, Röm II 409; vgl. G. Lüdemann, Judentum 31-35.
[36] Siehe E. Brandenburger, Schriftauslegung, besonders 43-47/90-94.
[37] Auf weitere frühchristliche Texte zu diesem Abschnitt, die bereits oben besprochen wurden, weise ich hier nur noch kurz hin: Mt, Lk mit Act.

V. Gottesreich und Gottesvolk

folgenden sollen noch weitere Indizien zusammengetragen werden, daß Jesus die Rettung des ganzen Gottesvolkes erwartete.

Auffällig ist, daß der vor- und nachexilisch gut belegte Rest-Gedanke[38] nur in Röm 9 27f.29 11 1-5 Verwendung findet.[39] Röm 9 27f, ein Zitat aus Jes 10 22f, und Röm 9 29 (aus Jes 1 9) bilden einen Teil des Schriftbeweises und der Weiterführung der These in Röm 9 24, daß die „Gefäße der Barmherzigkeit" die gegenwärtige Gemeinde aus Nichtjuden und Juden meinen. Der Rest-Gedanke taucht nun allein im Blick auf das ἐξ 'Ιουδαίων auf und verweist mit seinem empirischen Charakter auf 11 1-5 vor. Er wird nach seinem Gerichts- (9 27f) und seinem Gnadenaspekt (9 29) entfaltet. Paulus akzentuiert mit dem Rest-Gedanken also nicht das geschichtliche Kontinuum Israel, sondern immer noch das Wesen von Gottes gnädigem und richtendem Ruf. Gleiches gilt für 11 1-5: An Paulus und anderen Judenchristen zeigt sich, daß Gott sein Volk nicht gänzlich verstoßen hat. V. 5f wehrt aber sofort dem Mißverständnis, daß daran anderes als das Wesen des göttlichen Gnadenrufes ersichtlich sein könnte. Im Gedankengang von Röm 9 – 11 dient also das Motiv des Restes in Israel als gegenwärtiger empirischer Beleg dafür, daß auch gegenüber Israel ein vollständiges Vernichtungsgericht den Horizont bildet, in welchem dieser Rest den Gnadencharakter der Berufung Gottes erweist. Der Rest-Gedanke stammt folglich zumindest in dieser Argumentation nicht aus einer aufgrund leidiger Erfahrungen folgenden Reduzierung der Erwartung, das ganze Gottesvolk werde gerettet werden.

Unabhängig davon, ob man den Zwölferkreis für eine Bildung Jesu oder des nachösterlichen Christentums hält,[40] verweist die Zahl Zwölf

---

[38] Jes 1 8f 4 2-6 7 3 10 20-23 11 11-16 28 16f 37 32 (46 3) Jer 23 3 31 7 Joel 3 5 Mi 2 12 4 7 5 6f Zeph 2 9 3 12f Am 5 6.14f Ob 17 Sach 14 16 2Chr 30 6 äthHen (83 8) 90 30 CD 1 4 2 11 3 13 1QH 14 8 1QM 13 8 14 8f 4Esr 6 25 9 7f 12 31-34 13 48 syrBar 40 2 ApkAbr 29 17 u.ö.

[39] Die περιλειπόμενοι in 1Thess 4 15-17 (zur Rekonstruktion und Deutung der Tradition s. A. Scriba, Geschichte 185–187) stehen zwar nicht im Zusammenhang eines Vernichtungsgeschehens, das vor dem Anbruch der Endzeit stattfinden wird, bilden aber selbst nur einen Teil der endzeitlichen Heilsgemeinschaft, da zu dieser gleichberechtigt auch die auferweckten Glaubenden gehören werden.

[40] E.P. Sanders, Jesus 98ff; ders., Sohn 275–280, hält Jesus für den Gründer des Zwölferkreises, weil die Nennung des Judas in den Listen nach dessen Verrat nicht mehr möglich sei. Allerdings mußte Judas im Blick auf die Passionserzählung in den Evangelien erwähnt werden, so daß eine spätere redaktionelle Ergänzung ebenso möglich ist. H.-W. Kuhn, Nachfolge 131, versteht dagegen die Zwölf als eine Stiftung des Petrus im Anschluß an seine Ostervision. Die Hauptschwierigkeit besteht nämlich darin, daß die Zwölferlisten Petrus an erster Stelle nennen (Mk 3 16 par. Mt 10 2 Lk 6 14 Act 1 13; vgl. Mk 1 16 par. Mt 4 18, Lk 5 1-11), während nach 1Kor 15 5 Petrus kein Mitglied des Zwölferkreises zu sein scheint. Doch letzteres dürfte aus zwei Gründen eine überstrapazierte Auslegung sein: Erstens ergeben sich zwischen dem Herrenbruder Jakobus und den Aposteln in 1Kor 15 7 (nach Gal 1 19 zählt auch Jakobus zu den Aposteln) einerseits und Petrus und den Zwölfen in V. 5 andererseits Überschneidungen (vgl. zumindest Petrus als Apostel in Gal 1 18f 2 7f; doch 1Kor 9 5 differenziert vielleicht). Zwei-

in ihrem jüdischen Kontext auf die Gesamtheit des Gottesvolkes, auf Israel als die Summe der von den zwölf Patriarchen sich herleitenden Stämme,[41] welches auch die Diaspora-Juden einschließt.[42] Eine Bestätigung erfährt die Annahme, der Zwölferkreis repräsentiere das Gottesvolk, durch die Institution des Siebenerkreises neben diesem. Dessen Namensliste, die Lk in Act 6 5 anführt, enthält ausschließlich griechischsprachige Namen. Daher gilt allgemein ihre Funktionsbestimmung durch Lk als Verwalter der Armenfürsorge als Vertuschungsversuch eines wohl elementareren frühchristlichen Konfliktes.[43] Zur Unterscheidung vom aramäischsprachigen Zwölferkreis hatte die Zahl Sieben wohl ebenfalls eine programmatische Funktion: Als Zahl der Vollkommenheit repräsentiert sie eher die Totalität der Menschenwelt.[44] Eine weitere Bestätigung für diese Deutung der Zwölf liefert deren eindeutige Zuordnung zu den zwölf Stämmen Israels als deren endzeitliche Richter in Mt 19 28 par. Lk 22 28-30.[45]

M. Wolter[46] hat gezeigt, daß im jüdischen Traditionsraum in der Wendung „Königreich/Königsherrschaft Gottes" neben der universalen Geltung in der Regel auch eine Zentrierung auf das Gottesvolk in seiner Gesamtheit mitschwingt. Die irdische Aufrichtung des Gottesreiches kommt dann dem Gottesvolk als Gemeinschaft zugute, nicht primär dem einzelnen Gerechten.[47] Der Begriff setzt also eine Bestimmung der Heilsgemeinschaft vom kollektiven Israel-Gedanken voraus und versteht diese eben nicht als Summe Einzelner. Auch hierin zeigt sich für das frühe Christentum und wahrscheinlich auch für Jesus die Erwartung, dem gesamten Gottesvolk einschließlich der Di-

---

tens könnte die gesonderte Nennung des Petrus darauf beruhen, daß Κηφᾶ noch Bestandteil der traditionellen Formel von Tod und Auferstehung war (s. S. 223 Anm. 23).

[41] Vgl. Gen 49, Dtn 33, Jdc 5, TestXII u.ö.

[42] Vgl. 4Esr 13 12f mit der Deutung in V. 39-50; hinter Philon, Praem 164-168 (dazu s. A. Scriba, Geschichte 210f), u.ö.

[43] Vgl. M. Hengel, Jesus 176; S. Dockx, Ordination; B. Domagalski, „Sieben"; anders R. Pesch, Act I 231; vermittelnd N. Walter, Apostelgeschichte.

[44] Vgl. O. Böcher, Dämonenfurcht 110f. Die astronomische und kalendarische Bedeutung der Sieben kommt hier nicht in Frage. Vgl. auch das Nebeneinander der zwölf und sieben Körbe in Mk 6 43 8 8 und die Erwägungen dazu auf S. 146f Anm. 64.

[45] Zur Textrekonstruktion s. S. 79. Nach G. Theißen, Gruppenmessianismus, der das Wort für authentisch hält, setzte Jesus die Zwölf in die Funktion des Messias ein (vgl. PsSal 17 26) und demokratisierte damit nicht nur die traditionelle Messias-Erwartung, sondern brachte auch zum Ausdruck, daß er als derjenige, der den „Gruppenmessias" einsetzt, mehr als der Messias sei. Doch Mt 19 28 par. Lk 22 28-30 ist kaum vom königlich-richtenden Messias her zu deuten, sondern von der Erwartung, daß diejenigen, die sich irdisch als ausgezeichnete Funktionsträger oder bis zum Tod treue Gerechte erwiesen haben, auch in endgerichtsentscheidende Funktionen eingesetzt werden (vgl. die Belege auf S. 225 Anm. 37). D. Zeller, Jesusbücher 59f, belegt anhand von 4Q521 Frgm. 2,2, 4Q491 Frgm. 11, äthHen 108 12, daß das Sitzen auf einem himmlischen Thron nicht als ausschließliches Privileg des Messias galt.

[46] M. Wolter, reich, besonders 12f.

[47] Vgl. AssMos 10 1-10, hier allerdings als Entrückung Israels an das Firmament.

aspora-Juden gelte das Königreich Gottes. Eine solche kollektive Deutung schließt nicht notwendig aus, daß einzelne Israeliten an ihr schuldhaft nicht partizipieren werden. Dennoch stellt sich hier noch einmal die Frage nach der Verbindung zu einer möglichen Gerichtsbotschaft.[48]

4. Folgerungen

Daß die Bekehrung von Nichtjuden ohne Forderung von Beschneidung und Thora-Observanz umstritten war und ausgiebig gerechtfertigt wurde, impliziert eine kaum bezweifelbare und auch selten bezweifelte historische Voraussetzung: Jesus hat sich in seinem Wirken nicht an die außerjüdische Völkerwelt gewandt. Auch palästinische Nichtjuden dürften bestenfalls in Ausnahmefällen Adressaten seiner Botschaft gewesen sein. Die oben besprochenen Texte wiesen in frühchristlicher Zeit in diesem Argumentationszusammenhang eine eher zunehmende Distanzierung vom jüdischen Volk auf. Diese Beobachtung führt direkt zum nächsten Thema.

Wenn der intendierte Adressatenkreis von Botschaft und Wirken Jesu ganz Israel einschließlich der Diasporajuden umfaßte, dann ergibt sich daraus eine wichtige methodische Konsequenz für die weitere Arbeit: Wie immer man auch die Erörterungen zum prophetischen Selbstverständnis Jesu im vorigen Kapitel beurteilen mag,[49] er hat sich voll und ganz als Mitglied der jüdischen Religionsgemeinschaft verstanden. Das Anliegen des „Third Quest" hat darin, unabhängig von gelegentlich feststellbaren Fehlern und Schwächen in seiner Operationalisierung, eine bleibende Berechtigung.

Aus dieser umfassenden Zielrichtung des Wirkens Jesu folgt weiterhin, daß seine Botschaft die Offenheit besessen haben muß, auch solchen Mitgliedern des Gottesvolkes, die nach üblicher Meinung die Chance auf eine endzeitliche Rettung verspielt hatten, die heilvolle Teilnahme am Königreich Gottes zu ermöglichen. Wirkungsgeschichtlich geben davon viele synoptische Traditionen Zeugnis: in der Zuwendung Jesu zu denjenigen, welche die Thora notorisch übertraten;[50] in mehrfach belegten Argumentationsstrategien, welche die Gegnerschaft solcher Praxis zur Einsicht in das Unsinnige des Protestes und zur Mitfreude einladen;[51] in der Einweisung in ein Verhalten,

---

[48] S. bereits S. 172–174.
[49] Siehe S. 189–191.
[50] Mk 2₁₅f par. Mt 9₁₀f Lk 5₂₉f 15₁f, Q 7₃₄ Mt 21₃₁f Lk 7₃₆-₅₀ 18₁₀-₁₄ u.ö.; vgl. 1Kor 1₂₆-₂₉ Gal 2₁₁-₁₆ Lk 3₁₂ 7₂₉.
[51] Mk 2₁₇ par. Mt 9₁₂f Lk 5₃₁f, Q 11₁₄f.₁₇f.₁₉f (s. S. 181–185), Mt 18₁₂f par. Lk 15₄-₆, Lk 15₈f.₁₁-₃₂.

das auf Einforderung von Recht zugunsten der Überwindung von Feindschaft verzichtet.[52]

Der entscheidende Grund für diese integrative Ausrichtung der Botschaft läßt sich aus der Nähe zu Johannes dem Täufer und der soeben dargestellten frühchristlichen Wirkungsgeschichte einigermaßen sicher konstruieren. Nach dem Täufer drohte ganz Israel ausnahmslos der berechtigte Vernichtungszorn Gottes; Heilsprivilegien wie die Abraham-Verheißung konnten nicht einmal mehr einen Rest im Gottesvolk garantieren. Differenzierungen hinsichtlich unterschiedlicher Grade von Gerechtigkeit hatten ihre Bedeutung verloren. Der von Gott in seiner Treue gegenüber Israel zum letzten Mal eröffnete Wille zur Rettung, den Jesus prophetisch ausrichtete, änderte an dieser Lage Israels nicht die Grundsätzlichkeit der Beurteilung, sondern das Vorzeichen: Da alle Mitglieder des Gottesvolkes unter Gottes Zorn standen, steht jetzt auch allen die Heilsmöglichkeit offen.

Aus der Einbindung Jesu in das Judentum seiner Zeit folgt auch, daß die Thora als Offenbarung des Willens und der Verheißungen Gottes voll bestehen blieb. Sichere frühjüdische oder rabbinische Belege, nach denen in der Heilszeit die Thora keine Gültigkeit mehr besitzen wird, existieren nämlich nicht.[53] Bis Markion scheint auch die Schrift als zentrale Offenbarungsurkunde der Kirche nicht wesentlich bestritten worden zu sein. Schließlich läßt sich aus dem traditionell verbreiteten frühjüdischen, frühchristlichen und daher wohl auch jesuanischen Bild von Gott als König folgern, daß sein Königreich eine rechtlich, d.h. von der Thora geordnete Größe darstellt. Denn zu den wichtigsten Aufgaben eines Königs gehört die Rechtsetzung und -wahrung.

---

[52] Q 627-35, Mt 525f par. Lk 1258f.
[53] Siehe P. Schäfer, Torah, speziell 207–209: Lediglich einzelne Gebote können im Jenseits, also nicht einmal in der messianischen Zeit, aufgehoben sein (zu bSan 97a.b bAZ 9a bShab 151b). Zu neuzeitlichen jüdischen Theologen und ihrem Rückgriff auf rabbinische Traditionen s. S. Meißner, Heimholung 237–244.

VI. Passa-Erwartungen und Sabbat-Jahr

1. Passa-Erwartungen

Etwa ab dem zweiten oder dritten Jahrhundert n. Chr. überliefern rabbinische Quellen eindeutig die endzeitliche Erwartung, daß Israel in der Passa-Nacht erlöst werden wird. Die Haggada der palästinischen Targumim zu Ex 12_42 listet die vier Passa-Nächte der Erlösung auf: Weltschöpfung, Sohnverheißung an Abraham und Opferung Isaaks, Tötung der ägyptischen Erstgeburt und Befreiung der Israeliten, Weltende mit Kommen des Messias und des Mose. Eine aus den Zeugen rekonstruierbare Grundform des Textes zur vierten Passa-Nacht lautet übersetzt:[1]

> „Die vierte Nacht, wenn die Welt zu ihrem Ende gelangen wird, um befreit (oder: aufgelöst) zu werden. Die Eisenjoche werden zerbrochen werden, und die Taten des Frevels werden vertilgt werden. Mose wird herauskommen aus der Wüste und der Messiaskönig aus der Höhe (oder: aus Rom). Der eine wird ziehen an der Spitze der Herde, und der andere wird ziehen an der Spitze der Herde, und das Wort [des Herrn] zieht zwischen den beiden, und diese gehen zusammen."

G. Dalman, J. Jeremias, A. Strobel und R. Le Déaut[2] haben noch weitere Belege zusammengestellt, von denen zwei frühere genannt seien: MekhY 12_42 (2.-3. Jh. n. Chr.) und implizit mPes 10_6 (frühes 3. Jh. n. Chr.).[3] Höchstwahrscheinlich beziehen sich auch diejenigen Texte auf diese Passa-Erwartung, nach denen der Messias im ersten Monat des Jahres, also im Passa-Monat Nisan kommt.[4]

Frühere Wiedergaben dieser Passa-Erwartung sind rar und zumeist in der Interpretation nicht eindeutig. Aber die LXX-Übersetzung von Jer 31_8 (= 38_8 LXX) erfüllt die Anforderungen sowohl an eine vorchristliche Entstehung als auch an die klare Verständlichkeit. In einer Kette von Heilsverheißungen in Jer 31 kündigt Gott die Sammlung Israels aus allen Enden der Erde an (V. 8). Nach dem MT, dessen Text in V. 8α^4 aufgrund des Parallelismus ursprünglich ist, wird Gott auch den israelitischen Blinden und Lahmen nicht aus-

---

[1] Eine Synopse der dazu erhaltenen palästinischen Targumim und eine Interpretation bietet A. Scriba, Geschichte 205–207.
[2] G. Dalman, Jesus Erg. 9f; ders., Worte 201; J. Jeremias, Abendmahlsworte 101; A. Strobel, Passa-Erwartung; ders., Passa-Symbolik; ders., MT XXV; ders., Nacht; R. Le Déaut, Nuit 279–298; vgl. M. Black, Approach 236–238.
[3] Vgl. auch EvNaz Frgm. 26: Endzeitlicher Gerichtstag und Auferstehung der Toten finden an Ostern statt.
[4] S. die Belege bei A. Strobel, Passa-Erwartung 179 Anm. 95.

schließen (בָּם עֻזֵּר וּמְפֻתֶּה). Mittels der exegetischen Methode *al tiqre* schuf die LXX (oder schon ihre Vorlage?) für בְּמוֹעֵד פֶּסַח die Übersetzung ἐν ἑορτῇ φάσεχ. Φάσεχ dient hier als Transkription von פֶּסַח,[5] d.h. die endzeitliche Sammlung Israels wird am Passa-Fest erfolgen.[6]

Dieser frühe LXX-Text steigert zwar erheblich die Wahrscheinlichkeit, daß in weiteren frühen Texten endzeitliche Anklänge im Zusammenhang des Passa ebenfalls aus diesem Denkzusammenhang gedeutet werden könnten. Aber die folgenden, von A. Strobel und R. Le Déaut beigebrachten frühjüdischen Texte überzeugen mich nicht.

Nach 1Q28 lautet der Text von 1QS 10₄:

בהתחדשם הם גדול לקודש קודשים ואות נ למפתח חסדיו עולם

„Bei ihrem (sc. der Festzeiten) Sich-Erneuern (ist) das Mem groß für das Allerheiligste und das Zeichen Nun für die Öffnung seiner ewigen Treue."

Unter den verschiedenen Deutungsversuchen[7] dieser Textform kommt der Hypothese A. Strobels die höchste Plausibilität zu: Der Buchstabe Mem symbolisiert den Messias (מָשִׁיחַ), und Nun steht für die 14 als Zahlzeichen. Auf diese Weise wurde die Ankunft des Messias am 14. Nisan, also dem Rüsttag des Passa-Festes, verschlüsselt ausgedrückt. Allerdings ist diese Interpretation erheblich belastet dadurch, daß erstens die Zahl 14 normalerweise mit יד angegeben wird und zweitens nach den späteren Texten der Messias in der Nacht des 15. Nisan erwartet wurde. Für diese Textform von 1QS 10₄ muß also nach einer anderen Deutung gesucht werden – gesetzt den Fall, daß der Text überhaupt so beabsichtigt war. Denn später veröffentlichte, in Höhle 4 gefundene Textfragmente zu 1QS (4Q256, 4Q258) bieten übereinstimmend die wohl ursprüngliche und sinnvolle Lesart יום statt הם (langer Abstrich beim Jod in Qumran üblich) und erweisen das Nun wahrscheinlich als nicht ausreichend getilgten Schreiberirrtum.

Die zu Philon angegebenen Texte (Exsecr 9, vgl. Praem 162–172, Sacr 63) haben keinen Bezug zum Passa, und Sap 18₁₄₋₁₆ und Jub 49₇f.₁₅ enthalten nicht den konstitutiven endzeitlichen Aspekt.[8] Immerhin wurden durch den Hauptredaktor von Sap sämtliche Namen im Buch getilgt. Dadurch kommt den geschilderten historischen Begebenheiten eine typische Funktion zu, denen Gottes Handeln an der Welt in allgemeingültiger Weise entnommen werden kann. Die Darstellung der Passa-Ereignisse wird somit zum Modell für Gottes befreiendes Handeln überhaupt.

---

[5] Überwiegend lautet die Transkription in der LXX πάσχα. Φάσεχ oder auch φάσεχ findet sich jedoch noch 18x in 2Chr 30, 35 und außerdem bei σ' in Ex 12₁₁ (Hss. und Syh gegen Theodoret, der ϑ' als Quelle angibt), Num 9₂ und zusammen mit α' (?), der sonst ὑπέρβασις gebraucht, in Jos 5₁₀.

[6] Bis auf Orthographika stimmen diesbezüglich auch alle LXX-Hss. überein. Diese Lesart dürfte daher schon in der ursprünglichen griechischen Jeremia-Übersetzung gestanden haben.

[7] Siehe A. Strobel, Passa-Erwartung 167–170.

[8] Gegen A. Strobel, Passa-Erwartung 167.177–180.

VI. Passa-Erwartungen und Sabbat-Jahr

Josephus erwähnt mehrfach Begebenheiten an Passa-Festen, die auf eine erhöhte Bereitschaft zum Aufruhr an diesen Tagen schließen lassen. Am Passa-Fest 4 v. Chr. wurde eine Kohorte römischer Legionäre von Archelaos vorsichtshalber zum Tempelbezirk geschickt, von den dortigen Festpilgern aber mit Steinwürfen erheblich dezimiert. Daraufhin ließ Archelaos das Fest gewaltsam, mit ca. 3000 Toten, zu Ende bringen (Bell II 10-13, Ant XVII 213-218). Am letzten Passa-Fest, das im zweiten Tempel gefeiert wurde,[9] präziser am 14. Xanthikos (= 14. Nisan), an dem die Passa-Lämmer geschlachtet werden sollten, drangen versteckt bewaffnete Anhänger des Johannes von Gischala in den inneren Tempelbezirk ein und veranstalteten ein Massaker (Bell V 98-105). Einige Jahre vorher hatte vor dem Passa-Fest nachts eine Lichterscheinung um Altar und Tempel gestrahlt, eine zum Opferaltar geführte Kuh ein Kalb geworfen und sich von selbst das Osttor des Tempels geöffnet, was von vielen als gutes Omen gedeutet wurde (Bell VI 290-296). Möglicherweise stecken hinter dem kollektiven Selbstmord in Masada am Passa-Fest 73 n. Chr. ebenfalls Hoffnungen auf ein rettendes endzeitliches Einschreiten des Messias.[10]

Lk 13₁ nimmt wohl ebenfalls Bezug auf ein Massaker, das an einem Passa-Fest durch Pilatus inszeniert wurde. Die Wendung αἱ θυσίαι αὐτῶν, die beteiligten Personen (gewisse Galiläer und Pilatus) und die offenbar bereits geschehene Schlachtung der Opfertiere[11] scheinen ein Morden unter galiläischen Festpilgern auf dem Tempelgelände vorauszusetzen. Allerdings bleibt als Problem, wie Leute des Pilatus in den nur für männliche Israeliten zugelassenen inneren Tempelbezirk vordringen konnten. Fraglich ist auch, ob dieses Ereignis einen Teil des in Act 5₃₇ erwähnten Aufstandes des Judas aus Galiläa bildete.[12]

Lk 13₁ ist von Lk zumindest durchgreifend bearbeitet, wenn nicht sogar ganz als Einleitung gestaltet worden.[13] Lk verwendet gerne das Motiv der Überbringer von Botschaften, um Themensprünge in seiner Darstellung historisch-psychologisch plausibel zu machen (7₃₇ 8₁₉ 10₂₅ 11₂₇.₃₇ u.ö.). Auch das Verb

---

9 Nach der Darstellung des Josephus stand Jerusalem bei diesem Fest schon unter römischer Belagerung, nach Tacitus, hist. V 12 noch nicht, was allgemein für wahrscheinlicher gehalten wird (s. O. Michel – O. Bauernfeind, Josephus 243 Anm. 30).
10 Zu den Anhaltspunkten für diese Vermutung s. A. Strobel, Passa-Erwartung 188-195. Vgl. zu Aufständen an Passa-Festen weiter Josephus, Bell II 224-235, Ant XX 105-121; Bell II 280.
11 Dabei ist impliziert, daß die θυσίαι, wie es philologisch naheliegt, Opfer*tiere* sind (vgl. J. Blinzler, Niedermetzelung 29f, gegen O. Cullmann, Staat 9).
12 Gegen die Darstellung in Act 5₃₇ war in der erzählten Zeit die Bewegung des Judas noch nicht zerstreut. Identifizierungsversuche des in Lk 13₁ Geschilderten mit Berichten des Josephus über die Grausamkeiten des Pilatus (etwa in Ant XVIII 85-89) führten zu keinem überzeugenden Ergebnis (s. J. Blinzler, Niedermetzelung 32-37; F. Bovon, Lk II 374f).
13 Vgl. J. Jeremias, Sprache 226-228.

ἀπαγγέλλω benutzt er am häufigsten.[14] Das geschilderte Ereignis ist aber so oder ähnlich eine notwendige Voraussetzung, um das Folgende zu verstehen. Seine Erfindung durch Lk erscheint mir unwahrscheinlich, weil es der Pilatus entlastenden Tendenz des Lk widerstreitet.[15]

Die frühchristliche Literatur bietet einige weitere deutlichere Bezugnahmen auf diese endzeitliche Passa-Erwartung. Lk, der überhaupt jegliche Form der Naherwartung als Irrlehre bezeichnet,[16] scheint sich in zwei Texten gegen die Hoffnung auf das Kommen Jesu in einer Passa-Nacht auszusprechen. Was auch immer mit dem Satz ἡ βασιλεία τοῦ θεοῦ ἐντὸς ὑμῶν ἐστιν in Lk 17 21b ausgedrückt werden sollte – mir erscheint die Deutung auf die Tatsache, daß in der Verkündigung der Basileia diese im Zugriffsbereich der Zuhörer liegt, am wahrscheinlichsten[17] –, Lk läßt Jesus auf die aufrichtig gemeinte Frage der Pharisäer, wann denn das Gottesreich komme (V. 20), antworten: οὐκ ἔρχεται ἡ βασιλεία τοῦ θεοῦ μετὰ παρατηρήσεως (V. 21a). A. Strobel hat philologisch und traditionsgeschichtlich überzeugend nachgewiesen, daß mit dem Begriff παρατήρησις keine Negierung von Berechnungen des Weltendes ausgedrückt, sondern das astronomische Beobachten der endzeitlichen Zeichen als Irrtum qualifiziert wird.[18] Somit fügt sich diese Aussage in die auch andernorts aufweisbare Absicht des Lk, den Anbruch des Eschaton aus der Verbindung mit direkten Vorzeichen zu lösen.[19]

Der Begriff παρατήρησις verweist darüber hinaus wohl auf die Praxis der Bestimmung von Festtagen mittels astronomischer Beobachtungen und im speziellen auf die Bestimmung der Passa-

---

[14] Mt 8x, Mk 3x, Lk 11x, Act 15x, sonst im NT 6x.
[15] Vgl. den Hohen Rat als Hauptschuldigen am Tod Jesu in Lk 20 20-26 mit 23 1f.5.18f.21.23, dagegen die mehrfache Unschuldsbeteuerung des Pilatus in 23 4.14f.20.22 und dessen mit Herodes Antipas übereinstimmende Feststellung von Jesu Unschuld in 23 6-12. In Act verhalten sich die römischen Beamten korrekt (Act 13 6-12 18 12-17).
[16] So läßt Lk in Lk 21 8 Jesus gegen die Mk-Vorlage sich äußern. Die Fragen nach dem Zeitpunkt des Endes in 17 20 19 11 21 7 Act 1 6 werden entweder korrigierend erläutert (Lk 17 21-34 21 8-36) oder abgewiesen (19 11-27 Act 1 7). Worte über die endzeitliche βασιλεία τοῦ θεοῦ hat Lk wohl öfter umgedeutet zur Zeit des Wirkens Jesu (Lk 9 1 10 11 17 21 ἐντὸς ὑμῶν, 21 32f γενεά als Menschheit; vgl. 4 18f). Die zurückgedrängte Naherwartung bedeutet allerdings noch keine Fernerwartung bei Lk (18 8).
[17] Siehe S. 77f.
[18] A. Strobel, Passa-Erwartung 161–164.
[19] Ταῦτα γενέσθαι impliziert in Lk 21 7 nicht nur Endzeitliches. Den Ausdruck ἀρχὴ ὠδίνων in Mk 13 8 (und evtl. 13 10.11a insgesamt, s. S. 146) übernimmt Lk nicht. Die Verführung durch Falschpropheten kurz vor dem Eschaton in Mk 13 21f übergeht Lk und bringt sie in Lk 21 8 als Problem seiner Gegenwart. Die Theophaniemotive bilden nicht mehr Anzeiger des direkt bevorstehenden Kommens des Menschensohnes (so Mk 13 24-27), sondern sind Teil der Wirren vor dem Ende (Lk 21 25-28; vgl. V. 11, den Lk durch πρὸ δὲ τούτων πάντων zeitlich nach dem ab V. 12 Geschilderten ansetzt). Lk betont außerdem in V. 34–36 die Plötzlichkeit des Endes.

VI. Passa-Erwartungen und Sabbat-Jahr

Nacht.[20] Denn der im Frühjudentum seltene Ausdruck[21] bezieht sich wahrscheinlich auf die nicht sicher zu interpretierende Wendung לֵיל שִׁמֻּרִים in Ex 12 42.[22] Diese wurde zwar in der LXX mit νυκτός (als Genitiv der Zeit noch zu V. 41) und προφυλακή übersetzt. Aber zumindest α' wählte die Wiedergabe νὺξ παρατηρήσεων[23] und σ' νὺξ παρατετηρημένη. Nach Syh (ܢܛܝܪܐ) dürfte auch ϑ' παρατήρησις gebraucht haben. Daraus kann man mit einiger Sicherheit folgern, daß spätestens ab dem 1. Jh. n. Chr. dieser Begriff in einer festen Bindung zur Passa-Nacht stand.[24]

Die traditionsgeschichtlich nahegelegte Vermutung, Lk wende sich in Lk 17 21 gegen die Erwartung, das Gottesreich komme in der Passa-Nacht, läßt sich mit 19 11 bestärken. Die Parabel von den anvertrauten Minen 19 12-27 hat Lk mit der vorgeschalteten Deutehilfe versehen, daß sie sich gegen die Erwartung der Jünger wende, mit deren Ankunft vor Jerusalem kurz vor dem Passa-Fest stehe auch die Offenbarung des endzeitlichen Gottesreiches kurz bevor.

Zwischen der typisierenden Schilderung der Passanacht-Ereignisse in Sap 18 14-16 und der Vision vom endzeitlichen Sieg Christi in Apk 19 11-16 bestehen möglicherweise Übereinstimmungen.[25] Sie betreffen vor allem die gemeinsamen Vorstellungen vom ξίφος ὀξύ bzw. von der ῥομφαία ὀξεῖα (Sap 18 16 Apk 19 15), vom machtvollen λόγος, der aus dem Himmel kommt (Sap 18 15 Apk 19 11.13), und von dessen kriegerischem Wirken (Sap 18 15f Apk 19 14f). Sollte die Vision des Johannes von Sap 18 14-16 angeregt worden sein, dann würde sie eine Verbindung vom endzeitlichen Kommen Christi mit der Passa-Erlösung belegen.

Eine weitere frühchristliche Eigentümlichkeit bedarf der Erklärung. Nach Lk 17 34f findet die endzeitliche Scheidung in der Nacht statt. Selbst wenn die Zeitbestimmung ταύτῃ τῇ νυκτί von Lk stammt,[26] setzen die geschilderten Lebenssituationen die Nachtzeit etwa ab Mitternacht voraus. Zahlreiche Metaphern, Gleichnisse und Parabeln verwenden Bilder vom Anbruch der Endzeit in der Nacht. Mehrfach ist die Mahnung zur Wachsamkeit überliefert, die metaphorisch mit dem unberechenbaren nächtlichen Einbruch des Diebes ar-

---

20 Siehe A. Strobel, Passa-Erwartung 164–174.
21 Er fehlt z.B. in der LXX. Einzige Belege im Frühjudentum sind neben den obengenannten LXX-Bearbeitungen zu Ex 12 42 Josephus, Bell I 570, Ant VIII 96 (zu Geboten).
22 שִׁמֻּרִים ist ein Hapaxlegomenon im alttestamentlichen Hebräisch. Die Wurzel שמר macht Bedeutungen wie „Beobachtung, Bewahrung, Nachtwache" wahrscheinlich.
23 Die Überlieferung schwankt zwischen dem sg. und dem pl. Letzterer entspricht zwar dem ohne Varianten überlieferten MT, aber der sg. ist wesentlich besser bezeugt.
24 Vgl. den späteren christlichen Beleg Diog 4 5.
25 Vgl. z.B. G. Kuhn, Beiträge 336; A. Strobel, Passa-Erwartung 176–180.
26 Siehe A. Scriba, Geschichte 107f Anm. 40.

gumentiert.²⁷ Dem gleichen Zweck dienen Sprüche über die unvorhergesehene Rückkunft des Hausherrn, die erstaunlicherweise nur zur Nachtzeit stattfinden wird,²⁸ oder über die nächtliche Ankunft des Bräutigams.²⁹

Gegen A. Strobel³⁰ ist allerdings zu betonen, daß alle diese Texte mit der Unvorhersehbarkeit der Ankunft Christi argumentieren. Die Nachtzeit kann sich daher nicht unmittelbar auf die terminlich festgelegte Passa-Erwartung beziehen. Weil sich aber andere Gründe für die Vorstellung des Kommens Christi in der Nacht nicht finden lassen, liegt ihre Erklärung als Relikt einer offenbar weiter verbreiteten frühchristlichen Passa-Erwartung am nächsten.

2. Datenermittlung: Das Datum des Todes Jesu

a) Markinische oder johanneische Chronologie?

Über den Zeitpunkt, an dem Jesus am Kreuz gestorben ist, existieren zwei widersprüchliche Überlieferungen. Nach Mk 14₁₂₋₂₆ war das letzte Mahl Jesu mit seinen Jüngern ein Passa-Mahl, das am Beginn des Passa-Festes, der in diesem Jahr auf einen Freitag fiel (15₄₂), stattfand³¹ – also in heutiger Bezeichnung am Donnerstagabend. In dieser Nacht wurde Jesus auch verhaftet (14₄₃₋₄₉), frühmorgens vor Pilatus angeklagt (15₁₋₅) und zur ὥρα τρίτη (ca. 9 Uhr) gekreuzigt (15₂₅). Er starb schon zur ὥρα ἐνάτη, d.h. um 15 Uhr (15₃₄₋₃₇), also am 15. Nisan, ca. 21 Stunden nach Beginn des Passa-Festes.³²

---

27 Mt 24₄₃ par. Lk 12₃₉, 1Thess 5₂.₄ 2Petr 3₁₀ Apk 3₃ 16₁₅.
28 Mk 13₃₃₋₃₇ Lk 12₃₈. Der verwandte Text Mt 24₄₅₋₅₁ par. Lk 12₄₂₋₄₆ kennt dagegen keine Begrenzung der Tageszeit.
29 Mt 25₁₋₁₃. Die von A. Strobel, MT XXV, behaupteten Bezüge dieses Textes zum Passa überzeugen mich nicht.
30 A. Strobel, MT XXV.
31 Mk 14₁₂ enthält selbst vielleicht eine Ungenauigkeit: Der erste Tag der ungesäuerten Brote ist zugleich der erste Tag des Passa-Festes, d.h. der 15. Nisan; die Schlachtung der Passa-Lämmer fand dagegen kurz vor Beginn des 15. Nisan statt, also am Nachmittag des 14. Nisan (vgl. J. Jeremias, Abendmahlsworte 11). Wahrscheinlich hat Mk jüdischen und griechischen Tagesbeginn vermischt. Seine Zeitangaben sind, auch aufgrund ihrer Drei-Stunden-Typik, kritisch auszuwerten. Allerdings bleibt zu beachten, daß in Mt 26₁₇ und, nur wenig korrigiert, in Lk 22₇ diese Ungenauigkeit übernommen wird. Daher kommt noch eine andere Erklärungsmöglichkeit in Betracht: Das Fest der ungesäuerten Brote begann bereits am 14. Nisan (so M. Casey, Sources 221f; s. Josephus, Bell V 99, und die achttägige Dauer dieses Festes nach Josephus, Ant II 317, mPes 14).
32 Noch frühnachexilisch war der Termin des Passa-Festes (später erst stabil mit dem Mazzot-Fest verbunden) umstritten: Dtn 16₁₋₈ legt ihn auf den Monatsbeginn, Ex 12₁₋13₁₆ dagegen in die Mitte des Monats; aus Elephantine liegt eine Anfrage zum Termin um 500 v. Chr. überliefert; Darius II. fixierte ihn 419 v. Chr. auf den 14.–21. Nisan (übers. bei O. Kaiser [Hg.], Texte I 253). Für den hier interessierenden Zeitraum liegt der Monatstag jedoch fest (Lev 23₅

Die Zeitangaben bei Joh lassen sich damit nicht in Übereinstimmung bringen. Die Hinrichtung Jesu steht zwar auch in zeitlicher Nähe zum Passa-Fest (Joh 13 1.29), und sein Tod tritt ebenfalls am Rüsttag vor einem Sabbat ein (19 31).[33] Doch das Verhör Jesu vor Pilatus (18 28), seine Verurteilung (19 14) und sein Tod (19 42) ereignen sich nicht am 15., sondern am Ende des 14. Nisan, zu einem Zeitpunkt also, an dem im Tempel die Passa-Lämmer geschlachtet werden.

Eine Entscheidung zugunsten eines der beiden Daten fällt schwer, weil sich beide aus theologischem Darstellungswillen erklären lassen. Ganz offensichtlich erlaubt die joh Chronologie die Identifizierung des hingerichteten Jesus mit dem wahren Passa-Lamm. Der zeitliche Rahmen bei Mk macht dagegen aus dem letzten Mahl Jesu mit seinen Jüngern ein häusliches Passa-Mahl[34] als Modell des wahren Passa-Mahls – entgegen der Herrenmahl-Tradition, die offenbar keinen jährlichen Feierzyklus kennt.[35] Die strukturelle Parallele von Mk 14 13-16 zu 11 1-6 legt nahe, daß diese Identifikation im mk Erzählzusammenhang der Mk-Redaktion entstammt.[36]

Die Deutung Jesu als für die Glaubenden geschlachtetes Passa-Lamm in 1Kor 5 7 reicht nicht aus, um eine Entscheidung zugunsten der joh Datierung zu begründen, weil schon der zeitliche Zusammenhang von Jesu Hinrichtung und Passa-Fest für diese Aussage genügt. Und ob Pilatus auf die religiösen Gefühle der Juden tatsächlich Rücksicht nahm und daher weder Prozeß noch Hinrichtung noch Leichname am Kreuz am Passa-Fest duldete, erscheint im Licht des üblen Rufes, den Pilatus aufgrund seiner häufigen religiösen Provokationen im Judentum genoß,[37] sehr zweifelhaft. Auch dieses Argument zugunsten der joh Chronologie bietet daher keine Entscheidungshilfe.

Bereits 1Kor 11 23-25 zeigt jedoch, daß zumindest zur Zeit des Paulus Elemente des Passa-Mahls die Liturgie des Herrenmahls bestimmten. J. Jeremias[38] hat zahlreiche Motivübereinstimmungen aufgelistet, von denen einige jedoch aus dem mk Erzählrahmen stammen und da-

---

Num 9 3 28 16 11QT 17 6 Jub 49 7f, Aristobulos, Frgm. 1, Philon, SpecLeg II 149), sogar in Qumran mit seinem Sonnenkalender (immer dienstags, s.u.).
33 In Lk 23 54 bezeichnet παρασκευή den Vortag des Sabbats, nicht den des Passa-Festes (gegen W. Hinz, Chronologie 309). Ein solches Verständnis legt nicht nur die zweite Satzhälfte nahe, sondern auch die sonstige Übernahme der mk Chronologie in Lk 22 7-13.15 (vgl. 22 66). Lk 23 54 stellt also keinen weiteren Beleg für das joh Todesdatum dar.
34 Zu den Einzelheiten, die zum Passa-Mahl im mk Bericht gehören, s. J. Jeremias, Abendmahlsworte 35–56.
35 1Kor 11 23-26 mit Lk 22 16-20, Mk 14 22-25 mit Mt 26 26-29; Did 9f regelt nicht das Herrenmahl selbst, sondern die Liturgie zum Sättigungsmahl vor ihm (s. K. Niederwimmer, Did 176–179).
36 Siehe D. Lührmann, Mk 236.
37 Philon, LegGai 302, Josephus, Ant XVIII 85–89.
38 J. Jeremias, Abendmahlsworte 35–82.

her an dieser Stelle sicherheitshalber unberücksichtigt bleiben. Doch schon innerhalb der Liturgie wird erkennbar, daß das letzte Mahl nachts stattfand, was für alltägliche Mahlzeiten ungewöhnlich, für das Passa-Mahl aber charakteristisch war.[39] Die Kelch-Deutung als das vergossene Blut des Bundes bzw. als neuer Bund durch das Blut Jesu[40] legt nahe, daß im Kelch Rotwein war.[41] Rotwein war kein übliches Getränk bei Mahlzeiten, wohl aber beim Passa-Mahl.[42] Eine gewisse Analogie zu den Deuteworten in der Passa-Liturgie bezüglich des Exodus, auf den als vergangenes Geschehen geschaut wird, besteht auch in der Deutung von Brot und Kelch(inhalt) nach dem – nur im mk Erzählrahmen noch bevorstehenden – Tod Jesu.[43]

Allerdings lassen sich einige Elemente des frühchristlichen Herrenmahls nicht vom Passa-Mahl aus verstehen. Die regelmäßige Begehung des Herrenmahls bei gottesdienstlichen Zusammenkünften der Gemeinde spricht klar gegen eine reine Herleitung aus dem Passa-Fest. Eher ist wahrscheinlich, daß die in 1Kor 10,14-22 ausgedrückte Gemeinschaft der Mahlteilnehmer mit dem erhöhten Herrn in der Mahlzeit (vergleichbar mit anderen Opfermahlzeiten) die Basis für eine Passa-Überformung bildete, wie sie in 1Kor 11,23-25 und Mk 14,22-24 (mit Kontext) erscheint.[44] Das geschlachtete Lamm muß hingegen nicht notwendig erwähnt werden, weil auch das Herrenmahl von einer Sättigungsmahlzeit begleitet wurde.[45]

Für dieses Kapitel reicht die Feststellung, daß zur Zeit des 1Kor das Herrenmahl bereits teilweise nach dem Passa-Mahl gedeutet und mit dem letzten Mahl Jesu in Verbindung gebracht wurde. Es liegt also ein frühes, vormk Zeugnis vor, das implizit den Tod Jesu nach dem Passa-Mahl, also wohl in Übereinstimmung mit der mk Chronologie (einschließlich des Verrates durch Judas)[46] datiert.

Die bisherigen Überlegungen haben noch die Unabhängigkeit der mk und der joh Passionserzählung vorausgesetzt. In der Regel hält man in der exegetischen Forschung die erheblichen Übereinstimmungen zwischen beiden für einen Hinweis auf eine gemeinsame traditio-

---

[39] 11QT XVII,8f, vgl. J. Jeremias, Abendmahlsworte 38–40.
[40] Mk 14,24 par. Mt 26,28 – 1Kor 11,25; Lk 22,20 verbindet beides (gegen J. Jeremias, Abendmahlsworte 91–94).
[41] So Mk 14,25 (par. Mt 26,29 Lk 22,18), doch dieser Vers stammt wahrscheinlich aus der Mk-Redaktion (s. S. 71), muß also zunächst nicht unbedingt die ursprüngliche Praxis wiedergeben.
[42] J. Jeremias, Abendmahlsworte 44–47.
[43] Vgl. J. Jeremias, Abendmahlsworte 50–55.
[44] Vgl. B. Kollmann, Ursprung 190–238, der allerdings Mahlgemeinschaften des historischen Jesus als Grundlage sieht. Vgl. auch die zwei Abendmahlstypen bei H. Lietzmann, Messe.
[45] Nach 1Kor 11,25 vom Herrenmahl gerahmt, nach Did 9,1–10,7 offenbar davor (s. A. Scriba, Geschichte 190–193).

VI. Passa-Erwartungen und Sabbat-Jahr

nelle Passionsgeschichte, die ungefähr im Umfang diesem gemeinsamen Substrat entsprochen haben soll.[47] Gewichtige Argumente sprechen jedoch dafür, daß Joh das Mk-Evangelium gekannt und nicht nur als Quelle für viele Einzelerzählungen, sondern auch gelegentlich als Leitfaden der Stoffanordnung genommen hat.[48]

Die Kenntnis des Mk-Evangeliums durch Joh schließt noch nicht aus, daß die Passionserzählung des Joh dennoch auf einer vormk Quelle beruht. Wie läßt sich eine solche Hypothese, die aufgrund ihres erhöhten Komplexitätsgrades zunächst weniger wahrscheinlich ist, begründen oder widerlegen? U. Schnelle[49] hat gezeigt, wie Joh die Anordnung seines teilweise von Mk unabhängigen Materials am Mk-Evangelium orientiert hat und wie Abweichungen davon mit der Intention des Joh begründet werden können. Seine Argumentation ist allerdings nur dann überhaupt beweiskräftig, wenn man, anders als er selbst es tut,[50] keinen vormk Passionsbericht, in welchem Umfang auch immer, annimmt. Denn sonst ließen sich die genannten Argumente auch auf das Verhältnis des Joh zur vormk und vorjoh Passionserzählung anwenden.

Daß Joh das Mk-Evangelium kannte und teilweise als Leitfaden seiner Darstellung benutzt hat, wurde bereits gezeigt. Ich sehe bei dieser Lage nur zwei Wege, zu einer begründeten Entscheidung zu kommen, ob Joh sich am mk oder an dem Mk und evtl. ihm vorliegenden Passionsbericht orientiert hat. Erstens müßte Mk seine Vorlage bearbeitet haben in einer Weise, daß dennoch die abweichende Darstellung der Vorlage rekonstruierbar ist; wenn die Darstellung des Joh dann dieser vormk entspricht, ohne daß sie als seine redaktionelle Bearbeitung der Mk-Vorlage plausibel erklärt werden kann, dann dürfte er sich an die vormk und vorjoh Passionstradition gehalten haben. Überzeugend wäre eine solche Beobachtung allerdings nur, wenn sie eine von Mk geschaffene Änderung der vorgegebenen Stoffanordnung betreffen würde, denn bei Einzeltraditionen könnte Joh diese nicht nur bei Mk, sondern auch jenseits einer zusammenhängenden Passionserzählung aufgefunden haben. Nach meinen Beobachtungen läßt sich ein solcher Fall allerdings nicht erweisen.[51] Zweitens könnte, wenn auch mit deutlich geringerer Beweiskraft, ge-

---

46 Zu παραδίδωμι s. S. 71 Anm. 59.
47 D. Lührmann, Mk 227–231; W. Reinbold, Bericht 79ff; J. Becker, Jesus 421f.
48 Siehe S. 142–145. Zur möglichen Verwendung des Lk-Evangeliums oder von Traditionen, in denen es verarbeitet wurde, in der joh Passionserzählung s. S. 144 und speziell A. Dauer, Passionsgeschichte, und jüngst M. Lang, Johannes, der allerdings die Benutzung des Mk- und des Lk-Evangeliums durch Joh im wesentlichen nur noch voraussetzt.
49 U. Schnelle, Johannes 1805–1813.
50 U. Schnelle, Einleitung 245f.
51 Vgl. S. 144, speziell Anm. 60.

zeigt werden, daß die Quote der Umstellungen und Auslassungen, die Joh gegenüber dem Mk-Evangelium vorgenommen hat, bei denjenigen Texten deutlich höher liegt, die der mk Redaktion entstammen, wenn keine redaktionellen Gründe dafür greifbar sind.

Dabei ist in hohem Maße umstritten, ob überhaupt eine vormk Passionserzählung existiert hat[52] und gegebenenfalls welchen Umfang sie hatte.[53] Wegen der falschen Angaben zum Festkalender in Mk 14,12 und der Dublette zu 11,1-7 halte ich die wunderhaften Vorbereitungen zum Passa-Mahl 14,12-16 für Mk-Redaktion, ebenso zumindest die folgenden Passagen: Jesu Vorauswissen um seinen Tod in 14,25,[54] die Verbindung mit der Tradition vom leeren Grab 16,1-8,[55] mithin auch 14,28, wahrscheinlich auch die Jüngerflucht mit Ankündigung in 14,27.50,[56] die Ankündigung der Verleugnung durch Petrus 14,29-31 mit 14,72, die gesamte Gethsemani-Szene 14,32-42 wegen des typisch mk esoterischen Jüngerkreises in V. 33,[57] der massiven Unfähigkeit dieser Jünger und wiederum des Vorauswissens Jesu in V. 41f, die Verallgemeinerung der Falschzeugen 14,57f zu einem widersprüchlichen Zeugnis in V. 56.59 und das für die mk Evangelienkomposition gewichtige Selbstbekenntnis Jesu in 14,61b.62.

In der Tat fehlen zu vielen der oben als Mk-Redaktion eingestuften Texte joh Parallelen. Aber die Ankündigung der Verleugnung des Petrus Mk 14,29-31 erscheint in Joh 13,36-38, Mk 16,1-8 (drei Frauen am leeren Grab) hat seine Entsprechung in Joh 20,1-18, und an die Gethsemani-Szene Mk 14,32-42 erinnern Joh 12,27 18,1.11b. Die Einzelverse Mk 14,25.50 fehlen zwar bei Joh, doch bei dessen souveräner Gestaltung seiner Traditionen läßt sich daraus nichts schließen. Die Vorbereitungen zum Passa-Mahl Mk 14,12-16 überging Joh, weil er keine Mahlgemeinschaft mit den Jüngern mehr erzählt und ein Passa-Mahl nicht in seine Chronologie paßt. Nicht nur das Selbstbekenntnis Jesu Mk 14,61b.62, sondern auch dessen Kontext wird drastisch gekürzt und um ein Verhör vor Hannas ergänzt, wobei Joh die Gerichtsverhandlung vor Pilatus stark erweitert. Außerdem ist nach Joh der Todesbeschluß aufgrund der Wundertaten Jesu schon in 11,47-53 gefallen.

Es haben sich also keine triftigen Anzeichen dafür ergeben, daß Joh neben dem Mk-Evangelium noch eine weitere zusammenhängende Passionserzählung, welche auch Mk vorlag, verwendet hat. Daß er einzeln überlieferungsfähige, von Mk unabhängige Traditionen zu

---

[52] Gegen die Existenz eines vormk und vorjoh Passionsberichtes sprechen sich z.B. F. Neirynck, John 1977; M. Sabbe, Arrest; ders., John; H. Thyen, Johannes. W. Schenk, Leidensgeschichte 714–716, weist die starken Verbindungslinien zwischen Mk 14–16 und dem übrigen Evangelium auf und scheint daher ebenfalls keine Vorlage mehr anzunehmen.

[53] Z.B. rechnet R. Pesch, Mk II 1–27, neben Mk 14–16 noch ausgedehnte Passagen zwischen 8,27 und 13,2 zum vormk Passionsbericht. R. Bultmann, Geschichte 301f, vermutet dagegen einen alten Bericht, der lediglich „ganz kurz Verhaftung, Verurteilung durch das Synedrium und Pilatus, Abführung zum Kreuz, Kreuzigung und Tod erzählte." J. Ernst, Mk 395f, rechnet nur 15,20b-47 16,1-8 zur Tradition.

[54] Siehe S. 71.

[55] Siehe S. 224f.

[56] Mk 14,50 verallgemeinert die Szene V. 51f und dient wohl dem Ausdruck des mk Jüngerunverständnisses. Nach G. Theißen – A. Merz, Jesus 377, ist die Flucht aller Jünger „unerfindbar".

[57] Noch Mk 5,37 9,2 13,3.

VI. Passa-Erwartungen und Sabbat-Jahr

Prozeß und Hinrichtung Jesu gekannt haben kann, soll nicht bestritten werden. Aber hinsichtlich der verbindenden chronologischen Angaben kommt dem Joh- gegenüber dem Mk-Evangelium kaum noch ein unabhängiger Quellenwert zu. Jedenfalls entfällt die Möglichkeit, durch Vergleich von Mk und Joh den Umfang der vormk Passionsgeschichte zu rekonstruieren.

Relativ verläßlich bleibt nur die Tatsache, daß Jesus zeitlich nahe zu einem Passa-Fest in Jerusalem hingerichtet wurde. Unter den beiden Datumsvorschlägen, die beide zwar konstruiert sein können, kommt der mk Chronologie wegen der zeitlichen Angaben in 1Kor 11,23 und wegen der Abhängigkeit der joh Passionserzählung von der des Mk aber eine deutlich höhere Wahrscheinlichkeit zu.

b) Das Todesjahr Jesu

Wenn man als wahrscheinlichere Annahme wählt, daß Jesus am 15. Nisan, der ein Freitag war, gestorben ist, welches Todesjahr läßt sich dann daraus errechnen? Die durchschnittliche Zeitdauer von einem Neumond zum nächsten beträgt ungefähr 29 Tage und 12 3/4 Stunden (Schwankungen durch Gravitationskräfte anderer Planeten etc.). Daher gibt es im Mondkalender Monatslängen von 29 und von 30 Tagen. Ein Jahr zu 12 Monaten besteht folglich in der Regel nur aus $6 \cdot 29 + 6 \cdot 30 = 354$ Tagen und ca. $12 \cdot 3/4 = 9$ Stunden. Die fehlenden knapp 11 Tage zum vollen Sonnenjahr müssen, wenn man die Bindung der Monate und ihrer oft landwirtschaftlich geprägten Feste an die Jahreszeiten nicht gänzlich preisgeben will, in einem Mondkalender irgendwie ausgeglichen werden.

Im astronomisch hochentwickelten Babylonien bestand spätestens ab 367 v. Chr. ein stabiles Interkalationssystem.[58] In einem Zyklus von 19 Jahren wurden 7 Schaltmonate eingefügt: im 3., 6., 8., 11., 14. und 19. Jahr der Addaru II und im 17. Jahr der Ululu II. Der Unterschied zwischen 19 Sonnenjahren und $19 \cdot 12 + 7 = 235$ Mondmonaten betrug so nur noch ca. 2 Stunden.[59] In der seleukidischen Ära wurde dieses System fortgesetzt, allerdings mit den mazedonischen Monatsnamen.

Kaum zu erklären ist daher, warum im 1. Jh. n. Chr. die mazedonischen Monatsnamen den babylonischen um einen Monat hinterherhinkten. Das häufig verliehene Recht der Städte auf eigene Kalender-

---

[58] Zum Folgenden s. E. J. Bickerman, Chronology 22–26.
[59] $19 \cdot 365{,}24219$ Tage (so die exakte Länge des tropischen Sonnenjahres; der julianische Kalender mit einem Schalttag alle vier Jahre ergibt 365,25, der gregorianische zusätzlich mit der Auslassung von drei Schalttagen in 400 Jahren 365,2425 Tage pro Jahr) = 6939,6 Tage; $235 \cdot 29{,}530589$ (durchschnittlicher, synodischer Mondmonat) = 6939,69 Tage. Die Differenz von 0,09 Tagen entspricht ungefähr 2 Stunden und 10 Minuten.

bestimmung dürfte der Hauptgrund dafür sein. Eine eigenständige Festlegung des Kultkalenders in Jerusalem ist daher ebenfalls sehr wahrscheinlich.

Der kultische Kalender zur Zeit Jesu basierte zwar auf dem Mondkalender, dessen Fehler wurden aber ähnlich dem babylonischen System, aus dem auch die jüdischen Monatsnamen stammen, durch interkalierte Monate behoben, weil viele jüdische Feste eine Transformierung bäuerlicher Feste darstellen und daher jahreszeitenabhängig sind.[60] Unter der Voraussetzung, daß eine priesterliche Kalenderkommission aufgrund der Sichtung des Neulichtes nach dem Neumond den Monatsanfang festlegte,[61] kann daher heute astronomisch berechnet werden, welche Daten für die Monatsanfänge in Frage kommen.

In Qumran wurden einige Texte gefunden, welche teilweise ein Kalendersystem wiedergeben, das erheblich von dem am Jerusalemer Tempel praktizierten abweicht. Grundlegend ist in 4Q259 (= 4QOtot, 4QS^e oder 4Q319)[62] ein primär an der Sonne orientiertes Jahr aus 52 Wochen (= 364 Tagen). Die Differenz von ca. 1,25 Tagen zum tropischen Jahr wurde wahrscheinlich nicht durch Monats-, sondern durch Wocheninterkalationen ausgeglichen. Das Interkalationssystem richtete sich nach einer Kombination von 6-jährigem Priesterdienst-Zyklus (vgl. 1Chr 24,7-19), 7-jährigem Sabbat-Zyklus und 49-jährigem Jubiläen-Zyklus: Wenn im 7-Jahre-Zyklus in einem für ein Jubiläum kennzeichnenden Jahr (z.B. im 2. Jubiläum das jeweils 2. Jahr) in seiner ersten Woche die Gamul- oder Schechanja-Priester Dienst ausüben und wenn es nicht in der direkt nach einem Erlaßjahr-Zyklus liegt, dann und nur dann wird eine zusätzliche Woche interkaliert.[63] Die Abweichungen von den astronomisch präzisen Daten betragen in 343 Jahren nur 1,75 Tage und damit nur etwa 0,15 Tage mehr als im stabilen babylonischen Interkalationssystem. Unklar bleibt die Integration der Mondmonate in dieses System.[64]

In der Regel werden als astronomisch mögliche Daten die folgenden Freitage für den 15. Nisan genannt: 11. April 27, 7. April 30, 27.

---

[60] Am Passa-Fest wurden z.B. die Erstlingsgarben geopfert.
[61] So lautet im wesentlichen der Bericht in mRH 1,7. Ob die aufwendige Zeugenregelung praktiziert wurde oder eine Rückprojektion programmatischer Theorien war, mag hier unentschieden bleiben.
[62] Die partielle Veröffentlichung durch J.T. Milik, Books 61-65, ist durch die Neuedition und Rekonstruktionen von B.Z. Wacholder – M.G. Abegg, Edition I 96-101, und F. García Martínez, Qumrán 74-76 (von J. Maier, Qumran-Essener II 210-213 übernommen), überholt.
[63] Siehe U. Gleßmer, Kalender, mit geringfügigen Korrekturen aufgrund neuer Textrekonstruktionen bei M. Albani, Astronomie 284-296.
[64] Jub 6,23-38 identifiziert den Monatsanfang zwar mit dem Neumond, fordert aber energisch das damit unvereinbare 364-Tage-Jahr (12 · 30 Tage und 1 zusätzlicher Tag pro Jahreszeit). Wahrscheinlich sind daher diese „Neumonde" keine faktischen mehr (s. M. Albani, Astronomie 294). Weitere frühjüdische Kalendertexte: äthHen 82,4.7-10 72,3 75,1 80,1 73,1 74,1 79,1f Jub 2,9; 1QS IX,26 – X,8 1QM XIV,12-14; Jub 6,14 3,27; 1QM X,15 1QH I,24), PsSal 18,10.

VI. Passa-Erwartungen und Sabbat-Jahr

April 31 und 23. April 34.[65] Wegen Lk 3 1f und Gal 1f schließt man dann die Jahre 27 und 34, beim Todestag 14. Nisan oft auch 33 aus.[66] Das Jahr 31 ist schon astronomisch nicht sehr wahrscheinlich. Daher entscheiden sich die meisten für das Jahr 30 als Hinrichtungsdatum Jesu.[67]

Seltsamerweise wurde dabei vergessen, daß der 15. Nisan des Jahres 28 ebenfalls ein Freitag sein konnte. Wenn keine Interkalation stattfand, fiel der 15. Nisan 28 auf Mittwoch, den 31. März.[68] Im Falle eines Schaltmonates Adar II mit 30 Tagen Länge entsprach dem 15. Nisan 28 dagegen der Freitag, 30. April. Eine Interkalation in diesem Jahr wird durch zwei Überlegungen wahrscheinlich gemacht. Erstens stimmte sie mit dem präzisen babylonischen System überein.[69] Zweitens hätte ohne Schaltmonat das Passa-Fest nur zehn Tage nach der Tag-Nacht-Gleiche im Frühling gelegen, also eigentlich zu früh für das Opfer der Erstlingsgarbe. Der Nisan wurde daher im Vergleich zum astronomischen Frühlingsanfang durch Interkalation wohl eher nach hinten geschoben.[70]

Die Chronologie des Paulus liefert ein weiteres Indiz für eine Frühdatierung des Todes Jesu. Nach Gal 1 15 – 2 10 lagen zwischen der Berufung des Paulus und dem Apostelkonvent in Jerusalem ca. 16 Jahre.[71] Vor der Berufung des Paulus mußten christliche Gemeinden bereits eine öffentlich erkennbare Bedrohung der Thora-Observanz gebildet und schon außerhalb Palästinas in Damaskus existiert haben, sonst wäre die Verfolgertätigkeit des Paulus nicht verständlich.[72] Realistisch erscheint hierfür eine Zeitspanne von mindestens zwei Jahren. Andererseits läßt sich mittels der Gallio-Inschrift, des Claudius-Ediktes[73] und der ab dem Apostelkonvent recht verläßlichen Angaben

---

65 Vgl. J. Jeremias, Abendmahlsworte 31–35; H.-W. Kuhn, Kreuz 716.
66 Vgl. J. Jeremias, Abendmahlsworte 33 Anm. 5.
67 J. Becker, Jesus 26; G. Theißen – A. Merz, Jesus 154.
68 Vgl. R.A. Parker – W.H. Dubberstein, Chronology 46; R. Schram, Tafeln XIII; J.K. Fotheringham, Evidence 158.
69 Vgl. W. Hinz, Chronologie 309, dem allerdings zugunsten der joh Chronologie ein Rechenfehler unterlaufen ist.
70 Vgl. K. Schoch, Kreuzigung 54. Zum gleichen Ergebnis kommt E. Schwartz, Ostertafeln, aufgrund einer Synchronisierung des jüdischen Festkalenders mit dem tyrischen.
71 Philologisch näherliegend ist, daß sich die in Gal 2 1 erwähnten 14 Jahre an die drei Jahre in 1 18 anschließen als an die Berufung. Die Jahresangaben sind ungenau, jedoch ein angebrochenes Jahr wird als volles Jahr gezählt – daher der obige Durchschnittswert.
72 1Kor 15 9 Gal 1 13f Phil 3 6, vgl. Act 8 3 9 1f; Gal 1 17 (πάλιν), vgl. Act 9 1f.24f 2Kor 11 32f.
73 Die Frühdatierung des Claudius-Ediktes durch G. Lüdemann (Paulus I 181ff) auf das Jahr 41 muß einen Irrtum der Darstellung der Act zur korinthischen Mission postulieren und kann nicht erklären, wieso Paulus die Mission in Griechenland in Gal 1 21 dann verschwiegen hätte (U. Schnelle, Wandlungen 24 Anm. 43; s. auch S. 91 Anm. 9).

von Act⁷⁴ die Ankunft des Paulus in Korinth auf Ostern 50 n. Chr. datieren. Bei der Kreuzigung Jesu am Passa 30 n. Chr. ergäbe sich also folgender Zeitablauf: Berufung des Paulus 32, Apostelkonvent und antiochenischer Streit 48 n. Chr. Die Mission in Syrien, Kilikien, Phrygien, Galatien und auf dem Weg nach Korinth (Act 15,41 – 18,1) läßt sich aber kaum in den Zeitraum von etwa 18 Monaten unterbringen.⁷⁵ Erst bei einer Datierung der Kreuzigung Jesu auf Passa 28 n. Chr. können die ab dem Jerusalemer Apostelkonvent weitgehend verläßlichen geographischen und chronologischen Angaben von Act in Übereinstimmung mit der absoluten Chronologie gebracht werden.

Altkirchliche Zeugnisse bestätigen übrigens, daß Jesus um den 15. Nisan des Jahres 28 hingerichtet wurde.⁷⁶ Tertullian (advJud VIII 16ff) gibt als Todesjahr das 15. Jahr des Tiberius (als Alleinherrscher), also 28 an. Nach Clemens von Alexandria (strom I 145,4f) lagen zwischen der Zerstörung Jerusalems am 4. August 70 und der Kreuzigung Jesu 42 Jahre und 3 Monate. Daraus errechnet sich das ungefähre Todesdatum 4. Mai 28, also nur vier Tage später als das obengenannte Datum.⁷⁷ Auch Euseb (hist.eccl. I 13) nennt für die Himmelfahrt Jesu das Jahr 28. Diese Angaben sind zwar nicht von befriedigender Gewißheit, aber dennoch berücksichtigenswert, weil sie kaum als Ergebnis exegetischer oder theologischer Konstruktion erklärt werden können.⁷⁸

Gegen diese Frühdatierung des Todes Jesu scheint der sechsfache Synchronismus in Lk 3,1f zum Auftreten Johannes' des Täufers zu sprechen. Die übliche Deutung der Herrscherjahre des Tiberius nach seinem Antritt der Alleinherrschaft führt nach syrischer Zählweise zum frühestmöglichen Termin 1. Okt. 27.⁷⁹ Damit wird die Zeitspanne bis zum Tod Jesu im April 28, welche die Hinwendung Jesu zum Täufer und seine eigenständige Wirksamkeit enthält, reichlich knapp, wenn auch nicht ganz unmöglich. Aber erstens könnte hier eine ande-

---

⁷⁴ Vgl. für die sog. zweite Missionsreise zur Kontrolle die davon nur geringfügig abweichenden Äußerungen des Paulus in 1Thess 2,2 Phil 1,30 (zu Act 16,22-40), 1Thess 2,14.17 3,10 Phil 4,16 (zu Act 17,1-9, Judenverfolgung lk) und 1Thess 3,1f (zu Act 17,15f). Bezüglich der Reiserouten der Mitarbeiter des Paulus liegen in Act allerdings Fehler vor (1Thess 1,1 gegen Act 17,4.10?, 1Thess 3,1f gegen Act 17,14-16).

⁷⁵ Siehe R. Jewett, Dating 57–62; A. Scriba, Korinth.

⁷⁶ Das Folgende orientiert sich an W. Hinz, Chronologie.

⁷⁷ Die 42 Jahre erwähnt auch Origenes (Celsus IV 13; vgl. HomJer XIV 13).

⁷⁸ Möglich wäre, daß man die 46 Jahre Tempelumbau (ab 19 v. Chr.) in Joh 2,20 in die absolute Chronologie umgerechnet hat. Aber erstens stehen die obenerwähnten Zeitangaben nicht im Zusammenhang mit der Joh-Stelle. Und zweitens müßten nach joh Chronologie dann noch zwei Jahre Wirsamkeit Jesu addiert werden (6,4 11,55), womit man in das Jahr 30 käme (gegen W. Hinz, Chronologie 304). Hingegen können weitere antike Überlieferungen zum 14. Nisan als Todestag Jesu (EvPetr 2,5 bSan 43a) auf Joh und seiner Tradierung beruhen.

⁷⁹ Die zahlreichen Interpretationsmöglichkeiten hat J. Finegan, Handbook 262–269, aufgelistet.

re Zählweise der Regierungsjahre des Tiberius zugrundeliegen,[80] und zweitens sind gegenüber der Verläßlichkeit der lk Datierung Zweifel angebracht.[81]

3. Der Zyklus der Sabbat-Jahre

Was ist nun für die Rekonstruktion von Botschaft und Wirken gewonnen, wenn Jesus am Passa-Fest, genauer am 15. Nisan 28 gestorben ist? Seit der grundlegenden Arbeit von B. Zuckermann,[82] der den Zyklus der Sabbat-Jahre von Mose bis ins 3. Jahrtausend n. Chr. berechnet hat, gilt in der Regel das Jahr 26/27 n. Chr. als ein Sabbat-Jahr.[83] Die Berechnungsgrundlage besteht für die Antike hauptsächlich aus den chronologischen Angaben bei 1/2Makk und bei Josephus, aber auch aus einigen rabbinischen Notizen.

Bei 1/2Makk und Josephus ergibt sich das Problem, daß verschiedene Kalendersysteme zur Datierung von Ereignissen verwendet werden: der offizielle Kalender der Seleukidischen Ära, dessen Jahr am 1. Tischri beginnt, der davon um ein halbes Jahr abweichende babylonische Kalender, der jüdische Festkalender mit Jahresanfang am 1. Nisan und gelegentliche Hinweise auf den Zyklus der Sabbat-Jahre, deren Beginn auf den 1. Tischri fällt.[84] Eine widerspruchsfreie Harmonisierung aller Datumsangaben ist bislang nicht gelungen.[85]

Nun zeigt schon Josephus, BellIV 537, daß das Jahr 68/69 n. Chr. wohl kein Sabbat-Jahr gewesen ist. Eine gemeinsame Interpretation von 1Makk 16 14-21, Josephus, Ant XIII 228–235 und Bell I 54–60 ergibt eine Verschiebung des Zyklus um ein Jahr nach hinten (135/134 v. Chr.).[86] Ant XIV 475 scheint diese zu bestätigen.[87] Zwei in den Höhlen von Murabba'at gefundene Dokumente liefern den entscheidenden Nachweis für die Richtigkeit dieser geänderten Bestimmung des Sabbatjahr-Zyklus. Der aramäische Schuldschein Mur 18 aus dem zweiten Jahr des Kaisers Nero (= 13. Okt. 55 bis 12. Okt. 56)[88] enthält eine

---

[80] W. Hinz, Chronologie 303, geht z.B. von einer Zählung ab dem Herrschaftsjahr des Tiberius zusammen mit Augustus aus.
[81] Die Zeitangaben des Lk zur Geburt Jesu in Lk 2 1f enthalten auf jeden Fall Irrtümer (vgl. W. Hinz, Chronologie 301-303). S. dazu den Überblick bei G. Lüdemann, Paulus I 26-32.
[82] B. Zuckermann, Sabbatjahrcyclus, aus dem Jahr 1857.
[83] Siehe z.B. E. Schürer, Geschichte I 35ff; S. Zeitlin, Maccabees 254-257; E. Frank, Chronology 74ff.
[84] Siehe mRH 1 1; vgl. Lev 25 9; zum Beginn des Sabbat-Jahres s. J. Maier, Qumran-Essener III 105-109.
[85] Vgl. D. Blosser, Cycle; K. Bringmann, Reform 15-28.
[86] Zu beachten ist, daß nur im astronomischen Kalender das Jahr 0 existiert.
[87] Siehe B. Z. Wacholder, Calendar 163-167.176.
[88] J. T. Milik, DJD II 103; B. Z. Wacholder, Calendar 170f; K. Beyer, Texte 306; anders E. Koffmahn, Doppelurkunden 41f.

dem aus späterer Zeit bekannten Prosbol ähnliche Einschränkung, daß trotz Sabbat-Jahr die Rückzahlung fällig ist (Z. 7). Zwölf hebräische Pachtverträge aus dem Umfeld Bar Kochbas, die aneinandergereiht wurden (Mur 24), erlauben aufgrund der hohen Parallelität eine plausible Rekonstruktion der einzelnen Verträge bis hin zu den Zeitangaben. Danach folgen dem 20. Schebat im zweiten Jahr der Befreiung (= Jan./Febr. 133) fünf volle Jahre bis zum nächsten Sabbat-Jahr, das daher auf die Jahre 139/140 des julianischen Kalenders fällt.[89]

4. Folgerungen

Nicht das Jahr 26/27, sondern Tischri 27 bis Elul 28 n. Chr. einschließlich des Schaltmonates Adar II war also ein Sabbat-Jahr. Am Passa-Fest dieses Sabbat-Jahres starb Jesus am Kreuz. Nun hat bereits das vorige Kapitel gezeigt, daß Jesus die Etablierung des endzeitlichen Gottesreiches in der irdischen Sphäre in naher Zukunft erwartete. Im Zusammenhang des Jerusalem-Aufenthaltes Jesu am Passa-Fest eines Sabbat-Jahres kommt die Möglichkeit in den Blick, daß diese Koinzidenz vielleicht keine zufällige war und Jesus eine klar terminierte Enderwartung vertrat: den Anbruch des Gottesreiches in Jerusalem in der Passa-Nacht des 15. Nisan 28 n. Chr. Mehr als die Anregung, die Plausibilität dieser Hypothese weiter zu prüfen, läßt sich hier allerdings noch nicht gewinnen. Aber schon die häufige Betonung der Unberechenbarkeit des Weltendes[90] spricht für diese Hypothese, weil sie wahrscheinlich einer vertretenen Terminierung des Anbruchs der Endzeit widerspricht.

Die Hinrichtung durch Kreuzigung galt wegen des lange andauernden qualvollen Todes als die grausamste und entwürdigendste Strafe. In Palästina unter römischer Herrschaft wurden mit ihr, soweit die Überlieferungslage einen solchen Schluß zuläßt, ausnahmslos Aufständische hingerichtet. Zumindest in den Augen des Pilatus war Jesus daher ein politischer Rebell – mit welchem Recht auch immer.[91] Die Aufschrift auf dem Kreuz[92] mit dem Verurteilungsgrund ὁ βασιλεὺς τῶν Ἰουδαίων (Mk 15,26) könnte in diesem Zusammenhang historisch sein. Wenn die Verurteilung am 15. Nisan des Sabbat-Jahres 28 n. Chr. stattgefunden hat, dann ist allerdings zu erwarten, daß Pilatus, der als Präfekt allein das Recht der Kapitalgerichtsbarkeit be-

---

[89] B.Z. Wacholder, Calendar 169–171.176–179.
[90] Vgl. die Metapher vom unvorhergesehen einbrechenden Dieb in 1Thess 5,2.4, Mt 24,43 par. Lk 12,39, Apk 3,3 16,15 2Petr 3,10 oder die Gleichnisse Mk 13,33-37 par. Mt 24,42 (25,13-15 Lk 12,38), Mt 24,45-51 par. Lk 12,42-46, Mt 25,1-13.
[91] S. dazu S. 110–114.
[92] Erst nach Mt 27,37 Lk 23,38 Joh 19,19 EvPetr 4,11 befand sich die Aufschrift am Kreuz.

VI. Passa-Erwartungen und Sabbat-Jahr

saß,[93] an einem solch „heißen" Tag auch im Fall Jesus nicht lange recherchiert, sondern vorgebrachte Anschuldigungen ungeprüft als Verurteilungsgrund übernommen haben wird. Mir erscheint es daher nicht sehr plausibel, aus der Hinrichtungsart und dem Titulus zu schließen, Jesus habe sich als Messias der Juden verstanden.[94] Immerhin offenbart auch diese Hinrichtung die zynische Haltung des Pilatus gegenüber dem Judentum:[95] Die Verurteilung und die Kreuzigung Jesu fanden nicht nur in rücksichtsloser Weise am hohen Passa-Festtag statt,[96] sondern der Titulus sollte wohl auch ausdrücken, was Pilatus vom Judentum und seinem gekreuzigten „König" hielt.

---

[93] S. dazu A.N. Sherwin-White, Trial; anders teilweise K. Müller, Möglichkeit (bei Tempelverstößen).
[94] Gegen M. Hengel, Zeloten 347 Anm. 1. Vgl. die „inflationäre" Verwendung des Königstitels bei Bandenführern nach Josephus, Ant XVII 285.
[95] Vgl. Philon, LegGai 302, Josephus, Ant XVIII 85–89.
[96] Nach Dtn 17₁₃ soll die Hinrichtung an einem Festtag auf die besondere Abscheulichkeit des todeswürdigen Verbrechens hinweisen (vgl. mSan 11₃).

VII. Die Auferweckung Jesu und die Erhöhungsvisionen

Die Auferstehungsaussagen und Erhöhungsvisionen bilden direkt keinen Gegenstand der vorliegenden Untersuchung. Im Rahmen des Kriteriums der Wirkplausibilität ist jedoch mit der Möglichkeit zu rechnen, daß aus der Art und Weise, in welcher die Auferweckung Jesu artikuliert und seine Erhöhung in die Himmelswelt visionär wahrgenommen wurde, auf das mit dem Tod Jesu verbundene Problem und auf eine mit diesem verbundene Enttäuschung einer Erwartung rückgeschlossen werden kann.

1. Die Auferweckung Jesu

Breit gestreut und zahlreich beziehen sich die frühchristlichen Texte auf die Auferweckung oder Auferstehung Jesu von den Toten. Viele dieser Belege weisen formelhafte Sprache auf, so daß auch über den Bestand der erhaltenen Texte hinaus dieses Geschehen zu den grundlegenden frühchristlichen Inhalten des Glaubens zu zählen ist.

Die Klassifizierung dieses Materials kann auf unterschiedliche Kriterien rekurrieren. Verbreitet findet die formale und inhaltliche Unterscheidung von ein- und zweigliedrigen Formen Anwendung. Beispiele für die eingliedrige, nur die Auferweckung oder Auferstehung ausdrückende Formel sind 1Kor 6 14 15 12.15.20 Röm 10 9 Act 13 30.[1] Die zweigliedrige Formel parallelisiert damit zumeist den Tod Jesu: 1Thess 4 14 1Kor 15 3-5 mit Erweiterungen, Röm 4 25 14 9 Act 4 10 u.ö.[2] Formgeschichtlich kann man zunächst nur vermuten, daß die eingliedrige Aussage die ältere ist.

Ein anderes, philologisch teilweise problematisches Differenzierungskriterium ist die Unterscheidung der handelnden Person. Das aktive *Genus verbi* von ἐγείρω nennt oder setzt immer Gott als Subjekt voraus.[3] Gleiches gilt auch für den transitiven Gebrauch von ἀνίστημι,[4] während in der intransitiven Verwendung dieses Verbs Jesus als selbständig Auferstehender gedacht wird.[5] Umstritten ist hingegen die Bedeutung der Passiv-Form von ἐγείρω.[6] W. Bauer deutet sie aktivisch mit intransitiver Bedeutung,[7] A. Oepke und E. Fascher als *Passivum di-*

---

[1] Vgl. die Gottesprädikation ὁ ἐγείρας ... ἐκ νεκρῶν in Röm 4 24 8 11 2Kor 4 14 Gal 1 1 Kol 2 12, vgl. weiter 1Thess 1 10 Act 3 15 4 10 13 37.
[2] Vgl. 1Thess 5 10 Röm 4 25 6 3f Kol 2 12.
[3] 1Thess 1 10 1Kor 6 14 15 15 2Kor 4 14 Gal 1 1 Röm 4 24 8 11 10 9 Kol 2 12 Eph 1 20 Act 5 30 10 40 13 30 1Petr 1 21.
[4] Act 2 24.32 13 33f 17 31.
[5] 1Thess 4 14, Mk 8 31 9 9.31 10 34 par. Lk 18 33, [Mk 16 9] Lk 24 7.46 Act 10 41 17 3 Joh 20 9.
[6] 1Kor 15 4.12-14.16f.20 2Kor 5 15 Röm 4 25 6 4.9 7 4 8 34 Mt 16 21 17 9.23 20 19 2Tim 2 8.
[7] W. Bauer, Wörterbuch 432f.

VII. Die Auferweckung Jesu und die Erhöhungsvisionen

vinum.[8] Doch während Oepke keine stichhaltigen Belege aufführt[9] und Fascher nur die jeweiligen Aussagen systematisierende Erwägungen vorbringt und die intransitive Bedeutung von ἀνίστημι an dieser Stelle unterschlägt,[10] zeigen die Belege bei Bauer klar, daß eine passive Bedeutung von ἐγείρω nicht zu erweisen ist und in allen Fällen die aktivisch-intransitive Bedeutung paßt. Außerhalb des Frühjudentums bildet ἀνίστημι die übliche Ausdrucksweise,[11] in der LXX und in anderen frühjüdischen Schriften scheint ἐγείρω an Bedeutung zu gewinnen,[12] im frühen Christentum dominiert es hingegen.[13] Diese starke Bevorzugung von ἐγείρω erklärt sich wahrscheinlich aus der Tatsache, daß im Aktiv damit ein Gotteshandeln in der Auferweckung ausgedrückt werden kann. Entsprechend der semantischen Vieldeutigkeit von ἐγείρω tritt häufig die Präzisierung ἐκ νεκρῶν hinzu.

Eine dritte Weise der Klassifizierung besteht in der (nicht konsequent durchführbaren) formgeschichtlichen Unterscheidung. Partizipial- und Relativsatz-Konstruktionen setzen wohl liturgisch-hymnischen Gebrauch voraus.[14] Im Objektsatz zu πιστεύω wird ein Für-wahr-Halten von (Tod und) Auferweckung als entscheidendes Gotteshandeln ausgedrückt.[15] Da Belege dafür im Konditionalsatz stehen, der eine Voraussetzung für weitere Folgerungen bildet, liegt ein lehrhafter Zusammenhang dieser Redeweise am nächsten. Mehrfach gilt als Objekt der πίστις Gott, der Jesus von den Toten erweckt hat.[16] Auch in diesem Fall wird die Gottesbeziehung durch das Gotteshandeln in der Auferweckung spezifiziert und kann daher zur Selbstbezeichnung der Glaubenden werden.[17] Ein Reflex der Missionssituation liegt in denjenigen Belegen vor, in denen (Tod

---

8 A. Oepke, ἐγείρω 334; E. Fascher, Anastasis 196f; so entscheidet sich auch P. Hoffmann, Auferstehung 481.
9 Aussagekräftig wäre z.B. eine bislang nicht beigebrachte Konstruktion des Passivs mit ὑπό. Die Parallelität der formalen Passiva in Röm 4:25 reicht dazu nicht aus (vgl. 834). In 64 drückt διά c. gen. die Vermittlung des Auferstehens durch Gott aus, ein passivisches Verständnis von ἐγείρομαι folgt daraus nicht zwingend.
10 E. Fascher, Anastasis 197: „Aber dieses Aufstehen ist bloß möglich, weil Christus nicht (wie es beim Schlafenden möglich ist) von selbst erwacht, sondern – wie die eben gekennzeichneten Relativsätze ὃν ὁ θεὸς ἤγειρεν oder ἀνέστησεν ergaben – weil er geweckt wurde."
11 E. Fascher, Anastasis 182–187. A. Oepke, ἐγείρω 333; W. Bauer, Wörterbuch 425; P. Hoffmann, Auferstehung 480, führen zusammen nur fünf unterschiedliche Belege von ἐγείρω für die Auferweckung oder Auferstehung eines Toten im außerjüdischen Bereich an. Vgl. auch jüngst D. Zeller, Vorgaben 78–82, mit der Diskussion einiger Belege zum Gott Dionysos.
12 4Bas 4:31 Jes 26:19 Dan 12:2 Hs. A, Sir 38:4 TestAbr B 7:16 VitPr 10:5 21:5 TestHiob 4:9; vgl. Dan 12:2 θ', Hi 14:12 Hs. A, äthHen 22:13 VitPr 22:12; ἀνίστημι Jes 26:19 Dan 12:2 Hi 14:12 42:17a LXX Ψ 87:10 äthHen 20:7 (Codex Panopolitanus Duplikat), 102:8 PsSal 3:12 2Makk 7:14 12:44 TestSim 6:7 TestJud 25:4 TestBenj 10:6f grEsr 4:36 7:2 (christlich?), VitPr 2:15 ApkAdam 13:3 28:4 41:3; vgl. ἀνάστασις 2Makk 7:14 12:43 TestHiob 4:9 VitPr 2:15 ApkAdam 10:2 28:4 41:3 43:2.
13 E. Fascher, Anastasis 168–170, führt 75 Belege für ἐγείρω und nur 33 für ἀνίστημι (jedoch 39 für das Substantiv) auf (ζωοποιέω 10x).
14 2Kor 4:14 Gal 1:1 Röm 4:24 8:11 Kol 2:12 Eph 1:20 1Petr 1:21; 2Kor 5:15 Röm 6:9 7:4 2Tim 2:8.
15 1Thess 4:14 Röm 10:9. Zur Deutung von πιστεύω im eher außerjüdisch-hellenistischen Sinne von „für wahr halten" vgl. die verwandten Konstruktionen mit εἶδον in 2Kor 4:14 Röm 6:9 und mit γινώσκω in Phil 3:10.
16 Röm 4:24 Kol 2:12 1Petr 1:21.
17 Röm 4:24 1Petr 1:21, vgl. 1Thess 1:7 2:10.13 1Kor 14:22 Gal 3:22 Röm 4:11 Act 2:44 4:32 15:5 18:27 19:18 21:20.25 Eph 1:13.19 1Petr 2:7 Hebr 4:3.

und) Auferweckung als Inhalt der verkündigten oder apostolisch bezeugten Botschaft angegeben werden.[18]

Vorsichtig läßt sich nach dieser Analyse vermuten, daß aus formgeschichtlichen Gründen die eingliedrige Gestalt, welche nur die Auferweckung Jesu enthielt, die älteste war. Auffällig oft nennt diese eingliedrige Form explizit Gott als denjenigen, der Jesus auferweckt. Auch die einfache Bezeichnung mit dem Namen 'Ιησοῦς erscheint in dieser Form häufiger als sonst.[19] Die im Rahmen des hellenistischen Sprachgebrauchs ungewöhnlich dominierende Verwendung von ἐγείρω (ἐκ νεκρῶν), die im Aktiv erlaubt, Gott als Urheber der Auferweckung Jesu auszudrücken, spricht ebenfalls für das hohe Alter derjenigen Formel, die in dieser Auferweckung ein Gotteshandeln sieht, zumal bis auf drei späte Acta-Belege[20] sämtliche eingliedrigen Formeln ἐγείρω verwenden. Für diese Bestimmung des Kernbestandes der ältesten Ostertradition spricht weiterhin, daß sie auch in solchen mehrgliedrigen Formeln, die anderes als den Tod Jesu nennen,[21] immer vorkommt. Die älteste rekonstruierbare Gestalt der Auferweckungsaussage gleicht also Röm 10 9 mit der Ersetzung des kontextbedingten αὐτόν durch 'Ιησοῦν.

2. Die Erhöhung Jesu

Für eine Deutung des mit der Hinrichtung Jesu verbundenen Problems sind weiterhin die Erhöhungsvisionen genauer zu analysieren.

Die erweiterte doppelgliedrige Formel über Tod und Auferstehung Christi in 1Kor 15 3b-5a wird von Paulus als schon empfangene und durch ihn weitergegebene Zusammenfassung der Evangeliumsbotschaft eingeführt (V. 1–3a). Einige Spracheigentümlichkeiten bestätigen die vorpaulinische Herkunft.[22] Die weitgehende Parallelität erlaubt eine wohlbegründete Abgrenzung ihres ursprünglichen Umfangs: Sie setzt mit dem ὅτι citativum in V. 3b ein und endet mit ὤφθη

---

[18] 1Kor 15 12.15; vgl. 15 1-5 Act 1 22 4 33.
[19] 1Thess 1 10 Röm 8 11a 10 9 (vgl. dazu mit Kontextanalysen W. Kramer, Christos 34–40; K. Wengst, Formeln 32f).
[20] Act 3 15 4 10 13 37.
[21] Dahingabe Röm 4 25, Erhöhung Eph 1 20 1Petr 1 21.
[22] Paulus verwendet zumeist als Ausdruck der grundsätzlichen Verfallenheit des Menschen an die Sündenmacht den Singular ἁμαρτία; die Plural-Belege stehen entweder in Schriftzitaten (Röm 4 7 11 27) oder in traditionellen Formulierungen (Gal 1 4 1Thess 2 16) oder sind kontexbedingt (Röm 7 5 wegen παθήματα, 1Kor 15 17 evtl. wegen V. 3). Auch der Plural γραφαί für die Schrift taucht selten bei ihm auf (Röm 1 2 15 4; 16 26 nachpaulinisch; sg. 4 3 9 17 10 11 11 2 Gal 3 8.22 4 30). Das Perfekt von ἐγείρω findet sich bei Paulus nur hier (aufgenommen in 1Kor 15 12-14.16f.20; sonst Aorist: Röm 4 24f 6 4.9 7 4 8 11a.b.34 10 9 1Kor 6 14 15 15a.b 2Kor 4 14 5 15 Gal 1 1 1Thess 1 10).

VII. Die Auferweckung Jesu und die Erhöhungsvisionen

oder Κηφᾶ in V. 5a.[23] Nachträglich, aber bis auf V. 6b.8 und wahrscheinlich auch V. 6a wohl noch vorpaulinisch,[24] wurden in legitimierender Funktion je eine in der Jerusalemer Gemeinde führende Person mit einer zugeordneten Gruppe angehängt (vgl. Gal 2₁₁f).[25] Zumindest Paulus, dem der erhöhte Herr in einer Offenbarung erschienen war (s.u.), deutete ὤφθη wie in V. 8, so auch in V. 5–7 als visionäre Erscheinung. Doch der antike Sprachgebrauch legt für V. 5–7 nicht nur eine aktivische Auffassung („er ließ sich sehen"), sondern auch einen visionären Zusammenhang nahe.[26] Bei den über 500 Brüdern hat es sich also wohl um eine sich gegenseitig anregende Massenvision gehandelt. Für das Folgende bleibt festzuhalten: Mit einer Vision des auferstandenen und erhöhten Christus wurden Legitimationsansprüche verbunden, die allerdings aufgrund der hohen Zahl der Visionsempfänger nicht ganz unproblematisch gewesen sein dürften. Außerdem sind die Erscheinungserzählungen in den Evangelien und der Apostelgeschichte, die von einem allgemein sichtbaren Umherwandeln des Auferstandenen auf der Erde ausgehen, als Legende einzustufen, was aus Gründen der Analogie des Allgemeinmenschlichen sowieso kaum zu umgehen ist.

Deutlicher zeigt sich die legitimierende Funktion der Erscheinungen des Erhöhten in 1Kor 9₁. Gegenüber einigen Korinthern, die seine apostolische Autorität aufgrund seines ungewöhnlichen Auftretens in Frage stellen, verweist Paulus unter anderem darauf, daß er den Herrn gesehen hat. Die Kette der vier Fragen impliziert: Paulus ist in der Gestaltung seines apostolischen Wirkens frei, er ist zum Apostel eingesetzt, weil ihm der Herr erschienen ist, was die Existenz der von ihm gegründeten Gemeinde in Korinth bestätigt.

---

[23] Häufig wird wegen der Parallele in V. 7 der ganze V. 5 noch zur Formel gezählt (z.B. P. Hoffmann, Auferstehung 491). Die konsequente Parallelität macht aber wahrscheinlich, daß die Bestätigungsaussage zur Auferstehung im Umfang nicht von derjenigen zum Tod Jesu (καὶ ὅτι ἐτάφη) differiert. Die exakte Parallele καὶ ὅτι ὤφθη würde zwar bereits funktional genügen (so E. Bammel, Herkunft 412f), die Nennung des ersten Auferstehungszeugen Κηφᾶς aber den Bestätigungscharakter deutlich erhöhen, dort kommt sie trotz der geringfügigen Störung des Parallelismus ebenfalls als Bestandteil der Tradition in Frage.

[24] V. 6b unterbricht nicht nur die Zeugenkette, sondern enthält auch paulinische Spracheigentümlichkeiten: οἱ πλείονες im NT nur Act 19₃₂ 27₁₂ 1Kor 9₁₉ 10₅ 15₆ 2Kor 2₆ 4₁₅ 9₂ Phil 1₁₄ (in den Paulus-Briefen keine weiteren Formen von πλείων!); μένω im Sinne von „am Leben bleiben" Joh 21₂₂f (spät), 1Kor 15₆ Phil 1₂₅ Apk 17₁₀; ἄρτι Mt 7x, Joh 12x, Paulus 11x, sonst im NT 6x, ἕως ἄρτι Joh 3x, Paulus 3x, sonst im NT 2x; κοιμάω im Sinne von „sterben" 1Thess 4₁₃-₁₅ 1Kor 7₃₉ 11₃₀ 15₆.₁₈.₂₀.₅₁, sonst im NT 5x. Paulus bekräftigt damit die Glaubwürdigkeit, weil die meisten Zeugen noch am Leben sind und daher befragt werden können. Gut möglich, wenn auch nicht mit befriedigender Gewißheit begründbar, ist, daß auch V. 6a von Paulus stammt, um die Zeugenkette über die bekannten Namen hinaus zu vervollständigen. Ohne V. 6a ergäbe sich nämlich ein nicht unterbrochener Parallelismus membrorum zwischen V. 5 und V. 7. Außerdem verschiebt sich bereits durch V. 6a die Funktion der Legitimierung durch die Vision, die für die über 500 Brüder nicht mehr paßt, hin zur Vergewisserung mittels einer lückenlosen Zeugenkette.

[25] U. Wilckens, Ursprung 149–175, sieht darin den Ausdruck der von Petrus auf Jakobus verschobenen Führungsrolle in der Jerusalemer Gemeinde.

[26] S. besonders die LXX-Belege Ex 24₁₁ Num 14₁₄ Ψ 16₁₅ 41₃ 62₃ Tob 12₂₂. Weitere Belege bei P. Hoffmann, Auferstehung 492f, der auch eine Zunahme des visuellen Momentes im Frühjudentum konstatiert.

Diesen vermuteten Zusammenhang von Christus-Vision und Apostolat untermauert Gal 1₁₂.₁₅f. Die Offenbarung²⁷ des Gottessohnes, hier nicht eigenmächtig, sondern von Gott gewirkt, hatte bei Paulus die Funktion (ἵνα V. 16), ihn zum Verkünder des Evangeliums an die nichtjüdischen Völker zu machen.²⁸ Die Aufnahme von Motiven aus prophetischen Berufungsvisionen (Jes 49₁ Jer 1₅, vgl. Röm 1₁) entspricht dieser Berufungsfunktion der Offenbarung.

Daß nicht nur bei Paulus, sondern auch in anderen Fällen von Ostervisionen eine Beauftragung zur Verkündigung erging, läßt sich nicht nur aus der Argumentationslogik von 1Kor 9₁ erschließen. Die Bezeichnung ἀπόστολος drückt bereits aus, daß der Betreffende ausgesandt wurde, wobei verwandte Äußerungen zumeist Christus als Sendenden nennen.²⁹ Religionsgeschichtlich überzeugende Parallelen zu diesem Apostel-Begriff fehlen.³⁰ Es dürfte sich daher um eine frühchristliche Neubildung aufgrund der in den Christus-Visionen ergangenen Sendungsaufträge halten.

Wahrscheinlich bildete die Engelerscheinung im leeren Grab³¹ vor den drei Frauen Maria Magdalena, Maria, des Jakobus Mutter, und Salome in Mk 16₁-₈ (der ursprüngliche Mk-Schluß) keinen Bestandteil der vormk Passionserzählung.³² Denn trotz einiger Bezüge zwischen beiden bestehen auch Spannungen: Proble-

---

²⁷ Mich überzeugt nicht, daß man aus ἀποκάλυψις und ἀποκαλύπτω in Gal 1₁₂.₁₆ einen apokalyptischen Verstehenshorizont der Visionen des Erhöhten ableiten könne (so z.B. K. Kertelge, Apokalypsis 278f; P. Hoffmann, Auferstehung 494f). Denn die LXX belegt mehrfach eine uneschatologische Verwendung (z.B. Num 22₃₁ 24₄.₁₆ 1Bas 2₂₇ 3₇.₂₁ 2Bas 7₂₇ Dan 2₂₈f.₄₇ 10₁ ϑ' Sir 1₆), und im Zusammenhang der dualistischen Weisheit drückt ἀποκαλύπτω nicht im weltgeschichtlichen, sondern im substanzhaft begründeten kosmischen Dualismus die Offenbarung himmlischer Weisheit aus (z.B. JosAs 16₁₄ 22₁₃ 1Kor 2₁₀; vgl. TestRub 3₁₅ TestJos 6₆).
²⁸ Der legendarische Bericht in Act 9₃-₇ über die Erscheinung des himmlischen Christus, die Paulus vor Damaskus zuteil wurde, unterschlägt die Beauftragung zur Verkündigung und bringt diese in einer späteren Vision Gottes, welche an Ananias ergeht (9₁₅, vgl. 16₉f).
²⁹ 1Kor 1₁₇ Röm 10₁₅.₁₇; vgl. Mk 10₅.₁₆ par. Lk 10₃, Mk 3₁₄ 6₇ Lk 10₁ Joh 17₁₈ und die Wendungen ἀπόστολος Ἰησοῦ Χριστοῦ o.ä. in 1Thess 1₁ 1Kor 1₁ 2Kor 1₁ 11₁₃ Gal 1₁ Kol 1₁ 1Petr 1₁ u.ö.
³⁰ Die frühjüdische Aussendung eines Schaliach in rechtlicher Mission ist erstens vor der Tempelzerstörung nicht belegt und zweitens kein stabiler institutioneller Vollzug (vgl. W. Schmithals, Apostelamt 92-99). „Sendung" konnte neben dem rechtlichen auch im religiösen Kontext die göttliche Beauftragung von Propheten ausdrücken (J.-A. Bühner, Gesandte 281-306). Die Offenheit des Begriffs ἀπόστολος in der Umwelt des frühen Christentums spricht gegen eine frühchristliche Übernahme einer Apostel-Institution.
³¹ Ich deute die Erzählung vom leeren Grab vor dem Hintergrund frühjüdischer Entrückungsvorstellungen, die gegenüber ihren Ursprüngen [eine sumerische Erzählung aus dem 3. Jt. v. Chr.; das Gilgamesch-Epos, Tafel XI; aus frühhellenistischer Zeit den Sintflut-Bericht des babylonischen Priesters Berossos [Übersetzungen bei A. Schmitt, Entrückung 5-7.13.18]; Gen 5₂₄ 2Reg 2₁-₁₃) bereits infolge der Begegnung mit den hellenistisch-griechischen den Tod als integriert haben (TestBenj 10₆ Jub 4₂₃ mit 6₃₉, Sap 4₁₀-₁₄ mit 2₁₀-₂₀, doketisch jedoch 3₂-₄, äthHen 71₁₆ AssMos 11₁₅ mit 1₁₅ 10₁₂.₁₄, Josephus, Ant IV 320-327; zu außerjüdisch-hellenistischen Entrückungskonzeptionen s. G. Strecker, Entrückung 465-470; H. Wißmann, Entrückung 680f). Charakteristische Elemente dafür sind das leere Grab und die Suche nach dem verschwundenen Leichnam (s. E. Bickermann, Grab; P. Hoffmann, Auferstehung 449). Für H. v. Campenhausen, Ablauf, bildet die Entdeckung des leeren Grabes Jesu die Ursache der darauf folgenden Visionen. Die Erklärbarkeit der wohl nicht alten Erzählung vom leeren Grab als Entrückungslegende läßt diesen Vorschlag unwahrscheinlich erscheinen (vgl. H. Graß, Ostergeschehen, der einen unbekannten Begräbnisort Jesu annimmt).
³² Gegen R. Pesch, Schluß; ders., Mk 10-20; D. Lührmann, Mk 227-231.

VII. Die Auferweckung Jesu und die Erhöhungsvisionen

matisch ist möglicherweise die Absicht der Frauen, den Leichnam Jesu zu salben, nachdem dieser bereits eingewickelt und bestattet wurde (Mk 15 42-47).[33] Außerdem wurde Jesus im Erzählrahmen des Mk-Evangeliums, vielleicht auch des vormk Passionsberichtes,[34] schon in Bethanien von einer Frau vorwegnehmend auf seinen Tod hin gesalbt (14 3-9, vgl. Joh 12 1-8). Da aber selbst 16 1-8 im Hinblick auf die Salbungs- und Bestattungsgepflogenheiten kaum plausibel ist, dürfte in der Salbungsabsicht der drei Frauen ein Versuch des Mk vorliegen, die Tradition vom leeren Grab mit dem Passionsbericht zu verknüpfen.[35] Damit gehört auch die erst aus der geplanten Salbung des Leichnams verständliche Frage in V. 3 mit V. 4b zur Mk-Redaktion. Die Bezüge in 16 1-8 zum Passionsbericht stellen folglich ebenfalls ein Werk des Mk dar: die drei Frauennamen in V. 1 nach 15 40.(47); der zeitliche Rahmen in V. 1 διαγενομένου τοῦ σαββάτου im Bezug zu den Angaben in 14 1.12.17 15 1.25.33f.42, wobei die sachliche Dublette in V. 2 auch vormk sein könnte; V. 7 insgesamt mit der gesonderten Erwähnung des Petrus,[36] der Hochschätzung Galiläas und dem Rückverweis auf 14 28; zumindest V. 8c.d als typisch mk Ausdruck hier des JüngerInnen-Unverständnisses (vgl. 4 13 8 32 u.ö.), das nicht nur durch Jesu Wundertaten, sondern auch durch das leere Grab nicht beseitigt wird, vielleicht aber auch V. 8a.b. Für die vormk Erzählung vom leeren Grab lassen sich also nur die Angelophanie im leeren Grab mit weggewälztem Stein und der explizite Hinweis auf die Stelle, wo Jesus bei der Bestattung hingelegt wurde, wahrscheinlich machen. Weder eine Christophanie noch eine Beauftragung zur Mission findet sich in dieser Tradition. Erst Mt 28 16-20, einer der sekundären Mk-Schlüsse (Mk 16 14-18 Hss. A, C, D u.a.; vgl. Hss. L, Ψ u.a. nach Mk 16 8) und Joh 20 19-23 (vgl. Lk 24 48f Act 1 8) verbinden mit den irdischen Erscheinungen des auferweckten Jesus die Beauftragung zur weltweiten Mission.

3. Folgerungen

Die Aussage, Gott habe Jesus von den Toten erweckt, könnte vor dem Hintergrund frühjüdischer Vorstellungen über das Geschick von Märtyrern nach ihrem gewaltsamen Tod gedeutet werden.[37] Auch daß

---

[33] Die Salbung von Knochen Verstorbener ist damit nicht gleichzusetzen (s. A. Vögtle [- R. Pesch], Osterglauben 130f). Dazu J. Wellhausen, Mk 144: „Die Salbung einer bereits eingewickelten und beigesetzten Leiche ist in der Tat ein kühner Gedanke der Frauen". Andererseits haben archäologische Grabfunde die Existenz von Öl- und Balsamgefäßen in Verwesungsgräbern bestätigt (s. R. Hachlili - A. Killebrew, Customs 115-124). Nach W. Zwickel, Verbrennen 268, wurden diese über dem eingewickelten Leichnam als Ehrerweis ausgegossen (die 32 kg Myrrhe und Aloe in Joh 19 39 zeigen an, daß Jesus in der Ehre eines Königs bestattet wurde).
[34] Vgl. die Diskussion auf S. 210-213.
[35] Vgl. P. Hoffmann, Auferstehung 498.
[36] Mk 8 29.32f 9 5 10 28 11 21 14 29.37.54.66-72, vgl. 3 16-19 5 37 9 2 13 3 14 33.
[37] Vgl. 2Makk 7, Sap 4 10-14 nach 2 10-20, u.ö. In den Prophetenlegenden rücken die Propheten in die Funktion von Märtyrern ein, die aufgrund ihres mutigen Bekenntnisses grausam hingerichtet werden (s. M. Tilly, Johannes 236-247; gegen O.H. Steck, Israel 318). Zur Deutung von Tod und Auferweckung Jesu nach dem Muster von Märtyrern und Propheten s. vor allem K. Berger, Auferstehung, der neben teilweise sehr viel späteren Zeugnissen auf Jesus als Johannes redivivus in Mk 6 14 und auf Tod und Entrückung der beiden Zeugen in Apk 11 1ff verweist.

Jesus für das frühe Christentum durch seine Erhöhung in eine himmlische Funktion einrückt, die über das endzeitliche Ergehen der Glaubenden oder Menschen insgesamt entscheidet, könnte noch aus dieser Konzeption von der postmortalen Ins-Recht-Setzung leidender Gerechter erklärt werden.[38] Die Passionserzählung des Mk stilisiert Jesus zum leidenden Gerechten, der vorbildhaft seinen Nachfolgern zeigt, wie man sich in der Verfolgung zu verhalten habe.[39] Lk 23 43 nimmt entgegen der Tradition vom drei Tage währenden Tod Jesu für diesen die Märtyrertradition, sofort nach dem Tod in den Himmel zu gelangen, in Anspruch. Im frühen Christentum läßt sich also bereits die Deutung von Tod und Auferweckung Jesu mit Erhöhung nach dem Vorstellungszusammenhang über Leiden und Tod des Gerechten feststellen. Eine andere in der Forschung vertretene Erklärung der Ostervisionen sieht in der Auferweckung Jesu eine Vorwegnahme oder den Beginn der „apokalyptischen" Auferstehung der Toten.[40]

Doch beide traditionsgeschichtlichen Hintergründe weisen erhebliche Erklärungslücken auf. Denn weder die spezifische Weise der visionären Erscheinung des in den Himmel erhöhten Jesus noch diejenige der in diesen Visionen gelegentlich ergehenden Sendungsaufträge gehören zum Motivkomplex der postmortalen Rettung des Märtyrers, noch weniger zur Vorstellung der endzeitlichen Totenauferstehung (s.u.). Zur proleptischen Auferstehung eines Einzelnen fehlen zudem wirkliche religionsgeschichtliche Parallelen.[41]

---

38 ÄthHen 71 Sap 3 7f 4 16 Jub 4 24 1QpHab 5 4 TestHiob 33; im frühen Christentum 1Kor 6 2f Q 11 31f, Mt 19 28 par. Lk 22 30, Apk 3 9 20 4 2Tim 2 12 2Clem 3 2.

39 Siehe S. 22–24.

40 Beispielsweise U. Wilckens, Ursprung. Statt „apokalyptisch" müßte der allgemeine Begriff „eschatologisch", besser noch „endzeitlich" verwendet werden, weil die Erwartung der Auferstehung der Toten kein apokalyptisches Spezifikum darstellt und das eigentümliche Anliegen apokalyptischer Theologie dadurch nivelliert wird. Im Prinzip sinnvolle psychologische Erklärungen der Ostervisionen leiden zunächst unter der generellen Schwierigkeit, eine im wesentlichen an nachaufgeklärten Europäern und Nordamerikanern entwickelte Psychologie direkt auf antike Menschen anzuwenden (zum Problem vgl. K. Berger, Psychologie passim, besonders 9; M. Leiner, Psychologie). E. Hirsch, Auferstehungsgeschichten 37–45, sieht beispielsweise Schuldgefühle der Jünger, weil sie ihren Herrn bei seinem Prozeß verleugnet und verlassen hatten (Mk 14 66-72.50-52), als Anlaß der Missionsaufträge in dem Sinne, daß jetzt ein rückhaltloses Bekenntnis gefordert sei. K. Berger, Psychologie 125–129, deutet die Erscheinungsvisionen als Präsenzerfahrung des Auferstandenen, dessen Aktualität und Dynamik den Visionär in das Apostelamt versetzt (warum eigentlich?). G. Lüdemann, Auferstehung, nimmt in der Petrus-Vision eine Bewältigung der durch den Tod Jesu blockierten Trauer um seine Verleugnung an; für Paulus sei die unterdrückte, unbewußte Faszination, die von Jesus auf ihn wirkte, ursächlich; alle anderen Visionen seien das Ergebnis einer Massensuggestion.

41 Nach äthHen 71 16 eröffnet Henoch für die Gerechten den Weg in die Himmelswelt; er leitet aber nicht die endzeitliche Auferstehung der Gerechten ein. Sap 4 10-14 hat erst der Endredaktor aus dem Lob der Gerechten in c. 10 entnommen und Henoch durch Streichung des Namens zum Typ des Gerechten, mithin sein doketisches Todes- und sein Entrückungsge-

VII. Die Auferweckung Jesu und die Erhöhungsvisionen 227

Was läßt sich weiterhin aus den Spezifika der Erhöhungsvisionen für das mit der Kreuzigung Jesu verbundene Problem ermitteln? Im Denkzusammenhang der postmortalen Ins-Recht-Setzung von Märtyrern kann auch vom (apokalyptischen) Propheten deren himmlische Bewahrung durch Gott geschaut werden. Entweder stehen solche Offenbarungen im Kontext von Endgerichtsverfahren, in denen sich die Rettung der Gerechten zeigt,[42] oder von Himmelsreisen, bei denen auch deren himmlischer Wohnort zu sehen ist.[43] Weder das eine noch das andere scheinen den Rahmen der visionären Erscheinungen des erhöhten Jesus gebildet zu haben. Vielmehr kreisten diese wahrscheinlich allein um dessen himmlische Einsetzung. Das Verb ὤφθη („er ließ sich sehen") in 1Kor 15 5-8 und die Darstellung in Gal 1 12.15f betonen auch stärker als die obengenannten möglichen religionsgeschichtlichen Parallelen, daß das Offenbarungsgeschehen vom Erhöhten bzw. von Gott ausging.

Weitere religionsgeschichtlich triftige Parallelen zu dieser Form von Ostervisionen fehlen bis jetzt.[44] Will man ihren Sinn ergründen, ist man also verstärkt auf Konstruktionen aufgrund ihres Motivzusammenhangs angewiesen.[45] Drei Elemente erscheinen mir besonders aussagekräftig: Das Auferweckungsgeschehen ist erstens in seiner Substanz als Gotteshandeln begriffen worden, zweitens offenbarte

---

schick zum Muster für alle Gerechten gemacht; weder die Eröffnung des Weges in die Himmelswelt durch Henoch noch ein endzeitlicher Rahmen gehören dazu. Erst Joh 14 2 (V. 3 ist nachjoh Glosse; s. A. Scriba, Geschichte 194f) deutet die Erhöhung Jesu nach der Tradition von der Wegbereitung in den Himmel, allerdings wiederum nicht in einem endzeitlichen Geschichtskonzept.

42 ÄthHen 62 Sap 4 16 5 1-14.
43 ÄthHen 39 3-5 u.ö. Mt 27 51-53 stellt wohl keine visionäre Erscheinung der Gerechten dar und erklärt sich aus der verbreiteten Prodigienerwartung bei außergewöhnlichen Ereignissen (vgl. Josephus, Bell VI 293; gegen J. Gnilka, Mt II 476–478, der dahinter vor allem Hes 37 vermutet).
44 Daß auch im Frühjudentum Tote erscheinen können (äthHen 106 8 Henoch auf Methusalas Bittgeschrei; Philon, Abr 113, drei Männer von Gen 18 wie Propheten- und Engelerscheinungen; LibAnt 64 Samuels Erscheinung vor Saul auf dessen Befragung der Hexe von Endor hin; vgl. Lk 16 31 reicher Mann zwecks Warnung an seine Brüder), gibt nur die allgemeine Möglichkeitsbedingung der frühchristlichen Visionen vom erhöhten Jesus ab. Gotteshandeln und Missionsauftrag gehören in allen Fällen nicht dazu.
45 Ob die Suche nach dem Ursprung des Osterglaubens sachlich irrelevant ist (so R. Bultmann, Theologie 47), mag hier dahingestellt bleiben. Aus diesen Gründen eine historisch-wissenschaftlich verantwortete Rückfrage zu unterlassen, überzeugt mich nicht. Denn nach Bultmann mußte die Gemeinde „das Ärgernis des Kreuzes überwinden und hat es getan im Osterglauben" (ebd.). Für eine solche Behauptung sollte zunächst geklärt werden, warum und gegebenenfalls wie die Hinrichtung Jesu für seine Anhänger überhaupt ein Problem darstellte. Zweitens kann angesichts der Quellenlage sehr wohl erörtert werden, wie denn die Ostererscheinungen mit ihren Motiven das zugrundeliegende Problem bewältigen konnten.

der erhöhte Jesus sich vom Himmel her und erteilte drittens in dieser Vision öfter einen Auftrag zur Verkündigung.

Aus dem ersten Motiv läßt sich nur schließen, daß das mit der Vision zu klärende Problem im wesentlichen mit Gott zu tun hat. Eine solche allgemeine Feststellung, die auch noch für eine Deutung von der Theodizeefrage aus gelten würde, exkludiert zumindest jede primär christologische Interpretation von Auferweckung und Erhöhung Jesu. Das zweite Motiv steht, wie gezeigt, einer Deutung des Erhöhungsgeschehens vom Denkzusammenhang der postmortalen Ins-Recht-Setzung eines leidenden Gerechten bereits erheblich im Weg.

Diese Feststellung zum zweiten Motiv führt unmittelbar zum dritten Element. Die betont aktive Rolle Jesu bzw. Gottes zeigt sich in der Übermittlung des himmlischen Auftrags zur Verkündigung. Solche umfassende Beauftragung geht deutlich über das hinaus, was als Weitergabe-Anweisungen an apokalyptische Propheten ergehen kann.[46] Es kann nach dem Obigen zunächst ausgeschlossen werden, daß die Treue Gottes zu seinem hingerichteten Propheten oder allgemeiner zum leidenden Gerechten irdisch nicht mehr erkennbar war und daher durch eine Vision über dessen postmortales Ergehen neu vergewissert werden mußte. Die öfter vertretene Erklärung, die Wahrheit der Botschaft Jesu sei mit dessen Tod zweifelhaft geworden, reicht ohne weitere Präzisierungen ebenfalls nicht aus, weil zunächst nicht einsehbar ist, wieso die Hinrichtung Jesu Gott daran hindern soll, die Endzeit heraufzuführen.[47]

Festzuhalten bleibt hingegen zumindest, daß im Zusammenhang der Kreuzigung Jesu zum Problem wurde, ob die Verkündigungstätigkeit fortgesetzt werden sollte. Die am Ende des vorigen Kapitels noch offene Frage, ob Jesus statt seines Todes den Anbruch des endzeitlichen Gottesreiches erwartete, erfuhr aus der Analyse der Auferweckungsaussagen und der Erhöhungsvisionen eine erste Bestätigung: Das zu klärende Problem wurde zumindest nicht allein durch den Tod Jesu ausgelöst. Offenbar stand die Botschaft Jesu als ganze auf dem Spiel. Die Hinrichtung Jesu allein hätte diese grundlegenden Zweifel wohl nicht evoziert.

Im nächsten Kapitel folgt aus der frühchristlichen Wiederaufnahme der Taufe noch ein weiteres Indiz für eine terminierte Enderwartung Jesu. Hier schließe ich jetzt noch Vermutungen über zwei weitere Ereignisse im Zusammenhang der Verurteilung Jesu an, die viel-

---

[46] Dan 12₄ äthHen 82₁₋₃ 4Esr 14₄₋₈.₁₃.₂₆.₄₅f, vgl. Jub 1₅.

[47] Vgl. R. Bultmann, Bedeutung 147/205: „Das *Was* seiner Verkündigung ist ja durch den Kreuzestod nicht im mindesten in Frage gestellt; in Frage gestellt ist aber seine Legitimation zur Verkündigung, das *Daß*, die Tatsache, daß gerade er Gottes Bote mit dem letzten entscheidenden Wort ist" (Hervorhebungen im Original).

VII. Die Auferweckung Jesu und die Erhöhungsvisionen

leicht unter der Voraussetzung der oben skizzierten Eschatologie Jesu an Verständlichkeit gewinnen. Auf den stark hypothetischen Charakter des Folgenden weise ich betont hin.

Nach Mk 14ss-6s bildeten Verhör und Urteilsfindung vor dem Synhedrium ein durch und durch ungerechtes Verfahren: Der Ausgang des Verfahrens stand von Anfang an fest (V. 55); die herangezogenen Zeugen waren Falschzeugen (ψευδομαρτυρέω), deren Aussagen untereinander sogar noch widersprüchlich waren (V. 56.59); auf dieser Basis war eine Verurteilung nicht möglich (V. 63b); das Selbstbekenntnis Jesu in V. 61f rechtfertigte möglicherweise kein Todesurteil wegen βλασφημία (V. 64), weder für die frühchristlichen Leser, für die Jesus ja nur die Wahrheit gesprochen hatte, noch in einem jüdischen Gerichtsverfahren;[48] dennoch erfolgte das Todesurteil sogar einstimmig (V. 64b); Schläge und Verhöhnungen „krönten" dieses ungerechte Verfahren (V. 65). Nicht nur die Falschaussagen und das parteiische Urteil, sondern auch das schweigende Erdulden durch Jesus sind dabei typische Elemente im Geschick und im darauf bezogenen Verhalten des leidenden Gerechten.[49]

Die Bestimmung traditioneller Bestandteile dieses Textes fällt schwer, weil er aus dem mk Darstellungswillen heraus ganz verständlich ist. Allerdings weist die Schilderung der Erhebung von Zeugenaussagen in V. 56–59 drei Spannungen auf. Erstens steht neben der pauschalen Erwähnung von widersprüchlichen Zeugen in V. 56 eine konkrete Zeugenaussage als einzige Spezifizierung. Zweitens verwundert die nochmalige Beteuerung in V. 59, daß auch dieser gesonderte Fall keine einheitliche Zeugenaussage erbrachte. Drittens stellt die Aussage in V. 57f nur eine einzige Falschaussage dar, deren Richtigkeit gar nicht überprüft wird, aber keine unterschiedlichen Zeugnisse, die erst untereinander widersprüchlich sein können. Da Mk an der Schilderung der Unrechtmäßigkeit des gesamten Verfahrens im Synhedrium gelegen war,[50] nicht aber der Unglaubwürdigkeit von sonstigen Zeugen, halte ich den konkreten Vorwurf in V. 57f für vormk, die in V. 56 allgemein vorwegnehmende und auch auf V. 57f nachträglich in V. 59 angewandte Kennzeichnung als widersprüchliche Zeugenaussagen, welche das Synhedrium charakterisiert, dagegen für Mk-Redaktion.[51]

Mk war also aus der Tradition bekannt, daß Falschzeugen über Jesus aussagten, er habe angekündigt, den von Menschenhand erbauten Tempel niederzureißen und ohne Menschenhand in drei Tagen wieder aufzubauen. Sein Umgang mit dieser Tradition zeigt sich einerseits in Mk 13:2: Nur die Tempelzerstörung (durch die Römer 70 n. Chr.) weissagte Jesus, aber nicht, daß er selbst ihn zerstören werde. Andererseits gehört die Falschaussage zum höhnischen Spott derer, die um das Kreuz Jesu standen (15:29). Nun weisen zwar einige frühchristliche Traditionen durchaus eine Distanz zum Jerusalemer Tempel auf,[52] fordern aber weder

---

48 Siehe J. Blinzler, Prozeß 188f; anders O. Betz, Scroll.
49 Ps 27:12 35:11 109:2-5; Jes 53:7 Ps 38:14-18 39:10 (s. S. 22–24).
50 Vgl. Mk 8:31 10:33.
51 Eine umgekehrte, mehr thetische Bestimmung von Tradition und Redaktion bei D. Lührmann, Mk 249.
52 Mk 13:14 im Sinne der Vorlage: Jerusalem und der Tempel als Ort der endzeitlichen Vernichtung; Mk 11:15-19 par. Mt 21:12f Lk 19:45-48 Joh 2:13-16, Act 6:14 Apk 21:22; vgl. Joh 4:21.23 Act 7:48 17:24 Hebr 9:11.

seine Zerstörung noch erwarten sie seinen wunderbaren Wiederaufbau.[53] Vielleicht verbirgt sich hinter der Falschaussage eine Weissagung Jesu,[54] deren Nichteintreffen zu seinen Lebzeiten zu ihrer Bestimmung als Mißverständnis und in dieser Form zur Falschaussage führte, während das angeblich wahre Verständnis in Mk 13,2 (Zerstörung Jerusalems), in Mt 26,61 (nur Fähigkeit Jesu) und in Joh 2,19-21 (metaphorisch für Tod und Auferstehung Jesu) geboten wird. Die Weissagung Jesu wäre dann ein Beleg für seine Erwartung, daß er in besonderer Weise von Gott für die Errichtung des Heiligtums mit Vollmachten ausgestattet werden würde. Diese Weissagung am Ort des Geschehens gewinnt dabei an Deutlichkeit, wenn sie für die nächste, die unmittelbaren Erleben noch zugängliche Zukunft gilt. Die Umdeutung zu Mißverständnis und Falschaussage der Tradition impliziert wohl, daß die ursprüngliche Weissagung als nicht eingetroffene eingestuft wurde, sei es, weil sie sich als terminlich festgelegte nicht erfüllt hatte, sei es, daß die Tempelzerstörung 70 n. Chr. ihre Erfüllung in der Form von Mk 14,57f 15,29 als Tat Jesu unmöglich machte. Durchaus vorstellbar ist unabhängig von der Beurteilung des Vorigen, daß für Jesus der von dem Halbjuden Herodes mächtig erweiterte Jerusalemer Tempel nicht heilig genug war und daher im Gottesreich durch einen neuen ersetzt werden muß. Eine analoge, aber ältere Erwartung geben äthHen 90,28f und die ideale Tempelanlage in 11QT III – XIII, XXX,4 – XLV,7, speziell XIX,10 wieder.[55]

Die Verleugnung des Petrus liegt in einer erzählerisch geschickt gestalteten Darstellung in Mk 14,66-72 vor: Eine Klimax in drei Schritten führt zum Höhepunkt der Selbstverfluchung.[56] Das spricht zumindest für eine Stilisierung des Geschehenen. Die Plazierung der Erzählung im Kontext weist ihr ein Gegenbild zum Selbstbekenntnis Jesu im Verhör 14,55-65 zu. Mk hat die Verleugnung, für ihn typisch mit dem Vorherwissen Jesu, bereits in 14,26-31 für den Leser angekündigt. Das Versagen des Petrus wird in diesem Zusammenhang noch gravierender und entspricht daher dem für Mk charakteristischen Jüngerunverständnis.

Unabhängig von Mk scheint die Verleugnung des Petrus nicht mehr überliefert zu sein.[57] Dennoch könnte sein Kern historisch zutreffen, weil sie ein peinliches Versagen wiedergibt, deren Erfindung nicht leicht vorstellbar ist und mit der produktiven Kraft der Schriftauslegung kaum begründet werden kann.[58]

---

[53] Evtl. weist die Sprache in Apk 21,3f (σκηνή, σκηνόω) darauf hin, daß in der ursprünglichen Version des vom Himmel herabkommenden Jerusalem auch ein Tempelgebäude erwartet wurde (anders 21,22).

[54] Nicht rundum überzeugende Gründe für die Authentie führt G. Theißen, Tempelweissagung 144–146/142–144, an.

[55] Vgl. äthHen 91,13 (= 4Q212 IV 18): Bau des Tempels der Königsherrschaft Gottes für die Ewigkeit, allerdings schon am Ende der achten „Woche"; weiter Jub 1,17.29 4QMidrEschat^a 3,1-7 und die mit „Neues Jerusalem" bezeichneten aramäischen Texte 1Q32, 2Q24, 4Q554, 4Q555, 5Q15 und 11Q18 (vgl. hebräisch 4Q232); noch ohne strikte Eschatologie Hes 40,1 – 47,12.

[56] Klimax auf seiten der Frager: μία τῶν παιδισκῶν τοῦ ἀρχιερέως – ἡ παιδίσκη ... ἤρξατο πάλιν λέγειν τοῖς παρεστῶσιν – οἱ παρεστῶτες; auf seiten der Verleugnung: οὔτε οἶδα οὔτε ἐπίσταμαι σὺ τί λέγεις (vorgetäuschtes Unverständnis) – ὁ δὲ ἤρξατο ἀναθεματίζειν καὶ ὀμνύναι ὅτι οὐκ οἶδα τὸν ἄνθρωπον τοῦτον ὃν λέγετε.

[57] Außer in den Parallelen Mt 26,69-75 Lk 22,56-62 Joh 18,17.25-27 nur noch in EvNaz Frgm. 19 (Textvariante zu Mt 26,74), das aber direkt auf dem Mt-Evangelium fußt.

[58] Ps 22, in der Passionserzählung für zahlreiche Einzelzüge ursächlich (s. K. Berger, Theologiegeschichte 23), enthält kein vergleichbares Motiv. Vertreter für und gegen die Authentie der Verleugnungserzählung nennt R. Pesch, Mk II 451f.

VII. Die Auferweckung Jesu und die Erhöhungsvisionen

Auffällig ist in der Erzählung, daß die Verleugnung mit einer nächtlichen Zeitangabe verknüpft ist: Am zweiten Hahnenschrei wird Petrus der gebrochenen Treuezusage gewahr. Sollten Verleugnung und ihr Zeitpunkt – ca. 3 Uhr morgens, jedenfalls nach Mitternacht und vor der Dämmerung[59] – historisch korrekt sein, dann könnte ein anderes Motiv, als es Mk durch seine Komposition zu erkennen gibt (Versagen und Verfolgungsangst), hinter der Verleugnung stehen: Die Passa-Nacht war bereits über Mitternacht vorangeschritten und ging dem Ende zu, ohne daß der erwartete Anbruch des endzeitlichen Gottesreiches eingetreten wäre. Hatte Petrus sich zu diesem Zeitpunkt bereits von Jesus losgesagt, weil dieser Teil der eschatologischen Predigt Jesu sich als falsch erwiesen hatte?

---

[59] Siehe G. Dalman, Arbeit I 636–638.

VIII. Die Wiederaufnahme der Taufe

1. Die frühchristliche Gerichtsbotschaft

Als die problematischste und wohl auch den meisten Widerspruch hervorrufende These dieses Buches wird gelten, daß Jesus gegenüber dem Gottesvolk als Adressaten keine umfassende Gerichtsbotschaft als Kehrseite seiner Heilsverkündigung ausgerichtet hat, trotz breitester frühchristlicher Bezeugung.

Jede erhaltene frühchristliche Schrift – sieht man einmal von dem kurzen Philemon-Brief ab – greift in irgendeiner Form den zumeist endzeitlich gefaßten Gerichtsgedanken auf, wie die folgende kleine Auswahl von Belegen verdeutlicht. Schon vor Paulus steht die Verkündigung des Evangeliums gegenüber Nichtjuden im Horizont des Zornes Gottes, der vernichtend auf die Völkerwelt zukommt und aus dem bei Bekehrung zum und Dienst am wahren Gott Jesus retten wird (1Thess 1,9f, vgl. Maranatha in 1Kor 16,22).[1] Zumindest bei Paulus müssen auch Juden eine den Nichtjuden vergleichbare Existenzwende vollziehen, wenn sie aus dem drohenden Gericht gerettet werden wollen (2Kor 3,16 ἐπιστρέψῃ, Gal 2,15f Röm 2,1 – 3,20, speziell 2,3-5, 10,9 σωθήσῃ).[2] Eine andere alte Tradition begründet Gottes Zorn über Israel mit der Tötung Jesu.[3] In sämtlichen rekonstruierbaren Schichten der synoptischen Tradition steht die Gerichtsprophetie an zentraler Stelle. Die Ablehnung der Botschaft liefert dem endzeitlichen Verderben aus (Q 10,12-15 11,31f Mk 6,11, Mt 10,14f par. Lk 10,10-12). Ὄψομαι in Mk 13,26 (vormk) und 14,62 (redaktionell) impliziert die schreckhafte Erkenntnis der endgültigen Verlorenheit.[4] In gerichtsparänetischer Funktion hat verweigerter Einlaß in die Basileia die Vernichtung zur Folge (Mk 10,23-25, Mt 23,13 par. Lk 11,52, Mt 7,21 Joh 3,5 Act 14,22 u.ö.),[5] das angekündigte endzeitliche Gerichtsverfahren mit offenem Ausgang ruft die Verpflichtung zum Lebenswandel gemäß dem Willen Gottes in Erinnerung (Mk 8,38, Mt 10,32f par. Lk 12,8f, Mt 25,31-46 Lk 21,36).[6] Auch Joh, der endzeitliche Aussagen bewußt in die Gegenwart von Annahme und Ablehnung der Botschaft des Offenbarers verlagert, hält an dem Gerichtsgedanken in verwandelter Form fest (Joh 3,15-21.36 5,21.24 u.ö.). Die breite Bezeugung betrifft also nicht nur die literarischen Einheiten, sondern auch unterschiedliche frühchristliche Lebensvollzüge.

Wenn die obengenannte These richtig sein soll, dann muß nach einem gravierenden Einschnitt in der frühchristlichen Geschichte ge-

---

[1] S. dazu A. Scriba, Geschichte 187–189.190–193; vgl. weiter 1Kor 6,9-11 Gal 2,15 Röm 1,18-32 Act 10,14.28 Eph 2,3 und E. Brandenburger, Gericht 471.
[2] Zu den zahlreichen Gerichtsaussagen bei Paulus s. L. Mattern, Gericht; E. Synofzik, Vergeltungsaussagen; E. Brandenburger, Gericht 475–478.
[3] 1Thess 2,15f (s. S. 197), Mk 12,1-12 par. Mt 21,33-46 Lk 20,9-19, Mt 22,1-10 par. Lk 14,15-24, Act 3,19 5,31 7,52 u.ö.
[4] A. Scriba, Geschichte 197f; zur Erweiterung in Mt 24,30 Apk 1,7 ebd. 200f.
[5] Siehe S. 71 und F.W. Horn, Einlaßsprüche.
[6] Vgl. weiter 1Thess 3,13 2Kor 5,10 Act 18,17 Apk 22,12 1Tim 6,14 2Tim 4,1.8 Jak 5,7-11.

VIII. Die Wiederaufnahme der Taufe   233

sucht werden, der aufgrund der breiten, besser gesagt ausnahmslosen und gewichtigen Bezeugung an ähnlich zentraler Stelle gestanden hat wie etwa die Erhöhungsvisionen mit der darauf aufbauenden durchgehenden Christologisierung. Um diesen Wendepunkt besser bestimmen zu können, ist noch einmal auf die Taufe zurückzukommen.

2. *Die frühchristliche Taufe*

Für Jesus wurde an früherer Stelle wahrscheinlich gemacht, daß er im Unterschied zu Johannes während seiner eigenen Wirksamkeit keine Taufe praktizierte.[7] Nun steht es mit der Bezeugung der frühchristlichen Taufe ähnlich wie mit der des endzeitlichen Gottesgerichts: In den meisten Quellen wird sie selbstverständlich vorausgesetzt, gelegentlich auch ausführlicher erörtert, kein einziger frühchristlicher Text lehnt sie insgesamt ab.

Schon in den echten Paulus-Briefen zeigt sich eine Vielzahl unterschiedlicher Taufkonzeptionen:[8] Die Taufe garantiert sakramental die Rettung (hinter 1Kor 10 1-13), kann ähnlich wie Mysterienweihen stellvertretend für Tote vollzogen werden (1Kor 15 29), reinigt von Sünden (1Kor 1 30 6 11, vgl. Mk 14 Eph 5 26), gilt als Eigentumsübertragung an Christus (1Kor 1 12 Gal 3 29a, vgl. Jak 2 7), die im Siegel dokumentiert wird (2Kor 1 22, vgl. Eph 1 13 4 30), oder als Salbung (2Kor 1 21, vgl. 1Joh 2 20.27); sie kleidet mit dem Gewand Christi (Gal 3 27, vgl. Röm 13 14), versetzt in dessen Kraftsphäre (1Kor 12 13 Gal 3 28) oder gibt am Todes- und Auferweckungsgeschick Jesu Anteil (Röm 6 3f, vgl. Kol 2 6 31-4 Eph 2 6).[9] Später wird sie auch mit der παλιγγενεσία der Mysterienkulte verbunden (Joh 3 3-7 1Petr 1 23 Tit 3 5, vgl. Jak 1 18). Auf die Taufe beziehen sich weiterhin direkt oder indirekt der Taufbefehl in Mt 28 19, Blut und Wasser aus dem Leib Jesu nach Joh 19 34 (vgl. 1Joh 5 6-8) und die zahlreichen Taufberichte und -aufforderungen in Act.[10] Sie gehört zu den Grunddaten christlicher Existenz (Eph 4 5 1Petr 3 21 Hebr 6 2). Von dieser Analyse aus läßt sich nicht belegen, welcher Denkzusammenhang im frühesten Christentum ursprünglich mit der Taufe verbunden war.

Vom Taufritus her bestehen klare Bezüge zur Taufe Johannes' des Täufers, soweit hier eine einigermaßen verläßliche Rekonstruktion möglich ist.[11] In beiden Fällen wird die Taufe von einem Täufer am Täufling vollzogen.[12] Sie bleibt auch im frühen Christentum ein ein-

---

7 Siehe S. 169–174.
8 Vgl. zum Folgenden G. Barth, Taufe; U. Schnelle, Gerechtigkeit.
9 Paulus korrigiert in Röm 6 4 kein „enthusiastisches" Taufkonzept, das die endzeitliche Auferstehung bereits in der Taufe geschehen läßt, sondern interpretiert sachlich korrekt die schon traditionelle frühjüdische Terminologie „Auferstehung" für die Bekehrung als neuen Lebenswandel (s. A. Scriba, Religionsgeschichte 606).
10 Act 2 38.41 8 12f.16.36.38 9 18 10 47f 16 15.33 18 8 19 5 22 16.
11 Zur Johannes-Taufe s. S. 166f.
12 1Kor 1 14.16 Act 2 38.41 8 38 10 48 u.ö.

maliger, nicht wiederholbarer Akt (Eph 4₅). Soweit möglich, wurde sie auch frühchristlich als vollständiges Untertauchen in fließendem Wasser praktiziert.[13] Als Neuerung kam die Taufe „auf den Namen Jesu" hinzu.[14] Diese Referenzangabe sollte sie wohl von der Johannes-Taufe unterscheiden.

3. Folgerungen

Die Johannes-Taufe stand im Zusammenhang eines grundlegenden Umkehrvollzugs und beschränkte sich in ihrer Wirkung wahrscheinlich nicht auf eine Sündenvergebung; auch die frühchristliche Taufe muß wegen der Vielzahl der Konzeptionen nicht von Anfang an die vergangenen Sünden abgewaschen haben. Belege für eine Weiterführung der Umkehrtaufe des Johannes fehlen. Nicht sicher ist auch, ob schon immer mit der frühchristlichen Taufe der Geistempfang verbunden war.[15]

Wenn sich die ursprüngliche frühchristliche Taufe von der Johannes-Taufe wohl nur dadurch unterschied, daß sie „auf den Namen Jesu" vollzogen und möglicherweise nicht mehr mit der geforderten Umkehr verbunden wurde, dann liegt klar eine frühchristliche Inanspruchnahme der Johannes-Taufe vor. Sowohl die Taufe als charakteristische Handlung des Außenseiters Johannes als auch die fehlende Taufpraxis im Wirken Jesu zeigen, daß mit der Wiederaufnahme der Taufe keine unkritische Traditionsbindung theologischer Epigonen, sondern eine bewußt gewählte Neuorientierung durch weitgehend positive Inanspruchnahme vorliegt. Dann ergibt sich fast zwingend, daß auch dem Horizont, in welchem die Taufe ihre Funktion erfüllte, wieder zugestimmt wurde: dem prophetisch neu wahrgenommenen Zorn Gottes, der wieder dem gesamten Gottesvolk droht und aus dem die Annahme einer Botschaft (als Umkehr?) mit Taufakt rettet. Aus der Wiedereinführung der Taufe kann also geschlossen werden, daß auch die täuferische Gerichtsbotschaft grundlegend reaktiviert wurde.[16]

---

[13] Act 8₃₆.₃₈ Did 7₁₋₄.
[14] Act 2₃₈ 8₁₆ 10₄₈ 19₅ Mt 28₁₉ Did 7₁.₃ 9₅; vgl. 1Kor 1₁₃.₁₅ 10₂ Gal 3₂₇ Röm 6₃, daher schon vorpaulinisch.
[15] Diese Verbindung belegt zwar schon 1Kor 12₁₃ (vgl. 6₁₁ 2Kor 1₂₂ nicht notwendig mit der Taufe verbunden; später Mk 1₈ Joh 3₅ Act 2₃₈ 19₁₋₇ Eph 1₁₃f Tit 3₅ vgl. Act 1₅ 11₁₆), steht aber in Konkurrenz zu anderen Vermittlungsweisen des göttlichen Geistes: aus der Evangeliumspredigt 2Kor 1₁₄ Gal 3₂₋₅ Act 10₄₄₋₄₈ 11₁₅₋₁₇, explizit von der Taufe abgegrenzt durch Handauflegen Act 8₁₅₋₁₉ 9₁₇₋₁₉.
[16] Viel zu unspezifisch ist daher die Deutung von G. Barth, Taufe 43, das frühe Christentum habe in der Wiedereinführung der Taufe ein adäquates „Mittel der Heilszusage" (!) gefunden: „Es ist die Erfahrung der heilschaffenden Nähe und Gnade Gottes in der Begegnung mit Jesus, durch die Ereignisse von Karfreitag und Ostern erst in ihrer letzten, äonenwendenden Relevanz offenbart, die die Jünger zur Aufnahme der Taufe veranlaßte" (ebd.).

VIII. Die Wiederaufnahme der Taufe

Als entscheidende Frage bleibt nun: Was hat denn zu dieser neuen prophetischen Wahrnehmung der Lage Israels vor Gott geführt? Eine Erklärungsmöglichkeit wäre, daß der geringe Erfolg des Wirkens Jesu einen Höhepunkt in seiner Hinrichtung, die von der Jerusalemer Tempelhierokratie betrieben und von Pilatus vollstreckt wurde, gefunden hatte und diese in der Tradition vom gewaltsamen Geschick der Propheten durch Israel Gottes Zorn wieder evozierte.[17] Allerdings diente traditionell der Vorwurf des Prophetenmordes nicht der Motivierung einer Umkehrpredigt oder einer anderen Rettungsbotschaft.[18] Erst Lk verbindet in den von ihm geschaffenen Missionspredigten in Act gegenüber den Juden die Tradition vom Prophetenmord mit dem Umkehrruf.[19] Von dem gesicherten Verkündigungsauftrag in den Erhöhungsvisionen aus legt es sich daher nahe, diese Tradition nicht als Erklärungsmuster für die erneute Gerichtsbotschaft und Taufe heranzuziehen.

Was kann denn außer der Hinrichtung des letzten Propheten Gottes noch für die geänderte theologische Beurteilung ausschlaggebend gewesen sein? In den letzten beiden Kapiteln wurden Gründe dafür zusammengestellt, daß Jesus eine strikt terminierte Enderwartung vertreten hatte: Am 15. Nisan im Sabbat-Jahr (27)/28 n. Chr., in der Nacht des ersten Passa-Festtages wird in Jerusalem das endzeitliche Gottesreich anbrechen. Die Erfüllung dieser Erwartung war nun nicht eingetreten, und zwar schon vor Verurteilung, Hinrichtung und Tod Jesu. Spätestens in den Erhöhungsvisionen stellte sich jedoch heraus, daß Jesus kein Falschprophet war, daß also seine eschatologische Botschaft den Willen Gottes wiedergab, der nun in modifizierter Form weiter verkündigt werden sollte. Das eigentliche Skandalon war daher vielleicht nicht unbedingt die Kreuzigung – diesen Eindruck vermitteln als erste erhaltene Dokumente die Paulus-Briefe aufgrund der christologischen Deutung Jesu als des präexistenten Gottessohnes –, sondern die ausgebliebene Erfüllung der Botschaft Jesu. Der Typ der Erhöhungsvisionen sprach ja dafür, daß primär die weitere Gültigkeit der Botschaft Jesu vom endzeitlichen Willen Gottes zum schweren Problem geworden war.[20] Die wenigen zur Verfügung stehenden Daten erlauben daher die vorsichtige Vermutung, daß die er-

---

[17] 1Thess 2,15, Mk 12,1-12 par. Mt 21,33-46 Lk 20,9-19, Q 6,22f, Mt 23,29-36 par. Lk 11,47-51, Mt 23,37 par. Lk 13,34; s. dazu O. H. Steck, Israel 280–320.
[18] Siehe E. Brandenburger, Gericht 471f; vgl. J. Becker, Buße 449.
[19] U. Wilckens, Missionsreden, hat zwar die lk Gestaltung der Missionsreden herausgearbeitet, gleichwohl aber hinter ihnen eine ältere Predigtstruktur zu ermitteln versucht (z.B. Act 5,30f „in Reingestalt", ebd. 45). Da die Verbindung von Jesus-Mord mit dem Umkehrruf nur in Act auftaucht und die jeweilige situative Bezogenheit der Predigten auch von Wilckens betont wird (ebd. 55), halte ich diese Kombination für ein Werk des Lk.
[20] Siehe S. 225–228.

fahrene breite Ablehnung des Wirkens Jesu im Gottesvolk bis hin zu seiner Hinrichtung, an der die Tempelhierokratie mitbeteiligt war, in den Augen der ursprünglichen Jesus-Nachfolger Gott bewogen hatte, aufgrund seiner Langmut[21] Israel noch eine Frist einzuräumen – jetzt allerdings wieder unter der Perspektive des umfassend drohenden Vernichtungsgerichts im Falle der Verweigerung Gott gegenüber. Daher müssen jetzt wieder die Rettungsmöglichkeit aus dem Zorn Gottes verkündigt und die Taufe praktiziert werden.

4. Zusammenfassung zur Gerichtsbotschaft Jesu

Gottes endzeitlich vernichtender Zorn drang nach Johannes dem Täufer auf ganz Israel an. Jesus hat demgegenüber wohl in einer prophetischen Vision und Audition erfahren, daß Gott in seinem treuen Heilswillen diesen Zorn aussetzt und dem ganzen Gottesvolk die Heilsteilhabe gewähren wird. Der Verzicht auf die Taufe in seinem Wirken, zugleich aber auch seine bleibende Hochschätzung des Täufers sprechen dafür, daß dessen Gerichtsbotschaft zwar eine gültige Botschaft Gottes war und damit eine vorangegangene Willenskundgebung des sich jetzt zum Heil für Israel entschließenden gnädigen Gottes darstellte, aber nun für Jesus nicht mehr den bestimmenden Horizont seiner Botschaft bildete, deren Annahme aus dem Gericht gerettet hätte.[22]

Ob Jesus hingegen die Gerichtsansage bei Ablehnung seiner Verkündigung einbrachte,[23] läßt sich schwer entscheiden. In größerem Stil hatte er zunächst sicher nicht mit Israels Verweigerung gerechnet, weil sich sonst der frühchristliche Umgang mit der Denkkategorie Gottesvolk und seine gelegentliche frühchristliche Charakterisierung als Heilsprophet im Unterschied zum Täufer nicht erklären lassen. Faktisch wird er aber im wesentlichen Indifferenz bis Ablehnung gegenüber seiner Botschaft erfahren haben. Anzeichen für eine theologische Bewältigung seiner enttäuschten Erwartung, das Gottesvolk als ganzes der heilvoll sich nahenden Basileia zuzuführen, lassen sich den Quellen nicht mehr mit zureichender Gewißheit entnehmen; diese Bewältigung dürfte im wesentlichen eine Leistung frühchristlicher Theologie sein.

Trotz breiter Ablehnung zog Jesus zum Passa-Fest 28 n. Chr. nach Jerusalem in Erwartung der dortigen Etablierung des endzeitlichen Gottesreiches, also wohl in der Erwartung, daß sich seine Botschaft

---

[21] Vgl. OrMan 7a JosAs 11,10 4Esr 7,33 Röm 2,4 9,22f 1Petr 3,20 2Petr 3,9.15 u.ö.
[22] So auch E. Brandenburger, Gerichtskonzeptionen 53/337; gegen M. Reiser, Gerichtspredigt, z.B. 313f; W. Zager, Gottesherrschaft, z.B. 316.
[23] So E. Brandenburger, Gerichtskonzeptionen 53f/337f.

VIII. Die Wiederaufnahme der Taufe

erfüllen werde. Bildete für ihn die Diskrepanz zwischen der in der Botschaft implizierten Rettung des ganzen Gottesvolkes und dem eher mäßigen Erfolg, der seiner Botschaft beschieden war, vielleicht deswegen keine gravierende Infragestellung, weil er in dieser Situation, ähnlich wie Paulus in Röm 11,25-32, mit einer irdisch unverständlichen, aber nach apokalyptischer Konzeption im Weltplan Gottes vorbedachten Rettungstat Gottes rechnete? Wahrscheinlich trifft diese Deutung nicht zu, weil sonst die frühchristlichen Anstrengungen um eine Bewältigung des Ausbleibens des endzeitlichen Gottesreiches mittels der Reaktivierung der Gerichtsbotschaft nicht plausibel wären. Oder läßt sich aus dem Fehlen einer umfassenderen theologischen Bewältigung dieser Diskrepanz folgern, daß Jesu Wirken dafür von zu kurzer Dauer war?

Zusammenfassung

Ausgangspunkt der vorliegenden Untersuchung war angesichts der Vielzahl unterschiedlicher Jesus-Bilder in der historisch-wissenschaftlichen Forschung die Frage, wie verläßlich überhaupt solche Rekonstruktionen des Wirkens Jesu sind. Unmittelbar damit hing die Frage zusammen, wie tauglich die üblicherweise verwendeten Kriterien sind, mit denen zwischen authentischen und unechten Jesus-Traditionen unterschieden wird.

Die Diskussion der Kriterien zeigte neben deren partiell berechtigtem Anliegen nicht nur Fehler und Schwächen in deren Anwendung auf die Jesus-Überlieferung, sondern häufig auch kriterienintern bedingte Grenzen bis hin zu logischen Fehlern. Die exegetischen Beispiele hatten außer der Klärung von Themen und der Analyse von Texten zu Jesus zugleich die Aufgabe, die Grenzen der Kriterien am Einzelfall vorzuführen. Bis auf das radikal gefaßte, in dieser Form aber unhistorische Kriterium der Dissimilarität liegen im Grunde gar keine Kriterien für die Ermittlung des Authentischen, sondern nur für den Ausschluß des Unechten vor. Die üblichen Kriterien der doppelten Dissimilarität, *ipsissima vox*, Kohärenz und der breiten Bezeugung leisten also nach meiner Einschätzung deutlich weniger als häufig angenommen. Die vorliegende Untersuchung verzichtete daher weitgehend auf ihre Verwendung und damit auch auf die Absicht, die Echtheit einzelner Texte, sei es im Wortlaut, sei es nur im Hinblick auf die Sache, nachzuweisen.

Für einen neuen Zugang zum Wirken Jesu von Nazareth wurde zunächst das jüngst entwickelte Plausibilitätskriterium konsequent nach der zweidimensionalen Matrix von Kontinuität und Diskontinuität einerseits und Kontext- und Wirkplausibilität andererseits strukturiert. Die Analyse des so gefaßten Plausibilitätskriteriums ergab allerdings ebenfalls, daß die Echtheit von Texten nicht ermittelt werden kann. Sieht man Jesus im Kontext des Frühjudentums, speziell als (ehemaligen) Anhänger Johannes' des Täufers, und das frühe Christentum als Wirkungsgeschichte Jesu (und anderer!), erlaubt dieses Kriterium jedoch eine grobe Abschätzung dessen, welches Anliegen ungefähr das Wirken Jesu bestimmt hatte. Insbesondere wurde es in den Themen Johannes der Täufer im frühen Christentum, Naherwartung und Gottesvolk mit Königtum Gottes angewandt.

Als ein wirkliches Echtheitskriterium, wenn auch wieder nicht in Beziehung zu frühchristlichen Texten, erwies sich die traditionsgeschichtliche und motivrelationale Auswertung von Daten aus dem Leben Jesu. Zu diesen Daten gehörten vornehmlich die Taufe Jesu durch Johannes den Täufer, Jesu Verzicht auf die Taufe während seines eigenständigen Wirkens, das Datum der Hinrichtung Jesu, die Modalitäten und Charakteristika der Ostervisionen und die Voraussetzungen für die Wiederaufnahme der Taufe im frühen Christentum.

Das so gewonnene Jesus-Bild unterschied sich in mehreren Bereichen nicht von dem, was teilweise oder weithin in der exegetischen Forschung angenommen wird. Jesus muß im Kontext des (palästinischen) Judentums seiner Zeit gedeutet werden. Er verstand sich als Prophet, und zwar in dem besonderen Sinne des letzten Propheten Gottes vor dem Weltende. Grundanliegen seiner Botschaft war die Hinführung des gesamten Gottesvolkes (wohl einschließlich der Diasporajuden) zum heilvollen endzeitlichen Gottesreich, das Gott in seiner Gnade seinem Volk gewährte. Die Prophetie des Täufers, daß Israel ausnahmslos unter dem vernichtend andringenden Zorn Gottes steht, bildete zwar die geschichtliche und theologische Voraussetzung, aber nicht mehr den bestimmenden Rahmen der Botschaft Jesu. Dessen Neuorientierung bestand also darin, daß Gott diesen berechtigten Zorn gnädig aussetzt und daher jetzt dem gesamten Gottesvolk ausnahmslos mit seinem Heilswillen naht. Daher wandte sich Jesus auch an solche, denen traditionell keine Möglichkeit mehr offenstand, am Gottesreich zu partizipieren. Aus der jüdischen Einbindung Jesu folgte, daß alle in das Recht des Heilsbereiches Gottes, repräsentiert durch die (interpretierte) Tora, eingewiesen wurden.

Abweichend von der mehrheitlich vertretenen Jesus-Forschung wurde bestritten, daß Jesus in seinem Wirken das endzeitliche Gottesreich schon zeichen- oder keimhaft anbrechen sah. Demgegenüber hielt ich für wahrscheinlich, daß er eine strikt terminierte Enderwartung vertrat: die Offenbarung Gottes in Jerusalem in der Passa-Nacht des 15. Nisan 28 n. Chr., das ein Sabbat-Jahr war. Die Gerichtserwartung fehlte offenbar nicht nur als Horizont oder Kehrseite der Heilsbotschaft, sondern überwiegend auch für den Fall der Ablehnung der Verkündigung Jesu.

Das Anliegen der Untersuchung bestand nicht darin, ein vollständiges Jesus-Buch zu schreiben. Vielmehr sollte durch eine restriktiv gehandhabte Kriteriologie relativ verläßlich die Grundstruktur des Wirkens Jesu ermittelt werden, statt über eine extensive und öfter problematische bis fehlerhafte Kriterienanwendung eine scheinbar größere Gewißheit und Fülle der Ergebnisse zu suggerieren.

Literaturverzeichnis

Quellen

Altes Testament
hebräisch
Kittel, R. (Hg.): Biblia Hebraica (1937), Stuttgart ^{7}1951
Elliger, K. - Rudolph, W. (Hg.): Biblia Hebraica Stuttgartensia, Stuttgart 1977
Gall, A. Frhr. v.: Der hebräische Pentateuch der Samaritaner, 5 Bde., Gießen 1914-1918
Kahle, P.: Masoreten des Westens, 2 Bde. (1927), Nachdr. Hildesheim 1967
griechisch
Holmes, R. - Parsons, J.: Vetus Testamentum Graecum cum variis lectionibus, 5 Bde., Oxford 1789-1827
Brooke, A. E. - McLean, N. - (Thackeray, H. S. J.): The Old Testament in Greek. According to the Text of Codex Vaticanus, Supplemented from Other Uncial Manuscripts, with a Critical Apparatus Containing the Variants of the Chief Ancient Authorities for the Text of the Septuagint, Cambridge, Bd. 1 The Octateuch [ohne Gen], 1909-1917, Bd. 2 The Later Historical Books, 1927-1935
Septuaginta. Vetus Testamentum Graecum, auctoritate Academiae Scientiarum Gottingensis editum, Göttingen
Wevers, J. W.: Genesis, Bd. I, 1974; ders.: Leviticus, Bd. II,2, 1986; ders.: Numeri, Bd. III,1, 1982; ders.: Deuteronomium, Bd. III,2, 1977; Hanhart, R.: Esdrae liber I, Bd. VIII,1, 1974; ders.: Esther (1966), Bd. VIII,3, ^{2}1983; ders.: Iudith, Bd. VIII,4, 1979; ders.: Tobit, Bd. VIII,5, 1983; Kappler, W.: Maccabaeorum liber I (1936), Bd. IX,1, ^{2}1967; Kappler, W. - Hanhart, R.: Maccabaeorum liber II (1959), Bd. IX,2, ^{2}1976; Hanhart, R.: Maccabaeorum liber III (1960), Bd. IX,3, ^{2}1980; Rahlfs, A.: Psalmi cum Odis (1931), Bd. X, ^{3}1979; Ziegler, J.: Iob, Bd. XI,4, 1982; ders.: Sapientia Salomonis (1962), Bd. XII,1, ^{2}1980; ders.: Sapientia Iesu Filii Sirach (1965), Bd. XII,2, ^{2}1980; ders.: Duodecim Prophetae (1943), Bd. XIII, ^{3}1984; ders.: Isaias (1939), Bd. XIV, ^{3}1983; ders.: Ieremias, Baruch, Threni, Epistula Ieremiae (1957), Bd. XV, ^{2}1976; ders.: Ezechiel (1952), Bd. XVI,1, ^{2}1977; ders.: Susanna, Daniel, Bel et Draco, Bd. XVI,2, 1954
Rahlfs, A.: Septuaginta. Id est Vetus Testamentum graece iuxta LXX interpretes, 2 Bde. (1935), Suttgart ^{7}1962
Geißen, A.: Der Septuaginta-Text des Buches Daniel. Kap. 5-12, zusammen mit Susanna, Bel et Draco, PTA 5, 1968
Barthélemy, D.: Les devanciers d'Aquila. Première publication intégrale du texte des fragments du Dodécaprophéton, trouvés dans le désert de Juda, précédée d'une étude sur les traductions et recensions grecques de la Bible réalisées au premier siècle de notre ère sous l'influence du rabbinat palestinien, VT.S 10, 1963
Ceriani, A. M.: Codex Syro-Hexaplaricus photolitographice editus, MSP 7, 1874
Field, F.: Origenis Hexaplorum quae supersunt sive veterum interpretum Graecorum in totum Vetus Testamentum fragmenta, 2 Bde. (1875), Nachdr. Hildesheim 1964
lateinisch
Sabatier, P.: Bibliorum Sacrorum Latinae versiones antiquae seu Vetus Italica, 4 Bde., Paris 1743-1751
Weber, R.: Le Psautier romain et les anciens Psautiers latins. Edition critique, CBLa 10, 1953
Sainte-Marie, H. d.: Sancti Hieronymi Psalterium iuxta Hebraeos, CBLa 11, 1954

Gasquet, A. u. a. (Hg.): Biblia Sacra iuxta Vulgatam versionem, Bd. 1 Liber Genesis, 1926, Bd. 2 Libri Exodi et Levitici, 1929, Bd. 3 Libri Numerorum et Deuteronomii, 1936, Bd. 4 Libri Iosue, Iudicum, Ruth, 1939, Bd. 5 Liber Samuhelis, 1944, Bd. 6 Liber Malachim, 1945, Bd. 7 Liber Verborum Dierum, 1948, Bd. 8 Libri Ezrae, Tobiae, Iudith, 1950, Bd. 9 Libri Hester et Iob, 1951, Bd. 10 Liber Psalmorum, 1953, Bd. 11 Libri Salomonis, id est Proverbia, Ecclesiastes, Canticum Canticorum, 1957, Bd. 12 Sapientia Salomonis, Liber Hiesu filii Sirach, 1964, Bd. 13 Liber Isaiae, 1969, Bd. 14 Liber Hieremiae et Lamentationes, 1972, Rom

Weber, R.: Biblia Sacra iuxta Vulgatam versionem, 2 Bde. (1969), Stuttgart ³1983

syrisch

Lee, S.: ܟܬܒܐ ܩܕܝܫܐ. ܕܐܝܬܘܗܝ ܟܬܒܐ ܕܕܝܬܩܐ, 1823

Ceriani, A. M.: Translatio Syra Pescitto Veteris Testamenti ex Codice Ambrosiano sec. fere VI photolitographice edita, Mailand 1876–1883

The Old Testament in Syriac According to the Peshiṭta Version, Edited on Behalf of the International Organization for the Study of the Old Testament by the Peshiṭta Institute Leiden, Leiden Jansma, T. u.a. – Koster, M. D.: Genesis, Exodus, Bd. I,1, 1977; Rignell, L. G.: Job, Bd. II,1a, 1982; Dirksen, P. B. – Boer, P. A. H. d.: Judges, Samuel, Bd. II,2, 1978; Walter, D. M.: Psalms, Bd. II,3, 1980; Gottlieb, H.: Kings, Bd. II,4, 1976; Lella, A. A. d. – Emerton, J. A. – Lane, D. J.: Proverbs, Wisdom of Solomon, Ecclesiastes, Song of Songs, Bd. II,5, 1979; Brock, S. P.: Isaiah, Bd. III,1, 1987; Mulder, M. J.: Ezekiel, Bd. III,3, 1985; Gelston, A. – Sprey, T. u. a.: Dodekapropheton, Daniel, Bel and the Dragon, Bd. III,4, 1980; Deering, S. – Bidawid, R. J.: Apocalypse of Baruch, 4 Esdras, Bd. IV,3, 1973; Schneider, H. – Baars, W. – Lebram, J. C. H.: Canticles or Odes, Prayer of Manasseh, Apocryphal Psalms, Psalms of Solomon, Tobit, 1(3) Esdras, Bd. IV,6, 1972

aramäisch

Sperber, A.: The Bible in Aramaic Based on Old Manuscripts and Printed Texts, Bd. 1 The Pentateuch According to Targum Onkelos, 1959, Bd. 2 The Former Prophets According to Targum Jonathan, 1959, The Latter Prophets According to Targum Jonathan, 1962, Bd. 4a The Hagiographa, 1968, Bd. 4b The Targum and the Hebrew Bible, 1973, Leiden

Díez Macho, A.: Neophyti 1. Targum palestinense, Ms de la Biblioteca Vaticana, 6 Bde., CSIC.FT 7–11.20, 1968–1979

Klein, M. L.: The Fragment-Targums of the Pentateuch, 2 Bde., AnBib 76, 1980

Díez Macho, A. u.a.: Targum Palaestinense in Pentateuchum, BPM IV, Bd. 2 Exodus, 1980, Bd. 3 Leviticus, 1980, Bd. 4 Numeri, 1977, Bd. 5 Deuteronomium 1980

Clarke, E. G. u.a.: Targum Pseudo-Jonathan of the Pentateuch. Text and Concordance, Hoboken, NJ 1984

Tal, A.: The Samaritan Targum of the Pentateuch, 3 Bde., Tel-Aviv 1980–1983

Lagarde, P. d.: Prophetae Chaldaice, Leipzig 1872

Lagarde, P. d.: Hagiographa Chaldaice, Leipzig 1873

Techen, G. L.: Das Targum zu den Psalmen I/II (Beilage zum Programm der Groszen Stadtschule [Gymnasium und Realschule] zu Wismar), Wismar 1896, 1907

Díez Merino, L.: Targum de Salmos. Edición principe del Ms. Villa-Amil n. 5 de Alfonso de Zamora, Biblia Poliglota Complutense, tradición sefardí de la Biblia Aramea IV,1, BHBib 6, 1982

Le Déaut, R.: Targum du Pentateuque. Traduction des deux recensions palestiniennes complètes avec introduction, parallèles, notes et index, 5 Bde., SC 245.256.261.271.282, 1978–1981

McNamara, M. u.a. (Hg.): The Aramaic Bible. The Targums, Edinburgh

Grossfeld, B.: Bd. 6 The Targum Onqelos to Genesis, 1988; ders.: Bd. 7 The Targum Onqelos to Exodus, 1988; ders.: Bd. 8 The Targum Onqelos to Leviticus and the Targum Onqelos to Numbers, 1988; ders.: Bd. 9 The Targum Onqelos to Deuteronomy, 1988; Harrington, D. J. – Saldarini, A. J.: Bd. 10 Targum Jonathan to the Former Prophets, 1987; Chilton, B. D.: Bd. 11 The Isaiah Targum, 1987; Hayward, R.: Bd. 12 The Targum of Jeremiah, 1987; Levey, S. H.: Bd. 13 The Targum of Ezekiel, 1987; Cathcart, K. J. – Gordon, R. P.: Bd. 14 The Targum of the Minor Prophets, 1989; Bd. 15 Mangan, C.: The Targum of Job; Healey, J. F.: The Targum of Proverbs; Knobel, P. S.: The Targum of Qohelet, 1991; Bd. 19 Beattie, D. R. G.: The Targum of Ruth; McIvor, J. S.: The Targum of Chronicles, 1994

Frühjüdische außerkanonische Literatur

Übergreifende Ausgaben und Übersetzungen
Kautzsch, E. (Hg.): Die Apokryphen und Pseudepigraphen des Alten Testaments (APAT), 2 Bde. (1901), Nachdr. Darmstadt 1975
Charles, R. H.: The Apocrypha and Pseudepigrapha of the Old Testament in English, 2 Bde. (1913), Nachdr. Oxford 1968
Rießler, P.: Altjüdisches Schrifttum außerhalb der Bibel (1928), Nachdr. Darmstadt ²1966
Charlesworth, J. H. (Hg.): The Old Testament Pseudepigrapha, 2 Bde., Garden City, NY 1983
Kümmel, W. G. (Hg.): Jüdische Schriften aus hellenistisch-römischer Zeit (JSHRZ), Gütersloh 1973ff
Lagarde, P. d.: Libri Veteris Testamenti apocryphi Syriace (1861), Nachdr. Osnabrück 1972
Tischendorf, K. v.: Apocalypses apocryphae (1866), Nachdr. Hildesheim 1966

Achiqar
Sachau, E.: Aramäische Papyrus und Ostraka aus einer jüdischen Militärkolonie zu Elephantine, Leipzig 1911
Cowley, A. E.: Aramaic Papyri of the Fifth Century B. C. (1923), Nachdr. Osnabrück 1967
Goshen-Gottstein, M. H.: The Wisdom of Ahiqar, Syriac and Aramaic, Jerusalem 1965
Zauzich, K. T.: Demotische Fragmente zum Ahikar-Roman, FS W. Voigt, Wiesbaden 1976, 180–185
Denis, A.-M.: Fragmenta Pseudepigraphorum quae supersunt Graeca, PVTG 3, 1970, 133–148
Nau, F.: Histoire et sagesse d'Aḥikar l'Assyrien (fils d'Anael, neveu de Tobie). Traduction des versions syriaques avec les principales différences des versions arabes, arménienne, greque, néo-syriaque, slave et roumaine (Documents pour l'étude de la Bible – Apocryphes de l'Ancien Testament; 2), Paris 1909
Conybeare, F. C. – Harris, J. R. – Lewis, A. S.: The Story of Ahikar from the Aramaic, Syriac, Arabic, Armenian, Ethiopian, Old Turkish, Greek and Slavonic Versions, Cambridge ²1913

Qumran-Schriften und Verwandtes
Habermann, A. M.: Megilloth Midbar Yehuda. The scrolls from the Judean desert, Jerusalem 1959
Lohse, E.: Die Texte aus Qumran. Hebräisch und deutsch (1964), Darmstadt ³1981
García Martínez, F.: Los Textos de Qumrán (1992), Madrid ⁴1995; englische Übersetzung: The Dead Sea Scrolls Translated, Leiden – New York – Köln 1994
Barthélemy, D. – Milik, J. T.: Qumrân Cave 1, DJD 1, 1955
Benoit, P. – Milik, J. T. – Vaux, R. d.: Les grottes de Murabba'ât, DJD 2, 1961
Baillet, M. – Milik, J. T. – Vaux, R. d.: Les „petites grottes" de Qumrân, DJD 3, 1962
Sanders, J. A.: The Psalms Scroll of Qumrân Cave 11 (11QPsª), DJD 4, 1965
Allegro, J. M.: Qumrân Cave 4,I (4Q 158 – 4Q 186), DJD 5, 1968
Vaux, R. d. – Milik, J. T.: Qumrân grotte 4,II.I/II. Archéologie, Tefillin, Mezuzot et Targums (4Q 128 – 4Q 157), DJD 6, 1977
Baillet, M.: Qumrân grotte 4,III (4Q 482 – 4Q 520), DJD 7, 1982
Tov, E.: The Greek Minor Prophets Scroll from Naḥal Ḥever (8ḤevXIIgr), DJD 8, 1990
Skehan, P. W. – Ulrich, E. – Sanderson, J. E.: Qumran Cave 4,IV. Palaeo-Hebrew and Greek Biblical manuscripts, DJD 9, 1992
Qimron, E. – Strugnell, J.: Qumran Cave 4,V. Miqṣat Ma'aśe Ha-Torah, DJD 10, 1994
Attridge, H. u.a.: Qumran Cave 4/VIII: Parabiblical Texts, Part 1, DJD 13, 1994
Baumgarten, J. M.: Qumran Cave 4/XIII: The Damascus Document (4Q266–273), DJD 18, 1996
Broshi, M. u.a.: Qumran Cave 4/XIV: Parabiblical Texts, Part 2, DJD 19, 1995
Brooke, G. u.a.: Qumran Cave 4/XVII: Parabiblical Texts, Part 3, DJD 22, 1996
Fitzmyer, J. A. – Harrington, D. J.: A Manual of Palestinian Aramaic Texts, Rom 1978
Beyer, K.: Die aramäischen Texte vom Toten Meer. Samt den Inschriften aus Palästina, dem Testament Levis aus der Kairoer Genisa, der Fastenrolle und den alten talmudischen Zitaten, Göttingen 1984
– Die aramäischen Texte vom Toten Meer... Ergänzungsband, Göttingen 1994

Burrows, M.: The Dead Sea Scrolls of St.Mark's Monastery. The Isaiah manuscript and the Habakkuk commentary, 2 Bde., New Haven 1950/51
Avigad, N. – Yadin, Y.: A Genesis Apocryphon. A scroll from the wilderness of Judaea, Jerusalem 1956
Fitzmyer, J. A.: The Genesis Apocryphon of Qumran Cave 1, BibOr 18A, ²1971
Sanders, J. A.: The Dead Sea Psalm Scroll, New York 1967
Yadin, Y.: The Temple Scroll, Bd. 1 Introduction 1983, Bd. 2 Text and commentary 1983, Bd. 3 Plates and text 1977, Jerusalem
Maier, J.: Die Tempelrolle vom Toten Meer (1978), UTB 829, München ²1992
– Die Qumran-Essener: Die Texte vom Toten Meer, Bd. 1: Die Texte der Höhlen 1 – 3 und 5 – 11, UTB 1862, 1995, Bd. 2: Die Texte der Höhle 4, UTB 1863, 1995, Bd. 3: Einführung, Zeitrechnung, Register und Bibliographie, UTB 1916, 1996, München – Basel
Strugnell, J.: The Angelic Liturgy at Qumran – 4Q Serek Šîrôt 'Olat haššabbat: Congress Volumen Oxford 1959, VT.S 7, 1960, 318–345
Newsom, C. A.: Songs of the Sabbath Sacrifice. A Critical Edition (Harvard Semitic Studies; 27), Atlanta 1985
Schuller, E. M.: Non-Canonical Psalms from Qumran. A Pseudepigraphic Collection (Harvard Semitic Studies; 28), Atlanta 1986
Wacholder, B. Z. – Abegg, M. G.: A Preliminary Edition of the Unpublished Dead Sea Scrolls. The Hebrew and Aramaic Texts from Cave Four, 3 Bde., Washington, D.C. 1991/92/95

Philon von Alexandria

Cohn, L. – Wendland, P. (Hg.): Philonis Alexandrini opera quae supersunt, 8 Bde., Berlin 1896ff
Cohn, L. u.a. (Hg.): Philo von Alexandria. Die Werke in deutscher Übersetzung, 7 Bde., Berlin ²1962
Colson, F. H. – Whitaker, G. H. – Marcus, R.: Philo, 12 Bde., LCL, 1929ff
Arnaldez, R. u.a. (Hg.): Les œuvres de Philon d'Alexandrie, 35 Bde., Paris 1961ff

Josephus

Niese, B.: Flavii Josephi opera, 7 Bde. (1885–1895), Nachdr. Berlin 1955
Thackeray, H. S. J. u.a. (Hg.): Josephus, 9 Bde., LCL, 1926–1965
Michel, O. – Bauernfeind, O.: Flavius Josephus, De bello Judaico, 4 Bde., Darmstadt 1959–1969
Cornfeld, G. – Mazar, B. – Maier, P. L.: Josephus, The Jewish War, Tel Aviv 1982

1. Makkabäer

Kappler, W.: LXX Göttingen, Bd. IX,1
Bruyne, D. d.: Les anciennes traductions Latines des Machabées, AMar 4, 1932
Schunck, K.-D.: 1. Makkabäerbuch, JSHRZ I,4, 1980

2. Makkabäer

Hanhart, R.: LXX Göttingen, Bd. IX,2
Bruyne, D. d.: (s.o. 1Makk)
Habicht, C.: 2. Makkabäerbuch, JSHRZ I,3, 1976

3. Makkabäer

Hanhart, R.: LXX Göttingen, Bd. IX,3
Bruyne, D. d.: (s.o. 1Makk)
Kautzsch, E.: Das sogenannte dritte Buch der Makkabäer, APAT 1, 119–135

4. Makkabäer

Rahlfs, A.: Septuaginta, Bd. 1, 1157–1184
Hadas, M.: The Third and Fourth Books of Maccabees, New York 1953
Bruyne, D. d.: (s.o. 1Makk)
Klauck, H.-J.: 4. Makkabäerbuch, JSHRZ III,6, 1989

Hellenistisch-jüdische Predigten

Siegert, F.: Drei hellenistisch-jüdische Predigten, WUNT 20, 1980

Judith
Hanhart, R.: LXX Göttingen, Bd. VIII,4
Vulgata Rom, Bd. 8
Zenger, E.: Das Buch Judit, JSHRZ I,6, 1981

Zusätze zu Esther
Hanhart, R.: LXX Göttingen, Bd. VIII,3
Bardtke, H.: Zusätze zu Esther, JSHRZ I,1, 1973, 15–62

Zusätze zu Daniel
Ziegler, J.: LXX Göttingen, Bd. XVI,2
Plöger, O.: Zusätze zu Daniel, JSHRZ I,1, 1973, 63–87

Tobit
Hanhart, R.: LXX Göttingen, Bd. VIII,5
Beyer, K.: Texte (s.o. Qumran), 298–300
Löhr, M.: Das Buch Tobit, APAT 1, 135–147

Jesus Sirach
Lévi, I.: The Hebrew Text of the Book of Ecclesiasticus (1904), Nachdr. Leiden 1969
Smend, R.: Die Weisheit des Jesus Sirach. Hebräisch und deutsch, Berlin 1906
Vattioni, F.: Ecclesiastico. Testo ebraico con apparato critico e versioni greca, latina e siriaca, (Pubblicazioni del Seminario di Semitistica. Testi; 1), Neapel 1968
Yadin, Y.: The Ben Sira Scroll from Masada. With introduction, emendations and commentary, Jerusalem 1965
Ben-Hayyim, Z.: *Sepher ben Sira'* (The Book of Ben Sira). Text, Concordance and Analysis of the Vocabulary, Jerusalem 1973
Ziegler, J.: LXX Göttingen, Bd. XII,2
Wahl, O.: Der Sirach-Text der Sacra Parallela, fzb 16, 1974
Vulgata Rom, Bd. 12
Sauer, G.: Jesus Sirach (Ben Sira), JSHRZ III,5, 1981

Sapientia Salomonis
Ziegler, J.: LXX Göttingen, Bd. XII,1
Georgi, D.: Weisheit Salomos, JSHRZ III,4, 1980

Baruch
Ziegler, J.: LXX Göttingen, Bd. XV
Tov, E.: The Book of Baruch also Called 1 Baruch, SBLTT 8, 1975
Gunneweg, A. H. J.: Das Buch Baruch, JSHRZ III,2, 1975, 165–181

Brief Jeremias
Ziegler, J.: LXX Göttingen, Bd. XV
Gunneweg, A. H. J.: Der Brief Jeremias, JSHRZ III,2, 1975, 182–192

Paralipomena Jeremiae
Harris, J. R.: The Rest of the Words of Baruch, London 1889
Kraft, R. A. – Purintun, A.-E.: Paraleipomena Jeremiou, SBL.PS 1, 1972
Rießler, P.: Schrifttum (s.o. übergreifende Ausgaben), 901–919

Vitae Prophetarum
Nestle, E.: Marginalien und Materialien, Bd. 2, Tübingen 1893
Schermann, T.: Prophetarum vitae fabulosae, Indices apostolorum discipulorumque Domini, Bi-Teu, 1907
Torrey, C. C.: The Lives of the Prophets. Greek text and translation, JBL.MS 1, 1946
Schwemer, A. M.: Vitae Prophetarum, JSHRZ I,7, 1997

Martyrium Jesajas

Charles, R. H.: The Ascension of Isaiah. Translated from the Ethiopic Version, which, together with the New Greek Fragment, the Latin Versions and the Latin Translation of the Slavonic, is Here Published in Full, London 1900

Tisserant, E.: Ascension d'Isaie. Traduction de la version éthiopienne avec les principales variantes des versions grecque, latines et slave, introduction et notes (Documents pour l'étude de la Bible), Paris 1909

Denis, A.-M.: Fragmenta (s.o. Achiqar), 105–114

Hammershaimb, E.: Das Martyrium Jesajas, JSHRZ II,1, 1973, 15–34

Leben Adams und Evas

Tischendorf, K. v.: Apocalypses (s.o. übergreifende Ausgaben), 1–23

Meyer, W.: Vita Adae et Evae, ABAW.PP 14,3, 1878, 187–250

Mozley, J. H.: Documents: The „Vita Adae", JThS 30 (1929) 121–149

Betrand, D. A.: La vie grecque d'Adam et Ève. Introduction, texte, traduction et commentaire (Recherches Intertestamentaires; 1), Paris 1987

Fuchs, C.: Das Leben Adams und Evas, APAT 2, 506–528

Aristeasbrief

Pelletier, A.: Lettre d'Aristée à Philocrate, SC 89, 1962

Meisner, N.: Aristeasbrief, JSHRZ II,1, 1973, 35–87

Joseph und Aseneth

Philonenko, M.: Joseph et Aséneth. Introduction, texte critique, traduction et notes, SPB 13, 1968

Burchard, C.: Ein vorläufiger griechischer Text von Joseph und Aseneth, DBAT 14, 1979, 2–53

– Verbesserungen zum vorläufigen Text von Joseph und Aseneth, DBAT 16, 1982, 37–39

Brooks, E. W.: Historia ecclesiastica Zachariae Rhetori vulgo adscripta (1919), CSCO 83, Nachdr. 1953, IIf.21–55

Batiffol, P.: Le livre de la Prière d'Aseneth: ders., Studia patristica. Études d'ancienne littérature chrétienne, Paris 1889/90, 1–115

Burchard, C.: Joseph und Aseneth, JSHRZ II,4, 1983

Antiquitates Biblicae (Pseudo-Philon)

Kisch, G.: Pseudo-Philo's Liber Antiquitatum Biblicarum, PMS 10, 1949

Harrington, D. J. u.a.: Pseudo-Philon: Les Antiquités Bibliques, SC 229.230, 1976

Harrington, D. J.: The Hebrew Fragments of Pseudo-Philo's Liber Antiquitatum Biblicarum Preserved in the Chronicles of Jerahmeel, SBL.PS 3, 1974

Dietzfelbinger, C.: Pseudo-Philo, Antiquitates Biblicae (Liber Antiquitatum Biblicarum), JSHRZ II,2, 1975

Jubiläenbuch

Charles, R. H.: *Mashafa Kufale* or the Ethiopic Version of the Hebrew Book of Jubilees, Oxford 1895

– The Book of Jubilees or the Little Genesis. Translated from the Editor's Ethiopic Text and Edited, with Introduction, Notes and Indices (1902), Nachdr. Jerusalem 1972

Rönsch, H.: Das Buch der Jubiläen (1874), Nachdr. Amsterdam 1970

Tisserant, E.: Fragments syriaques du Livre des Jubilés, RB 30 (1921) 55–86.206–232

Denis, A.-M.: Fragmenta (s.o. Achiqar), 70–102

hebräische Fragmente in DJD 1, 82–84, DJD 3, 77–79, DJD 7, 1f

Berger, K.: Das Buch der Jubiläen, JSHRZ II,3, 1981

Testamente der 12 Patriarchen

Charles, R. H.: The Greek Versions of the Testaments of the Twelve Patriarchs. Edited from Nine MSS together with the Variants of the Armenian and Slavonic Versions and Some Hebrew Fragments (1908), Nachdr. Darmstadt [2]1960

Jonge, M. d.: Testamenta XII Patriarchum. Edited According to Cambridge University Library MS Ff 1.24 fol. 203a–261b with Short Notes (1964), PVTG 1, [2]1970

Hollander, H. W. - Jonge, M. d.: The Testament of the Twelve Patriarchs, SVTP 8, 1985
verwandte Fragmente in DJD 1, 87-91, DJD 7, 3, K. Beyer, Texte (s.o. Qumran), 188-209, R. H. Charles, TestXII, 235-298
Becker, J.: Die Testamente der zwölf Patriarchen, JSHRZ III,1, 1974

Testament Adams

Robinson, S. E.: The Testament of Adam. An examination of the Syriac and Greek traditions (1978), Chico, Ca. 1982
Robinson, S. E.: Testament of Adam, OTP 1, 989-995

Testament Abrahams

Stone, M. E.: The Testament of Abraham, SBL.PS 2, 1972
Delcor, M.: Le Testament d'Abraham. Introduction, traduction du texte grec et commentaire de la recension grecque longue, SVTP 2, 1973
Schmidt, F.: Le Testament Grec d'Abraham. Introduction, édition critique des deux recensions grecques, traduction, TSAJ 11, 1986
James, M. R.: The Testament of Abraham, TaS II,2, 1892
Gaster, M.: The Apocalypse of Abraham. From the Roumain Text Discovered and Translated, TSBA 9, 1893, 195-226
Janssen, E.: Testament Abrahams, JSHRZ III,2, 1975, 193-256

Testament Hiobs

Brock, S. P.: Testamentum Iobi, PVTG 2, 1967, 1-60
Kraft, R. A.: The Testament of Job, SBL.PS 5, 1974
Schaller, B.: Das Testament Hiobs, JSHRZ III,3, 1979

Testament Isaaks

Delcor, M.: (s.o. TestAbr)
Stinespring, W. F.: Testament of Isaac, OTP 1, 903-912

Eupolemos, Theophilos, Philon der Ältere, Kleodemos Malchas, Artapanos, Pseudo-Eupolemos (sam. Anonymus), Pseudo-Hekataios I/II

Denis, A.-M.: Fragmenta (s.o. Achiqar), 179-194.196-204
Holladay, C. R.: Fragments from Hellenistic Jewish Authors, Bd. 1: Historians, SBL.PS 10, 1983
Walter, N.: Fragmente jüdisch-hellenistischer Historiker, JSHRZ I,2, 1976

Aristobulos, Demetrios, Exeget Aristeas

Denis, A.-M.: Fragmenta (s.o. Achiqar), 175-179.195.217-228
Walter, N.: Fragmente jüdisch-hellenistischer Exegeten: Aristobulos, Demetrios, Aristeas, JSHRZ III,2, 1975, 257-299

Tragiker Ezechiel

Denis, A.-M.: Fragmenta (s.o. Achiqar), 207-216
Vogt, E.: Tragiker Ezechiel, JSHRZ IV,3, 1983, 113-133

Epiker Philon, Epiker Theodotos

Denis, A.-M.: Fragmenta (s.o. Achiqar), 204-206
Walter, N.: Fragmente jüdisch-hellenistischer Epik: Philon, Theodotos, JSHRZ IV,3, 1983, 135-171

Pseudo-Phokylides, Pseudo-Orpheus und andere gefälschte Verse

Denis, A.-M.: Fragmenta (s.o. Achiqar), 149-156.161-174
Horst, P. W. v. d.: The Sentences of Pseudo-Phocylides. With introduction and commentary, SVTP 4, 1978
Geffcken, J.: Die Oracula Sibyllina (1902), GCS 8, Nachdr. 1967
Walter, N.: Pseudepigraphische jüdisch-hellenistische Dichtung: Pseudo-Phokylides, Pseudo-Orpheus, gefälschte Verse auf Namen griechischer Dichter, JSHRZ IV,3, 1983, 173-278

Gebet Manasses

Funk, F. X.: Didascalia et Constitutiones Apostolorum, Bd. 1, Paderborn 1905, 84-98

Nau, F.: Un extrait de la Didascalie: La Prière de Manassé. Avec une édition de la version Syriaque, ROC 13 (1908) 134–141
Rahlfs, A.: LXX Göttingen, Bd. X
Denis, A.-M.: Fragmenta (s.o. Achiqar), 115–117
Baars, W. – Schneider, H.: Peschiṭta Leiden, Bd. IV,6
Vööbus, A.: The Didascalia Apostolorum in Syriac, 4 Bde., CSCO 401.402.407.408, 1979
Hauler, E.: Didascalia Apostolorum. Fragmenta Ueronensia Latina accedunt, Leipzig 1900
Oßwald, E.: Das Gebet Manasses, JSHRZ IV,1, 1974, 15–27

Die 5 syrischen Psalmen (mit Ps 151)

Noth, M.: Die fünf syrisch überlieferten apokryphen Psalmen, ZAW 48 (1930) 1–23
Baars, W.: Peschiṭta Leiden, Bd. IV,6
Sanders, J. A.: DJD 4, 53–76
Woude, A. S. v. d.: Die fünf syrischen Psalmen (einschließlich Psalm 151), JSHRZ IV,1, 1974, 29–47

Psalmen Salomos

Gebhardt, O. v.: Die Psalmen Salomos, Leipzig 1895
Harris, R. – Mingana, A.: The Odes and Psalms of Solomon, 2 Bde., Manchester 1916/1920
Baars, W.: Peschiṭta Leiden, Bd. IV,6
Trafton, J. L.: The Syriac Version of the Psalms of Solomon. A Critical Evaluation, SCSt 11, 1985
Kaminetzky, A. S.: T^{e}hillôt Š^{e}lomô. Hašilô^{a}h (Litterarisch-wissenschaftliche Monatsschrift Krakau), Krakau 1904, 43–55.149-159
Holm-Nielsen, S.: Die Psalmen Salomos, JSHRZ IV,2, 1977

3. Esra

Hanhart, R.: LXX Göttingen, Bd. VIII,1
Pohlmann, K.-F.: 3. Esra-Buch, JSHRZ I,5, 1980

4. Esra

Violet, B.: Die Esra-Apokalypse (IV Esra), GCS 18, 1910
Klijn, A. F. J.: Der lateinische Text der Apokalypse des Esra. Mit einem Index grammaticus von G. Mussies, TU 131, 1983
Hilgenfeld, A.: Messias Judaeorum, Leipzig 1869
Bidawid, R. J.: Peschiṭta Leiden, Bd. IV,3
Stone, M. E.: The Armenian Version of IV Ezra, ArTS 1, 1979
Gildemeister, J.: Esdrae liber quartus arabice, Bonn 1877
Blake, R. P.: The Georgian Version of Fourth Esdras from the Jerusalem Manuscript, HThR 19 (1926) 299–377
– The Georgian Text of Fourth Esdras from the Athos Manuscript, HThR 22 (1929) 57–105
Leipoldt, J.: Ein saidisches Bruchstück des vierten Esrabuches, ZÄS 41 (1904) 137–139
Denis, A.-M.: Fragmenta (s.o. Achiqar), 130–132
Schreiner, J.: Das 4. Buch Esra, JSHRZ V,4, 1981

Griechische Esra-Apokalypse

Tischendorf, K. v.: Apocalypses (s.o. übergreifende Ausgaben), 24–33
Wahl, O.: Apocalypsis Esdrae, Apocalypsis Sedrach, Visio beati Esdrae, PVTG 4, 1977, 25–34
Müller, U. B.: Die griechische Esra-Apokalypse, JSHRZ V,2, 1976, 85–102

Äthiopischer Henoch

Beyer, K.: Texte (s.o. Qumran), 225–258
Milik, J. T.: The Books of Henoch. Aramaic Fragments of Qumran Cave 4, Oxford 1976
Black, M.: Apocalypsis Henochi Graece, PVTG 3, 1970, 1–44
Knibb, M.: The Ethiopic Book of Henoch. A new edition in the light of the Aramaic Dead Sea fragments (1978), 2 Bde., Nachdr. Oxford 1982
Charles, R. H.: The Ethiopic Version of the Book of Enoch (Anecdota Oxoniensia Semitic Series; 11), Oxford 1906
James, M. R.: Apocrypha anecdota, TaS II,3, 1893, Bd. 1, 146–150

Brock, S. P.: A Fragment of Enoch in Syriac, JThS NS 19 (1968) 626–631
Donadoni, S.: Un frammento della versione copta del „Libro di Enoch", AcOr 25 (1960) 197–202
hebräische Fragmente in DJD 1, 84–86.152
Uhlig, S.: Das äthiopische Henochbuch, JSHRZ V,6, 1984

Slavischer Henoch

Vaillant, A.: Le Livre des secrets d'Hénoch. Texte slave et traduction française, Paris 1952
Bonwetsch, G. N.: Die Bücher der Geheimnisse Henochs, TU 44,2, 1922
Böttrich, C.: Das slavische Henochbuch, JSHRZ V,7, 1995

Syrischer Baruch

Dederding, S.: Peschitta Leiden, Bd. IV,3
Violet, B.: (s.o. 4Esr)
Bogaert, P.: Apocalypse de Baruch, 2 Bde., SC 144.145, 1969
Denis, A.-M.: Fragmenta (s.o. Achiqar), 118–120
Klijn, A. F. J.: Die syrische Baruch-Apokalypse, JSHRZ V,2, 1976, 103–191

Griechischer Baruch

Picard, J.-C.: Apocalypsis Baruchi Graece, PVTG 2, 1967, 61–96
Hage, W.: Die griechische Baruch-Apokalypse, JSHRZ V,1, 1974, 15–44

Assumptio Mosis

Charles, R. H.: The Assumption of Moses. Translated from the Latin Sixth Century Ms., the Unemended Text of which is Published Herewith, Together with the Text in its Restored and Critically Emended Form, London 1897
Laperrousaz, E.-M.: Le Testament de Moïse (généralement appelé „Assomption de Moïse"), Sem. 19, 1970
Denis, A.-M.: Fragmenta (s.o. Achiqar), 63–67
Brandenburger, E.: Himmelfahrt Moses, JSHRZ V,2, 1976, 57–84

Oracula Sibyllina

Geffcken, J.: Die Oracula Sibyllina, GCS 8, 1902
Blaß, F.: Die Sibyllinischen Orakel, APAT 2, 177–217
Kurfess, A.: Sibyllinische Weissagungen. Urtext und Übersetzung, München 1951
Collins, J. J.: Sibylline Oracles, OTP 1, 317–472

Abraham-Apokalypse

Philonenko-Sayar, B.: L'Apocalypse d'Abraham. Introduction, texte slave, traduction et notes, Sem. 31, 1981
Philonenko-Sayar, B. – Philonenko, M.: Die Apokalypse Abrahams, JSHRZ V,5, 1982

Koptische Elia-Apokalypse

Steindorff, G.: Die Apokalypse des Elias. Eine unbekannte Apokalypse und Bruchstücke der Sophonias-Apokalypse, TU 17,3a, 1899
Pietersma, A. – Comstock, S. T.: The Apocalypse of Elijah, SBL.PS 9, 1981
Rosenstiehl, J.-M.: L'Apocalypse d'Élie. Introduction, traduction et notes, TEHJI 1, 1972
Denis, A.-M.: Fragmenta (s.o. Achiqar), 103f
Schrage, W.: Die Elia-Apokalypse, JSHRZ V,3, 1980

Hebräische Elia-Apokalypse

Jellinek, A.: Das Beth ha-Midrasch, Bd. 3, Leipzig 1855, XVII–XIX.65–68
Buttenwieser, M.: Die hebräische Elias-Apokalypse und ihre Stellung in der apokalyptischen Litteratur des rabbinischen Schrifttums und der Kirche, Leipzig 1897
Wünsche, A.: Aus Israels Lehrhallen, Bd. 2, Leipzig 1908, 33–38

Zephanja-Apokalypse

Denis, A.-M.: Fragmenta (s.o. Achiqar), 129
Wintermute, O. S.: Apocalypse of Zephaniah, OTP 1, 497–516

Apokryphon Ezechiel
Denis, A.-M.: Fragmenta (s.o. Achiqar), 121-128
Eckart, K.-G.: Das Apokryphon Ezechiel, JSHRZ V,1, 1974, 45-55
Sedrach-Apokalypse
Wahl, O.: Apokalypsis (s.o. grEsr), 37-46
Agourides, S.: Apocalypse of Sedrach, OTP 1, 605-614
Visio beati Esdrae
Wahl, O.: Apokalypsis (s.o. grEsr), 49-61
Mueller, J. R. - Robbins, G. A.: Vision of Ezra, OTP 1, 581-590
sonstige Fragmente in Griechisch
Denis, A.-M.: Fragmenta (s.o. Achiqar), 45-246

Neues Testament

Aland, K. - (Nestle, E.): Novum Testamentum Graece 27. Aufl., Stuttgart 1993
Aland, K.: Synopsis quattuor Evangeliorum. Locis parallelis evangeliorum apocryphorum et patrum adhibitis, Stuttgart [13]1985
Greeven, H. - (Huck, A.): Synopse der drei ersten Evangelien, Tübingen [(13)]1985

Neutestamentliche Apokryphen und Alte Kirche

Harnack, A. - Gebhardt, O. v. - Zahn, T.: Patrum Apostolicorum opera. Textum ad fidem codicum et Graecorum et Latinorum adhibitis praestantissimis editionibus, 3 Bde., Leipzig 1877
Lightfoot, J. B.: The Apostolic Fathers ([2]1890), 5 Bde., Nachdr. Hildesheim 1973
Goodspeed, E. J.: Die ältesten Apologeten. Texte mit kurzen Einleitungen (1914), Nachdr. Göttingen 1984
Fischer, J. A.: Die Apostolischen Väter, SUC 1, 1981
Wengst, K.: Didache (Apostellehre), Barnabasbrief, zweiter Klemensbrief, Schrift an Diognet, SUC 2, 1984
Lindemann, A. - Paulsen, H.: Die Apostolischen Väter. Griechisch-deutsche Parallelausgabe auf der Grundlage der Ausgaben von F. X. Funk, K. Bihlmeyer und M. Whittaker, Tübingen 1992
Schneemelcher, W. (Hg.): Neutestamentliche Apokryphen in deutscher Übersetzung, 2 Bde., Tübingen [5]1987, [5]1989
Erbetta, M.: Gli apocrifi del Nuovo Testamento, 4 Bde., Marietti 1966-1981
Leipoldt, J.: Das Evangelium nach Thomas, koptisch und deutsch, TU 101, 1967
Tränkle, H.: Q. S. F. Tertulliani Adversus Iudaeos, Wiesbaden 1964
Stählin, O. - Früchtel, L. - Treu, U.: Clemens Alexandrinus. Stromata, 2 Bde., GCS 52/[2]17, 1960/70
Nautin, P.: Origène. Homélies sur Jérémie, 2 Bde., SC 232.238, 1976/77
Borret, H.: Origène. Contre Celse, 5 Bde., SC 132.136.147.150.227, 1967-1976
Schwartz, E.: Eusebius Werke. Bd. II,1-3: Die Kirchengeschichte, 3 Bde., GCS 9,1-3, 1903-1909

Rabbinische Literatur

Albeck, C.: Schischa Sidre Mischna, 6 Bde., Jerusalem 1952-1958
Zuckermandel, M. S.: Tosephta, Pasewalk 1880
Lieberman, S.: The Tosefta, 5 Bde., New York 1955-1988
Edelmann, M. (Hg.): Early Hebrew Manuscripts in Facsimile. Bd. 3: The Leiden Yerushalmi, Teil 1: MS Leyden, Univ. Library Scaliger 3, 1979
Luncz, A. M.: Talmud Hierosolymitanum ad exemplar editionis principis, 5 Bde., Jerusalem 1907-1919
Goldschmidt, L.: Der babylonische Talmud mit Einschluß der vollständigen Mišnah. Hg. nach der ersten, zensurfreien Bombergschen Ausgabe (Venedig 1520-23), nebst Varianten der späte-

ren, von S. Lorja, J. Berlin, J. Sirkes u. aa. revidirten Ausgaben und der Münchener Talmudhandschrift, möglichst sinn- und wortgetreu übersetzt und mit kurzen Erläuterungen versehen, 9 Bde., Haag 1933ff
Lauterbach, J. Z.: Mekilta de Rabbi Ishmael. A Critical Edition on the Basis of the MSS and Early Editions with an English Translation, Introduction and Notes, 3 Bde., Philadelphia 1933–1935
Horovitz, H. S.: Siphre D'be Rab. Fasciculus primus: Siphre ad Numeros adjecto Siphre zutta (1917), Jerusalem ²1966
Theodor, J. – Albeck, C.: Midrash Bereshit Rabba. Critical Edition with Notes and Commentary, 3 Bde., Jerusalem 1965
Margulies, M.: Midrash Wayyikra Rabbah. A Critical Edition Based on Manuscripts and Genizah Fragments with Variants and Notes, 5 Bde., Jerusalem 1953–1960
Liebermann, S.: Midrash Debarim Rabbah, Jerusalem ³1974
Buber, S.: Midrasch Tehillim (1892), Nachdr. Jerusalem 1966

sonst

Kaiser, O. (Hg.): Texte aus der Umwelt des Alten Testaments, Bd. 1: Rechts- und Wirtschaftsurkunden, Historisch-chronologische Texte, Gütersloh 1985
Berger, K. – Colpe, C.: Religionsgeschichtliches Textbuch zum Neuen Testament, TNT 1, 1987
Giannantoni, G.: Socratis et Socraticorum reliquiae, 4 Bde. (Elenchos; 18,1–4), o.O. 1990
Preisigke, F.: Sammelbuch griechischer Urkunden aus Ägypten, Bd. 5, Straßburg 1934
Fisher, C. D.: Cornelii Taciti Historiarum libri (1911), Nachdr. Oxford 1959 (SCBO)

Hilfsmittel

Wörterbücher

Bauer, W.: Griechisch-deutsches Wörterbuch zu den Schriften des Neuen Testaments und der frühchristlichen Literatur, bearb. v. K. Aland und B. Aland, Berlin ⁶1988
Brockelmann, K.: Lexicon Syriacum (²1928), Nachdr. Hildesheim 1966
Dalman, G.: Aramäisch-neuhebräisches Wörterbuch zu Targum, Talmud und Midrasch, 2 Bde., Frankfurt a. M. 1897/1901
Georges, K. E. – Georges, H.: Ausführliches lateinisch-deutsches Handwörterbuch (⁸1913), 2 Bde., Hannover ¹¹1962
Gesenius, W. – Buhl, F.: Hebräisches und aramäisches Handwörterbuch über das Alte Testament (¹⁷1915), Nachdr. Berlin 1962
Glare, P. G. W. (Hg.): Oxford Latin Dictionary, Nachdr. Oxford 1992
Koehler, L. – Baumgartner, W.: Hebräisches und aramäisches Lexikon zum Alten Testament, 4 Bde., Leiden 1967–1990
Lampe, G. W. H.: A Patristic Greek Lexicon, Oxford 1961
Levy, J. – Goldschmidt, L.: Wörterbuch über die Talmudim und Midraschim, 4 Bde., Berlin ²1924
Liddell, H. G. – Scott, R. – Jones, H. S.: Greek-English Lexicon, 2 Bde., Oxford ⁹1940, mit ErgBd. v. E. A. Barber, 1968
Sokoloff, M.: A Dictionary of Jewish Palestinian Aramaic of the Byzantine Period (Dictionaries of Talmud, Midrash and Targum; 2), Ramat-Gan 1990

Grammatiken

Blaß, F. – Debrunner, A. – Rehkopf, F.: Grammatik des neutestamentlichen Griechisch, Göttingen ¹⁶1984
Brockelmann, C.: Syrische Grammatik. Mit Paradigmen, Literatur, Chrestomathie und Glossar (1960), Leipzig ¹³1981

Dalman, G.: Grammatik des jüdisch-palästinischen Aramäisch. Nach den Idiomen des Palästinischen Talmud, des Onkelostargum und Prophetentargum und der Jerusalemischen Targume, Leipzig ²1905
Frey, A.: Petite grammaire syriaque, OBO.D 3, 1984
Gesenius, W. - Kautzsch, E. - Bergsträsser, G.: Hebräische Grammatik, 2 Bde. (1918/1929), Nachdr. Hildesheim 1962
Helbing, R.: Grammatik der Septuaginta. Laut- und Wortlehre (1907), Göttingen ²1979
Macuch, R.: Grammatik des samaritanischen Hebräisch, StSam 1, 1969
- Grammatik des samaritanischen Aramäisch, StSam 4, 1982
Qimron, E.: The Hebrew of the Dead Sea Scrolls, HSS 29, 1986
Segert, S.: Altaramäische Grammatik mit Bibliographie, Chrestomathie und Glossar (1975), Leipzig ²1983
Sperber, A.: A Historical Grammar of Biblical Hebrew. A presentation of problems with suggestions to their solution, Leiden 1966
Stevenson, W. B.: Grammar of Palestinian Jewish Aramaic (²1962), Nachdr. Oxford 1981
Thackeray, H. S. J.: A Grammar of the Old Testament in Greek According to the Septuagint, Bd. 1 Introduction, Orthography and Accidence, Cambridge 1909

Konkordanzen

Aland, K. (Hg.): Vollständige Konkordanz zum griechischen Neuen Testament, 3 Bde., ANTT 4, 1983
Camilo dos Santos, E.: An Expanded Hebrew Index for the Hatch-Redpath Concordance to the Septuagint, Jerusalem 1973
Denis, A.-M. u.a.: Concordance grecque des Pseudépigraphes d'Ancien Testament. Concordance, corpus des textes, indices, Louvain-la-Neuve 1987
Edwards, R. A.: A Concordance to Q, SBibSt 7, 1975
Fischer, B. (Hg.): Novae Concordantiae Bibliorum Sacrorum iuxta Vulgatam Versionem critice editam, 5 Bde., Stuttgart 1977
Hatch, E. - Redpath, H. A.: A Concordance to the Septuagint, 3 Bde., 1897
Kuhn, K. G. (Hg.): Konkordanz zu den Qumrantexten, Göttingen 1960
Kuhn, K. G.: Nachträge zur Konkordanz zu den Qumrantexten, RQ 4 (1963/64) 163-234
Lisowsky, G.: Konkordanz zum hebräischen Alten Testament, Stuttgart ²1958
Mandelkern, S.: Veteris Testamenti Concordantiae Hebraicae atque Chaldaicae, Editio altera locupletissime aucta et emendata cura F. Margolin, Graz 1955
Mayer, G.: Index Philoneus, Berlin 1974
Reider, J. - Turner, N.: An Index to Aquila, VT.S 12, 1966
Rengstorf, K. H. u.a.: A Complete Concordance to Flavius Josephus, 4 Bde. mit ErgBd. v. A. Schalit, Leiden 1968-1983
Tov, E.: Some Corrections to Reider-Turner's Index to Aquila, Textus 8 (1973) 164-174

sonst

Rahlfs, A.: Verzeichnis der griechischen Handschriften des Alten Testaments, NGWG.PH, 1914
Geerard, M.: Clavis Patrum Graecorum, Bd. 1 Patres Antenicaeni, 1983, Bd. 2 Ab Athanasio ad Chrysostomum, 1974, Bd. 3 A Cyrillo Alexandrino ad Iohannem Damascenum, 1979, Bd. 4 Concilia Catenae, 1980, Turnhout

Sekundärliteratur

Aland, K.: Zur Vorgeschichte der christlichen Taufe: ders., Neutestamentliche Entwürfe, TB 63, 1979, 183-197
Albani, M.: Astronomie und Schöpfungsglaube. Untersuchungen zum astronomischen Henochbuch, WMANT 68, 1994
Allegro, J. M.: The Shapira Affair, New York 1965
Allison, D. C.: Matt. 23:39 = Luke 13:35b as a Conditional Prophecy, JSNT 18 (1983) 75-84
- Jesus of Nazareth. Millenarian Prophet, Minneapolis 1998
Alsup, J. E.: The Post-Resurrection Appearance Stories of the Gospel-Tradition. A History-of-Tradition Analysis. With Text-Synopsis, CThM.BW 5, 1975
Avemarie, F.: Tora und Leben. Untersuchungen zur Heilsbedeutung der Tora in der frühen rabbinischen Literatur, TSAJ 55, 1996
Avi-Yona, M.: The Founding of Tiberias, IEJ 1 (1950/51) 160-169
- (Avi-Yonah): Archaeological Sources: S. Safrai - M. Stern (Hg.): The Jewish People in the First Century, CRI I,1, 1974, 46-62

Baarlink, H.: Die Eschatologie der synoptischen Evangelien, BWANT 120, 1986
Bacher, W.: Die Proömien der alten jüdischen Homilie. Beitrag zur Geschichte der jüdischen Schriftauslegung und Homiletik (1913), Nachdr. Westmead 1970
Back, S. O.: Jesus of Nazareth and the Sabbath Commandment, Åbo 1995
Baeck, L.: Das Evangelium als Urkunde der jüdischen Glaubensgeschichte, Berlin 1938
- Paulus, die Pharisäer und das Neue Testament, Frankfurt a.M. 1961
Bahrdt, K. F.: Ausführung des Plans und Zwecks Jesu. In Briefen an Wahrheit suchende Leser, 11 Bde., Berlin 1784-1792
Bammel, E.: Herkunft und Funktion der Traditionselemente in 1 Kor. 15,1-11, ThZ 11 (1955) 401-419
- Erwägungen zur Eschatologie Jesu: F. L. Cross (Hg.), Studia 3-32
Barrett, C. K.: Das Evangelium nach Johannes, KEK Sonderband, 1990
Barth, G.: Das Gesetzesverständnis des Evangelisten Matthäus: G. Bornkamm - G. Barth - H. J. Held, Überlieferung und Auslegung im Matthäus-Evangelium (1960), WMANT 1, ⁵1968, 54-154
- Die Taufe in frühchristlicher Zeit, BThSt 4, 1981
Barth, M. - Blanke, H.: Colossians. A New Translation with Introduction and Commentary, AncB 34B, 1994
Barton, T. S.: Ancient Astrology, London u.a. 1994 (Sciences of Antiquity)
- Power and Knowledge. Astrology, Physiognomics and Medicine under the Roman Empire, Ann Arbor 1994 (The Body in Theory)
Bartsch, C.: „Frühkatholizismus" als Kategorie historisch-kritischer Theologie. Eine methodologische und theologiegeschichtliche Untersuchung, SJVCG 3, 1980
Bartsch, H. W.: Inhalt und Funktion des urchristlichen Osterglaubens, ANRW II 25.1, 1982, 794-890
Bauer, B.: Kritik der evangelischen Geschichte des Johannes (1840), Nachdr. Hildesheim 1990
- Kritik der evangelischen Geschichte der Synoptiker, 3 Bde., Leipzig 1841-1842
- Kritik der Evangelien, 2 Bde., Berlin 1850/51
Baumbach, G.: Die Stellung Jesu im Judentum seiner Zeit, FZPhTh 20 (1973) 285-305
- Art. Φαρισαῖος, EWNT 3, ²1992, 992-997
Baumert, N.: Antifeminismus bei Paulus?, fzb 68, 1992
Bayer, H. F.: Jesus' Predictions of Vindication and Resurrection. The Provenance, Meaning and Correlation of the Synoptic Predictions, WUNT II,20, 1986
Beasley-Murray, G. R.: Jesus and the Kingdom of God, Grand Rapids 1986
Beck, D. M.: The Never-Ending Quest for the Historical Jesus (A Review Article), JBR 29 (1961) 227-231

Becker, J.: Johannes der Täufer und Jesus von Nazareth, BSt 63, 1972
- Das Gottesbild Jesu und die älteste Auslegung von Ostern, FS H. Conzelmann, Tübingen 1975, 105-126
- Auferstehung der Toten im Urchristentum, SBS 82, 1976
- Das Evangelium des Johannes (1979/81), 2 Bde., ÖTK 4,1-2, ³1991
- Art. Buße IV. Neues Testament, TRE 7, 1981, 446-451
- Paulus. Der Apostel der Völker (1989), Tübingen ²1992 = UTB 2014, Tübingen ³1998
- Jesus von Nazaret, Berlin – New York 1996 = engl. Berlin – New York 1998

Beißer, F.: Markus 10, 13-16 (parr) – doch ein Text für die Kindertaufe, KuD 41 (1995) 244-251

Bellinzoni, A. J.: The Sayings of Jesus in the Writings of Justin Martyr, NT.S 17, 1967

Ben-Chorin, S.: Bruder Jesus. Der Nazarener in jüdischer Sicht (1967), München ⁶1983
- Jesus im Judentum, SCJB 4, 1970

Benoit, P.: Marie-Madeleine et les disciples au tombeau selon Joh 20,1-18, FS J. Jeremias (1960), BZNW 26, ²1964, 141-152 = Maria Magdalena und die Jünger am Grabe nach Joh 20,1-18 (dt. Übers.): P. Hoffmann (Hg.), Überlieferung 360-376

Bergemann, T.: Q auf dem Prüfstand. Die Zuordnung des Mt/Lk-Stoffes zu Q am Beispiel der Bergpredigt, FRLANT 158, 1993

Berger, K.: Die Amen-Worte Jesu. Eine Untersuchung zum Problem der Legitimation in apokalyptischer Rede, BZNW 39, 1970
- Die Gesetzesauslegung Jesu. Ihr historischer Hintergrund im Judentum und im Alten Testament, Bd. 1: Markus und Parallelen, Neukirchen-Vluyn 1972
- Die königlichen Messiastraditionen des Neuen Testaments, NTS 20 (1974) 1-44
- Zur Frage des traditionsgeschichtlichen Wertes apokrypher Gleichnisse, NT 17 (1975) 58-76 = W. Harnisch (Hg.), Gleichnisse 414-435
- Die Auferstehung des Propheten und die Erhöhung des Menschensohnes. Traditionsgeschichtliche Untersuchungen zur Deutung des Geschickes Jesu in frühchristlichen Texten, StUNT 13, 1976
- Exegese des Neuen Testaments. Neue Wege vom Text zur Auslegung (1977), UTB 658, Heidelberg ²1984
- Formgeschichte des Neuen Testaments, Heidelberg 1984
- Hellenistische Gattungen im Neuen Testament, ANRW II 25.2, 1984, 1031-1432.1831-1885
- Einführung in die Formgeschichte, UTB 1444, Tübingen 1987
- Jesus als Pharisäer und frühe Christen als Pharisäer, NT 30 (1988) 231-262
- Historische Psychologie des Neuen Testaments, SBS 146/147, 1991
- Theologiegeschichte des Urchristentums. Theologie des Neuen Testaments (1994), UTB Große Reihe, Tübingen – Basel ²1995
- Wer war Jesus wirklich?, Stuttgart 1995
- Kriterien für echte Jesusworte?, ZNT 1 (1998) 52-58

Berger, K. – Vouga, F. – Wolter, M. – Zeller, D.: Studien und Texte zur Formgeschichte, TANZ 7, 1992

Bergmeier, R.: Die Essenerberichte des Flavius Josephus. Quellenstudien zu den Essenertexten im Werk des jüdischen Historiographen, Kampen 1993

Betz, H. D.: Jesus and the Cynics. Survey and Analysis of a Hypothesis, JR 74 (1994) 453-475

Betz, O.: Art. Entrückung II, TRE 9, 1982, 683-690
- Probleme des Prozesses Jesu, ANRW II 25.1, 1982, 565-647
- The Temple Scroll and the Trial of Jesus, SWJT 30,3 (1988) 5-8

Beyer, K.: Semitische Syntax im Neuen Testament. Bd. 1: Satzlehre Teil 1, StUNT 1, 1962

Bickermann, E.: Das leere Grab, ZNW 23 (1924) 281-292 = P. Hoffmann (Hg.), Überlieferung 271-284
- (Bickerman, E. J.): Chronology of the Ancient World (1968), Ithaka, NY ²1980

Birdsall, J. N.: The Continuing Enigma of Josephus' Testimony about Jesus, BJRL 67 (1985) 609-622

Biser, E.: Die Gleichnisse Jesu. Versuch einer Deutung, München 1965

Bittner, W. J.: Jesu Zeichen im Johannesevangelium. Die Messiaserkenntnis im Johannesevangelium vor ihrem jüdischen Hintergrund, WUNT II,26, 1987

Black, M.: An Aramaic Approach to the Gospels and Acts. With an Appendix on The Son of Man by G. Vermes, Oxford ^{3}1967 = ders.: Die Muttersprache Jesu. Das Aramäische der Evangelien und der Apostelgeschichte (dt. Übers.), BWANT 115, 1982
- Aramaic barnāsha and the „Son of Man", ET 95 (1984) 200–206

Blaiklock, E. M.: The Archaeology of the New Testament, Nashville u.a. ^{2}1984

Blinzler, J.: Der Prozeß Jesu. Das jüdische und das römische Gerichtsverfahren gegen Jesus aufgrund der ältesten Zeugnisse dargestellt und beurteilt (1951), Regensburg ^{4}1969
- Die Niedermetzelung von Galiläern durch Pilatus, NT 2 (1958) 24–49
- Johannes und die Synoptiker. Ein Forschungsbericht, SBS 5, 1965
- Justinus Apol. I 15,4 und Matthäus 19,10–12, FS B. Rigaux, Gembloux 1970, 45–55

Bloch-Smith, E.: Judahite Burial Practices and Beliefs about the Dead, JSOT.S 123, 1992

Blosser, D.: The Sabbath Year Cycle in Josephus, HUCA 52 (1981) 129–140

Bode, E. L.: The First Easter Morning. The Gospel Accounts of the Women's Visit to the Tomb of Jesus, AnBib 45, 1970

Böcher, O.: Dämonenfurcht und Dämonenabwehr. Ein Beitrag zur Vorgeschichte der christlichen Taufe, BWANT 90, 1970
- Aß Johannes der Täufer kein Brot (Luk. vii. 33)?, NTS 18 (1971/72) 90–92
- Christus Exorcista. Dämonismus und Taufe im Neuen Testament, BWANT 96, 1972
- Art. Johannes der Täufer I/II. Religionsgeschichtlich/Neues Testament, TRE 17, 1988, 172–181

Boeckh, A.: De Socratis rerum physicarum studio, Berlin 1838 = ders., Gesammelte Kleine Schriften, Bd. 4, hg. v. F. Ascherson u.a., Leipzig 1879, 430–436

Bösen, W.: Der letzte Tag des Jesus von Nazareth, Freiburg 1994

Borg, M. J.: Jesus in Contemporary Scholarship, Valley Forge 1994

Boring, M. E.: Sayings of the Risen Jesus. Christian Prophecy in the Synoptic Tradition, MSSNTS 46, 1982 = ders., The Continuing Voice of Jesus. Christian Prophecy and the Gospel Tradition (überarb. Fassung), Louisville, Ky. 1991
- The Historical-Critical Method's „Criteria of Authenticity". The Beatitudes in Q and Thomas as a Test Case, Semeia 44 (1988) 9–44

Bornkamm, G.: Die Verzögerung der Parusie, In Memoriam E. Lohmeyer, Stuttgart 1951, 116–126 = ders., Geschichte I 46–55
- Das Doppelgebot der Liebe, FS R. Bultmann, BZNW 21, 1954, 85–93 = ders., Geschichte I 37–45
- Jesus von Nazareth (1956), UB 19, ^{14}1987
- Die Vorgeschichte des sogenannten zweiten Korintherbriefes, SHAW.PH 1961, 7–35, erweitert in: ders., Geschichte und Glaube, Bd. 1, BEvTh 53, 1971, 162–194
- Der Auferstandene und der Irdische. Mt 28,16–20, FS R. Bultmann, Tübingen 1964, 171–191
- Geschichte und Glaube, Bd. 1, BEvTh 48, 1968

Botermann, H.: Das Judenedikt des Kaisers Claudius. Römischer Staat und Christiani im 1. Jahrhundert, Hermes.E 71, 1996

Bousset, W.: Jesu Predigt in ihrem Gegensatz zum Judentum. Ein religionsgeschichtlicher Vergleich, Göttingen 1892
- Die Religion des Judentums im späthellenistischen (1903: neutestamentlichen) Zeitalter, hg. v. H. Gressmann, HNT 21, ^{4}1966
- Jesus, Tübingen ^{3}1907
- Kyrios Christos. Geschichte des Christusglaubens von den Anfängen des Christentums bis Irenaeus (1913), FRLANT 21, ^{2}1921, Göttingen ^{5}1965

Bovon, F.: Das Evangelium nach Lukas, Bd. 1: Lk 1,1 – 9,50, Bd. 2: Lk 9,51 – 14,35, EKK 3, 1989/1996

Brandenburger, E.: Die Auferstehung der Glaubenden als historisches und theologisches Problem, WuD 9 (1967) 16–33 = ders., Studien 133–153
- Fleisch und Geist. Paulus und die dualistische Weisheit, WMANT 29, 1968
- Die Verborgenheit Gottes im Weltgeschehen. Das literarische und theologische Problem des 4. Esrabuches, AThANT 68, 1981
- Art. Gericht Gottes III. Neues Testament, TRE 12, 1984, 469–483
- Markus 13 und die Apokalyptik, FRLANT 134, 1984

- Paulinische Schriftauslegung in der Kontroverse um das Verheißungswort Gottes (Röm 9), ZThK 82 (1985) 1-47 = ders., Studien 45-94
- Pistis und Soteria. Zum Verstehenshorizont von „Glaube" im Urchristentum, ZThK 85 (1988) 165-198 = ders., Studien 251-288
- Taten der Barmherzigkeit als Dienst gegenüber dem königlichen Herrn (Mt 25,31-46): G. K. Schäfer – T. Strohm (Hg.), Diakonie 297-326 = ders., Studien 95-130
- Gerichtskonzeptionen im Urchristentum und ihre Voraussetzungen. Eine Problemstudie, SNTU.A 16 (1991) 5-54 = ders., Studien 289-338
- Studien zur Geschichte und Theologie des Urchristentums, SBAB.NT 15, 1993

Brandt, W.: Die Evangelische Geschichte und der Ursprung des Christentums auf Grund einer Kritik der Berichte über das Leiden und die Auferstehung Jesu, Leipzig 1893

Braun, H.: Spätjüdisch-häretischer und frühchristlicher Radikalismus, 2 Bde., BHTh 24, 1957
- Die Auslegung Gottes durch Jesus, dargestellt an der Parabel vom gleichen Lohn für alle, EvErz 16 (1964) 346-356
- Jesus. Der Mann aus Nazareth und seine Zeit (1969), ThTh 1 ^{2}1989

Breytenbach, C.: Das Problem des Übergangs von mündlicher zu schriftlicher Überlieferung, Neotest. 20 (1986) 47-58
- Vormarkinische Logientradition, FS F. Neirynck, BEThL 100, 1992, 725-749

Bringmann, K.: Hellenistische Reform und Religionsverfolgung in Judäa. Eine Untersuchung zur jüdisch-hellenistischen Geschichte (175-163 v. Chr.), AAWG.PH 132, 1983

Broer, I.: Das leere Grab – ein Versuch, LuM 42 (1968) 42-51
- Die Urgemeinde und das Grab Jesu. Eine Analyse der Grablegungsgeschichten im Neuen Testament, StANT 31, 1972
- Die Antithesen und der Evangelist Matthäus, BZ NF 19 (1975) 50-63
- „Antisemitismus" und Judenpolemik im Neuen Testament. Ein Beitrag zum besseren Verständnis von 1 Thess 2,14-16, FS K. Klein, ^{2}1983, 734-772
- Freiheit vom Gesetz und Radikalisierung des Gesetzes, SBS 98, 1980

Brooten, B.: Konnten Frauen im alten Judentum die Scheidung betreiben?, EvTh 42 (1982) 65-80
- Zur Debatte über das Scheidungsrecht der jüdischen Frau, EvTh 43 (1983) 466-478

Brown, S.: The Secret of the Kingdom of God (Mark 4,11), JBL 92 (1973) 60-74

Bruce, F. F.: Jesus and Christian Origins outside the New Testament, London 1974 (KCS), ^{2}1984, Grand Rapids 1974 = Außerbiblische Zeugnisse über Jesus und das frühe Christentum, Gießen u.a. 1991 ^{2}1992 ^{3}1993 (Monographien und Studienbücher)

Bühner, J.-A.: Der Gesandte und sein Weg im 4. Evangelium. Die kultur- und religionsgeschichtlichen Grundlagen der johanneischen Sendungschristologie sowie ihre traditionsgeschichtliche Entwicklung, WUNT II,2, 1977

Bultmann, R.: Die Frage nach dem messianischen Bewußtsein Jesu und das Petrus-Bekenntnis, ZNW 19 (1919/20) 165-174
- Die Geschichte der synoptischen Tradition (1921), FRLANT 29, ^{10}1995, mit Ergänzungsheft, bearb. v. G. Theißen und P. Vielhauer, Göttingen ^{5}1979
- Welchen Sinn hat es, von Gott zu reden?, ThBl 4 (1925) 129-135 = GuV 1, 26-37
- Jesus (1926), Nachdr. UTB 1272, Tübingen 1983
- Die Bedeutung des geschichtlichen Jesus für die Theologie des Paulus, ThBl 8 (1929) 137-151 = GuV 1, 188-213
- Die Erforschung der synoptischen Evangelien (^{4}1961), Gießen ^{5}1966 = GuV 4, 1-41
- Das Evangelium des Johannes ($^{(10)}$1941), KEK 2, $^{(20)}$1978
- Theologie des Neuen Testaments (1953), erg. v. O. Merk, UTB 630, Tübingen ^{9}1984
- Ist voraussetzungslose Exegese möglich?, ThZ 13 (1957) 409-417 = GuV 3, 142-150
- Das Verhältnis der urchristlichen Christusbotschaft zum historischen Jesus (1960), SHAW.PH 1960, 3. Abh., ^{4}1965 = ders., Exegetica, Tübingen 1967, 445-469

Burchard, C.: Das doppelte Liebesgebot in der frühen christlichen Überlieferung, FS J. Jeremias, Göttingen 1970, 39-62
- 1Korinther 15,39-41, ZNW 75 (1984) 233-258
- Jesus von Nazareth: J. Becker u.a. (Hg.), Die Anfänge des Christentums. Alte Welt und neue Hoffnung, Stuttgart 1987, 12-58

Burkill, T. A.: Mysterious Revelation. An Examination of the Philosophy of St. Mark's Gospel, Ithaca, N.Y. 1963
Bussby, F.: Is Q an Aramaic Document?, ET 65 (1954) 272-275

Calvert, D. G. A.: An Examination of the Criteria for Distinguishing the Authentic Words of Jesus, NTS 18 (1971/72) 209-219
Cameron, P. S.: Violence and the Kingdom. The Interpretation of Matthew 11:12, Frankfurt 1984
- What did you come out to see? Characterisations of John and Jesus in the Gospels, Semeia 49 (1990) 35-69
Campenhausen, H. v.: Der Ablauf der Osterereignisse und das leere Grab (1952), SHAW.PH 1952, ³1966 = ders., Tradition und Leben. Kräfte der Kirchengeschichte, Tübingen 1960, 48-113
Camponovo, O.: Königtum, Königsherrschaft und Reich Gottes in den frühjüdischen Schriften, OBO 58, 1984
Caragounis, C. C.: The Son of Man. Vision and Interpretation, WUNT II,38, 1986
Carlston, C. E.: A *Positive* Criterion of Authenticity, BR 7 (1962) 33-44
Casey, M.: Son of Man, London 1979
- General, Generic and Indefinite. The Use of the Term „Son of Man" in Aramaic Sources and in the Teaching of Jesus, JSNT 23 (1987) 21-56
- Aramaic Sources of Mark's Gospel, MSSNTS 102, 1998
Catchpole, D. R.: Tradition History: I. H. Marshall (Hg.), New Testament Interpretation. Essays on Principles and Methods, Exeter 1977, 165-180
- The Beginning of Q. A Proposal, NTS 38 (1992) 205-221
- The Quest for Q, Edinburgh 1993
Charlesworth, J. H.: The Historical Jesus in Light of Writings Contemporaneous with Him, ANRW II 25.1, 1982, 451-476
- Jesus Within Judaism. New Light from Exciting Archaeological Discoveries, New York u.a. 1988
- (Hg.): Jesus and the Dead Sea Scrolls, New York 1992
Chilton, B. D.: Pure Kingdom. Jesus' Vision of God, Grand Rapids, Mich. 1996 (Studying the Historical Jesus)
Chilton, B. D. - Evans, C. A. (Hg.): Studying the Historical Jesus. Evaluations of the State of Current Research, NTTS 19, 1994
- (Hg.): Authenticating the Words of Jesus, NTTS 28,1, 1999
- (Hg.): Authenticating the Activities of Jesus, NTTS 28,2, 1999
Collins, A. Y.: The Origin of the Designation of Jesus as „Son of Man", HThR 80 (1987) 391-407
- Cosmology and Eschatology in Jewish and Christian Apocalypticism, JSJ Suppl. 50, 1996
Collins, J. J.: The Kingdom of God in the Apocrypha and Pseudepigrapha: Willis, W. (Hg.): The Kingdom of God in 20th-Century Interpretation, Peabody, Mass. 1987, 81-95
- The Son of Man in First Century Judaism, NTS 38 (1992) 448-466
Conzelmann, H.: Die Mitte der Zeit. Studien zur Theologie des Lukas (1954), BHTh 17 ³1960
- Die Frage nach dem historischen Jesus, ZThK 56 (1959) Beih. 1, 2-13 = ders., Zur Methode der Leben-Jesu-Forschung, Theologie 18-29
- Art. Jesus Christus, RGG 3, ³1959, 619-653
- Geschichte und Eschaton nach Mc. 13, ZNW 50 (1959) 210-221 = ders.: Theologie 62-73
- Zur Analyse der Bekenntnisformel I. Kor. 15,3-5, EvTh 25 (1965) 1-11
- Grundriß der Theologie des Neuen Testaments (1967), UTB 1446, Tübingen ⁴1987
- Theologie als Schriftauslegung. Aufsätze zum Neuen Testament, BEvTh 65, 1974
Conzelmann, H. - Lindemann, A.: Arbeitsbuch zum Neuen Testament (1975), UTB 52, Tübingen ⁷1983 ¹¹1995
Coppens, J.: Miscellanies bibliques. LXXX. Une diatribe antijuive dans IThess., II, 13-16, EThL 51 (1975) 90-95
Cotter, W. J.: The Parable of the Children in the Market Place, Q (Lk) 7:31-35. An Examination of the Parable's Image and Significance, NT 29 (1987) 289-304

Cross, F. L. (Hg.): Studia Evangelica Vol. III. Papers Presented to the Second International Congress on New Testament Studies Held at Christ Church, Oxford, 1961, Teil 2: The New Testament Message, TU 88, 1964
Crossan, J. D.: In Fragments. The Aphorisms of Jesus, San Francisco 1983
- The Historical Jesus. The Life of a Mediterranean Jewish Peasant, Edinburgh 1991, San Francisco 1992 = Der historische Jesus, München 1994
- Jesus. A Revolutionary Biography, San Francisco 1994, 1995 = Jesus. Ein revolutionäres Leben (Beck'sche Reihe; 1144), München 1996
- The Essential Jesus. Original Sayings and Earliest Images, San Francisco 1994, 1995 = Was Jesus wirklich lehrte. Die authentischen Worte des historischen Jesus, München 1997
Cullmann, O.: Petrus. Jünger – Apostel – Märtyrer. Das historische und das theologische Petrusproblem, Zürich ³1985
- Der Staat im Neuen Testament (1956), Tübingen ²1961

Dahl, N. A.: Der historische Jesus als geschichtswissenschaftliches und theologisches Problem, KuD 1 (1955) 104–132
- The Early Church and Jesus: ders., Jesus in the Memory of the Early Church, Minneapolis, Minn. 1976, 167–175
- Jesus the Christ, 1991
Dalman, G.: Die Worte Jesu. Mit Berücksichtigung des nachkanonischen jüdischen Schrifttums und der aramäischen Sprache (1898), Leipzig ²1930, Nachdr. 1965
- Arbeit und Sitte in Palästina, 7 Bde. (1928–1942), Nachdr. Hildesheim 1964
- Jesus – Jeschua. Die drei Sprachen Jesu, Jesus in der Synagoge, auf dem Berge, beim Passahmahl, am Kreuz, Leipzig 1922
Dauer, A.: Die Passionsgeschichte im Johannesevangelium. Eine traditionsgeschichtliche und theologische Untersuchung zu Joh 18,1 – 19,30, StANT 30, 1972
- Johannes und Lukas. Untersuchungen zu den johanneisch-lukanischen Parallelperikopen Joh 4,46–54/Lk 7,1–10 – Joh 12,1–8/Lk 7,36–50; 10,38–42 – Joh 20,19–29/Lk 24,36–49, fzb 50, 1984
Dautzenberg, G.: Urchristliche Prophetie, BWANT 104, 1975
- Der Wandel der Reich-Gottes-Verkündigung in der urchristlichen Mission: ders. u.a. (Hg.), Zur Geschichte des Urchristentums, QD 87, 1979, 11–32 = ders.: Studien 16–37
- Ist das Schwurverbot Mt 5,33–37; Jak 5,12 ein Beispiel für die Torakritik Jesu?, BZ NF 25 (1981) 47–66 = ders.: Studien 38–62
- Gesetzeskritik und Gesetzesgehorsam in der Jesustradition: K. Kertelge (Hg.): Das Gesetz im Neuen Testament, QD 108, 1986, 46–70 = ders.: Studien 106–131
- Das Wort von der weltweiten Verkündigung des Evangeliums. Mk 13,10 und seine Vorgeschichte, FS W. Trilling, EThSt 59, 1989, 150–165 = ders.: Studien 240–262
- Jesus und die Tora, Orien. 55 (1991) 229–232.243–246 = ders.: Studien 334–351
- Studien zur Theologie der Jesustradition, SBAB 19, 1995
Davies, W. D. – Allison, D. C.: The Gospel According to Saint Matthew, 2 Bde., Edinburgh 1988/1991
Deichgräber, R.: Gotteshymnus und Christushymnus in der frühen Christenheit, StUNT 5, 1967
Deines, R.: Jüdische Steingefäße und pharisäische Frömmigkeit, WUNT II,52, 1993
Deissmann, A.: Licht vom Osten. Das Neue Testament und die neuentdeckten Texte der hellenistisch-römischen Welt (1908), Tübingen ⁴1923
Delling, G.: Geprägte partizipiale Gottesaussagen in der urchristlichen Verkündigung: ders., Studien zum Neuen Testament und zum hellenistischen Judentum. GAufs. 1950–1968, Göttingen 1970, 401–416
- Art. Abendmahl II. Urchristliches Mahlverständnis, TRE 1, 1977, 47–58
Delobel, J. (Hg.): LOGIA. Les Paroles de Jésus – The Sayings of Jesus, BEThL 59, 1982
Delorme, J. (Hg.): Les paraboles évangéliques. Perspectives nouvelles, XIIᵉ Congrès de l'ACFEB, Lyon (1987), LeDiv 135, 1989
Denaux, A. (Hg.): John and the Synoptics, BEThL 101, 1992
Dibelius, M.: Die Formgeschichte des Evangeliums (1919), Tübingen ⁶1971

- Zur Formgeschichte der Evangelien, ThR NS 1 (1929) 185-216
- An die Thessalonicher I-II. An die Philipper., HNT 11, ³1937
- Zur Formgeschichte des Neuen Testaments, ThR NF 3 (1931) 207-242
- Jesus (1939), SG 1130, ⁴1966

Diem, H.: Der irdische Jesus und der Christus des Glaubens, SGV 215, 1957

Dietzfelbinger, C.: Das Gleichnis von den Arbeitern im Weinberg als Jesuswort, EvTh 43 (1983) 126-137
- Die Berufung des Paulus als Ursprung seiner Theologie, WMANT 58, 1985

Díez Merino, L.: La crucifixión en la antigua literatura judía, EE 51 (1976) 5-27

Dobbeler, S. v.: Das Gericht und das Erbarmen Gottes. Die Botschaft Johannes des Täufers und ihre Rezeption bei den Johannesjüngern im Rahmen der Theologiegeschichte des Frühjudentums, BBB 70, 1988

Dockx, S.: L'ordination des „sept" d'après Actes 6,1-6: ders., Chronologies néotestamentaires et vie de l'Église primitive, Paris - Gembloux 1976, 265-288

Dodd, C. H.: The Parables of the Kingdom (1935), Nachdr. London 1952
- The Appearances of the Risen Christ. An Essay in Form-Criticism of the Gospels, Essays in Memory of R. H. Lightfoot, Oxford 1957, 9-35 = Die Erscheinungen des auferstandenen Christus. Ein Essay zur Formkritik der Evangelien (dt. Übers.): P. Hoffmann (Hg.), Überlieferung 297-330
- Historical Tradition in the Fourth Gospel, Cambridge 1963

Döring, K.: Der Sokrates der Platonischen Apologie und die Frage nach dem historischen Sokrates (Würzburger Jahrbücher N.F.; 13), Würzburg 1987, 75-94
- Sokrates: F. Ricken (Hg.), Philosophen der Antike, Bd. 1, UB 458, 1996, 178-193

Domagalski, B.: Waren die „Sieben" (Apg 6,1-7) Diakone?, BZ 26 (1982) 21-33

Dommershausen, W.: Art. דָּם, ThWAT 4, 1984, 538-547

Donfried, K. P.: Paul and Judaism. I Thessalonians 2:13-16 as a Test Case, Interp. 38 (1984) 242-253

Downing, F. G.: Christ and the Cynics. Jesus and Other Radical Preachers in First-Century-Tradition, Sheffield 1988
- Cynics and Christian Origins, Edinburgh 1992

Dschulnigg, P.: Rabbinische Gleichnisse und das Neue Testament. Die Gleichnisse der PesK im Vergleich mit den Gleichnissen Jesu und dem Neuen Testament, JudChr 12, 1988

Dunn, J. D. G.: Christology in the Making, London 1980
- The Evidence for Jesus, Philadelphia 1985

Dupont, J.: ΣΥΝ ΧΡΙΣΤΩΙ, Brügge 1952
- Ressuscité „Le Troisième Jour", Bib. 40 (1959) 742-761
- (Hg.): Jésus aux origines de la christologie (1975), BEThL 40, ²1989

Dupréel, E.: La légende socratique et les sources de Platon, Brüssel 1922

Ebeling, H. J.: Das Messiasgeheimnis und die Botschaft des Markusevangelisten, BZNW 19, 1939

Ebertz, M. N.: Das Charisma des Gekreuzigten. Zur Soziologie der Jesusbewegung, WUNT 45, 1987

Eckart, K.-G.: Der zweite echte Brief des Apostels Paulus an die Thessalonicher, ZThK 58 (1961) 30-44

Edwards, R. A.: A Theology of Q. Eschatology, Prophecy and Wisdom, Philadelphia, Pa. 1976

Egger, P.: „Crucifixus sub Pontio Pilato". Das „Crimen" Jesu von Nazareth im Spannungsfeld römischer und jüdischer Verwaltungs- und Rechtsstrukturen, NTA NF 32, 1997

Eichholz, G.: Gleichnisse der Evangelien, Neukirchen-Vluyn 1971

Ellis, E. E.: New Directions in Form Criticism, FS H. Conzelmann, Tübingen 1975, 299-315

Ennulat, A.: Die „Minor Agreements". Untersuchungen zu einer offenen Frage des synoptischen Problems, WUNT II,62, 1994

Erlemann, K.: Das Bild Gottes in den synoptischen Gleichnissen, BWANT 126, 1988
- Naherwartung und Parusieverzögerung im Neuen Testament. Ein Beitrag zur Frage religiöser Zeiterfahrung, TANZ 17, 1995

Ernst, J.: Anfänge der Christologie, SBS 57, 1972
- Herr der Geschichte. Perspektiven der lukanischen Eschatologie, SBS 88, 1978
- Das Evangelium nach Markus, Regensburg [(6)]1981 (RNT)
- Markus. Ein theologisches Porträt, Düsseldorf 1987 [2]1991
- Johannes der Täufer. Interpretation, Geschichte, Wirkungsgeschichte, BZNW 53, 1989
- War Jesus ein Schüler Johannes' des Täufers?, FS J. Gnilka, 1989, 13-33

Evans, C. A.: Authenticity Criteria in Life of Jesus Research, CScR 19 (1989) 6-31
- Life of Jesus Research. An Annotated Bibliography, NTTS 13, 1989, NTTS 24 [2]1996
- Noncanonical Writings and New Testament Interpretation, Peabody 1992
- Jesus and his Contemporaries, AGJU 25, 1995
- (Hg.): The Historical Jesus, BiSe 33, 1995

Falk, H.: Jesus the Pharisee. A New Look at the Jewishness of Jesus, New York - Mahwah 1985
Fallon, F. T. - Cameron, R.: The Gospel of Thomas. A Forschungsbericht and Analysis, ANRW II 25.6, 1988, 4195-4251
Fander, M.: Die Stellung der Frau im Markusevangelium, Münster 1989
Fascher, E.: Anastasis - Resurrectio - Auferstehung. Eine programmatische Studie zum Thema „Sprache und Offenbarung", ZNW 40 (1941) 166-229
Feneberg, R.: Abba-Vater. Eine notwendige Besinnung, KuI 3 (1988) 41-52
Feneberg, R. - Feneberg, W.: Das Leben Jesu im Evangelium, QD 88, 1988
Fiebig, P.: Der Menschensohn. Jesu Selbstbezeichnung mit besonderer Berücksichtigung des aramäischen Sprachgebrauchs für „Mensch", Tübingen 1901
- Altjüdische Gleichnisse und die Gleichnisse Jesu, Tübingen - Leipzig 1904
Fieger, M.: Das Thomasevangelium. Einleitung, Kommentar und Systematik, NTA 22, 1991
Figueras, P.: Decorated Jewish Ossuaries, DMOA 20, 1983
Finegan, J.: Die Überlieferung der Leidens- und Auferstehungsgeschichte Jesu, BZNW 15, 1934
- Handbook of Biblical Chronology, Princeton, NJ 1964
- The Archeology of the New Testament. The Life of Jesus and the Beginning of the Early Church (1969), Princeton, NJ [2]1992
Fischer, K. M.: Das Ostergeschehen, Göttingen [2]1980
Fischer, U.: Eschatologie und Jenseitserwartung im hellenistischen Diasporajudentum, BZNW 44, 1978
Fitzmyer, J. A.: The Gospel According to Luke, 2 Bde., AncB 28/28A, 1981 [2]1983/1985
Fleddermann, H. T.: Mark and Q. A Study of the Overlap Texts, BEThL 122, 1995
Floris, E.: Sous le Christ, Jésus. Méthode d'analyse référentielle appliquée aux Évangiles, Paris 1987
Flusser, D.: Jesus. In Selbstzeugnissen und Bilddokumenten dargestellt, RoMo 140, 1968
- Die letzten Tage Jesu in Jerusalem. Das Passionsgeschehen aus jüdischer Sicht. Bericht über neueste Forschungsergebnisse, Stuttgart 1982
- Jewish Sources in Early Christianity, New York 1987
- „Den Alten ist gesagt". Zur Interpretation der sog. Antithesen der Bergpredigt, Jud. 48 (1992) 35-39
- Jesus, Jerusalem 1997
Fotheringham, J. K.: The Evidence of Astronomy and Technical Chronology for the Date of the Crucifixion, JThS 35 (1934) 146-162
Fowl, S.: Reconstructing and Deconstructing the Quest of the Historical Jesus, SJTh 42 (1989) 319-333
France, R. T.: The Authenticity of Jesus' Sayings: C. Brown (Hg.), History, Criticism, and Faith, Downer's Grove, Ill. 1976, 101-143
France, R. T. - Wenham, D. - Blomberg, C. (Hg.): Gospel Perspectives, 6 Bde., Sheffield 1980-1986
Frank, E.: Talmudic and Rabbinical Chronology, New York 1956
Frankemölle, H.: Jahwebund und Kirche Christi, NTA NF 10, 1974
Freeman, G.: The Heavenly Kingdom. Aspects of Political Thought in the Talmud and Midrash, Lanham - New York 1986

Freyne, S.: The Geography, Politics, and Economics of Galilee and the Quest for the Historical Jesus: B. D. Chilton – C. A. Evans (Hg.), Jesus 75–121
Friedrichsen, T. A.: The Matthew-Luke Agreements against Mark: F. Neirynck (Hg.), L'Évangile de Luc – The Gospel of Luke, BEThL 32, ²1989, 335–392
Fuchs, A.: Aufwind für Deuteromarkus, SNTU.A 17 (1992) 55–76
Fuchs, E.: Die Frage nach dem historischen Jesus, ZThK 53 (1956) 210–229 = ders., Frage 143–167
– Das Zeitverständnis Jesu: ders., Frage 304–376
– Zur Frage nach dem historischen Jesus. GAufs. Bd. 3, Tübingen 1960
Fuller, R. H.: The Formation of the Resurrection Narratives, London – New York 1971
– The Double Commandment of Love. A Test Case for the Criteria of Authenticity: ders. (Hg.), Essays on the Love Commandment, Philadelphia 1978, 41–56
Fusco, V.: Tendances récentes dans l'interprétation des paraboles: J. Delorme (Hg.), Paraboles 19–60

Gager, J. G.: The Gospels and Jesus. Some Doubts about Method, JR 54 (1974) 244–272
Galling, K.: Die Nekropole von Jerusalem, PJ 32 (1936) 73–101
Gamber, K.: Jesus-Worte. Eine vorkanonische Logiensammlung im Lukas-Evangelium, BSPLi 9, 1983
Garland, D. E.: The Intention of Matthew 23, NT.S 52, 1979
Gemünden, P. v.: Vegetationsmetaphorik im Neuen Testament und seiner Umwelt. Eine Bildfelduntersuchung, NTOA 18, 1993
Georgi, D.: Die Gegner des Paulus im 2. Korintherbrief. Studien zur religiösen Propaganda in der Spätantike, WMANT 11, 1964
– Art. Leben-Jesu-Theologie/Leben-Jesu-Forschung, TRE 20, 1990, 566–575
Gerhardsson, B.: Der Weg der Evangelientradition: P. Stuhlmacher (Hg.), Das Evangelium und die Evangelien, WUNT 28, 1983, 79–102
Gieseler, J. C. L.: Historisch-kritischer Versuch über die Entstehung und die frühesten Schicksale der schriftlichen Evangelien, Leipzig 1818
Gigon, O.: Sokrates. Sein Bild in Dichtung und Geschichte (1947), Bern – München ²1979
Gleßmer, U.: Der 364-Tage-Kalender und die Sabbatstruktur seiner Schaltungen in ihrer Bedeutung für den Kult, FS K. Koch, Neukirchen-Vluyn 1991, 379–398
Gnilka, J.: Der Philipperbrief (1968), HThK X,3, ³1980
– Das Evangelium nach Markus, 2 Bde., EKK 2, 1978/1979
– Das Matthäusevangelium, 2 Bde., HThK 1, 1986/1988
– Jesus von Nazaret. Botschaft und Geschichte (HThK.S 3, 1990), Freiburg – Basel – Wien ³1994
– Zur Frage nach dem historischen Jesus, MThZ 44 (1993) 1–12
Goergen, D.: A Theology of Jesus, Bd. 1: The Mission and Ministry of Jesus, Wilmington, DE 1986
Gomperz, H.: Die sokratische Frage als geschichtliches Problem, HZ 129 (1924) 377–423 = A. Patzer (Hg.): Sokrates 184–224
Goodspeed, E. J.: Introduction to the New Testament, Chicago 1937
Goulet-Cazé, M.-O.: Le cynisme à l'époque impériale, ANRW II 36.4, 1990, 2720–2823
Gräßer, E.: Das Problem der Parusieverzögerung in den synoptischen Evangelien und in der Apostelgeschichte (1957), BZNW 22, ³1977
– Die Naherwartung Jesu, SBS 61, 1973
– Motive und Methoden der neueren Jesus-Literatur, VuF 18 (1973) 3–45
Graß, H.: Ostergeschehen und Osterberichte (1956), Göttingen ⁴1970
Greeven, H.: „Wer unter euch...?", WuD 3 (1952) 86–101 = W. Harnisch (Hg.), Gleichnisse 238–255
Guenther, H. O.: The Sayings Gospel Q and the Quest for Aramaic Sources. Rethinking Christian Origins, Semeia 55 (1992) 41–76

Güttgemanns, E.: Offene Fragen zur Formgeschichte des Evangeliums. Eine methodologische Skizze der Grundlagenproblematik der Form- und Redaktionsgeschichte (1970), BEvTh 54, ²1971

Gunkel, H.: Genesis (1901), HK I,1 ³1910 = ⁷1977
- Die Grundprobleme der israelitischen Literaturgeschichte (1906): ders., Reden und Aufsätze, Göttingen 1913, 29–38
- Die Psalmen (1929), HK II,2 ⁵⋅⁽²⁾1968

Gunkel, H. – Begrich, J.: Einleitung in die Psalmen, HK II ErgBd., 1933

Haacker, K.: Neutestamentliche Wissenschaft. Eine Einführung in Fragestellungen und Methoden (1981), Wuppertal ²1985

Hachlili, R.: The Goliath Family in Jericho: Funerary Inscriptions from a First-Century A.D. Jewish Monumental Tomb, BASOR 235 (1979) 31–66
- A Second Temple Period Jewish Necropolis in Jericho, BA 43 (1980) 235–240

Hachlili, R. – Killebrew, A.: Jewish Funerary Customs During the Second Temple Period, in the Light of Excavations at the Jericho Necropolis, PEQ 115 (1983) 109–139

Hachlili, R. – Smith, P.: The Genealogy of the Goliath Familiy, BASOR 235 (1979) 67–70

Haenchen, E.: Der Weg Jesu. Eine Erklärung des Markus-Evangeliums und der kanonischen Parallelen (1966), Berlin ²1968

Hagner, D. A.: The Jewish Reclamation of Jesus. An Analysis and Critique of the Modern Jewish Study of Jesus, Grand Rapids, Mich. 1984

Hahn, F.: Die Frage nach dem historischen Jesus und die Eigenart der uns zur Verfügung stehenden Quellen: ders. – W. Lohff – G. Bornkamm, Die Frage nach dem historischen Jesus, EvFo 2, 1962, 7–40
- Christologische Hoheitstitel. Ihre Geschichte im frühen Christentum (1963), FRLANT 83, ³1966, UTB 1873, Göttingen ⁵1995
- Die Frage nach dem historischen Jesus, TThZ 82 (1973) 193–205
- Der Apostolat im Urchristentum. Seine Eigenart und seine Voraussetzungen, KuD 20 (1974) 54–77
- Methodologische Überlegungen zur Rückfrage nach Jesus: K. Kertelge (Hg.), Rückfrage 11–77
- Die Rede von der Parusie des Menschensohnes Markus 13, FS A. Vögtle, Freiburg 1975, 240–266
- (Hg.): Zur Formgeschichte des Evangeliums, WdF 81, 1985
- (Hg.): Der Erzähler des Evangeliums. Methodische Neuansätze in der Markusforschung, SBS 118/119, 1985

Harbarth, A.: „Gott hat sein Volk heimgesucht". Eine form- und redaktionsgeschichtliche Untersuchung zu Lk 7,11–17: „Die Erweckung des Jünglings von Nain", Heidelberg 1977

Harnisch, W. (Hg.): Gleichnisse Jesu. Positionen der Auslegung von Adolf Jülicher bis zur Formgeschichte, WdF 367, 1982
- (Hg.): Die neutestamentliche Gleichnisforschung im Horizont von Hermeneutik und Literaturwissenschaft, WdF 575, 1982
- Die Gleichniserzählungen Jesu. Eine hermeneutische Einführung (1985), UTB 1343, Göttingen ³1995

Harris, W. V.: Ancient Literacy, Cambridge, Mass. 1989

Hartin, P. J.: James and the Q Sayings of Jesus, JSNT.S 47, 1991

Hartmann, L.: Auf den Namen des Herrn Jesus. Die Taufe in den neutestamentlichen Schriften, Stuttgart 1992

Harvey, V. A. – Ogden, S. M.: Wie neu ist die „Neue Frage nach dem historischen Jesus"?, ZThK 59 (1962) 46–87

Hase, K. A.: Das Leben Jesu als Grundlage einer reinen Geschichte des Urchristentums, Heidelberg 1828

Hasler, V.: Amen, Zürich 1969

Hauser, M.: Die Herrschaft Gottes im Markusevangelium, EHS 23,647 1998

Havelock, E. A.: The Evidence for the Teaching of Socrates, TPAPA 65 (1934) 282–295 = A. Patzer (Hg.): Sokrates 240–258
Havener, I.: Q. The Sayings of Jesus, Wilmington 1987
Hedrick, C. W.: The Tyranny of the Synoptic Jesus, Semeia 44 (1988) 1–8
Heekerens, H. P.: Die Zeichen-Quelle der johanneischen Redaktion, SBS 113, 1984
Heiligenthal, R.: Echte Jesusworte? Eine Einführung zur Kontroverse Klaus Berger versus Walter Schmithals, ZNT 1 (1998) 48f
Henaut, B. W.: Oral Tradition and the Gospels. The Problem of Mark 4, JSNT.S 82, 1993
Hengel, M.: Die Zeloten. Untersuchungen zur jüdischen Freiheitsbewegung in der Zeit von Herodes I. bis 70 n. Chr. (1961), AGJU 1, ²1976
– Maria Magdalena und die Frauen als Zeugen, FS O. Michel, Leiden – Köln 1963, 243–256
– Nachfolge und Charisma. Eine exegetisch-religionsgeschichtliche Studie zu Mt 8₂₁f. und Jesu Ruf in die Nachfolge, BZNW 34, 1968
– Judentum und Hellenismus (1969), WUNT 10, ³1989
– Der Sohn Gottes. Die Entstehung der Christologie und die jüdisch-hellenistische Religionsgeschichte, Tübingen ²1977
– Zwischen Jesus und Paulus. Die »Hellenisten«, die »Sieben« und Stephanus (Apg 6,1–15; 7,54–8,3), ZThK 72 (1975) 151–206
– Zur urchristlichen Geschichtsschreibung (1979), Stuttgart ²1984 (Calwer Paperback)
– Probleme des Markusevangeliums: P. Stuhlmacher (Hg.): Das Evangelium und die Evangelien. Vorträge vom Tübinger Symposium 1982, WUNT 28, 1983, 221–265
– Zur matthäischen Bergpredigt und ihrem jüdischen Hintergrund, ThR 52 (1987) 327–400
– The „Hellenization" of Judaea in the First Century after Christ, London – Philadelphia 1989
– Die johanneische Frage. Ein Lösungsversuch, WUNT 67, 1993
Hengel, M. – Deines, R.: E. P. Sanders' „Common Judaism", Jesus and the Pharisees, JThS NS 46 (1995) 1–70
Hengel, M. – Schwemer, A. M. (Hg.): Königsherrschaft Gottes und himmlischer Kult im Judentum, Urchristentum und in der hellenistischen Welt, WUNT 55, 1991
Herntrich, V.: Art. λεῖμμα κτλ A.B: Der griechische Sprachgebrauch. Der „Rest" im AT, ThWNT 4, 1943, 198–215
Hezser, C.: Lohnmetaphorik und Arbeitswelt in Mt 20,1–16. Das Gleichnis von den Arbeitern im Weinberg im Rahmen rabbinischer Lohngleichnisse, NTOA 15, 1990
Higgins, A. J. B.: The Son of Man in the Teaching of Jesus, MSSNTS 39, 1980
Hinz, W.: Chronologie des Lebens Jesu, ZDMG 139 (1989) 301–309
Hirsch, E.: Die Auferstehungsgeschichten und der christliche Glaube, Tübingen 1940
Hölscher, G.: Der Ursprung der Apokalypse Mrk 13, ThBl 12 (1933) 193–202
Hoffmann, P.: Die Toten in Christus. Eine religionsgeschichtliche und exegetische Untersuchung zur paulinischen Eschatologie (1966), NTA NF 2, ³1978
– Studien zur Theologie der Logienquelle (1972), NTA NF 8, ³1982
– Art. Auferstehung II,1: Auferstehung Jesu Christi. Neues Testament, TRE 4, 1979, 478–513
– Der Q-Text der Sprüche vom Sorgen. Mt 6,25–33/Lk 12,22–31. Ein Rekonstruktionsversuch, FS W. Pesch, Stuttgart 1986, 127–155 (SBS)
– (Hg.): Zur neutestamentlichen Überlieferung von der Auferstehung Jesu, WdF 522, 1988
– Jesus versus Menschensohn, FS A. Vögtle, Stuttgart 1991, 165–202
– Studien zur Frühgeschichte der Jesus-Bewegung, SBAB 17, 1994
Hoheisel, K.: Das antike Judentum in christlicher Sicht. Ein Beitrag zur neueren Forschungsgeschichte, StOR 2, 1978
Hollenbach, P. W.: The Conversion of Jesus. From Jesus the Baptizer to Jesus the Healer, ANRW II 25.1, 1982, 196–219
Holtz, T., Der erste Brief an die Thessalonicher, EKK 13, 1986
– Art. Jesus, EKL 2, ³1989, 824–831
Holtzmann, H. J.: Die synoptischen Evangelien. Ihr Ursprung und geschichtlicher Charakter, Leipzig 1863
– Das messianische Bewußtsein Jesu. Ein Beitrag zur Leben-Jesu-Forschung, Tübingen 1907
Horn, F. W.: Diakonische Leitlinien Jesu: G. K. Schäfer – T. Strohm (Hg.), Diakonie 109–126

- Christentum und Judentum in der Logienquelle, EvTh 51 (1991) 344-364
- Das Angel des Geistes. Studien zur paulinischen Pneumatologie, FRLANT 154, 1992
- Der Verzicht auf die Beschneidung im frühen Christentum, NTS 42 (1996) 479-505
- Die synoptischen Einlaßsprüche, ZNW 87 (1996) 187-203

Horsley, R. A. - Hanson, J. S.: Bandits, Prophets, and Messiahs. Popular Movements in the Time of Jesus, Minneapolis 1985

Horst, P. W. v. d.: Ancient Jewish Epitaphs. An Introductory Survey of a Millennium of Jewish Funerary Epigraphy (300 BCE - 700 CE) (Contributions to Biblical Exegesis & Theology; 2), Kampen 1991

Hunzinger, C.-H.: Unbekannte Gleichnisse Jesu aus dem Thomasevangelium, FS J. Jeremias, BZNW 26, 1960, 209-220
- Die Hoffnung angesichts des Todes im Wandel der paulinischen Aussagen, FS H. Thielicke, Tübingen 1968, 69-88

Husserl, E.: Cartesianische Meditationen: S. Strasser (Hg.), Husserliana. Gesammelte Werke Bd. 1, Haag 1950, 41-193

Iber, G.: Zur Formgeschichte der Evangelien, ThR NS 24 (1957/58) 283-338

Jacobs, L.: Art. Herrschaft Gottes/Reich Gottes III. Judentum, TRE 15, 1986, 190-196

Jacobson, A. D.: The First Gospel. An Introduction to Q, Sonoma 1992

Jeremias, J.: Jerusalem zur Zeit Jesu. Kulturgeschichtliche Untersuchung zur neutestamentlichen Zeitgeschichte, 1. Teil: Die wirtschaftlichen Verhältnisse (1923) ^{3}1962, 2. Teil: Die sozialen Verhältnisse B. Hoch und niedrig, 1937, Göttingen
- Der Ursprung der Johannestaufe, ZNW 28 (1929) 312-320
- Die Abendmahlsworte Jesu (1935), Göttingen ^{4}1967
- Die Gleichnisse Jesu (1947), Göttingen ^{10}1984
- Unbekannte Jesusworte (1948), AThANT 16, ^{4}1965
- Die Wiederentdeckung von Bethesda, Göttingen 1949, erw. engl. Ausg. The Rediscovery of Bethesda, Louisville, Ky. 1966
- Kennzeichen der ipsissima vox Jesu, FS A. Wikenhauser, München 1954, 86-93 = ders.: Abba 145-152
- Heiligengräber in Jesu Umwelt (Mt. 23,29; Lk. 11,47). Eine Untersuchung zur Volksreligion der Zeit Jesu, Göttingen 1958
- Abba: ders., Abba 15-67
- Abba. Studien zur neutestamentlichen Theologie und Zeitgeschichte, Göttingen 1966
- Neutestamentliche Theologie I. Die Verkündigung Jesu (1971), Gütersloh ^{4}1988
- Die Sprache des Lukasevangeliums, 1980 (KEK Sonderband)

Jewett, R.: A Chronology of Paul's Life, Philadelphia 1979 = ders., Dating Paul's Life, London 1979 = ders., Paulus-Chronologie. Ein Versuch (dt. Übers.), München 1982

Joël, K.: Der echte und der xenophontische Sokrates, 3 Bde., Berlin 1893-1901

Jonge, M. d. (Hg.): L'Évangile de Jean. Sources, rédaction, théologie, BEThL 44, 1977

Joüon, P.: L'Évangile de Notre-Seigneur Jésus-Christ, VSal.NT 5, 1930
- Le costume d'Elie et celui de Jean Baptiste. Etude lexicographique, Bib. 16 (1935) 74-81

Jülicher, A.: Die Gleichnisreden Jesu (2 Bde. ^{3}1910), Nachdr. Darmstadt 1963

Käsemann, E.: Das Problem des historischen Jesus, ZThK 51 (1954) 125-153 = ders., Exegetische Versuche und Besinnungen, Bd. 1, Göttingen ^{6}1970, 187-214
- Die neue Jesus-Frage: J. Dupont (Hg.), Jésus 47-57

Karrer, M.: Die Johannesoffenbarung als Brief. Studien zu ihrem literarischen, historischen und theologischen Ort, FRLANT 140, 1986

Kasting, H.: Die Anfänge der urchristlichen Mission, BEvTh 55, 1969

Kearns, R.: Vorfragen zur Christologie, Bd. 1 Morphologische und Semasiologische Studie zur Vorgeschichte eines christologischen Hoheitstitels, 1978, Bd. 2 Überlieferungsgeschichtliche und Rezeptionsgeschichtliche Studie zur Vorgeschichte eines christologischen Hoheitstitels,

1980, Bd. 3 Religionsgeschichtliche und Traditionsgeschichtliche Studie zur Vorgeschichte eines christologischen Hoheitstitels, 1982, Tübingen
– Das Traditionsgefüge um den Menschensohn. Ursprünglicher Gehalt und älteste Veränderung im Urchristentum, Tübingen 1986
Kelber, W. H.: Markus und die mündliche Tradition, LingBibl 45 (1979) 5–58
– The Oral and the Written Gospel, Philadelphia 1983
– Die Anfangsprozesse der Verschriftlichung im Frühchristentum, ANRW II 26.1, 1992, 3–62
Kerner, J.: Die Ethik der Johannes-Apokalypse im Vergleich mit der des 4. Esra. Ein Beitrag zum Verhältnis von Apokalyptik und Ethik, BZNW 94, 1998
Kertelge, K.: Apokalypsis Jesou Christou, FS R. Schnackenburg, Freiburg 1974, 266–281
– Die Überlieferung der Wunder Jesu und die Frage nach dem historischen Jesus: ders. (Hg.), Rückfrage 174–193
– (Hg.): Rückfrage nach Jesus. Zur Methodik und Bedeutung der Frage nach dem historischen Jesus, QD 63, 1974
– Das Doppelgebot der Liebe im Markusevangelium, FS J. Dupont, Paris 1985, 303–332
– (Hg.): Das Gesetz im Neuen Testament, QD 108, 1986
– (Hg.): Der Prozeß gegen Jesus. Historische Rückfrage und theologische Deutung, QD 112, 1988
Kierkegaard, S.: Über den Begriff der Ironie mit ständiger Rücksicht auf Sokrates, dt. Übers. v. Om Begrebet Ironi med stadigt Hensyn til Socrates (1842), Frankfurt 1976
Kiilunen, J.: Das Doppelgebot der Liebe in synoptischer Sicht, Helsinki 1989
Kim, S.: „The ‚Son of Man' " as the Son of God, WUNT 30, 1983
Kistemaker, S. J.: The Parables of Jesus, Grand Rapids, Mich. 1980
Klauck, H. J.: Allegorie und Allegorese in synoptischen Gleichnistexten, NTA 13, ^{2}1986
Klausner, J.: Jesus von Nazareth. Seine Zeit, sein Leben und seine Lehre, Jerusalem ^{3}1952
Klein, G.: Art. Eschatologie IV, TRE 10, 1982, 270–299
Kloppenborg, J. S.: Tradition and Redaction in the Synoptic Sayings Source, CBQ 46 (1984) 34–62
– The Formation of Q. Trajectories in Ancient Wisdom Collections, Philadelphia 1987 (Studies in Antiquity and Christianity)
– Q Parallels, Sonoma 1988
Koch, D.-A.: Die Bedeutung der Wundererzählungen für die Christologie des Markusevangeliums, BZNW 42, 1975
– Die Schrift als Zeuge des Evangeliums. Untersuchungen zur Verwendung und zum Verständnis der Schrift bei Paulus, BHTh 69, 1986
Koch, K.: Was ist Formgeschichte? Methoden der Bibelexegese (1964), Neukirchen-Vluyn ^{5}1989
– Reichen die formgeschichtlichen Methoden für die Gegenwartsaufgaben der Bibelwissenschaft zu?, ThLZ 98 (1973) 801–814
– Sabbatstruktur der Geschichte, ZAW 95 (1983) 403–430
Koch, T.: Albert Schweitzers Kritik des christologischen Denkens – und die sachgemäße Form einer gegenwärtigen Beziehung auf den geschichtlichen Jesus, ZThK 73 (1976) 208–240
Köster, H.: Art. Formgeschichte/Formkritik II. Neues Testament, TRE 11, 1983, 286–299
– (Koester, H.): Ancient Christian Gospels. Their History and Development, London – Philadelphia 1990
Koffmahn, E.: Die Doppelurkunden aus der Wüste Juda. Recht und Praxis der jüdischen Papyri des 1. und 2. Jahrhunderts n. Chr. samt Übertragung der Texte und deutscher Übersetzung, StTDJ 5, 1968
Kollmann, B.: Ursprung und Gestalten der frühchristlichen Mahlfeier, GTA 43, 1990
– Lk 12,35–38 – Ein Gleichnis der Logienquelle, ZNW 81 (1990) 254–261
– Jesu Schweigegebote an die Dämonen, ZNW 82 (1991) 267–273
– Das Schwurverbot Mt 5,33–37 / Jak 5,12 im Spiegel antiker Eidkritik, BZ 40 (1996) 179–193
– Jesus und die Christen als Wundertäter. Studien zu Magie, Medizin und Schamanismus in Antike und Christentum, FRLANT 170, 1996
Kosch, D.: Die eschatologische Tora des Menschensohnes. Untersuchungen zur Rezeption der Stellung Jesu zur Tora in Q, NTOA 12, 1989

- Q. Rekonstruktion und Interpretation, FZPhTh 36 (1989) 409-425
Kramer, W.: Christos Kyrios Gottessohn, AThANT 44, 1963
Krauss, S.: Talmudische Archäologie, 3 Bde., Leipzig 1910-1912
Kremer, J.: Das älteste Zeugnis von der Auferstehung Christi. Eine bibeltheologische Studie zur Aussage und Bedeutung von 1 Kor 15,1-11, SBS 17, 1966
- Die Methoden der historisch-kritischen Evangelienforschung und die Frage nach Jesus von Nazareth, BiLi 46 (1973) 83-91
Kretschmar, G.: Art. Abendmahl III,1. Alte Kirche, TRE 1, 1977, 59-89
- Art. Abendmahlsfeier I. Alte Kirche, TRE 1, 1977, 229-278
Kretzer, A.: Die Herrschaft der Himmel und die Söhne des Reiches, SBM 10, 1971
Kümmel, W. G.: Verheißung und Erfüllung. Untersuchungen zur eschatologischen Verkündigung Jesu (1945), Zürich ²1953
- Die Naherwartung in der Verkündigung Jesu, FS R. Bultmann, Tübingen 1964, 31-46 = ders., Heilsgeschehen I 457-470
- Heilsgeschehen und Geschichte, Bd. 1: Gesammelte Aufsätze 1933-1964, MThSt 3, 1965, Bd. 2: Gesammelte Aufsätze 1965-1976, MThSt 16, 1978
- Die Weherufe über die Schriftgelehrten und Pharisäer Mt 23,13-36: W. Eckert – N. P. Levinson – M. Stöhr (Hg.), Antijudaismus im Neuen Testament?, ACJD 2, 1967, 135-147
- Die Theologie des Neuen Testaments nach seinen Hauptzeugen Jesus – Paulus – Johannes, GNT 3, 1969
- Einleitung in das Neue Testament (1972), Heidelberg ²⁰1980
- Jesu Antwort an Johannes den Täufer. Ein Beispiel zum Methodenproblem in der Jesusforschung, SbWGF 11, 1974, 129-159 = ders., Heilsgeschehen II 177-200
- Dreißig Jahre Jesusforschung (1950-1980), BBB 60, 1985
- Jesusforschung seit 1981, I: ThR 53 (1988) 229-249, II: ThR 54 (1989) 1-53, III: ThR 55 (1990) 21-45
- Vierzig Jahre Jesusforschung (1950-1990), BBB 91, ²1994
Künzi, M.: Das Naherwartungslogion Markus 9,1 par. Geschichte seiner Auslegung mit einem Nachwort zur Auslegungsgeschichte von Markus 13,30 par., BGBE 21, 1977
Künzl, H.: Die archäologischen Funde aus der Zeit des Frühjudentums und ihre religionsgeschichtliche Bedeutung: J. Maier – H. Schreiner (Hg.): Literatur und Religion des Frühjudentums. Eine Einführung, Würzburg 1973, 414-437.461-465
Kuhn, G.: Beiträge zur Erklärung des Buches der Weisheit, ZNW 28 (1929) 334-341
Kuhn, H.-W.: Ältere Sammlungen im Markusevangelium, StUNT 8, 1971
- Nachfolge nach Ostern, FS G. Bornkamm, Tübingen 1980, 105-132
- Die Kreuzesstrafe während der frühen Kaiserzeit. Ihre Wirklichkeit und Wertung in der Umwelt des Urchristentums, ANRW II 25.1, 1982, 648-793
- Art. Kreuz II. Neues Testament und frühe Kirche (bis vor Justin), TRE 19, 1990, 713-725
Kuhnen, H.-P.: Nordwest-Palästina in hellenistisch-römischer Zeit. Bauten und Gräber im Karmelgebiet (Quellen und Forschungen zur prähistorischen und provinzialrömischen Archäologie; 1), Weinheim 1987

Lambrecht, J.: Die Redaktion der Markus-Apokalypse, AnBib 28, 1967
Lampe, P.: Das Spiel mit dem Petrus-Namen – Mt 16,18, NTS 25 (1978/79) 227-245
Lang, M.: Johannes und die Synoptiker. Eine redaktionsgeschichtliche Analyse von Joh 18-20 vor dem markinischen und lukanischen Hintergrund, FRLANT 182, 1999
Lange, A.: Weisheit und Prädestination, StTDJ 18, 1995
- Art. Qumran 1, TRE 28, 1997, 45-65
Lange, J.: Das Erscheinen des Auferstandenen im Evangelium nach Matthäus. Eine traditions- und redaktionsgeschichtliche Untersuchung zu Mt 28,16-20, FzB 11, 1073
Lannert, B.: Die Wiederentdeckung der neutestamentlichen Eschatologie durch Johannes Weiß, TANZ 2, 1989
Laperrousaz, E.-M.: L'attente du Messie en Palestine à la veille et au début de l'ère chrétienne. A la lumière des documents récemment découverts, Paris 1982
Latourelle, R.: Critères d'authenticité historique des Évangiles, Gr. 55 (1974) 609-638

Laudert-Ruhm, G.: Jesus von Nazareth. Das gesicherte Basiswissen. Daten, Fakten, Hintergründe, Stuttgart 1996
Laufen, R.: Die Doppelüberlieferungen der Logienquelle und des Markusevangeliums, BBB 54, 1980
Le Déaut, R.: La nuit pascale. Essai sur la signification de la Paque juive à partir du Targum d' Exode XII 42 (1963), AnBib 22, Nachdr. 1975
Légasse, S.: Le baptême administré par Jésus (Jn 3,22-26; 4,1-3) et l'origine du baptême chrétien, BLE 78 (1977) 3-30
Lehmann, K.: Auferweckt am dritten Tag nach der Schrift. Früheste Christologie, Bekenntnisbildung und Schriftauslegung im Lichte von 1 Kor. 15,3-5, QD 38, 1968
Lehmann, M.: Synoptische Quellenanalyse und die Frage nach dem historischen Jesus. Kriterien der Jesusforschung untersucht in Auseinandersetzung mit Emanuel Hirschs Frühgeschichte des Evangeliums, BZNW 38, 1970
Lehnardt, T.: Der Gott der Welt ist unser König. Zur Vorstellung von der Königsherrschaft Gottes im Shema und seinen Benediktionen: M. Hengel - A. M. Schwemer (Hg.), Königsherrschaft 285-307
Leiner, M.: Psychologie und Exegese. Grundfragen [sic!] einer textpsychologischen Exegese des Neuen Testaments, Gütersloh 1995
Lémonon, J.-P.: Pilate et le gouvernement de la Judée. Textes et documents, Paris 1981 (EtB)
Lentzen-Deis, F.: Kriterien für die historische Beurteilung der Jesusüberlieferung in den Evangelien: K. Kertelge (Hg.), Rückfrage 78-117
Léon-Dufour, X.: Et là, Jésus baptisait (Jn 3,22): FS E. Tisserant, Bd. 1: Écriture Sainte - Ancien Orient, StT 231, 1964, 295-309
Leroy, H.: Jesus. Überlieferung und Deutung (1978), EdF 95, [2]1989
Lichtenberger, H.: Täufergemeinden und frühchristliche Täuferpolemik im letzten Drittel des ersten Jahrhunderts, ZThK 84 (1987) 36-57
Lieberman, S.: Greek in Jewish Palestine, New York [2]1965
Lietzmann, H.: Messe und Herrenmahl. Eine Studie zur Geschichte der Liturgie, AKG 8, [3]1955
Lightfoot, J. B.: St. Paul's Epistles to the Colossians and to Philemon, Grand Rapids [3]1879
Limbeck, M. (Hg.): Redaktion und Theologie des Passionsberichtes nach den Synoptikern, WdF 481, 1981
Lindars, B.: Jesus Son of Man. A Fresh Examination of the Son of Man Sayings in the Gospels in the Light of Recent Research, London 1983
Lindemann, A.: Zur Gleichnisinterpretation im Thomas-Evangelium, ZNW 71 (1980) 214-243
- Die Gemeinde von „Kolossä". Erwägungen zum „Sitz im Leben" eines pseudopaulinischen Briefes, WuD 16 (1981) 111-134
- Die Kinder und die Gottesherrschaft. Markus 10,13-16 und die Stellung der Kinder in der späthellenistischen Gesellschaft und im Urchristentum, WuD 17 (1983) 77-104
- Art. Herrschaft Gottes/Reich Gottes IV. Neues Testament und spätantikes Judentum, TRE 15, 1986, 196-218
Lindeskog, G.: Die Jesusfrage im neuzeitlichen Judentum. Ein Beitrag zur Geschichte der Leben-Jesu-Forschung, AMNSU 8, 1938
Linnemann, E.: Gleichnisse Jesu. Einführung und Auslegung (1961), Göttingen [7]1978
- Jesus und der Täufer, FS E. Fuchs, Tübingen 1973, 219-236
Loader, W. R. G.: Jesus' Attitude towards the Law. A Study of the Gospels, WUNT II,97, 1997
Lohfink, G.: Die Himmelfahrt Jesu, StANT 26, 1971
- Der Ursprung der christlichen Taufe, ThQ 156 (1976) 35-54
Lohmeyer, E.: Galiläa und Jerusalem, FRLANT 34, 1936
Lohse, E.: Die Frage nach dem historischen Jesus in der gegenwärtigen neutestamentlichen Forschung, ThLZ 87 (1962) 161-174
- „Ich aber sage euch". Der Ruf Jesu und die Antwort der Gemeinde, FS J. Jeremias, Göttingen 1970, 189-203 = ders., Die Einheit des Neuen Testaments, Göttingen [2]1973, 73-87
Longenecker, R. N.: Literary Criteria in Life of Jesus Research. An Evaluation and Proposal, FS M. C. Tenney, Grand Rapids 1975, 217-229

Lord, A. B.: Formula and Non-Narrative Theme in South Slavic Oral Epic and the Old Testament, Semeia 5 (1976) 93-106
Luck, U.: Die Bekehrung des Paulus und das Paulinische Evangelium, ZNW 76 (1985) 187-208
Lüdemann, G.: Paulus, der Heidenapostel, Bd. I: Studien zur Chronologie, FRLANT 123, 1980, Bd. II: Antipaulinismus im frühen Christentum, FRLANT 130, 1983
- Paulus und das Judentum, TEH 215, 1983
- Die Auferstehung Jesu, Göttingen 1994
- Der große Betrug und was Jesus wirklich sagte und tat, Lüneburg 1998
Lüdemann, H.: Die Anthropologie des Apostels Paulus und ihre Stellung innerhalb seiner Heilslehre. Nach den vier Hauptbriefen, Kiel 1872
Lührmann, D.: Die Redaktion der Logienquelle, WMANT 33, 1969
- Liebet eure Feinde (Lk 6,27-36/Mt 5,39-48), ZThK 69 (1972) 412-438
- Biographie des Gerechten als Evangelium. Vorstellungen zu einem Markus-Kommentar, WuD 14 (1977) 25-50
- Die Frage nach Kriterien für ursprüngliche Jesusworte. Eine Problemskizze: J. Dupont (Hg.), Jésus 59-72
- Der Brief an die Galater, ZBK.NT 7, 1978
- Tage, Monate, Jahreszeiten, Jahre (Gal 4,10): FS C. Westermann, Göttingen - Neukirchen-Vluyn 1980, 428-445
- Die Pharisäer und die Schriftgelehrten im Markusevangelium, ZNW 78 (1987) 169-185
- Das Markusevangelium, HNT 3, 1987
Luz, U.: Das Geheimnismotiv und die markinische Christologie, ZNW 56 (1965) 9-30
- Die Erfüllung des Gesetzes bei Matthäus, ZThK 75 (1978) 398-435
- Das Evangelium nach Matthäus, Bd. 1: Mt 1 - 7 (1985), ³1992, Bd. 2: Mt 8 - 17, 1990, Bd. 3: Mt 18 - 25, 1997, EKK 1

Magalhães-Vilhena, V. d.: Le problème de Socrate, Paris 1952
Mahler, E.: Handbuch der jüdischen Chronologie, Leipzig 1916 (GGJ)
Maier, H.: Sokrates (1913), Nachdr. Aalen 1964
Maier, J.: Jesus von Nazareth in der talmudischen Überlieferung (1978), EdF 82, ²1992
- Shire ʿolat hash-Shabbat: J. Trebolle - L. Vegas Montaner (Hg.), The Madrid Qumran Congress. Proceedings of the International Congress on the Dead Sea Scrolls, Madrid 18-21 March 1991, 2 Bde., Leiden 1992, Bd. 2, 561-570
Marguerat, D. (Hg.): Jésus de Nazareth. Nouvelles approches d'une énigme, MoBi 38, 1998
Marmorstein, A.: Jüdische Archäologie und Theologie, ZNW 32 (1933) 32-41
Marxsen, W.: Der Evangelist Markus. Studien zur Redaktionsgeschichte des Evangeliums (1956), FRLANT 67, ²1959
- Die Auferstehung Jesu als historisches und theologisches Problem (1964), Gütersloh ²1965
- Die Auferstehung Jesu von Nazareth, Gütersloh 1968
Mason, S.: Flavius Josephus on the Pharisees, StPB 39, 1991
Matera, F. J.: The Trial of Jesus. Problems and Proposals, Interp. 45 (1991) 5-16
Mattern, L.: Das Verständnis des Gerichtes bei Paulus, AThANT 47, 1966
Mayer, G.: Die jüdische Frau in der hellenistisch-römischen Antike, Stuttgart 1987
- Art. Midrasch/Midraschim, TRE 22, 1992, 734-744
- Die herrschende Titulatur Gottes bei Philo von Alexandria: FS H. Schreckenberg, SIJD 1, 1993, 293-302
McArthur, H. K.: The Burden of Proof in Historical Jesus Research, ET 82 (1970/71) 116-119
- "On the Third Day". (1 Cor 15,4b and Rabbinic Interpretation of Hosea 6,2), NTS 18 (1971/72) 81-86 = „Am dritten Tag". 1 Kor 15,4b und die rabbinische Interpretation von Hosea 6,2 (dt. Übers.): P. Hoffmann (Hg.), Überlieferung 194-202
McEleney, N. J.: Authenticating Criteria and Mark 7:1-23, CBQ 34 (1972) 431-460
McRay, J.: Archaeology and the New Testament (1991), Grand Rapids, Mich. ³1999
Meadors, E. P.: Jesus the Messianic Herald of Salvation, WUNT II,72, 1995
Mealand, D. L.: The Dissimilarity Test, SJTh 31 (1978) 41-50
Meier, J. P.: Law and History in Matthew's Gospel, AnBib 71, 1976

- A Marginal Jew. Rethinking the Historical Jesus, Bd. 1: The Roots of the Problem and the Person, Bd. 2: Mentor, Message, and Miracles, New York 1991/94
Meinertz, M.: „Dieses Geschlecht" im Neuen Testament, BZ 1 (1957) 283–289
Meißner, S.: Die Heimholung des Ketzers. Studien zur jüdischen Auseinandersetzung mit Paulus, WUNT II,87, 1996
Mell, U.: Die „anderen" Winzer, WUNT 77, 1994
- Gehört das Vater-Unser zur authentischen Jesustradition?, BThZ 11 (1994) 148–180
Merkel, H.: Die Gottesherrschaft in der Verkündigung Jesu: M. Hengel – A. M. Schwemer (Hg.), Königsherrschaft 119–161
Merklein, H.: Die Gottesherrschaft als Handlungsprinzip. Untersuchung zur Ethik Jesu (1978), fzb 34, ³1984
- Jesu Botschaft von der Gottesherrschaft, SBS 111, ²1989
- Die Einheitlichkeit des ersten Korintherbriefes, ZNW 75 (1984) 153–183 = ders., Studien zu Jesus und Paulus, WUNT 43, 1987, 345–375
Merz, A.: Jesus als Wundertäter: Konturen, Perspektiven, Deutungen, ZNT 1 (1998) 40–47
Meshorer, Y.: Jewish Coins of the Second Temple Period, aus dem Hebräischen übers. v. I. H. Levine, Tel-Aviv 1967
Meurer, H.-J.: Die Gleichnisse Jesu als Metaphern. Paul Ricoeurs Hermeneutik der Gleichniserzählung Jesu im Horizont des Symbols „Gottesherrschaft/Reich Gottes", BBB 111, 1997
Meyer, R.: Der Prophet aus Galiläa. Studie zum Jesusbild der drei ersten Evangelien (1940), Nachdr. Darmstadt 1970
Meyers, E. M.: Jewish Ossuaries: Reburial and Rebirth. Secondary Burials in Their Ancient Near Eastern Setting, BibOr 24, 1971
- Jesus und seine galiläische Lebenswelt, ZNT 1 (1998) 27–39
Meyers, E. M. – Strange, J. F.: Archaeology, the Rabbis and Early Christianity, Nashville, Tenn. 1981, London 1981
Michaelis, W.: Notwendigkeit und Grenze der Erörterung von Echtheitsfragen innerhalb des Neuen Testaments, ThLZ 77 (1952) 397–402
Michel, D.: Art. Armut II. Altes Testament, TRE 4, 1979, 72–76
Michel, H.-J.: Die Abschiedsrede des Paulus an die Kirche Apg 20,17–38, StANT 35, 1973
Milikowsky, C.: The Status Quaestionis of Research in Rabbinic Literature, JJS 39 (1988) 201–211
Miyoshi, M.: Der Anfang des Reiseberichts Lk 9,51 – 10,24, AnBib 60, 1974
Moore, G. F.: Simeon the Righteous, GS I. Abrahams, New York 1927, 348–364
Moule, C. F. D.: The Origin of Christology, Cambridge 1977
Müller, H.-P.: Art. Formgeschichte/Formkritik I. Altes Testament, TRE 11, 1983, 271–285
Müller, K.: Möglichkeit und Vollzug jüdischer Kapitalgerichtsbarkeit im Prozeß gegen Jesus von Nazareth: K. Kertelge (Hg.), Prozeß 41–83
Müller, M.: Der Ausdruck „Menschensohn" in den Evangelien. Voraussetzungen und Bedeutung, AThD 17, 1984
Müller, P.: Neue Trends in der Jesusforschung, ZNT 1 (1998) 2–16
Müller, U. B.: Vision und Botschaft. Erwägungen zur prophetischen Struktur der Verkündigung Jesu, ZThK 74 (1977) 416–448
Münchow, C.: Ethik und Eschatologie. Ein Beitrag zum Verständnis der frühjüdischen Apokalyptik mit einem Ausblick auf das Neue Testament, Göttingen 1981
Muhlack, G.: Die Parallelen von Lukas-Evangelium und Apostelgeschichte, TW 8, 1979
Murphy-O'Connor, J.: The Divorced Woman in 1 Cor 7:10–11, JBL 100 (1981) 601–606
Mußner, F. (und Mitarbeiter): Methodologie der Frage nach dem historischen Jesus: K. Kertelge (Hg.), Rückfrage 118–147
- Der Galaterbrief (1974), HThK 9, ⁴1981
- Glaubensüberzeugung gegen Glaubensüberzeugung. Bemerkungen zum Prozeß Jesu: ders.: Die Kraft der Wurzel. Judentum – Jesus – Kirche, Freiburg i. Br. 1987, 125–136

Natorp, P.: Ueber Sokrates, PhM 30 (1894) 337–370 = A. Patzer (Hg.): Sokrates 59–90
Nebe, G.: Prophetische Züge im Bilde Jesu bei Lukas, BWANT 127, 1989

Neirynck, F.: John and the Synoptics: M. d. Jonge (Hg.): L'Évangile 71–106
- Q^{Mt} and Q^{Lk} and the Reconstruction of Q, EThL 66 (1990) 385–390 = ders., Evangelica II 475–480
- The Minor Agreements in a Horizontal-Line Synopsis, Leuven 1991
- The Minor Agreements and the Two-Source Theory: G. Strecker (Hg.), Agreements 25–63 = ders., Evangelica II 3–42
- Evangelica II. 1982–1991 Collected Essays, BEThL 99, 1991
- John and the Synoptics: 1975–1990: A. Denaux (Hg.), John 3–62
- The Minor Agreements and Q: R. A. Piper (Hg.), The Gospel Behind the Gospels. Current Studies on Q, NT.S 75, 1994, 49–72

Neirynck, F. u.a.: Jean et les Synoptiques. Examen critique de l'exégèse de M.-É. Boismard, BEThL 49, 1979

Neusner, J.: The Rabbinic Traditions about the Pharisees before 70, 3 Bde., Leiden 1971
- From Politics to Piety. The Emergence of Pharisaic Judaism (1973), New York ²1979
- Form-Analysis and Exegesis: A Fresh Approach to the Interpretation of Mishnah. With Special Reference to Mishnah-Tractate Makhshirin, Minneapolis 1980
- Judaism in the Beginning of Christianity, Philadelphia 1984

Nevius, R. C.: The Divine Names in St. Mark, Salt Lake City 1964

Newsom, C. A.: „Sectually Explicit" Literature from Qumran: W. H. Propp (Hg.), The Hebrew Bible and its Interpreters, Winona Lake 1990, 167–187

Nickelsburg, G. W. E.: Resurrection, Immortality and Eternal Life in Intertestamental Judaism, HThS 26, 1972

Niederwimmer, K.: Jesus, Göttingen 1968
- Die Didache, KAV 1, 1989

Nielsen, H. K.: Kriterien zur Bestimmung authentischer Jesusworte, SNTU.A 4 (1979) 5–26

Nissen, A.: Gott und der Nächste im antiken Judentum, WUNT 15, 1974

Nitzan, B.: Qumran Prayer and Religious Poetry, Leiden 1994

Nordheim, E. v.: Die Lehre der Alten, Bd. 1: Das Testament als Literaturgattung im Judentum der hellenistisch-römischen Zeit, ALGHJ 13, 1980, Bd. 2: Das Testament als Literaturgattung im Alten Testament und im Alten Vorderen Orient, ALGHJ 18, 1985

Nordsieck, R.: Reich Gottes – die neue Welt. Jesu eigene Botschaft unter Einbeziehung des Thomas-Evangeliums, Neukirchen-Vluyn 1994

Noth, M.: Die Welt des Alten Testaments. Einführung in die Grenzgebiete der alttestamentlichen Wissenschaft (1940), STö.H 3, ⁴1962

Nützel, J. M.: Zum Schicksal der eschatologischen Propheten, BZ NS 20 (1976) 59–94

O'Brien, P. T.: The Epistle to the Philippians. A Commentary on the Greek Text, Grand Rapids, Mich. 1991 (NIGTC)

Oepke, A.: Art. βάπτω κτλ, ThWNT 1, ²1949, 527–544
- Art. ἐγείρω κτλ, ThWNT 2 (1935), ²1950, 332–337

Ong, W. J.: Orality and Literacy. The Technologizing of the Word, London 1983 (mit Nachdr.) = Oralität und Literalität. Die Technologisierung des Wortes (dt. Übers.), Opladen 1987

Otto, R.: Leben und Wirken Jesu nach historisch-kritischer Auffassung. Vorträge (1902), Göttingen ⁴1905
- Reich Gottes und Menschensohn. Ein religionsgeschichtlicher Versuch (1934), München ²1954

Parente, F.: *Talah 'al 'eṣ*. Una norma di diritto penale (Deut. 21.22-23) ed i suoi riflessi nella tradizione evangelica, SCO 27 (1977) 79–136

Parker, R. A. – Dubberstein, W. H.: Babylonian Chronology 626 B.C.– A.D. 72, Providence 1956

Parry, M.: Serbocroatian Heroic Songs, 2 Bde., Cambridge 1953/54

Patterson, S. J.: The Gospel of Thomas and Jesus, Sonoma, CA 1993

Patzer, A. (Hg.): Der historische Sokrates, WdF 585, 1987
- Sokrates als Philosoph: ders. (Hg.): Sokrates 434–452

Paulus, H. E. G.: Das Leben Jesu als Grundlage einer reinen Geschichte des Urchristentums, 2 Bde., Heidelberg 1828

Payne, P. B.: The Authenticity of the Parables of Jesus: R. T. France – D. Wenham (Hg.), Perspectives II, 1981, 329–344
Pearson, B. A.: 1Thessalonians 2,13–16. A Deutero-Pauline Interpolation, HThR 64 (1971) 79–94
Pelletier, M.: Les Pharisiens. Histoire d'un parti méconnu, Paris 1989
Perrin, N.: Rediscovering the Teaching of Jesus, New York 1967 = London 1967 = ders., Was lehrte Jesus wirklich? Rekonstruktion und Deutung (dt. Übers.), Göttingen 1972
– The Resurrection Narratives. A New Approach, London 1977
Pesch, R.: Naherwartungen. Tradition und Redaktion in Mk 13, Düsseldorf 1968 (KBANT)
– „Sei getrost, kleine Herde" (Lk 12,32). Exegetische und ekklesiologische Erwägungen: K. Färber (Hg.), Krise der Kirche – Chance des Glaubens. Die „Kleine Herde" heute und morgen, Frankfurt a.M. 1968, 85–118
– Zur Entstehung des Glaubens an die Auferstehung Jesu, ThQ 153 (1973) 201–228
– Der Schluß der vormarkinischen Passionsgeschichte und des Markus. Mk 15,42 – 16,8: M. Sabbe (Hg.), L'Évangile selon Marc. Tradition et rédaction, BEThL 34, 1974, 365–409
– Die Überlieferung der Passion Jesu: K. Kertelge (Hg.), Rückfrage 148–173
– Das Markus-Evangelium. I. Teil: Einleitung und Kommentar zu Kap. 1,1 – 8,26 (1976), ^{5}1989, II. Teil: Kommentar zu Kap. 8,27 – 16,20 (1977), ^{3}1984, HThK 2
– Markus 13: J. Lambrecht (Hg.), L'Apocalypse johannique et l'Apocalyptique dans le Nouveau Testament, BEThL 53, 1980, 355–368
– Die Apostelgeschichte, 2 Bde., EKK 5, 1986
– Der Prozeß Jesu geht weiter, Freiburg 1988
Pohlenz, M.: Die Stoa. Geschichte einer geistigen Bewegung, 2 Bde. (1948/49), Göttingen ^{4}1971/72
Pokorný, P.: Die Entstehung der Christologie. Voraussetzungen einer Theologie des Neuen Testaments, Stuttgart 1985
Polag, A.: Die Christologie der Logienquelle, WMANT 45, 1977
– Fragmenta Q. Textheft zur Logienquelle, Neukirchen-Vluyn 1979
Polkow, D.: Method and Criteria for Historical Jesus Research, SBL.SPS 26, 1987, 336–356
Porter, S. E.: The Criteria for Authenticity in Historical-Jesus Research. Previous Discussion and New Proposals, JSNT.S 191, 2000

Quispel, G.: Makarius, das Thomasevangelium und das Lied von der Perle, NT.S 15, 1967

Rabin, C.: Hebrew and Aramaic in the First Century: S. Safrai – M. Stern (Hg.), The Jewish People in the First Century, Bd. 2, CRI I,2, 1987, 1007–1039
Räisänen, H.: Das „Messiasgeheimnis" im Markusevangelium, Helsinki 1976
– Exorcisms and the Kingdom: R. Uro (Hg.), Symbols and Strata, Helsinki – Göttingen 1996, 119–142
Rahmani, L. Y.: Ancient Jerusalem's Funerary Customs and Tombs I–IV, BA 44 (1981) 171–177.229–239, BA 45 (1982) 43–53.109–119
Rau, E.: Reden in Vollmacht. Hintergrund, Form und Anliegen der Gleichnisse Jesu, FRLANT 149, 1990
Reimarus, H. S.: Apologie oder Schutzschrift für die vernünftigen Verehrer Gottes, 2 Bde., hg. v. G. Alexander, Frankfurt 1972
Reinbold, W.: Der älteste Bericht über den Tod Jesu, BZNW 69, 1994
Reiser, M.: Syntax und Stil des Markusevangeliums im Lichte der hellenistischen Volksliteratur, WUNT II,11, 1984
– Die Gerichtspredigt Jesu. Eine Untersuchung zur eschatologischen Verkündigung Jesu und ihrem frühjüdischen Hintergrund, NTA NF 23, 1990
– Die Stellung der Evangelien in der antiken Literaturgeschichte, ZNW 90 (1999) 1–27
Renan, E.: La vie de Jésus (= ders., Histoire des origines du Christianisme, Bd. 1), Paris 1863 = ders., Das Leben Jesu (dt. Übers.), Zürich 1981
Riches, J.: The World of Jesus. First-Century Judaism in Crisis, Cambridge 1990 (Understanding Jesus Today)

Riesner, R.: Jesus als Lehrer. Eine Untersuchung zum Ursprung der Evangelien-Überlieferung (1981), WUNT II,7, ³1988
- Der Ursprung der Jesus-Überlieferung, ThZ 38 (1982) 493-513

Robbins, V. K.: Pronouncement Stories and Jesus' Blessing of the Children, Semeia 29 (1983) 43-74

Robinson, J. M.: A New Quest of the Historical Jesus, London 1959
- The History-of-Religions Taxonomy of Q. The Cynic Hypothesis, FS K. Rudolph, Marburg 1995, 249-265
- Der wahre Jesus? Der historische Jesus im Spruchevangelium Q, ZNT 1 (1998) 17-26

Rohde, J.: Der Brief des Paulus an die Galater, ThHK 9, 1989

Roloff, J.: Das Kerygma und der irdische Jesus. Historische Motive in den Jesus-Erzählungen der Evangelien (1970), Göttingen ²1973

Ross, W. D.: The Problem of Socrates, PCA 30 (1933) 7-24 = A. Patzer (Hg.): Sokrates 225-239

Ruckstuhl, E.: Die literarische Einheit des Johannesevangeliums. Der gegenwärtige Stand der Forschung, NTOA 5, 1987
- Hat Jesus die Unauflöslichkeit der Ehe gelehrt? (dt. Übers. von 1973/74) = ders., Jesus im Horizont der Evangelien, SBAB 3, 1988, 49-68
- Jesus und der geschichtliche Mutterboden im vierten Evangelium, FS J. Gnilka, Freiburg 1989, 256-286

Rüger, H. P.: Art. Aramäisch II. Im Neuen Testament, TRE 3, 1978, 602-610

Sabbe, M.: Tempelreiniging en tempellogion, CBG 2 (1956) 289-299.466-480 = The Cleansing of the Temple and the Temple Logion: ders.: Studia 331-354
- The Arrest of Jesus in Jn 18,1-11 and Its Relation to the Synoptic Gospels. A Critical Evaluation of A. Dauer's Hypothesis: M. d. Jonge (Hg.): L'Évangile 203-234 = ders.: Studia 355-388
- John and the Synoptists: Neirynck vs. Boismard, EThL 56 (1980) 125-131 = ders.: Studia 389-397
- The Footwashing in Jn 13 and Its Relation to the Synoptic Gospels, EThL 57 (1982) 279-308 = ders.: Studia 409-441
- The Trial of Jesus before Pilate in John and Its Relation to the Synoptic Gospels: ders.: Studia 467-513 = Denaux, A. (Hg.): John 341-385
- Studia Neotestamentica. Collected Essays, BEThL 98, 1991

Safrai, S.: Oral Tora: ders. (Hg.): The Literature of the Sages I: Oral Tora, Halakha, Mishna, Tosefta, Talmud, External Tractates, CRI II 3,1, 1987, 35-119

Saldarini, A. J.: Pharisees, Scribes and Sadducees in Palestinian Society, Edinburgh 1989

Salo, K.: Luke's Treatment of the Law. A Redaction-Critical Investigation, Helsinki 1991

Sand, A.: Das Gesetz und die Propheten. Untersuchungen zur Theologie des Evangeliums nach Matthäus, BU 11, 1974
- Reich Gottes und Eheverzicht im Evangelium nach Matthäus, SBS 109, 1983

Sanders, E. P.: The Tendencies of the Synoptic Traditions, Cambridge 1969
- Jesus and Judaism (1985), London ³1991
- Jewish Law from Jesus to the Mishnah. 5 Studies, London 1990
- The Question of Uniqueness in the Teaching of Jesus, London 1990 (The Ethel M. Wood Lecture)
- Judaism: Practice and Belief. 63 BCE - 66 CE, London 1992
- The Historical Figure of Jesus, Harmondsworth 1993 = ders., Sohn Gottes. Eine historische Biographie Jesu (dt. Übers.), Stuttgart 1996

Sanders, J. T.: The Criterion of Coherence and the Randomness of Charisma: Poring through some Aporias in the Jesus Tradition, NTS 44 (1998) 1-25

Sato, M.: Q und Prophetie. Studien zur Gattungs- und Traditionsgeschichte der Quelle Q, WUNT II,29, 1988

Sauer, J.: Der ursprüngliche „Sitz im Leben" von Mk 10,13-16, ZNW 72 (1981) 27-50
- Traditionsgeschichtliche Erwägungen zu den synoptischen und paulinischen Aussagen über Feindesliebe und Wiedervergeltungsverzicht, ZNW 76 (1985) 1-28

- Rückkehr und Vollendung des Heils. Eine Untersuchung zu den ethischen Radikalismen Jesu (Theorie und Forschung; 133 – Philosophie und Theologie; 9), Regensburg 1991
Schade, H.-H.: Apokalyptische Christologie bei Paulus. Studien zum Zusammenhang von Christologie und Eschatologie in den Paulusbriefen, GTA 18, ²1984
Schäfer, G. K. – Strohm, T. (Hg.): Diakonie – biblische Grundlagen und Orientierungen. Ein Arbeitsbuch (1990), VDWI 2, ²1994
Schäfer, P.: Die Peticha – ein Proömium?, Kairos 12 (1970) 216–219
- Das „Dogma" von der mündlichen Torah im rabbinischen Judentum: ders.: Studien 153–197
- Die Torah der messianischen Zeit: ders.: Studien 198–214
- Studien zur Geschichte und Theologie des rabbinischen Judentums, AGJU 15, 1978
- Geschichte der Juden in der Antike. Die Juden Palästinas von Alexander dem Großen bis zur arabischen Eroberung, Stuttgart – Neukirchen-Vluyn 1983
- Research into Rabbinic Literature: An Attempt to Define the Status Quaestionis, JJS 37 (1986) 139–152
- Once again the Status Quaestionis of Research in Rabbinic Literature: An Answer to Chaim Milikowsky, JJS 40 (1989) 89–94
- Der vorrabbinische Pharisäismus: M. Hengel – U. Heckel (Hg.): Paulus und das antike Judentum, WUNT 58, 1991, 125–172
Schelbert, G.: Sprachgeschichtliches zu „Abba": FS D. Barthélemy, OBO 38, 1981, 395–447
Schenk, W.: Die Aufgaben der Exegese und die Mittel der Linguistik, ThLZ 98 (1973) 881–894
- Art. Leidensgeschichte Jesu, TRE 20, 1990, 714–721
Schenke, L.: Auferstehungsverkündigung und leeres Grab. Eine traditionsgeschichtliche Untersuchung zu Mk 16,1–8 (1968), SBS 33, ²1969
- Die Urgemeinde. Geschichtliche und theologische Entwicklung, Stuttgart 1990
Schick, E.: Formgeschichte und Synoptikerexegese. Eine kritische Untersuchung über die Möglichkeit und die Grenzen der formgeschichtlichen Methode, Münster 1940
Schille, G.: Das Leiden des Herrn. Die evangelische Passionstradition und ihr „Sitz im Leben", ZThK 52 (1955) 161–205
- Ein neuer Zugang zu Jesus? Das traditionsgeschichtliche Kriterium, ZdZ 40 (1986) 247–253
Schillebeeckx, E.: Jesus. Die Geschichte von einem Lebenden (³1975) (Herder Spektrum; 4070), Freiburg – Basel – Wien 1992
Schleiermacher, F. E. D.: Ueber den Werth des Sokrates als Philosophen (Abhandlungen der kgl. Preussischen Akademie der Wissenschaften zu Berlin 1814/15, Philosophische Klasse), Berlin 1818, 50–68 = F. Schleiermacher's Sämmtliche Werke, 3. Abt.: Zur Philosophie, Bd. 2, Berlin 1838, 287–308 = A. Patzer (Hg.): Sokrates 41–58
Schlier, H.: Der Brief an die Epheser. Ein Kommentar (1957), Düsseldorf ⁶1968
Schlosser, J.: Le règne de Dieu dans les dits de Jésus, 2 Bde., Paris 1980 (EtB)
- Le Dieu de Jésus, LeDiv 129, 1987
Schmid, J.: Das Evangelium nach Markus, RNT 2, ⁴1958
Schmidt, D.: 1Thess 2,13–16. Linguistic Evidence for an Interpolation, JBL 102 (1983) 269–279
Schmidt, K. L.: Der Rahmen der Geschichte Jesu. Literarkritische Untersuchungen zur ältesten Jesusüberlieferung (1919), Nachdr. Darmstadt 1969
Schmidt, W.-R.: Der Mann aus Galiläa, GTB 1426, ²1991
Schmithals, W.: Die Gnosis in Korinth. Eine Untersuchung zu den Korintherbriefen (1956), FRLANT 66, ²1965
- Das kirchliche Apostelamt. Eine historische Untersuchung, FRLANT 79, 1961
- Die Apokalyptik. Einführung und Deutung, Göttingen 1973
- Kritik der Formkritik, ZThK 77 (1980) 149–185
- Judaisten in Galatien?, ZNW 74 (1983) 27–58
- Die Briefe des Paulus in ihrer ursprünglichen Form, Zürich 1984 (ZWKB)
- Einleitung in die drei ersten Evangelien, Berlin – New York 1985
- Methodische Erwägungen zur Literarkritik der Paulusbriefe, ZNW 87(1996) 51–82
- Gibt es Kriterien für die Bestimmung echter Jesusworte?, ZNT 1 (1998) 59–64
Schmitt, A.: Entrückung – Aufnahme – Himmelfahrt. Untersuchungen zu einem Vorstellungsbereich im Alten Testament, FzB 10, 1973

Schmitz, H.-J.: Frühkatholizismus bei Adolf von Harnack, Rudolph Sohm und Ernst Käsemann, Düsseldorf 1977
Schnackenburg, R.: Gottes Herrschaft und Reich, Freiburg i. Br. 1959
- Das Evangelium nach Markus, 2 Bde., GSL.NT 2, 1966/1971
- Zur Aussageweise „Jesus ist (von den Toten) auferstanden", BZ NS 13 (1969) 1-17
- Das Johannesevangelium, HThK 4, Bd. 1: Einleitung und Kommentar zu Kap. 1-4, 1965 ^{5}1981, Bd. 2: Kommentar zu Kap. 5-12, 1971 ^{3}1980, Bd. 3: Kommentar zu Kap. 13-21, 1975 ^{4}1982, Bd. 4: Ergänzende Auslegungen und Exkurse, 1984
Schneider, J.: Der Beitrag der Urgemeinde zur Jesusüberlieferung im Lichte der neuesten Forschung, ThLZ 87 (1962) 401-412
Schnelle, U.: Gerechtigkeit und Christusgegenwart. Vorpaulinische und paulinische Tauftheologie (1983), GTA 24, ^{2}1986
- Antidoketische Christologie im Johannesevangelium. Eine Untersuchung zur Stellung des vierten Evangeliums in der johanneischen Schule, FRLANT 144, 1987
- Wandlungen im paulinischen Denken, SBS 137, 1989
- Johannes und die Synoptiker, FS F. Neirynck, BEThL 100, 1992, 1799-1814
- Einleitung in das Neue Testament (1994), UTB 1830, Göttingen ^{2}1996
Schniewind, J.: Das Evangelium nach Matthäus, NTD 2, ^{8}1956
Schoch, K.: Christi Kreuzigung am 14. Nisan, Bib. 9 (1928) 48-56
Schoedel, W. R.: Parables in the Gospel of Thomas. Oral Tradition or Gnostic Exegesis?, CTM 42 (1972) 548-560 = ders., Gleichnisse im Thomasevangelium. Mündliche Tradition oder gnostische Exegese?: W. Harnisch (Hg.), Gleichnisse 369-389
Schottroff, L.: Die Güte Gottes und die Solidarität von Menschen. Das Gleichnis von den Arbeitern im Weinberg: W. Schottroff - W. Stegemann (Hg.), Der Gott der kleinen Leute. Sozialgeschichtliche Bibelauslegungen, Bd. 2: Neues Testament, München - Gelnhausen 1979, 71-93
- Maria Magdalena und die Frauen am Grabe Jesu, EvTh 42 (1982) 3-25
- Jesus von Nazareth aus sozialgeschichtlicher und feministischer Perspektive, EvErz 39 (1987) 27-36
Schottroff, L. - Stegemann, W.: Jesus von Nazareth - Hoffnung der Armen (1978), UB 639, ^{3}1990
Schrage, W.: Das Verhältnis des Thomas-Evangeliums zur synoptischen Tradition und zu den koptischen Evangelienübersetzungen, BZNW 29, 1964
- Der erste Brief an die Korinther, Bd. 1: 1Kor 1,1-6,11, EKK VII,1, 1991, Bd. 2: 1Kor 6,12-11,16, EKK VII,2, 1995
Schram, R.: Kalendariographische und chronologische Tafeln, Leipzig 1908
Schrenk, G.: Art. ἱερός κτλ (1938), ThWNT 3, ^{2}1950, 221-284
- Art. λεῖμμα κτλ C: Der Restgedanke bei Paulus, verglichen mit seinem Vorkommen in der Apokalyptik und im Rabbinentum, ThWNT 4, 1943, 215-221
Schüling, J.: Studien zum Verhältnis von Logienquelle und Markusevangelium, fzb 65, 1991
Schürer, E.: Geschichte des jüdischen Volkes im Zeitalter Jesu Christi, 4 Bde., Leipzig ^{4}1901-1911
- The History of the Jewish People in the Age of Jesus Christ (175 B.C.-A.D. 135). A New English Version Revised and Edited by G. Vermes - F. Millar - M. Black, 2 Bde., Edinburgh 1973/79
Schürmann, H.: Die vorösterlichen Anfänge der Logientradition: ders., Untersuchungen 39-65
- Sprachliche Reminiszenzen an abgeänderte oder ausgelassene Bestandteile der Redequelle im Lukas- und Matthäusevangelium: ders., Untersuchungen 111-125
- Traditionsgeschichtliche Untersuchungen zu den synoptischen Evangelien, Düsseldorf 1968
- Das Lukasevangelium, Bd. 1: Kommentar zu Kapitel 1,1 - 9,50 (1969), HThK 3,1, ^{3}1984, Bd. 2,1: Kommentar zu Kapitel 9,51 - 11,54, HThK 3,2,1, 1994
- Kritische Jesuserkenntnis. Zur kritischen Handhabung des „Unähnlichkeitskriteriums", BiLi 54 (1981) 17-26
- Das Zeugnis der Redenquelle für die Basileia-Verkündigung Jesu: J. Delobel (Hg.), LOGIA 121-200

- Zur Kompositionsgeschichte der Redequelle, FS G. Schneider, Freiburg 1991, 325-342
Schulz, S.: Q. Die Spruchquelle der Evangelisten, Zürich 1972
- Die Mitte der Schrift. Der Frühkatholizismus im Neuen Testament als Herausforderung an den Protestantismus, Stuttgart – Berlin 1976
Schulze, W.: Vom Kerygma zurück zu Jesus. Die Frage nach dem historischen Jesus in der Bultmannschule, AVTRW 68, 1977
Schwartz, E.: Christliche und jüdische Ostertafeln, AGWG.PH 8, 1905, 138-150
Schwarz, G.: Lukas xiii 1-5 – Eine Emendation, NT 11 (1969) 121-126
Schwarz, G.: „Und Jesus sprach". Untersuchungen zur aramäischen Urgestalt der Worte Jesu, BWANT 118, 1985
- Jesus „der Menschensohn". Aramaistische Untersuchungen zu den synoptischen Menschensohnworten Jesu, BWANT 119, 1986
- Jesus und Judas. Aramaistische Untersuchungen zur Jesus-Judas-Überlieferung der Evangelien und der Apostelgeschichte, BWANT 123, 1988
Schweitzer, A.: Geschichte der Leben-Jesu-Forschung (1913 = ders., Von Reimarus zu Wrede [1906], 2. Aufl.), UTB 1302, Tübingen ^{9}1984
Schweizer, E.: Die Frage nach dem historischen Jesus, EvTh 24 (1964) 403-419
- Zur Frage des Messiasgeheimnisses bei Markus, ZNW 56 (1965) 1-8
- Art. Jesus Christus I. Neues Testament, TRE 16, 1987, 671-726
- Jesus, „the" Parable of God. What Do We Really Know about Jesus?, PTMS 37, 1994 = Jesus, das Gleichnis Gottes. Was wissen wir wirklich vom Leben Jesu?, KVR 1572, 1995 ^{2}1996
Schwemer, A. M.: Gott als König und seine Königsherrschaft in den Sabbatliedern aus Qumran: M. Hengel – dies. (Hg.): Königsherrschaft 45-118
Schwier, H.: Tempel und Tempelzerstörung. Untersuchungen zu den theologischen und ideologischen Faktoren im ersten jüdisch-römischen Krieg (66-74 n. Chr.), NTOA 11, 1989
Scriba, A.: Die Geschichte des Motivkomplexes Theophanie. Seine Elemente, Einbindung in Geschehensabläufe und Verwendungsweisen in altisraelitischer, frühjüdischer und frühchristlicher Literatur, FRLANT 167, 1995
- Art. Religionsgeschichte des Urchristentums, TRE 28, 1997, 604-618
- Von Korinth nach Rom. Die Chronologie der letzten Jahre des Paulus: F. W. Horn (Hg.): Das Ende des Paulus. Historische, theologische und literaturgeschichtliche Aspekte, BZNW 106, 2001, 157-173
Segal, J. B.: Intercalation and the Hebrew Calendar, VT 7 (1957) 250-307
Seidensticker, P.: Das antiochenische Glaubensbekenntnis 1 Kor 15,3-7 im Lichte seiner Traditionsgeschichte, ThGl 57 (1967) 286-323
Sellin, G.: Der Streit um die Auferstehung der Toten. Eine religionsgeschichtliche und exegetische Untersuchung von 1 Korinther 15, FRLANT 138, 1986
- „Gattung" und „Sitz im Leben" auf dem Hintergrund der Problematik von Mündlichkeit und Schriftlichkeit synoptischer Erzählungen, EvTh 50 (1990) 311-331
Sherwin-White, A. N.: The Trial of Christ. Historicity and Chronology in the New Testament, TCSPCK 6, 1965, 97-116
Siebel, W. A. – Winkler, T.: Das Kerygma Jesu. Eine andere Rekonstruktion der Worte Jesu und ihre religionsgeschichtliche Bedeutung (Glasers sozialanthropologische Reihe; 8), Langwedel 1996
Simonis, W.: Jesus von Nazareth. Seine Botschaft vom Reich Gottes und der Glaube der Urgemeinde. Historisch-kritische Erhellung der Ursprünge des Urchristentums, Düsseldorf 1985
Simonsen, H.: Zur Frage der grundlegenden Problematik in form- und redaktionsgeschichtlicher Evangelienforschung, StTh 26 (1972) 1-23
Sjöberg, E.: Der verborgene Menschensohn in den Evangelien, Lund 1955
Söding, T.: Die Gegner des Apostels Paulus in Galatien, MThZ 42 (1991) 305-321
- Das Liebesgebot bei Paulus. Die Mahnung zur Agape im Rahmen der paulinischen Ethik, NTA 26, 1995
Song, C.-S.: Jesus and the Reign of God, Minneapolis 1993
Stauffer, E.: Die Botschaft Jesu. Damals und heute, DTb 333, 1959

Steck, O. H.: Israel und das gewaltsame Geschick der Propheten. Untersuchungen zur Überlieferung des deuteronomistischen Geschichtsbildes im Alten Testament, Spätjudentum und Urchristentum, WMANT 23, 1967
Stegemann, E. W.: Aspekte neuerer Jesusforschung, EvErz 39 (1987) 10–27
Stegemann, E. W. – Stegemann, W.: Urchristliche Sozialgeschichte. Die Anfänge im Judentum und die Christusgemeinden in der mediterranen Welt, Stuttgart ²1997
Stegemann, H.: Die Essener, Qumran, Johannes der Täufer und Jesus. Ein Sachbuch (Herder Spektrum; 4249), Freiburg – Basel – Wien 1993
Stein, R. H.: The „Criteria" for Authenticity: R. T. France – D. Wenham (Hg.), Perspectives I, 1980, 225–263
Steinhauser, M. G.: Doppelbildworte in den synoptischen Evangelien, fzb 44, 1982
Steinmetz, P.: Die Stoa: H. Flashar (Hg.), Die Philosophie der Antike, Bd. IV,4, Basel 1994
Steinseifer, B.: Der Ort der Erscheinungen des Auferstandenen. Zur Frage alter galiläischer Ostertraditionen, ZNW 62 (1971) 232–265
Stemberger, G.: Pharisäer, Sadduzäer, Essener, SBS 144, 1991
– Einleitung in Talmud und Midrasch, München ⁸1992
Stowasser, M.: Johannes der Täufer im vierten Evangelium. Eine Untersuchung zu seiner Bedeutung für die johanneische Gemeinde, ÖBS 12, 1992
(Strack, H. L. –) Billerbeck, P.: Kommentar zum Neuen Testament aus Talmud und Midrasch, 4 Bde., München ⁵1969
Strange, J. F.: Archaeology and the Religion of Judaism in Palestine, ANRW II 19.1, 1979, 646–685
Strauß, D. F.: Das Leben Jesu, 2 Bde. (1835/36, ⁴1840), Nachdr. Darmstadt 1969
– Das Leben Jesu für das deutsche Volk bearbeitet, Leipzig ⁽²⁾1864
Strecker, G.: Der Weg der Gerechtigkeit, FRLANT 82, 1962
– Art. Entrückung, RAC 5, 1962, 461–476
– Zur Messiasgeheimnistheorie im Markusevangelium: F. L. Cross (Hg.), Studia 87–104
– Die Leidens- und Auferstehungsvoraussagen im Mk (Mk 8,31; 9,31; 10,32–34), ZThK 64 (1967) 16–39
– Die historische und theologische Problematik der Jesusfrage, EvTh 29 (1969) 453–476
– Die Antithesen der Bergpredigt, ZNW 69 (1978) 36–72
– Befreiung und Rechtfertigung: ders., Eschaton und Historie, Göttingen 1979, 229–259
– Die Bergpredigt. Ein exegetischer Kommentar, Göttingen 1984
– Art. Judenchristentum, TRE 17, 1988, 310–325
– (Hg.): Minor Agreements. Symposium Göttingen 1991, GTA 50, 1993
– Theologie des Neuen Testaments, bearb., erg. und hg. v. F. W. Horn, Berlin – New York 1996
Strobel, A.: Die Passa-Erwartung als urchristliches Problem in Lc 17₂₀f, ZNW 49 (1958) 157–196
– Passa-Symbolik und Passa-Wunder in Act. XII. 3ff, NTS 4 (1958) 210–215
– Zum Verständnis von MT XXV 1–13, NT 2 (1958) 199–227
– In dieser Nacht (Lk 17,34), ZThK 58 (1961) 16–29
– Die Stunde der Wahrheit. Untersuchungen zum Strafverfahren gegen Jesus, WUNT 21, 1980
Strycker, É. d.: Les témoignages historiques sur Socrate, FS H. Grégoire, AIPh 10, 1950, 199–230 = ders., Die historischen Zeugnisse über Sokrates (dt. Übers.): A. Patzer (Hg.): Sokrates 323–354
Suggs, M. J.: The Antitheses as Redactional Products, FS H. Conzelmann, Tübingen 1975, 433–444
Suhl, A.: Die Funktion der alttestamentlichen Zitate und Anspielungen im Markusevangelium, Gütersloh 1965
– Der Galaterbrief – Situation und Argumentation, ANRW II 25.4, 1987, 3067–3164
Synofzik, E.: Die Gerichts- und Vergeltungsaussagen bei Paulus. Eine traditionsgeschichtliche Untersuchung, GTA 8, 1977

Tagawa, K.: Miracles et Évangile. La pensée personelle de l'évangéliste Marc, EHPhR 62, 1966
Taylor, A. E.: Varia Socratica, Oxford 1911

Theißen, G.: Urchristliche Wundergeschichten. Ein Beitrag zur formgeschichtlichen Erforschung der synoptischen Evangelien, StNT 8, 1974
- Soziologie der Jesusbewegung (1977), KT 35, ⁶1991
- Der Schatten des Galiläers. Historische Jesusforschung in erzählender Form, München ³1987
- Das „schwankende Rohr" (Mt 11,7) und die Gründungsmünzen von Tiberias, ZDPV 101 (1985) 43–55
- Wanderradikalismus. Literatursoziologische Aspekte der Überlieferung von Worten Jesu im Urchristentum, ZThK 70 (1973) 245–271 = ders., Studien 79–105
- Die Tempelweissagung Jesu. Prophetie im Spannungsfeld von Stadt und Land, ThZ 32 (1976) 144–158 = ders., Studien 142–159
- Gewaltverzicht und Feindesliebe (Mt 5,38–48/Lk 6,27–38) und deren sozialgeschichlicher Hintergrund (1979): ders., Studien 160–197
- Studien zur Soziologie des Urchristentums (1979), WUNT 19, ³1989
- Lokalkolorit und Zeitgeschichte in den Evangelien. Ein Beitrag zur Geschichte der synoptischen Tradition (1989), NTOA 8, ²1992
- Gruppenmessianismus. Überlegungen zum Ursprung der Kirche im Jüngerkreis Jesu, JBTh 7 (1992) 101–123
- Der Bauer und die von selbst Frucht bringende Erde, ZNW 85 (1994) 167–182
- Jünger als Gewalttäter (Mt 11,12f.; Lk 16,16). Der Stürmerspruch als Selbststigmatisierung einer Minorität, FS J. Jervell, StTh 49 (1995) 183–200
- Die Erforschung der synoptischen Tradition seit R. Bultmann: R. Bultmann, Geschichte ¹⁰1995, 409–452

Theißen, G. – Merz, A.: Der historische Jesus, Göttingen 1996
Theissen [sic!], G. – Winter, D.: Die Kriterienfrage in der Jesusforschung. Vom Differenzkriterium zum Plausibilitätskriterium, NTOA 34, 1997
Thoma, C.: Art. Gott III. Judentum, TRE 13, 1984, 626–645
Thomsen, P.: Kompendium der palästinischen Altertumskunde, Tübingen 1913
Thüsing, W.: Erhöhungsvorstellung und Parusieerwartung in der ältesten nachösterlichen Christologie, BZ NS 11 (1967) 95–108.205–222, BZ NS 12 (1968) 54–80.223–240 = SBS 42, 1969
Thyen, H.: Johannes und die Synoptiker. Auf der Suche nach einem neuen Paradigma zur Beschreibung ihrer Beziehungen anhand von Beobachtungen an Passions- und Ostererzählungen: A. Denaux (Hg.): John 81–107
Tilly, M.: Johannes der Täufer und die Biographie der Propheten. Die synoptische Täuferüberlieferung und das jüdische Prophetenbild zur Zeit des Täufers, BWANT 137, 1994
Tödt, H. E.: Der Menschensohn in der synoptischen Überlieferung (1959), Gütersloh ²1963
Toorn, K. v. d.: Ein verborgenes Erbe: Totenkult im frühen Israel, ThQ 177 (1997) 105–120
Tov, E.: The Orthography and Language of the Hebrew Scrolls Found at Qumran and the Origin of these Scrolls, Textus 13 (1986) 31–57
Trilling, W.: Das wahre Israel. Studien zur Theologie des Matthäusevangeliums, EThSt 7, ³1975
Trompf, G. W.: The First Resurrection Appearance and the Ending of Mark's Gospel, NTS 18 (1972) 308–330
Tuckett, C. M.: Thomas and the Synoptics, NT 30 (1988) 132–157
- Synoptic Tradition in the Didache: J. M. Sevrin (Hg.), The New Testament in Early Christianity, BEThL 86, 1989, 197–230
- Q and the History of Early Christianity. Studies on Q, Edinburgh 1996
Turner, H. E. W.: Historicity and the Gospels. A Sketch of Historical Method and its Application to the Gospels, London 1963

Umemoto, N.: Die Königsherrschaft Gottes bei Philon: M. Hengel – A. M. Schwemer (Hg.), Königsherrschaft 207–256
Uro, R.: Sheep among the Wolves. A Study of the Mission Instructions of Q, Helsinki 1987

Vaage, L. E. – Kloppenborg, J. S.: Early Christianity, Q and Jesus. The Sayings Gospel and Method in the Study of Christian Origins, Semeia 55 (1991) 1–14

Van Belle, G.: The Signs Source in the Fourth Gospel. Historical Survey and Critical Evaluation of the Semeia Hypothesis, BEThL 116, 1994
Vassiliadis, P.: The Nature and Extent of the Q-Document, NT 20 (1978) 49–73
Venturini, K. H. (anonym): Natürliche Geschichte des großen Propheten von Nazareth, 4 Bde. (1800–1802), Kopenhagen ²1806
Vermes, G.: Jesus the Jew, London 1973 = ders.: Jesus der Jude. Ein Historiker liest die Evangelien (dt. erw. Übers.), Neukirchen-Vluyn 1993
- Jesus and the World of Judaism, London 1983
Via, D. O.: Die Gleichnisse Jesu. Ihre literarische und existentiale Dimension, BEvTh 57 1970
Vielhauer, P.: Gottesreich und Menschensohn in der Verkündigung Jesu, FS G. Dehn, Neukirchen 1957, 51–79 = ders.: Aufsätze 55–91
- Jesus und der Menschensohn (1963) = ders.: Aufsätze 92–140
- Erwägungen zur Christologie des Markusevangeliums, FS R. Bultmann, Tübingen 1964, 155–169 = ders.: Aufsätze 199–214
- Tracht und Speise Johannes des Täufers: ders., Aufsätze 47–54
- Aufsätze zum Neuen Testament, TB 31, 1965
- Geschichte der urchristlichen Literatur. Einleitung in das Neue Testament, die Apokryphen und die Apostolischen Väter (1975), Nachdr. Berlin 1978
- Gesetzesdienst und Stoicheiadienst im Galaterbrief: FS E. Käsemann, Tübingen 1976, 543–555
Vögtle, A.: Jesus von Nazareth: R. Kottje – B. Möller (Hg.), Ökumenische Kirchengeschichte, Bd. 1: Alte Kirche und Ostkirche (1970), Mainz – München ⁴1983, 3–24
- Bezeugt die Logienquelle die authentische Redeweise Jesu vom „Menschensohn"?: J. Delobel (Hg.), LOGIA 77–99
Vögtle, A. – Pesch, R.: Wie kam es zum Osterglauben?, Düsseldorf 1975
Vogler, W.: Jüdische Jesusinterpretation in christlicher Sicht, Weimar 1988
Vollenweider, S.: „Ich sah den Satan wie einen Blitz vom Himmel fallen" (Lk 10,18), ZNW 79 (1988) 187–203
Vouga, F.: Jesus als Erzähler. Überlegungen zu den Gleichnissen, WuD 19 (1987) 63–85
- Geschichte des frühen Christentums, UTB 1733, Tübingen – Basel 1994

Wacholder, B. Z.: The Calendar of Sabbatical Cycles during the Second Temple and the Early Rabbinic Period, HUCA 44 (1973) 153–196
- Chronomessianism. The Timing of Messianic Movements and the Calendar of Sabbatical Cycles, HUCA 46 (1975) 201–218
Walker, W. O.: The Quest for the Historical Jesus. A Diskussion of Methodology, ATR 51 (1969) 38–56
Walter, N.: Der Thoraausleger Aristobulos. Untersuchungen zu seinen Fragmenten und zu pseudepigraphischen Resten der jüdisch-hellenistischen Literatur, TU 86, 1964
- Tempelzerstörung und synoptische Apokalypse, ZNW 57 (1966) 38–49
- Apostelgeschichte 6.1 und die Anfänge der Urgemeinde in Jerusalem, NTS 29 (1983) 370–393
- „Hellenistische Eschatologie" im Neuen Testament, FS W. G. Kümmel, Tübingen 1985, 335–356
- Paulus und die urchristliche Jesustradition: H. Wansbrough (Hg.), Jesus 380–393
Wanke, J.: Kommentarworte. Älteste Kommentierungen von Herrenworten, BZ 24 (1980) 208–233
Wansbrough, H. (Hg.): Jesus and the Oral Gospel Tradition, JSNT.S 64, 1991
Webb, R. L.: John the Baptizer and Prophet, JSNT.S 62, 1991
Wedderburn, A. J. M.: Baptism and Resurrection. Studies in Pauline Theology against its Graeco-Roman Background, WUNT 44, 1987
Weder, H.: Die Gleichnisse Jesu als Metaphern. Traditions- und redaktionsgeschichtliche Analysen und Interpretationen (1978), FRLANT 120, ³1984
- Perspektive der Frauen?, EvTh 43 (1983) 175–178
Weiser, A.: Die Knechtsgleichnisse der synoptischen Tradition, StANT 29, 1971
Weiß, H.-F.: Art. Pharisäer I/II, TRE 26, 1996, 473–485

Weiß, J.: Die Predigt Jesu vom Reiche Gottes (1892, ²1900), Nachdr. Göttingen 1964
Weiß, W.: „Eine neue Lehre in Vollmacht". Die Streit- und Schulgespräche des Markus-Evangeliums, BZNW 52, 1989
Wellhausen, J.: Einleitung in die drei ersten Evangelien (1905), Berlin ²1911 = ders., Evangelienkommentare 1-176
– Evangelienkommentare. Nachdruck von „Einleitung in die ersten drei [sic!] Evangelien" 2. Aufl. 1911, „Das Evangelium Matthaei" 2. Aufl. 1914, „Das Evangelium Marci" 2. Aufl. 1909, „Das Evangelium Lucae" 1. Aufl. 1904, „Das Evangelium Johannis" 1. Aufl. 1908, Berlin – New York 1987
Wendland, H.-D.: Die Eschatologie des Reiches Gottes bei Jesus. Eine Studie über den Zusammenhang von Eschatologie, Ethik und Kirchenproblem, Gütersloh 1931
Wengst, K.: Christologische Formeln und Lieder des Urchristentums, StNT 7, 1972
– Ostern – Ein wirkliches Gleichnis, eine wahre Geschichte. Zum neutestamentlichen Zeugnis von der Auferweckung Jesu, KT 97, 1991
Wenning, R.: Bestattungen im königszeitlichen Juda, ThQ 177 (1997) 82-93
Wernle, P.: Die synoptische Frage, Leipzig – Tübingen 1899
Wiefel, W.: Die Hauptrichtung des Wandels im eschatologischen Denken des Paulus, ThZ 30 (1974) 65-81
Wilckens, U.: Die Missionsreden der Apostelgeschichte. Form- und traditionsgeschichtliche Untersuchungen (1960), WMANT 5, ³1974
– Der Ursprung der Überlieferung der Erscheinungen des Auferstandenen. Zur traditionsgeschichtlichen Analyse von 1. Kor. 15,1-11, FS E. Schlink, Göttingen 1963, 56-95 = in: P. Hoffmann (Hg.), Überlieferung 139-193
– Gottes geringste Brüder – zu Mt 25,31-46, FS W. G. Kümmel, Göttingen 1975, 363-383
– Zur Entwicklung des paulinischen Gesetzesverständnisses, NTS 28 (1982) 154-190
Wild, R. A.: The Encounter between Pharisaic and Christian Judaism. Some Early Gospel Evidence, NT 27 (1985) 105-124
Windisch, H.: Die Sprüche vom Eingehen in das Reich Gottes, ZNW 27 (1928) 163-192
Winton, A. P.: The Proverbs of Jesus. Issues of History and Rhetoric, JSNT.S 35, 1990
Wißmann, H.: Art. Entrückung I, TRE 9, 1982, 680-683
Witherington, B.: Jesus the Sage. The Pilgrimage of Wisdom, Edinburgh 1994
– The Jesus Quest. The Third Search for the Jew of Nazareth, Downers Grove, Ill. 1995
Wolff, C.: Der zweite Brief des Paulus an die Korinther, ThHK 8, 1989
– Der erste Brief des Paulus an die Korinther (neu bearb.), ThHK 7, 1996
Wolter, M.: „Reich Gottes" bei Lukas, NTS 41 (1995) 541-563
– „Was heisset nu Gottes reich?", ZNW 86 (1995) 5-19
Wrede, W.: Die Predigt Jesu vom Reiche Gottes (1894): ders., Vorträge und Studien, Tübingen 1907, 84-126
– Das Messiasgeheimnis in den Evangelien. Zugleich ein Beitrag zum Verständnis des Markusevangeliums (1901), Göttingen ³1963
Wrege, H.-T.: Die Überlieferungsgeschichte der Bergpredigt, WUNT 9, 1968
Wright, T.: „Constraints" and the Jesus of History, SJTh 39 (1986) 189-210

Yarbrough, O. L.: Not like the Gentiles. Marriage Rules in the Letters of Paul, SBL.DS 80, 1985
Young, B. H.: Jesus the Jewish Theologian, Peabody, Mass. 1997

Zager, W.: Begriff und Wertung der Apokalyptik in der neutestamentlichen Forschung, EHS.T 358, 1989
– Gottesherrschaft und Endgericht in der Verkündigung Jesu. Eine Untersuchung zur markinischen Jesusüberlieferung einschließlich der Q-Parallelen, BZNW 82, 1996
Zeitlin, S.: The I Book of Maccabees, New York 1950
Zeller, D.: Das Logion Mt 8, 11f / Lk 13, 28f und das Motiv der „Völkerwallfahrt", BZ NF 15 (1971) 222-237; 16 (1972) 84-93
– Die weisheitlichen Mahnsprüche bei den Synoptikern, fzb 17, 1977

- Redaktionsprozesse und wechselnder „Sitz im Leben" beim Q-Material: J. Delobel (Hg.), LOGIA 395–409
- Kommentar zur Logienquelle, SKK.NT 21, 1984
- Zwei neue Jesusbücher im Vergleich, ThQ 178 (1998) 52–60
- Hellenistische Vorgaben für den Glauben an die Auferstehung Jesu?: FS P. Hoffmann, Berlin – New York 1998, 71–91

Zeller, E.: Die Philosophie der Griechen, Bd. 2,1 (1857, ^{4}1889), Nachdr. Darmstadt 1963

Zmijewski, J.: Die Eschatologiereden des Lukas-Evangeliums, BBB 40, 1972

Zuckermann, B.: Über Sabbatjahrcyclus und Jobelperiode (Jahresbericht des jüdisch-theologischen Seminars „Fraenckelscher Stiftung"), Breslau 1857

Zumstein, J.: Jésus et les paraboles: J. Delorme (Hg.), Paraboles 89–108

Zwickel, W.: Über das angebliche Verbrennen von Räucherwerk bei der Bestattung eines Königs, ZAW 101 (1989) 266–277

Abkürzungen

Die Abkürzungen orientieren sich an: Schwertner, S. M.: Theologische Realenzyklopädie. Abkürzungsverzeichnis, Berlin – New York ^{2}1994 (vgl. RGG 4. Aufl.).

Abweichungen und Ergänzungen

arabische statt römische Ziffern		Q	= Spruchquelle
ApkAdam	= Adam-Apokalypse	xx^R	= xx-Redaktion
1/2 Bas	= 1/2Sam LXX	xx^S	= xx-Sondergut
EvNaz	= Nazaräer-Evangelium	Sap	= Sapientia Salomonis
Hes	= Hesekiel	TestSal	= Testament Salomos
joh	= johanneisch	TractSem	= Abhandlung des Sem
lk	= lukanisch	VitPr	= Vitae Prophetarum
mk	= markinisch	ZNT	= Zeitschrift für Neues Testament, hg. v. S. Alkier, K. Erlemann, R. Heiligenthal, Tübingen – Basel, ab 1998
mt	= matthäisch		
Mt-Lk^S	= gemeinsames Sondergut des Mt und des Lk	Ψ	= Ps LXX

Stellenregister

Altes Testament					
Gen		13	112	19_{13}	163
		16_{1-8}	208	19_{19}	163
1_{27}	58.94f	17_{13}	219	21_7	185
2_{24}	58.94f	21_{22f}	113	21_{9f}	185
5_{24}	224	21_{23}	113		
10	77.146	23_{2-9}	196	**2Reg**	
18	227	24_1	58.94f	1_{2f}	182
45_6	185	24_{19}	185	1_6	182
49	200	32_6	43f	1_{16}	182
49_{12}	185	33	200	2_{1-13}	224
		34_{10}	190	3_{11f}	190
Ex		34_{11}	185	25_{8-17}	178
$3_1 - 4_{17}$	190	**Jos**		**4Bas (= 2Reg LXX)**	
6_1	186	4_{24}	163	1_8	163f
6_{2-13}	190	5_{10}	204	2_8	163
9_{14}	185			2_{13f}	163
$12_1 - 13_{16}$	208	**Jdc**		4_{31}	221
12_{11}	204	5	200	23_{16}	185
12_{41}	207	17_8	63		
12_{42}	203.207			**Jes**	
17_7	78	**1Sam**		1_{8f}	199
22_{11}	186	3_{1-21}	190	1_9	199
22_{17-23}	70	15_{10f}	190	3_{14}	105
23_{1-3}	70			4_{2-6}	199
23_{20}	158.164	**1Bas (= 1Sam LXX)**		5_{1-7}	105
24_{11}	223	2_{27}	224	5_{8-10}	70
34_9	78	3_7	224	6_{1-13}	190
34_{27}	56	3_{21}	224	6_8	185
34_{34}	101.198			7_3	199
		2Sam		10_{20-23}	199
Lev		7_4	190	10_{22f}	199
23_5	208	22_{31-33}	163	11_{11-16}	199
25_9	217	22_{47}	163	16_2	186
		23_5	163	18_2	185
		24_{11}	190	19_{20}	185
Num				26_{19}	221
9_2	204	**2Bas (= 2Sam LXX)**		27_{2f}	105
9_3	209	7_{27}	224	27_{11f}	166
14_{14}	223			28_{16f}	199
22_{31}	224	**1Reg**		37_{30}	185
24_4	224	16_1	190	37_{32}	199
24_{16}	224	17_2	190	40_3	158.164
25_4	113			45_{13}	43f
28_{16}	209	**3Bas (= 1Reg LXX)**		46_3	199
		5_{15}	185	49_1	224
Dtn		9_{14}	185	53	111
6_5	50	12_3	185	53_7	229
10_{17}	163				

53_{12}	111	12_{14}	190	118_7	43f
57_{14}	158			122_1	44
58_9	185	**Joel**		122_{3-5}	44
61_1	76	1_{11}	185	122_8	43f
62_{10}	158	3_5	199	148_{14}	43f
64_1	149	4_{13}	166.185f		
				Ψ (= Ps LXX)	
Jer		**Am**		7_{12}	163
1_4	190	4_{1-3}	70	16_{15}	223
1_{4-19}	190	4_7	185	41_3	223
1_5	224	5_6	199	42_3	185
2_1	190	5_{14f}	199	43_3	186
2_{21}	105	8_{4-8}	70	54_{21}	185
5_{24}	185	9_{13}	185	62_3	223
7_1	190			79_{12}	185
7_{25}	185	**Ob**		80_{13}	186
8_{20}	185	17	199	87_6	78
12_{10}	105			87_{10}	221
12_{13}	185	**Jon**			
14_3	185	1_2	190	**Hi**	
23_3	199			11_3	157
25_4	185	**Mi**		11_{12}	157
27_{19f}	178	2_{1f}	70	14_1	157
29_{15}	185	2_{12}	199	14_{12}	221
31	203	4_7	199	15_{14}	157
31_7	199	5_{6f}	199	25_4	157
31_8	203			42_{17}	221
39_{18}	163	**Zeph**			
41_9	185	2_9	199	**Prov**	
47_1	185	3_{12f}	199	6_8	185
50_1	185			22_{21}	185
52_{12f}	178	**Sach**		29_{15}	186
52_{17-23}	178	13_4	163		
		14_{16}	199	**Cant**	
Jer LXX				8_{11f}	105
38_8	203	**Mal**			
		3_1	158.164	**Koh**	
Hes		3_{23f}	158	5_3	51
1_1	149			5_4	51
$1_4 - 3_{15}$	190	**Ps**			
2_4	185	$9f$	45	**Est**	
3_{16}	190	14_7	45	3_{13}	197
13_6	185	22	230		
17_{2-10}	74	22_{27-32}	45	**Dan**	
17_{22-24}	74	27_{12}	229	2_{28f}	224
17_{23}	187	35_{11}	229	2_{47}	224
31_{3-18}	74	37	45	4_{7-12}	74
31_5	186	38_{14-18}	229	4_{17-23}	74
37	227	39_{10}	229	4_{21}	187
$40_1 - 47_{12}$	230	49_{15}	45	7_2	189
		49_{18}	47	7_5	65
Hos		69_{32-37}	45	7_{6f}	189
6_6	53	80_{9-17}	105	7_9	189
10_{12}	185	109_{2-5}	229	7_{11}	189

Stellenregister

7_{13}	189	6_9	111	39_{3-5}	227
8_{3f}	189	9_7	176	39_{4-13}	176
8_7	189	10_{1-10}	200	6_2	227
10_1	224	10_{12}	224	63_{2-4}	68
10_5	189	10_{14}	224	7_1	226
10_{7f}	189	11_{15}	224	71_{16}	224.226
11_{31}	178			72_3	214
12_2	221	**syrBar**		73_1	214
12_4	228	120_f	190	74_1	214
12_5	189	40_2	199	75_1	214
12_{11}	178	70_2	166	79_{1f}	214
12_{12}	176			80_1	214
		4Esr		82_{1-3}	228
Esr		42_{8-32}	166	82_4	214
10_6	63	43_3	176	82_{7-10}	214
		6_{25}	199	83_8	199
1Esr		7_{29f}	176	84_2	68
9_2	63	7_{33}	236	84_{2-6}	68
		8_{24}	176	90_{28f}	230
2Esr		9_{7f}	199	90_{30}	199
10_6	63	11_{1-3}	189	91_{10}	166
11_5	163	11_{5-7}	189	91_{13}	68.230
19_{32}	163	11_{10}	189	102_8	221
		11_{12}	189	106_8	227
1Chr		11_{20}	189	108_{12}	200
24_{7-19}	214	11_{22}	189		
		11_{24-26}	189	**slHen**	
2Chr		11_{28}	189	49_{1f}	49
15_{1-7}	190	11_{30}	189		
24_9	190	11_{33}	189	**Jdt**	
24_{20}	190	11_{35}	189	14_{10}	27.159
24_{20-22}	92	11_{37}	189		
30	204	12_{2f}	189	**JosAs**	
30_6	199	12_{31-34}	199	11_{10}	236
35	204	13_3	189	12_{14f}	82
		13_{5f}	189	16_{14}	224
		13_8	189	22_{13}	224
Frühjudentum		13_{12}	189		
		13_{12f}	200	**Jub**	
ApkAbr		13_{39-50}	200	1_5	228
29_{17}	199	13_{48}	199	1_{17}	230
		14_{4-8}	228	12_9	230
ApkAdam		14_{13}	228	2_9	214
10_2	221	14_{26}	228	3_{27}	214
13_3	221	14_{45f}	228	42_3	224
28_4	221			42_4	226
41_3	221	**grEsr**		61_4	214
43_2	221	43_6	221	62_{3-38}	214
		7_2	221	63_9	224
Arist				23_{30f}	176
168f	70	**äthHen**		36_{7f}	70
		9_{4-11}	68	49_{7f}	204.209
AssMos		20_7	221	49_{15}	204
1_{15}	224	22_{13}	221		

LibAnt		18_{14-16}	204.207	**Tob**		
42_1	94	18_{15}	207	4_{5-11}		70
55_2	176	18_{15f}	207	12_{22}		223
60_3	45.190	18_{16}	207			
64	227	**Sir**		**VitPr**		
		1_6	224	2_{15}		221
1Makk		10_{18}	157	10_5		221
1_{20-23}	178	23_1	82	21_5		221
1_{54}	178	23_4	82	22_{12}		221
1_{59}	178	23_{9-11}	51	23_1		93
16_{14-21}	217	38_4	221	**Aristobulos**		
2Makk		50_{1-21}	42	Frgm. 1		209
1_{24}	163	51_{10}	82	**Artapanos**		
7	225			Frgm. 3_{27-33}		189
7_9	176	**TestAbr B**				
7_{11}	176	7_{16}	221			
7_{14}	176.221			*Qumran*		
12_{43}	221	**TestHiob**				
12_{44}	221	4_9	221	**1QH**		
		33	226	I,24		214
3Makk				VI,17f		51
6_3	82	**TestRub**		XIV,8		199
6_8	82	3_{15}	224	XIV,17f		51
6_{18}	149					
		TestSim		**1QM**		
4Makk		6_7	221	X,15		214
6_{29}	176			XIII,8		199
9_8	176	**TestLev**		XIV,8f		199
15_3	176	16_{3f}	112	XIV,12-14		214
16_{25}	176					
		TestJud		**1QpHab**		
OrMan		25_4	221	5_4		226
7	236					
		TestIss				
PsSal		5_{1-3}	70	**1QS**		
3_{12}	221			IV,13		166
17_{26}	200	**TestDan**		IV,21		166
18_{5f}	176	5_{1-3}	70	V,7f		51
18_{10}	214			IX,26 – X,8		214
		TestJos		X,4		204
Sap (= Weish)		6_6	224			
2_{10-20}	224f	17_{2f}	70	1Q28		204
3_{2-4}	224			1Q32		230
3_{7f}	226	**TestBenj**		2Q24		230
3_{8f}	176	10_6	224	3Q15 XI,12		45
4_{10-14}	224-226	10_{6f}	221			
4_{16}	226f			**4QMidrEschat**[a]		
4_{16f}	176	**TestSal**		3_{1-7}		230
5_{1-14}	227	3_4	45.190			
7_{1-6}	158	15_3	45.190	4Q171 (=4QpPs37)		45
7_{20}	45	16_3	45.190	4Q186		45
10	226	20_1	45.190	4Q203 Frgm. 9,6		68
14_3	82			4Q212 IV,18		68.230

4Q232	230	GenApok		VitMos	
4Q256	204	20₂₋₃₁	190	I,156	190
4Q258	204				
4Q259	214	CD		*Flavius Josephus*	
(= 4QOtot, 4QSᵉ, 4Q319)		1₄	199		
4Q318	45	2₁₁	199	**Ant**	
4Q381 Frgm. 19 I,3	68	3₁₃	199	II,275f	190
4Q381 Frgm. 19 I,5	68	15₇₋₁₀	51	II,317	208
4Q400 Frgm. 1 II,7f	67	16₆₋₁₂	51	IV,320-327	224
4Q400 Frgm. 1 II,14	67			VI,315	78
4Q400 Frgm. 2 I,1-5	67	MasShirShab II	67	VIII,44-49	45.190
4Q400 Frgm. 2 3-5	67			VIII,96	207
4Q400-407	67	**Mur**		IX,19	182
4Q401 Frgm. 14 I,6f	67	18	217	XII,43	42
4Q402 Frgm. 3 II,12	67	18₇	218	XII,224	42
4Q403 Frgm. 1 I,3f	67	19	94	XIII,14	151
4Q403 Frgm. 1 I,5	67	24	218	XIII,172	151
4Q403 Frgm. 1 I,7	67			XIII,228-235	217
4Q403 Frgm. 1 I,8	67	*Philon von Alexandria*		XIII,254-258	140
4Q403 Frgm. 1 I,14	67			XIII,288	151
4Q403 Frgm. 1 I,28	67	**Abr**		XIII,296-298	151
4Q405 XII,2	67	113	227	XIII,298	151
4Q405 XX,2	67			XIII,408	151
4Q405 XXI,9-11	67	**Congr**		XIV,117	194
4Q405 Frgm. 21	67	161f	188	XIV,475	217
4Q491 Frgm. 11	200			XV,259	94
4Q491 Frgm. 15,6	68	**Decal**		XVII,41	151
4Q509	68	84f	51	XVII,213-218	205
4Q509 Frgm. 51	68			XVII,285	219
4Q510 Frgm. 1	68	**Exsecr**		XVII,295	111
4Q510 Frgm. 1,1	68	9	204	XVIII,4-10	111
4Q510 Frgm. 1,4	68			XVIII,15	151
4Q521 Frgm. 2,2	200	**LegGai**		XVIII,17	151
4Q554	230	302	209.219	XVIII,85-89	205.209.219
4Q555	230			XVIII,116	159
5Q15	230	**Op**		XVIII,116-119	160
6Q11	105	3	48	XVIII,117	164
				XVIII,118	163
11QT		**Praem**		XVIII,136	94
III – XIII	230	162-172	204	XX,38-46	159
XVII,6	209	164-168	200	XX,43	151
XVII,8f	210			XX,97	191
XIX,10	230	**Quaest in Ex**		XX,102	111
XXX,4 – XLV,7	230	I,15	188	XX,105-121	205
LXIV,6-13	112	II,14	188	XX,129	111
LXIV,7-10	113			XX,131	154
LXIV,10	113	**Sacr**		XX,141-143	94
LXIV,12	113	63	204	XX,160f	111
LXIV,12f	113			XX,167	191
		SpecLeg		XX,188	191
11Q17 B,3	67	II,63	70		
11Q18	230	II,149	209	**Ap**	
		II,184f	188	I,310	197

II,125	197	2₁₃	180	5₂₁ – 7₁₂	57	
II,148	197	2₁₅	56	5₂₂	52f	
		2₁₇	56	5₂₂₋₂₄	53	
Bell		2₂₃	56	5₂₂₋₂₆	52	
I,6	48	3₁	130f.159	5₂₃f	52f.195	
I,19-30	48	3₂	73.81.155f.164	5₂₅f	52f.202	
I,54-60	217	3₃	56.158	5₂₆	180	
I,110	151	3₄	173	5₂₈	52.54f	
I,570	207	3₅	130f	5₂₉	54.81	
I,648	151	3₇	53.151.155	5₂₉f	50.52.70.75	
II,10-13	205	3₇₋₉	86.160	5₃₀	54	
II,75	111	3₇₋₁₀	130f	5₃₁	94	
II,135	51	3₇₋₁₂	161.165	5₃₂	52.93-95.139	
II,162	151	3₈	161	5₃₃f	50	
II,163	151	3₁₀	86.102.156.161	5₃₃₋₃₇	49	
II,166	151	3₁₀₋₁₂	160	5₃₄	49f.52.54	
II,224-235	205	3₁₁	147.160f.164.173	5₃₄f	50	
II,235	111	3₁₁f	130f	5₃₄₋₃₇	52	
II,241	111	3₁₂	86.161	5₃₆	49f	
II,253	111	3₁₃	130f	5₃₇	49f	
II,280	205	3₁₃₋₁₇	149	5₃₉	52.54	
II,306	111	3₁₄f	149	5₃₉f	130f	
II,308	111	3₁₅	72.76	5₃₉₋₄₂	52	
II,316-322	154	3₁₆	130f.147.149	5₃₉₋₄₈	134	
II,411	151	4₁₋₁₁	93.130f.135	5₄₂	130f	
III,321	112	4₁₂	170	5₄₄	52.156.180	
IV,334-344	93.135	4₁₃	130f.137	5₄₄₋₄₈	130f	
IV,537	217	4₁₄	56f	5₄₅	50	
V,98-105	205	4₁₇	73.81.156	5₄₅₋₄₇	52	
V,99	208	4₁₈	199	5₄₇	50.52	
V,289	112	4₁₈₋₂₂	106.191	5₄₈	57.75f	
V,449-451	112	4₂₃	77.81	6₁	55.72	
VI,290-296	205	4₂₃₋₂₅	74	6₁f	52	
VI,293	227	5₃	74f.130.134	6₁₋₁₈	151	
VI,300-309	113	5₃₋₁₂	77	6₂₋₄	63	
VII,202f	112	5₄	130.134	6₂₋₆	55	
		5₅	77	6₃	52	
Vita		5₆	72.130.134	6₄	55	
12	150	5₈	55.74	6₆	55	
191	151	5₁₀	72.75.81	6₉	76.82	
417-421	112	5₁₀₋₁₂	156.180	6₉₋₁₃	179	
		5₁₁f	74f.130.134	6₁₀	67.74.81.83	
		5₁₂	62	6₁₃	50.55	
Neues Testament		5₁₃	139	6₁₄f	76	
		5₁₆	52	6₁₆₋₁₈	55	
Mt		5₁₇	57	6₁₈	55	
1₁₅	57	5₁₇₋₁₉	57	6₁₉₋₂₁	136	
1₁₇	57	5₁₈	70.75.180.195	6₂₂f	50	
1₂₀	182	5₁₉	53.75.81	6₂₅	72	
1₂₂	50.56f	5₁₉f	195	6₂₅f	72	
1₂₃	57	5₂₀	50.57.72.75.81.151.154	6₂₅₋₃₃	34.136	
2₁₋₁₂	197	5₂₁	53	6₂₅₋₃₄	72.77	
2₄	154	5₂₁₋₄₇	51	6₂₆	72	
2₈	183	5₂₁₋₄₈	51	6₂₆₋₃₀	184	

Stellenregister

6_{27}	72.79	9_{15}	173	11_{21-23}	130
6_{28}	72	9_{18-26}	95	11_{21-24}	134
6_{28f}	72	9_{20}	95	11_{25f}	82
6_{28-30}	72	9_{27}	45	11_{25-27}	130.132.134
6_{28-31}	72	9_{32}	181	12_{1-4}	197
6_{28-33}	72	9_{32-34}	73.130.181	12_7	53
6_{29}	72	9_{33}	182	12_{17}	56f
6_{30}	72	9_{34}	182.197	12_{20}	180
6_{31}	72	9_{35}	74.77.81	12_{22}	55.181f
6_{32}	72.76	9_{37f}	136	12_{22-26}	73
6_{33}	71f.79.81.184	10_1	182	12_{22-28}	130.132.134
7_{1-5}	130.134	10_{1-4}	106	12_{22-30}	133.181
7_6	63	10_2	199	12_{23}	45
7_{12}	130f.134	10_4	71	12_{24}	133.182.197
7_{16}	130.134	10_5	224	12_{25}	182
7_{16-18}	133	10_{5f}	87.162.180.195.197	12_{26}	182f
7_{18}	130.134	10_6	52.87	12_{27}	182
7_{19}	102.156	10_7	69.73f.81.156	12_{27f}	73.182
7_{21}	75.81.130.134.232	10_{7-16}	136	12_{28}	34.182.184
7_{21-23}	72	10_8	182	12_{29}	183
7_{22}	182	10_{10-12}	136	12_{30}	130.132.134.183
7_{22f}	97	10_{11}	52.180	12_{31}	32
7_{24}	79f	10_{14}	77	12_{31f}	133
7_{24-27}	130.134	10_{14f}	232	12_{32}	181
7_{26}	79f	10_{15}	53	12_{33-35}	133
7_{28}	180	10_{16}	224	12_{34}	50.133
7_{29}	32	10_{18}	146	12_{36}	53.133
$8f$	74	10_{20}	76	12_{36f}	133
8_{5-10}	130.133f	10_{23}	156.180.195	12_{37}	169
8_{5-13}	30.197	10_{26f}	34	12_{38}	153.155.191
8_7	30.90.195	10_{29}	76	12_{38-42}	130.133f.197
8_{11f}	72.81.162.195	10_{32f}	59.82.97.173.179.232	12_{39}	56
8_{12}	77	10_{37}	94	12_{43-45}	132-134
8_{13}	130.133f	10_{38}	111	12_{46-50}	133
8_{17}	56f	11_1	180	13_3	80
8_{19f}	153	11_{2-6}	134	13_{3-8}	187
8_{19-22}	136.191	11_{2-11}	130.132	13_{3-9}	186
8_{21f}	76	11_5	76	13_{5f}	79
8_{22}	76.81	11_6	77	13_{11}	81
8_{28}	145	11_7	132	13_{12}	50
8_{31}	182	11_{7-11}	134	13_{16}	77
9_1	137	11_9	50	13_{16f}	189
9_3	32	11_{11}	73.155	13_{17}	180
9_4	182	11_{11f}	159	13_{18-23}	80
9_5	32.70	11_{12}	76	13_{19}	55.74.77.81
9_6	32	11_{12f}	34.73.155.189	13_{20}	149
9_8	32	11_{14}	55.158.164	13_{24}	79.81.187
9_9	106.191	11_{14f}	155	13_{24-30}	75.185
9_{10f}	201	11_{16}	156	13_{28}	72
9_{10-13}	173	11_{16-19}	130.134	13_{30}	55.166
9_{12f}	201	11_{18}	62	13_{31}	73.79-81.104.187
9_{13}	53.106.191	11_{18f}	79.156.197	13_{31f}	73.132.186
9_{14f}	173	11_{20}	45	13_{31-33}	147
9_{14-17}	163	11_{20-24}	197	13_{33}	50.73.79-81.104.132.186

Stellenregister

Reference	Pages	Reference	Pages	Reference	Pages
	188	17_{13}	159	21_{8f}	197
13_{35}	56f	17_{20}	139.180	21_{10f}	197
13_{36-43}	75	17_{23}	220	21_{11}	191
13_{37-43}	185	17_{24}	137	21_{12f}	229
13_{38}	75.77.81	18_1	75.106	21_{12-17}	197
13_{39}	166	18_3	75.81	21_{15}	32
13_{40}	53	18_4	75.81	21_{19f}	79
13_{41}	75.81	18_6	52f.75	21_{20-22}	52
13_{42}	53	18_8	52	21_{23}	184
13_{43}	75f.81	18_9	53.81	21_{23f}	32
13_{44}	73.79-81.104	18_{10}	55	21_{23-27}	197
13_{45}	73.79.81.104	18_{12}	79	21_{25}	45
13_{45f}	80	18_{12f}	80.201	21_{26}	190
13_{47}	73.79.81.104	18_{14}	52.80	21_{27}	32
13_{49}	50.55	18_{15}	53	21_{28}	53.79
13_{50}	53	18_{18}	75	21_{28-32}	105.197
13_{52}	79.81.153	18_{23}	79.81	21_{31}	76.81.184
13_{53}	180	18_{23-34}	80	21_{31f}	201
13_{53-58}	197	18_{27}	80	21_{32}	72.156.184
13_{57}	191	18_{35}	52.55.76	21_{33}	80
14_2	157.159	19_1	180	21_{33-46}	105.197.232.235
14_5	190	19_{1-9}	75	21_{36}	171
14_8	159	19_{1-12}	58	21_{43}	76.81.184
14_{20}	50	19_3	94.197	21_{45}	151.154
14_{30}	55	19_6	95	21_{46}	80.191
14_{33}	50	19_7	94	22_{1-10}	28.77.106.197.232
15_{1-9}	197	19_8	58	22_{1-14}	80
15_{4-9}	53	19_9	94f	22_2	79-81
15_{12-14}	151	19_{10}	52.75	22_{10}	50.55
15_{21-28}	197	19_{11f}	75	22_{15-22}	197
15_{22}	45	19_{12}	81	22_{23-33}	154.197
15_{24}	52.87.195	19_{14}	74.81	22_{31}	56
15_{26}	90	19_{23}	184	22_{34-40}	147.154.197
15_{31}	55	19_{23f}	81	22_{35}	153
15_{37}	50	19_{24}	32.70.184	22_{37}	50
16_1	155.191	19_{25}	50.184	22_{40}	50
16_{1f}	197	19_{28}	79.81.106.179.200.226	22_{44}	180
16_4	56.197	19_{30}	104	23	153f.197
16_6	151.155.188.197	20_1	79.81.104	23_{1-33}	151
16_{7f}	32	20_{1-7}	104	23_4	130f.134
16_{11f}	151.155.197	20_{1-15}	80.105f	23_5	55
16_{14}	157.159.191	20_{1-16}	88.104	23_6	130f.134
16_{17}	77	20_{6f}	106	23_{6f}	152
16_{17-19}	75	20_{8-10}	105	23_8	52
16_{18}	75	20_{10-12}	105	23_{12}	75
16_{19}	75.81	20_{11-15}	104	23_{13}	52.74.81.130f.134.153.232
16_{21}	220	20_{16}	104.139	23_{15}	53.151
16_{24}	111	20_{18}	71	23_{16-22}	50
16_{26}	50	20_{19}	220	23_{23}	53.63.151-153
16_{27}	82	20_{20-28}	106	23_{23-27}	130f
16_{27f}	97	20_{21}	74	23_{23-36}	134
16_{28}	81.180	20_{30f}	45	23_{25}	63.151-153
17_9	220	20_{31}	90	23_{26}	63.153
17_{10-13}	158.164	21_4	56f	23_{29-32}	130f

23₂₉₋₃₆	191.235	25₄₁	76	28₁₈	57	
23₃₀f	62	25₄₅	76	28₁₈₋₂₀	87	
23₃₁	63	26₁	180	28₁₉	195.197.233f	
23₃₁₋₃₆	197	26₁₂	55	28₁₉f	57.162.172.197	
23₃₃	53	26₁₄f	76			
23₃₄	153.156	26₁₅f	71	**Mk**		
23₃₄₋₃₆	93.130f.135	26₁₇	208	1₁₋₁₁	22	
23₃₅	92f	26₂₁	71	1₂	158.162.164	
23₃₇	191.235	26₂₃	71	1₂f	162.164	
23₃₇₋₃₉	57.135.179	26₂₄	71	1₂₋₆	130f	
23₃₉	96.151.180.184.197	26₂₅	71	1₂₋₈	162	
24₁₂	79	26₂₆₋₂₉	209	1₃	158	
24₁₄	74.77.81	26₂₈	210	1₄	159.162-164.233	
24₁₅	56	26₂₉	71.81.210	1₅	150.163f	
24₂₃	77f	26₃₆	180	1₆	62.163f.173	
24₂₆	77f.180	26₃₉	82	1₇	161-163	
24₂₆₋₂₈	179f	26₄₂	82	1₇f	147.160f.163	
24₂₇	82.189	26₄₆	71	1₈	162.172.234	
24₂₉₋₃₁	82	26₄₈	71	1₉	149f	
24₃₀	232	26₅₂	52	1₉f	147.149	
24₃₃	171	26₅₄	57	1₉₋₁₁	130f.149.162	
24₃₇	82	26₅₆	50.57	1₉₋₁₅	163	
24₃₇₋₃₉	96	26₆₁	230	1₁₀	149	
24₃₇₋₄₁	179f	26₆₄	82	1₁₄	139.163.170	
24₃₈	72	26₆₅	32	1₁₅	68f.73.81.179	
24₄₀	132	26₆₇f	191	1₁₆	199	
24₄₁	132	26₆₉₋₇₅	230	1₁₆₋₂₀	106.191	
24₄₂	218	26₇₀	52	1₂₁	26.130f.137	
24₄₃	208.218	26₇₃	65	1₂₁₋₂₃	27	
24₄₃f	80.179f	26₇₄	50.230	1₂₁₋₂₈	18.23.26f	
24₄₅₋₅₁	80.179f.208.218	26₇₅	52	1₂₂	18.26.32.153	
24₄₆	77	27₃₋₁₀	154	1₂₄	17.26f	
24₄₉	79	27₉	56f	1₂₄f	17	
25₁	79.81	27₁₁	52	1₂₅	21.26f	
25₁₋₁₃	180.208.218	27₁₉	197	1₂₇	26f.32.69	
25₅	180	27₂₃	50.69	1₂₈	26f.139	
25₁₀	180	27₂₅	197	1₂₉	137	
25₁₃	180	27₂₉	52	1₃₁	95	
25₁₃₋₁₅	218	27₃₅	57	1₃₂f	137	
25₁₄	79f	27₃₇	218	1₃₂₋₃₄	139	
25₁₄₋₃₀	79f.171.180	27₃₈	111	1₃₄	139	
25₁₆₋₁₈	180	27₃₉	32	1₃₅	52	
25₁₉	180	27₅₁₋₅₃	227	1₃₈	76	
25₂₁	180	27₅₂f	45	1₃₉	74.76.137.139	
25₂₃	180	27₅₇	68	1₄₄	18	
25₂₉	50	27₆₂	151	1₄₅	18f.139	
25₃₀	180	27₆₂₋₆₆	154	2₁	31.137	
25₃₁	79	27₆₃	52	2₁f	152	
25₃₁f	76	27₆₃f	112	2₁₋₄	31	
25₃₁₋₄₆	43.72.76.97.105.180.232	27₆₅	53	2₁₋₁₂	18.31	
25₃₂	52.197	28₃	189	2₁ – 3₆	37	
25₃₄	76f	28₁₀	52f	2₂	137	
25₃₄₋₃₆	81	28₁₁₋₁₅	154	2₂₋₄	31	
		28₁₆₋₂₀	225	2₂₋₅	32	

290 Stellenregister

2_5	31f.173	3_{28f}	32	5_{37}	96.212.225	
2_{5-10}	32.173	3_{28-30}	133.139	5_{38-40}	95	
2_6	32.152f	3_{31-35}	133.138f	5_{40}	96	
2_{6-8}	31	3_{34}	69	5_{41}	65.95	
2_7	32	4	37.147	5_{43}	96	
2_8	32	4_1	142	6_{1f}	130f	
2_9	31f.70	$4_1 - 6_{44}$	138	6_{1-6}	138	
2_{9-12}	31	4_3	80	6_{2f}	26	
2_{10}	17.31f	4_{3-8}	187	6_4	191	
2_{11}	31f.95	4_{3-9}	186	6_6	139	
2_{12}	31f	4_{5f}	79	6_7	224	
2_{13f}	191	4_8	187	6_{10}	52.180	
2_{14}	106	4_{10}	138.158	6_{11}	77.232	
2_{15f}	201	4_{10-12}	18.23.69	6_{14}	157.159.225	
2_{15-17}	173	4_{10-13}	20	6_{14-29}	142	
2_{16}	152f	4_{11}	68.81	6_{15}	191	
2_{17}	106.169.191.201	4_{13}	69.140.225	6_{16}	157.169	
2_{18}	152	4_{13-20}	23.80	6_{17f}	149	
2_{18-20}	173.189	4_{15}	74	6_{17-29}	138.163	
2_{18-22}	163	4_{24}	79	6_{18}	94	
2_{19f}	18	4_{25}	50	6_{20}	169.190	
2_{20}	173	4_{26}	68.71.81.185	6_{24}	159	
2_{21}	132	4_{26-29}	80.138.185	6_{25}	159	
2_{22}	132	4_{27f}	186	6_{29}	169	
2_{23}	63	4_{29}	166.185f	6_{30}	139	
2_{23-28}	34	4_{30}	68.71.73.81	6_{32f}	139	
2_{24}	152	4_{30f}	79f	6_{32-44}	142	
2_{28}	17	4_{30-32}	73.138.147.186	6_{32-52}	142	
3_1	137	4_{32}	187	6_{33}	76	
3_5	69	4_{33f}	18.138	6_{35-44}	137.139.141.145	
3_6	152.154	4_{34}	23	6_{38}	53	
3_{7f}	140	4_{35-41}	137.139.141	6_{41}	145	
3_{7-10}	139	$4_{35} - 6_{52}$	37	6_{43}	50.141.145.200	
3_{7-35}	139	5_{1-20}	18.145	6_{45}	45.137f.140.142.144	
3_{11}	17	5_{2f}	145	6_{45f}	140f.143	
3_{11f}	139	5_4	79	6_{45-52}	137.139.142	
3_{13}	19	5_5	145	$6_{45} - 8_{26}$	138f.141	
3_{13-19}	106	5_7	17	6_{46}	76.140	
3_{14}	224	5_9	145	6_{48}	139	
3_{16}	75.199	5_{11-13}	145	6_{51}	50.139.144	
3_{16-19}	225	5_{13}	145	6_{52}	144	
3_{19}	71	5_{15}	145	6_{53}	137.143	
3_{20}	137	5_{17}	145	6_{53f}	142f	
3_{20f}	139	5_{18}	142	6_{53-56}	138f.141.143	
3_{21}	169.183	5_{18f}	145	$6_{53} - 8_{13}$	135.139.144f.195f	
3_{22}	153.182f	5_{19f}	17.145	7_{1-5}	153	
3_{22f}	18	5_{20}	145	7_{1-13}	152	
3_{22-26}	73	5_{21f}	145	7_{1-23}	140	
3_{22-27}	130.133.181.183	5_{21-43}	95	7_2	152	
3_{23}	182	5_{23}	95	7_3	151	
3_{24}	182	5_{27}	95.169	7_{3f}	140.145.151	
3_{25}	182	5_{32}	69	7_5	151	
3_{26}	182	5_{35}	95	7_{6f}	53	
3_{27}	34.183	5_{36}	77	7_8	151	

Stellenregister

$7_{9\text{-}13}$	53	$8_{31\text{-}33}$	18	10_{13}	17
7_{13}	152	8_{32}	225	10_{13f}	69
7_{15}	34.140.145	8_{32f}	140.225	$10_{13\text{-}16}$	69
7_{17}	158	8_{34}	111	10_{14}	69.71.74.81
7_{19}	140.145	$8_{34\text{-}38}$	23	10_{14f}	69.81
7_{24}	18f.137.145	8_{36}	50	10_{15}	69.71.75
$7_{24\text{-}30}$	87.93.138.140.145.195	8_{38}	82.97.179.232	10_{16}	69.139
7_{25}	169	9_1	69.78.81.179f	10_{17}	70
7_{27}	90	9_2	19.96.212.225	$10_{17\text{-}22}$	69
7_{31}	137.145	9_3	157	$10_{17\text{-}27}$	69
$7_{31\text{-}37}$	138f	9_5	225	10_{22}	70
7_{32}	19	9_{5f}	17	10_{23}	69-71.139
7_{32f}	19	9_7	159	10_{23f}	69
$7_{32\text{-}37}$	19	9_8	69	$10_{23\text{-}25}$	68.81.232
7_{33}	19	9_9	22.220	10_{24}	69-71.139
7_{36}	19.50	9_{9f}	158	10_{25}	32.69-71
7_{36f}	18.22	$9_{9\text{-}13}$	138.155	10_{26}	50.69
7_{37}	19.141	9_{10}	17	10_{26f}	69
8_1	149	9_{11}	153	10_{27}	69
$8_{1\text{-}9}$	137-139.141.143.145	$9_{11\text{-}13}$	158.164	10_{28}	225
8_3	145f	9_{12}	63	10_{29}	76.94
8_6	145	9_{13}	158	10_{29f}	81
8_8	50.141.145.200	9_{14}	153	10_{31}	139
8_9	140	9_{28}	158	10_{32}	23.69.139
8_{10}	137.142f.145	9_{31}	23.71.220	$10_{32\text{-}45}$	18
$8_{10\text{-}14}$	152	9_{32}	17f.23.140	10_{33}	71.139.153f.229
8_{11}	94.152f.155.191	9_{33}	19.32.137	10_{33f}	23.71
$8_{11\text{-}13}$	139.141f	$9_{33\text{-}35}$	106	10_{34}	220
8_{13}	140-142	9_{34}	75	$10_{35\text{-}45}$	106
8_{14}	141.144	9_{38f}	69.74	10_{37}	74
8_{14f}	139	$9_{38}-10_{34}$		10_{38f}	169
$8_{14\text{-}21}$	23.143	9_{40}	138	10_{41}	169
$8_{14\text{-}33}$	142	9_{41}	139	$10_{46\text{-}52}$	139.141
8_{15}	140f.152.188	9_{43}	50.52.54.70.139	10_{47}	169
8_{16f}	32	9_{45}	52.70.139	10_{47f}	45
$8_{16\text{-}18}$	140	9_{47}	50.52.54.68.70f.81	10_{48}	90
$8_{16\text{-}21}$	141	9_{47f}	139	$11_{1\text{-}6}$	209
8_{19}	141	9_{48}	70	$11_{1\text{-}7}$	212
8_{19f}	137.140f	9_{49f}	139	$11_{1\text{-}10}$	144
8_{20}	135.141.144.195f	10	37	$11_{1\text{-}11}$	18.20f
8_{22}	19.45.137f.140.143f	10_1	94	11_{10}	68
8_{22f}	20	$10_{1\text{-}9}$	93f	11_{11}	69
$8_{22\text{-}26}$	19.139.141-143	$10_{1\text{-}12}$	58.69.75.95.139.152	$11_{12\text{-}14}$	139
8_{23}	19f	10_2	94.152	$11_{15\text{-}18}$	113
8_{23f}	55	10_3	94	$11_{15\text{-}19}$	229
8_{24}	20	10_4	58.94	11_{18}	153
8_{26}	19f.141	10_5	58.94	$11_{20\text{-}25}$	139
8_{27}	137.140	$10_{5\text{-}9}$	94	11_{21}	225
$8_{27\text{-}30}$	17.20.75	10_7	94f	11_{25}	52.54.150
$8_{27\text{-}33}$	23.142	10_8	95	$11_{27\text{-}33}$	153
$8_{27}-13_2$	212	10_9	94f	11_{28f}	32
8_{28}	157.159.191	10_{10}	94.158	11_{31}	32
8_{29}	225	$10_{10\text{-}12}$	93f	11_{32}	190
8_{31}	23.71.153f.220.229	10_{11f}	93-95	11_{33}	32

12_1	80	14_{3-9}	152.225	15_1	153.225
12_{1-9}	197	14_8	71	15_{1-5}	208
12_{1-12}	105.181.232.235	14_{10f}	71	15_{1-37}	111
12_{6-8}	18	14_{11}	169	15_2	144
12_{12}	18.76.80.154	14_{12}	208.212.225	15_{2f}	144
12_{13}	152	14_{12-16}	212	15_{14}	50.69
12_{15}	94	14_{12-26}	208	15_{20-47}	212
12_{18-27}	154	14_{13-16}	209	15_{25}	208.225
12_{25}	150	14_{17}	225	15_{26}	218
12_{28}	71.169	14_{18}	71	15_{27}	111
12_{28-33}	153	14_{21}	71	15_{28}	111
12_{28-34}	70.147.154	14_{22-24}	210	15_{29}	32.229f
12_{30}	50	14_{22-25}	209	15_{31}	153
12_{31}	50	14_{22-26}	172	15_{33f}	225
12_{32-34}	71	14_{24}	210	15_{34-37}	208
12_{33}	50	14_{25}	69.71.81.210.212	15_{35}	169
12_{34}	69.71.81.153	14_{26-31}	230	15_{39}	22
12_{35}	158	14_{27}	212	15_{40}	225
12_{35-37}	153	14_{28}	212.225	15_{42}	208.225
12_{36}	180	14_{29}	225	15_{42-47}	225
12_{38-40}	153	14_{29-31}	212	15_{43}	68
12_{40}	50	14_{32-42}	212	15_{47}	225
12_{44}	50	14_{33}	96.212.225	16_1	225
13	23f.37.147.178.196	14_{36}	82	16_{1-8}	23.212.224f
13_2	229f	14_{37}	225	16_2	225
13_3	96.158.212.225	14_{41f}	212	16_3	225
13_7	178	14_{42}	71	16_4	225
13_{7f}	23.92.146.178	14_{43}	153	16_7	53.225
13_8	206	14_{43-49}	208	16_8	225
13_9	195	$14_{43}-15_{20}$	142	16_9	220
13_{9f}	74.81	14_{44}	71	16_{14-18}	225
13_{9-13}	23	14_{47}	93	16_{16}	172
13_{10}	146.196.206	14_{49}	50		
13_{11}	146.206	14_{50}	212	**Lk**	
13_{14}	178.229	14_{50-52}	226	1_{13}	77
13_{14-20}	23.92.178	14_{51f}	93.212	1_{15}	173
13_{21}	77f	14_{53}	153	1_{17}	158.164
13_{21f}	206	14_{54}	225	1_{29}	32
13_{22}	55	14_{55}	229	1_{30}	77
13_{23}	23.146.179	14_{55-65}	229f	1_{45}	77
13_{24}	149.178f	14_{56}	212.229	1_{46-55}	45
13_{24f}	178	14_{56-59}	229	1_{66}	169
13_{24-27}	23.82.92.97.178f.206	14_{57f}	212.229f	1_{68-75}	160
13_{25}	150	14_{58}	113	1_{76}	158.164.190
13_{26}	232	14_{59}	212.229	1_{76-79}	160
13_{28}	171	14_{61}	20.212	1_{77}	74
13_{29}	76.171	14_{61f}	21.229	2_{1f}	217
13_{30}	179	14_{62}	82.96.113.212.232	2_{18}	169
13_{32}	179	14_{63}	229	2_{29f}	176
13_{33-37}	179.208.218	14_{64}	32.229	2_{47}	169
13_{34}	79	14_{65}	191.229	3_{1f}	215f
14f	23	14_{66-72}	225f.230	3_{2f}	130f
14 – 16	37.147.212	14_{71}	50	3_3	164
14_1	153.225	14_{72}	52.212	3_4	158

Stellenregister

3_7	53	5_{35}	173	7_{25}	157
3_{7f}	86.160	6_2	152	7_{26}	50
3_{7-9}	130f.161.165	6_7	152.154	7_{27}	158
3_8	161	6_{10}	69	7_{28}	73
3_9	86.102.160f	6_{11}	152	7_{29}	138.169.201
3_{10-14}	161	6_{13-16}	106	7_{29f}	138.152.169
3_{12}	169.201	6_{14}	199	7_{30}	153.169
3_{15}	32	6_{16}	71	7_{31-35}	130.134
3_{16}	147.160f.173	6_{17}	140	7_{33}	62f.159
3_{16f}	130f.160f.165	6_{17-19}	139	7_{33f}	79
3_{17}	86.161	6_{20}	74	7_{36-50}	138.152.201
3_{19f}	138.149.169f	6_{20-23}	77.130.134	7_{37}	205
3_{21}	147	$6_{20}-7_{35}$	133	7_{39}	191
3_{21f}	130f.149.155	6_{22f}	74	7_{41}	95
4_{1-13}	93.130f.135	6_{23}	62	8	138
4_6	32	6_{24}	77	8_1	76.81.138f
4_{13}	189	6_{27f}	52.54f	8_{1-3}	138
4_{14f}	139	6_{27-30}	55	8_{1-21}	138
4_{16}	130f	6_{27-33}	54.130f.134	8_4	138
4_{16-30}	138.155	6_{29f}	54	8_4-9_{17}	138
4_{18f}	78.206	6_{30}	54	8_5	80
4_{21}	73	6_{32f}	54f	8_{5-8}	186f
4_{23}	137	6_{33}	50	8_6	79
4_{24}	191	6_{35}	54.77	8_{9f}	138
4_{25f}	132	6_{35f}	54f	8_{10}	81
4_{25-27}	191	6_{36}	130f.134	8_{11}	140
4_{27}	132	6_{37f}	130.134	8_{11-15}	80.138
4_{29}	73	6_{41f}	130.134	8_{11-18}	138
4_{31}	130f.137	6_{43f}	130.134	8_{11-20}	138
4_{32}	32	6_{45}	50	8_{19}	138.205
4_{36}	32	6_{46}	81.130.134	8_{19f}	138
4_{37}	139	6_{47f}	79f	8_{19-21}	138
4_{40f}	139	6_{47-49}	130.134	8_{22-25}	138f.141
4_{41}	139	6_{49}	79f.149.169	8_{22-56}	138
4_{42-44}	140	7	138	8_{26}	145.196
4_{43}	76.81	7_{1f}	130.133f	8_{26-39}	138.140.196
4_{44}	139	7_{1-10}	30	8_{27}	181
5_{1-11}	106.199	7_{1-35}	138	8_{40-56}	95.138
5_{10}	77	7_1-9_{50}	138	8_{42}	95
5_{15}	139	7_3	169	8_{44}	95
5_{17}	152	7_{3-5}	140	8_{49}	95
5_{21}	32.152	7_{6-10}	130.133f	8_{50}	77.169
5_{21f}	32	7_9	138.169	9	138
5_{23}	32.70	7_{11-17}	96.133f	9_1	206
5_{24}	32	7_{13}	96.133	9_{1-6}	77
5_{27f}	106.191	7_{16}	138.191	9_2	76.81
5_{29f}	201	7_{17}	140	9_5	77
5_{29-32}	173	7_{18-23}	134	9_7	157
5_{30}	79.152	7_{18-28}	130.132	9_{7-9}	140.149.155
5_{31f}	201	7_{20}	159	9_8	191
5_{32}	106.191	7_{22}	76	9_9	138.157
5_{33}	79.152	7_{23}	77	9_{10}	45.140
5_{33-35}	173	7_{24}	132	9_{10f}	139
5_{33-39}	163	7_{24-28}	134.169	9_{10-17}	141

Stellenregister

Reference	Pages
9_{11}	76.81
$9_{12\text{-}17}$	139
9_{17}	138
9_{18}	140
$9_{18\text{-}22}$	138
$9_{18\text{-}27}$	138
9_{19}	157.159.191
9_{23}	111
9_{26}	82
9_{27}	78.81.180
$9_{28\text{-}36}$	138
9_{29}	157
9_{41}	138
$9_{43\text{-}45}$	138
9_{45}	140
9_{46}	106
9_{49f}	74
9_{50}	138
$9_{51\text{-}57}$	196
9_{57f}	153
$9_{57\text{-}60}$	136
9_{59}	76
9_{59f}	76
$9_{59\text{-}62}$	191
9_{60}	76.81
9_{61}	76
9_{61f}	76
9_{62}	76f.81
10_1	224
$10_{1\text{-}12}$	136.146
10_3	224
$10_{5\text{-}7}$	136
10_7	79
10_9	69.73f.76.79.81
10_{10}	77
$10_{10\text{-}12}$	232
10_{11}	73.76f.79.81.206
$10_{12\text{-}15}$	134
10_{13}	45
$10_{13\text{-}15}$	130
10_{14}	53
10_{18}	189
10_{21}	82
10_{21f}	130.132.134
10_{23}	77
10_{23f}	189
10_{25}	153.205
$10_{25\text{-}28}$	147.154
10_{29}	169
11_2	74.81-83
$11_{2\text{-}4}$	179
$11_{5\text{-}7}$	80
11_8	80
11_{14}	181f
11_{14f}	73.130.132.134
11_{15}	182
11_{16}	130.133.139.153.182
11_{17}	182
11_{17f}	73
$11_{17\text{-}20}$	130.132.134
11_{18}	182
11_{19f}	73.182
11_{20}	34.73.183
11_{21f}	139.183
11_{22}	183
11_{23}	130.132.134.183
$11_{24\text{-}26}$	132-134
11_{27}	205
11_{27f}	77.133f
$11_{29\text{-}32}$	130.133f
11_{34}	50.183
11_{36}	50.189
11_{37}	205
11_{37f}	152
11_{39}	63.130f.151-153
$11_{39\text{-}44}$	152
$11_{39\text{-}52}$	134
11_{40}	153
11_{40f}	63
11_{41}	63
$11_{41\text{-}44}$	130f
11_{42}	151.153
11_{42f}	152
11_{45f}	153
$11_{46\text{-}48}$	130f
$11_{46\text{-}52}$	152
11_{47f}	62
$11_{47\text{-}51}$	191.197.235
11_{48}	63
11_{49}	154
$11_{49\text{-}51}$	93.130f.135
11_{51}	92f
11_{52}	74.81.130f.153.232
11_{53f}	152
12_1	139-141.152.188
12_{2f}	34
12_{8f}	59.82.97.173.179.232
12_{10}	32
12_{17}	32
12_{20}	153
12_{22}	72
$12_{22\text{-}31}$	34.72.136
12_{25}	79
12_{29}	72
12_{31}	71.77.79.81
12_{32}	77.79.81
12_{33}	63
12_{33f}	136
12_{37f}	77
12_{38}	208.218
12_{39}	208.218
12_{39f}	80.179f
12_{41}	80
$12_{42\text{-}46}$	80.179f.208.218
12_{43}	77
12_{45}	79
12_{47f}	80
12_{50}	169
$12_{51\text{-}53}$	182
12_{53}	182
12_{58f}	52-54.202
13_1	205
$13_{6\text{-}9}$	166
13_{17}	157
13_{18}	73.81
13_{18f}	73.79f.132.138.186f
$13_{18\text{-}21}$	147
13_{20}	81
13_{20f}	73.79f.132.138.186-188
13_{21}	50
13_{26f}	97
13_{27}	77
13_{28}	72.77.162.195
13_{28f}	81
13_{29}	72.195
13_{30}	139
13_{31}	152
13_{32}	182
13_{33}	191
13_{34}	191.235
13_{34f}	135.179
13_{35}	96
$14_{1\text{-}6}$	152
14_3	153
$14_{7\text{-}14}$	77
14_{11}	75
14_{14}	77
14_{14f}	77
14_{15}	77.81.169
14_{15f}	79.81
$14_{15\text{-}24}$	28.96.106.232
14_{16}	80
$14_{16\text{-}24}$	77.80
14_{26}	94f
14_{27}	111
$14_{31\text{-}33}$	80
14_{33}	76
14_{34f}	139
14_{35}	77
15_{1f}	173.201
15_2	152
$15_{3\text{-}7}$	132

15_{4} 79
15_{4-6} 80.201
15_{7} 80
15_{8f} 80.201
15_{8-10} 132
15_{10} 80
15_{11-32} 80.201
16_{1-8} 80
16_{1-13} 152
16_{8} 95
16_{8-12} 80
16_{14} 152
16_{15} 169
16_{16} 34.73.76.81.155.189
16_{17} 32.70.75.195
16_{18} 52.54.93f.139
16_{31} 227
17_{1} 77
17_{3} 140
17_{6} 139
17_{7} 77
17_{7-9} 80
17_{10} 80
17_{11} 140.196
17_{20} 77f.152.206
17_{20f} 73f.77-79.81.128
17_{21} 78.155.189.206f
17_{21-34} 206
17_{22-37} 79
17_{23} 77f.180
17_{23f} 179f
17_{24} 82.189
17_{26} 82
17_{26f} 96.179f
17_{27f} 72.79
17_{34} 132
17_{34f} 179f.207
17_{35} 132
17_{37} 179f
18_{1} 80
18_{2-5} 80
18_{6f} 80
18_{8} 80.206
18_{9-14} 152
18_{10-14} 201
18_{14} 75.169
18_{16} 74
18_{16f} 81
18_{22f} 169
18_{24f} 81
18_{25} 32.70
18_{26} 169
18_{29} 76.94f
18_{29f} 81
18_{31} 71
18_{33} 220
18_{34} 140
18_{35-43} 139.141
18_{36} 169
18_{38f} 45
18_{39} 90
19_{11} 78-81.139.171.181.206f
19_{11-27} 78.206
19_{12} 79
19_{12-27} 79f.180.207
19_{26} 50
19_{39} 152
19_{41-44} 139
19_{45-48} 229
20_{2} 32
20_{6} 190
20_{8} 32
20_{9} 80.181
20_{9-19} 105.232.235
20_{14} 32
20_{16} 169
20_{19} 80.154
20_{20-26} 197.206
20_{27-40} 154
20_{43} 180
21 77
21_{7} 78.206
21_{8} 79.181.206
21_{8-36} 206
21_{11} 206
21_{12} 206
21_{25-27} 82
21_{25-28} 206
21_{31} 76.79.81.171
21_{32f} 206
21_{34} 140
21_{34-36} 206
21_{36} 97.232
22_{3} 189
22_{4} 71.154
22_{6} 71
22_{7} 208
22_{7-13} 209
22_{14-20} 79
22_{15} 209
22_{16-20} 209
22_{18} 71.81.210
22_{20} 210
22_{21f} 71.77
22_{28} 79
22_{28-30} 79.106.200
22_{29} 77.79
22_{29f} 81
22_{30} 79.179.226
22_{37} 111
22_{42} 77.82
22_{48} 71
22_{52} 154
22_{56-62} 230
22_{63} 191
22_{65} 32
22_{66} 209
22_{69} 78.82
23_{1f} 197.206
23_{2f} 144
23_{4} 144.206
23_{5} 112.206
23_{6} 169
23_{6-12} 206
23_{8} 140.181
23_{10} 154
23_{13} 154
23_{14f} 206
23_{16} 144
23_{18f} 206
23_{20} 206
23_{21} 206
23_{22} 140.144.206
23_{23} 144.206
23_{29} 77
23_{32f} 111
23_{33} 111
23_{34} 82
23_{35} 154
23_{38} 218
23_{39} 32
23_{43} 176.226
23_{46} 82
23_{47} 140
23_{51} 68
23_{54} 209
24_{4} 189
24_{7} 71.220
24_{19} 191
24_{20} 154
24_{46} 220
24_{48f} 225

Q (Spruchquelle)

6_{20} 74.81
6_{20f} 136
6_{20-23} 136.179
6_{22f} 197.235
6_{23} 135
6_{27-35} 202
6_{29f} 52
6_{32f} 52

6_{35}	52	1_{149-51}	135	4_1	151.169-171
6_{37f}	136.179	1_{152}	135	4_{1-42}	147
6_{45}	50	**Joh**		4_2	169f
6_{46}	75	1_{6-8}	159	4_3	170
7_1	137	1_{15}	159	4_4	191
7_{1f}	134f	1_{19-23}	159	4_9	170
7_{1-10}	30.90.130.135.140.195	1_{21}	164.191	4_{19}	191
7_{6-10}	134f	1_{23}	158f	4_{21}	229
7_9	31.195	1_{24}	151	4_{23}	229
7_{11-17}	134	1_{24-34}	149.159	4_{39-42}	30
7_{18f}	164	1_{25}	164.191	4_{43}	170
7_{20f}	179	1_{29-34}	159	4_{44}	171
7_{22}	76.96.136	1_{35f}	159	4_{46}	30.137
7_{22f}	164	1_{35-51}	106.191	4_{46f}	30
7_{24}	92	1_{42}	75	4_{46-54}	30.130.147.195
7_{24-28}	157	1_{43}	170.191	4_{48}	30.90
7_{26}	50.190	1_{44}	45	4_{49}	30
7_{27}	164.179	1_{51}	149	4_{49f}	30
7_{28}	73f.85.136.157	2_1	30.170	4_{50}	30
7_{31-34}	160	2_{1-11}	30.147	4_{51}	30
7_{31-35}	156.173	$2_1 - 3_{36}$	147	4_{51-53}	27.30
7_{33}	62.163	$2_1 - 4_{54}$	147	4_{53}	30
7_{33f}	156.173	2_4	30	4_{54}	30.69.147.170
7_{34}	201	2_{11}	27.30.147	5	142
7_{35}	169	2_{12}	137	5_2	45
10_{12}	136.179	2_{13-16}	229	5_{2-9}	45
10_{12-15}	135.232	2_{18-20}	30	5_{21}	178.232
10_{13}	45.140	2_{19-21}	230	5_{24}	178.232
10_{13-15}	96.179	2_{20}	216	5_{30}	178
10_{14f}	136	2_{23}	27.30.147	5_{32-36}	159
10_{15}	137	2_{24}	171	5_{36}	171
10_{21}	82	3_{1-21}	30.143.151	6	142
10_{21f}	136	3_2	147	6_1	142f
11_{14}	27.139	3_3	81	6_{1-13}	142
11_{14f}	73.183.201	3_{3-7}	233	6_{1-14}	142
11_{14-20}	139	3_5	81.162.232.234	6_{1-71}	142
11_{14-23}	130.181	3_{15-21}	178.232	6_4	216
11_{15}	64.182	3_{16}	22	6_{11}	143
11_{17}	182	3_{22}	149.169-171	6_{12f}	50
11_{17f}	73.183.201	3_{22f}	170	6_{13}	143
11_{17-19}	184f	3_{22-26}	142.170	6_{14}	191
11_{17-20}	183	3_{22-36}	30	6_{14-21}	142
11_{18f}	64.182	3_{23}	149.170f	6_{16f}	142
11_{19}	183f	3_{24}	170f	6_{16-21}	142
11_{19f}	183f.201	3_{25}	170f	6_{17}	137
11_{20}	73f.173.183-185.190	3_{26}	169-171	6_{21}	142
11_{23}	139.183	3_{26-36}	159	6_{22}	143
11_{27f}	133f	3_{27-30}	170	6_{22-25}	142f
11_{29f}	135	3_{27-36}	171	6_{23}	143
11_{29-32}	134.139.141	3_{28}	171	6_{24}	137.143
11_{31}	132	3_{31-36}	170	6_{24f}	143
11_{31f}	135.226.232	3_{36}	96.178.232	6_{26}	142f
11_{32}	132	4	142	6_{26-66}	142
11_{39-48}	135			6_{39}	178

Stellenregister 297

6_{40}	178	12_{47}	178	20_{29}	77		
6_{47}	178	13	143	20_{30f}	27.30.147		
6_{52}	151	13_1	209	20_{31}	178		
6_{59}	137	13_{11}	71	21_{11}	143		
6_{64}	71	13_{16}	224	21_3	143		
6_{67-71}	142	13_{17}	77	21_5	30		
6_{71}	71	13_{21}	71	21_6	143		
7_1	170	13_{29}	209	21_8	143		
7_3	170	13_{32}	150	21_{22f}	223		
7_9	170	13_{36-38}	212				
7_{11}	151	14_2	178.227	**Act**			
7_{11f}	112	14_3	227	$1-13$	182		
7_{31}	171	14_{11}	171	1_3	81		
7_{32}	151	15_2	171	1_5	155.162.172.234		
7_{40}	191	16_{21}	30	1_6	77f.206		
7_{47}	112	16_{27}	171	1_7	78.206		
7_{47f}	151	17_1	82	1_8	172.196.225		
7_{50}	151	17_2	178	1_{13}	199		
7_{52}	191	17_5	82	1_{15-26}	146		
8_2	170	17_{11}	82	1_{22}	222		
8_3	153	17_{18}	224	2_{1-13}	172		
8_{15f}	178	17_{21}	82	2_{22}	27		
8_{21-27}	143	17_{24f}	82	2_{23}	197		
8_{30f}	151	18_1	212	2_{24}	220		
8_{51}	178	18_2	71	2_{32}	220		
9	143	18_3-19_5	142	2_{35}	180		
9_1	142	18_5	71	2_{36}	87		
9_{6f}	142	18_{11}	212	2_{38}	162.164.172.233f		
9_{13-34}	151	18_{14}	114	2_{41}	172.196.233		
9_{17}	191	18_{17}	230	2_{44}	221		
9_{41}	95	18_{25-27}	230	2_{47}	196		
10_3	106	18_{28}	209	3_{2f}	63		
10_{10}	178	18_{30}	144	3_{10}	63		
10_{19-21}	151	18_{33}	144	3_{15}	220.222		
10_{28}	178	18_{35}	170	3_{17}	154		
10_{41}	159	18_{37}	144	3_{19}	232		
11_{1-46}	96	18_{38}	144	4_1	154		
11_6	30	18_{39}	144	4_4	196		
11_7	170	19_6	144	4_5	154		
11_{25f}	178	19_{11}	71	4_8	154		
11_{41}	82	19_{14}	209	4_{10}	220.222		
11_{43}	95	19_{15}	144	4_{26}	154		
11_{46-53}	151	19_{18}	111	4_{32}	221		
11_{46-57}	112	19_{19}	218	4_{33}	222		
11_{47-53}	212	19_{24}	157	5_{14-16}	196		
11_{55}	216	19_{31}	209	5_{24}	154		
12_{1-8}	152.225	19_{34}	233	5_{26}	154		
12_4	71	19_{38}	68	5_{30}	220		
12_{15}	77	19_{39}	151.225	5_{30f}	235		
12_{21}	45	19_{42}	209	5_{31}	232		
12_{27}	212	20_{1-18}	212	5_{34}	151f		
12_{27f}	82	20_9	220	5_{35}	140		
12_{31f}	178	20_{19-23}	225	5_{37}	112.205		
12_{42}	151	20_{23}	75	6_1	38		

6_2	146	10_{41}	220	19_5	233f
6_5	146.200	10_{44-48}	69.234	19_8	81
6_{14}	229	10_{47}	69	19_{18}	221
7_{42}	87	10_{47f}	233	19_{32}	223
7_{48}	229	10_{48}	233f	20_{17-38}	23
7_{52}	191.197.232	11_{14}	69	20_{19}	79
7_{58}	73	11_{15-17}	234	20_{25}	77.81
7_{59}	176	11_{16}	234	20_{28}	140
8_1	38.196	11_{19-30}	196	20_{28f}	77
8_3	215	11_{26}	101	20_{33}	157
8_4	196	$13-28$	196	20_{35}	77
8_{4-25}	196	13_{6-8}	140.197	21_3	79
8_{9-11}	190	13_{6-12}	206	21_{20}	221
8_{11}	181	13_{14-51}	162.197	21_{25}	221
8_{12}	76	13_{24}	164	21_{27-30}	197
8_{12f}	233	13_{24f}	155	22_3	151f
8_{15-19}	234	13_{27}	154	22_{16}	233
8_{16}	233f	13_{30}	220	22_{22f}	197
8_{26-36}	196	13_{33f}	220	22_{23}	77
8_{27}	196	13_{37}	220.222	23_2	197
8_{32f}	111	13_{38f}	169	23_{6-8}	154
8_{34}	196	13_{52}	77	23_{6-9}	152
8_{36}	69.167.196.233f	14_3	181	23_8	151
8_{38}	167.233f	14_{19}	195	23_{12-15}	197
8_{38f}	196	14_{22}	81.232	24_{1-9}	197
9_{1f}	215	15_5	221	24_{17}	63
9_{3-7}	224	15_{20}	193	$25f$	140
9_{3-9}	106	15_{29}	193	25_{2f}	197
9_{15}	224	$15_{41}-18_1$	216	25_7	197
9_{17-19}	234	16_{9f}	224	26_2	77
9_{18}	233	16_{15}	69.233	26_{4f}	151
9_{20-25}	194	16_{22-40}	216	26_{11}	69
9_{23}	181	16_{31}	69	27_7	181
9_{24f}	215	16_{33}	69.233	27_9	181
9_{31}	140	17_{1-9}	216	27_{12}	223
9_{32-35}	196	17_3	220	27_{24}	77
9_{32-42}	27	17_4	216	28_{23}	81
9_{36}	63	17_{5-9}	197		
9_{36-43}	196	17_{10}	216	**Röm**	
9_{40}	73.95	17_{14-16}	216	$1-8$	195
9_{43}	181	17_{15f}	216	1_1	224
10	196	17_{24}	229	1_2	222
$10f$	193	17_{31}	220	1_{16f}	86
10_2	63.69	18_6	77	1_{18}	96
10_4	63	18_8	69.233	1_{18-32}	232
10_{9-16}	140	18_9	77	2_1-3_{20}	232
10_{11}	149	18_{12-17}	140.197.206	2_{3-5}	232
10_{14}	232	18_{17}	232	2_4	236
10_{16}	150	18_{18}	76.181	2_5	86
10_{24}	69	18_{21}	76	3_{21-26}	86
10_{28}	232	18_{27}	221	3_{24f}	22
10_{31}	63	19_{1-7}	162.169.171.234	4_3	222
10_{37}	155	19_{3-5}	162	4_7	222
10_{40}	220	19_4	155.164.169	4_{11}	221

Stellenregister

4_{17}	191	15_{22-29}	91	10_{1-13}	233
4_{24}	220f	16	91.119	10_2	234
4_{24f}	222	16_7	91	10_5	223
4_{25}	71.220-222	16_{26}	222	10_{11}	175
6_3	234			10_{14-22}	210
6_{3f}	220.233	**1Kor**		11_{23}	71.213
6_4	220-222.233	1_1	224	11_{23-25}	71.92.209f
6_9	220-222	1_9	106.191	11_{23-26}	209
7_4	220-222	1_{12}	233	11_{25}	210
7_5	222	1_{13}	234	11_{30}	223
7_{8-13}	92	1_{14}	233	12_{13}	233f
8_{3f}	22	1_{15}	234	14_{22}	221
8_{11}	220-222	1_{16}	69.233	14_{33}	92
8_{15}	82	1_{17}	224	14_{33-36}	92
8_{22}	175	1_{26-29}	201	14_{37}	92
8_{30}	106.191	1_{30}	164.233	14_{38}	92
8_{32}	22.71	2_{10}	224	15	177
8_{34}	220-222	3_6	186	15_{1-3}	222
9	198	3_8	106	15_{1-5}	222
$9-11$	22.198f	$3_{11}-4_5$	106	15_3	222
9_{6-23}	198	4_5	86	15_{3-5}	220.222
9_{6-29}	198	4_{10}	157	15_4	220
9_{12}	191	4_{20}	81	15_5	146.199.223
9_{17}	222	5_5	74	15_{5-7}	223
9_{22f}	236	5_6	188	15_{5-8}	227
9_{24}	106.191.199	5_{6-8}	188	15_{5-10}	106
9_{27f}	199	5_7	209	15_6	223
9_{29}	199	5_9	37	15_7	199.223
10_{3f}	86	6_{2f}	226	15_8	223
10_9	220-222.232	6_{9f}	81	15_9	194.215
10_{11}	222	6_{9-11}	232	15_{9f}	106
10_{15}	224	6_{11}	164.233f	15_{12}	38.220.222
10_{17}	224	6_{14}	220.222	15_{12-14}	220.222
11_{1-5}	199	7_{1-7}	93	15_{15}	220.222
11_2	222	7_{10}	94	15_{16f}	220.222
11_{5f}	199	7_{10f}	92-94	15_{17}	222
11_{11}	162	7_{11}	93-95	15_{18}	223
11_{11-32}	198	7_{12}	92	15_{20}	220.222f
11_{15}	162	7_{12-16}	93	15_{23-28}	178
11_{25}	162.175.198	7_{15}	106	15_{29}	38.177.233
11_{25-32}	198.237	7_{15-24}	191	15_{32}	91
11_{27}	222	7_{17-24}	106	15_{35}	176
11_{28}	162	7_{19}	92.101	15_{50}	81.176
11_{30}	162	7_{25}	92	15_{51}	176.223
12_{15}	156	7_{29}	175	15_{51f}	175.177
13_9	92	7_{39}	223	15_{51-55}	178
13_{11}	175	8_3	92	16_{5-12}	38
13_{12}	175	9_1	106.223f	16_{22}	232
13_{14}	233	9_5	199		
14_9	220	9_7	105	**2Kor**	
14_{10}	86.97	9_{10}	77	1_1	224
14_{14}	92	9_{14}	92	1_8	91
14_{17}	81	9_{19}	223	1_{13-17}	38
15_4	222	9_{20f}	101	1_{21}	233

Ref	Page
1,22	162.233f
1,23	50
2,4	37
2,6	223
2,13	76
3,3	198
3,6	198
3,8	198
3,13	198
3,15	198
3,16	101.198.232
3,17	198
3,18	198
4,14	220-222
4,15	223
5,1-10	176
5,10	86.97.232
5,15	220-222
5,16	26
5,16f	194
6,5	91
9,2	223
10–13	37f
11,4	234
11,13	224
11,22	192
11,23	91
11,24f	195
11,32f	193.215
12,12	27

Gal

Ref	Page
1	91
1f	91.215
1,1	192.220-222.224
1,4	222
1,6	106.191
1,10	192
1,12	224
1,13f	194.215
1,14	151.194
1,15f	106.191.193f.224
1,15–2,10	215
1,16	224
1,17	193.215
1,18	215
1,18f	199
1,19	199
1,21	215
1,23	194
2,1	215
2,1-10	193.195
2,3-5	192
2,4	192

Ref	Page
2,7	192
2,7f	199
2,11f	223
2,11-14	38.92.101.192f
2,11-16	201
2,12	193
2,14	192
2,15	232
2,15f	232
2,16	86.101
2,20	71
3,2-5	234
3,8	222
3,13	111.113
3,22	221f
3,27	233f
3,28	233
3,29	233
4,3	47f
4,4	158
4,4f	22
4,6	82
4,9	47f
4,9f	192
4,10	47
4,21	192
4,21-31	101
4,29	192
4,30	222
5,2f	192
5,3	192
5,4	192
5,6	101.192
5,8	106.191
5,9	188
5,11	192
5,11f	192
5,12	38
5,13	106.191
5,21	81
6,7-9	166
6,12f	192
6,15	101.192

Eph

Ref	Page
1,13	221.233
1,13f	234
1,19	221
1,20	220-222
2,3	232
2,6	233
4,1	106
4,4	106
4,5	233f

Ref	Page
4,24	178
4,30	233
5,5	81
5,6	96
5,25	71
5,26	233
5,27	157

Phil

Ref	Page
1,13	91
1,14	223
1,23	176
1,25	223
1,30	216
2,6-11	22.27
2,8	111
2,24	91
3,2-6	192
3,4-8	194
3,5	151
3,6	215
3,9	86.194
3,10	221
3,16	194
3,19-21	175
3,20f	177
4,5	175
4,16	216
4,22	91

Kol

Ref	Page
1,1	224
1,12-14	178
2,6	233
2,8	47
2,11	47
2,12	220f
2,12f	178
2,15	47
2,16f	47
2,20	47.178
2,21f	47
2,23	47
3,1-4	233
3,6	96
3,15	106
4,11	81
4,16	38

1Thess

Ref	Page
1,1	216
1,7	221
1,9	198
1,9f	86.96.162.177.232

1_{10}	220.222	**Hebr**		11_{17f}	97	
2_2	216	4_3	221	11_{19}	189	
2_7	224	5_4	191	12_{10}	83	
2_{10}	221	5_{8-10}	22	14_{14-16}	166	
2_{12}	83.106.191	6_2	233	14_{15}	186	
2_{13}	221	6_7	77	16_{15}	208.218	
2_{13-16}	197	9_{11}	229	16_{18}	189	
2_{14}	197.216	11_{37}	163	17_{10}	223	
2_{14-16}	101	**Jak**		19_{11}	149.207	
2_{15}	191.197.235	1_{18}	233	19_{11-16}	207	
2_{15f}	232	2_5	81	19_{13}	207	
2_{16}	197f.222	2_7	233	19_{14f}	207	
2_{17}	216	4_{15}	62	19_{15}	207	
2_{19}	86.106.177	5_{7-11}	97.232	20_4	226	
2_{19f}	86	5_{12}	49f.54	21_{3f}	230	
3_{1f}	216			21_{22}	229f	
3_{10}	216	**1Petr**		22_{12}	232	
3_{12f}	86	1_1	224			
3_{13}	86.97.177.232	1_3	233	*Frühes Christentum*		
4_7	106.191	1_{21}	220-222			
4_{13-15}	223	1_{23}	233	**1Clem**		
4_{13-18}	176f	2_7	221	5_{47}	176	
4_{14}	220f	2_{22-25}	111	17_1	163	
4_{15}	176	3_{20}	236			
4_{15-17}	175.199	3_{21}	233	**2Clem**		
4_{16f}	86.92.177	5_{2f}	77	3_2	226	
4_{17}	176	5_4	106			
5_2	175.208.218	5_{10}	106.191	**Did**		
5_4	175.208.218			1_{2-5}	54	
5_{10}	220	**2Petr**		7_1	234	
5_{23}	86.177	3_9	236	7_{1-4}	167.234	
5_{24}	106.191	3_{10}	208.218	7_3	234	
5_{27}	50	3_{15}	236	$9f$	209	
				$9_1 - 10_7$	210	
2Thess		**1Joh**		9_5	234	
1_5	81	2_{14}	30			
1_{7f}	97	2_{18}	30	**Diog**		
2_{14}	106.191	2_{20}	233	4_5	207	
		2_{27}	233			
1Tim		4_9	22	**EpJac**		
1_{17}	83	5_{6-8}	233	12_{22-37}	186	
2_9	157					
6_{14}	232	**Apk**		**EvHebr**		
6_{15}	83	1_6	83	1_7	92	
		1_7	232			
2Tim		3_3	208.218	**EvNaz**		
1_9	106.191	3_9	226	Frgm. 19	230	
2_8	220f	$4 - 21$	97	Frgm. 26	203	
2_{12}	226	4_5	189			
4_1	232	5_{10}	83	**EvPetr**		
4_8	106.232	8_5	189	2_5	216	
		11_{11f}	225	4_{11}	218	
Tit		11_{15}	83.97			
3_5	233f					

EvThom	
3	78.128
8	79
20	79.187
22	69
36	77
64	77.80
76	79f
96	79f
107	80
109	79f
113	78

Alte Kirche

Clemens Alex., strom I,145$_{4f}$	216
Euseb, hist.eccl. I,13	216
Justin, Apol. I,15$_4$	75
Justin, Dial. LI,3	155
Justin, Dial. LXIX,7	112
Justin, Dial. CVIII,1	112
Origenes, Celsus IV,13	216
Origenes, HomJer XIV,13	216
Orosius, adv.pag. VII,6$_{15}$	91
Tertullian, advJud VIII,16ff	216

Rabbinische Literatur

mAv	
1	42
1$_1$	56.151

mDem	
2$_{2t}$	151

mHag	
2$_7$	151

mJoma	
4$_{1-3}$	66
6$_2$	66

mPes	
1$_4$	208
10$_6$	203

mRH	
1$_1$	217
1$_7$	214

mSan	
6	113
11$_3$	219

tSan	
9$_7$	113

tTaan	
1$_{13}$	66

bAZ	
9	202

bBB	
16	94

bBer	
40	82

bGit	
60	56

bKer	
9	159

bKet	
30	94

bQid	
21	58

bSan	
43	112.216
46	113
97	202
97	202
107	112

bShab	
31	56
151	202

bShev	
36	49

bTaan	
23	82

yBer	
13	44

yBM	
10 (= 6$_1$)	105
11 (= 6$_8$)	105

yKet	
35	43

yKil	
32	43

BerR	
32$_3$	43

DevR	
3$_{11}$	44

MekhY	
12$_{42}$	203

MTeh	
4$_3$	44
4$_4$	44
15$_4$	44
17$_{19}$	44
118$_{10}$	43-45

QohR	
IV 8$_1$	44

ShemR	
27$_1$	44
27$_9$	44
32	56
52$_1$	44

SifBam	
108	159

SifDev	
31	56
265	51

sonst

Dio Cassius LX,6$_6$	91
Diodorus Siculus IV,0$_3$	105
Strabo, Geogr. III,4$_{17}$	105
Tacitus, hist. V,5	197
Tacitus, hist. V,12	205

Aus unserem Verlagsprogramm:

Ferdinand Urbanek
AUFS NEUE GLAUBEN
Nach Geist und Zeichen der Jesusbotschaft
Hamburg 2007 / 194 Seiten / ISBN 978-3-8300-2760-7

Martin Fohl
Die göttliche Wurzel bei Matthias Joseph Scheeben
Die Bedeutung des Bildes von der zweifibrigen Wurzel der übernatürlichen Gnadenordnung für die Gnadenlehre von Matthias Joseph Scheeben
Hamburg 2004 / 322 Seiten / ISBN 978-3-8300-1281-8

Werner Licharz & Milton Aylor (Hrsg.)
Gott braucht den Menschen, der Mensch fragt nach Gott
Ein Dialog mit Abraham Joshua Heschel
Hamburg 2003 / 66 Seiten / ISBN 978-3-8300-0993-1

Gerbern Oegema
Das Heil ist aus den Juden
Studien zum historischen Jesus und seiner Rezeption im Urchristentum
Hamburg 2001 / 302 Seiten / ISBN 978-3-8300-0480-6

Jürgen Eikenbusch
Unsichtbares Christentum?
Studien zu religionssoziologischen und theologischen Bewältigungsstrategien der Entkirchlichungserfahrung im 19. und 20. Jahrhundert
Hamburg 2001 / 498 Seiten / ISBN 978-3-8300-0382-3

Winfried Ziegler
Die „wahre strenghistorische Kritik"
Leben und Werk Carl Lachmanns und sein Beitrag zur neutestamentlichen Wissenschaft
Hamburg 2000 / 390 Seiten / ISBN 978-3-8300-0141-6

Burkhard R. Knipping
Die Kundschaftergeschichte Numeri 13-14
Synchrone Beschreibung – diachron orientierte Betrachtung – fortschreibungsgeschichtliche Verortung
Hamburg 2000 / 538 Seiten / ISBN 978-3-8300-0088-4